2023
中国信息产业年鉴

YEARBOOK OF CHINA INFORMATION INDUSTRY

《中国信息产业年鉴》编委会　编

電子工業出版社
Publishing House of Electronics Industry
北京 · BEIJING

内容简介

本年鉴主要反映2022年中国电子信息产业的发展情况和所取得的成就，较全面地展示中国电子信息产业发展的技术现状和经济运行的有关数据等。

本年鉴原名《中国电子工业年鉴》，首次出版于1986年，2023年版为第38卷。本年鉴从2009年起更名为《中国信息产业年鉴》，主要为关注中国信息产业发展的各级领导，以及从事信息产业科研、生产、进出口贸易与市场营销的有关人员提供参考。

图书在版编目（CIP）数据

2023中国信息产业年鉴 / 《中国信息产业年鉴》编委会编. -- 北京 : 电子工业出版社, 2024. 8. -- ISBN 978-7-121-48570-1

Ⅰ. F492-54

中国国家版本馆CIP数据核字第20244NG925号

责任编辑：李　敏
印　　刷：廊坊市鸿煊印刷有限公司
装　　订：廊坊市鸿煊印刷有限公司
出版发行：电子工业出版社
　　　　　北京市海淀区万寿路173信箱　邮编：100036
开　　本：889×1 194　1/16　印张：21.25　字数：714千字
版　　次：2024年8月第1版
印　　次：2024年8月第1次印刷
定　　价：518.00元

ISBN 978-7-121-48570-1

凡所购买电子工业出版社图书有缺损问题，请向购买书店调换。若书店售缺，请与本社发行部联系，联系及邮购电话：（010）88254888，88258888。

质量投诉请发邮件至zlts@phei.com.cn，盗版侵权举报请发邮件至dbqq@phei.com.cn。

本书咨询联系方式：（010）88686098，88686032，nianjian@cics-cert.org.cn。

2023
中国信息产业年鉴

主管 工业和信息化部

主办 国家工业信息安全发展研究中心

《中国信息产业年鉴》
编　委　会

张宏韬　上海市经济和信息化委员会副主任
池　宇　江苏省工业和信息化厅副厅长
厉　敏　浙江省经济和信息化厅一级巡视员
王灯明　安徽省经济和信息化厅副厅长
郭学军　福建省工业和信息化厅副厅长
辛清华　江西省工业和信息化厅副厅长
安文建　山东省工业和信息化厅副厅长
李　翔　河南省工业和信息化厅副厅长
郭　涛　湖北省经济和信息化厅副厅长
熊　琛　湖南省工业和信息化厅总经济师
曲晓杰　广东省工业和信息化厅副厅长
徐莉青　广西壮族自治区工业和信息化厅副厅长
闫　肃　海南省工业和信息化厅副厅长
杨正华　重庆市经济和信息化委员会副主任
陈文涛　四川省信息化工作办公室专职副主任
闵江涛　贵州省工业和信息化厅副厅长
娄　松　贵州省大数据发展管理局副局长
聂里宁　云南省工业和信息化厅副厅长
旺　堆　西藏自治区经济和信息化厅副厅长
黄新波　陕西省工业和信息化厅副厅长
黄宝荣　甘肃省工业和信息化厅副厅长
靳　力　青海省工业和信息化厅副厅长
何立颖　宁夏回族自治区工业和信息化厅副厅长
程多福　新疆维吾尔自治区工业和信息化厅副厅长
陈延明　大连市工业和信息化局副局长
王　川　宁波市经济和信息化局副局长
上官峰　厦门市工业和信息化局副局长
卢　阳　青岛市工业和信息化局副局长
陈华平　深圳市工业和信息化局副局长
廉　莉　新疆生产建设兵团工业和信息化局副局长

其他单位

宋丹阳　农业农村部市场与信息化司副司长
王子宗　中国石油化工集团有限公司信息和数字化管理部总经理
吕新杰　中国广播电视设备工业协会秘书长

《中国信息产业年鉴》编辑部

《中国信息产业年鉴》特约编辑

（按姓氏笔画排序）

编写说明

《中国信息产业年鉴》是一部全面反映中国电子信息产业发展状况的综合性、资料性工具书，原名《中国电子工业年鉴》，首次出版于1986年，逐年连续出版，曾更名为《中国信息产业年鉴（电子卷）》，从2009年起更名为《中国信息产业年鉴》，2023年版为第38卷。

《中国信息产业年鉴》由工业和信息化部主管，国家工业信息安全发展研究中心（工业和信息化部电子第一研究所）主办，《中国信息产业年鉴》编委会编。

2023年版《中国信息产业年鉴》全面、系统反映2022年中国电子信息产业的发展情况和所取得的成就，展示中国电子信息产业经济运行相关数据。全书内容包括特载、大事记、产业数据、电子信息制造业、软件和信息技术服务业、信息技术应用、政策法规、科技管理、国际合作、地区概况、附录、索引。

2023年版《中国信息产业年鉴》采用文章、条目、图表等多种表现形式，体例采用分类编辑法，全书由类目、分目、条目3个层次组成。全书设类目11个，类目下设分目92个、条目599个，包含图54幅、表54个、文章20篇。2023年版《中国信息产业年鉴》卷首提供详细的目录，卷末建有按汉语拼音顺序排列的主题分析索引，方便读者检索信息。

2023年版《中国信息产业年鉴》稿件及数据来源于工业和信息化部的有关单位、中国广播电视设备工业协会、中国电子元件行业协会、中国电子仪器行业协会、中国电子专用设备工业协会、中国电子材料行业协会、中国光学光电子行业协会，各省、自治区、直辖市及计划单列市、新疆生产建设兵团工业和信息化主管部门，以及信息技术应用部门。其中，产业数据部分由工业和信息化部运行监测协调局提供，其他系统的有关数据均由各系统主管部门审核提供。

2023年版《中国信息产业年鉴》在编辑加工和印装等方面尚有许多不足，敬请广大读者批评指正。

《中国信息产业年鉴》编辑部

2024年8月

目　录

特　载

大 事 记

产业数据

电子信息制造业

软件和信息技术服务业

信息技术应用

政策法规

科技管理

国际合作

地区概况

附　　录

索　　引

特　　载

全国工业和信息化工作会议报告（节选）[①]

工业和信息化部部长　金壮龙

（2023 年 1 月 11 日）

一、2022 年工作

2022 年是党和国家历史上极为重要的一年。在以习近平同志为核心的党中央坚强领导下，工业和信息化系统坚持以习近平新时代中国特色社会主义思想为指导，深入贯彻党的二十大精神和党中央、国务院决策部署，较好完成了全年重点工作任务。

重点领域创新取得新突破。C919 大型客机实现全球首架交付，国产 10 万吨级大型渔业养殖工船成功交付，腹腔镜手术机器人等高端医疗装备填补国内空白，国产四人雪车等冰雪装备实现"零"的突破，关键材料应用水平不断提升，中国空间站全面建成，第三艘航母"福建舰"下水。

产业链供应链韧性和安全水平持续提升。重点产业链强链补链有序开展，实施一批产业基础再造工程项目。创建 45 个国家级先进制造业集群。成功举办产业链供应链韧性与稳定国际论坛。

中小企业高质量发展取得新进展。累计培育专精特新中小企业 7 万多家、"小巨人"企业 8 997 家、制造业单项冠军企业 1 186 家。加力帮扶中小微企业纾困解难，涉企违规收费专项整治行动、防范和化解拖欠中小企业账款专项行动成效明显。中小企业服务体系持续完善。成功举办全国专精特新中小企业发展大会。

制造业高端化智能化绿色化发展步伐加快。1—11 月，高技术制造业增加值增长 8%，装备制造业增加值增长 6.2%。国内光伏新增和累计装机容量连续多年居全球首位。传统产业加快改造提升，质量品牌建设深入推进，工业领域及重点行业碳达峰方案印发实施，智能制造应用规模和水平进入全球领先行列。

信息通信业快速发展。新型信息基础设施建设、互

① 根据工信微报相关报道整理。

联网平台和 App 治理、防范治理电信网络诈骗等成效显著。累计建成开通 5G 基站超过 230 万个，新型数据中心建设成效明显。中小微企业宽带和专线平均资费降低超过 10%。数据安全管理体系初步建立，电磁空间安全保障得到加强。圆满完成重大活动通信服务、网络安全、无线电安全等保障任务。我国成功连任国际电信联盟理事国。

二、2023 年重点工作任务

党的二十大报告描绘了全面建成社会主义现代化强国、以中国式现代化推进中华民族伟大复兴的宏伟蓝图，作出推进新型工业化、加快建设制造强国和网络强国的重大部署。要深入学习贯彻党的二十大精神，深刻认识推进新型工业化的重大意义、面临的形势和使命任务，切实增强推进新型工业化的政治自觉、思想自觉、行动自觉。要保持制造业比重基本稳定，提升产业链供应链韧性和安全水平，打造现代化工业体系，推进高端化智能化绿色化发展，全面提升企业竞争力，提升产业治理现代化水平。要保持战略定力，坚定信心决心，主动识变应变求变，主动防范化解风险挑战，依靠顽强斗争打开事业发展新天地。

2023 年工业和信息化工作的总体要求是：坚持以习近平新时代中国特色社会主义思想为指导，全面贯彻党的二十大精神，认真落实中央经济工作会议精神和党中央、国务院决策部署，坚持稳中求进工作总基调，完整、准确、全面贯彻新发展理念，加快构建新发展格局，着力推动高质量发展，统筹发展和安全，大力推进新型工业化，锻长板、补短板、强基础，巩固提升传统产业，培育壮大新兴产业，支持专精特新企业发展，提升产业链供应链韧性和安全水平，推动制造业高端化智能化绿色化发展，实现工业和信息化质的有效提升和量的合理增长，加快建设制造强国和网络强国，为全面建设社会主义现代化国家开好局起好步提供有力支撑。

2023 年要抓好十三个方面重点任务。

一是全力促进工业经济平稳增长。稳住重点行业，针对不同行业特点分别制定稳增长工作方案。鼓励工业大省主动挑大梁，支持中西部地区积极承接产业转移，支持东北地区制造业振兴取得新突破。稳住汽车等大宗消费，实施消费品“三品”行动，深化信息消费示范城市建设，扩大适老化家居产品和生活用品供给。支持企业加大设备更新和技术改造，做好制造业重点外资项目服务保障工作。深化产融合作，充分发挥投资基金带动作用，引导社会资本加大对制造业投入。保持烟草行业平稳增长。加强经济运行监测调度，加快建设“数字工信”平台。

二是扎实推进“十四五”规划落地见效。坚持一张蓝图干到底，健全规划实施机制，确保取得一批成果。强化统筹协调、督导落实，充分发挥各部门作用，共同推动规划实施。支持地方结合实际做好地方规划与国家规划的有效衔接，积极承担重点任务。

三是提升重点产业链自主可控能力。围绕制造业重点产业链，找准关键核心技术和零部件“卡脖子”薄弱环节，“一链一策”推进强链补链稳链，强化产业链上下游、大中小企业协同攻关，促进全产业链发展。推进关键核心技术攻关工程，健全“揭榜挂帅”长效机制，不断丰富产业生态。

四是深入推进产业基础再造。在重点领域布局一批产业基础共性技术中心，重点发展一批市场急需的基础零部件和关键材料，加快新型元器件产业化应用，加快突破石化、船舶、航空等重点行业工业软件，推广应用一批先进绿色基础制造工艺。继续实施制造业创新中心建设工程，做优做强部重点实验室。

五是加快推进重大技术装备攻关。加快大飞机产业化发展，推动工业母机高质量发展。坚持研发制造和推广应用两端发力，加快高端医疗装备、农机装备、深远海装备、自然灾害防治技术装备等高端专用装备发展。

六是加快改造提升传统制造业。健全市场化法治化化解过剩产能长效机制，严格执行钢铁、水泥、玻璃等产能置换政策。优化布局乙烯、煤化工等重大项目，提高钢铁等重点行业产业集中度。实施制造业数字化转型行动，出台促进装备数字化政策措施，发展服务型制造。全面落实工业领域以及重点行业碳达峰实施方案，加强绿色低碳技术改造，提高工业资源综合利用效率和清洁生产水平。实施先进制造业集群发展专项行动，推进国家新型工业化产业示范基地建设。

七是培育壮大新兴产业。用市场化办法促进优势新能源汽车整车企业做强做大和配套产业发展。提高光伏产业全球竞争力，加快推动人工智能、物联网、车联网、绿色低碳等产业创新发展。制定未来产业发展行动计划，实施“机器人 +”应用行动，鼓励支持有条件的地方先行先试。

八是加快信息通信业发展。出台推动新型信息基础设施建设协调发展的政策措施，加快5G和千兆光网建设，启动“宽带边疆”建设，全面推进6G技术研发。完善工业互联网技术体系、标准体系、应用体系，推进5G行业虚拟专网建设。完善电信业务市场发展政策，强化App全流程、全链条治理，加强个人信息保护、用户权益保护。增强网络和数据安全保障能力，加快安全产业创新发展。

九是促进中小企业发展。完善工作体系，全面实施《中小企业促进法》，认真落实《保障中小企业款项支付条例》，狠抓惠企纾困政策措施落实，加强中小企业合法权益保护。健全国家、省、市、县四级中小企业服务体系，打造“一起益企”、服务月等服务品牌。健全中小企业海外服务体系，推动中外中小企业合作区建设。开展数字化赋能中小企业、科技成果转化赋智中小企业、质量标准品牌赋值中小企业专项行动，力争到2023年年底，全国专精特新中小企业超过8万家、“小巨人”企业超过1万家。促进大中小企业融通创新，助力中小企业融入重点产业链供应链。

十是优化国防科技工业体系和布局，建设先进国防科技工业，巩固一体化的国家战略体系和能力。

十一是支持部属高校“双一流”建设。坚持立德树人根本任务，加强党建和思政工作，加大优势学科建设力度，深化科教融合、产教融合，培养造就拔尖创新人才。

十二是提升行业治理能力。全面深化改革，促进产业与财税、金融、贸易、投资等政策协同，推进依法行政。实施新产业标准化领航工程，强化新兴领域和未来产业标准布局。做好无线电频谱资源统筹规划，提升无线电治理能力。提升行业本质安全水平，推进民爆行业高质量发展。深化国际交流合作，推进全球发展倡议框架下新工业革命伙伴关系建设，办好中国－东盟新兴产业论坛等重点活动。加强部际协调和部省合作，支持地方因地制宜发展优势产业。支持部属单位聚焦主业、紧贴行业，提高核心能力，加强智库建设，服务行业发展。

十三是全力以赴做好重点医疗物资生产保供。千方百计稳产增产，坚持每日调度，确保春节期间生产不断、供应不断。加强供需对接，协调推动医疗物资精准投放。

大 事 记

2022 年电子信息产业大事记

1 月

6 日　工业和信息化部办公厅、中共中央宣传部办公厅、交通运输部办公厅、文化和旅游部办公厅、国家广播电视总局办公厅、中央广播电视总台办公厅联合印发《“百城千屏”活动实施指南》，确保“百城千屏”活动取得实效。

28 日　第二次中国－东盟数字部长会议以视频形式召开。工业和信息化部党组成员张云明与缅甸交通和通信部部长丁昂山共同主持会议。会议通过《落实中国－东盟数字经济合作伙伴关系行动计划（2021—2025）》《2022 年中国－东盟数字合作计划》，双方就加强数字政策对接、新兴技术、数字技术创新应用、数字安全、数字能力建设合作等达成共识。

2 月

8 日　工业和信息化部办公厅公布 2021 年工业互联网试点示范项目名单。该名单分为网络集成创新应用、平台集成创新应用、安全集成创新应用和园区集成创新应用四大类，共 123 个项目。

5 月

18 日　工业和信息化部办公厅公布 2022 年跨行业跨领域工业互联网平台名单，卡奥斯 COSMOPlat 工业互联网平台、航天云网 INDICS 工业互联网平台、汉云工业互联网平台等 28 家平台入选。

20 日　工业和信息化部副部长张云明以视频方式会见新加坡共和国驻华大使吕德耀，双方就进一步加强中新数字和信息通信领域合作、区域互联互通、中小企业数字化转型等议题交换意见。

6 月

24 日　工业和信息化部副部长张云明以视频方式会见古巴共和国驻华大使佩雷拉，双方就续签两国工业、信息通信领域合作备忘录及进一步推动两国产业合作交换意见。

30日 工业和信息化部、商务部、国家市场监督管理总局、国家药品监督管理局、国家知识产权局联合印发《数字化助力消费品工业“三品”行动方案（2022—2025年）》，提出三大重点任务10项具体举措。

7月

5日 《数字化助力消费品工业“三品”行动方案（2022—2025年）》宣贯暨2022“三品”全国行启动仪式在北京举行。工业和信息化部副部长王江平出席活动，宣布2022“三品”全国行正式启动。

6日 由工业和信息化部、深圳市人民政府共同主办的2022金砖国家未来网络创新论坛以线上方式召开。本次论坛的主题为“携手金砖伙伴，以网络创新推动高质量发展”。工业和信息化部副部长张云明出席论坛并致辞。

7日 由工业和信息化部、深圳市人民政府共同主办的2022数字金砖论坛在线上举行。本次论坛的主题为“金砖国家携手拥抱数字化转型”。工业和信息化部副部长张云明出席论坛开幕式并致辞。

7日 工业和信息化部、国家发展和改革委员会、生态环境部联合印发《工业领域碳达峰实施方案》。该方案聚焦重点行业，制定钢铁、建材、石化化工、有色金属等行业碳达峰实施方案，研究消费品、装备制造、电子等行业低碳发展路线图，分业施策、持续推进，降低碳排放强度，控制碳排放量。

7—9日 由工业和信息化部、广东省人民政府共同主办的2022中国数字经济创新发展大会在广东汕头召开。本次大会的主题为“聚数联侨 共创未来——打造数字经济国际合作先行区”。工业和信息化部总经济师许科敏出席开幕式并致辞。

8日 2022“三品”全国行系列活动首站——2022山东现代轻工纺织“三品”消费季启动式在山东济南举行。工业和信息化部副部长王江平视频出席启动式并致辞。

8日 由工业和信息化部、国务院国有资产监督管理委员会、浙江省人民政府共同主办的第三届中国工业互联网大赛在浙江杭州闭幕。工业和信息化部总工程师韩夏出席闭幕式并致辞。

15日 2022“三品”全国行上海站活动——“上海制造佳品汇”启动仪式举行。工业和信息化部副部长王江平视频出席启动仪式并致辞。

19日 首届中拉数字技术合作论坛在线上召开。本届论坛以“探索中拉合作新路径 携手迈向数字新时代”为主题，由工业和信息化部副部长张云明和拉共体轮值主席国阿根廷国家通信局局长克劳迪奥·安布罗西尼共同主持。论坛通过《首届中国–拉美和加勒比国家数字技术合作论坛联合声明》。

23—24日 由国家互联网信息办公室、国家发展和改革委员会、科学技术部、工业和信息化部、国务院国有资产监督管理委员会、福建省人民政府共同主办的第五届数字中国建设峰会在福建福州召开。本届峰会的主题为“创新驱动新变革 数字引领新格局”。中共中央宣传部部长黄坤明视频讲话。工业和信息化部副部长徐晓兰出席开幕式并致辞。

26日 工业和信息化部副部长王江平带队赴360集团调研，并召开中国特色开源体系建设暨全国政协重点提案办理座谈会。

26日 2022全国信息消费示范城市行首发站暨上海信息消费节开幕。工业和信息化部副部长王江平视频出席开幕式并致辞。

27—29日 由开放原子开源基金会主办的2022开放原子全球开源峰会在北京召开。本次峰会的主题为“软件定义世界 开源共筑未来”。工业和信息化部副部长王江平出席开幕式并致辞。

28日 国家标准化管理委员会、工业和信息化部、国家语言文字工作委员会在北京联合召开《信息技术 中文编码字符集》强制性国家标准发布宣贯会。工业和信息化部副部长张云明出席会议并讲话。

28日 中巴信息技术产业联合工作组第一次会议以视频形式召开。工业和信息化部副部长张云明与巴基斯坦信息技术和通信部联邦秘书穆赫辛·穆斯塔克共同主持会议。

28—30日 由北京市人民政府、国家发展和改革委员会、工业和信息化部、商务部、国家互联网信息办公室、中国科学技术协会共同主办的2022全球数字经济大会在北京召开。本次大会的主题为“启航数字文明——新要素、新规则、新格局”。工业和信息化部总经济师许科敏出席开幕式并致辞。

8月

3日 工业和信息化部副部长王江平赴北京亮亮视野科技有限公司、中冶京诚工程技术有限公司调研虚拟现实等新一代信息技术在工业制造领域的应用情况，并召开虚拟现实、钢铁行业有关企业座谈会，围绕“虚拟现实等技术助力行业降本增效”进行交流讨论。

4日 由工业和信息化部、科学技术部、深圳市人民政府共同主办的2022年首届“兴智杯”全国人工智能创新应用大赛启动仪式在线上召开。本届大赛的主题为“兴智赋能”。工业和信息化部副部长徐晓兰出席启动仪式并致辞。

5—7日 由工业和信息化部国际经济技术合作中心、中国国际贸易促进委员会电子信息行业分会共同主办的第五届中国国际工业设计博览会在湖北武汉举行。本届博览会的主题为“引领设计未来 驱动绿色制造”。工业和信息化部副部长徐晓兰视频出席开幕式并致辞。

10日 工业和信息化部办公厅、国家广播电视总局办公厅联合公布超高清视频典型应用案例名单，确定广播电视、文教娱乐、安防监控、医疗健康、智能交通、工业制造6个领域的104项超高清视频典型应用案例。

16—18日 第十届中国电子信息博览会在广东深圳举行。本届博览会以“奋进十载 智创未来”为主题，设立CITE主题馆、新型显示及应用馆、元宇宙及虚拟现实技术专馆、智电生活馆、电子数字生活馆、大数据云计算馆、新一代信息通信产业集群馆、智能驾驶及汽车技术馆、基础电子馆九大展馆20个专业展区。

17日 工业和信息化部办公厅、国家市场监管管理总局办公厅、国家能源局综合司联合印发《关于促进光伏产业链供应链协同发展的通知》。

18—19日 由工业和信息化部、浙江省人民政府共同主办的第五届中国服务型制造大会在浙江杭州召开。本届大会的主题为“服务型制造构筑产业发展新格局”。工业和信息化部总经济师许科敏出席开幕式并致辞。

18—20日 由国家工业信息安全发展研究中心、中国信息通信研究院、中国电子信息产业发展研究院、中国电子学会等共同主办的2022年晋阳湖·数字经济发展峰会在山西太原召开。本次峰会的主题为“数字筑基·创新引领·绿色发展·拥抱生态”。工业和信息化部总工程师韩夏出席峰会开幕式并致辞。

18—21日 由北京市人民政府、工业和信息化部、中国科学技术协会共同主办的2022世界机器人大会在北京召开。本次大会的主题为“共创共享 共商共赢”。工业和信息化部党组书记金壮龙出席大会并致辞。工业和信息化部副部长辛国斌出席大会作主旨报告并总结大会成果，工业和信息化部副部长王江平、徐晓兰参观大会展览。

20日 由工业和信息化部、人力资源和社会保障部、教育部、中华全国总工会、共青团中央共同主办的2022年全国行业职业技能竞赛——全国工业和信息化技术技能大赛在广东深圳落幕。本次大赛设置工业机器人技术应用、集成电路EDA开发应用、工业大数据算法3个赛项。工业和信息化部副部长王江平出席闭幕式并致辞。

22—24日 由工业和信息化部、国家发展和改革委员会、科学技术部等九部门共同主办的2022中国国际智能产业博览会在重庆举行。本次博览会的主题为“智能化：为经济赋能，为生活添彩”。工业和信息化部党组书记金壮龙通过视频方式出席开幕式。

9 月

1 日 由商务部、工业和信息化部、北京市人民政府、中国科学技术协会、人民日报社共同主办的2022年中国国际服务贸易交易会数字贸易发展趋势和前沿高峰论坛在北京召开。本次论坛的主题为“数字化赋能贸易高质量发展”。工业和信息化部副部长徐晓兰出席论坛并致辞。

1 日 2022年二十国集团数字经济部长会议在印度尼西亚巴厘岛召开。本次会议的主题为“韧性复苏：携手实现更加包容、赋能和可持续的数字化转型”。工业和信息化部总经济师许科敏率团出席会议并发言。

1—3 日 由国家发展和改革委员会、工业和信息化部、科学技术部、国家互联网信息办公室等八部门共同主办的2022世界人工智能大会在上海召开。本次大会以“智联世界 元生无界”为主题，集中展示人工智能和元宇宙发展的最新成果。工业和信息化部党组书记金壮龙通过视频方式出席开幕式并致辞。

2 日 由工业和信息化部、国家卫生健康委员会和北京市人民政府共同主办的卫生健康与工业科技创新服务大会在2022年中国国际服务贸易交易会期间召开。本次大会的主题为“协同创新 融合发展”。工业和信息化部副部长王江平出席会议并致辞。

2—4 日 2022世界数字经济大会暨第十二届智慧城市与智能经济博览会在浙江宁波举行。本届大会以“数字驱动 智能发展”为主题，开设数字经济综合馆、新智造（工业互联网）馆、新型智慧城市&信息消费馆、未来产业馆4个主题展馆。大会同期召开“5G+工业互联网”现场工作会。工业和信息化部副部长王江平视频出席大会开幕式并致辞。

7 日 由工业和信息化部、福建省人民政府、厦门市人民政府、金砖国家智库合作中方理事会共同主办的2022金砖国家新工业革命伙伴关系论坛在厦门召开。本次论坛的主题为“深化新工业革命伙伴关系，推动共同可持续发展”。工业和信息化部副部长辛国斌出席论坛并致辞。

8 日 由工业和信息化部、江苏省人民政府共同主办的2022全国专精特新中小企业发展大会在江苏南京召开。本次大会的主题为“专精特新 强基固链”。国家主席习近平致信祝贺。国务院副总理刘鹤以视频方式出席开幕式，并宣读习近平的贺信。工业和信息化部部长金壮龙通过视频方式出席开幕式并致辞，副部长徐晓兰作“专精特新”中小企业培育工作报告。

17 日 国务院办公厅印发《关于深化电子电器行业管理制度改革的意见》，部署五方面改革举措：优化电子电器产品准入管理制度，整合绿色产品评定认证制度，完善支持基础电子产业高质量发展的制度体系，优化电子电器行业流通管理制度，加强事前事中事后全链条全领域监管。

18—20 日 由工业和信息化部、国家发展和改革委员会、交通运输部、国务院发展研究中心、浙江省人民政府共同主办的产业链供应链韧性与稳定国际论坛在浙江杭州举行。本次论坛的主题为“同舟共济，共克时艰，务实推动构建富有韧性的全球产业链供应链”。国家主席习近平向论坛致贺信。工业和信息化部部长金壮龙通过视频方式出席开幕式并致辞，副部长辛国斌主持开幕式。

20 日 工业和信息化部、安徽省人民政府在安徽合肥召开部省共同推进安徽智能语音产业发展领导小组会议。工业和信息化部副部长王江平出席会议并讲话。

20—23 日 由工业和信息化部、科学技术部、商务部等十一部门共同主办的2022世界制造业大会在安徽合肥召开。本届大会以“制造世界·创造美好”为主题，围绕新能源汽车、新一代信息技术、高端装备制造、新材料、智能家电等发布15项重大创新产品。工业和信息化部副部长王江平出席大会开幕式并致辞。

10 月

28 日 工业和信息化部、教育部、文化和旅游部、国家广播电视总局、国家体育总局联合印发《虚拟现实与行业应用融合发展行动计划（2022—2026 年）》，提出五大重点任务：推进关键技术融合创新，提升全产业链条供给能力，加速多行业多场景应用落地，加强产业公共服务平台建设，构建融合应用标准体系。

10 月 工业和信息化部正式确定杭州、武汉、成都、宁德、南通、潍坊、合肥、株洲、广州、深圳、包头、齐齐哈尔 12 个城市首批开展产业链供应链生态体系建设试点。

11 月

3—5 日 由湖南省人民政府、工业和信息化部共同主办的 2022 世界计算大会在湖南长沙召开。本次大会以“计算万物 · 湘约未来——计算产业新征程”为主题，发布《2022 中国先进计算企业竞争力研究报告》《“数字化场景革命”十大洞察报告》等成果。工业和信息化部副部长王江平出席大会并致辞。

8—11 日 2022 年世界互联网大会乌镇峰会系列活动在浙江乌镇举行。大会期间，工业和信息化部、浙江省人民政府召开部省合作推进制造业数字化转型联席会议，签署《部省共同推进制造业数字化转型合作备忘录》。

9 日 由工业和信息化部、山东省人民政府共同主办的 2022 全国中小企业数字化转型大会在山东济南召开。本次大会的主题为“创新引领发展 数字点亮未来”。工业和信息化部部长金壮龙通过视频方式出席开幕式并致辞，副部长徐晓兰现场出席大会。

11—13 日 由工业和信息化部、山东省人民政府共同主办的 2022 年世界工业设计大会在山东烟台召开。本次大会以“设计 · 链动未来”为主题，并举行 2022 年中国优秀工业设计奖颁奖仪式。工业和信息化部副部长徐晓兰出席大会开幕式并致辞。

12—13 日 由江西省人民政府、工业和信息化部共同主办的 2022 世界 VR 产业大会在江西南昌召开。本次大会以“VR 让世界更精彩——VR 点亮元宇宙”为主题，聚焦虚拟现实产业未来发展方向。国务委员王勇出席大会开幕式并讲话。工业和信息化部副部长王江平出席大会开幕式并为国家虚拟现实创新中心揭牌。

16 日 由工业和信息化部、深圳市人民政府共同主办的 2022 年中国 5G 发展大会在深圳召开。本次大会的主题为“5G 领航新基建 构筑发展新底座”。工业和信息化部副部长张云明出席大会并致辞。

16—18 日 由工业和信息化部、安徽省人民政府共同主办的 2022 世界集成电路大会在安徽合肥召开。本次大会以“合作才能共赢”为主题，聚焦集成电路产业核心问题，并发布《2022 世界集成电路大会合肥倡议》。工业和信息化部副部长王江平出席大会开幕式并致辞。

16—18 日 由工业和信息化部、国家发展和改革委员会、河北省人民政府共同主办的 2022 中国国际数字经济博览会以线上方式举行。本次博览会的主题为“融合创新 数字赋能”。工业和信息化部副部长王江平视频出席开幕式并致辞。

17 日 工业和信息化部副部长张云明会见美中贸易全国委员会会长克雷格 · 艾伦及相关美资企业代表，双方就中美产业发展合作等问题交换意见。

19—21 日 由工业和信息化部、湖北省人民政府共同主办的 2022 中国 5G + 工业互联网大会在湖北武汉召开。本次大会的主题为“数融万物 智创未来”。工业和信息化部副部长张云明出席大会开幕式并致辞。

23—25 日 由江苏省人民政府、工业和信息化部、中国工程院、中国科学技术协会共同主办的 2022 世界智能制造大会在江苏南京召开。本次大会的主题为“数智赋能 链通未来”。工业和信息化部副部长辛国斌出席大会开幕式并致辞。

24 日 工业和信息化部在江苏无锡召开国家先进

制造业集群现场会，公布45个国家先进制造业集群名单，部署国家级集群培育提升工作。工业和信息化部副部长辛国斌出席会议并讲话。

30日 由四川省人民政府、工业和信息化部共同主办的2022世界显示产业大会在四川成都召开。本次大会的主题为“显示无处不在 创享数字经济”。工业和信息化部副部长王江平出席大会开幕式并致辞。

11月 工业和信息化部批复组建国家石墨烯创新中心、国家虚拟现实创新中心、国家超高清视频创新中心3家国家制造业创新中心。

12月

7日 工业和信息化部部长金壮龙视频会见沙特阿拉伯王国通信和信息技术部部长苏瓦哈，双方共同签署《中华人民共和国工业和信息化部与沙特阿拉伯王国通信和信息技术部合作谅解备忘录》。工业和信息化部副部长张云明出席会见。

10日 工业和信息化部印发《中国软件名城管理办法》《中国软件名园管理办法》。

15—16日 由工业和信息化部、河北省人民政府共同主办的第四届中国－中东欧国家（沧州）中小企业合作论坛以线上方式召开。本届论坛的主题为“中欧合作新机遇·中小企业新未来”。工业和信息化部副部长徐晓兰视频出席开幕式并致辞。

21—23日 2022年亚太经合组织中小企业工商论坛在广东深圳以线上线下相结合的方式召开。本次论坛的主题为“走专精特新之路，共育亚太包容可持续发展新动能”。会议通过《2022年亚太经合组织领导人宣言》《生物循环绿色经济曼谷目标》。工业和信息化部副部长徐晓兰以视频方式出席主论坛并致辞。

28日 由工业和信息化部、广东省人民政府、广州市人民政府共同主办的2022年工业文化发展大会暨第六届中国工业文化高峰论坛以线上线下相结合的方式在广东广州召开。本次大会的主题为“文化铸魂 产业添彩”。工业和信息化部总经济师许科敏出席大会开幕式并致辞。

[编辑部整理]

产 业 数 据

说　　明

1. 数据来源：电子信息制造业主要经济指标、主要产品分省市产量数据根据国家统计局数据整理；软件和信息技术服务业数据根据工业和信息化部《软件和信息技术服务业统计调查制度》2022 年度统计数据整理。

2. 统计范围：国家统计局规模以上工业指主营业务年收入 2 000 万元以上的工业法人单位。工业和信息化部《电子信息制造业统计调查制度》年度统计数据的统计范围为，在我国境内注册（不包括中国港、澳、台地区）的年主营业务收入 2 000 万元以上，从事电子信息产品的研发、制造及生产加工的重点企业、事业独立法人单位。工业和信息化部《软件和信息技术服务业统计调查制度》年度统计数据的统计范围包括：一是主要从事软件和信息技术服务业务，主营业务年收入 2 000 万元以上，且软件业务收入（包括但不限于嵌入式系统软件）占企业主营业务收入比例不低于 30%，具有独立法人资格的企业；二是主要从事集成电路设计的企业，或集成电路设计收入占本企业主营业务收入 60% 以上，且主营业务年收入 500 万元以上的独立法人单位；三是主要从事基础软件、工业软件、信息安全、工业互联网平台服务或数据服务，且主营业务年收入 500 万元以上的独立法人单位。

3. 本统计数据不包括中国港、澳、台地区及西藏自治区。

4. 由于四舍五入，各项值累加与合计值有可能存在误差。

5. 本统计资料解释权归工业和信息化部运行监测协调局。

规模以上电子信息制造业统计数据

表 1　2022 年电子信息制造业主要经济指标（1）

指标名称	企业数量（家）	营业收入（亿元）	利润总额（亿元）	平均用工人数（万人）
总计	35 191	202 974.3	10 628.4	1 157.7
一、按登记注册类型分类				
在总计中，国有控股企业	1 049	16 637.0	452.3	75.0
私营企业	22 709	60 469.1	3 422.5	397.4
外商及中国港、澳、台商投资企业	5 930	75 716.2	3 768.7	441.5
二、按企业规模分类				
在总计中，大中型工业企业	6 774	165 643.1	8 783.0	886.4
三、按行业分类				
雷达及配套设备制造	102	151.3	12.9	1.5
通信设备制造	2 270	42 394.1	1 668.0	168.3
广播电视设备制造	678	2 199.5	89.6	17.7
电子计算机制造	2 955	26 710.0	787.9	130.2
非专用视听设备制造	1 220	6 998.9	173.4	40.3
仪器仪表制造	1 692	3 502.8	626.9	30.8
电子和电工机械专用设备制造	1 828	3 327.5	334.7	30.7
电子元件及电子专用材料制造	9 163	34 875.5	2 852.6	266.3
电子器件制造	7 837	33 699.3	1 537.1	238.7
电气机械和器材制造	4 098	36 785.2	1 919.5	141.4
智能硬件设备制造	1 606	7 755.8	374.4	51.5
其他电子设备制造	1 742	4 574.4	251.4	40.3
四、按省、自治区、直辖市分列				
北京市	442	5 447.8	442.4	11.8
天津市	352	2 661.6	136.1	12.1
河北省	424	1 389.0	83.1	9.5
山西省	134	1 697.2	37.5	10.7

续表

指标名称	企业数量（家）	营业收入（亿元）	利润总额（亿元）	平均用工人数（万人）
内蒙古自治区	52	475.3	38.2	1.9
辽宁省	259	1 113.5	192.9	8.4
吉林省	63	213.9	20.2	1.6
黑龙江省	33	74.9	–13.0	0.9
上海市	819	7 329.2	348.4	32.1
江苏省	5 685	36 044.9	1 911.6	205.8
浙江省	3 831	15 396.1	997.0	93.2
安徽省	1 532	7 827.8	232.7	38.7
福建省	1 072	8 855.7	682.0	45.6
江西省	1 795	10 112.2	900.7	51.3
山东省	1 146	5 609.3	191.9	34.3
河南省	645	7 935.4	151.6	39.4
湖北省	926	5 101.4	29.7	28.6
湖南省	1 360	4 745.6	310.7	36.2
广东省	11 705	53 533.8	2 510.7	376.7
广西壮族自治区	358	1 612.4	46.0	11.8
海南省	3	17.9	2.3	0.1
重庆市	621	6 958.8	333.2	31.0
四川省	1 112	9 913.4	330.6	47.3
贵州省	205	681.6	40.5	3.1
云南省	117	2 051.4	207.2	5.5
陕西省	362	4 076.1	247.3	13.5
甘肃省	39	313.2	18.4	1.5
青海省	25	922.7	128.3	2.6
宁夏回族自治区	33	707.9	64.1	1.9
新疆维吾尔自治区	41	154.3	6.1	0.6

表 2　2022 年电子信息制造业主要经济指标（2）

指标名称	营业成本（亿元）	销售费用（亿元）	管理费用（亿元）	财务费用（亿元）
总计	175 358.4	4336.3	5 359.1	204.7

续表

指标名称	营业成本（亿元）	销售费用（亿元）	管理费用（亿元）	财务费用（亿元）
一、按登记注册类型分类				
在总计中，国有控股企业	14 122.4	448.3	433.4	122.0
私营企业	51 426.6	1 475.9	1 925.8	98.5
外商及中国港、澳、台商投资企业	67 981.5	1 072.0	1 605.9	–114.5
二、按企业规模分类				
在总计中，大中型工业企业	143 810.0	3 464.6	3 756.8	54.0
三、按行业分类				
雷达及配套设备制造	102.5	5.7	13.4	0.4
通信设备制造	35 968.4	1 390.0	993.7	4.5
广播电视设备制造	1 903.9	61.5	74.4	2.0
电子计算机制造	24 644.7	405.5	452.6	–33.5
非专用视听设备制造	6 311.9	163.8	185.4	–5.4
仪器仪表制造	2 222.4	283.8	219.5	–20.5
电子和电工机械专用设备制造	2 540.0	110.4	172.8	4.5
电子元件及电子专用材料制造	29 532.3	429.4	1 055.8	60.5
电子器件制造	29 093.0	466.5	1 057.5	154.8
电气机械和器材制造	32 584.1	659.5	704.9	17.6
智能硬件设备制造	6 639.5	224.6	234.8	3.3
其他电子设备制造	3 815.7	135.6	194.3	16.5
四、按省、自治区、直辖市分列				
北京市	4 538.3	261.8	161.3	–96.9
天津市	2 350.9	41.2	64.0	0.7
河北省	1 183.4	24.3	45.6	7.8
山西省	1 620.7	5.3	16.8	–3.3
内蒙古自治区	404.9	2.2	8.2	2.3
辽宁省	928.2	24.1	49.7	0.1
吉林省	154.9	5.6	16.3	1.1
黑龙江省	63.3	2.5	3.6	2.3
上海市	6 374.8	126.8	202.3	12.3
江苏省	31 540.2	523.5	876.4	96.8

续表

指标名称	营业成本（亿元）	销售费用（亿元）	管理费用（亿元）	财务费用（亿元）
浙江省	12 960.9	429.4	444.8	14.0
安徽省	7 038.3	131.8	167.7	30.7
福建省	7 425.6	238.9	254.3	–23.0
江西省	8 629.3	109.3	196.1	30.6
山东省	4 975.2	94.5	146.0	9.3
河南省	7 577.0	45.0	74.5	9.3
湖北省	4 478.2	99.1	144.6	59.5
湖南省	4 008.1	103.4	139.2	4.4
广东省	44 220.4	1 764.9	1 921.0	3.0
广西壮族自治区	1 519.8	11.4	25.2	0.3
海南省	13.8	0.2	0.8	0.1
重庆市	6 357.6	71.5	95.2	3.3
四川省	9 090.8	144.4	168.8	36.5
贵州省	613.9	6.3	9.9	2.5
云南省	1 788.1	5.2	22.6	2.6
陕西省	3 690.5	51.7	77.7	–6.0
甘肃省	277.0	2.2	9.0	2.7
青海省	772.1	7.7	10.3	0.8
宁夏回族自治区	617.7	1.7	5.5	0.3
新疆维吾尔自治区	144.5	0.4	1.7	0.6

表 3　2022 年电子信息制造业主要经济指标（3）

指标名称	流动资产（亿元）	其中应收账款（亿元）	存货（亿元）	其中产成品（亿元）	资产总计（亿元）	负债合计（亿元）
总计	145 961.0	49 166.5	28 392.1	10 133.9	228 131.5	126 087.6
一、按登记注册类型分类						
在总计中，国有控股企业	14 816.0	3 943.5	3 480.2	1 280.1	29 254.4	15 237.2
私营企业	42 705.9	13 522.0	8 711.6	3 440.9	61 531.6	35 894.7
外商及中国港、澳、台商投资企业	47 756.9	19 040.5	8 735.2	2 840.8	71 908.2	38 426.8
二、按企业规模分类						
在总计中，大中型工业企业	116 648.0	39 468.8	22 056.9	7 769.5	184 933.0	102 553.7

续表

指标名称	流动资产（亿元）	其中应收账款（亿元）	存货（亿元）	其中产成品（亿元）	资产总计（亿元）	负债合计（亿元）
三、按行业分类						
雷达及配套设备制造	260.1	89.6	69.6	15.3	331.2	173.9
通信设备制造	30 707.0	10 561.6	5 768.7	1 697.4	39 499.8	24 854.5
广播电视设备制造	1 518.4	500.5	299.7	86.4	2 534.8	1 183.7
电子计算机制造	13 939.3	6 052.4	2 800.6	882.5	18 127.9	11 296.6
非专用视听设备制造	4 466.4	1 720.4	899.0	330.0	6 009.9	3 900.4
仪器仪表制造	3 919.5	885.3	727.6	230.1	5 548.7	2 026.2
电子和电工机械专用设备制造	4 663.9	999.3	1 498.1	603.6	6 322.9	3 727.3
电子元件及电子专用材料制造	22 560.5	7 717.8	4 485.9	1 699.5	37 435.7	18 054.0
电子器件制造	29 039.8	8 459.7	5 391.0	1 805.4	58 647.9	27 829.4
电气机械和器材制造	26 325.2	9 077.3	4 702.0	2 054.7	41 179.1	26 131.0
智能硬件设备制造	5 051.2	1 928.5	947.4	394.1	7 347.1	4 230.0
其他电子设备制造	3 509.7	1 174.1	802.5	334.9	5 146.5	2 680.6
四、按省、自治区、直辖市分列						
北京市	6 332.6	1 017.7	1 106.2	386.6	9 668.2	4 883.8
天津市	1 782.4	556.7	428.5	120.4	2 865.7	1 256.6
河北省	1 543.1	390.1	242.2	71.3	3 085.0	1 769.4
山西省	1 247.8	595.8	150.7	43.9	1 583.0	1 060.3
内蒙古自治区	324.0	72.0	96.5	33.5	679.3	420.8
辽宁省	1 203.4	305.3	246.2	102.4	1 684.9	702.3
吉林省	185.4	62.5	36.0	9.1	299.2	121.4
黑龙江省	94.6	32.6	21.3	6.7	150.6	77.2
上海市	5 520.9	1 728.0	1 120.9	334.6	8 820.8	4 193.0
江苏省	23 736.9	9 302.4	4 979.8	2 004.4	37 641.3	19 899.0
浙江省	12 933.5	4 781.5	2 425.9	1 022.7	19 300.9	10 524.8
安徽省	5 670.3	2 489.1	1 004.3	367.6	10 337.5	6 033.8
福建省	7 600.6	1 947.0	1 372.2	550.9	11 618.6	6 423.2
江西省	4 995.6	1 865.3	909.9	320.5	8 283.8	4 716.1
山东省	4 090.1	1 400.9	740.9	305.7	6 108.1	3 324.6
河南省	3 330.6	1 702.3	592.3	193.8	4 370.5	2 799.0

续表

指标名称	流动资产（亿元）	其中应收账款（亿元）	存货（亿元）	其中产成品（亿元）	资产总计（亿元）	负债合计（亿元）
湖北省	3 971.1	1 255.9	863.4	293.7	8 111.9	4 925.5
湖南省	2 837.3	973.7	464.3	181.3	4 881.0	2 130.9
广东省	43 774.3	12 580.6	8 644.4	2 692.3	63 827.2	35 998.1
广西壮族自治区	1 350.8	828.1	252.0	104.6	1 747.2	1 281.7
海南省	22.4	5.1	11.8	6.4	39.3	23.6
重庆市	3 144.4	1 272.1	502.2	166.7	5 074.1	3 088.1
四川省	5 294.1	2 258.6	1 104.5	451.3	8 754.8	5 542.6
贵州省	482.2	180.4	118.7	53.8	650.2	423.8
云南省	968.3	408.4	238.6	59.7	1 536.6	896.7
陕西省	2 342.4	724.7	478.6	165.4	4 628.5	2 311.7
甘肃省	244.4	53.8	66.0	29.5	719.9	304.4
青海省	515.0	168.5	82.1	23.2	940.0	633.3
宁夏回族自治区	350.9	195.4	71.7	22.4	602.8	243.5
新疆维吾尔自治区	71.6	12.0	20.0	9.5	120.6	78.4

表 4　2022 年电子信息制造业主要产品分省市产量

省市名称	移动通信手持机（万部）	微型计算机设备（万台）	集成电路（亿块）	彩色电视机（万台）
总计	156 080.0	43 418.2	3 241.9	19 578.3
北京市	9 429.5	858.6	217.9	391.9
天津市	2.1	0.1	27.2	
河北省			0.4	0.3
山西省	2 741.7	3.6		
内蒙古自治区				188.5
辽宁省	19.4	49.4	8.2	
黑龙江省			3.0	
上海市	3 204.0	2 760.7	287.7	85.2
江苏省	5 455.4	3 330.5	1 004.4	737.4
浙江省	2 616.4	129.6	194.1	
安徽省	92.3	2 950.2	25.6	1 026.3
福建省	3 168.8	1 185.3	18.1	1 075.9

续表

省市名称	移动通信手持机（万部）	微型计算机设备（万台）	集成电路（亿块）	彩色电视机（万台）
江西省	9 341.9	4946.6	16.7	3.9
山东省	454.1	0.7	40.8	2 545.6
河南省	15 622.6	97.2	0.1	36.2
湖北省	6 250.8	1 336.2		246.5
湖南省	4 846.1	208.2	54.7	6.5
广东省	62 690.0	6 948.8	516.9	10 792.0
广西壮族自治区	2 644.6	179.7	10.7	579.7
重庆市	7 448.5	8 631.9	51.5	
四川省	12 631.0	9 221.2	110.9	1 543.7
贵州省	1 313.5	0.1	3.9	283.7
云南省	2 907.4	571.0	1.1	21.8
陕西省	3 113.9	8.4	57.7	12.2
甘肃省			590.4	
新疆维吾尔自治区	85.8			0.8

软件和信息技术服务业统计数据

表 5　2022 年软件和信息技术服务业主要业务指标汇总表（1）

指标名称	企业数量（家）	软件业务收入合计（万元）	其中				软件业务出口额（万美元）
			软件产品收入（万元）	信息技术服务收入（万元）	信息安全收入（万元）	嵌入式系统软件收入（万元）	
软件企业合计	35 014	1 077 901 282	248 629 877	705 975 650	14 689 306	108 606 449	6 426 503
一、按登记注册类型分列							
内资企业	32 825	850 145 416	206 991 351	538 967 655	13 854 902	90 331 508	3 805 245
中国港、澳、台商投资企业	930	166 696 557	24 717 080	134 833 550	588 237	6 557 690	798 410
外商投资企业	1 259	61 059 309	16 921 446	32 174 446	246 166	11 717 252	1 822 848
二、按企业规模分列							
大型企业	3 908	671 491 564	143 601 935	436 491 150	8 297 982	83 100 498	5 436 063

续表

指标名称	企业数量（家）	软件业务收入合计（万元）	其中				软件业务出口额（万美元）
			软件产品收入（万元）	信息技术服务收入（万元）	信息安全收入（万元）	嵌入式系统软件收入（万元）	
中型企业	11 718	334 437 391	74 162 848	232 943 826	4 750 700	22 580 017	843 252
小型企业	18 640	69 463 213	29 973 758	34 991 526	1 582 396	2 915 534	146 715
微型企业	748	2 509 114	891 336	1 549 149	58 228	10 401	473
三、按行业分列							
软件产品行业	14 052	246 846 618	230 814 537	12 258 135	1 359 542	2 414 404	1 726 045
信息技术服务行业	17 055	698 971 283	13 370 859	682 045 195	983 424	2 571 804	2 257 384
信息安全行业	858	13113711	467 547	365 015	12 249 280	31 870	8 088
嵌入式系统软件行业	3 049	118 969 670	3 976 934	11 307 306	97 060	103 588 371	2 434 985
四、按地区分列							
东部地区	2 5915	880 730 978	194 541 410	587 943 353	11 657 692	86 588 522	5 685 071
中部地区	2 850	56 735 429	16 422 129	34 565 146	542 413	5 205 741	182 587
西部地区	4 504	114 138 523	24 550 080	72 152 627	1 874 310	15 561 507	254 912
东北地区	1 745	26 296 352	13 116 258	11 314 524	614 890	1 250 680	303 933

表 6　2022 年软件和信息技术服务业主要业务指标汇总表（2）

指标名称	从业人员期末人数（人）	其中		其中		平均用工人数（人）
		软件研发人员（人）	其他软件技术人员（人）	硕士及以上（人）	大专及本科（人）	
软件企业合计	7 375 907	2 934 051	1 225 216	1 009 044	4 856 649	7 429 032
一、按登记注册类型分列						
内资企业	6 195 141	2 485 143	999 664	775 469	4 123 051	6 237 829
中国港、澳、台商投资企业	655 380	267 683	105 354	157 422	401 182	668 007
外商投资企业	525 386	181 225	120 198	76 153	332 416	523 195
二、按企业规模分列						
大型企业	4 826 139	1 893 497	789 400	713 843	3 127 018	4 779 513
中型企业	1 780 364	708 772	303 059	200 518	1 215 297	1 878 065
小型企业	757 017	327 683	130 436	93 278	508 636	759 254
微型企业	12 387	4 099	2 321	1405	5 698	12 199

续表

指标名称	从业人员期末人数（人）	其中		其中		平均用工人数（人）
		软件研发人员（人）	其他软件技术人员（人）	硕士及以上（人）	大专及本科（人）	
三、按行业分列						
软件产品行业	2 663 416	1 135 154	426 333	390 298	1 851 281	2 655 230
信息技术服务行业	3 869 099	1 353 865	669 754	522 806	2 586 508	3 945 944
信息安全行业	154 557	61 964	30 770	19 556	121 879	153 785
嵌入式系统软件行业	688 835	383 068	98 359	76 384	296 981	674 073
四、按地区分列						
东部地区	5 426 474	2 185 663	867 548	806 775	3 556 598	5 400 227
中部地区	728 443	270 235	98 831	72 005	507 591	734 591
西部地区	867 804	345 586	174 664	93 387	542 163	943 187
东北地区	353 186	132 567	84 173	36 877	250 297	351 026

表 7　2022 年软件和信息技术服务业主要财务指标汇总表（1）

指标名称	利润总额（万元）	流动资产合计（万元）	资产总计（万元）	负债合计（万元）	固定资产投资额（万元）
软件企业合计	131 441 852	1 485 828 920	2 097 005 943	1 220 752 083	31 240 410
一、按登记注册类型分列					
内资企业	80 972 206	1 116 394 957	1 603 200 797	961 431 722	25 274 411
中国港、澳、台商投资企业	44 809 692	307 162 662	401 569 742	220 214 742	4 127 342
外商投资企业	5 659 954	62 271 301	92 235 403	39 105 620	1 838 656
二、按企业规模分列					
大型企业	100 309 674	1 098 296 326	1 514 412 832	911 494 658	21 428 966
中型企业	23 992 059	315 353 182	466 626 045	251 782 019	7 345 183
小型企业	6 937 571	71 424 673	114 351 084	56 715 843	2 421 342
微型企业	202 548	754 739	1 615 981	759 564	44 919
三、按行业分列					
软件产品行业	38 045 637	328 849 600	502 451 287	233 077 306	8 039 387
信息技术服务行业	82 642 263	1 019 354 295	1 391 992 580	882 872 902	20 021 020
信息安全行业	1 054 292	20 744 959	32 766 496	12 439 962	372 528
嵌入式系统软件行业	9 699 661	116 880 065	169 795 580	92 361 914	2 807 474

续表

指标名称	利润总额（万元）	流动资产合计（万元）	资产总计（万元）	负债合计（万元）	固定资产投资额（万元）
四、按地区分列					
东部地区	111 964 009	1 283 633 369	1 784 202 423	1 050 080 758	22 771 610
中部地区	5 531 505	71 303 831	100 658 463	50 199 089	3 551 722
西部地区	11 898 856	108 871 348	173 781 126	103 486 077	4 384 180
东北地区	2 047 482	22 020 372	38 363 931	16 986 160	532 899

表 8　2022 年软件和信息技术服务业主要财务指标汇总表（2）

指标名称	享受优惠政策已退税额（万元）	研发经费（万元）	主营业务成本（万元）	本年应付职工薪酬（万元）
软件企业合计	19 757 035	116 268 237	852 306 388	177 252 350
一、按登记注册类型分列				
内资企业	15 739 745	86 446 347	739 934 524	123 294 896
中国港、澳、台商投资企业	2 890 089	23 796 747	67 637 316	32 415 156
外商投资企业	1 127 201	6 025 142	44 734 549	21 542 298
二、按企业规模分列				
大型企业	9 998 567	82 130 767	487 438 636	124 885 766
中型企业	2 159 886	25 987 607	309 832 687	40 502 797
小型企业	7 491 940	8 080 779	52 968 831	11 752 176
微型企业	106 641	69 083	2 066 234	111 610
三、按行业分列				
软件产品行业	6 746 057	39 929 675	192 507 572	58 867 622
信息技术服务行业	11 969 738	62 159 180	567 187 681	98 262 922
信息安全行业	262 135	2 260 730	8 723 421	3 868 835
嵌入式系统软件行业	779 105	11 918 652	83 887 714	16 252 971
四、按地区分列				
东部地区	11 488 082	99 377 332	680 235 125	150 129 859
中部地区	7 183 080	5 486 205	51 473 245	9 522 768
西部地区	909 067	9 535 334	97 239 575	13 490 712
东北地区	176 805	1 869 366	23 358 442	4 109 011

表 9　2022 年软件和信息技术服务业分产品完成情况

指标名称	提供服务（产品）的企业数量（家）	本年收入（万元）
软件产品行业（E6501）		
软件产品行业合计	19 723	248 621 359
基础软件	4 329	27 418 810
平台软件	1 495	20 644 050
应用软件	9 904	153 521 177
通用应用软件	3 439	33 741 384
行业应用软件	5 938	99 319 231
移动应用软件（App）	527	20 460 563
工业软件	1979	16 903 020
产品研发设计类软件	622	5 332 691
生产控制类软件	823	8 497 497
业务管理类软件	534	3 072 833
嵌入式应用软件	1 295	17 061 728
定制软件	721	13 072 574
信息技术服务行业（E6502）		
信息技术服务行业合计	23 748	705 777 723
信息技术咨询设计服务	4 846	85 781 527
信息化规划	264	3 048 331
信息系统设计	1 452	24 289 475
信息技术管理咨询	2 515	53 802 967
信息系统工程监理	136	1 533 152
测试评估	189	1 172 588
信息技术培训	290	1 935 015
信息系统集成实施服务	3 800	78 447 269
运行维护服务	4 049	50 909 100
数据服务	4 475	94 283 074
大数据服务	2 612	59 476 426
数据加工处理服务（非海量）	478	6 695 611
数字内容处理服务	1 385	28 111 037
云服务	1 665	47 464 560

续表

指标名称	提供服务（产品）的企业数量（家）	本年收入（万元）
平台运营服务	2 247	229 547 694
电子商务平台技术服务	979	80 584 334
在线交易平台服务	794	62 014 577
在线交易支撑服务	185	18 569 757
集成电路设计	1 029	34 703 751
微控器件	80	2 778 026
逻辑电路	56	1 611 578
存储器	57	3 773 221
模拟电路	126	2 219 998
其他电路	93	4 919 379
智能卡芯片及电子标签芯片	64	2 342 237
微波单片集成电路	17	331 907
物联网模组	78	749 319
其他集成电路产品	458	15 978 087
工业互联网平台服务	618	2 766 387
区块链服务	40	1 290 027
信息安全行业（E6503）		
信息安全行业合计	2 016	14 689 089
信息安全产品	938	8 570 501
基础类安全产品	239	1 384 660
终端与数字内容安全产品	97	787 777
网络与边界安全产品	216	2 819 020
专用安全产品	139	1 690 273
安全测试评估与服务产品	96	592 838
安全管理产品	151	1 295 933
云计算安全产品	103	1 103 980
工控安全产品	117	1 026 909
移动安全产品	44	318 065
安全云服务	77	261 706
安全咨询	88	203 581

续表

指标名称	提供服务（产品）的企业数量（家）	本年收入（万元）
安全集成实施服务	279	1 645 424
安全运维服务	321	1 371 226
安全培训	49	187 697
嵌入式系统软件行业（E6504）		
嵌入式系统软件合计	4 068	169 966 888

表 10　2022 年各省市软件和信息技术服务业主要业务指标汇总表（1）

指标名称	企业数量（家）	软件业务收入合计（万元）	其中				软件业务出口额（万美元）
			软件产品收入（万元）	信息技术服务收入（万元）	信息安全收入（万元）	嵌入式系统软件收入（万元）	
软件企业合计	35 014	1 077 901 282	248 629 877	705 975 650	14 689 306	108 606 449	6 426 503
一、按省（自治区、直辖市）分列							
北京市	4 035	224 974 365	55 521 332	162 914 624	5 521 555	1 016 854	856 066
天津市	276	28 130 788	6 208 808	21 260 561	28 432	632 987	24 269
河北省	190	5 367 599	610 841	4 522 457	17 627	216 674	5 421
山西省	81	723 336	159 459	507 666	18 446	37 765	
内蒙古自治区	19	81 150	22 398	56 605		2 148	
辽宁省	1 495	20 703 917	11 811 276	7 996 809	354 361	541 470	284 065
吉林省	148	4 999 550	1 072 960	3 039 666	224 716	662 209	17 684
黑龙江省	102	592 885	232 022	278 049	35 814	47 000	2 185
上海市	1 282	89 308 213	16 992 142	71 576 797	730 359	8 915	562 600
江苏省	5 289	130 159 865	31 546 211	73 774 747	1 494 456	23 344 451	1 112 716
浙江省	1 467	91 529 299	17 209 938	69 602 919	300 431	4 416 011	424 803
安徽省	356	9 423 752	4 488 997	2 643 963	70 175	2 220 618	57 363
福建省	1 260	27 763 217	6 017 897	18 392 082	147 970	3 205 268	78 772
江西省	173	2 747 739	1 135 584	1 467 532	14 589	130 034	16 156
山东省	7 246	106 104 424	2 4501 184	47 882 884	2 346 594	31 373 762	74 154
河南省	340	5 964 493	1 480 556	4 088 901	119 488	275 548	10 656
湖北省	1 142	25 587 017	6 058 632	18 737 744	240 612	550 030	36 018
湖南省	758	12 289 091	3 098 901	7 119 341	79 104	1 991 746	62 395

续表

指标名称	企业数量（家）	软件业务收入合计（万元）	其中				软件业务出口额（万美元）
			软件产品收入（万元）	信息技术服务收入（万元）	信息安全收入（万元）	嵌入式系统软件收入（万元）	
广东省	4 822	176 128 877	35 795 496	116 896 860	1 062 920	22 373 600	2 540 672
广西壮族自治区	111	8 196 496	596 144	7 565 466	6 294	28 593	340
海南省	48	1 264 332	137 562	1 119 422	7 348		5 598
重庆市	2 004	27 074 809	6 996 565	17 686 246	548 632	1 843 367	31 833
四川省	1 378	48 415 968	13 013 441	31 128 202	1 210 740	3 063 584	149 202
贵州省	262	7 173 233	552 287	6 490 628	48 802	81 517	895
云南省	90	1 306 260	126 699	1 159 136	12 285	8 139	
陕西省	441	20 443 632	2 839 618	7 058 441	25 786	10 519 786	72 642
甘肃省	58	420 515	140 817	263 500	8 783	7 416	
青海省	7	30 562	1 181	28 472		908	
宁夏回族自治区	51	426 925	198 240	222 863	2 131	3 691	
新疆维吾尔自治区	83	568 972	62 689	493 068	10 857	2 359	
二、按副省级城市分列							
沈阳市	1 008	10 936 157	7 629 127	2 929 160	335 391	42 479	30 134
长春市	130	4 157 721	928 212	2 374 303	224 700	630 506	16 625
哈尔滨市	93	555 016	227 920	244 284	35 812	47 000	2 147
南京市	3 466	73 035 813	26 049 733	43 346 569	1 264 818	2 374 693	137 298
杭州市	767	80 370 288	14 363 703	64 593 368	243 997	1 169 220	348 811
济南市	2 398	44 033 348	13 241 848	25 037 298	1 638 698	4 115 503	42 483
武汉市	1 097	25 175 113	5 988 968	18 420 980	234 535	530 631	35 920
广州市	2 316	64 699 753	20 125 972	42 815 243	315 518	1 443 021	195 106
成都市	1 329	47 348 721	12 863 138	30 399 325	1 209 566	2 876 692	148 008
西安市	437	20 424 873	2 834 333	7 051 199	25 786	10 513 555	72 642
大连市	466	9 509 130	4 107 049	4 920 231	17 810	464 041	253 822
青岛市	2 013	36 437 535	6 048 298	11 955 474	500 635	17 933 127	15 419
宁波市	286	6 967 863	1 765 748	2 890 605	39 076	2 272 434	48 352
厦门市	622	14 455 488	2 191 525	9 898 795	75 730	2 289 438	28 109
深圳市	1 986	10 0801 443	13 373 528	67 696 197	649 761	19 081 957	2 273 051

表 11　2022 年各省市软件和信息技术服务业主要业务指标汇总表（2）

指标名称	从业人员期末人数（人）	其中		其中		平均用工人数（人）
		软件研发人员（人）	其他软件技术人员（人）	硕士及以上（人）	大专及本科（人）	
软件企业合计	7 375 907	2 934 051	1 225 216	1 009 044	4 856 649	7 429 032
一、按省（自治区、直辖市）分列						
北京市	1 105 510	487 028	267 497	202 795	839 838	1 101 635
天津市	73 764	17 776	14 309	17 456	42 020	74 245
河北省	44 195	11 053	4 976	3 848	29 799	48 289
山西省	9 853	3 308	2 266	731	7 791	9 643
内蒙古自治区	1766	583	419	78	1221	1701
辽宁省	304 791	117 350	75 898	33 335	218 083	303 425
吉林省	36 297	10 399	6 396	2 596	24 082	35 978
黑龙江省	12 098	4 818	1 879	946	8 132	11 623
上海市	495 340	198 660	85 815	98 225	284 004	496 858
江苏省	936 954	298 813	139 132	107 519	547 116	906 178
浙江省	490 837	176 958	56 654	84 730	319 342	485 213
安徽省	87 378	35 677	12 334	10 076	59 353	85 835
福建省	257 136	96 240	26 316	12 014	145 524	259 697
江西省	23 574	6411	1 949	988	13 761	23 742
山东省	761 356	313 907	134 457	151 620	415 061	754 905
河南省	56 536	17 749	10 270	3 912	35 235	60 944
湖北省	409 413	164 682	57 088	43 481	310 040	409 857
湖南省	141 689	42 408	14 924	12 817	81 411	144 570
广东省	1 255 026	582 467	137 039	128 179	928 945	1 266 865
广西壮族自治区	21 564	5 983	905	1 357	15 925	21 394
海南省	6 356	2 761	1 353	389	4 949	6 342
重庆市	261 493	111 384	53 552	23 477	155 394	251 858
四川省	373 230	117 812	71 704	41 400	236 676	380 142
贵州省	31 015	5 338	5 312	2 091	16 901	29 599
云南省	17 690	9 269	1 552	890	13 668	17 090
陕西省	142 822	90 565	37 797	23 480	89 189	222 404

续表

指标名称	从业人员期末人数（人）	其中		其中		平均用工人数（人）
		软件研发人员（人）	其他软件技术人员（人）	硕士及以上（人）	大专及本科（人）	
甘肃省	5 900	1 785	968	260	4 639	5 890
青海省	422	120	200	24	389	433
宁夏回族自治区	3 647	1 074	400	185	2 231	3 584
新疆维吾尔自治区	8 255	1 673	1 855	145	5 930	9 093
二、按副省级城市分列						
沈阳市	140 840	68 464	30 336	21 820	115 091	140 323
长春市	30 317	9 575	5 255	2 328	19 370	30 087
哈尔滨市	11 222	4 507	1 735	880	7 646	10 751
南京市	536 528	201 871	89 530	82 339	366 438	503 506
杭州市	369 283	152 704	44 511	79 442	258 398	366 356
济南市	331 531	130 881	48 664	102 778	173 408	324 407
武汉市	406 262	163 606	56 806	43 321	308 692	406 678
广州市	555 734	171 617	71 923	31 651	421 156	555 715
成都市	364 058	115 464	70 346	40 500	230 685	370 701
西安市	142 292	90 315	37 681	23 452	88 843	221 880
大连市	160 662	47 897	44 981	11 354	100 860	159 689
青岛市	227 489	120 207	62 228	36 499	147 786	225 684
宁波市	82 565	14 846	7 167	3 781	39 316	79 490
厦门市	130 376	51 714	10 122	4 609	54 778	134 344
深圳市	585 178	362 229	32 616	89 562	424 168	597 652

表 12　2022 年各省市软件和信息技术服务业主要财务指标汇总表（1）

指标名称	利润总额（万元）	流动资产合计（万元）	资产总计（万元）	负债合计（万元）	固定资产投资额（万元）
软件企业合计	131 441 852	1 485 828 920	2 097 005 943	1 220 752 083	31 240 410
（一）按省（自治区、直辖市）分列					
北京市	24 600 619	308 151 555	445 598 254	256 434 530	4 116 134
天津市	1 380 175	22 742 084	30 315 016	17 858 023	193 557

续表

指标名称	利润总额（万元）	流动资产合计（万元）	资产总计（万元）	负债合计（万元）	固定资产投资额（万元）
河北省	436 172	5 678 207	8 281 265	5 474 237	386 004
山西省	128 084	1 481 380	2 648 428	1 065 376	96 834
内蒙古自治区	12 303	113 759	152 088	65 877	713
辽宁省	1 201 816	16 343 597	28 117 178	14 097 565	379 452
吉林省	820 404	4 560 777	8 860 557	2 273 610	139 456
黑龙江省	25 263	1 115 998	1 386 196	614 985	13 991
上海市	12 759 511	138 730 796	184 739 519	107 607 597	2 651 876
江苏省	14 296 275	135 139 445	197 146 012	108 782 117	5 861 386
浙江省	22 415 544	154 608 880	207 064 684	106 828 643	2 730 045
安徽省	870 695	9 778 299	15 406 580	7 916 442	700 921
福建省	3 325 524	19 058 911	43 387 505	21 882 898	468 994
江西省	351 803	3 102 769	4 009 711	2 752 460	57 642
山东省	8 590 486	91 799 639	169 044 480	72 042 270	4 238 231
河南省	439 925	6 288 102	8 529 949	4 014 767	164 341
湖北省	2 460 538	31 620 978	41 711 466	22 825 666	2 007 403
湖南省	1 280 459	19 032 301	28 352 328	11 624 378	524 581
广东省	23 850 941	405 624 014	495 903 932	352 478 290	2 118 292
广西壮族自治区	818 854	6 787 433	8 455 184	4 812 324	77 780
海南省	308 762	2 099 838	2 721 755	692 153	7 092
重庆市	2 356 808	27 304 227	38 260 900	22 060 029	784 363
四川省	6 825 931	48 894 212	88 103 877	52 943 085	1 324 080
贵州省	329 814	5 404 623	12 636 842	6 459 259	1 250 511
云南省	45 887	1 671 638	2 007 920	1 345 834	24 026
陕西省	1 395 238	16 357 101	20 814 739	13 724 131	803 132
甘肃省	46 270	778 639	1 154 615	706 855	48 365
青海省	7 662	90 305	99 364	57 027	715
宁夏回族自治区	40 332	282 219	647 945	412 942	63 623
新疆维吾尔自治区	19 757	1 187 192	1 447 652	898 716	6 873
（二）按副省级城市分列					
沈阳市	463 971	3 341 922	11 643 967	4 744 347	39 973

续表

指标名称	利润总额（万元）	流动资产合计（万元）	资产总计（万元）	负债合计（万元）	固定资产投资额（万元）
长春市	672 224	3 850 886	7 795 307	1 886 560	138 786
哈尔滨市	20 143	1 074 590	1 339 313	598 441	13 719
南京市	9 681 878	74 519 205	113 106 997	66 456 102	1 478 277
杭州市	21 049 455	141 923 473	190 100 963	97 673 952	2 260 961
济南市	4 557 630	60 363 047	92 860 919	42 000 098	3 288 698
武汉市	2 444 045	31 232 536	41 153 171	22 489 839	1 938 929
广州市	8 318 389	55 688 632	89 699 920	43 255 684	717 662
成都市	6 744 002	47 026 307	85 734 983	51 465 163	1 286 223
西安市	1 392 339	16 331 052	20 779 421	13 715 022	803 036
大连市	729 811	12 648 091	15 584 055	9 073 681	326 471
青岛市	2 210 219	17 218 691	49 535 656	16 769 943	239 657
宁波市	697 328	7 727 681	10 357 532	5 838 157	321 932
厦门市	2 084 509	2 649 018	20 938 575	10 143 734	175 148
深圳市	14 376 798	334 854 645	382 083 673	298 673 492	1 091 940

表 13　2022 年各省市软件和信息技术服务业主要财务指标汇总表（2）

指标名称	享受优惠政策已退税额（万元）	研发经费（万元）	主营业务成本（万元）	本年应付职工薪酬（万元）
软件企业合计	19 757 035	116 268 237	852 306 388	177 252 350
一、按省（自治区、直辖市）分列				
北京市	5 880 964	29 640 107	127 745 223	46 025 927
天津市	92 839	867 987	25 674 909	1 431 861
河北省	79 818	378 269	5 139 548	854 842
山西省	10 579	75 689	628 246	118 604
内蒙古自治区	598	9 404	60 018	18 266
辽宁省	52 699	1 536 922	18 259 687	3 616 040
吉林省	119 454	219 210	4 580 861	377 494
黑龙江省	4 652	113 234	517 895	115 477
上海市	1 189 883	10 350 284	57 412 761	17 860 180
江苏省	902 723	8 012 748	165 341 217	15 868 005

续表

指标名称	享受优惠政策已退税额（万元）	研发经费（万元）	主营业务成本（万元）	本年应付职工薪酬（万元）
浙江省	851 145	12 681 507	54 975 867	17 266 616
安徽省	73 197	1 074 056	8 548 391	1 641 214
福建省	309 680	2 170 812	23 894 499	4 346 030
江西省	11 903	185 283	2 185 990	261 678
山东省	510 244	8 455 945	97 703 260	15 832 433
河南省	44 114	458 316	6 522 830	625 237
湖北省	331 036	2 664 735	21 685 145	4 658 095
湖南省	6 712 251	1 028 127	11 902 644	2 217 941
广东省	1 656 061	26 452 210	121 945 743	30 043 997
广西壮族自治区	34 134	129 820	6 240 031	306 752
海南省	14 725	367 463	402 099	599 969
重庆市	91 188	2 442 500	17 955 862	2 917 784
四川省	585 641	3 802 086	47 331 448	6 541 145
贵州省	21 603	813 730	5 875 312	473 646
云南省	2 352	79 233	1 319 519	129 795
陕西省	159 878	2 148 537	17 011 857	2 878 737
甘肃省	5 155	25 845	465 209	72 505
青海省	145	4 815	39 008	8 194
宁夏回族自治区	5 815	42 373	362 112	41 578
新疆维吾尔自治区	2 558	36 990	579 198	102 311
二、按副省级城市分列				
沈阳市	20 488	1 023 587	8 510 338	1 046 763
长春市	105 659	197 773	3 505 641	321 867
哈尔滨市	4 392	109 576	488 709	104 105
南京市	417 969	4 763 361	75 726 412	9 047 610
杭州市	725 392	10 221 369	44 411 280	15 591 775
济南市	167 890	2 888 570	39 851 776	4 776 451
武汉市	323 381	2 646 674	21 299 838	4 629 958
广州市	296 829	8 898 534	47 381 899	10 268 372
成都市	575 529	3 695 959	45 634 462	6 373 995

续表

指标名称	享受优惠政策已退税额（万元）	研发经费（万元）	主营业务成本（万元）	本年应付职工薪酬（万元）
西安市	15 9825	2 145 093	17 003 237	2 874 888
大连市	28 930	497 782	9 522 655	2 550 420
青岛市	199 303	4 560 074	32 075 929	4 338 329
宁波市	56 240	2 123 030	6 907 191	1 111 673
厦门市	67 960	790 559	12 205 627	1 960 560
深圳市	1 221 549	15 843 951	67 356 931	17 386 926

电子信息制造业

通信设备行业

【概况】 2022年，中国通信设备行业保持稳中向好运行态势，电信业务收入延续较快增长态势，呈现趋势向好、结构优化、动能增强的发展特点；5G、千兆光网等新型基础设施建设适度超前部署，不断增强数字化发展支撑作用；信息服务供给提质升级，为推动经济发展持续注入数字化新动能。

设备生产销售走强向好。“双千兆”网络方面，覆盖广度深度持续扩展，中国已建成全球规模最大的光纤和移动宽带网络。截至2022年年底，中国光缆线路总长度达5 958万千米，比上年末净增477万千米，网络运力不断增强。同时，固定网络也逐步实现从百兆向千兆跃升，中国建成具备千兆服务能力的10G PON端口数达1 523万个，比上年末几乎翻倍，全国有110个城市达到千兆城市建设标准。电话用户方面，2022年，中国电话用户净增3 933万户，总数达18.63亿户，其中，移动电话用户总数16.83亿户，全年净增4 062万户，普及率达119.2部/百人，比上年末提高2.9部/百人。基站建设方面，2022年，中国移动通信基站总数达1 083万个，全年净增87万个，其中，5G基站为231.2万个，全年新建5G基站88.7万个，中国5G基站总量占全球的60%以上，每万人拥有5G基站数达16.4个。中国移动通信终端设备市场应用需求逐年增长，移动网络基础建设设备产量逐年增加，不断拉动中国通信设备行业市场发展。

投资规模不断增加。2022年，通信业完成固定资产投资总额为4 193亿元，在上年高基数的基础上增长3.3%。投资进一步向新基建倾斜，其中完成5G投资超1 803亿元，占比达43%；互联网及数据通信投资增长最快，同比增长26.2%。数据流量消费活跃。2022年，智能制造、智慧医疗、智慧教育、数字政务等领域融合应用成果不断涌现，全国投资建设的“5G＋工业互联网”项目数超4 000个，打造一批5G全连接工厂。电信企业利用5G切片技术提供超1.4万个5G虚拟专网，助力各行业加快数字化转型。

产业体系日臻完善。作为数据信息交换、计算、储存的重要载体，3家基础电信企业持续加大数据中心建设投入。截至2022年年底，为公众提供服务的数据中心机架数达81.8万个，比上年末净增8.4万个。其中，中西部地区机架数占比达21.9%，较上年末提高0.6个百分点，数据中心过度集中在东部地区的局面有所改善。基础电信企业加大自身算力建设力度，自用数据中心机架数比上年末净增16万个，对外提供的公共基础算力规模超 18EFLOPS，着力打造网络、连接、算力、数据、安全等一体化融合服务能力，为提供高质量新型数字化服务奠定基础。

【科技进步与应用】 5G 领域，2022 年 5G 发展成效显著，正在加速产业数字化，全面赋能经济社会发展。运营商 5G 投资超 4 000 亿元，共带动 8.6 万亿元的经济产出。宁德时代新能源科技股份有限公司（以下简称宁德时代）5G 智慧工厂项目建设 1 张横跨 6 省份超 500 万平方米的全国最大企业 5G 专网，创新使用“2.6G+4.9G 双频组网”“5G UPF+ 风筝方案”“全国 5G 专网管理平台”等技术，通过 5G 网络与高速运动视频流 AI 检测、智能维护预测系统等应用的结合，推动宁德时代实现绿色低碳“智变”，为其迈向“全连接 + 极限制造”智慧工厂的目标打下坚实基础。交通银行股份有限公司（以下简称交通银行）5G 全域智能金融云专网项目，在金融行业首次进行全国范围的“5G + 金融”探索与创新，利用电信 5G 切片、后路由、SD-WAN、AI、大数据等新型技术，助力交通银行加快推进数字化转型、建设安全泛在的新型金融基础设施，形成多元融通的金融服务智慧再造体系。中国移动通信集团江苏有限公司携手东南大学、华为技术有限公司（以下简称华为）、中兴通讯股份有限公司等单位，致力于 5G 车路协同技术研究及产业化应用，通过跨行业跨领域协同，聚焦 5G-V2X 通信技术与标准突破、端到端产品自主研制、测试评估体系及示范应用，有效推动中国车路协同技术与产业发展，已在江苏省等地建设 30 余个应用示范；在无锡市主导建成全球首个城市级规模应用，并荣获工业和信息化部授予的首个国家级车联网先导区称号。在南京市、苏州市的测试基地支撑自动驾驶道路测试政策发布及测试牌照发放，已服务 50 余家企业，累计测试里程超 500 万千米，有效促进产业链的发展和成熟。

量子通信领域，量子通信行业快速发展，市场规模稳定扩大。2022 年 11 月，清华大学、浙江大学与合作者展示一款 121 比特的超导量子处理器，同月还基于离散变量编码的逻辑量子比特突破量子纠错的盈亏平衡点，显示硬件有效的离散变量量子纠错码的应用潜力。2022 年 5 月，中国电信集团有限公司发布基于量子信息技术的 VoLTE 加密通话产品——天翼量子高清密话，该产品采用国产定制手机、量子安全 SIM 卡和国密算法“三重保护”，在保障终端原生支持、VoLTE 高清通话基础上，为用户提供“管 - 端 - 芯”一体化安全防护，并带来科技、时尚、安全和便捷的保密通信新体验。2022 年 12 月，中国移动通信有限公司研究院与本源量子计算科技（合肥）股份有限公司首次签署合作协议，为 5G 及 6G 面临的算力瓶颈探索量子算法解决方案。2022 年 8 月，合肥量子城域网正式开通，该网络依托电子政务外网，覆盖 8 个核心网站点、159 个接入网站点，全长 1 147 千米，为合肥市、区两级数百家党政机关提供量子安全接入服务，成为规模最大、用户最多、应用最全的量子保密通信城域网。2022 年 10 月，中国科学技术大学与中国科学院上海技术物理研究所等单位合作，通过发展大功率低噪声光梳、高灵敏度高精度线性采样、高稳定高效率光传输等技术，首次在国际上实现百千米级的自由空间高精度时间频率传递，时间传递稳定度达到飞秒量级，频率传递万秒稳定度优于 4×10^{-19}，有效验证星地链路高精度光频标比对的可行性，向建立广域光频标网络迈出重要一步。

光通信领域，光通信业持续赋能经济社会数字化发展，助推数字经济加速到来。2022 年 8 月，光电子集成芯片领先企业奇芯光电科技有限公司宣布完成 3.5 亿元 Pre-IPO 轮融资。2022 年 12 月，被誉为“中国光纤环第一股”的长盈通（武汉长盈通光电技术有限公司）成功在科创板上市，成为光谷（武汉东湖新技术开发区）第 57 家上市公司，该公司通过积极拓展上下游业务，已构建涵盖光纤环器件（含光模块）、特种光纤（含特种光缆）、胶黏剂和涂覆材料、光器件设备及其他附件备件产品和服务在内的完整业务体系，打通“环 - 纤 - 胶 - 模块 - 设备”一体化微型产业链。2022 年 12 月，由无锡市滨湖区与上海交通大学携手共建的无锡光子芯谷创新中心（一期）正式举行开工仪式，该项目致力于高端光子集成芯片的研发，聚焦量子计算、光学人工智能与光通信前沿技术和产业化应用，打造全球光子芯片设计研发及产业化集聚区。

【政策与法规】 2022 年 1 月，工业和信息化部办公厅、国家发展改革委办公厅印发《关于促进云网融合　加快中小城市信息基础设施建设的通知》，提出持续完善城区光缆网络，加快建设新型 IP 城域网、光传送网络（OTN）、5G 承载网、云专网等，重点聚焦政务服务、社会管理、工业制造、交通、教育、医疗、文化旅游等传统基础设施领域，开展千兆虚拟专网建设试点，协同部署工业无源光网络（PON）、工业 OTH、5G 基站、边缘计算、行业终端等设施，推广应用网络切片、AI、物联网等新技术，建设适应数字化发展的融合基础设施体系。

2022 年 4 月，工业和信息化部印发《中华人民共和国工业和信息化部公告 2022 年第 10 号》，批准 555 项行业批准，其中，通信行业标准 85 项，涉及 5G、数据中心、人工智能、大数据、云计算、绿色制造、互联网、通信电源等领域。

2022 年 6 月，国家发展改革委印发《“十四五”新型城镇化实施方案》，指出推进第五代移动通信（5G）网络规模化部署和基站建设，确保覆盖所有城市及县城，显著提高用户普及率，扩大千兆光网覆盖范围。

2022 年 8 月，工业和信息化部、国家发展改革委、财政部等七部门联合印发《信息通信行业绿色低碳发展行动计划（2022—2025 年）》，提出到 2025 年信息通信行业绿色低碳发展管理机制基本完善，节能减排取得重点突破，行业整体资源利用效率明显提升，助力经济社会绿色转型能力明显增强，单位信息流量综合能耗比“十三五”期末下降 20%，单位电信业务总量综合能耗比“十三五”期末下降 15%，遴选推广 30 个信息通信行业赋能全社会降碳的典型应用场景。展望 2030 年，信息通信行业绿色低碳发展总体布局更加完善，信息基础设施整体能效全球领先，绿色产业链供应链稳定顺畅，有力支撑经济社会全面绿色转型发展。

2022 年 10 月，工业和信息化部、教育部、文化和旅游部等五部门联合印发《虚拟现实与行业应用融合发展行动计划（2022—2026 年）》，提出到 2026 年三维化、虚实融合沉浸影音关键技术重点突破，新一代适人化虚拟现实终端产品不断丰富，产业生态进一步完善，虚拟现实在经济社会重要行业领域实现规模化应用，形成若干具有较强国际竞争力的骨干企业和产业集群，打造技术、产品、服务和应用共同繁荣的产业发展格局。

【市场预测与分析】 近年来，数字经济在世界范围内蓬勃发展，对经济增长、生产生活方式及国际生产格局产生重要影响，数字化转型已成为各国高度关注的重要问题。数字经济的发展依赖网络传输速度的不断提升，下一代数据中心交换机、高端核心路由器等作为未来高带宽网络传输的关键设备，其大规模应用可进一步提升网络传输速度，保障网络的高效和稳定，有助于应用技术的融合与进步，并孕育出各种新模式、新业态，催生多种新兴产业。高端网络设备的应用将全面支撑各行各业在新一代网络时代的业务发展，助力企业的数字化转型。

5G 商用将促进网络流量快速增长，带动网络设备需求。GSA 的最新统计数据显示，随着 5G 商用逐渐成熟，下游应用生态将得到快速拓展，整体流量将产生爆发式增长，从而促进网络设备产业快速发展以匹配流量增长的需求。5G 技术的大规模产业化、市场化应用，需要以运营商网络设备的先期投入为先决条件，运营商对 5G 网络及相关配套设施的投资，将直接增加中国对网络设备的需求。随着 5G 向垂直行业应用的渗透融合，各行业在 5G 设备上的支出将稳步增长，成为带动相关设备制造企业收入增长的主要力量。2030 年，预计各行业各领域在 5G 设备上的支出将超 5 200 亿元。

数据中心交换速率不断提升，带动网络设备升级更新的需求。传统数据中心主要基于 10G 网络架构，随着数据流量的不断增长，特别是 5G 时代到来后流量激增，数据中心面临着更大的来自应用和数据的网络压力，亟待解决数据中心之间的海量数据高速迁移问题，消除数据中心之间的带宽瓶颈，大幅提升数据中心之间的带宽利用率。目前，中国主流的数据中心交换机端口速率正在由 10G/40G 向 25G/100G 升级演进，25G/100G 数据中心交换机市场需求呈现爆发式增长。

大型数据中心建设驱动交换机产品架构的开放式创新。大型数据中心建设需要较多数量的交换机，对交换机产品的兼容性及开放性提出较高要求。随着云计算市场不断发展，大型及超大型数据中心建设不断加速，在此背景下，软硬件解耦的白盒交换机市场得到迅猛发展。白盒交换机将硬件与软件分离，下游数据中心客户可选择为交换机安装外部操作系统，并实现对交换机的统一部署与维护，极大提高数据中心的运维效率。

【市场格局】 通信设备方面，2022 年，中国 75.1% 的移动通信手持机产自广东省、河南省、四川省、江西省、北京市、重庆市，产量同比下降 3.8%。电信设备方面，全球前七大供应商共同占据整个市场规模的 80%左右。尽管华为在多方面受到阻碍，失去中国以外地区的一些市场，但它仍然领导着全球电信设备市场，在多数领域保持头号供应商的地位。在海外市场，诺基亚、爱立信和华为分别约占 20%、18%和 18%的市场份额。

手机厂商方面，2022 年，中国智能手机市场出货量排名前五的厂商分别为 vivo、荣耀、OPPO、苹果、小米。在这五大手机厂商中，仅荣耀实现同比增长，增幅高达 34.4%，其全年总出货量从原有排名跃升至第 2 位。vivo 则依靠子品牌 iQOO 手机提升销量，iQOO 手机销量同比增长 26.9%。然而，2022 年全年中国智能手机市场出货量仅约 2.86 亿台，同比下降 13.2%，创有史以来最大降幅。时隔 10 年，中国智能手机市场出货量再次回落到 3 亿台以下。

[撰稿：陈俊岳　审稿：李强]

广播电视设备行业

【概况】 2022 年，中国广播电视行业着眼加快行业转型升级，深化拓展广播电视和网络视听舆论引导能力提升工程、新时代精品工程、智慧广电建设工程、视听中国播映工程、安全播出工程、管理优化工程“六大工程”，进一步提升舆论引导、精品创作、智慧广电发展、国际传播、安全防护、行业治理六个能力，努力以能力提升促进发展，展现新气象，实现新作为。

2022 年是全国地面数字电视 700MHz 频率迁移实施的关键一年。700MHz 频率迁移是广电 5G 网络建设、运营的重要基础条件。全国数字广播电视频率迁移将分阶段完成迁移工程，共涉及台站 6 000 多座、数字电视发射机 13 600 多部。

【主要经济指标】 据中国广播电视设备工业协会统计，2022 年全部产品现价工业总产值 161.0 亿元（注：此数据由文后表格对应统计数据四舍五入获得，下同），比上年减少 30.4%，其中，本行业产品现价工业总产值 155.6 亿元，比上年增加 0.9%；全部产品工业增加值比上年减少 33.6%，其中，本行业产品工业增加值比上年增加 38.4%；全部产品销售收入 155.6 亿元，比上年减少 29.5%，其中，本行业产品销售收入 151.6 亿元，比上年增加 3.7%；上缴税金总额 3.5 亿元，比上年增加 32.1%；利润总额 10.0 亿元，比上年减少 39.3%；固定资产净值平均余额 19.3 亿元，比上年减少 25.5%。

本行业年末产成品存货约 546.5 万部（台、件），比上年减少 46.6%，其中，卫星广播电视地面接收设备（包括卫星接收机顶盒及分别销售的天线、高频头等，下同）年末产成品存货 536.7 万台（件），视音频节目制作和播控设备年末产成品存货 2 071 部，广播发射机（含中波、短波、调频发射机，下同）年末产成品存货 314 部，电视发射机年末产成品存货 654 部，广播电视配套产品及微波传输类设备年末产成品存货 9.5 万台（件）。

【企事业单位】 据中国广播电视设备工业协会统计，截至 2022 年年底，中国广播电视设备工业协会有会员单位 190 家，其中，研究机构 5 家、研制生产企业 185 家。在会员单位中，主要从事有线电视设备与工程的单位 56 家，主要从事无线发射与传输设备与系统研制生产的单位 45 家，主要从事广播电视配套设备研制生产的单位 38 家，主要从事视音频节目制作和播控设备研制生产的单位 31 家，主要从事卫星广播电视地面接收设备研制生产的单位 20 家。

按经济类型划分，在会员单位中，股份制企业有 75 家，股份合作制企业有 41 家，国有企业有 25 家，外商及中国港、澳、台商投资企业有 22 家，集体企业有 13 家，其他企业有 14 家。

【从业人员】 截至 2022 年年底，190 家会员单位全部在册从业人员 97 024 人，其中，技术人员 27 892 人，占在册从业人员总数的 28.7%，在册从业人员总数、技术人员数比上年有所减少。

【生产与销售】 据中国广播电视设备工业协会统计，2022 年本行业各类产品的生产量、销售量、销售收入及产成品存货情况如下。

广播发射机生产量 5 599 部，比上年减少 8.8%；销售量 5 180 部，比上年减少 9.1%；销售收入 1.2 亿元，比上年减少 36.8%；年末产成品存货 314 部，比上年增加 4.7%。

电视发射机生产量 6 620 部，比上年增加 403.8%；销售量 6 341 部，比上年增加 480.1%；销售收入 4.8 亿元，比上年增加 345.8%；年末产成品存货 654 部，比上年增加 60.7%。

微波传输设备生产量 189 台（件），比上年减少 52.2%；销售量 1 247 台（件），比上年增加 230.8%；销售收入 0.1 亿元，比上年减少 6.6%；年末产成品存货 9 台（件），比上年减少 99.1%。

有线电视及网络工程销售收入 91.0 亿元，比上年增加 19.1%。

卫星广播电视地面接收设备生产量 6 967 万台（件），比上年减少 7.1%；销售量 7 397 万台（件），比上年增加 3.2%；销售收入 104.3 亿元，比上年增加 17.2%；年末产成品存货 536.7 万台（件），比上年减少 42.8%。

视音频节目制作和播控设备生产量 2 666 部，比上年减少 78.0%；销售量 5 477 部，比上年减少 55.8%；销售收入 4.6 亿元，比上年减少 65.4%；年末产成品存货 2 071 部，比上年减少 56.6%。

广播电视配套设备生产量 256.6 万台（件），比上年减少 89.4%；销售量 207.2 万台（件），比上年增加 19.5%；销售收入 9.7 亿元，比上年增加 64.7%；年末产成品存货 9.5 万台（件），比上年减少 88.6%。

【科技进步与应用】 在 2022 广播电视科技创新奖评审中，杭州当虹科技股份有限公司等 10 家企业的“8K AVS3 双 Vivid 超高清编解码设备”等 10 个项目获得 2022 广播电视科技创新优秀奖；成都索贝数码科技股份有限公司等 5 家企业获得 2022 广播电视科技创新企业奖；8 人获得 2022 广播电视科技创新优秀个人奖。

【进出口贸易】 据中国广播电视设备工业协会统计，2022 年本行业产品出口交货值 47.4 亿元，比上年增加 13.2%。

【政策与法规】 2022 年 2 月 11 日，国家广播电视总局发布最新修订的《广播电视管理条例》。该条例的制定旨在加强广播电视管理，发展广播电视事业，促进社会主义精神文明和物质文明建设；经 1997 年 8 月 1 日国务院第 61 次常务会议通过，1997 年 8 月 11 日《中华人民共和国国务院令第 228 号》发布；根据 2013 年 12 月 7 日《国务院关于修改部分行政法规的决定》第一次修订，根据 2017 年 3 月 1 日《国务院关于修改和废止部分行政法规的决定》第二次修订，根据 2020 年 11 月 29 日《国务院关于修改和废止部分行政法规的决定》第三次修订。

2022 年 4 月 2 日，工业和信息化部印发《无线电频率使用和在用无线电台（站）监督检查暂行办法》。该办法旨在规范无线电频率使用和在用无线电台（站）的监督检查行为，保障无线电台（站）的正常使用，维护正常的无线电波秩序。随着申请无线电频率使用许可和设置、使用无线电台（站）许可的需求不断上升，电磁环境日益复杂，无线电干扰风险不断增加，对无线电管理机构监管能力的要求日益提高。为落实《中华人民共和国无线电管理条例》第五十六条的规定，并贯彻《国务院关于加强和规范事中事后监管的指导意见》，亟须制定该办法，以明确细化检查方式、内容、程序和结果处理，统一规范行政执法行为，推进依法行政，提高监管效能，从而确保无线电事业的健康发展。

2022 年 9 月 26 日，为保证广播电视无线传输覆盖业务的正常进行，维护广播电视播出秩序，加强对广播电视无线传输覆盖业务的管理，根据《广播电视管理条例》和《广播电视设施保护条例》，国家广播电视总局印发《广播电视无线传输覆盖网管理办法》。该办法适用于广播电视无线传输覆盖网（以下简称无线传输覆盖网）的规划、建设、使用和管理等活动，明确无线传输覆盖网包括的设施，如广播电视发射台、转播台、差转台等。同时，该办法规定了国家广播电视总局在无线传输覆盖网管理方面的职责，包括：组织制定全国无线传输覆盖网规划、审批业务，指配专用频段频率，对全国无线传输覆盖网进行管理，等等。

2022 年 9 月 26 日，为规范并加强广播电视节目传送业务的管理和秩序，国家广播电视总局印发《广播电视节目传送业务管理办法》。该办法明确，广播电视节目传送业务是指利用有线方式从事广播电视节目传输和接入服务的活动；并规定国家广播电视总局负责全国范围内的业务管理，而县级以上人民政府广播电视主管部门负责其行政区域内的业务管理。此外，国家对广播电视节目传送业务实行许可制度，利用有线方式从事广播电视节目传送业务需要按该管理办法规定取得《广播电视节目传送业务经营许可证》，而利用无线、微波、卫星等其他方式从事广播电视节目传送业务需要按照国家有关规定办理相关审批手续。

【市场分析】 广播电视设备市场包括有线电视设备与工程、直播卫星户户通、地面无线广播电视发射设备等重要方面。

有线电视设备与工程 根据国家广播电视总局发布的《2022 年全国广播电视行业统计公报》，截至 2022 年年底，全国有线电视实际用户 2.00 亿户，同比下降 1.96%；高清和超高清用户 1.10 亿户，与去年基本持平，其中，高清和超高清视频点播用户 3 981 万户，占点播用户的比例达 94.43%；智能终端用户 3 745 万户，同比增长 12.63%；有线电视双向数字实际用户 9 820 万户，同比增长 1.23%；全国交互式网络电视（IPTV）用户超 3 亿户，互联网电视（OTT）平均月度活跃用户超 2.7 亿户，互联网视频年度付费用户超 8 亿户，互联网音频年度付费用户达 1.5 亿户，短视频上传用户超 7.5 亿户。

直播卫星户户通 国家广播电视总局卫星直播中心统计数据显示，截至 2022 年 12 月 31 日，全国直播卫星用户达 1.33 亿户，上年同期为 1.32 亿户，同比增长 0.76%。农村有线广播电视实际用户 0.66 亿户，在有线网络未通达的农村地区直播卫星用户 1.50 亿户，同比增长 1.35%。

地面无线广播电视发射设备 据中国广播电视设备工业协会统计，2022 年地面无线广播电视发射设备销售收入（包括配套设备和微波设备）达 15.8 亿元，同比增长 75.6%。

广播电视节目综合人口覆盖率持续提升。截至 2022 年年底，全国广播节目和电视节目综合人口覆盖率分别达 99.65% 和 99.75%，比上年分别提高 0.17 个百分点和 0.09 个百分点。农村广播节目和电视节目综合人口覆盖率分别为 99.49% 和 99.65%，比上年分别提高 0.23 个百分点和 0.13 个百分点。

2022 年，智慧广电建设纵深推进，广电网络开启“有线 +5G”融合传播新时代。全国地级及以上播出机构经批准开办高清电视频道 1 082 个、4K 超高清电视频道 8 个、8K 超高清电视频道 2 个。新闻资讯类、综艺益智类电视节目高清超高清制作比例分别提升至 70.72%、64.99%，比上年分别增长 8.39 个百分点、5.56 个百分点，这显示了电视高清化超高清化进程的显著加速。此外，全国有线电视网络整合与广电 5G 建设一体化发展取得突破性进展，广电 5G 网络正式开通运营，广电 5G 用户超 550 万户。

【统计数据】

表 1　2020—2022 年中国广播电视设备行业主要经济指标完成情况

项目名称	单位	2020 年	2021 年	2022 年	2022 年增长率（%）
全部产品现价工业总产值	万元	2 022 788	2 312 923	1 609 745	−30.4
其中，本行业产品现价工业总产值	万元	1 324 762	1 541 685	1 555 680	0.9
销售收入	万元	1 940 430	2 207 898	1 556 390	−29.5
其中，本行业产品销售收入	万元	1 299 386	1 462 179	1 516 336	3.7
利润总额	万元	148 119	164 357	99 689	−39.3

续表

项目名称	单位	2020 年	2021 年	2022 年	2022 年增长率（%）
上缴税金总额	万元	38 230	26 128	34 517	32.1
出口交货值	万元	349 000	419 143	474 462	13.2
其中，本行业产品出口交货值	万元	349 000	419 143	474 462	13.2
固定资产净值平均余额	万元	236 309	258 982	192 969	–25.5

表 2　2022 年中国广播电视设备行业规模以上主要制造商及从业人员情况

类别	企事业单位数量（家）	其中		年末从业人员数（人）	其中
		研究机构（家）	企业（家）		技术人员（人）
合计	190	5	185	97 024	27 892
按专业分类					
有线电视设备与工程	56	3	53		
无线发射与传输设备与系统	45	1	44		
视音频节目制作和播控设备	31		31		
卫星广播电视地面接收设备	20		20		
广播电视配套设备	38	1	37		
按经济类型分类					
国有企业	25	5	20		
集体企业	13		13		
股份合作制企业	41		41		
股份制企业	75		75		
外商及中国港、澳、台商投资企业	22		22		
其他企业	14		14		

表 3　2020—2022 年中国广播电视设备行业主要产品产量情况

产品名称	单位	2020 年		2021 年		2022 年	
		产量	增长率（%）	产量	增长率（%）	产量	增长率（%）
中波广播发射机	部	101	–21.7	181	79.2	137	–24.3
短波广播发射机	部	52	–28.8	16	–69.2	9	–42.5
调频广播发射机	部	5 501	–26.1	5 939	8.0	5 453	–8.2
VHF 1kW 以上电视发射机	部	124	–20.0	64	–48.4	54	–15.6

续表

产品名称	单位	2020 年		2021 年		2022 年	
		产量	增长率(%)	产量	增长率(%)	产量	增长率(%)
UHF 1kW 以上电视发射机	部	308	-0.3	364	18.2	1 850	408.2
VHF 1kW 以下电视发射机	部	214	-31.6	120	-43.9	292	143.3
UHF 1kW 以下电视发射机	部	824	-14.6	766	-7.0	4 424	477.5
微波传输设备	台（件）	345	-12.0	395	14.5	189	-52.2
卫星广播电视地面接收设备	万台（件）	6 173	9.3	7 499	21.5	6 967	-7.1
视音频节目制作和播控设备	部	17 208	-77.5	12 113	-29.6	2 666	-78.0
广播电视配套设备	台（件）	2 549 853	73.5	24 326 666	854.0	2 566 487	-89.4

表 4　2020—2022 年中国广播电视设备行业主要产品销量情况

产品名称	单位	2020 年		2021 年		2022 年	
		销量	增长率(%)	销量	增长率(%)	销量	增长率(%)
中波广播发射机	部	110	-32.5	183	66.4	134	-26.8
短波广播发射机	部	52	-28.8	15	-71.2	3	-78.7
调频广播发射机	部	5 012	-30.8	5 498	9.7	5 043	-8.3
VHF 1kW 以上电视发射机	部	124	-17.9	60	-51.6	57	-5.0
UHF 1kW 以上电视发射机	部	291	2.1	242	-16.8	1 523	529.3
VHF 1kW 以下电视发射机	部	178	-30.5	124	-30.3	284	129.0
UHF 1kW 以下电视发射机	部	731	-25.2	667	-8.8	4 477	571.2
微波传输设备	台（件）	361	13.5	377	4.4	1 247	230.8
卫星广播电视地面接收设备	万台（件）	6 096	8.5	7 166	17.6	7 397	3.2
视音频节目制作和播控设备	部	16 010	-79.5	12 389	-22.6	5 477	-55.8
广播电视配套设备	台（件）	1 285 654	-12.8	1 734 024	34.9	2 071 607	19.5

表 5　2020—2022 年中国广播电视设备行业主要产品销售收入情况

产品名称	单位	2020 年		2021 年		2022 年	
		销售收入	增长率(%)	销售收入	增长率(%)	销售收入	增长率(%)
中波广播发射机	万元	1 360	-40.8	3 842	182.5	1 422	-63.0
短波广播发射机	万元	2 039	-42.4	3 479	70.6	58	-97.8
调频广播发射机	万元	8 383	-47.5	11 666	39.2	10 349	-11.3
VHF 1kW 以上电视发射机	万元	1 585	-32.5	1 088	-31.4	818	-24.9

续表

产品名称	单位	2020 年		2021 年		2022 年	
		销售收入	增长率(%)	销售收入	增长率(%)	销售收入	增长率(%)
UHF 1kW 以上电视发射机	万元	4 535	-0.4	3 720	-18.0	13 771	270.2
VHF 1kW 以下电视发射机	万元	458	-36.4	361	-21.2	1 239	243.3
UHF1 kW 以下电视发射机	万元	5 485	-12.0	5 504	0.3	31 824	478.2
微波传输设备	万元	959	-31.5	1 126	17.4	1 052	-6.6
有线电视及网络工程	万元	579 688	-12.5	764 532	31.9	910 451	19.1
卫星广播电视地面接收设备	万元	681 766	-10.3	890 372	30.6	1 043 168	17.2
视音频节目制作和播控设备	万元	140 668	0.6	133 150	-5.3	46 156	-65.3
广播电视配套设备	万元	82 534	7.1	58 933	-28.6	97 036	64.7

表 6　2022 广播电视科技创新奖名单

2022 广播电视科技创新优秀奖

企业名称	项目名称
杭州当虹科技股份有限公司	8K AVS3 双 Vivid 超高清编解码设备
广州扳手科技有限公司	广播级 4K 超高清摄像机
北京瑞得霖科信息技术有限公司	EX8K IP/SDI 嵌入式超高清多通道录制、播放平台
北京北广科技股份有限公司	600kW DAM 中波广播发射机
广州波视信息科技股份有限公司	VFN28-XS 系列 8K/4K JPEG-XS ST2110 IP 编解码实时传输处理器
杭州联汇科技股份有限公司	融合 AI 技术的 Superlink 智能广播播出系统
北京中天鸿大科技有限公司	100kW 短波水平极化硬振子对数周期转动天线
北京市博汇科技股份有限公司	青海省广播电视综合监管智慧服务大数据平台项目
成都索贝数码科技股份有限公司	广西广播电视台全区视音频内容通联平台
上海洋铭数码科技有限公司	HDR-80/90 ProRes 4K 录像机

2022 广播电视科技创新企业奖

企业名称	企业名称
成都索贝数码科技股份有限公司	杭州图南电子股份有限公司
深圳市九洲光电科技有限公司	新奥特（北京）视频技术有限公司
卓曜（北京）科技有限公司	

注：表 1～表 6 数据来源于中国广播电视设备工业协会，其中，表 1 中的本行业指广播电视设备行业，表 2～表 5 中的卫星广播电视地面

接收设备含卫星接收机顶盒及分别销售的天线、高频头等，表 3～表 5 中的电视发射机包括数字电视发射机和模拟电视发射机。

［撰稿：栾鹤峰　审稿：吕新杰］

电子工业专用设备行业

【概况】 2022 年是“十四五”规划第二年，尽管面对新冠疫情、世界经济衰退和外部环境持续变化，但在国内市场的推动下，中国电子工业专用设备行业主要经济指标仍保持快速增长态势，2022 年中国电子工业专用设备行业主营产品（电子工业专用设备和电子工业专用模具）销售收入和利润继续保持同步快速增长。

【主要经济指标】 根据中国电子专用设备工业协会对行业内 101 家规模以上（主营产品年销售收入 1 000 万元以上）主要制造商的统计，2022 年中国电子工业专用设备行业完成工业总产值 1 397.8 亿元，其中，主营产品总产值 1 096.8 亿元，同比增长 59.4%；完成销售收入 1 146.8 亿元，其中，主营产品销售收入 812.2 亿元，同比增长 49.9%；完成利润总额 161.3 亿元，同比增长 61.7%；上缴税金总额 53.3 亿元，同比增长 67.8%；固定资产投资总额 377.1 亿元，同比增长 20.5%；完成出口交货值 99.9 亿元，其中，主营产品出口交货值 81.9 亿元，同比增长 90.4%；主营产品工业增加值同比增长 85.7%。

【企事业单位】 截至 2022 年年底，在电子工业专用设备行业内 101 家规模以上主要制造商中，国有企业 9 家（其中，研究机构 1 家），股份合作制企业 13 家，股份制企业（上市公司）23 家，外商及中国港、澳、台商投资企业 1 家，民营企业 55 家。

2022 年，国有企业主营产品销售收入 103.3 亿元，占全行业主营产品销售收入的 12.7%；股份合作制企业主营产品销售收入 40.0 亿元，占全行业主营产品销售收入的 5.0%；股份制企业（上市公司）主营产品销售收入 568.4 亿元，占全行业主营产品销售收入的 70.0%；外商及中国港、澳、台商投资企业主营产品销售收入 3.3 亿元，占全行业主营产品销售收入的 0.4%；民营企业主营产品销售收入 96.9 亿元，占全行业主营产品销售收入的 11.9%。

【从业人员】 截至 2022 年年底，行业内 101 家规模以上主要制造商从业总人数 69 999 人，同比增长 29.9%，其中，技术人员 22 673 人，同比增长 30.1%。

【生产与销售】 2022 年，行业主营产品完成工业总产值 1 096.8 亿元，完成销售收入 812.2 亿元，主营产品产销率（按金额计算）为 74.1%。其中，半导体与集成电路器件设备实现销售收入 593.0 亿元，占行业主营产品销售收入的 73.0%；电子元件与机电组件设备实现销售收入 115.1 亿元，占行业主营产品销售收入的 10.0%；其他各类产品销售收入占行业主营产品销售收入的比例均低于 4%。

2022 年，行业主营产品完成总产量 122 071 台（套），完成销售量 111 742 台（套），主营产品产销率（按数量计算）为 91.5%。

【科技进步与应用】 2022 年，中国电子工业专用设备行业取得显著进展。一批国产半导体设备创新产品得到国内生产线的验证，成功进入量产阶段，按销售额计算的国产半导体设备市场占有率比 2021 年提高 3.4 个百分点。2022 年，国产集成电路设备有 20 项创新产品进入量产生产线，包括 14 项集成电路晶圆（芯片）制造设备、3 项集成电路封测设备、3 项半导体级硅片生产设备。此外，4 项太阳能电池片创新设备成功进入先进的 TOPCon 太阳能电池片生产线，2 项设备进入新型的钙钛矿太阳能电池片生产线。半导体设备核心部件，如机械手、温控器、射频电源、低温真空泵、干泵等已得到制造商的验证，实现进口替代。

这些成就不仅推动了中国电子工业专用设备行业的

持续发展，也提升了国产设备的性价比和在国际市场上的占有率。

【进出口贸易】 2022 年，行业主营产品完成出口交货值 81.9 亿元，同比增长 90.4%。其中，半导体与集成电路器件设备（含太阳能电池片设备）完成出口交货值 71.0 亿元，同比增长 123.3%，占主营产品出口交货值的 86.7%。

2022 年，集成电路主要设备进口额 156.81 亿美元，同比减少 8.7%；电子整机装联用关键设备——表面贴装（SMT）自动贴片机进口额 20.29 亿美元，同比减少 59.2%。

【统计数据】

表 1　2019—2022 年中国电子工业专用设备行业主要经济指标完成情况

项目名称	单位	2019 年	2020 年	2021 年	2022 年	2022 年增长率（%）
工业总产值	万元	4 603 227.2	5 329 649.3	8 562 974.0	13 977 883.2	63.2
其中，主营产品总产值	万元	3 389 583.5	4 078 713.0	6 879 464.8	10 968 123.9	59.4
销售收入	万元	3 777 052.9	4 783 545.1	7 185 482.9	11 468 374.0	59.6
其中，主营产品销售收入	万元	2 690 586.8	3 529 301.7	5 419 832.1	8 122 068.5	49.9
利润总额	万元	376 840.9	587 542.6	997 103.3	1 612 655.7	61.7
上缴税金总额	万元	173 854.2	208 548.7	317 762.1	533 059.9	67.8
出口交货值	万元	289 066.3	443 031.9	557 869.3	999 344.2	79.1
其中，主营产品出口交货值	万元	228 897.5	344 764.5	430 174.7	818 864.4	90.4
固定资产投资总额（原值）	万元	2 776 757.8	3 012 328.4	3 128 178.4	3 770 874.7	20.5
固定资产净值平均余额	万元	2 015 182.0	2 256 025.8	2 844 672.5	2 410 256.3	–15.3

表 2　2022 年中国电子工业专用设备行业规模以上主要制造商及从业人员情况

类别	企事业单位数量（家）	其中		年末从业人员数（人）	其中
		研究机构（家）	企业（家）		技术人员（人）
合计	101	1	100	69 999	22 673
其中，国有企业	9	1	8	10 880	5 576
股份合作制企业	13		13	4 246	1 017
股份制企业（上市公司）	23		23	43 980	12 817
外商及中国港、澳、台商投资企业	1		1	217	68
民营企业	55		55	10 676	3 195

表3　2020—2022年中国电子工业专用设备行业产品销售量情况

产品名称	单位	2020年		2021年		2022年	
		销量	增长率（%）	销量	增长率（%）	销量	增长率（%）
半导体与集成电路器件设备	台	23 179	0.6	32 553	40.4	46 794	43.7
电真空与平板显示器件设备	台	4 017	–20.9	4 211	4.8	4 126	–2.0
电子元件与机电组件设备	台	3 216	–8.1	3 894	21.1	5 106	31.1
空气、水净化与废气废水处理设备	台	28 685	1.1	37 055	29.2	34 359	–7.3
气候环境模拟与可靠性试验设备	台	668	22.8	819	22.6	1 038	26.7
电子整机装联及表面贴装设备	台	12 233	167.7	17 865	46.0	17 251	–3.4
电子通用设备	台	9 456	–31.6	3 668	–61.2	3 068	–16.4

表4　2020—2022年中国电子工业专用设备行业产品销售收入情况

产品名称	单位	2020年		2021年		2022年	
		销售收入	增长率（%）	销售收入	增长率（%）	销售收入	增长率（%）
半导体与集成电路器件设备	万元	2 429 007.5	38.5	3 860 474.7	58.9	5 930 451.7	53.6
电真空与平板显示器件设备	万元	190 926.8	17.8	190 320.3	–0.3	176 142.0	–7.4
电子元件与机电组件设备	万元	362 403.4	11.8	652 295.4	80.0	1 151 211.2	76.5
空气、水净化及废气废水处理设备	万元	175 385.9	5.0	256 117.7	46.0	252 638.5	–1.4
气候环境模拟与可靠性试验设备	万元	54 733.9	26.5	61 908.1	13.1	85 732.1	38.5
电子整机装联及表面贴装设备	万元	218 699.7	90.8	222 626.7	1.8	315 844.2	41.9
电子通用设备	万元	98 144.5	–22.2	176 109.1	79.4	210 048.5	19.3

表5　2020—2022年中国电子工业专用设备行业出口交货值情况

产品名称	单位	2020年		2021年		2022年	
		出口交货值	增长率(%)	出口交货值	增长率（%）	出口交货值	增长率(%)
半导体器件与集成电路器件设备	万元	254 753.7	41.4	322 864.0	26.7	70 9937.6	119.9
电真空与平板显示器件设备	万元	45 638.2	29.7	38 805.2	–15.0	22 288.1	–42.6
电子元件与机电组件设备	万元	14 712.9	156.8	23 895.2	62.4	25 365.2	6.2
空气、水净化及废气废水处理设备	万元	2 166.0	2 607.5	6 407.4	195.8	2 598.9	–59.4
气候环境模拟与可靠性试验设备	万元	2 295.4	–12.6	1 360.6	–40.7	5 614.0	312.6
电子整机装联与表面贴装设备	万元	23 508.3	294.9	19 506.5	–17.0	32 487.8	66.5
电子通用设备	万元	1 690.0	–51.3	17 352.5	926.8	20 572.8	18.6

表 6　2022 年中国电子工业专用设备行业主营产品销售收入前十名单位

（按主营产品销售收入排序，不含亏损单位）

序号	单位名称	2022 年主营产品销售收入（万元）
1	北方华创科技集团股份有限公司	1 208 448.6
2	浙江晶盛机电股份有限公司	822 372.2
3	深圳市赢合科技股份有限公司	709 391.4
4	深圳市捷佳伟创新能源装备股份有限公司	554 362.2
5	中电科电子装备集团有限公司	546 827.3
6	中微半导体设备（上海）有限公司	384 746.5
7	盛美半导体设备（上海）有限公司	275 605.3
8	无锡奥特维科技股份有限公司	239 111.9
9	江苏苏净集团有限公司	221 362.5
10	天通吉成机器技术有限公司	200 450.4

注：表 1～表 6 数据来源于中国电子专用设备工业协会。

[撰稿：金存忠　审稿：金磊]

电子测量仪器行业

【概况】　2022 年，国际形势复杂多变，俄乌冲突持续，中东地区局势动荡不安，同时，全球经济增长乏力，欧美等发达国家对中国高科技领域的发展采取一系列限制措施，这种百年未有之大变局对全球和中国的发展都带来严峻挑战。为应对这些挑战，中国加大对高科技领域的支持力度，推动经济向高质量发展转型，并取得显著成效。在电子测量仪器行业，经过长期努力，中国企业已经掌握更多核心技术，产业化能力不断增强，产品质量稳步提升。中国电子测量仪器产品可以满足大部分应用领域的测试需求，其中，示波器等部分中低端产品占据全球较大市场份额。

【科技进步与应用】　中电科思仪科技股份有限公司研发的“3674 系列高性能矢量网络分析仪”，测试频率范围 500Hz ～ 14GHz/26.5GHz/32GHz/44GHz/53GHz/64GHz/90GHz/110GHz。该系列产品综合性能国内领先、国际先进，可广泛应用于发射 / 接收（T/R）模块测量、介质材料特性测量、微波脉冲特性测量和光电特性测量等领域的研发、生产工作，可应对半导体芯片、材料、天线、高速线缆、微波部组件等测试需求带来的挑战。其出色的射频特性、灵活的硬件配置和丰富的软件功能相辅相成，只需要一次连接即可完成多种测量任务，社会效益和经济效益显著。

莱赛激光科技股份有限公司研发的“多功能精准智能激光标线仪”，采用独创的新型正反双向安平智能传感技术，实现双向精确定位功能；采用三个激光轴线同步正交自动控制方法，实现两个相互垂直的激光垂直面距墙壁仅 4mm；独创的激光基准面绕机身外交点旋转技术和垂线窗框可旋转结构等新技术，消除激光盲区，可拓展产品应用领域。该产品总体技术水平国际先进，正反双向安平智能传感技术和最小激光线窗口位移容差设计技术水平国际领先，填补了国内建筑激光测量领域的空白。该产品成功应用于广州白云机场、成都地铁 7 号线等国家重大工程，在行业内起到良好示范带头作用，社会效益和经济效益显著。

创远信科（上海）技术股份有限公司（以下简称创远信科）研发的“毫米波无线通信监测平台系列产品”，频率范围为：FR1，10MHz ～ 6GHz；FR2，24GHz ～ 40GHz。该产品支持解析 GSM、WCDMA、FDD/TDD-LTE、NB-IoT、eMTC、5GNR 等多种制式空口信号。该产品以扫频方式自动、高速地扫描和解析无线信号，支持 Sub-6GHz（FR1）和 mmWave（FR2）测试，输出结果包括小区覆盖参数、广播信道系统消息和频谱信息等，广泛应用于网络勘察、规划、建设、优化、毫米波仿真测量等场景。该产品增强了创远信科在无线通信、高性能射频收发设计技术、信号处理技术等核心技术上的积累，突破国外技术垄断，推动国产仪器性能进一步提高，促进国内 5G 技术商业化，社会效益和经济效益良好。

北京航天测控技术有限公司研发的“七位半数字多用表”，直流电压 / 直流电流 / 电阻测量分辨率达到 7.5 位，直流电压 24 小时测量稳定度达到 0.6ppm，直流电压 1 年基本测量精度达到 14ppm。该产品测量参数多、量程跨度大，研制难度大，在精密基准源设计、微弱信号检测、多斜积分 ADC 校准等关键技术方面具有的核心自主创新，确保其满足高分辨、高稳定度功能指标要求。该产品的综合性能国内领先、国际先进，成功打破国外技术垄断。该产品已广泛应用于科学研究、高端装备制造、半导体、新能源、计量认证等领域，社会效益和经济效益显著。

天津德力仪器设备有限公司研发的“超高分辨率光谱分析仪系列产品”，光谱范围 800 ～ 1 650nm，最高分辨率小于 10pm，具备大于 80dB 的超大动态范围和 ±0.005nm 的高波长精度。该系列产品可实现半导体激光器（DFB、FP）光谱特征测量、WDM 系统测试、EDFA 系统参数测试、透过率和漂移测试等功能。该系列产品自主研发，拥有完全自主知识产权，安全可控，技术水平国际先进。该系列产品广泛应用于通信、制造业及科研教学等领域，社会效益和经济效益良好。

安徽白鹭电子科技有限公司研发的“HRM 电磁信号侦测系统”，具有广泛的监测测向频率范围，覆盖 9kHz ～ 8GHz/18GHz/26.5GHz。该系列产品技术复杂，研制难度大，核心部件拥有完全自主知识产权，在反窃听、反窃视、信号解调精度、高度集成化设计等方面取得重大创新，以其高扫描速率、出色的接收灵敏度、大带宽等性能指标，确保空间和线路检查的有效性。该系列产品成功打破国外技术垄断，其综合性能国内领先、国际先进。该系列产品已广泛应用于区域防护、技侦、安保、反恐等领域，社会效益和经济效益显著。

西安安泰电子科技有限公司研发的“ATA-4000 系列功率放大器”，最大频率范围 DC ～ 3MHz，最大输出电压 310V（±155V），功率 452W。该产品适用于驱动高压功率型负载，其电压增益、直流偏置数控精细可调。配备 Monitor 选件后可实现输出电压电流的实时波形显示、数字回读。该产品技术复杂，综合性能国内领先、国际先进。该产品已广泛应用于超声学、电磁场驱动、无损检测等领域，社会效益和经济效益显著。

北京信而泰科技股份有限公司（以下简称信而泰）研发的“BigTao-V 系列网络测试仪”，是专门针对路由器、交换机及同级别网络转发设备的研发类测试产品。该产品采用模块化设计，由机箱、板卡和软件三部分组成，可提供 2 个或 6 个插槽，支持从 100Mbps ～ 400Gbps 多种速率的测试模块任意组合。配合信而泰的 TSN（时间敏感网络）测试模块，该产品能够为汽车以太网和工业以太网等应用领域提供全面的 TSN 协议测试解决方案。该产品已广泛应用于通信、航空、航天、科研、电力、交通等领域的网络设备研发、生产和运维测试场景，社会效益和经济效益显著。

北京大华无线电仪器有限责任公司研发的“高性能自动量程液冷电源系列产品”，输出功率 0 ～ 240kW，输出电压 0 ～ 500V，输出电流 0 ～ 1 000A，输出电流稳定度 $\leqslant \pm 3 \times 10^{-5}$/8h。该系列产品突破多相光纤交错控制、合金电阻温度补偿网络、高密度磁元件集成、自适应输入、动态补偿调节等多项关键技术，拥有完全自主知识产权。该系列产品的研发成功打破国外技术封锁和产品禁运，综合性能指标国内领先、国际先进，特别是大电流长期稳定度、输出纹波噪声等核心指标达到国际领先水平。该系列产品适用于加速器和大型肿瘤治疗装置的研制、生产、维护保障和计量测试场景，以及舰船消磁和监测、磁场环境模拟测试、大功率激光器、车载供配电等多种应用场景，社会效益和经济效益显著。

常州同惠电子股份有限公司研发的“TH510系列半导体C-V特性分析仪”，测试频率范围1kHz～2MHz，VGS电压±40V，VDS电压±200V/±1 500V/±3 000V，是目前功率半导体器件测试领域首台集成化、紧凑型半导体器件电容电压C-V特性分析测试仪器，可以满足3 000V以内二极管、三极管、MOSFET、IGBT等半导体功率器件、模组及半导体材料的C-V特性分析。该产品适用于实验室及生产线快速自动测试与分选，社会效益和经济效益良好。

普源精电科技股份有限公司（以下简称普源精电）研发的“DSG5000系列微波信号发生器”，频率范围覆盖9kHz～12GHz、9kHz～20GHz，支持2～8个独立通道输出，具备稳定的相位相参、出色的低相位噪声及良好的杂散和谐波抑制能力。该产品定位为高价值微波射频平台，相较于原有射频信号发生器，在通道数量、输出频率、相位噪声、相参输出、人机交互等方面进行全面的性能、功能及体验升级，打开了超过原有产品数倍的市场空间，有助于普源精电在该市场建立技术和品牌地位。该产品涉及的技术平台为普源精电射频类仪器产品频率范围全面迈向44GHz以上毫米波打下坚实基础。该产品可以满足通用市场微波信号发生器与特定市场多通道相参信号发生器的综合需求，广泛应用于量子计算、雷达、MIMO系统等领域，社会效益和经济效益良好。

深圳市鼎阳科技股份有限公司研发的“高分辨率4GHz高带宽数字示波器”，带宽2GHz/3GHz/4GHz，最高实时采样率20GSa/s，最大存储深度1Gpts/CH，上升时间100ps，能支持USB2.0、SATA1、DDR1/2/3等信号测量，应用场景丰富。该产品融合高带宽低噪声高采样率模拟前端电路技术、超高速数据转换器时钟同步和触发、时间交织采样（TIS）算法、高速串行数据通信协议一致性分析、高带宽频率响应校准等多项先进技术，并实现产业化。该产品广泛应用于研发和教育、测试和制造业等领域，社会效益和经济效益良好。

艾德克斯电子有限公司研发的“IT7900P系列高性能回馈式电网模拟器”，既是一台大功率交流电源，又兼具回馈式交流/直流电子负载功能，可作为电网模拟器和全四象限功率放大器使用，为用户提供一体化测试解决方案。该产品全系列采用碳化硅（SiC）技术，实现全四象限运行，高效回馈电能至电网，满足生态环境保护需求并降低用电与散热成本。其紧凑式、模块化、高效的结构设计，使得在3U体积内可提供高达15kVA的功率，且通过主从并联还可扩展功率至960kVA。其丰富的操作模式满足用户单相、三相、反相及多通道测试需求，提供卓越的灵活性。该产品广泛应用于光伏、储能系统、新能源汽车等领域，社会效益和经济效益良好。

上海御渡半导体科技有限公司自主研发的“K8000系列集成电路测试设备”是面向闪存芯片测试的高端设备，主要包含主机柜和测试头两大部分，最大支持40个单板槽位、9 728个数字通道（256CH×38），最大可并行测试2 432个DUT（×4PIN），支持PPMU功能，在保证测试速率的同时兼顾提升测试效能。该系列产品技术复杂、研制难度大，拥有完全自主知识产权，在测试机并测结构、测试速率、测试算法等方面取得重大创新，综合性能国内领先、国际先进。该产品的成功研制打破了国外在高端集成电路测试领域的垄断。该系列产品广泛应用于NAND Flash、3D NAND Flash、NOR Flash、Smart Card及eFlash的CP和FT电气参数测试，已在国内的晶圆厂、芯片测试厂及相关芯片设计公司中广泛应用于芯片研发和量产测试，社会效益和经济效益良好。

福建利利普光电科技有限公司研发的“智能多功能综合测试仪”是业内唯一的四合一产品，集合100～500Mbps带宽示波器、50MHz双道信号发生器、4位半万用表、15V/3A电源。该产品适用于多种测试场景，一台仪器可以满足多种测试需求，相对于使用4件套设备，减小空间、质量和种类管理的压力，为使用和维护带来便利。该产品可广泛用于电子、通信、汽车、科研教学、工业生产等领域，社会效益和经济效益良好。

【重大工程与重点项目】 中电科思仪科技股份有限公司承担的国家科技重大专项“宽频带高性能电磁信息安全测试仪开发与应用”，研究超宽带电磁信号接收、微弱电磁泄露信号检测、大带宽信号实时处理、未知信号快速搜索、信息还原与安全评估等关键技术难题，设计低噪声宽带基波混频芯片、全频段跟踪预选器、超宽带采集处理单元等核心硬件模块，具备实时频谱分析、异常信号识别、安全与评估测量等软件功能。该项目首次实现电磁信息安全测试仪整机同轴频率范围 2Hz ～ 67GHz、分析带宽 1GHz，在信息安全、重大工程、重要活动中发挥关键的测试和保障作用。项目已于 2022 年完成验收工作。

[撰稿：方荣　审稿：金磊]

集成电路行业

【概况】 2022 年，受新冠疫情等因素影响，消费电子、工业等下游应用市场需求不振，市场变化传导至集成电路产业。产量方面，2022 年中国集成电路产量 3 241.9 亿块，同比下降 9.8%，自 2009 年以来首次出现下滑，且单月产量同比均有下降。伴随着疫情后复工复产及经济整体复苏，中国集成电路产量及需求量有望恢复增长态势。销售额方面，2022 年中国集成电路产业销售额为 12 006.1 亿元，同比增长 14.8%，其中，设计业销售额为 5 156.2 亿元，同比增长 14.1%；制造业销售额为 3 854.8 亿元，同比增长 21.4%；封装测试业销售额为 2 995.1 亿元，同比增长 8.4%。

【进出口贸易】 2022 年，中国集成电路产品进出口呈现疲软态势，但集成电路仍是中国第一大进口商品。根据海关总署统计数据，2022 年，中国进口集成电路 5 384 亿块，同比下降 15.3%；进口额 4 155.8 亿美元，同比下降 3.9%。2022 年，中国出口集成电路 2 734 亿块，同比下降 12%，出口额 1 539.2 亿美元，同比增长 0.3%。从近五年数据来看，中国进口集成电路总量达 25 801 亿块，而出口总量为 12 796 亿块。以金额计，五年间的贸易逆差相当显著。

【政策与法规】 2022 年 1 月，教育部、财政部、国家发展改革委联合印发《关于深入推进世界一流大学和一流学科建设的若干意见》，面向集成电路、人工智能、储能技术、数字经济等关键领域加强交叉学科人才培养。强化科教融合，完善人才培育引进与团队、平台、项目耦合机制，把科研优势转化为育人优势。

2022 年 1 月，国家发展改革委、商务部联合印发《关于深圳建设中国特色社会主义先行示范区放宽市场准入若干特别措施的意见》，支持深圳优化同类交易场所布局，组建市场化运作的电子元器件和集成电路国际交易中心，打造电子元器件、集成电路企业和产品市场准入新平台，支持电子元器件和集成电路企业入驻交易中心，鼓励国内外用户通过交易中心采购电子元器件和各类专业化芯片，支持集成电路设计公司与用户单位通过交易中心开展合作。

2022 年 3 月，国家发展改革委、工业和信息化部、财政部、海关总署、国家税务总局联合印发《关于做好 2022 年享受税收优惠政策的集成电路企业或项目、软件企业清单制定工作有关要求的通知》，对有关程序、享受税收优惠政策的集成电路、软件企业的条件和项目标准进行规范。重点集成电路设计领域包括：①高性能处理器和 FPGA 芯片；②存储芯片；③智能传感器；④工业、通信、汽车和安全芯片；⑤ EDA、IP 和设计服务。重点软件领域包括：①基础软件；②研发设计类工业软件；③生产控制类工业软件；④新兴技术软件；⑤信息安全软件；⑥重点行业应用软件；⑦经营管理类工业软件；⑧公有云服务软件；⑨嵌入式软件（软件收入比例不低于 50%）。

2022 年 9 月，浙江省人民政府办公厅印发《新时期促进浙江省集成电路产业和软件产业高质量发展若干政策》，对获批省级制造业创新中心的，省级财政给予 1 000 万元补助；对升级为国家级制造业创新中心的，省级财政再给予 3 000 万元奖励；对列入省级重点工业互联网平台建设的单位，省级财政给予 500 万元补助。

【国际合作】 2022 年 2 月，国务院新闻办公室就加快工业和信息化平稳运行及提质升级有关情况举行发布会，欢迎全球集成电路产业加大在华投资，开展多种形式的合作，为稳定全球集成电路产业链、供应链作贡献。发言人表示，中国是全球集成电路规模最大，也是增长最快的市场，为全球企业的发展提供了大量的市场机会；中国同时是集成电路非常重要的生产者和供应者，也一直在为全球集成电路产业的发展作出贡献。因此，保证全球产业链和供应链的稳定，不仅可以为中国的自产自足带来帮助，同时可以为全球集成电路产业的发展提供资源。中国一直都欢迎全球集成电路产业加大在华投资。中国会继续为国内外的集成电路企业提供良好的优惠支持政策和市场环境，平等对待各类市场主体，依法给予内外资企业同等待遇，并会特别加强知识产权保护。

2022 年 11 月，世界集成电路大会在安徽省合肥市召开。本届世界集成电路大会由工业和信息化部、安徽省人民政府共同主办，以“合作才能共赢”为主题，聚焦集成电路产业核心问题。大会设置 1 场开幕式、4 场高峰论坛、10 场主题论坛，涵盖“会、展、赛、训”四大版块。坚持融合创新，围绕云计算、大数据、工业互联网、人工智能、车联网等重大应用需求，加强与全球集成电路产业界的合作，推动产业链各环节的创新发展。坚持市场导向，充分发挥市场配置资源的决定性作用，以企业为主体，引导产业优化布局，推动要素有序流动、资源高效配置、市场深度融合，进一步优化产业结构，营造良好产业生态。坚持政策协同，落实现有支持集成电路产业发展的政策，加强知识产权保护与应用，着力营造内外资企业一视同仁、公平透明的市场环境。坚持开放共享，进一步加大开放力度，提升国际合作层次与水平，共同抢抓市场发展机遇。

2022 年 12 月，北京微电子国际研讨会暨 IC WORLD 大会在北京经济技术开发区成功举办。大会以“蓄势起航，焕然一芯”为主题，同期举办学术会议和展览会，追踪集成电路产业发展动态，凝聚全球半导体产业力量，推动产业链联动发展。大会致力于打造成为具有“融合化、链条化、高端化”特色的行业盛会，旨在提升北京集成电路产业的吸引力和国际影响力，成为中国集成电路强国建设的推动者和见证者。学术会议包括高峰论坛及 10 大分论坛，数百位来自全球顶尖高校、研究机构和集成电路企业的专家学者和企业领袖展开高水平学术交流。展览会会场面积约 3000 ㎡，近 70 家单位参展，并展示最新成果及其应用。

【科技进步与应用】 2022 年 1 月，聚辰半导体股份有限公司（以下简称聚辰半导体）成功推出全球首款支持 1.2V 移动平台的 EEPROM 产品，并率先通过高通平台测试。该产品主要应用于新一代 4nm 智能手机主控平台的摄像头模组，已在客户端多个项目上正式量产。2022 年 11 月，聚辰半导体自主研发的 NOR Flash 存储芯片产品已通过第三方权威测试认证机构的 AEC-Q100 Grade 1 车规级验证，并陆续在车载领域应用。

2022 年 6 月，紫光展锐上海（科技）有限公司（以下简称紫光展锐）联合生态伙伴率先完成全球首个基于 R17 IoT NTN 标准的 5G 民用卫星物联网上星实测，开启基于 5G 的新一代卫星物联网服务模式。同时，紫光展锐已参与到 6G 技术研发推进工作组技术子组的研发工作，并启动 6G 技术预研，将持续深耕 6G 基础研究、关键核心技术攻关和标准化工作。2022 年 10 月，紫光展锐相继完成中国移动首个 5G R17 RedCap 功能与性能验证、IMT-2020（5G）推进组 5G R17 RedCap 关键技术和外场性能测试，持续推动 5G 先进技术发展和商用落地。

2022 年 10 月，华润微电子有限公司 12 英寸晶圆厂投入建设。建设主体为润鹏半导体（深圳）有限公司，选址深圳市宝安区。公开消息显示，该项目一期总投资 220 亿元，聚焦 40nm 及以上模拟特色工艺。项目建成后将形成年产 48 万片 12 英寸芯片的生产能力。产品主要应用于汽车电子、新能源、工业控制、消费电子等领域。该项目的建成将发挥全产业链商业模式优势，紧密衔接产业上下游，形成集聚效应，助力粤港澳大湾区制造业的发展。

2022 年 11 月，盛美半导体设备（上海）股份有限公司（以下简称盛美上海）进军涂胶显影 Track 市场，以满足半导体集成电路制造商的光刻工艺需求。涂胶显影 Track 设备专为 300mm 晶圆工艺设计，支持光刻工艺，可确保满足工艺要求，同时优化晶圆在光刻设备中曝光前后的涂胶和显影步骤。2022 年 12 月，盛美上海宣布推出拥有自主知识产权的 Ultra PmaxTM 等离子体增强化学气相沉积（PECVD）设备，拓展了一个重要的全新产品分类。

【市场格局】 集成电路设计领域面临下游需求持续疲软和高库存压力的挑战。美国厂商在半导体设计领域处于绝对领先地位，有 7 家企业跻身全球前十大集成电路设计厂商，占据全球集成电路设计市场份额的 55%，其余依次为韩国 21%、中国台湾地区 7%、欧洲 6%、日本 6%、中国大陆地区 5%。中国在高端通用芯片、模拟芯片等领域有明显短板，大部分核心技术与元件依赖国外授权或进口。在当前 Fabless 模式下，由于初始投资、技术门槛相对较低，集成电路设计领域成为中国半导体行业发展最为迅速的细分领域，中国的头部企业及部分新兴企业在产品和技术上取得突破，少数企业已经在国际市场上具备较强的竞争力，部分技术领先产品的市场渗透率迅速上升。

集成电路制造领域。虽然整体需求不振导致产值持续下滑，但中国大陆地区的企业展现出较强的韧性。在制造产业中，中国台湾地区的企业尤其是龙头企业台湾积体电路制造股份有限公司占据显著的市场优势，其全球市场份额接近 55%，在 7nm 以下的先进制程市场甚至具有近乎垄断的地位。中国大陆地区的龙头厂商中芯国际集成电路制造有限公司（以下简称中芯国际）以 5.34% 的市场份额排名全球第五，上海华虹（集团）有限公司的市场份额排名全球第六。晶圆代工厂商需要海量资金投入和长期研发努力，随着制程工艺不断演进，先进制程研发难度呈现指数级增长，全球仅有少数企业能够实现 7nm 以下的制程技术。中芯国际已经实现 14nm 先进制程的量产，其他厂商主要聚焦于 28nm 以上的成熟制程和特色工艺领域。随着汽车、制造业等传统产业的数字化转型，半导体渗透率加大，推动成熟制程工艺需求增长，利好中国大陆地区的制造厂商，有望带动中国企业实现技术与市场的双重突破。

集成电路封测领域，市场集中度较高，全球前十大厂商占据超过 8 成的市场份额。集成电路封测技术门槛相对较低，是最早向亚太地区转移的细分产业，产业重心已经转向中国大陆地区、中国台湾地区。中国大陆地区企业借助成本优势承接产业转移，依靠中国电子产业链的快速发展及广阔需求市场，在技术与市场上都进入全球第一梯队，已经涌现多家具备国际竞争力的龙头厂商。目前，有 3 家大陆地区厂商跻身全球集成电路封测前十大厂商，总体市场份额超过 20%，近几年增速都在 30% 以上。但中国大陆地区封测产能扩张较快，且封装技术相对低端，存在产能过剩、市场同质化竞争加剧的风险。

集成电路设备领域，短期面临严重下行，中国大陆地区厂商扩产带动需求增长。全球半导体设备市场集中度极高，基本由欧美日企业垄断，前五家龙头厂商市场占有率超过 7 成，光刻机、刻蚀机、氧化 / 扩散等核心设备的全球前三大厂商市场占有率普遍高达 90% 以上。半导体设备类型众多，其中，光刻机占设备整体市场规模的 24%，刻蚀机占 20%，薄膜沉积设备占 20%，封装设备占 15%。中国大陆地区半导体设备国产化率普遍较低，与国际先进水平差距较大。2022 年，中国大陆地区 77 家主要半导体设备制造厂商总销售额 593 亿元，同比增长 53.6%，占全球市场的 7.54%，占中国大陆地区市场的 28.66%。随着中国半导体制造和封测产能的持续扩张，中国半导体设备厂商将迎来更多验证与导入的机会，进而带动中国产业实现突破。

集成电路 EDA 及材料领域，全球 EDA 市场被少数巨头垄断。其中，三家美国龙头厂商全球市场份额超过 60%，在中国的市场份额为 95%，拥有大量细分产品和 IP 积累，与集成电路产业链上下游紧密协作，市场壁垒极高。相比之下，中国 EDA 厂商普遍成立时间较晚，大多专注于细分领域，经营规模较小，产品线相对不完整，与国外龙头厂商存在较大差距。然而，在单点工具等个别领域，中国厂商已经展现出一定的竞争力。2022 年，中国 EDA 市场规模达到 115.6 亿元，同比增长 11.8%，近三年复合增长率为 12.8%。2022 年，全球 EDA 市场规模约为 134.4 亿美元，同比增长 1.22%。

【市场预测与分析】 国家政策大力扶持集成电路产业发展。集成电路产业和软件产业是信息产业的核心，是引领新一轮科技革命和产业变革的关键力量。《“十四五”数字经济发展规划》《“十四五”国家信息化规划》《“十四五”信息通信行业发展规划》等政策均提到，完成信息领域核心技术突破要加快集成电路关键技术攻关，着力提升基础软硬件、核心电子元器件、关键基础材料和生产装备的供给水平，强化关键产品自给保障能力。中国集成电路产业和软件产业快速发展，有力支撑国家信息化建设，促进国民经济和社会持续健康发展。

应用领域多样化，下游需求持续增长。随着下游产品功能的日益复杂和应用领域的持续拓展，集成电路相关产品性能要求持续提升，为集成电路行业带来新的市场需求。同时，5G 技术发展将为电源管理芯片带来广阔的市场空间。此外，以智能手环、TWS 耳机为代表的智能可穿戴设备等新兴消费电子产品呈现快速增长，为市场带来新热点，催生新的市场需求。

[撰稿：陈俊岳　审稿：李强]

电子元器件行业

【概况】 2022 年，全球新冠疫情进入常态化阶段，居家消费需求减少，导致手机、可穿戴设备、计算机及厨卫电器等消费电子产品销量明显下降。同时，俄乌冲突的持续给全球经济带来不利影响，进一步抑制西方国家消费需求，加剧全球经济复苏的压力。受此影响，中国作为全球消费电子电器制造中心，中国电子元器件市场亦显低迷。尽管面临挑战，但国内新能源、电动汽车、通信行业用的电子元器件市场仍保持较高增速，为中国电子元器件行业起到正向拉动作用。

根据中国电子元件行业协会信息中心统计数据，2022 年中国电子元器件产品（不含化学与物理电源行业）销售总额达到 22 274 亿元，同比微降 0.7%。

【科研与新产品】 2022 年，中国电子元器件行业优秀企业研发投入再创新高，中国电子元器件企业经济指标综合排序前一百家企业的研发费用总额达到 420 亿元，同比增长 12.6%。从研发费用与主营业务收入比看，这一百家企业的平均研发投入比为 4.1%。从专利水平看，这一百家企业授权专利 11 558 件，其中，授权发明专利 3 551 件，授权其他专利 8 007 件，授权专利总数、授权发明专利数均创新高。

2022 年，基于持续的高研发投入，中国电子元器件行业自主创新硕果累累。企业在多个技术领域取得重大突破，为行业的持续发展和技术进步奠定坚实基础。

厦门宏发股份有限公司发布并量产全球首款第五代信号继电器。相较于第四代信号继电器，第五代信号继电器面积占用降低 34%，单只产品质量仅为 0.5g 左右。其结构灵敏小巧，作业时间和噪声也都大幅度减小，更符合现代工业整机小型化的需求，适用于更多智能化场景。第五代信号继电器摒弃目前绝大部分继电器所需要的三极管等中间驱动元器件，采用微处理器直接驱动，电路设计更加简化，进一步节省整机空间，器件成本大幅降低。此外，该信号继电器具备分叉动触点结构，高机械寿命可达 1 亿次以上。其线圈功耗锐减至 50mW 甚至 30mW，相比第四代产品降幅超过 64%，有效减少整机发热，实现电子设备的节能环保和绿色发展，同时进一步提升产品可靠性。

瑞声科技控股有限公司（以下简称瑞声科技）发布一款“气压 & 麦克风二合一传感器”新品，创新地将气压传感器和麦克风的功能集成在同一个封装内，可同时实现高清语音及高精度气压感测功能。该产品搭载的是瑞声科技独家自研的低底噪、高性能麦克风芯片，语音清晰度更高。在气压传感功能方面，它能准确测量厘米级高度变化，精确定位楼层位置，甚至能够准确识别楼梯台阶高度变化。目前，该款创新型产品已实现规模化量产，并在智能可穿戴产品中得到应用。

旭创技术研究院发布一款应用于共封装光学（Co-Packaged Optics，CPO）的高密度光学连接器。考虑到激光器、光子集成电路（PIC）和光纤阵列具有不同的输出模场，该光学连接器内置微透镜阵列，可实现小于 1dB 的耦合损耗，同时大大降低对耦合位置精度的要求。其可插拔式设计意味着在 PIC 和 ASIC 封装回流焊制程后，光学连接器仍能通过机械定位与光子集成电路（PIC）实现耦合集成，可以真正实现回流焊工艺兼容。作为共封装光学输入输出（CPO IO）的解决方案，该光学连接器具有重大的突破意义。

复旦大学信息科学与工程学院肖力敏课题组在多芯光纤熔接技术研究中取得重要突破，他们成功制备出性能优异的多芯光纤芯间距转换器，这一成果在国际上首次实现异种多芯光纤之间低损耗且低串扰的熔接。对于两种结构不同、芯间距相差 26μm 的多芯光纤，肖力敏课题组制备的芯间距转换器可实现损耗低至 0.18dB、串扰低至 -68dB。对于结构相同、芯间距略有不同的多芯光纤，该转换器的损耗低至 0.17dB、串扰低至 -66dB。此技术完美解决光通信网络中异种多芯光纤熔接技术难题，为多芯光纤器件的制备提供了独特的视角，将释放多芯光纤在实际应用中的更多潜能。

在美国亚历山大召开的第 27 届国际光纤传感大会上，武汉光迅科技股份有限公司展示了其在光纤传感领域的系列创新技术。其中，该公司实现的 φOTDR 单端 175km 的传感距离，刷新无中继分布式光纤传感的世界纪录。

湖南大学段辉高教授团队联合天津理工大学、国家纳米科学中心、英国诺桑比亚大学等机构的研发人员，通过开发极限纳米加工工艺，在 $LiNbO_3/SiO_2/SiC$ 异质结构衬底材料上制备了波长为 160nm、线宽为 35nm 的叉指换能器，实现了最高工作频率约为 44GHz 的超高频 SAW 谐振器，刷新目前 SAW 器件的工作频率纪录。同时，该研究试验验证了 44GHz 超高频下的微质量传感应用，获得的质量灵敏度高达 33 151.9 $MHz \cdot mm^2 \cdot \mu g^{-1}$，约为传统低频 SAW 器件的 4 000 倍、传统石英微天平（QCM）器件的 1 011 倍，为超高频 SAW 器件的开发利用提供了新思路。

【重点项目】 2022 年 8 月 12 日，各省（直辖市、自治区）工业和信息化部门公示了第四批专精特新“小巨人”企业名单，共有 4 300 多家企业入选，其中，电子元器件企业 100 多家，包括江苏亨通高压海缆有限公司、江苏永鼎股份有限公司（以下简称永鼎股份）、中天储能科技有限公司等。

2022 年 10 月 27 日，国家知识产权局印发《关于确定 2022 年新一批及通过复核的国家知识产权示范企业和优势企业的通知》，确定 482 家企业为新一批国家知识产权示范企业、2 512 家企业为新一批国家知识产权优势企业，确定 875 家国家知识产权示范企业、3 400 家国家知识产权优势企业通过复核并继续保留。其中，中航光电科技股份有限公司（以下简称中航光电）、永鼎股份等 12 家电子元器件企业入选“2022 年国家知识产权示范企业”；烽火通信科技股份有限公司、歌尔科技有限公司、深圳市京泉华科技股份有限公司等 28 家电子元器件企业入选“2022 年国家知识产权优势企业”，25 家电子元器件企业通过复核，继续保留在国家知识产权示范企业名单中；36 家电子元器件企业通过复核，继续保留在国家知识产权优势企业名单中。

2022 年 10 月 25 日，工业和信息化部印发《关于公布 2022 年国家技术创新示范企业名单的通知》。根据《技术创新示范企业认定管理办法（试行）》（工信部联科〔2010〕540 号），认定凌云光技术股份有限公司等 65 家企业为“2022 年国家技术创新示范企业”。其中，山东国瓷功能材料股份有限公司、烟台艾瑞光电科技有限公司 2 家电子元器件企业入选。

2022 年 11 月 21 日，工业和信息化部办公厅印发《工业产品绿色设计示范企业名单（第四批）的通知》，确定上海蔚来汽车有限公司等 99 家企业为第四批工业产品绿色设计示范企业。其中，3 家电子元器件企业入选，分别是江苏亨通光电股份有限公司、江苏亨通线缆科技有限公司、云南多宝电缆集团股份有限公司。

此外，长飞光纤光缆股份有限公司、江苏中天互联科技有限公司、杭州航天电子技术有限公司、中国科学院软件研究所 4 家电子元器件行业企业的相关 App 优秀解决方案入选“2022 年工业互联网 App 优秀解决方案”。立讯精密工业（滁州）有限公司、中天宽带技术有限公司等 23 家企业入选“2022 年度绿色工厂名单”；江苏亨通电力电缆有限公司、广东新亚光电缆股份有限公司等 7 家企业入选“2022 年度绿色供应链管理企业名单”；小功率电动机、烧结钕铁硼永磁材料、通信电缆、光缆等 32 种电子元器件产品入选“2022 年度绿色设计产品名单”。

【标准化建设】 2022 年，中国电子元器件行业标准化建设成果显著。

为快速响应创新和市场对标准的需求，引领产业和企业发展，在《国家标准化发展纲要》《团体标准管理规定》等文件指导下，中国电子元件行业协会积极组织电子元器件行业企业和专家编制和发布中国电子元器件行业团体标准。2022 年，中国电子元件行业协会发布团体标准14项，完成复审团体标准11项，在研团体标准11项。

2022年，全国频率控制和选择用压电器件标准化技术委员会（SAC/TC 182）向国家标准化管理委员会申报国家标准制修订计划5项，国家标准立项下达计划3项，发布行业标准1项，在研行业标准11项，完成11项推荐性国家标准的集中复审工作。另外，由中国主导修订的《声表面波（SAW）器件用单晶晶片 规范与测量方法》（IEC 62276-2016 Ed.3）《石英晶体元件使用指南》（IEC 60122-2）2项国际标准在研。

2022年12月8日，工业和信息化部公布《2022年团体标准应用示范项目名单》，遴选出102项2022年团体标准应用示范项目，由中国电子元件行业协会制定的《T/CECA 58-2021 Type-C数字接口耳机通用规范》《T/CECA 61-2021 1.0mm、1.27mm、2.0mm、2.54mm间距印制板用两件式连接器》2项团体标准入选。

【进出口贸易】 2022年，中国电子元器件产品（涵盖15大类96小类）进出口贸易额呈现下降趋势，进出口贸易总额为2 212亿美元，同比下降3.0%。尽管如此，贸易顺差仍达780亿美元，同比增长21.2%，显示出中国电子元器件产品在全球市场中的竞争力。

2022年，电子元器件出口额1 496亿美元，同比增长2.3%。在15大类产品中，除电容器、频率元器件、微特电机、印制电路板、敏感元器件、传感器及半导体分立器件6类产品同比下降外，其余大类产品均实现增长，其中，磁性材料元件、电阻电位器、电控制元件3大类产品实现两位数的高增长。

2022年，电子元器件进口额716亿美元，同比下降12.5%。在15大类产品中，仅有电阻电位器和线缆组件2大类产品实现增长。

【海外并购与投资】 2022年，尽管受到多重不利因素的影响，中国电子元器件企业仍积极加快实施国际化发展战略，海外并购投资取得显著成绩。

中航光电在越南投资设立首个境外生产基地——越南睿连科技有限责任公司，生产电子零配件；杭州微光电子股份有限公司在泰国成立子公司，注册资本2 500万美元，研发生产和销售电机、风机等产品；重庆市泓禧科技股份有限公司投资400万美元在越南设立子公司，专注高精度电子线组件、新型及微型电声器件的设计、研发、生产和销售；东莞市鼎通精密科技股份有限公司投资不超过800万美元在马来西亚设全资子公司，研发生产和销售高速通信连接器等产品；苏州东山精密制造股份有限公司在墨西哥子公司投资增至9 900万美元，研发生产和销售新能源汽车及储能零部件；苏州瑞可达连接系统股份有限公司设立境外子公司新加坡瑞可达国际及孙公司墨西哥瑞可达，分别投资400万美元和300万美元，专注于新能源汽车、储能等领域零部件、连接器、传感器的研发、生产与销售；安福县海能实业股份有限公司投资约8 695万美元在越南设立子公司，生产消费类电子产品；深圳市创益通技术股份有限公司通过香港子公司在马来西亚投资不超过500万美元设立全资孙公司，生产和销售连接器等产品；武汉联特科技股份有限公司在马来西亚投资约2 608万美元建全球制造基地，项目建成后将拥有10G、25G、100G、400G光模块的批量制造能力，预计新增年产能111.76万支光模块。

【问题和建议】 当前，中国电子元器件行业及其上游专用材料、生产设备、测试仪器、设计软件，与发达国家相比在技术水平上仍然存在差距。根据党中央提出的“产业基础高级化与产业链现代化”的要求，电子元器件产业应以龙头企业为核心，完善产业生态；同时，加强产业链上下游的协同合作，互相支撑，联合攻关。通过进一步补链、强链、延链，降低产业链供应链风险。

近年来，电子元器件的主要市场——消费电子电器市场波动起伏，配套以上领域的电子元器件分支行业竞争激烈，价格普遍下滑。因此，要大力推动行业内的兼并重组，提高行业集中度，加大高端产品的研发力度，淘汰缺少技术研发能力的落后企业，抑制低端产能的无序扩张。

鼓励和推动国内骨干企业积极参加国际标准、国家标准、团体标准的制修订，提高优质标准的供给量，促进全行业产品质量的提升，争取新型产品的国际话语权。

近年来，中国电子元器件制造业一方面加快国际化部署，积极在海外投资，建设海外生产基地，服务全球客户；另一方面，随着国内汽车电子、光伏新能源、工业设备、医疗电子等电子元器件高端市场的发展，位于东部、南部沿海地区的企业加快将工厂转移到中西部地区，以期更好地服务国内市场。在国际转移方面，建议有关部门为中国电子元器件企业创造良好的国际环境，为企业选择适合自身发展的投资地提供建议，并制定促进中国电子元器件企业将海外利润投入国内技术研发的相关政策。在国内转移方面，要推动中西部地区营商环境的改善，加快基础配套设施的建设，推动智能制造，使产能转移同时成为转型升级。

【统计数据】

表 1　2021—2022 年中国电子元器件主要分支行业经济指标完成情况

行业分类	2021 年销售额（亿元）	2022 年销售额（亿元）	同比增长（%）
电容器	1 374	1 019	–25.8
电阻电位器	419	372	–11.2
磁性材料元件	849	1 030	21.6
电感器件	377	399	5.8
电子变压器	768	725	–5.5
混合集成电路	149	162	8.7
电子陶瓷及微声射频器件	234	200	–14.4
压电晶体频率器件	263	193	–26.6
控制继电器	316	350	10.8
敏感元器件及传感器	1 177	995	–15.4
光电接插元件	3 598	3 522	–2.1
微特电机	1 273	1 231	–3.3
电声器件	3 392	3 310	–2.4
光电线缆	3 987	4 456	11.8
光通信器件	844	942	11.6
电子防护元器件	185	181	–2.2
印制电路板	3 233	3 185	–1.5
合计	22 438	22 274	–0.7

注：2021 年销售额数据有所修正。

表 2　2021—2022 年电子元器件产品进出口贸易完成情况

产品名称	2021 年		2022 年			
	出口额（万美元）	进口额（万美元）	出口额（万美元）	同比增长（%）	进口额（万美元）	同比增长（%）
电容器	790 151	1 355 270	631 674	–20.06	1 042 889	–23.05

续表

产品名称	2021 年		2022 年			
	出口额（万美元）	进口额（万美元）	出口额（万美元）	同比增长（%）	进口额（万美元）	同比增长（%）
电阻电位器	423 389	416 735	530 376	25.27	432 592	3.81
磁性材料元件	451 189	85 453	616 031	36.54	77 923	−8.81
电感电子变压器	660 966	431 909	717 885	8.61	351 010	−18.73
电子陶瓷及频率元件	403 997	491 115	371 563	−8.03	389 202	−20.75
电子防护元器件	277 880	177 367	292 195	5.15	153 050	−13.71
电控制元件	171 743	130 224	189 013	10.06	115 970	−10.95
光电接插元件	1 821 445	1 431 708	1 827 861	0.35	1 232 895	−13.89
线缆组件	1 739 916	376 774	1 776 904	2.13	379 702	0.78
电声器件	2 948 103	449 618	3 007 872	2.03	437 739	−2.64
微特电机	808 434	317 128	797 206	−1.39	282 710	−10.85
光电线缆	1 140 327	303 096	1 252 850	9.87	276 453	−8.79
光通信器件	793 737	772 192	849 534	7.03	680 323	−11.90
敏感元器件及传感器	99 954	215 019	111 605	11.66	234 777	9.19
印制电路板	2 082 721	1 227 686	1 983 338	−4.77	1 074 086	−12.51
合计	14 613 952	8 181 294	14 955 907	2.34	7 161 321	−12.47

注：2021 年进出口额数据有所修正。

表 3　2022 年中国电子元器件行业骨干企业

序号	单位名称	2022 年主营业务收入（千元）	主营的电子元器件产品
1	立讯精密工业股份有限公司	214 028 394	光电接插元件、电声器件、电子结构件
2	亨通集团有限公司	144 998 079	光电线缆、光通信器件
3	中天科技集团有限公司	90 245 465	光电线缆
4	歌尔股份有限公司	104 894 324	电声器件、传感器
5	厦门宏发电声股份有限公司	11 234 356	控制继电器
6	富通集团有限公司	57 276 233	光电线缆
7	中航光电科技股份有限公司	15 838 117	光电接插元件
8	长飞光纤光缆股份有限公司	13 686 810	光电线缆
9	广东生益科技股份有限公司	17 706 248	覆铜板
10	瑞声科技控股有限公司	20 625 092	电声器件、微特电机、微型天线

续表

序号	单位名称	2022 年主营业务收入（千元）	主营的电子元器件产品
11	武汉光迅科技股份有限公司	6 911 881	光通信器件
12	深圳市信维通信股份有限公司	8 589 917	微型天线、电子结构件等
13	浙江富春江通信集团有限公司	32 728 015	光电线缆
14	永鼎集团有限公司	37 909 256	光电线缆、线缆组件、光通信器件
15	深圳市长盈精密技术股份有限公司	15 202 936	光电接插元件、电子结构件
16	横店集团东磁股份有限公司	19 304 695	磁性材料元件
17	潮州三环（集团）股份有限公司	5 088 727	电子陶瓷器件、电容器
18	贵州航天电器股份有限公司	5 862 905	光电接插元件、控制继电器、微特电机
19	厦门法拉电子股份有限公司	3 745 718	电容器
20	浙江长城电工科技股份有限公司	10 026 428	光电线缆
21	广东东阳光科技控股股份有限公司	11 320 131	电容器材料、电容器、磁性材料元件
22	株洲宏达电子股份有限公司	2 158 180	电容器
23	成都宏明电子股份有限公司	3 100 598	电容器、电阻器、电子结构件等
24	南通江海电容器股份有限公司	4 521 681	电容器
25	深圳市乾德电子股份有限公司	2 384 326	光电接插元件
26	北京元六鸿远电子科技股份有限公司	2 476 960	电容器
27	深圳市得润电子股份有限公司	7 507 435	光电接插元件
28	福建火炬电子科技股份有限公司	3 512 980	电容器
29	新疆众和股份有限公司	7 143 914	电容器材料
30	天通控股股份有限公司	4 397 507	磁性材料元件
31	宁波韵升股份有限公司	5 424 871	磁性材料元件
32	国光电器股份有限公司	5 909 275	电声器件
33	深圳顺络电子股份有限公司	4 238 210	电感器、微波射频器件等
34	广东风华高新科技股份有限公司	3 730 670	电阻器、电容器、电感器、电子材料等
35	中山大洋电机股份有限公司	5 354 594	微特电机
36	湖南艾华集团股份有限公司	3 430 131	电容器
37	宁波科宁达工业有限公司	3 142 842	磁性材料元件
38	深圳市麦捷微电子科技股份有限公司	3 151 631	电感器、微波射频器件、印制电路组件
39	江苏雷利电机股份有限公司	2 799 032	微特电机
40	汕头超声印制板公司	2 965 145	印制电路板

续表

序号	单位名称	2022 年主营业务收入（千元）	主营的电子元器件产品
41	通鼎互联信息股份有限公司	3 286 052	光电线缆
42	深圳可立克科技股份有限公司	3 168 683	电子变压器
43	电连技术股份有限公司	2 377 207	光电接插元件
44	江苏俊知技术有限公司	2 423 883	光电线缆
45	江苏亨鑫科技有限公司	2 391 253	光电线缆
46	苏州瑞可达连接系统股份有限公司	1 614 909	光电接插元件
47	江苏上骐集团有限公司	1 936 511	微特电机
48	杭州象限科技有限公司	2 163 857	磁性材料元件
49	深圳市京泉华科技股份有限公司	2 499 551	电子变压器
50	深圳振华富电子有限公司	943 902	电感器
51	珠海格力新元电子有限公司	2 080 972	电容器
52	杭州日月电器股份有限公司	2 003 400	光电接插元件
53	温州意华接插件股份有限公司	5 010 773	光电接插元件
54	中国振华（集团）新云电子元器件有限责任公司	1 202 516	电容器
55	丰宾电子科技股份有限公司	1 972 115	电容器
56	中钢天源股份有限公司	2 753 323	磁性材料元件
57	南通海星电子股份有限公司	1 722 553	电容器材料
58	新亚电子股份有限公司	1 685 999	光电线缆
59	安徽大地熊新材料股份有限公司	1 763 496	磁性材料元件
60	深圳市振华微电子有限公司	998 921	混合集成电路
61	三友联众集团股份有限公司	1 725 953	控制继电器
62	江苏通光电子线缆股份有限公司	2 083 123	光电线缆
63	深圳金信诺高新技术股份有限公司	2 106 243	光电线缆、光电接插元件、印制电路板
64	杭州微光电子股份有限公司	1 165 832	微特电机
65	浙江永贵电器股份有限公司	1 480 719	光电接插元件
66	浙江兆龙互连科技股份有限公司	1 512 834	光电线缆
67	江西瑞声电子有限公司	1 304 761	电声器件
68	西安西电光电缆有限责任公司	1 741 739	光电线缆
69	合兴汽车电子股份有限公司	1 460 749	光电接插元件
70	上海维安电子股份有限公司	1 187 486	电子防护元器件

续表

序号	单位名称	2022 年主营业务收入（千元）	主营的电子元器件产品
71	四川九洲线缆有限责任公司	3 952 729	光电线缆
72	江苏华威世纪电子集团有限公司	1 490 807	电容器
73	南京全信传输科技股份有限公司	1 091 659	光电线缆
74	成都银河磁体股份有限公司	992 177	磁性材料元件
75	四川华丰科技股份有限公司	991 362	光电接插元件
76	山东国瓷功能材料股份有限公司	3 166 889	电容器材料
77	杭州富生电器有限公司	1 476 048	微特电机
78	深圳市金洋电子股份有限公司	1 111 763	光电接插元件
79	泰晶科技股份有限公司	868 187	石英晶体元器件
80	惠州硕贝德无线科技股份有限公司	1 530 949	微型天线
81	胜蓝科技股份有限公司	1 147 622	光电接插元件
82	科力尔电机集团股份有限公司	1 183 433	微特电机
83	苏州华之杰电讯股份有限公司	1 137 505	光电接插元件
84	扬州宏远电子股份有限公司	900 356	电容器
85	顺科智连技术股份有限公司	902 044	光电接插元件
86	六和电子（江西）有限公司	395 252	电容器
87	广东微容电子科技有限公司	711 199	电容器
88	安徽铜峰电子股份有限公司	1 040 482	电容器
89	湖北科普达高分子材料股份有限公司	754 285	光电线缆材料
90	深圳市豪恩声学股份有限公司	1 420 100	电声器件
91	陕西华达科技股份有限公司	792 971	光电接插元件
92	上海埃斯凯变压器有限公司	522 978	电子变压器
93	宁波碧彩实业有限公司	934 376	电容器
94	共达电声股份有限公司	955 526	电声器件
95	杭州航天电子技术有限公司	763 484	光电接插元件
96	深圳江浩电子有限公司	1 002 675	电容器
97	贵州振华群英电器有限公司	519 954	控制继电器
98	浙江一舟电子科技股份有限公司	2 385 256	光电线缆、光电接插元件
99	常州祥明智能动力股份有限公司	628 339	微特电机

续表

序号	单位名称	2022 年主营业务收入（千元）	主营的电子元器件产品
100	华迅工业（苏州）有限公司	977 728	光电线缆

注：表 1～表 3 数据来源于中国电子元件行业协会信息中心。其中，表 1、表 2 未包含化学与物理电源行业数据。

［撰稿：娄龙　李锋　审稿：金磊］

电子信息材料行业

【概况】　2022 年，全球经济形势复杂，受国外货币政策转向、地缘政治局势紧张等多重因素影响，通胀率持续攀升，全球制造业承受较大压力，消费者购买力下降，白色家电、消费电子等行业受到巨大冲击。在此背景下，中国电子信息制造业保持了生产的稳定增长，但出口额和营业收入增速均有所放缓。作为整个电子信息产业的基础，中国电子信息材料行业发展面临诸多挑战，受下游应用领域及上游原材料领域发展差异化的影响，各细分品类发展状况迥异：光伏材料与锂电池材料领域表现强劲，而其他领域发展承压或维持稳定。根据中国电子材料行业协会统计数据，2022 年，全行业营业收入达到 12 815 亿元，同比大幅增长 32.8%，首次突破万亿元。这一增长主要得益于光伏材料与锂电池材料的强劲表现。除此之外其他领域的营业收入合计达 6 185 亿元，同比增长 1.1%。

【半导体材料】　2022 年，中国半导体行业在面临压力的同时继续稳步发展，细分领域取得显著进步。凭借着巨大的市场需求、经济的稳定发展和有利的政策环境等众多优势条件，中国已成为全球最大的集成电路市场。根据中国电子材料行业协会统计数据，2022 年，中国半导体材料市场规模达到 802 亿元，同比增长 12%，显示出强劲的发展势头；营业收入达 350 亿元，同比增长 16.7%。

中国硅片企业在不同尺寸的产品生产上取得显著进展。在 6 英寸产品方面，中国硅片企业已具备较强实力，95% 以上产品可以实现自供。在 8 英寸硅片领域，中国硅片企业也进展较快，其中，重掺片 80% 以上可实现自供，轻掺片自供率约 50%。至于 12 英寸产线方面，已有 8 家企业通过认证并进行批量和小批量投产，市场占有率约 10%。

电子气体和溅射靶材领域是国内半导体材料发展领先的部分，处于价值链中高端。然而，在光刻胶和掩膜版方面，尽管高端产品如 ArF 光刻胶研发取得突破，但这些产品仍处于价值链中低端，距离大规模量产还有一段距离。

【新型显示材料】　中国新型显示产业连续多年保持正增长，整体增长速度连续多年超过全球新型显示产业平均增长速度。根据中国光学光电子行业协会液晶分会统计数据，2022 年中国新型显示材料行业产值近 5 000 亿元，全球市场占比超过 38%。在投资方面，中国市场继续保持活力，投资结构得到显著改善，显示材料方面的投资近 750 亿元，首次超过了显示器件。这表明投资方向正在从 LCD 转向 OLED、Micro LED 及部分上游材料。

2022 年，受 LCD 面板供过于求和产品价格大幅下降的影响，中国显示面板的营业收入下降近 30%，下跌幅度高于全球平均水平。受下游产业需求不振的影响，2022 年中国新型显示材料市场面临挑战。根据中国电子材料行业协会统计数据，2022 年中国新型显示材料整体市场规模约 1 900 亿元，同比下降 15.6%；营业收入达 1 080 亿元，同比下降 1.8%。

玻璃　中国基板玻璃产业在高世代（G8.5+）已实现产业化，显示出强大的技术实力和市场潜力。在LTPS、OLED、Micro LED等高精细、柔性基板玻璃领域，中国正处于核心技术攻关、大批量试用阶段，基板玻璃产业整体步入供应链中高端。同时，中国盖板玻璃的发展也取得显著成就，实现从追赶到与国外先进技术比肩的重要跨越。

偏光片　偏光片是显示面板的重要组成原材料，结构复杂、生产工艺流程多，被誉为光学行业的"芯片"，属于资本密集、技术门槛高的行业。中国偏光片厂商在电视、手机、PC等领域已具有一定优势，市场占有率快速提升，但在OLED面板、车载显示等高端技术领域还存在不足。中国偏光片厂商纷纷开启新一轮扩产规划，预计到2025年产能规模将达到6亿平方米以上。

OLED材料　随着中国OLED产业日渐成熟及中国OLED面板出货量逐渐增加，中国多家企业依赖其资源优势或技术积累开始纷纷进入OLED材料行业，形成多种业态共存的局面。以自主研发创新为主的中国OLED材料生产商逐渐进入国内面板厂商供应体系，占据了一定市场份额。

光刻胶　作为技术壁垒最高的电子化学品，中国显示用光刻胶与国外先进水平相比整体仍有较大差距，光刻胶的主要原料仍高度依赖进口。

【太阳能光伏材料】　经过十几年的发展，光伏产业已成为中国少有的形成国际竞争优势的战略性新兴产业。目前，中国光伏产业在制造规模、产业化技术水平、应用市场拓展等多个方面均位居世界前列。根据中国光伏行业协会统计数据，2022年，中国光伏新增装机容量87.41GW，同比增长59.3%；累计装机容量达到约394GW，同比增长22%。新增和累计装机容量均为全球第一。从制造环节来看，随着中国光伏新增装机容量不断增加，中国光伏组件产量也在不断增加。根据中国光伏行业协会统计数据，2022年，中国光伏组件产量达288.7GW，同比增长58.8%，以晶硅组件为主。

多晶硅　根据中国光伏行业协会统计数据，2022年，中国多晶硅产量达82.7万吨，同比增长63.4%。其中，排名前五的企业多晶硅产量占总产量的87.1%。随着多晶硅企业技改及新建产能的释放，2023年，中国多晶硅产量将超过124万吨。

硅片　根据中国光伏行业协会统计数据，2022年，中国硅片产量约357GW，同比增长57.5%。其中，排名前五的企业硅片产量占总产量的66%。随着头部企业加速扩张，2023年，中国硅片产量将超535.5GW。

光伏银浆　根据中国光伏行业协会统计数据，2022年，全球光伏银浆消耗量达3 567吨，同比增长2.5%；中国光伏银浆消耗量达3 294吨，同比增长7.1%。2023年，全球及中国光伏银浆消耗量将分别达到3 755吨、3 410吨。

【锂电池材料】　2022年，中国锂离子电池行业坚持供给侧结构性改革，加快技术创新和转型升级发展，不断提升先进产品供给能力，总体保持快速增长态势。根据行业规范公告企业信息及研究机构测算，2022年，中国锂离子电池产量达750GWh，同比增长超过130%，其中，储能型锂离子电池产量突破100GWh；产业规模进一步扩大，行业总产值突破1.2万亿元。

正极材料　中国正极材料市场竞争激烈，各重要厂商的市场占比排名变换频繁，且厂商间差距不大。研究机构EVTank发布的白皮书统计数据显示，2022年，中国锂离子电池正极材料出货量为194.7万吨，同比增长77.97%。其中，磷酸铁锂正极材料出货量114.2万吨，同比增长150.99%，在整个正极材料中的市场份额已经上升到58.65%；三元材料总体出货量为65.8万吨，同比增长55.92%；锰酸锂材料和钴酸锂材料出货量却同比出现较大幅度的下滑。

负极材料　高工产研锂电研究所（GGII）调研数据显示，2022年，中国锂电负极材料出货量为137万吨，同比增长90%。扩产方面，2022年，中国负极材料每次扩产基本上都是10万吨/年以上的规划落地。

隔膜　在锂电池的关键组件中，锂电池隔膜的技术壁垒较高，长期依赖进口，在中国实现国产化的时间最晚。中国锂电池隔膜行业经历进口依赖、技术积累和高速发展阶段，国产锂电池隔膜性能逐步提升，获得业内普遍认可，国产化率稳步增大。

研究机构EVTank联合伊维经济研究院共同发布的《中国锂离子电池隔膜行业发展白皮书（2023年）》统计数据显示，2022年，中国锂离子电池隔膜出货量达到133.2亿平方米，同比增长65.3%。其中，湿法隔膜出货量突破 100 亿平方米，达到 104.8 亿平方米；干法隔膜出货量达到 28.4 亿平方米。

电解液　研究机构 EVTank 的统计数据显示，2022 年，全球锂离子电池电解液出货量突破百万吨，达 104.3 万吨，同比增长 70.4%。中国锂离子电池电解液出货量同比增长 75.7%，达到 89.1 万吨，在全球锂离子电池电解液出货量中的占比增长至 85.4%。得益于中国锂离子电池电解液企业大规模的扩产，未来中国企业锂离子电池电解液出货量全球占比将进一步提升。

【覆铜板材料】　2022 年，覆铜板行业重点企业经营情况较差，面临的主要问题是订单不足、价格下降，以及销售收入和利润同比呈现较大幅度下降。根据中国电子材料行业协会覆铜板材料分会统计数据，2022 年，中国各类覆铜板销售量同比下降 5.6%，达到 7.67 亿平方米；营业收入同比下降 19.4%，达到 874 亿元。

2022 年，中国各类覆铜板产能约 11.7 亿平方米，同比增长 8.5%；产量约 7.57 亿平方米，同比降低 5.8%；产能利用率为 64.8%，比 2021 年降低 9.8 个百分点。受产品结构及市场、技术、材料、设备等诸多因素制约，中国覆铜板总产能利用率未达到理想状态，大中型企业的产能利用率高于全国平均水平。

2022 年，中国覆铜板进出口全年贸易逆差约 5.97 亿美元，同比降低 16.87%。高性能覆铜板供给不足的状况仍未得到根本改善，仍需要进一步加大研发投入力度，深化产品结构调整。

【电子铜箔材料】　2022 年，中国电子铜箔行业产能、产量、销量、销售收入、利润等各项经营数据均创下历史纪录。根据中国电子材料行业协会电子铜箔材料分会统计数据，2022 年，中国电子铜箔营业收入达 657 亿元，同比增长 3.5%。

2022 年，中国电子电路铜箔产能 467 634 吨，同比增长 12.5%，产量 355 301 吨，同比下降 9.5%；锂电铜箔产能 511 791 吨，同比增长 107.5%，产量 390 024 吨，同比增长 89.6%；压延铜箔产能 22 630 吨，同比增长 91.8%，产量 15 085 吨，同比增长 63.5%。

【石英材料】　根据中国电子材料行业协会石英材料分会统计数据，2022 年中国石英材料市场规模约 155 亿元，同比增长 82%。在光纤、光学、半导体行业，石英玻璃及制品需求保持平稳；在光伏行业，由于需求旺盛，石英玻璃及制品的产销量均翻番增长，存在供不应求的状况。半导体行业所用的石英玻璃及制品，主要以 4 ～ 8 英寸为主，同时 12 英寸仍是研发焦点。石英坩埚行业运行相对稳定，尽管下游需求有所增加，但受原材料供应影响，石英坩埚生产行业未能完全满足这一需求。

【电子陶瓷材料】　电子陶瓷材料主要包括圆片电容器用电子陶瓷材料、MLCC 用电子陶瓷材料、微波器件用电子陶瓷材料及碳酸钡、二氧化钛等。2022 年，中国电子陶瓷材料市场需求 35 000 吨，同比下降 15.7%。

【磁性材料】　磁性材料包括软磁材料和永磁材料两大类。根据中国电子材料行业协会磁性材料分会统计数据，2022 年，中国磁性材料营业收入达到 1 180.75 亿元，同比增长超过 13.20%；主营业务利润额 191.65 亿元，同比增长 5.70%；销量达到 158.53 万吨，同比增长 5.58%。其中，永磁材料营业收入同比增长 15.15%，软磁材料营业收入同比增长 1.85%。前二十家上市企业的磁性材料营业收入为 499.12 亿元，占全行业的 42.27%，同比增长 35.98%；主营业务利润额 93.69 亿元，同比增长 27.60%，平均主营业务利润率为 18.77%。

2022 年，中国磁性材料进出口总量和总额分别为 30.36 万吨和 395.27 亿元，尽管进出口总量同比下降 8.06%，但进出口总额同比增长 38.16%。中国磁性材料进口量和出口量分别达到 1.15 万吨和 29.21 万吨，分别下降 1.65% 和 46.56%。

【电子锡焊料】　锡焊料又称锡基软钎料，是使基板与元器件，以及元器件与元器件之间信号传输得以实现的关键材料，是电子信息产品中芯片功能实现的桥梁和纽带。2022 年，国内精锡价格在 3 月初刷新历史高点，峰值达到近 40 万元 / 吨。然而，因新冠疫情等因素影响，二季度精锡需求明显下滑。受需求减少和高价位刺激，锡供应量增加，市场转向供过于求的状况。因此，锡价创新高后迅速回落，年内最低降至 15.4 万元 / 吨，从峰值到谷值的跌幅超过 60%。2022 年，现货锡均价为 25.2 万元 / 吨，同比增长 10.9%。

据中国电子材料行业协会电子锡焊料材料分会不完全统计，2022 年，中国锡丝 / 锡条产量 10.99 万吨，同比下降约 5.5%。其中，焊锡丝产量 3.90 万吨（其中，无铅焊锡丝产量 2.56 万吨，占比约 65.6%），同比下降 7.14%；焊锡条产量 7.07 万吨（其中，无铅焊锡条产量 4.29 万吨，占比约 60.7%），同比下降 4.58%。2022 年，中国焊锡膏产量约 1.04 万吨，其中，无铅焊锡膏产量约 7 300 吨，有铅焊锡膏产量约 3 100 吨。

【压电晶体材料】 压电晶体材料主要包括石英晶体材料、铌酸锂晶体材料、钽酸锂晶体材料等，其中，市场规模较大的为石英晶体材料。2022 年，中国压电晶体材料领域市场竞争格局不断变化，面临多重挑战和压力。由于市场需求持续低迷，约 70% 的企业销售额出现负增长，约 45% 的企业利润也出现负增长。根据中国电子材料行业协会压电晶体材料分会统计数据，2022 年，行业营业收入 100 亿元，同比下降 9.1%，利润总额约 7 亿元，同比下降 15%。

随着市场竞争的日趋激烈，企业对于技术和品质的追求也愈发重要。标准化、智能化、生态化等趋势在行业中逐渐显现，并对企业的竞争格局和未来发展产生深远影响。

【统计数据】

表 1 2021—2022 年中国主要电子信息材料产品营业收入

电子信息材料名称	2021 年营业收入（亿元）	2022 年营业收入（亿元）	同比增长（%）
半导体材料	300	350	16.7
新型显示材料	1 100	1 080	−1.8
太阳能光伏材料	1 510	3 200	111.9
锂电池材料	2 020	3 430	69.8
覆铜板材料	1 085	874	−19.4
电子铜箔材料	635	657	3.5
磁性材料	1 043	1 181	13.2
石英材料	57	105	84.2
电子锡焊料	360	340	−5.6
电子陶瓷材料	40	28	−30.0
压电晶体材料	110	100	−9.1
PCB 及其他电子化学品	390	400	2.6
光纤材料	600	650	8.3
其他电子材料	400	420	5.0
合计	9 650	12 815	32.8

注：数据来源于中国电子材料行业协会。

[撰稿：刘伟鑫　鲁瑾　审稿：金磊]

光学光电子行业

【概况】 2022年，在宏观环境及新冠疫情影响下，光学光电子行业经历显著的市场波动。消费电子、工业制造、安防监控等传统应用领域的市场需求下滑，导致行业整体市场受到冲击，市场规模近十年来首次呈现下滑趋势。然而，电动汽车、手持激光加工设备、激光投影、激光医美、智能家居、AR/VR等细分应用领域却表现出强劲的增长势头，这些新兴领域为光学光电子行业的发展注入新活力，带动相关光电元器件及模组的市场需求增长。与此同时，光电技术与人工智能、物联网、大数据等新兴技术交叉融合趋势愈发明显，越来越多的光电企事业单位跨行业、跨产业链布局，业务范围涵盖光学、电子、半导体、软件等领域。这种交叉融合的发展模式将为光学光电子行业带来更多的新业态、新应用。从长远来看，随着智能化、数字化、信息化等新技术的不断发展和普及，光学光电子行业有望重回增长轨道。

【企事业单位】 据不完全统计，中国光学光电子行业企事业单位超2万家。在地区分布上，超过70%的企事业单位集中在珠三角、长三角及华中等经济发达地区。在类型上，70%左右为企业，30%左右为科研院所、事业单位。在细分领域上，LED企业最多，约占50%；其次为激光及光学企业，约占30%；液晶及OLED等光电显示企业产业集中度高，企业数量少但体量大，约占15%。在产业链条上，80%以上企业处于行业中下游，上游的材料、关键设备企业占比不足20%。

【从业人员】 2022年，中国光学光电子行业直接从业人员超120万人，同比持续增长。其中，LED显示应用领域从业人员超12万人。光学光电子行业属于战略性基础产业，具有技术密集和资金密集的特点，从业人员的学历水平普遍较高，大学本科及以上学历人员占比超35%。

【生产与销售】 2022年，中国光学光电子行业总体规模约1.5万亿元（不包括光通信上下游、光电显示终端产品及光伏上下游），同比下滑约6%。

激光产业　经过多年的发展，中国的激光应用场景不断扩展，市场应用渗透率不断提高，与激光相关的产品和服务已经遍布全球，形成丰富、庞大且完备的激光产业链。据不完全统计，2022年中国激光材料、器件及应用设备等总体产业规模约1 300亿元，同比基本持平。

从地区分布来看，激光产业布局呈现较强的区域集聚效应，形成华中、华南、华东、华北地区及西部地区五大激光产业带。具体来说，激光企业主要分布在长三角、珠三角和华中等地区，尤其以广东省、江苏省、湖北省、山东省、浙江省为代表。

在激光器件领域，光纤激光器因其卓越性能和广泛适用性而占据市场主导地位，近十年来，光纤激光器的市场份额持续上升。2022年，中国光纤激光器市场规模约140亿元，占工业激光器市场规模的53%。与此同时，在中国光纤激光器市场中，国外产品的市场规模继续下滑，而国内产品的市场规模持续增长。另外，在半导体激光加工应用及中高功率光纤激光器差异需求的推动下，具有中高功率、高光束质量的半导体激光器得到快速发展，并成为激光领域最有发展前景的技术之一。

激光的应用更加深入地渗透到以汽车、3C、光伏、半导体、医疗、航天等为代表的众多行业。

新能源电池对激光设备的需求爆发式增长。近年来，全球范围内加速形成“碳中和与碳达峰”共识，推动主要汽车生产及消费国大力发展新能源汽车产业。这一趋势带动了锂电池行业的繁荣，进而引发对激光设备的需求爆发式增长。2022年，中国锂电池生产设备市场规模超600亿元，其中，应用于新能源电池的激光设备市场规模达65亿元，呈现显著的增长态势。随着新能源汽车的持续热销，预计中国新能源电池产业对激光设备的市场需求将突破百亿元规模，迎来黄金发展期。

手持激光焊接机市场规模持续增长。近年来，随着手持激光焊接机的广泛推广和应用，越来越多的人开始了解和认可这种设备。手持激光焊接机主要应用于钣金、机箱、水箱、配电箱等机柜、橱柜厨卫、不锈钢门窗护栏等复杂不规则、不需要夹具的焊接工序，其在焊接时热影响区域小，不会产生工件变形、发黑或背面留痕等问题，且焊接深度深、牢固度高、熔化充分。手持激光焊接机不仅可以实现热导焊，而且可以进行连续深熔焊接、点焊、对接焊、叠焊、密封焊、缝焊等。在这些应用场景中，手持激光焊接机凭借其操作简单、焊缝美观、焊接速度快、无耗材的优势，正逐渐取代传统氩弧焊。据不完全统计，中国市场上已有近 800 家手持激光焊接机生产厂商，且仍呈现扩张态势，预计未来市场规模将突破 300 亿元。手持激光焊接机的发展同时带动其核心器件——光纤激光器的出货量增加。

激光医美设备市场具有巨大潜力。激光医美采用非介入式或微创疗法，具有见效快、恢复时间短等优势，因此激光在抗衰、紧肤、祛皱及各种无创、微创光疗美容方面的应用逐渐受到普通消费者的青睐。2022 年，中国激光医疗行业市场规模约 4 500 亿元，其中，激光医美设备市场规模达 500 亿元。

LED 产业　2022 年，受新冠疫情影响，中国 LED 行业市场规模出现小幅下滑，行业总体规模仍稳定在 7 000 多亿元。在细分领域，车用 LED 领域表现突出，随着新能源汽车市场的蓬勃发展，多家企业的车用 LED 业务取得一定增长。代表新型显示技术的 Mini/Micro LED 领域持续受到业界关注，部分 LED 企业保持稳定增长。XR 虚拟显示及拍摄领域取得快速发展，多家 LED 企业落地多个经典项目。随着 XR 虚拟拍摄的进一步成熟，LED 显示的应用场景有望得到进一步拓展。

2022 年，中国 LED 上游的外延芯片市场规模约 280 亿元，受库存量增长及需求复苏初期影响，芯片厂商面临盈利压力，净利润有所下滑，但中国在 LED 芯片的核心技术方面已基本达到国际水平，尤其是在 Mini LED 芯片领域，部分技术领先于国际水平。

2022 年，中国 LED 中游封装市场规模约 800 亿元，同比下滑超过 10%。然而，有几个细分领域呈现逆势增长。一是代表新型显示技术的 Mini LED 封装持续发力，COB、IMD/MiP 等新型封装路线在 P0.9 和 P1.2 间距上不断突破，对传统技术路线进行替代升级。同时，MiP 的热度持续上升。在 Mini 背光封装方面，Mini COB 和 Mini POB 产品出货量实现小幅增长。二是车用 LED 封装，新能源汽车的快速发展带动了 LED 封装企业的车用版块，2022 年多家 LED 封装企业在车用 LED 版块表现较好，维持较高的毛利率水平，产业规模保持一定的增长。不同应用场景下的 LED 封装毛利率存在显著差异。LED 照明和国内 LED 显示屏行业整体进入白热化价格竞争阶段，导致应用于照明的白光和流通类 RGB 封装 LED 的毛利率较低。相比之下，LED 背光领域的竞争较为缓和，且得益于以 Mini LED 为代表的新型显示技术的支持，部分高端 RGB 封装与背光封装版块的毛利率虽然有所下滑，但仍保持在 15% 以上。此外，受市场竞争加剧和需求下滑影响，LED 封装的毛利率整体下降。

2022 年，中国 LED 下游应用领域市场规模约 5 900 亿元。尽管国内市场下滑明显，但 Mini LED 背光和车用 LED 市场增长迅速。同时，受益于海外市场需求的增长，LED 显示产品市场呈现回暖态势。

近年来，尽管受到新冠疫情冲击和宏观经济增长趋缓的双重压力，但中国 LED 显示应用行业仍保持了平稳的发展态势。2022 年，中国 LED 显示屏市场规模为 703 亿元，年增长率为 2%。

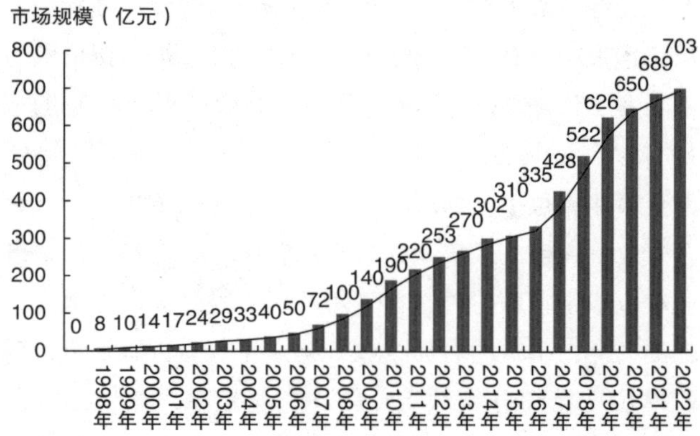

图 1　1998–2022 年全国 LED 显示屏市场规模增长变化

资料来源：中国光学光电子行业协会 LED 显示应用分会

据中国光学光电子行业协会 LED 显示应用分会不完全统计，2022 年，全国范围内从事 LED 显示应用业务的企事业单位超 1 500 家，其中，具备研发和生产能力的企业约 200 家，而专业技术研发、生产和工程服务能力兼备的企业达 1 000 家左右，还有 50 家企业的销售额突破亿元大关。产业聚集和头部企业效应日趋明显。2022 年，11 家企业的销售额超 10 亿元，占全国市场总量的 42.7%；3 家企业的销售额突破 30 亿元，分别是利亚德光电股份有限公司、深圳市洲明科技股份有限公司、厦门强力巨彩光电科技有限公司。20家头部企业的销售总额占全国市场总量的50%。

中国的LED显示产业链已趋完善，从LED芯片到封装、驱动IC、控制系统、电源、生产配套设备与材料等各环节均有布局，产业生态体系规范，为行业的进一步发展奠定坚实基础。据中国光学光电子行业协会统计，室内显示产品市场份额逐年提升，2022年已占市场总量的70%以上。同时，小间距LED显示屏自2016年起呈现爆发式增长，迅速成为显示屏市场的主流产品。2022年，小间距LED显示屏产品占市场总量的40%以上。LED显示行业内集中度日趋明显，华南地区头部企业所占市场份额提高明显。随着Mini/Micro LED技术的不断进步和小间距LED显示屏产品的成熟，市场机遇不断涌现，吸引了众多跨界企业的加入，预示着未来产业格局将会重构。

光学元器件产业 据中国光学光电子行业协会不完全统计，2022年，中国光学材料及元器件产业（含部分光学仪器）实现营业收入约1 656亿元，同比下滑2.6%。

2022年，光学元器件作为典型的下游驱动型产业，经历了市场需求的多元变化。其中，智能手机市场作为全球光学元器件的主要消费领域，其出货量下滑超过10%，对光学元器件产业带来一定冲击。安防监控市场经过多年的快速发展进入换挡接力阶段，市场需求逐步向高清变焦、全天候、智能生态等社会服务功能方向转变，这为光学元器件提供了新的发展机遇。特别是2022年消费级监控摄像头市场增速明显，市场规模已接近5 000万只，对光学元器件的需求呈现稳步增长态势。

另外，全球投影机市场在2022年也呈现强劲的增长势头。得益于激光投影光源和超高清引擎技术的发展，以及投影整机智能化水平和显示水平的不断提高，全球投影机市场出货量近1 800万台，同比增长15%。其中，激光投影市场增长尤为明显，2022年激光投影（包括激光电视）市场出货量达68万台，同比增长13%。智能投影产品持续向家用领域渗透，家用投影产品逐步成为整个投影市场增长的主力军，这为光学元器件产业提供了新的增长点。

在电动汽车市场方面，车载摄像头的需求呈现快速增长态势，2022年市场增长率超过30%。同时，各类抬头显示技术（如W-HUD/AR-HUD）的渗透也日趋明显，逐步成为汽车智能化中的重要一员。这为光学元器件产业提供了新的市场需求和发展空间。

此外，AR/VR技术的应用范围从直播、游戏等消费娱乐领域持续向工业、医疗、教育等领域渗透，新模式、新业态不断涌现，带来旺盛需求。IDC报告显示，全球AR/VR总投资规模近五年复合增长率达38%，产业备受资本追捧。

尽管以生物检测、半导体制造、智能家居等为代表的新兴市场光学元器件的需求量相对较小，尚未对光学元器件的整体市场规模有明显拉动，但这些新兴市场在2022年呈现一定的增长态势，尤其是在物联网（IoT）、人工智能（AI）、大数据等技术的加持下，智能家居产品具有智能化、数据共享、互通与互动等新颖功能，很受消费者青睐。这为光学元器件产业提供了新的潜在市场需求和发展空间。

2022年，中国光学元器件产业上游光学材料市场格局保持稳定，产销量表现平稳，整个市场呈现逐年稳中有升的趋势。据中国光学光电子行业协会光学元件与仪器分会不完全统计，2022年，中国光学材料市场规模约31亿元，同比增长3%。

目前，中国是世界上最大的光学材料产销地，主要的生产企业有成都光明光电股份有限公司、湖北新华光信息材料有限公司、长春奥普光电技术股份有限公司、湖北戈碧迦光电科技股份有限公司、福建福晶科技股份有限公司等，还有山东大学等高校及中国科学院、中国兵器装备集团有限公司、中国兵器工业集团有限公司、中国航天科工集团有限公司、中国电子科技集团有限公司等下属的科研院所。

光学材料中，光学玻璃市场规模最大，市场占有率超过70%。光学塑料广泛用于智能手机、安防、智能家居等领域的光学镜头，但原料主要依赖进口。光学晶体主要包括非线性光学晶体、激光晶体、双折射晶体、磁光晶体、声光及电光晶体、闪烁晶体等，国内市场规模较为稳定，约9亿元。

2022年，中国光学元器件产业的中游光学元器件市场增长乏力。据中国光学光电子行业协会光学元件与仪器分会不完全统计，全国范围内有近2 000家企事业单位从事光学元器件相关的生产研发。2022年，国内光学镜片、镜头及模组等元器件的市场规模为1 455亿元，同比下滑3%。这是光学元器件市场规模在持续增长十年后，首次出现下滑。

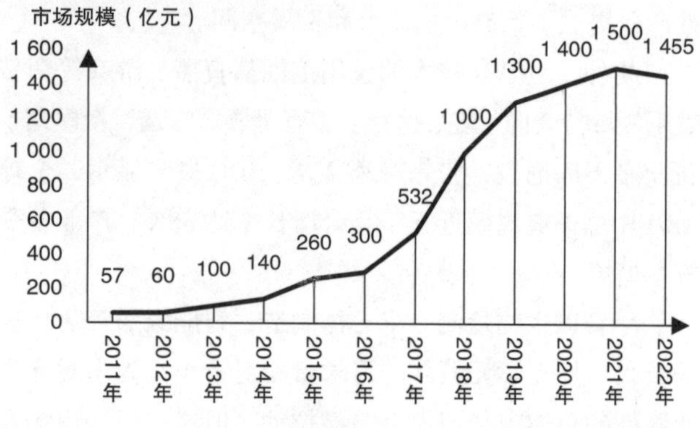

图 2　2011—2022 年中国光学元器件市场规模发展情况

资料来源：中国光学光电子行业协会光学元件与仪器分会

在下游市场，近年来，随着各应用领域发展的持续分化，光学元器件领域也呈现不同的发展态势。2022 年，受全球及中国智能手机出货量均创下近十年最大降幅的影响，手机摄像头及模组的市场规模萎缩，从 2021 年的 1 100 亿元减少至 2022 年的 990 亿元。在公共安全领域，安防镜头需求不振。尽管消费级监控摄像头市场增速明显，但 2022 年安防监控用光学镜头整体市场规模仍下滑至约 71 亿元，降幅为 5%。然而，市场对小型轻量化、智能化、超高清、变焦功能的安防镜头需求正逐步上升。另外，汽车智能化趋势推动车载光学镜头出货量的持续增长，2022 年，中国车载光学镜头及模组市场规模达 110 亿元，同比增长 10%。尽管传统照相机市场持续萎缩，但运动摄影摄像、智能投影等产品的销量持续增长，带动运动类及投影镜片镜头销量上升，照相及投影用光学元器件市场保持稳定，2022 年市场规模约 100 亿元。此外，医学检测、工业检测（机器视觉）、运动摄影摄像、激光用光学元件、AR/VR/XR 等细分领域的光学元器件需求持续增长，展现出巨大的市场发展潜力。

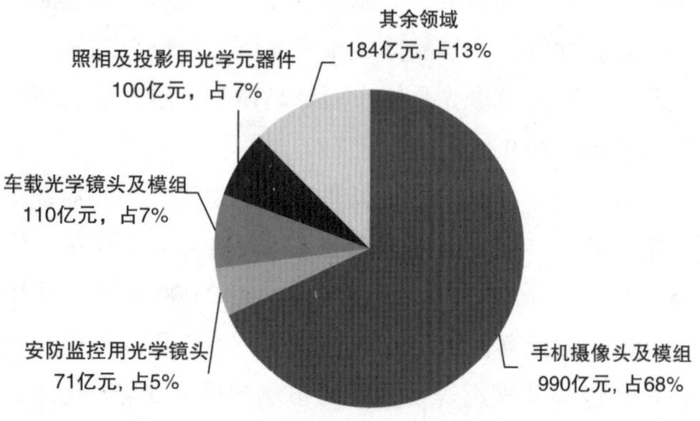

图 3　中国光学元器件在下游应用领域的市场规模

资料来源：中国光学光电子行业协会

在 5G、人工智能（AI）、物联网（IoT）、元宇宙等领域发展的带动下，更多的新兴应用领域将不断涌现，光学元器件将有更加广阔的市场空间。

光电显示产业　2022 年，中国光电显示产业在全球市场中的地位稳中有进。显示器件在全球的地位保持稳定，显示材料营收规模逆势上扬，显示装备营收规模则大幅下滑。2022 年，中国光电显示行业实现营收规模近 5 898 亿元，同比减少近 13%，在国际市场的占比约 43%，同比提高 1.5 个百分点。其中，显示器件营收规模 3 642 亿，同比减少超过 19%，在国际市场的占比超过 48%，同比提高近 2 个百分点；显示器件出货面积 16 289 万平方米，同比增加超过 1%，在国际市场的占比超过 68%，同比提高超过 5 个百分点。显示材料营收规模 2 156 亿，同比增加近 20%，在国际市场的占比超过 40%，同比提高超 8 个百分点。显示装备营收规模 99 亿元，同比减少近 78%，在国际市场的占比超过 12%，同比下降近 40 个百分点。

中国在新型显示技术领域发展不均衡。在 TFT-LCD 技术领域相对优势进一步扩大，2022 年，中国 TFT-LCD 显示器件产能在国际市场的占比近 69%，同比增加超 5 个百分点；营收规模约 367.94 亿美元，同比减小近 33%，但在国际市场的占比仍达到近 57%，同比增加 2 个百分点；出货面积约 15 757 万平方米，同比增加超过 1%，在国际市场的占比超过 70%，同比增加近 5 个百分点。在具体技术方向上，中国在 a-Si 和 LTPS TFT-LCD 技术领域的相对优势扩大明显，而在 Oxide TFT-LCD 技术领域的相对优势有所减弱。

在 AMOLED 技术领域，中国正在加速追赶。虽然中国 AMOLED 显示器件产能在国际市场的占比近 48%，但仍略低于韩国的 51%。2022 年，中国 AMOLED 显示器件的营收规模达 74.69 亿美元，同比微减 2%，在国际市场的占比超过 21%，同比增加 2 个百分点；出货面积 532 万平方米，同比增加约 5%，在国际市场的占比超过 36%，同比增加近 2 个百分点。在 AMOLED 技术的具体方向上，中国在 LTPS AMOLED 技术领域进步显著，营收规模约 55.03 亿美元，同比微减 3%，在国际市场的占比超过 18%；出货面积 193 万平方米，同比增加 24%，在国际市场的占比近 28%。中国在 Oxide AMOLED 技术领域的进步减缓，营收规模约 19.66 亿美元，同比微增不到 1%，在国际市场的占比超过

42%；出货面积339万平方米，同比减少4%，在国际市场的占比近44%。

在TN/STN LCD、LED、PMOLED、激光、电子纸等其他技术领域，中国已经形成明显的比较优势。2022年，中国TN/STN LCD显示器件的营收规模约25.19亿美元，在国际市场的占比约90%；中国LED显示器件的营收规模约51.51亿美元，在国际市场的占比约80%；中国PMOLED、激光、电子纸显示器件的营收规模分别为1.58亿美元、1.73亿美元、2.03亿美元，在国际市场的占比均超过50%。

红外产业　红外技术广泛应用于工业、医疗、安防监控等多个领域，在自动控制、在线监测、非接触测量、设备故障诊断、资源勘查等方面扮演重要角色。作为中国新兴战略性产业的重点关注领域，红外产业近年来不断攻克关键技术，实现稳定发展，应用范围持续扩增。2022年，在国家政策推动下，红外产业实现了快速发展。国内厂商已经掌握从红外芯片、探测器、热成像机芯模组到红外热像仪整机产品的全产业链生产能力，推动红外成像产品成本下降，进而拓展民用市场。随着技术成熟和规模化生产，预计未来红外产品在电力检测、工业检测、医疗等领域的需求将持续增长。同时，红外产业向产业链上下游延伸，国内企业已实现红外核心芯片大批量生产，推动红外技术的广泛应用。

全球红外热成像市场的竞争主体集中在美国、法国、英国和以色列等国家，其中，美国以强大的科研优势保持领先。截至2022年年底，全球红外热成像市场规模约183.7亿美元，其中，民用市场规模约75.2亿美元。中国红外热成像市场规模约199亿元，其中，民用市场规模约72.5亿元。2022年，中国红外热成像仪产量和需求量分别达到约54.86万台（套）和52.66万台（套）。

2022年，中国红外领域的主要上市公司营业收入、营业利润较上年同期减少。主要上市公司红外产业收入约97.7亿元，平均下降3.3%。受外部经济下行和客户对终端用户的交付放缓、装备类产品采购计划延期等因素影响，民品及装备类业务收入不及预期，净利润约8.73亿元，平均下降80.9%，主要原因是研发费用增加、固定资产折旧费上升、人工成本增加等。值得注意的是，主要上市公司研发投入费用约17亿元，占营业收入的26.7%，同比增长16.78%。

在产业链方面，2022年，上游锗材料市场受宏观环境影响，需求减弱，价格不断下调直至年底才有所好转；中游机芯企业通过整合上游资源，进一步掌控核心技术，提升整体产品毛利率水平，稳定供货渠道；整机装备企业则大力投入预研多类型高科技型产品，积极参与各个领域的竞标，积极开展海外业务合作，成功实现海外批量交付。

【科技进步与应用】　豪威科技（上海）有限公司（以下简称豪威科技）推出全球最小0.56μm像素技术。2022年2月，国产COMS图像传感器厂商豪威科技成功实现全球最小的0.56μm像素技术。基于该技术的图像传感器具有高量子效率（QE）性能、出色的四相位检测（QPD）自动对焦功能，同时具有低功耗特性。这种超小像素技术将满足多相位移动设备对高分辨率和小像素间距图像传感器日益增长的需求。该技术的实现基于台湾积体电路制造股份有限公司CMOS图像传感器（CIS）专用的28nm工艺节点和22nm逻辑工艺节点，采用新的像素晶体管布局和2×4共享像素架构。

中国自主研发的卫星激光测高产品发布。2022年5月，自然资源部国土卫星遥感应用中心在北京市正式发布资源三号03星、高分七号卫星激光测高标准产品。该卫星激光测高产品由中国自主研发，可在基础测绘、全球地理信息资源建设等领域发挥重要的高程测量作用，并在极地冰川监测、湖泊水位测量、森林树高测量及碳汇估算、滩涂浅水地形测量等方面具有广阔的应用前景。这也标志着中国已自主掌握对地观测卫星激光测高技术。该产品可用于1:10000、1:50000立体测图高程控制，能够广泛应用于大型湖泊水位测量、极地变化监测、高精度地形测量、植被高度及生物量估测等方面。

国内首个PPI过万的AR光学模组问世。2022年5月7日，深圳光峰科技股份有限公司（以下简称光峰科技）公布自研的全球首个PPI破万的AR光学模组。这标志着光峰科技在AR领域的技术研发上取得重大突破。该自研AR光学模组重点从底层技术架构上进行突破，在高像素密度层面取得重大进展，成为全球首个PPI破万的AR光学商业化模组。这款袖珍型的AR光学模组适用于AR眼镜类的终端产品，未来将适用于更广泛的使用场景。光峰科技AR研发团队基于光学、结构、算法等多技术领域创新，研发 SPD（Super Pixel Density）技术，在 0.5cc 的体积内，实现超 1 万的 PPI、720Pixel 的分辨率、40° 的视场角和 200mW 以下的功耗，在同等的体积下图像清晰度高出行业平均水平 1 倍之多，同时也成为全球首个突破 1 万 PPI 的 AR 光学商用化模组。

海信集团有限公司（以下简称海信）发布全球首款 4K 激光投影产品。2022 年 5 月 30 日，海信旗下品牌 Vidda 正式发布全球首款 4K 全色激光投影产品。该产品采用海信自主研发的全色激光技术，并在内部结构中取消荧光色轮部件，直接使用红、绿、蓝三基色激光器作为光源，在简化结构的同时带来色彩的提升。此外，该产品采用 465nm 波长的蓝色激光，完全避开了对人眼有伤害的 400 ～ 450nm 短波蓝光。

8K 超高清 2.6m 超宽幅偏光片生产线基地投产。2022 年 9 月 27 日，全球单体最大的 8K 超高清 2.6m 超宽幅偏光片生产线——恒美偏光片智造工厂，在位于福州市（长乐）国际航空城的福米恒美产业园投产，将改变国外在相关行业的主导地位，实现“中国制造”。国内自主研发的设备在工厂得到应用，将有效打破对国外的依赖。另外，数字化的精细管理将使单位投资比常规工厂下降 40%，而产品良率可提高至 99% 以上。

福建福晶科技有限公司（以下简称福晶科技）实现 1kg 级别大尺寸、高质量 α-BBO 晶体毛坯的稳定生长。2022 年 11 月，福晶科技公告在大尺寸 α-BBO 晶体毛坯生长技术领域取得重要突破，实现 1kg 级别大尺寸、高质量毛坯的稳定生长。福晶科技研发团队联合控股股东中国科学院福建物质结构研究所进行技术攻坚，成功实现生长技术的突破，所生长的晶体毛坯质量从最初的几十克发展到目前的 1kg 以上，引领 α-BBO 晶体的生长水平，并处于国际领先地位。

华中科技大学团队制造出全球最快的光场摄像机之一。2022 年 11 月，华中科技大学光学与电子信息学院李政言教授及其团队通过获取光场相位信息，实现 256 万亿帧 / 秒的拍照帧率，借此制造出目前世界上最快的光场摄像机之一。该团队借鉴压缩感知概念，在前人光学压缩成像技术的基础上，将待测光场的三维信息“压缩”到二维探测器上并进行一次性采集，从而实现摄像机的功能。安装超快光场摄像机模块，有望让激光精密加工设备通过实时采集探针光信号及观测材料超快时间尺度响应，来对加工工艺进行动态优化。超快光场摄像机以较低的成本，实现极高的时间分辨率或“电影”帧率。在超快光学领域，它能为激光脉冲和激光照射的物质“拍摄电影”，同时具有空间分辨和时间分辨的单发测量能力。

中国科学院国家天文台南京天文光学技术研究所（以下简称南京天光所）研制完成 2.5m 口径的非球面镜面。2022 年 12 月，南京天光所天文与空间镜面技术研究室加工完成一块 2.5m 口径的非球面镜面。该镜面是南京天光所目前研制完成的最大单口径镜面，也是近年来继云南天文台太阳望远镜 2m 环形主镜、云南大学多通道望远镜 1.6m 主镜之后的又一件大型非球面镜面。在该镜面加工过程中，科研人员以垂直检验塔和原 4m 龙门机床作为结构基础构建加工 / 检测一体化平台，该镜面全程采用自主研发的双机器人数控研抛站进行加工。该镜面的完成，标志着南京天光所已建成成熟的大口径非球面镜面研制平台，具备 2.5m 口径及以上镜面的高效研制能力，相关的加工、检测技术达到国内先进水平。

上海超强超短激光首轮实验获得 60MeV 质子束。中国科学院上海光学精密机械研究所研究团队基于上海超强超短激光实验装置（羲和激光，SULF），在 10PW 激光束线调试阶段的实验中，在设置 4μm 厚度金属靶的条件下，采用靶后法线鞘层加速，得到最大截止能量高达 62.5MeV 的高能质子束。实验结果显示，SULF-10PW 激光束线具有超高的强度、较好的波束对比度等性能。

2022 年，中国 LED 显示技术不断创新，新产品如透明屏、球形巨幕、裸眼 3D、高清一体机等层出不穷。封装方式上，COB 技术发展方兴未艾，随着技术成熟和工艺完善，COB 显示产品良率提升且成本下降，预示着未来几年其将持续增长。同时，Mini/Micro LED 技术的进步推动 LED 显示产品向更高清、更可靠、更小间距及更低价格发展，SMD、COB、COG、IMD、MiP 等多种技术方案逐渐成熟并商业化，其中，MiP 成为新的技术热点。智能化趋势明显，超高清传输与控制系统技术推动 LED 显示系统智能化，全链路虚拟拍摄解决方案、8K 级超大型精准亮度控制等技术备受瞩目。影院用 LED 显示屏在 DCI（Digital Cinema Initiatives）认证推动下成为新的市场增长点，已有 10 余家企业相继获得好莱坞 DCI 认证。此外，XR 虚拟拍摄技术结合 LED 显示在全球兴起，为电影制作等带来革新，带动部分 LED 显示企业的高清 LED 显示产品销量增长。RGB+、虚拟像素显示技术助力小间距高清显示技术的进一步发展，实现像素间距缩小 50%，分辨率提升 4 倍。

2022 年，红外产业在科技进步与应用方面取得显著成果。红外热成像产品呈现专业化、智能化发展趋势，满足不同客户群体的多样化需求。多光谱融合技术进一步发展，提高光电成像的有效性和目标远程识别能力。同时，红外热成像探测器芯片向多品类、大面阵、小像元、高集成度、低成本方向发展，应用范围不断扩大。在新产品研制和投产方面，1024 × 768@10μm 高温中波制冷探测器、640 × 512@25μm 帧积分非制冷探测器等关键技术取得突破，实现样机方案设计、制备和应用验证。国内红外龙头企业研制的短波红外 15μm 640 × 512 InGaAs 探测器产品，在光伏检测、半导体检测、空间通信、视觉增强等领域具备应用场景，推动红外技术的广泛应用。

此外，红外产业在自主知识产权方面取得丰硕成果。2022 年，主要红外上市公司新增授权专利 739 件，其中，授权发明专利 150 件，授权实用新型专利 297 件，授权外观设计专利 84 件，授权软件著作权专利 124 件，授权其他专利 84 件。多家红外企业荣获国家级、省（市）级专精特新"小巨人"企业及制造业"单项冠军"、"中国专利优秀奖"等荣誉，如烟台睿创微纳技术股份有限公司、湖北久之洋红外系统股份有限公司、武汉热像科技有限公司、浙江大立科技股份有限公司（以下简称大立科技）、上海兆晟科技有限公司、杭州高芯科技有限公司、浙江红相科技股份有限公司、宁波舜宇红外技术有限公司等。武汉高德红外股份有限公司研制的"高性能制冷红外焦平面探测器关键技术"荣获湖北省科学技术进步奖一等奖，自主研发的百万像素级双色双波段红外探测器通过鉴定，填补了国内空白，技术水平达到国际先进水平。

【重大工程与重点项目】 2022 年 3 月 17 日，超短超强激光实验装置项目开工仪式在郑州市举行，这是河南省谋划建设的首个重大科技基础设施。超短超强激光平台（中原之光）是《河南省人民政府与清华大学深化战略合作协议》的重要内容。该项目采取郑州大学与清华大学合作模式进行建设，项目建设和管理以郑州大学为主，可研报告和建设方案等已通过河南省发展和改革委员会组织的专家论证。超强超短激光平台的发展不仅推动一系列基础学科及前沿交叉学科的研究，也将促进相关领域新技术变革及新产业的诞生。超强超短激光平台的突破将使中国该领域在国际上占据重要地位。

2022 年 2 月 24 日，大立科技成功竞得杭州市滨江区杭政工出〔2022〕2 号地块的国有建设用地使用权，将该地块增加为"光电吊舱开发及产业化项目"实施地点。该地块主要用于建设光电吊舱等光电系统产品产业化基地，具备完整的光电系统产品研发、生产、测试和试验能力。

2022 年 1 月，中国民用空间基础设施规划中的首颗科研高分多模卫星成功发射并正式投入使用。该卫星基于新一代平台通用产品体系研制，经过结构、热控、电性能等多项鉴定试验验证，设计寿命达 8 年，成像精度优于 0.5m，成为中国最高分辨率的民用光学卫星，实现中国遥感卫星技术水平的跨越式发展。高分多模卫星是《国家民用空间基础设施中长期发展规划（2015—2025 年）》提出的中高分辨率综合光学遥感科研卫星，是中国空间基础设施重大工程的重要组成部分。作为中型敏捷遥感卫星公用平台的首发星，该卫星配备高分辨率相机、大气同步校正仪等业务载荷及激光通信终端试验载荷，可满足自然资源调查、地质勘查、应急减灾、农业调查等领域的高精度数据需求。该卫星的投入使用将使中国民用卫星获得 0.5m 的最高分辨率影像，实现 1 个全色、8 个多光谱谱段，标志着中国光学遥感卫星研制总体水平已进入国际先进行列。

【进出口贸易】 根据海关总署统计数据，2022 年，中国平板显示模组对外贸易总额约 770 亿美元，占中国对外贸易总额的 1.22%。其中，进口额约 398.23 亿美元，出口额约 371.77 亿美元，实现外贸逆差 26.46 亿美元。中国内地平板显示模组前三大贸易伙伴为越南、韩国和中国香港地区。平板显示模组主要分为液晶平板显示模组和 OLED 显示模组两类。液晶平板显示模组对外贸易总额约 423.49 亿美元，约占平板显示模组对外贸易总额的 55%，进口额约 151.37 亿美元，进口液晶平板显示模组 15.17 亿片，出口额约 272.12 亿美元，出口液晶平板显示模组 16.46 亿片，实现外贸顺差 120.75 亿美元。

OLED 显示模组对外贸易总额约 341.44 亿美元，约占平板显示模组对外贸易总额的 44%，进口额约 244.53 亿美元，进口 OLED 显示模组 5.01 亿片，出口额约 96.91 亿美元，出口 OLED 显示模组 2.39 亿片，实现外贸逆差 147.62 亿美元。

2022 年，中国 LED 显示屏出口额约 25 亿美元，占全国 LED 显示屏总产值的 24%。

中国显示材料市场总需求达 477 亿美元。TFT-LCD 显示材料需求占据主导地位，约 370 亿美元，进口额约 122 亿美元，本地采购额约 248 亿美元，本地化配套率约 67%。相比之下，AMOLED 显示材料需求较小，约 54 亿美元，进口额约 28 亿美元，本地采购额约 26 亿美元，本地化配套率约 49%。其他如 TN/STN-LCD、PMOLED、LED、VFD+FPD、Laser 等类型的显示材料总需求约 53 亿美元，进口额约 8 亿美元，本地采购额约 45 亿美元，本地化配套率高达 85%。中国显示材料的主要贸易国是日本和韩国，揭示了中国在高端显示材料领域的技术与产业面临较大挑战。

根据海关总署统计数据，2022 年，中国显示装备市场需求约 88 亿美元，同比减少近 31%。同年，中国进口制造平板显示器用的机器和装置 10 520 台，同比增加约 32%；进口额约 36.21 亿美元，同比减少约 38%。这些进口设备主要来自日本和韩国，其中，日本的贸易额占比约 51%，韩国的贸易额占比约 44%。根据行业经验，海关总署统计的关键工艺装备进口量约占实际进口量的一半左右。因此，推断 2022 年中国显示装备进口额约 73 亿美元，本地采购额约 15 亿美元，本地化配套率约 17%。

【政策与法规】 2022 年 6 月，工业和信息部、国家发展改革委等六部门印发《工业能效提升行动计划》，支持推进重点行业节能提效改造升级，加快激光热处理等先进成形工艺技术产业化应用。

2022 年 9 月，国务院办公厅印发《关于深化电子电器行业管理制度改革的意见》，提出要加大对基础电子产业（电子材料、电子元器件、电子专用设备、电子测量仪器等制造业）升级及关键技术突破的支持力度，着力优化废弃电子电器回收处理网络布局。

【统计数据】

表 1　2022 年中国主要光学企业营业收入情况

序号	企业名称	营业收入（其中光学业务收入）（亿元）	同比增长（%）	净利润（亿元）	同比增长（%）
1	舜宇光学科技（集团）有限公司	332	-11	24.10	-51.70
2	大立光股份有限公司	106	1.50	—	—
3	高伟电子控股有限公司	76	39	5.87	69.30
4	丘钛科技（集团）有限公司	138（126）	-26	1.71	-80
5	欧菲光集团股份有限公司	148（104）	-35	-51.80	-99
6	玉晶光电股份有限公司	44	15	—	—
7	亚洲光学股份有限公司	43.40	-9	—	—
8	浙江水晶光电科技股份有限公司	43.80（41）	15	5.76	30.30
9	信利国际有限公司	169（35.50）	-14	2.83	-77
10	联创电子科技股份有限公司	109（35）	4	0.93	-17.50
11	中光学集团股份有限公司	33	-20	-1.85	-226
12	瑞声声学科技（深圳）有限公司	206（32.20）	17	8.21	-37.6

续表

序号	企业名称	营业收入（其中光学业务收入）（亿元）	同比增长（%）	净利润（亿元）	同比增长（%）
13	东莞市宇瞳光学科技股份有限公司	18.50	−10	1.44	−40.6
14	深圳同兴达科技股份有限公司	84（15.50）	−35	−0.40	—
15	合力泰科技股份有限公司	119（15.50）	−27	−35	−4 615
16	中山联合光电科技股份有限公司	15	−8	0.56	−25
17	扬明光学股份有限公司	10.60	19	—	—
18	湖北五方光电股份有限公司	10.30	31	0.89	5
19	凤凰光学股份有限公司	18.30（9.40）	18	0.05	−55
20	宁波永新光学股份有限公司	8.30	4	2.79	6.70
21	今国光学工业股份有限公司	8.10	—	—	—
22	福建福光股份有限公司	7.81	16	0.29	−36
23	福建福晶科技股份有限公司	7.68	12	2.26	18
24	北方光电股份有限公司	25（7.40）	−24	0.71	14
25	长春奥普光电技术股份有限公司	6.13	12	0.84	58
26	厦门力鼎光电股份有限公司	6	17	1.60	7
27	江苏宇迪光学股份有限公司	5.53	−4	0.62	19
28	福建福特科光电股份有限公司	4.86	−2	0.61	−2.30
29	青岛海泰新光科技股份有限公司	4.77	53	1.83	55
30	南京茂莱光学股份有限公司	4.40	32	0.59	25
31	湖北戈碧迦光电科技股份有限公司	4.29	12	0.46	−8.60
32	杭州美迪凯光电科技股份有限公司	4.14	−5.86	0.22	−78
33	嘉兴中润光学科技股份有限公司	4.04	2	0.41	14
34	浙江蓝特光学股份有限公司	3.81	−8.4	1.03	−26
35	腾景科技股份有限公司	3.44	14	0.58	12
36	湖北东田微科技股份有限公司	3.10	−24	0.18	−75
37	广东思锐光学股份有限公司	1.80	−3	0.19	9.70
38	广州博冠光电科技股份有限公司	1.77	−26	−0.12	—
39	大恒新纪元科技股份有限公司	23（1.70）	−8	0.70	−24
40	四川格纳斯光电科技股份有限公司	1.30	−31	−0.08	—
41	南阳凯鑫光电股份有限公司	1.10	−18	0.11	−40

续表

序号	企业名称	营业收入（其中光学业务收入）（亿元）	同比增长（%）	净利润（亿元）	同比增长（%）
42	广东北创光电科技股份有限公司	1.05	–4	0.16	–4.60
43	上海光和光学制造股份有限公司	0.50	4	0.02	—
44	北京首量科技股份有限公司	0.48	–10	–0.03	—
45	南通瑞森光学股份有限公司	0.16	15	0.04	33

表 2　2022 年中国主要 LED 芯片及封装企业营业收入情况

序号	企业名称	营业收入（亿元）	同比增长（%）
1	木林森股份有限公司	163	–11
2	三安光电股份有限公司	102	5
3	利亚德光电集团	82	–8
4	深圳市洲明科技股份有限公司	71	–2
5	深圳市兆驰股份有限公司（LED 业务）	38	–33
6	鸿利智汇集团股份有限公司	35	–11
7	深圳市艾比森光电股份有限公司	28	20
8	佛山市国星光电股份有限公司	27	–11
9	华灿光电股份有限公司	24	–25
10	深圳市聚飞光电股份有限公司	21	–5
11	聚灿光电科技（宿迁）有限公司	20	1
12	厦门乾照光电股份有限公司	17	–10
13	苏州东山精密制造股份有限公司	17	–1
14	深圳市瑞丰光电子股份有限公司	13	–9
15	江苏澳洋顺昌科技材料有限公司	11	–6
16	深圳雷曼光电科技股份有限公司	11	–17
17	安徽芯瑞达科技股份有限公司	9	16
18	深圳市奥拓电子股份有限公司	9	–4
19	京东方晶芯科技有限公司	8	–19
20	深圳市联建光电股份有限公司	8	21
21	深圳万润科技股份有限公司	8	–12
22	厦门光莆电子股份有限公司	8	–18

续表

序号	企业名称	营业收入（亿元）	同比增长（%）
23	杭州士兰明芯科技有限公司	7	15
24	深圳市明微电子股份有限公司	7	–45
25	深圳市南极光电子科技股份有限公司	6	–31
26	东莞勤上光电股份有限公司	6	–46
27	广州视源电子科技股份有限公司	5	–1

表 3　2022 年中国主要民用红外企业营业收入情况

企业名称	营业收入（亿元）	同比增长（%）	净利润（亿元）	同比增长（%）
杭州海康微影传感科技有限公司	27.90	26.01	—	—
烟台睿创微纳技术有限公司	26.46	48.62	3.13	–32.05
武汉高德红外股份有限公司（红外热成像仪及综合光电系统）	25.28（总体） 22.24（红外）	–27.75 –14.92	5.02	–54.82
武汉华中数控股份有限公司（红外产品）	16.63（总体） 0.88（红外）	1.81 –9.55	0.68	–46.20
湖北久之洋红外系统股份有限公司（红外热成像仪）	7.44（总体） 4.65（红外）	2 –8.13	0.82	5.13
北京长峰科威光电技术有限公司	4.06	11.20	0.60	–33.30
浙江大立科技股份有限公司（红外及光电类产品）	4（总体） 3.62（红外）	–50.24 –52.78	–1.50	–188.10
森霸传感科技股份有限公司	2.50	–19.73	0.43	–65.77
浙江兆盛科技股份有限公司	1.99	70.70	0.42	91.42
昆明云锗高新技术有限公司	1.2	–7.60	–0.146	–380.60
上海热像科技股份有限公司	1.1	–30.05	0.148	–51.66
北京富吉瑞光电科技股份有限公司	1.1	–65.12	–0.87	–214.65

注：表 1 ～表 3 数据来源于各公司年报。

［撰稿：程慧云　胡春明　关积珍　张寒松　邵火　刘育青　审稿：金磊］

软件和信息技术服务业

综　述

【概况】 2022 年，中国软件和信息技术服务业运行稳步向好，软件业务收入跃上 10 万亿元台阶，盈利能力保持稳定，软件业务出口保持增长。

【主要经济指标】 根据工业和信息化部《2022 年软件和信息技术服务业统计公报》，2022 年，中国软件和信息技术服务业收入 108 126 亿元，同比增长 11.2%①；全行业实现利润总额 12 648 亿元，同比增长 5.7%；全行业实现出口额 524.1 亿美元，同比增长 3.0%。据中国版权保护中心计算机软件著作权登记信息统计数据，2022 年，计算机软件著作权登记量 1 835 341 项，同比下降 19.5%。

【企事业单位与产业机构】 根据工业和信息化部《2022 年软件和信息技术服务业统计公报》，2022 年，中国软件和信息技术服务业规模以上企业超 35 000 家。

随着软件在制造业技术升级和创新应用中的融合不断深入，制造业数字化转型提档加速。2022 年年底，中国开展网络化协同、服务型制造的企业比例分别达到 39.8%、31.0%；工业企业关键工序数控化率、数字化

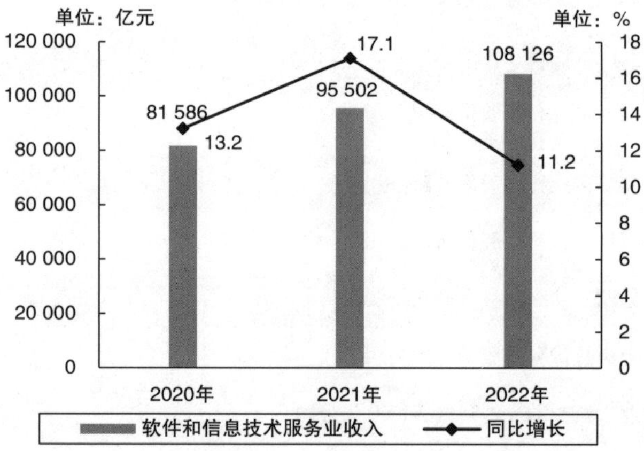

图 1　2020—2022 年中国软件和信息技术服务业收入及同比增长

资料来源：工业和信息化部

研发设计工具普及率分别达到 58.6%、77.0%。基本形成综合型、特色型、专业型的多层次工业互联网平台体系，重点平台连接设备超 8 100 万台（套），平台化设计、数字化管理、智能化制造、网络化协同、个性化定制、服务化延伸等新模式新业态蓬勃发展。软件产业和

① 文中增速均按可比口径计算。

传统产业融合应用持续深入，生产效率和产品附加值不断提高，产业更新换代效率持续提升，加速推动产业结构优化升级，有力支撑数字经济高质量发展。

2022 年，中国开源持续迸发活力，创新速度和发展潜能进一步提升，开源发展迈向新高度。中国开发者积极拥抱开源，开源开发者数量突破 800 万，居全球第 2 位。国内开放原子开源基金会累计吸纳 50 余家捐赠单位、近 30 项开源项目启动孵化，OpenHarmony（开放鸿蒙）、openEuler（欧拉）、openKylin（开放麒麟）等重点开源项目形成较大影响力。开放鸿蒙吸引 40 余家单位、4 700 余名贡献者共建，社区生态初具规模。欧拉终端部署量突破 300 万套，汇聚合作伙伴 410 余家，吸引开发者近 1.5 万人，社区活跃度显著提升。国内代码托管平台逐渐形成规模，Gitee、GitCode、GitLink、木兰开源社区、Gitlab 等平台持续加快发展。

【专业领域发展】 根据工业和信息化部《2022 年软件和信息技术服务业统计公报》，中国软件和信息技术服务业 2022 年持续向好，业务收入平稳增长。按专业领域分，软件产品、信息技术服务、信息安全产品和服务、嵌入式系统软件 4 类收入占比分别为 24.59%、64.86%、1.88%、8.67%[①]。

软件产品收入平稳增长。2022 年，软件产品收入 26 583 亿元，同比增长 9.9%，增速较上年同期回落 2.4 个百分点，占全行业收入比重为 24.59%。其中，工业软件产品实现收入 2 407 亿元，同比增长 14.3%，高出全行业整体水平 3.1 个百分点。

信息技术服务收入较快增长。2022 年，信息技术服务收入 70 128 亿元，同比增长 11.7%，增速高出全行业整体水平 0.5 个百分点，占全行业收入比重为 64.86%。其中，云服务、大数据服务共实现收入 10 427 亿元，同比增长 8.7%，占信息技术服务收入的 14.9%，占比较上年同期提高 2.0 个百分点；集成电路设计收入 2 797 亿元，同比增长 12.0%；电子商务平台技术服务收入 11 044 亿元，同比增长 18.5%。

信息安全产品和服务收入稳步增长。2022 年，信息安全产品和服务收入 2 038 亿元，同比增长 10.4%，增速较上年同期回落 2.6 个百分点。

嵌入式系统软件收入两位数增长。2022 年，嵌入式系统软件收入 9 376 亿元，同比增长 11.3%，增速较上年同期回落 7.7 个百分点。

【区域发展】 根据工业和信息化部《2022 年软件和信息技术服务业统计公报》，中国东部地区软件和信息技术服务业保持较快增长，中部、西部地区增势突出。

2022 年，中国东部、中部、西部和东北部地区软件和信息技术服务业分别完成收入 88 663 亿元、5 390 亿元、11 574 亿元和 2 499 亿元，同比增长分别为 10.6%、16.9%、14.3% 和 8.7%。其中，中部、西部地区分别高出全国平均水平 5.7 个百分点、3.1 个百分点。4 个地区软件和信息技术服务业收入在全国软件和信息技术服务业收入中的占比分别为 82.0%、5.0%、10.7% 和 2.3%。

主要软件大省收入占比小幅提高，部分中部、西部省份增速明显。2022 年，软件和信息技术服务业收入居前 5 名的北京市、广东省、江苏省、山东省、浙江省共完成收入 74 537 亿元，占全国软件和信息技术服务业收入的 68.9%，占比较上年提高 2.9 个百分点。软件和信息技术服务业收入增速高于全国平均水平的省份有 12 个，其中，增速高于 20% 的省份集中在中西部地区，包括贵州省、广西壮族自治区、湖北省等。

中心城市软件和信息技术服务业收入稳步增长，利润总额增速小幅回落。2022 年，全国 15 个副省级中心城市实现软件和信息技术服务业收入 53 419 亿元，同比增长 10.0%，增速较上年同期回落 6.3 个百分点，占全国软件和信息技术服务业收入的 49.4%；实现利润总额 6 924 亿元，同比增长 2.4%，增速较上年同期回落 2.1 个百分点。其中，武汉市、宁波市、济南市、青岛市和沈阳市软件和信息技术服务业收入同比增速超过全行业平均水平。

软件名城建设稳步推进，产业集聚水平不断提升。2022 年，全国形成南京市、济南市、成都市、广州市、深圳市、北京市、上海市、杭州市、苏州市、武汉市、福州市、厦门市、青岛市、无锡市 14 个“中国软件名城”。各“中国软件名城”积极汇聚优势资源、营造良好环境，推动软件产业集聚与创新发展，示范引领作用凸显。2022 年，14 个“中国软件名城”完成软件和信

① 数据经过四舍五入保留至小数点后 2 位。

息技术服务业收入 8.6 万亿元，占全国软件和信息技术服务业收入的 8 成左右。

【园区基地】 截至 2022 年年底，全国近 350 家软件园区汇聚超 5 万家软件企业，带动国内软件新技术、新产品、新应用竞相涌现，已成为推动产业集聚发展的重要载体。

【技术发展】 2022 年，中国软件和信息技术服务业进入黄金发展期，产业创新不断加速，迈向高质量发展新台阶。随着软件产业结构持续优化，操作系统、数据库、中间件等基础软件不断取得新突破，工业软件应用水平和服务能力持续提升，人工智能、云计算、物联网、虚拟现实等新兴技术飞速发展。

在基础软件领域，操作系统、数据库、中间件等核心技术迭代升级不断加快，兼容适配持续优化，取得一系列显著成果。操作系统方面，麒麟软件有限公司（以下简称麒麟软件）、统信软件技术有限公司（以下简称统信软件）、华为技术有限公司（以下简称华为）等企业在技术突破和生态构建方面持续发力。2022 年 6 月，麒麟软件联合国内产业界代表，发起成立 openKylin 桌面操作系统根社区，通过开源开放的社区合作，推动 Linux 开源技术及软硬件生态持续繁荣。截至 2022 年年底，麒麟软件生态软硬件兼容适配数量超 150 万款，其中，软件生态兼容适配数量超 108 万款，硬件生态兼容适配数量超 42 万款，生态合作厂商数量超 6 000 家。统信软件生态兼容适配数量超 100 万款，生态合作伙伴数量超 5 400 家，社区用户数量超 24 万个。2022 年，搭载 HarmonyOS 的华为设备数量超 3.3 亿台，鸿蒙生态技术品牌鸿蒙智联合作伙伴超 2 300 家，openEuler 系列产品整体装机量达 200 万套。数据库方面，随着行业在技术、产业规模方面发展势头持续向好，国内数据库企业呈现百花齐放的发展格局，新型数据库加速涌现，数据库生态蓬勃发展。融资环境不断优化，截至 2022 年年底，国内超 17 家数据库企业获得融资支持，融资规模从数百万元至数亿元不等。2022 年 2 月，南大通用数据库技术有限公司旗下的分布式数据库产品 GBase 8a MPP Cluster 成功中标吉林银行 MPP 数据库采购项目，国产数据库在关键领域核心业务系统应用持续深入。2022 年，北京人大金仓信息技术股份有限公司和武汉达梦数据库股份有限公司深度参与北京冬奥会保电工作，自主创新数据库应用赋能奥运电力保障。2022 年 9 月，巨杉数据库正式发布 SequoiaDB V5.2，支持多种数据类型并存，通过提升实时运行能力推进数据间高效共享。此外，蚂蚁科技集团股份有限公司、阿里巴巴云计算有限公司（以下简称阿里云）、腾讯云计算（北京）有限责任公司等企业均加快自研数据库产品的迭代升级，持续提升数据库产品在行业领域的应用融合。中间件方面，北京东方通科技股份有限公司（以下简称东方通）、北京宝兰德软件股份有限公司（以下简称宝兰德）等企业持续加大研发投入，加强与国产软硬件兼容适配，针对典型应用场景的多方协作能力进一步提升。2022 年，东方通陆续发布“云原生消息中间件”“云原生数据缓存中间件”“云原生中间件管理平台”等多款新产品，在政务、金融、电信、交通等行业用户信息化改造升级和新业务发展中发挥支撑作用。宝兰德旗下中间件产品——应用服务器软件在银行、证券、保险等金融机构应用不断深入，深度赋能金融行业数字化转型。

在工业软件领域，伴随新型工业化持续推进，工业软件应用场景加快拓展，工业软件市场发展环境不断优化，工业软件企业发展持续向好。研发设计方面，广州中望龙腾软件股份有限公司（以下简称中望龙腾）、苏州浩辰软件股份有限公司（以下简称苏州浩辰）、北京华大九天软件有限公司等企业聚焦 CAD 领域研发创新。2022 年，中望龙腾分批次发布中望 CAD 2023、中望 3D 2023X、中望仿真 2023 等多款软件产品，为国内大型制造企业复杂的应用环境提供稳定高效的三维设计和仿真支撑。苏州浩辰分批次发布浩辰 CAD 机械 2022、浩辰云建筑、浩辰 CAD 2023 等多款软件产品，CAD 软件核心技术迭代持续加速。生产控制方面，上海宝信软件股份有限公司围绕 PLC 产品形成工业控制软硬件产品矩阵，在冶金、电力、能源、装备制造等关键行业应用持续深入。北京和利时系统工程有限公司在火力发电、石油化工、冶金建材、食品饮料等行业，成功推广旗下 DCS 超 12 000 套，国内外客户数量超 7 000 家，打破长期以来中国 DCS 依赖国外产品的局面。经营管理方面，用友网络科技股份有限公司（以下简称用友网络）ISV 伙伴约 2 500 家，开发者活跃数量超 108 万人。2022 年 8 月，用友网络发布用友 BIP 3，在平台技术与应用架构、领域与行业应用、生态体系等方面实现突破。金蝶国际软件集团有限公司聚焦企业级 PaaS 和 SaaS 领域，发布苍穹、星瀚、星空、星辰等一系列多元化产品，加快金蝶云生态布局。运维服务方面，安徽容知日新科技股份有限公司发布“灵芝 SuperCare 设备智能运维平台”，在中信泰富特钢集团江阴兴澄特种钢铁有限公司旗下 23 个主线分厂实现全面应用，助推钢铁企业实现数字化转型。北京博华信智科技股份有限公司正式发布数字孪生解决方案 2.0，装备智能化运维水平和生产效率不断提升，加速赋能工业企业数字化转型。

在新兴平台软件领域，第五代移动通信（5G）、云计算、人工智能、区块链等新兴平台软件达到国际先进水平，相关领域产业规模和企业数量不断增长，企业研发创新和应用服务能力持续提升。云计算方面，随着传统行业加速推进企业深度上云，中国云计算产业进入全新增长周期。2022 年 5 月，华为云联合连连国际等 10 余家伙伴共同发布“凌云出海联盟”，构建中国企业出海价值生态圈。2022 年 6 月，阿里云发布云基础设施处理器（Cloud Infrastructure Processing Units，CIPU），用于加速和管控计算资源，实现数据计算、存储、网络资源快速云化及硬件加速，云计算基础设施不断完善。人工智能方面，截至 2022 年年底，中国人工智能企业数量突破 4 000 家，百度、阿里、华为、科大讯飞、腾讯等一批 AI 开放平台初步具备支撑产业快速发展的能力。科大讯飞推出的讯飞开放平台 2.0 版本开放能力达 513 项，在教育、金融、医疗、能源和地产等 14 个行业落地应用。百度智能云发布包括百舸异构计算平台、AI 中台等 AI 基础设施在内的“百度 AI 大底座”，集成多项底层 AI 技术以实现 AI 服务规模化。

【重大工程与重点项目】 2022 年工业软件优秀产品名单公示。根据《工业和信息化部办公厅关于开展 2022 年工业软件优秀产品征集工作的通知》（工信厅信发函〔2022〕293 号）要求，经单位推荐、专家评审、网上公示等环节，确定 68 款产品为 2022 年工业软件优秀产品，包含 CAD、ERP、PLM、MES 等工业软件，涉及汽车、船舶、核电、钢铁、模具、矿山等应用领域。

2022 年工业互联网 App 优秀解决方案名单公示。根据《工业和信息化部办公厅关于开展 2022 年工业互联网 App 优秀解决方案征集遴选工作的通知》（工信厅信发函〔2022〕269 号）要求，经单位推荐、专家评审、网上公示等环节，确定 191 个解决方案为 2022 年工业互联网 App 优秀解决方案，包括关键支持工业 App、基础工业 App、工业通用工业 App 等。

2022 年新型信息消费示范项目遴选结果公示。根据《工业和信息化部办公厅关于组织开展 2022 年新型信息消费示范项目申报工作的通知》（工信厅信发函〔2022〕75 号）要求，经企业申报、地方推荐、形式审查和专家评审等环节，遴选出 151 个新型信息消费示范项目，所属领域包括生活类信息消费、公共服务类信息消费、行业类信息消费、新型信息产品消费、信息消费支撑平台。

【进出口贸易】 中国软件和信息技术服务业出口保持增长。2022 年，中国软件和信息技术服务业出口额 524.1 亿美元，同比增长 3.0%，增速较上年同期回落 5.8 个百分点。其中，软件外包服务出口额同比增长 9.2%。

【政策与法规】 深入落实国家软件发展战略。2022 年 12 月，《工业和信息化部关于印发中国软件名城（园）管理办法的通知》（工信部信发〔2022〕168 号）进一步规范软件名城、软件名园管理工作，引导软件名城建设由产业规模导向转变为高质量发展导向，引导软件园区高质量建设软件名园，更好发挥中国软件名城、软件名园的示范带动作用。

［撰稿：王斌　审稿：高晓雨］

软件产品行业

【概况】 2022 年，软件产品行业运行态势稳步向好，软件业务收入跃上 10 万亿元台阶，盈利能力保持稳定，软件业务出口保持增长。基础软件和工业软件实现核心技术突破，软件产品收入平稳增长。国产软件产品深入应用，对稳定经济大盘、推动数字经济发展发挥重要支撑作用。

【主要经济指标】 根据工业和信息化部发布的《2022 年软件和信息技术服务业统计公报》，2022 年软件产品实现收入 26 583 亿元，同比增长 9.9%，增速较上年同期回落 2.4 个百分点，占软件和信息技术服务业收入比重为 24.59%。其中，工业软件产品实现收入 2 407 亿元，同比增长 14.3%，高出全行业平均水平 3.1 个百分点。

【基础软件】 操作系统方面，近年来，中国桌面操作系统的性能和生态不断完善，内核性能达到 Win7 水平，适配大批应用软件。OpenHarmony（开放鸿蒙）、openEuler（欧拉）、openKylin（开放麒麟）、OpenCloudOS（开放云操作系统）、OpenAnolis（龙蜥社区）等一系列开源项目、开源社区不断孵化和发展，开源成为操作系统发展的重要阵地。在制造业领域，国产工业操作系统，如机载操作系统、机器人操作系统等在多个重要行业、领域中的应用逐渐凸显其重要地位。2022 年 1 月，龙蜥社区发布 Anolis OS 8.4 LoongArch 正式版，支持国家商用密码算法和国产安全协议。2022 年 3 月，统信软件技术有限公司发布统信桌面操作系统 V20 专业版（1050）、统信服务器操作系统 V20（1050），在生产力、安全性、兼容性、跨平台生态、性能等方面均有显著提升，实现全栈国密、安全加固和配置等功能。2022 年 6 月，麒麟软件有限公司（以下简称麒麟软件）发起成立 openKylin 桌面操作系统根社区，推动 Linux 开源技术及其软硬件生态繁荣发展。2022 年 9 月，麒麟软件发布星光麒麟万物智联操作系统，覆盖全场景业务需求，进一步满足国家、行业、企业和个人的数字化应用需求。2022 年 12 月，openEuler 项目群成立，开源社区升级进入产业共建的新阶段，将积极促进创新项目孵化，加速技术落地和生产验证。

数据库方面，伴随技术快速进步，2022 年国内数据库生态蓬勃发展，创新产品层出不穷，数据库软件产品高达 200 余款，市场规模增长迅速，关系型数据库仍稳居主流地位，事务型数据库占比较高，分布式技术已成为多数国产数据库的标配。随着技术突破，各种类型数据库产品不断推出，云数据库市场份额显著增长。截至 2022 年年底，已有 48 款国产数据库推出开源版本吸引更多用户拓展生态。2022 年 1 月，openGauss 社区分委会正式成立，旨在围绕开源数据库技术，打造面向高校师生和企业开发者的交流平台，加速产教融合、产研融合。2022 年 3 月，阿里巴巴云计算有限公司（以下简称阿里云）公开开源 PolarDB 的总体结构设计和企业级特性。同月，武汉达梦数据库股份有限公司正式推出 GDM-ANALYSIS V3.0，基于图数据库提供强大的数据挖掘分析服务。2022 年 4 月，平凯星辰（北京）科技有限公司发布 TiDB 6.0，在可管理性等方面显著提升。同月，星环信息科技（上海）股份有限公司发布分布式分析型数据库 ArgoDB 5.0、分布式交易型数据库 KunDB 3.0、分布式图数据库 StellarDB 4.0 等产品。2022 年 5 月，阿里云发布开源 PolarDB-X 2.1 版本。2022 年 6 月，腾讯云计算（北京）有限责任公司发布云原生数据库 TDSQL-C 新版本，在云原生架构、基础硬件能力、自研内核等方面全面升级。2022 年 7 月，湖南亚信安慧科技有限公司发布 AntDB 数据库 7.0 版本。同月，北京人大金仓信息技术股份有限公司发布 KingbaseES V9 及金仓数据库一体机 KingbaseXData，并推出基于国产数据库的行业解决方案。同月，浙江创邻科技有限公司发布 Galaxybase 免费版，支持企业版大多数基本功能。2022 年 8 月，北京奥星贝斯科技有限公司（以下简称奥星贝斯）发布 OceanBase 4.0 单机分布式一体化数据库。同月，北京涛思数据科技有限公司发布 TDengine 3.0。

2022 年 11 月，奥星贝斯发布 OceanBase 社区版 4.0。

中间件方面，随着新兴技术与传统中间件技术的加速融合，以及云计算和大数据需求的快速增加，中间件市场规模持续扩大。以消息中间件、应用服务器中间件为代表的基础中间件市场持续发展，云应用基础设施和大数据基础设施类中间件产品的市场份额呈现显著增长趋势。2022 年，北京东方通科技股份有限公司陆续发布云原生消息中间件、云原生数据缓存中间件、云原生中间件管理平台等多款新产品，并推出安全可信应用服务器中间件，完成已有安全可信类中间件产品的版本升级，同时数据类中间件产品的接入、集成和数据清洗等能力得到一体化加强。2022 年，北京宝兰德软件股份有限公司先后推出 Web 服务器软件 BES WebServer、分布式缓存软件 BES CacheServer、支持最新 Jakarta EE 标准的应用服务器软件 BES ApplicationServer 10.0、分布式消息服务平台 BES MQPaaS 等多款产品，为数字化系统建设提供多样、高性能、可靠的中间件能力支撑。2022 年 10 月，金蝶天燕云计算股份有限公司发布新一代中间件云平台产品 ACP V7.0，集中间件服务的创建、迁移、监控、性能调优、弹性伸缩等功能于一体，为用户提供中间件云服务的全生命周期管理。

办公软件方面，北京金山办公软件股份有限公司发布基于大语言模型的智能办公助手，在内容创作、智慧助手和知识洞察三大战略方向发力，接入文字、演示、表格、PDF 产品组件。永中软件股份有限公司完成桌面、网络、移动、云和版式办公产品战略布局，形成基础办公 + 通用工具 + 行业数字化应用 + 数据支撑的解决方案。腾讯文档升级产品服务，整合上线智能表格、智能文档、知识库等，打造双核编辑，兼容流式与版式两种文档格式，与 SaaS 产品实现整合。

【工业软件】 近年来，中国经历新冠疫情、欧美技术封锁、商业制裁等种种困境，在此期间，国产工业软件企业迎难而上，在计算机辅助研发、芯片设计、工业控制等领域取得显著突破，推出一系列市场化成果卓越的产品，软件产品年收入复合增长率高达 12.4%，远超全球 5.3% 的平均增速。

2022 年，广州中望龙腾软件股份有限公司分批次发布中望 CAD 2023、中望 3D 2023X、中望仿真 2023 等多款软件产品，进一步打造多学科多物理场仿真解决方案，为国内大型制造企业复杂的应用环境提供更稳定高效的三维设计和仿真支撑。2022 年，苏州浩辰软件股份有限公司分批次发布浩辰 CAD 机械 2022、浩辰云建筑、浩辰 CAD 2023 等多款软件产品，自主研发 CAD 平台核心层架构及服务组件，重新编写数百项功能命令，为企业及用户提供更高品质的自主工业软件应用与服务。2022 年 7 月，北京华大九天科技股份有限公司发布高性能晶体管级电源完整性分析工具 Empyrean Patron，聚焦于模拟芯片的电源完整性检查，可高效地提供精准、全面、可靠的 EM/IR 分析数据及多种 EM/IR 检查报告，成为业界 EM/IR 分析解决方案的“破局者”。同月，浙江中控技术股份有限公司发布新一代全流程智能运行管理与控制系统 i-OMC，深度融合工厂操作系统、工业 AIoT、先进工业网络、智能优化、模型预测等技术优势，助力流程工业企业从传统的自动化运行向智能化自主运行升级。

[撰稿：张文渊　赵鹏　付平　审稿：高晓雨]

信息技术服务业

【概况】 2022 年，中国信息技术服务业整体保持较快增速，盈利能力稳步提升，从业人数持续扩大，呈现稳步向上的发展态势。随着互联网、大数据、云计算、人工智能、区块链等新技术深刻演变，信息技术服务业加快云化发展。信息消费实现高速增长，加速推动产业全面转型升级和经济高质量发展。

【主要经济指标】 根据工业和信息化部《2022 年软件

和信息技术服务业统计公报》，2022 年，中国信息技术服务实现收入 70 128 亿元，同比增长 11.7%，占软件和信息技术服务业总收入的 64.86%。

【企事业单位】 中国信息技术服务业企业实力不断增强，并积极活跃在国际市场。以阿里云、华为云、腾讯云等为代表的中国云计算头部企业在欧洲、美洲和亚太等地区建设数据中心。国际调研机构 Gartner 的统计结果显示，全球云计算 IaaS 市场规模从 2021 年的 928 亿美元增长到 2022 年的 1 203 亿美元，同比增长 29.7%。阿里巴巴集团控股有限公司 2022 年的 IaaS 收入为 93 亿美元，同比增长 2.4%，以 7.7% 的市场份额蝉联全球第三大 IaaS 公有云提供商。华为技术有限公司以 52 亿美元的 IaaS 收入和 4.4% 的市场份额跻身全球第五大 IaaS 公有云供应商。

【专业领域发展】 信息消费市场增长迅速、创新活跃、辐射广泛，成为重要的消费热点。工业和信息化部数据显示，2022 年前三季度，中国信息消费规模超 5 万亿元。中国规模以上互联网和相关服务企业完成业务收入 14 590 亿元，同比下降 1.1%。实现利润总额 1 415 亿元，同比增长 3.3%，增速较上年回落 10 个百分点。信息消费在生活服务、公共服务、智能产品等方面呈现新特征新态势。5G 商用带动 VR/AR、虚拟购物等新型服务业快速发展，叠加新型智能终端加速普及，2020—2025 年，预计带动信息消费市场 8.2 万亿元。商务部数据显示，2022 年，中国快递业务量 1 105.8 亿件，同比增长 2.1%。2022 年，全年移动互联网用户接入流量 2 618 亿 GB，同比增长 18.1%。数字文化消费市场发展动力强劲。中国数字出版、互联网文化娱乐平台等数字文化新业态特征较为明显的 16 个行业小类实现营业收入 50 106 亿元，同比增长 6.7%，高于文化产业平均水平 5.7 个百分点，占全部文化产业营业收入的 30.3%；中国网络视频（含短视频）用户规模达 10.31 亿户，同比增长 5 586 万户，占网民整体规模的 96.5%。

在线服务业电商市场呈现较高速增长，电商加快驱动产业数字化转型。商务部数据显示，2022 年，全国电子商务交易额为 43.83 万亿元，同比增长 3.5%。2022 年，网络零售额为 13.79 万亿元，同比增长 4.0%；农村网络零售额达 2.17 万亿元，同比增长 3.6%。2022 年，在线餐饮需求增速放缓，销售额同比增长 2.9%，在线旅游销售额呈现增长趋势，同比增长 6.4%。跨境电商平稳较快发展，海关总署统计数据显示，2022 年，跨境电商进出口额达 2.11 万亿元，同比增长 9.8%，占进出口总额的 5.0%。2022 年，中国电子商务行业发展保持较快增长趋势，呈现模式业态持续迭代、电商加快驱动产业数字化转型、农村电商畅通双向流通、电子商务集群化发展等主要特点。

【区域发展】 从分布区域来看，东部地区保持较快增长，中部地区增势突出，西部地区小幅下降。2022 年，东部、中部、西部和东北部地区分别完成信息技术服务业务收入 58 794 亿元、3 456 亿元、7 215 亿元和 1 131 亿元，分别同比增长 16.0%、17.4%、-9.9% 和 8.3%。其中，东部、中部地区分别高出全国平均水平 3.4 个百分点、4.8 个百分点。4 个地区信息技术服务业务收入在全国总收入中的占比分别为 83.3%、4.9%、10.2% 和 1.6%。

主要信息技术服务业大省收入占比小幅提高，部分中部、西部省市增速明显。2022 年，软件业务收入居前 5 名的北京市、广东省、江苏省、上海市、浙江省共完成软件业务收入 49 474 亿元，占全国软件业务收入的 70.1%，占比较上年提高 1.1 个百分点。信息技术服务业务收入增速高于全国整体水平的省份有 11 个，其中，增速高于 20% 的省份集中在中东部地区，包括浙江省、山东省等。

中心城市信息技术服务业务收入稳步增长，利润总额增速小幅回落。2022 年，全国 15 个副省级中心城市实现信息技术服务业务收入 33 450 亿元，同比增长 11.3%，增速较上年提高 1.3 个百分点，占全国信息技术服务业务收入的 47.3%；实现利润总额 7 537 亿元，同比增长 8.8%，增速同比提高 6.4 个百分点。其中，杭州市、成都市、济南市、南京市和厦门市软件和信息技术服务业务收入同比增速均高于全行业整体水平。苏州市、武汉市、昆明市、郑州市积极创建国家区块链发展先导区，推动产业集群化发展。

【重点项目】 持续开展新型信息消费示范项目遴选工作。落实《国务院关于进一步扩大和升级信息消费 持续释放内需潜力的指导意见》（国发〔2017〕40 号），按照《工业和信息化部办公厅关于组织开展 2022 年新型信息消费示范项目申报工作的通知》（工信厅信发函〔2022〕75 号）要求，经企业申报、地方推荐、专家评审、网上公示等环节，遴选出新型信息消费示范项目 151 个，总结形成可复制、可推广的经验做法，引导产业加快提升供给能力和创新能力，探索形成一批发展前景好、示范效应强的标杆项目和发展模式。

开展“区块链 + 制造”创新应用试点。深入贯彻落实习近平总书记在中央政治局第十八次集体学习时的重要讲话精神，推进 15 个“区块链 + 制造”创新应用试点项目建设，推动区块链技术在工业供应链管理、工业互联网等领域的应用，在制造领域形成一批可复制、可推广的区块链创新应用典型案例和做法经验，发挥区块链在促进数据共享、优化业务流程、降低运营成本等方面的作用，助力网络强国、数字中国建设。

[撰稿：陈申捷　梁力晨　审稿：张毅夫]

嵌入式系统软件业

【概况】 随着新一代信息技术的发展，嵌入式系统软件与人工智能、边缘计算、云计算等技术加速融合，广泛应用于消费电子、智能家居、汽车电子、网络与通信设备、工程机械、医疗器械、航空航天等多个国民经济领域。中国嵌入式系统软件业市场规模快速增长，技术水平稳步提升，产品供给能力持续提高，嵌入式系统功能模块逐渐丰富，产业发展质量和效益持续增长，呈现出良好的态势。

【主要经济指标】 根据工业和信息化部《2022 年软件和信息技术服务业统计公报》，2022 年，嵌入式系统软件业实现收入 9 376 亿元，同比增长 11.3%，增速较上年同期回落 7.7 个百分点，但仍保持两位数增长态势，占软件和信息技术服务业全行业收入的 8.67%。嵌入式系统软件成为产品和装备数字化改造、各领域智能化增值的关键带动因素，在支撑产业数字化转型、推进新型工业化方面发挥重要作用。

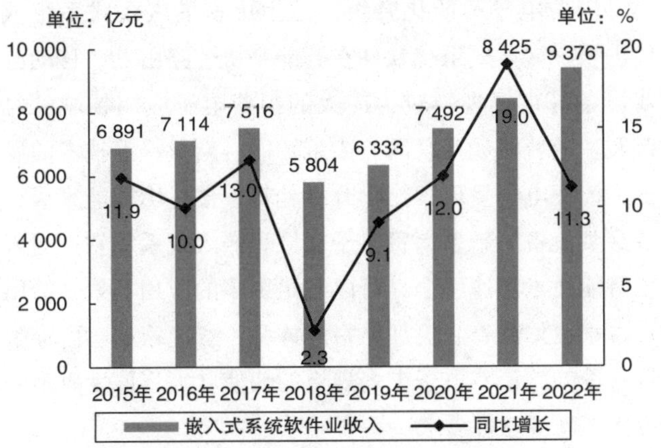

图 1　2015—2022 年嵌入式系统软件收入及同比增长

资料来源：工业和信息化部

【技术发展】 2022 年，中国嵌入式系统软件业顺应新一代信息技术发展趋势，嵌入式系统软件与 5G、人工智能等新一代信息技术融合创新步伐加快，深入推进智能网联汽车等行业的拓展应用，不断取得新技术突破。

2022 年 3 月 1 日，上海睿赛德电子科技有限公司（以下简称睿赛德科技）在上海举办 RT-Thread 车载 OS 战略发布会，并正式发布“程翧”车载融合软件平台。为满足车载 OS 的发展需求，睿赛德科技在自有的 RT-Thread 开源操作系统上开发集 OS、虚拟化系统及相关扩展组件等于一体的车载融合软件平台。在系统安全方面，“程翧”车载融合软件平台处于领先水平，其微内核操作系统（RT-Thread Smart for Safety）已经完成 SGS 通标标准技术有限公司三项最高等级功能安全认证（ISO 26262 ASIL D、IEC 61508 SIL 3、EN 50128 SIL 4），还将推进虚拟化扩展认证。目前，“程翧”车载融合软件平台已经获得了多家整车厂、头部 Tier1（车厂一级供应商）及自动驾驶解决方案提供商的认可。

2022 年 5 月 13 日，龙芯中科技术股份有限公司宣布，基于龙芯 LoongArch 自研指令集架构的 SylixOS V2.3.0 嵌入式操作系统正式发布，成为首个适配 LoongArch 架构处理器的大型实时操作系统。SylixOS 支持内核模块、应用程序、共享库动态加载功能，SylixOS LoongArch 体系结构代码实现了 ELF(可执行可链接文件格式)节区的加载和重定位，动态加载功能可以满足多部门分布式软件开发需求，支持各部门应用软件在操作系统上的集成。目前，SylixOS V2.3.0 已全面支持基于 LoongArch 架构的龙芯 3A、3B、3C、2K 全系列处理器，最新的 SylixOS V2.3.0 操作系统已加入 LoongArch 体系结构代码，RealEvo-IDE 5.0 也已加入 LoongArch 编译器。

2022 年 10 月 1 日，欧拉社区发布 openEuler 22.09 版本，进一步促进欧拉与鸿蒙操作系统的互联互通。openEuler 22.09 全量代码达 6.7 亿行，新增代码 2 012 万行，内核新增原创代码 4.8 万行，北向源码软件包新增 12 000 多个，总量达 28 087 个。同时，新版本新增对 SW-64、LoongArch 架构的系统镜像；增加对 ARM 架构内存容错增强、SME、商密加速等特性的支持；新增对 Intel SPR 内核和虚拟化的支持等。根据欧拉社区披露的信息，新版 openEuler 具有可编程内核、分布式软总线、嵌入式硬实时等技术特征，并能够支持 x86、ARM、申威、龙芯、RISC-V 五种架构，支持网卡、RAID、FC、GPU&AI、DPU、SSD、安全卡七种类型的板卡，具备良好的兼容性。

【政策与法规】 2022 年，工业和信息化部等围绕制造业数字化转型，聚焦北斗通信、智能家居、电力装备、中小企业数字化转型等领域，出台支持和引导政策，为嵌入式系统软件的融合创新发展提供了丰富的应用场景，营造了良好的发展氛围，进一步促进嵌入式系统软件业的繁荣发展。

2022 年 1 月 17 日，工业和信息化部印发《关于大众消费领域北斗推广应用的若干意见》，提出加快推进高精度、低功耗、低成本、小型化的北斗芯片及关键元器件研发和产业化，形成北斗与 5G、物联网、车联网等新一代信息技术融合的系统解决方案，推动在健康养老、儿童关爱、助残关怀、新兴消费、便民服务等领域的智能终端北斗应用服务，为嵌入式系统软件在北斗领域的应用提供了机遇。

2022 年 8 月 1 日，工业和信息化部办公厅等四部门联合印发《推进家居产业高质量发展行动方案》，明确提出提升家居产品智能化水平，大力发展智能家电、集成家电、智能化多场景照明系统、功能化家具、智能锁具等产品，推动适老化家电家具、健康电器、生活服务类机器人等产品研发应用，推动智能家居在家庭安防、智慧厨房、智能睡眠、健康卫浴等更多生活场景落地，进一步拓展嵌入式系统软件在智能家居领域的应用。

2022 年 8 月 24 日，工业和信息化部等五部门联合印发《加快电力装备绿色低碳创新发展行动计划》，提出开展智能制造试点示范行动，建设智能制造示范工厂，凝练智能制造优秀场景，打造智能网联装备，提升工业控制系统实时优化能力，加强工业软件模拟仿真与数据分析能力，为电力领域嵌入式系统软件的发展提供了契机。

2022 年 11 月 3 日，工业和信息化部办公厅印发《中小企业数字化转型指南》，提出推动研发设计、生产制造、仓储物流、营销服务等业务环节数字化，发展订单共享、设备共享、产能协作和协同制造等新模式，进一步丰富了嵌入式系统软件的应用场景。

【市场分析】 嵌入式系统软件广泛应用于消费电子、工程机械等传统行业。随着新一代信息技术的加速发展，嵌入式系统软件与 5G、人工智能、物联网、工业互联网等新技术加速融合，在智能家居、汽车电子、医疗电子、工业互联网、移动物联网等新兴领域大量应用。伴随新型工业化的加速推进，产业数字化转型步伐加快，嵌入式系统软件业有望迎来新的发展契机，释放更大的市场发展潜力。

消费电子智能化升级，催生更多的嵌入式系统软件需求。嵌入式系统软件在智能手机、路由器、移动游戏设备等市场规模较为庞大的消费电子应用领域已经普及。随着移动互联网、人工智能、新材料等技术的发展，消费电子呈现智能化升级趋势，催生出智能家居、可穿戴设备等新型消费电子领域。嵌入式系统软件与人工智能技术加速融合，可以满足更多的应用场景，给用户带来更加新奇、更加丰富的体验，智能家居、可穿戴设备等新型消费电子市场规模的快速壮大将催生更多的嵌入式系统软件需求。

汽车步入软件定义时代，智能网联汽车激发嵌入式系统软件发展潜力。现代汽车产业迈入软件定义的时代，未来的汽车将是人工智能、大数据和云计算技术共同打造的移动超级智能终端，智能网联汽车成为新的发展趋势。政策供给叠加技术发展，智能网联汽车市场发展空间广阔。汽车电子在逐渐朝网络化、智能化发展过程中，对相关控制软件的需求持续增加，汽车操作系统、导航系统等车载嵌入式系统软件必将迎来快速发展机遇。

医疗电子行业需求持续释放，智慧医疗进一步催生嵌入式系统软件市场需求。随着大数据、人工智能、5G 等新一代信息技术的发展，医疗技术逐步呈现信息化、智能化发展趋势。随着心电图、脑电图等生理参数检测设备及各类型的监护仪器、超声波、X 射线成影设备、核磁共振仪等先进医疗设备的广泛应用，以及远程医疗、病人呼叫中心、数字化医院等先进技术的发展，传统医疗正在向智慧医疗转型。数字赋能智慧医疗成为主流趋势，基于嵌入式系统软件的智慧医疗设备、器械将在疾病监控、辅助决策、健康管理等领域发挥重要作用。随着智慧医疗的进一步发展，医疗电子市场规模快速增长，对嵌入式系统软件的需求持续增加。

制造业数字化转型步伐加快，智能制造有望成为嵌入式系统软件最大的增长点。随着新一代信息技术的飞速发展，大数据、云计算、5G、人工智能、物联网、工业互联网、区块链等技术与先进制造技术深度融合，各类软件系统贯穿于设计、生产、管理、服务等制造活动各环节，制造业数字化转型步伐大幅加快，以数据驱动、软件定义、平台支撑、智能主导、价值共创为主要特征的智能制造新模式持续涌现。中国作为全球最大的制造工厂，正在加速推动制造业数字化转型，在政策引导、技术驱动和市场需求牵引多方合力下，中国智能制造市场有望迎来爆发。工业控制系统、工业互联网平台等作为智能制造的关键支撑，工业领域嵌入式系统软件未来几年将迎来爆发式增长。

【存在问题】 近年来，中国嵌入式系统软件业取得了长足发展，但是依然存在关键核心技术缺失、产品应用推广困难、知识产权风险等问题，主要体现在以下三个方面。

一是技术水平较国外仍有差距。目前，国内企业研发的嵌入式系统软件产品内核技术受制于人，在微内核技术方面与国外先进水平存在明显差距，在实时性、安全性、可靠性、兼容性等方面难以同国际先进水平抗衡。

二是应用推广面临困难。美国 VxWorks、RT-Linux 及加拿大 QNX 等产品占据全球 90% 以上市场，在中国嵌入式系统软件市场处于主导地位，已经形成了极强的用户黏性。产品应用场景相对不足，软硬件适配不足，产业生态薄弱，无论是装机量、用户量还是利润率都处于相对较低的水平，难以与国外企业竞争。

三是嵌入式操作系统厂商知识产权积累不足。国内嵌入式系统软件企业原始创新能力不足，多数产品基于 VxWorks 或开源 RT-Linux 二次开发，在开源协议合规使用方面存在一定风险，并且存在被动跟随国外技术路线的风险。

[撰稿：李锐　审稿：高晓雨]

云计算产业

【概况】 2022 年，中国云计算产业发展呈现总体向好态势。在政策和市场的双轮推动下，信息技术服务加快云化发展，云计算产业规模持续增长，技术和产品不断完善，骨干龙头企业实力持续增强。企业上云步伐不断加快，云计算加速融入经济社会各领域全过程，成为数字经济的重要技术基座及促进企业数字化转型升级、推动经济高质量发展的重要引擎。

【主要经济指标】 2022 年，中国云计算产业保持较快增长。据中国信息通信研究院测算，2022 年，中国云计算产业规模达 4 550 亿元，同比增长 40.9%，远超全球云计算产业 19% 的增速。其中，公有云市场增长显著，市场规模扩大至 3 256 亿元，同比增长 49.3%；私有云市场也稳步增长，市场规模达到 1 294 亿元，同比增长 25.3%。中国云计算市场正处于快速发展期，前景广阔。

【专业领域发展】 云计算应用已经从互联网行业向制造、政务、金融、交通、能源等更多领域渗透，企业上云有序推进。在工业领域，多地深入推进工业云发展，将其作为推动信息技术与实体经济深入融合、发展工业互联网的关键抓手。成效已然显现，部分上云的船舶制造企业生产效率提高 20%，产品研制周期缩短 17.5%。在政务领域，全国超 9 成的省级行政区已经建成或正在积极建设政务云平台。在金融领域，“央行云”“建行云”等重大项目稳步推进，旨在为金融行业构建稳定可靠的“两地三中心”云基础设施环境，进而持续提高系统稳定性和业务创新效率。

云计算标准体系加快完善。工业和信息化部加快完善《云计算综合标准化体系建设指南》，持续推动重点标准的制修订工作。截至 2022 年年底，中国已发布现行云计算国家标准 39 项，并积极参与 ISO、IEC、ITU 等国际标准化组织的活动，牵头研制发布关于云服务计量和计费的国际技术报告 1 份。

云服务供给水平不断提升。随着云计算基准库 3.0 的正式发布，云服务能力测评指标体系不断完善。截至 2022 年年底，通过评测的企业数量累计 225 家。

【区域发展】 各地结合上云用云现状，纷纷出台一系列适用于地方发展特色的相关政策，持续推动云计算与实体经济加速融合。北京市、重庆市明确提出加快云计算在制造业中的应用创新，加快实体企业数字化转型进程；江苏省和上海市鼓励利用云计算推动跨境电子商务等数字贸易的发展，促进国际贸易的增长；浙江省倡导利用云计算等直播平台为企业赋能，发展数字文娱产业；广东省鼓励推动云计算与各行业融合，催生产业新形态，创新经营新模式。

此外，为落地实施国家云计算发展战略，加速推动企业深度上云用云，各地政府还积极出台相应的激励政策，在资金层面为企业上云提供支持。北京市、上海市、深圳市等地企业购买云服务后，政府会根据合同金额或上云费用给予一定比例的消费券或资金补贴；江苏省、浙江省、四川省等则采用对优秀上云企业直接发放不同级别资金的方式进行奖励。

【技术发展】 云计算技术加速迭代创新，云原生成为云计算创新突破的主战场。微服务等云原生技术实现秒级弹性响应，大幅提升用户体验。阿里巴巴集团控股有限公司、华为技术有限公司、深圳市腾讯计算机系统有限公司（以下简称腾讯）通过布局云原生数据库，在全球数据库整体市场份额中的排名在过去 5 年内分别提升了 4 位、5 位、9 位。一云多芯云计算解决方案不断成熟，为异构 CPU 自主创新和软硬件协同提供重要保障，阿里云计算有限公司（以下简称阿里云）发布云基础设施处理器（Cloud Infrastructure Processing Unit，CIPU），实现数据中心软硬件资源云化管理和加速计算。

国内骨干云厂商在开源领域发挥着越来越重要的作用。蚂蚁金融服务集团、上海浦东发展银行等近百家中国企业成为云原生基金会成员，社区技术贡献度排名全球前三。华为云计算有限公司（以下简称华为云）捐献的业界首个云原生批量计算项目 Volcano 正式晋级为国际开源社区 CNCF 孵化项目，技术生态日益繁荣。腾讯开源的一站式开源微服务解决方案（Spring Cloud Tencent）通过标准化微服务组件，有效提升分布式应用的敏捷开发能力。

随着云计算与人工智能、量子计算、超级计算等前沿科学技术的加速融合创新，智算云服务、区块链即服务等新产品新业态不断涌现，部分解决方案在生物医药、航天、尖端设备等领域实现重要突破。搭载华为云“云边一体”解决方案的试验卫星，计算精度提高 50%以上，卫星回传数据量降低 90%，显著优化卫星通信效率。

【国际合作】 中国云计算企业持续布局海外市场，不断加强数据中心建设和产品服务供给。华为云推出容器引擎 CCE Turbo、分布式云原生服务 UCS、云测试等超 15 项创新服务，并首次面向全球落地，同时发布“Go Cloud，Go Global”（上云，走向全球化）生态计划，宣布要在东南亚开拓伙伴生态、人才生态，联合当地政府、企业推动数字化转型。阿里云在印度尼西亚、德国、菲律宾、泰国、韩国新增 5 个数据中心，宣布未来 3 年投入 70 亿元建设国际本地化生态，并在吉隆坡等全球市场增设 6 个服务中心。

［撰稿：梁力晨　审稿：张毅夫］

大数据产业

【概况】 2022年，中国大数据产业呈现强劲增长态势。作为战略性新兴产业，大数据产业是加快经济社会发展质量变革、效率变革、动力变革的重要引擎，为现代化经济体系建设提供重要支撑。党中央、国务院连续多年对大数据发展作出重要指示，强调"数据已成为国家基础性战略资源""推动实施国家大数据战略，加快建设数字中国"，并指出"数据成为继土地、劳动力、资本、技术之后第五种市场化配置的关键生产要素"。自2015年大数据上升为国家战略以来，在国家和各级政府的大力推动下，大数据发展持续演进和迭代，政策环境持续优化，技术创新能力增强，产业融合发展加快，数据价值逐渐释放，数据安全得到进一步保障。

【主要经济指标】 2022年，中国大数据产业发展稳步向好，产业规模不断扩大，行业应用加速深化，产业生态持续优化。国家互联网数据办公室《数字中国发展报告（2022年）》数据显示，2022年，中国大数据产业市场规模达1.57万亿元，同比增长18%，成为推动数字经济发展的重要力量。工业和信息化部《2022年软件和信息技术服务业统计公报》数据显示，中国云服务、大数据服务共实现收入10 427亿元，同比增长8.7%，占信息技术服务收入的14.9%。

【政策与法规】 数据是数字时代的重要生产要素，是切实落实《"十四五"大数据产业发展规划》工作的重要生产力。2022年，中国持续强化顶层设计，夯实产业基础能力，不断完善产业链布局，加速释放数据要素价值。国家层面，2022年4月，《中共中央 国务院关于加快建设全国统一大市场的意见》发布，提出加快培育数据要素市场，建立健全数据安全、权利保护、跨境传输管理、交易流通、开放共享、安全认证等基础制度和标准规范，深入开展数据资源调查，推动数据资源开发利用。2022年12月，《中共中央 国务院关于构建数据基础制度更好发挥数据要素作用的意见》（以下简称"数据二十条"）发布，旨在构建数据基础制度，保障数据要素的安全和发展。"数据二十条"强调数据基础制度建设事关国家发展和安全大局，要维护国家数据安全，保护个人信息和商业秘密，促进数据合规高效流通使用、赋能实体经济，统筹推进数据产权、流通交易、收益分配、安全治理，加快构建数据基础制度体系。

地方层面，2022年，各地围绕数据资源、数据安全等方面，积极开展数据立法工作，上海市、深圳市、山东省、福建省、浙江省等22个省份纷纷出台数据相关条例。自2022年1月1日起，《上海市数据条例》《深圳经济特区数据条例》《山东省大数据发展促进条例》正式施行。《上海市数据条例》是国内首部省级人大制定的数据条例，把数据纳入法治轨道，与上海城市数字化转型同频共振，不断增强城市竞争力。《深圳经济特区数据条例》为国内首部数据领域基础性、综合性立法，全面规范个人数据、公共数据、数据要素市场、数据安全，特别强调以"告知–同意"为前提的个人数据处理规则，保护个人信息安全。《山东省大数据发展促进条例》规定数据资源实行目录管理，对数据目录编制及数据的采集、汇聚、治理、共享和开放提出具体要求，强调不得重复采集能够通过共享方式获取的公共数据，采集数据不得损害被采集人的合法权益。自2022年2月1日起，《福建省大数据发展条例》正式施行，旨在促进大数据有序健康发展，发挥数据生产要素作用，推进数字福建建设。自2022年3月1日起，《浙江省公共数据条例》正式施行，作为国内首部以公共数据为主题的地方性法规，为省域范围内公共数据的收集、归集、存储、加工、传输、共享、开放、利用设定法律标准。自2022年7月1日起，《重庆市数据条例》正式施行，作为针对"数据"领域出台的综合性地方性法规，明确数据处理规则和数据安全责任，确立"数据安全责任制"，提出数据处理活动六类禁止性行为和八项数据安全保护义务，规范公共数据收集单位行为，建立健全数据质量管控体系和数据校核机制，为数据安全“保驾护航”。自 2022 年 8 月 1 日起，《辽宁省大数据发展条例》正式施行，从培育壮大数据要素市场、突出工业大数据特色、夯实新型基础设施底座、全面保障数据安全等方面进行制度设计。2022 年 11 月 9 日，《江西省数据应用条例（草案）》经第 104 次江西省政府常务会议讨论通过。在数据资源方面，该草案推动全省一体化公共数据资源中心建设，创设公共数据授权运营机制，规定被授权运营主体可以对授权运营的公共数据进行加工形成数据产品和服务。在大数据产业方面，该草案明确推进大数据产业发展，提升数据软硬件产品研发和制造能力，同时推进产业数字化，实现数字技术融入工业、农业、服务业等实体经济领域。

立足于数据利用和产业发展，以最大限度地促进数据流通和开发利用，部分地方条例展现出制度创新引领改革发展的鲜明特点。《上海市数据条例》在“数据要素市场”“浦东新区数据改革”章节中，明确提出培育数据要素市场的制度框架及建立数据交易所、国际数据港等实质性举措。《深圳经济特区数据条例》提出，市场主体对合法处理数据形成的数据产品和服务可以依法自主使用，取得收益，进行处分；鼓励市场主体制定数据相关企业标准，参与制定相关地方标准和团体标准等。

【数据资源】 中国数据资源极大丰富，总量位居全球前列。2022 年，中国数据产量达 8.1ZB，同比增长 22.7%，占全球数据总产量的 10.5%，位居全球第二。截至 2022 年年底，中国数据存力总规模超 1 000EB，数据存储量达 724.5EB，同比增长 21.1%，占全球数据总存储量的 14.4%。政务数据开放共享有序推进，国务院办公厅印发《全国一体化政务大数据体系建设指南》，深入推进政务数据共享开放和平台建设。截至 2022 年年底，全国一体化政务数据共享枢纽已接入各级政务部门 5 951 个，发布各类数据资源 1.5 万类，累计支撑共享调用超 5 000 亿次。中国已有 208 个省级及城市的地方政府上线政府数据开放平台，其中，省级平台 21 个（含省和自治区，不包含直辖市和中国港、澳、台地区），城市平台 187 个（含直辖市、副省级与地级行政区），较 2021 年新增 1 个省级平台和 14 个城市平台。

【基础设施】 2022 年，中国算力基础设施、应用基础设施规模持续扩大，服务能力快速增长。《数字中国发展报告（2022 年）》数据显示，截至 2022 年年底，中国数据中心机架总规模超 650 万标准机架，近 5 年年均增速超过 30%，在用数据中心算力总规模超 180EFLOPS（每秒浮点运算次数），位居世界第二。2022 年，京津冀等 8 个国家算力枢纽建设进入深化实施阶段，新建数据中心规模超 130 万标准机架。西部数据中心占比稳步提高，“东数西算”干线光纤网络和兰州市等中西部国家互联网骨干直联点加快建设，全国算力实现结构优化。超算发展水平位于全球第一梯队，中国共 162 台超级计算机上榜 2022 年全球超级计算机 500 强。

【数据治理】 数据治理是激活高质量数据要素潜能、实现数据要素价值的必经之路。数据安全管理持续完备。数据安全管理制度体系加快构筑，数据出境安全评估、数据安全管理认证等《数据安全法》配套制度加快建立。《个人信息出境标准合同规定（征求意见稿）》公开征求意见，推进规范个人信息出境活动，保护个人信息权益。2022 年 6 月，国家市场监督管理总局、国家互联网信息办公室联合发布《关于开展数据安全管理认证工作的公告》，推动规范网络数据处理活动，加强网络数据安全保护。持续组织开展 App 违法违规收集使用个人信息专项治理。2022 年 7 月，国家互联网信息办公室发布《数据出境安全评估办法》，明确应当申报数据出境安全评估的情形，提出数据出境安全评估具体要求。2022 年 11 月，国家市场监督管理总局、国家互联网信息办公室联合发布《关于实施个人信息保护认证的公告》，鼓励个人信息处理者通过认证方式提升个人信息保护能力。

行业数据治理日趋完善。金融领域，2022 年 1 月，中国人民银行印发《金融科技发展规划（2022—2025 年）》，以加强金融数据要素应用为基础，加快金融创新的科技驱动和数据赋能。医疗健康领域，2022 年 11 月，国家卫生健康委、国家中医药局、国家疾控局联合发布《“十四五”全民健康信息化规划》，提出要完善健康医疗大数据资源要素体系，加强健康医疗大数据创新应用和行业治理。电信和互联网领域，2022 年 4 月，中国互联网协会根据《电信和互联网行业数据安全举报投诉处理工作规则（试行）》，依托 12321 网络不良与垃圾信息举报受理中心试行开展电信和互联网行业数据安全举报投诉处理工作，强化行业自律，督促电信和互联网企业落实数据安全保护责任，加强数据安全管理，保障数据安全，保护个人、组织的合法权益，维护国家安全和发展利益。信息化领域，2022 年 12 月，工业和信息化部印发《工业和信息化领域数据安全管理办法（试行）》，界定工业和信息化领域数据和数据处理者概念，明确监管范围和监管职责；确定数据分类分级管理、重要数据识别与备案相关要求；针对不同级别的数据，围绕数据收集、存储、加工、传输、提供、公开、销毁、出境、转移、委托处理等环节，提出相应安全管理和保护要求等七个方面的管理办法。

企业数据管理能力不断提高。数据管理能力成熟度评估模型（DCMM）国家标准贯标深入推进，北京市、上海市等 14 个地区及电力、纺织、建材等 10 个行业试点持续拓展，企事业单位数据管理水平持续提升。截至 2022 年年底，DCMM 贯标企业数量达 1 040 家。首席数据官制度加速推行。据不完全统计，全国已有广东省、江苏省等 8 个地方陆续推行首席数据官制度，探索构建整体联动、高效协同的数据治理机制。其中，广东省率先出台《广东省企业首席数据官建设指南》，加快解决数据资源及开发的碎片化问题。

【数据流通应用】 公共数据授权运营加快。北京市、上海市、广东省、浙江省等地以地方性法规形式推动构建公共数据授权运营基本规则。北京市授权建设运营公共数据金融专区，充分发挥工商、税务等公共数据对金融服务的支撑作用；上海市授权开展公共数据运营业务，推动以公共数据为牵引，加快整合公共数据、行业数据、社会数据资源。数据交易机构建设加快。截至 2022 年年底，全国已成立 48 家数据交易机构。上海数据交易所（以下简称上海数交所）引导多元主体加大数据供给，积极构建“数商”生态体系。北京市建成国内首个基于自主知识产权的数据交易平台——北京国际大数据交易所（以下简称北京数交所），将数据交易全过程上链存储，推动实现数据合规流通。深圳数据交易所以深港数据交易合作机制为抓手，积极推动数据跨境交易。2022 年 5 月，贵阳大数据交易所发布《数据要素流通交易规则》《数据产品交易价格评估指引》《数据交易合规性审查指南》《数据交易安全评估指南》《数据商准入及运行管理指南》等一系列规章制度文件，探索解决数据确权难、定价难、入场难等难题。

地方数据交易实践加快探索。上海数交所持续构建“数商”生态，挂牌数据产品达 800 款，全年交易额达 1 亿元。北京数交所发展“可用不可见、可控可计量”交易范式，上架数据产品 1 364 款，参与主体 329 家，数据交易调用 7.73 亿笔。北京数交所构建数据交易平台 IDeX 系统，推出保障数据交易真实、可追溯的“数字交易合约”，并与大型央企、国企和行业领军机构联手，共建交通、气象、能源、公共、金融、文化六大数据专区，形成数据分级分类管理、应用、流通的“大型数据商圈”。在北京市规划和自然资源委员会、北京市经济和信息化局支持下，北京市测绘设计研究院（以下简称市测绘院）通过北京数交所完成全国第一笔空间数据交易服务。该服务以市测绘院自主获取的北京中轴线局部空间数据为基础，通过北京数交所对接北京河图联合创新科技有限公司，为“京彩中轴古今同辉”文化探访系列活动提供定位依据，并在此基础上利用 AR 技术为公众提供虚实融合与沉浸式的互动体验。此外，北京市开展了数据资产评估试点探索，发布了全国首份数据资产评估报告。

【融合应用】 2022 年，大数据与各个行业深度融合，广泛覆盖农业、工业、服务业等领域，应用范围从边缘服务业务向生产制造等核心环节稳步推进。农业数字化加快全产业链覆盖，农业生产信息化率超过 25%，智能灌溉、精准施肥、智能温室、产品溯源等新模式加速推广。2022 年，全国工业企业关键工序数控化率、数字化研发设计工具普及率分别增长至 58.6%、77.0%，较上年分别提升 3.3 个百分点、2.3 个百分点。工业互联网核心产业规模超 1.2 万亿元，同比增长 15.5%。5G 融合应用纵深发展，融入 52 个国民经济大类，“5G + 工业互联网”全国建设项目超 4 000 个。

【试点示范】 2022 年，围绕数据要素市场培育、大数据重点产品和服务、行业大数据应用 3 大领域 8 个细分方向，工业和信息化部组织开展 2022 年大数据产业发展试点示范项目相关申报和评审工作，遴选出 209 个大数据产业发展试点示范项目。围绕专精特新中小企业全生命周期需求，共征集 1 200 余家服务商、1 718 项服务产品。持续深化百万工业 App 培育工程，全国面向特定行业、特定场景的工业 App 超 60 万个。

【产业生态】 2022 年，各地大数据产业特色化、集聚化、差异化发展，产业生态不断完善，产业集聚效应增强。8 个国家大数据综合试验区发展效益占全国大数据发展效益的比重约为 40%，14 个大数据领域国家新型工业化产业示范基地引领区域经济差异化、特色化发展。开展 2022 年国家新型工业化产业示范基地（大数据领域）发展质量评价工作，督促 2 家二星级示范基地整改，示范基地发展水平大幅提升。其中，广东省琶洲人工智能与数字经济试验区 2022 年营业收入 4 040 亿元，同比增长 7.1%，企业总数超 3.4 万家。

【存在问题】 一是数据应用水平有待提升。企业内部有数据、无治理情况普遍存在，数据治理面临较多困难。一方面，认知能力不足，企业对数据治理的业务价值普遍缺乏了解，多数企业尚未制定专门的数据治理规划，仅少数企业设置首席数据官负责企业数据治理。受信息孤岛、资金投入等因素影响，数字治理存在大企业难开展、小企业不愿开展的困境。另一方面，数据管理水平差异大。DCMM 国家标准贯标的企业统计结果显示，金融、电信、互联网、电力等领域的企业相对领先，数据管理能力成熟度普遍达到三、四级水平；制造、交通、建筑工程等行业企业的数据管理能力成熟度普遍处于二级水平。

二是数据流通技术仍未成熟。技术路线、系统工具等数据要素流通技术仍处于空白，大数据产业规模扩大受到制约。一方面，数据流转的持续安全难保障。传统的数据安全以保护静态的存储数据为主，强调数据库的边界安全，而数据流通则强调数据全生命周期的内生安全，需要确保要素流转的持续安全，因此数据安全保护的复杂程度较高、实现难度较大。近年来，世界各国发生多起数据泄露、越权滥用等事件，秘密和隐私数据失控风险大。另一方面，数据传输加密水平低。中国数据传输加密技术广泛应用于微信、QQ、百度网盘等网络通信、数据传输、信息存储领域，但流通交易所需的现代密码技术、数据血缘、智能合约、可信执行环境等技术缺乏。加密流通、数据溯源等技术应用未普及，无法确保数据流通交易的实际管控。

三是数据要素市场尚未成熟。首先，数据互操作标准尚未统一。数据的需求方和使用方需要使用同样的技术才可以实现供需两端的数据互通。当前，跨行业、跨组织的数据往往采用不同的结构、标准、格式，加大了数据集成和共享难度，阻碍了数据流通利用。其次，数据交易定价标准各异。数据交易大都采用“一事一议”或单方主导的定价方式，定价的随意性、掠夺性和垄断性问题突出，市场交易难撮合。最后，市场生态尚未健全。目前市场参与主体权责未清晰、收益分配机制不明确，数据要素市场主体参与数据交易流通的热情不高。数据交易机构之间发展模式差异大，市场准入与退出规则、数据交易及收益分配规则等自成体系，数据流通范围有限。

四是技术创新能力有待提高。一方面，中国在高端芯片、操作系统、工业设计软件等关键数字技术领域对外依存度较大。西方国家加大对关键软件等数字技术和服务出口的限制力度，这对中国数字技术引进、吸收和创新形成较大挑战。另一方面，数字技术开放创新策源能力弱，技术源头创新、主导产品变革和开源开放创新环境匮乏，创新要素无法及时满足产业链、创新链所需。

［供稿：高婴劢　左佐卉　审稿：蒲松涛］

工业互联网平台产业

【概况】 2022 年，工业互联网平台产业步入规模化发展新阶段。平台规模不断壮大，跨行业跨领域工业互联网平台（以下简称“双跨”平台）达 28 家，特色型工业互联网平台增至 176 家，专业型工业互联网平台增至

44家，逐步形成“综合型+特色型+专业型”的系统化、多层次工业互联网平台体系。平台综合能力持续增强，重点平台连接工业设备超8 000万台（套）、工业App近30万个、工业机理模型超85万个，推动大中小企业数字化转型，促进数字经济与实体经济深度融合。平台应用向纵深拓展，强化传统产业发展动能，培育战略性新兴产业，助力构建以实体经济为支撑的现代化产业体系。重大工程与项目稳步实施，标杆示范成效显著，产业活动蓬勃开展，形成“政产学研用金”深度融合的工业互联网平台发展生态。

【发展水平】 工业互联网平台基础设施不断完善，基础能力不断提升。平台连接工业设备、工业App数量，以及服务企业数量持续增加。

连接设备方面，重点平台连接工业设备超8 000万台（套）。从连接工业设备类型来看，连接设备数量排名前3位的是电工及电子设备（28.18%）、交通设备（26.38%）、仪器仪表（12.43%），合计占连接设备总数的66.99%。从连接工业设备区域分布来看，山东省、江苏省、浙江省和河南省连接设备数量领先全国，占连接设备总数的比例均超过8%，河北省、广东省连接设备数量分列第5、6位，占比分别为7.01%、6.93%。

工业App方面，重点平台工业App数量近30万个。从工业App类型分布看，企业运营管理和生产制造仍是布局重点，合计占比为47.46%。从工业App行业分布来看，在专用类App中，应用于机械行业的工业App数量最多，占比为16.69%；应用于航空航天行业的

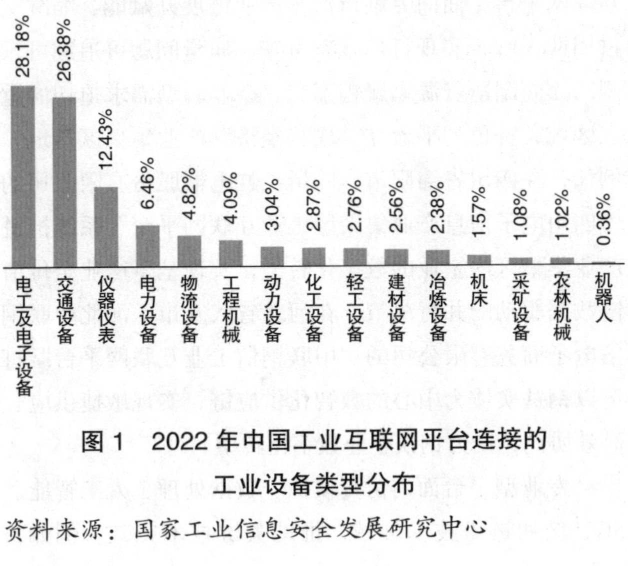

图1 2022年中国工业互联网平台连接的工业设备类型分布

资料来源：国家工业信息安全发展研究中心

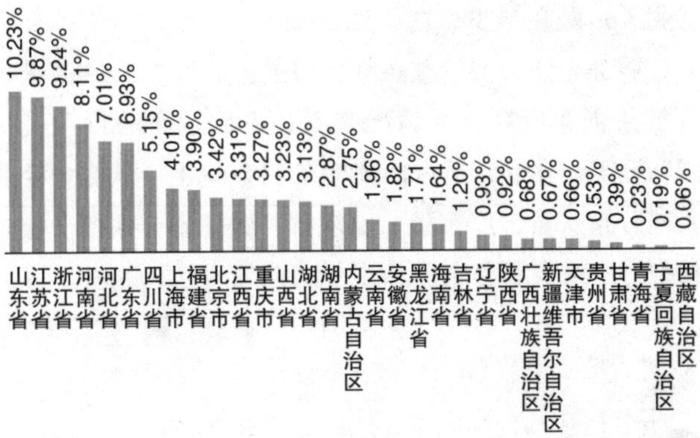

图2 2022年中国工业互联网平台连接的工业设备区域分布

资料来源：国家工业信息安全发展研究中心

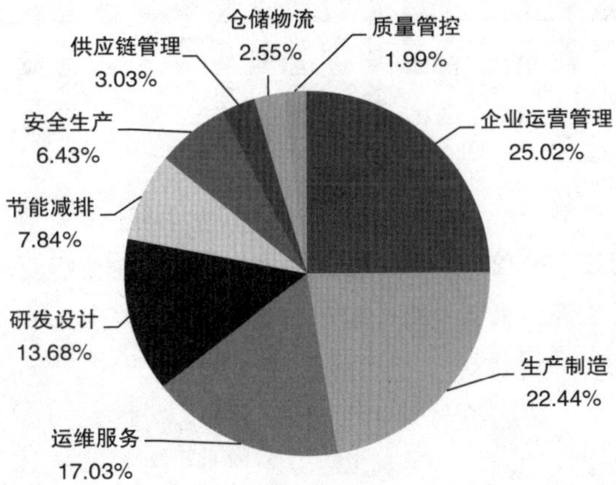

图3 2022年中国工业App类型分布

资料来源：国家工业信息安全发展研究中心

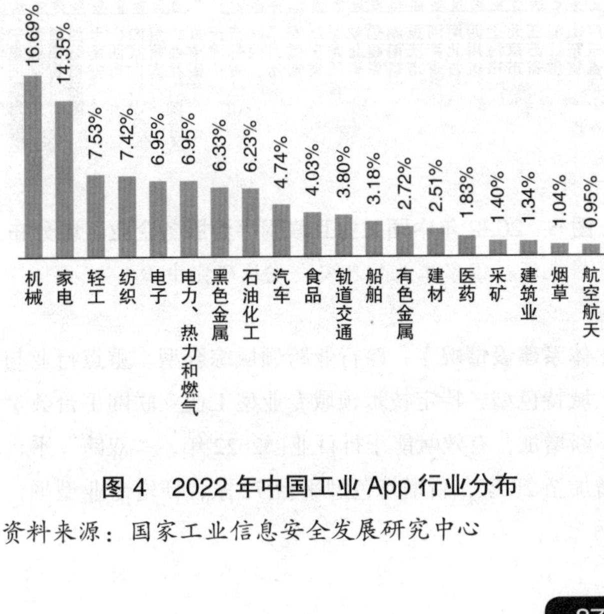

图4 2022年中国工业App行业分布

资料来源：国家工业信息安全发展研究中心

工业 App 数量最少，占比为 0.95%。

服务企业方面，重点平台服务企业约 765.96 万家。从服务企业所在行业情况来看，占比较高的行业是机械、轻工、食品，所占比例均在 11% 以上。从服务企业区域分布来看，广东省、山东省、浙江省分列前 3 位。其中，广东省服务企业总数占比最高，为 10.55%。

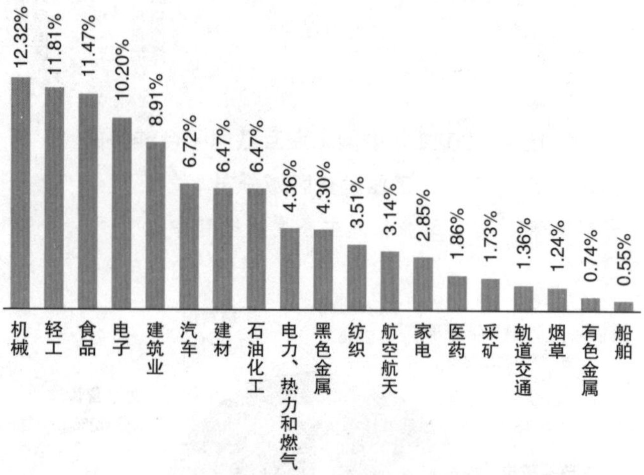

图 5　2022 年中国工业互联网平台服务企业行业分布

资料来源：国家工业信息安全发展研究中心

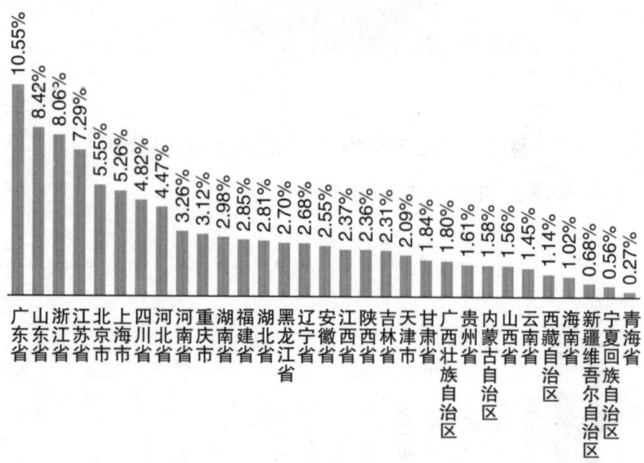

图 6　2022 年中国工业互联网平台服务企业区域分布

资料来源：国家工业信息安全发展研究中心

【体系建设情况】 跨行业跨领域综合型、重点行业与区域特色型、特定技术领域专业型工业互联网平台数量不断增加，有效赋能千行百业。2022 年，“双跨”平台增加至 28 家，新增特色型平台 72 家，新增专业型平台 16 家。

“双跨”平台聚焦装备、机械、汽车、能源、电子等国民经济重点行业及研发设计、生产制造、企业运营管理、仓储物流、安全生产、节能减排等重点领域，提供有效数字化解决方案。例如，海尔卡奥斯物联生态科技有限公司（以下简称卡奥斯）的“卡奥斯 COSMOPlat 工业互联网平台”基于多年的制造实践，将沉淀的经验和技术进行模块化封装，实现工业互联网平台“即插即用”与“量身定制”并行的赋能模式，广泛应用于家电、服装、汽车等 15 个行业。徐工汉云技术股份有限公司（以下简称徐工汉云）的“汉云工业互联网平台”适配市面上 95% 的主流工业协议，灵活配合不同硬件设备，实现 30 分钟快速部署、秒级快速上云，涵盖装备制造、建筑施工、有色金属、工程机械、物流运输、核心零部件等 80 余个细分行业。浪潮工业互联网股份有限公司（以下简称浪潮工业互联网）的“浪潮云洲工业互联网平台”聚焦工业智能设备、工业安全、工业软件、工业通信、行业解决方案 5 大产业，构建云网边端全栈式服务能力。

特色型平台以行业和区域赋能为核心，推动工业机理和行业知识经验集聚沉淀和规模化赋能。其中，面向重点行业的特色型平台聚焦原材料、装备制造、消费品、绿色制造、安全生产等领域，深化平台在垂直行业的应用。例如，中电九天智能科技有限公司的“中电九天半导体制造（FABOS）工业互联网平台”是自主打造的安全可控的面向半导体制造的工业互联网平台，助力企业降低成本 27% 以上，提高生产效率 20% 以上。安徽海行云物联科技有限公司的“海行云 HiGOPlat 工业互联网平台”面向芜湖市汽车产业链展开赋能，缩减交付周期 30%，实现订单状态可查、质量问题可追溯可预测。面向制造资源集聚程度高、产业转型需求迫切的重点区域，特色型平台在“块状经济”产业集聚区落地。例如，在四川省绵阳市，四川长虹电器股份有限公司的“四川电子信息产业集聚区工业互联网平台”系统推进产业集聚区内企业的数字化转型，实现基于产业全价值链数据驱动的并行决策。在河北省武安市，河北中联钢信电子商务有限公司的“中联钢信工业互联网平台”打造以钢铁实体为中心的数智化供应链，实现敏捷供应、高效协同，助力钢铁企业数字化转型。

专业型平台面向仿真模拟、数据处理、人工智能、5G、区块链等技术领域，推动关键技术突破。例如，北京云道智造科技有限公司的“基于 Simcapsule 的仿真工业互联网平台”以模型解耦重构的新型方式重塑仿真模型开发体系，通过“仿真平台 + 仿真 App”模式，降低仿真软件开发门槛和使用门槛，实现仿真技术普惠应用。欣旺达电子股份有限公司的“欣旺达点链工业互联网平台”依托区块链技术实现企业产供销、管理等数据的存储、传输、使用，保障数据的安全性、可信性、真实性，应用于锂电行业上下游 2 000 余家企业，综合效益提升超过 30%。

【部分“双跨”平台】 “卡奥斯 COSMOPlat 工业互联网平台”是卡奥斯基于“人单合一”和“大规模定制”模式自主研发的平台，通过“大企业共建，小企业共享”的方式推动产业数字化。面向不同区域，以“1+*N*+*X*”工赋模式，推动“工赋山东”数字经济品牌建设。截至 2022 年年底，平台连接设备超 240 万台（套），承载工业 App 超 2 万个，聚集开发者超 28 万人。

航天云网科技发展有限责任公司（以下简称航天云网）的“航天云网 INDICS 工业互联网平台” 依托航天领域复杂的系统工程优势，在工业大数据建模与分析、数字孪生、网络协同制造、基于模型的系统工程等关键核心技术领域具有独特优势，形成覆盖区域、园区、行业、企业的“四朵云”系列产品。截至 2022 年年底，平台连接设备超 185 万台（套），汇聚工业机理模型超 41.2 万个，承载工业 App 超 1.82 万个，聚集平台开发者近 6 万人。

“汉云工业互联网平台”是徐工汉云打造的具有自主知识产权的工业互联网平台，服务企业超 7 万家，涵盖装备制造、建筑施工、有色金属、工程机械、新能源、纺织、物流运输、智慧城市、核心零部件、教育等 80 多个行业，构建 20 个行业子平台。截至 2022 年年底，平台连接设备超 135 万台（套），承载工业 App 超 2 万个，聚集开发者超 11 万人，管理资产规模超 0.85 万亿元。

北京东方国信科技股份有限公司（以下简称东方国信）的“东方国信 Cloudiip 工业互联网平台”重点面向炼铁、新能源、水泥、煤炭等行业，通过自主研发、并购重组、生态构建和产融合作，以推动设备和工艺上云为主线，服务全球 50 余个国家的数万家工业企业，累计为企业节本增效带来直接和间接经济效益上百亿元。截至 2022 年年底，平台连接设备超 176 万台（套），沉淀工业机理模型超 0.8 万个，承载工业 App 达 2.2 万个，聚集开发者 2.9 万人。

树根互联股份有限公司的“根云工业互联网平台”构建智能制造、产品智能化、产业链三大解决方案，为装备制造、钢铁冶金、汽车及零配件、电气等数十个工业细分行业提供从咨询到实施一体化的端到端数字化服务，助力近千家工业企业实现数字化转型。截至 2022 年年底，平台连接设备超 123 万台（套），接入设备资产规模达万亿元，承载工业 App 超 0.9 万个，聚集开发者超 9.3 万人。

浪潮工业互联网的“浪潮云洲工业互联网平台”聚焦云网边端协同的软硬一体化服务能力，打造以数据驱动为核心的工业互联网平台体系。面向协同研发设计等工业场景，平台为工业全部 22 个细分行业提供服务。截至 2022 年年底，平台连接设备超 280 万台（套），承载工业 App 超 2.1 万个，优化并形成机理模型超 0.54 万个，聚集开发者超 12.5 万人，服务企业 130 余万家。

用友网络科技股份有限公司的“用友精智工业互联网平台”是用友 BIP 面向工业企业的全面应用，依托 34 年的企业数字化管理服务积淀，以全球领先的数智商业创新平台用友 BIP 为底座，自研工业级操作系统 iuap，已服务 9 大领域、21 个细分行业、约 280 万家工业企业数智化转型，提供社会级交易服务、协同服务及云化管理服务。截至 2022 年年底，平台连接设备超 141 万台（套），承载工业 App 超 2.2 万个，聚集开发者超 19.1 万人。

重庆忽米网络科技有限公司的“忽米 H-IIP 工业互联网平台”围绕工业全生命周期场景，服务新能源、电子信息、装备制造、生物医药、机械、食品等多个行业，通过感知、平台、应用“三位一体”产品矩阵，提供智能制造及数字化运营解决方案。截至 2022 年年底，平台连接设备超 100 万台（套），承载工业 App 超 0.98 万个，聚集开发者超 27.1 万人。

阿里云计算有限公司的“阿里云 supET 工业互联网平台”基于全球 27 个地域部署的 100 多个云数据中心，打造“1+*N*”的工业互联网平台体系，扎根浙江、服务全国，致力于构建包容、共赢、开放、协作的工业互联网生态，为制造业企业提供一站式的数字化、网络化、智能化服务。截至 2022 年年底，平台连接设备超 213

万台（套），沉淀工业模型 588 个，承载工业 App 6.2 万个，服务企业 9.3 万家，聚集开发者 23.8 万人。

浙江蓝卓工业互联网信息技术有限公司的“蓝卓 supOS 工业互联网平台”以“supOS+*X*”实践方式，布局“平台 + 园区”“产业大脑 + 未来工厂”、产教融合等业务，在“5G + 工业互联网”“工业互联网 + 安全生产”“工业互联网 + 双碳”等领域展开示范应用，已在 30 个行业建设 3 100 多个“平台 +Apps”新型智能工厂。截至 2022 年年底，平台连接设备超 180 万台（套），承载工业 App 超 0.35 万个，聚集开发者超 1.1 万人。

上海宝信软件股份有限公司（以下简称宝信软件）的“宝信 xIn^3Plat 工业互联网平台”致力于成为各行各业最贴身的数字化助手，采用“云 – 边 – 端”架构，构建云边协同工业 PaaS、AI 中台、大数据 5S 套件等核心技术底座，集聚设备、技术、数据、模型、知识等资源，推动形成数据驱动、软件定义、平台支撑、服务增值、智能主导的新型制造体系。截至 2022 年年底，平台连接设备超 480 万台（套），汇聚工业模型超 1.2 万个，承载工业 App 超 1.2 万个，聚集开发者超 1.1 万人。

深圳市腾讯计算机系统有限公司的“腾讯 WeMake 工业互联网平台”致力于成为各行各业最贴身的数字化助手，充分发挥在消费互联网与游戏产业积累的先进数字技术能力，涵盖“1+3+6”技术能力体系，即 1 个数字底座、3 大中台（工业数据中台、工业 AI 中台、工业安全中台），以及面向研、产、供、销、服与协同办公在内的 6 大业务引擎。截至 2022 年年底，平台连接设备超 350 万台（套），承载工业 App 超 0.5 万个，聚集开发者达 900 万人。

华为技术有限公司（以下简称华为）的“华为 FusionPlant 工业互联网平台”依托在电信运营商、企业、终端和云计算等领域构筑的端到端解决方案优势，为工业企业提供工业全量数据接入服务，实现云上业务的敏捷开发与边缘可信运行，有效打通数据壁垒并搭建数据模型。华为已落地 140 余个工业互联网产业云创新中心，面向装备制造、电子信息、金属加工等 50 余个产业集群，发展 400 多个工业互联网生态伙伴。截至 2022 年年底，平台连接设备约 93 万台（套），汇聚工业 App 超 5 000 个，聚集平台开发者超 34 万人。

北京百度网讯科技有限公司（以下简称百度网讯）的“百度开物工业互联网平台”以“AI + 工业互联网”为特色，产品和解决方案覆盖汽车、电子、能源等 22 个行业。该平台基于“云智一体”建设工业互联网平台技术架构，打造覆盖设备、生产线、企业、产业集群和区域的工业互联网解决方案体系。截至 2022 年年底，平台连接设备超 135 万台（套），汇聚工业 App 超 1 800 个，沉淀解决方案 260 个，聚集开发者超 34 万人。

湖北格创东智科技有限公司（以下简称格创东智）的“东智工业应用智能平台”由 TCL 科技集团股份有限公司孵化，为唯一源自半导体制造业的国家级“双跨”平台。平台已形成超 400 个有效的解决方案，服务企业超 2 万家，覆盖半导体、新能源、3C 电子等 22 个细分行业。截至 2022 年年底，平台连接设备 83.1 万台（套），实现工业协议兼容适配超 1 000 种，积累工业数据超 400PB，沉淀工业模型超 3 万个，承载工业 App 超 1.2 万个。

广东美云智数科技有限公司的“美擎工业互联网平台”是美的集团股份有限公司数字化转型变革中孵化的数字化创新业务载体。平台实现“制造业知识、软件、硬件”三位一体，通过全面自研工业软件，构建研发、仿真、计划、供应链协同的云端 SaaS 能力。平台通过“业务咨询 + 美擎平台 + 软件产品 + 实施方法”，服务 40 多个细分领域超 400 家大型企业、20 多万家中小型企业。截至 2022 年年底，平台连接设备超 200 万台（套），沉淀工业模型超 5 000 个，承载工业 App 超 0.1 万个。

科大讯飞股份有限公司的“讯飞 TuringPlat 图聆工业互联网平台”以物联网平台和大数据平台为底座，通过平台在视觉、声学、知识图谱和模型训练等领域的 AI 能力，赋能工业“研、产、供、销、服、管”全场景，提供产品质检、设备预测性维护、设备智能管理、智能巡检、智能排产、数字营销、数字采购、企业精益管理、园区管理等解决方案。截至 2022 年年底，平台连接工业设备超 174.7 万台（套），实现工业协议兼容适配 300 余种，承载工业 App 超 0.68 万个，聚集开发者 124 万人。

朗坤智慧科技股份有限公司的“朗坤苏畅工业互联网平台”由天枢物联网平台、天池数据中台、天玑数据智能平台、天权数字孪生建模平台等核心组件构成。平台秉承“技术平台 + 智慧化应用 + 数字化服务 + 创新模式 + 共赢生态”的发展理念，聚焦电力、煤炭、建材、化工等优势行业，积极拓展钢铁、冶金、环保、装备制造等行业领域，已服务全球 20 多个国家 3 万多家企业。截至 2022 年年底，平台连接设备超 230 万台（套），承载工业 App 超 700 个，沉淀工业模型超 2 500 个，聚集开发者超 1.2 万人。

山东蓝海工业互联网有限公司的“蓝海工业互联网平台”基于 PaaS 层的共性能力，成功构建包括产业数字化、政策服务、普惠金融、检验检测、创新成果转化、产教融合六大核心服务能力，覆盖机械加工、电力、石化、医药、纺织、轻工、食品加工等 20 余个行业领域，服务工业互联网园区和数字园区 15 家，服务企业 46 万余家。截至 2022 年年底，平台连接设备超 72 万台（套），承载工业 App 超 5 500 个，聚集开发者超 7 万人。

【区域发展情况】 2022 年，各地方围绕政策引领、体系建设、资金引导、生态构建等方面加快推进，打造区域工业互联网平台发展高地。

强化政策引领。江西省发布《江西省工业互联网强体提能行动计划》，提出要培育 100 个左右特色鲜明的工业互联网平台，形成 3 ～ 4 个在全国具有一定影响力的行业工业互联网平台，工业互联网平台普及率达 30% 以上。山东省发布《山东半岛工业互联网示范区建设规划（2022—2025 年）》，提出“工赋山东”综合服务平台全面发挥作用，打造 5 个左右国家级“双跨”平台，培育 30 个以上国家级特色专业型平台和 300 个以上深耕行业需求的省级平台。安徽省、湖南省、四川省、天津市、山西省、吉林省、内蒙古自治区、黑龙江省、上海市、江苏省、浙江省、河南省、重庆市、贵州省、云南省等地区围绕智能制造、促进制造业数字化发展等出台相关政策。

健全平台体系。2022 年，江苏省培育形成 34 个省级重点平台，全省重点平台连接设备约 1 380 万台（套），汇聚工业 App 约 9 500 个，覆盖智能制造、远程运维、绿色低碳、安全生产等多个重点领域。浙江省持续完善提升全省“1+*N*”工业互联网平台体系，建立行业级、区域级、企业级平台梯度培育模式，累计创建省级平台 430 个，累计入选工业互联网试点示范项目 19 个。

加强资金引导。各地区强化对工业互联网平台的财政支持，打造多元化投入保障机制。福建省出台推进工业数字化转型的措施，对获评省级工业互联网示范平台的企业给予最高 200 万元奖励。内蒙古自治区出台加快推进数字经济发展若干政策，对新创建的区域级、行业级、企业级工业互联网平台，按照实际完成投资额的 20%、单个项目最高不超过 500 万元、400 万元、300 万元给予财政奖励和补贴。河北省对入选国家级、省级“双跨”平台和省级行业、区域工业互联网平台的企业，分别给予 2 000 万元、500 万元和 300 万元奖励。湖北省对获评国家级“双跨”平台的企业，给予 500 万元一次性奖励；对特色明显的行业工业互联网平台，根据服务企业效果择优予以最高 200 万元资金支持。辽宁省采取先建后补的方式支持工业互联网平台项目建设，资金补助标准不超过项目投资的 30%，补助上限不超过 3 000 万元。

高质量开展产业活动。各地区通过汇聚智库资源、举办大会和赛事等多元化方式，助力工业互联网平台产业生态日益繁荣。2022 年，全国工业互联网平台赋能深度行活动于安徽省、山东省、河北省、江苏省、浙江省等地举办，推动工业互联网政策宣贯、对话交流和供需对接，强化数字化转型赋能。辽宁省成功举办 2022 全球工业互联网大会，向社会大众展示工业互联网前沿技术、典型案例和应用场景等创新发展成果。

【行业应用情况】 工业互联网平台集成工业数据采集分析、模型沉淀复用、资源要素汇聚、设备智能管控等优势，贯穿产业链上游、中游和下游各环节，打破社会资源配置的时空局限，形成产业融通发展的良好局面。

传统制造业是现代化产业体系的基底。在钢铁行业，工业互联网平台助力钢铁企业智能化调控生产要素，实现降本增效。宝信软件的“宝信 xIn3Plat 工业互联网平台”提供多基地制造协同 MES、钢铁行业 APS 等核心应用，钢铁产能利用率提升超过 10%、吨钢能耗下降 15%、吨钢综合污染物排放量下降 30%。在建材行业，天瑞信科的“天信工业互联网平台”依托集团公司在建材、铸造、煤化工、钢铁行业多年的行业经验和知识沉淀，融合多维的数据、信息、知识等训练多模态大模型，在工业自动化、制造业、能源、物流等领域，实现对工厂设备运行状态的监测、故障预测、异常检测，以及对制造过程的质量控制和实时监测，助力节能降碳、提升工业生产的效率和质量。在机械行业，聚焦资源调配效率低下、设备运维困难等痛点，工业互联网平台加速提升企业经营管理精益化水平。百度网讯“百度开物工业互联网平台”为海南第二机床厂有限公司打造智慧工厂标杆方案，关键设备故障识别率提升10%，故障排查时间缩短20%，生产效率提升20%，产品交付周期缩短10%，设备使用率提升15%。在石化行业，聚焦设备管理不透明、工艺知识传承难等痛点，工业互联网平台提升企业设备智能管控能力。航天云网科技发展有限责任公司的“航天云网INDICS工业互联网平台”在石化公司采集10 000余个智能传感器和仪器仪表数据，实现3 000台泵群和5台大型关键机组的预测性维护，泵群预测准确率达99.9%。

战略性新兴产业是引领未来发展的新赛道。在半导体行业，聚焦行业知识显性化难度大、门槛高等痛点，工业互联网平台基于模型沉淀复用提高工业软件开发效率。例如，格创东智通过自研工业互联网平台，已形成工业机理和算法模型3万余个，打造首个全面部署自研CIM系统的半导体显示智能工厂。在新能源行业，聚焦设备多且分散、监管维护困难等痛点，工业互联网平台以设备预测性维护为切入点转变生产管理方式。东方国信“东方国信Cloudiip工业互联网平台”连接96个场站中的36 078台风电设备，每天汇集约33亿条生产管理运行数据，建立气象、能量转化、安全预警等61个工业模型，形成35个工业App。在电子信息行业，工业互联网平台汇聚工业软件、网络、安全、芯片模组、工业终端、集成装备等要素，推动电子信息企业协同发展。中电工业互联网有限公司“中电云网BachOS互联网工业平台”，依托中国电子信息产业集团有限公司完整的信息技术产业链资源优势，沉淀SMT、液晶面板、半导体、整机装配等电子行业数字化转型经验，自主研发出国产泛半导体FABOS智能制造管理系统，构建电子行业标识解析二级节点和SMT产业链协同平台等，服务超万家电子制造企业。

【重大工程与项目情况】 一是深入推进工业互联网重大工程与项目，健全产业生态。深入实施工业互联网创新发展工程，持续加强工业操作系统、低代码开发等关键技术突破，推进工业互联网平台应用创新推广中心、实训基地、测试床等公共服务平台建设，有效带动社会投资及工业互联网平台能力建设。

二是积极打造示范标杆，总结发展经验。组织开展2022年新一代信息技术与制造业融合发展试点示范工作，首次提出“数字领航”方向，择优遴选出30家技术实力强、业务模式优、管理理念新、质量效益强的数字化转型标杆，树立一批数字化转型领域行业领航企业标杆，为国内企业开展数字化转型实践明确路径，遴选220余个特色专业型平台，进一步壮大工业互联网平台体系。开展工业互联网平台创新领航应用案例征集，遴选137个解决痛点问题、有实际成效、有推广空间的平台解决方案及应用案例。加强工业互联网平台区域联动，推进长三角、山东省、广东省、成渝地区、湖南省等地工业互联网一体化发展示范区建设。

三是持续举办高水平大赛，搭建高端交流对话平台。举办第四届中国工业互联网大赛、数字中国建设峰会工业互联网分论坛等赛事、会议，深入开展工业互联网平台赋能深度行活动，不断优化平台发展生态。

［撰稿：康瑾　杜宇　审稿：谢学科］

人工智能产业

【概况】 2022年，生成式人工智能掀起新的发展浪潮，中国人工智能产业呈现快速发展与深度融合态势。产业方面，人工智能集聚发展效应明显，产业规模不断扩大，产业链布局不断完善。技术方面，大模型成为人工智能发展的新基座，互联网头部企业、人工智能企业及科研院所持续跟进大模型研发，陆续推出万亿级参数模型。融合方面，人工智能与实体经济加速融合，广泛渗透到医疗、制造、自动驾驶等诸多垂直领域。发展环境方面，政策环境持续优化，为人工智能在各个行业的商业应用提供坚实基础。

【专业领域发展】 2022年，中国人工智能产业链在基础支撑、核心技术、融合应用方面均取得显著进展。

在基础层，企业、科研机构等在芯片、算力等基础领域持续发力。芯片方面，北京地平线机器人技术研发有限公司（以下简称地平线）推出的“征程二代”车规级人工智能芯片，上海依图网络科技有限公司（以下简称依图科技）发布的云端视觉推理芯片，科大讯飞股份有限公司（以下简称科大讯飞）推出的家电语音专用芯片等，都为特定场景提供强大的计算支持。算力和数据方面，各级政府和主要企业大力推进智算中心的统筹布局及数据资源的建设和开放，全国超 30 个城市正在或已提出建设智算中心，北京市、上海市积极建立公共数据平台，贵阳大数据交易所交易活跃。

在技术层，自主开源框架生态持续完善，百度飞桨面向视觉、语音及人机融合场景提供基础的支撑能力，清华计图和旷视天元以与 Facebook 开源的 PyTorch 类似的接口风格降低开发者的学习成本。人工智能大模型繁荣发展，互联网头部企业、人工智能企业及科研院所持续跟进大模型研发，陆续推出万亿级参数模型。清华大学与阿里巴巴（中国）网络技术有限公司（以下简称阿里巴巴）合作推出的“八卦炉”模型，参数规模达到 174 万亿个。语音技术方面，科大讯飞与阿里达摩院发布的新模型实现更高效的语音识别，浙江大学和西北工业大学的研究为语音合成带来速度和情感化的革新。这些进展赋能各行各业的智能化发展，提升产业的整体效能。

在应用层，人工智能与实体经济加速融合，广泛应用于医疗、制造、自动驾驶等垂直领域。在医疗领域，沈阳东软智能医疗科技研究院有限公司（以下简称东软智能医疗科技研究院）发布的多模态医疗人工智能平台，助力医疗科研人员解决脑卒中、肺栓塞等方面的临床难题。在工业质检领域，凌云光技术股份有限公司（以下简称凌云光）、格创东智科技有限公司（以下简称格创东智）等推出智能质检平台，助力制造业转型升级。在交通领域，国家建立全国交通数据备份中心，20 个省份推进车路协同的智慧高速公路建设，河北省在冬奥期间利用“人工智能 + 大数据”确保了优化的交通管理和城市治理。大模型的商业化路径日益多元化，包括自主研发、辅助研发行业大模型产品，提供 API 服务等。2022 年 5 月，百度在线网络技术（北京）有限公司（以下简称百度）发布的知识增强 NLP 大模型“浦发 - 百度 · 文心”为金融行业发展提供人工智能支持。

【园区基地】 2022 年，中国人工智能产业园区与基地呈现高速发展的态势。2022 年 9 月，工业和信息化部宣布支持创建南京、武汉、长沙国家人工智能创新应用先导区，深化人工智能与实体经济的融合。截至 2022 年年底，北京市、上海市、深圳市等 11 个国家人工智能创新应用先导区充分发挥其在算力、算法和数据资源上的优势，逐步形成具有地方特色的人工智能基础资源服务能力。数据标注产业快速发展，标注基地在多个地区成为实施国家人工智能战略的数据基座。中国人工智能基础数据服务产业在山西省、山东省、河南省、四川省、贵州省等人口大省不断集聚，通过建设数据标注基地、产业园，吸引关联产业聚集，提升区域经济水平。

【重大工程与重点项目】 在研究计划方面，国家自然科学基金委员会发布《可解释、可通用的下一代人工智能方法重大研究计划 2022 年度项目指南》，挖掘机器学习的基本原理，发展可解释、可通用的下一代人工智能方法，并推动人工智能方法在科学领域的创新应用。

在基础设施建设方面，全国各地智算中心快速崛起。2022 年 5 月，“东数西算”国家一体化大数据中心成渝枢纽节点样板工程、西南地区最大的人工智能计算中心——成都智算中心正式上线，基于昇腾 AI 基础软硬件平台建设的杭州人工智能计算中心正式运行。2022 年 8 月，沈阳人工智能计算中心上线。2022 年 12 月，国产化智能算力服务中心“中国智算中心”在广州市正式挂牌。

在开放创新平台建设方面，截至 2022 年 12 月，全国已有 26 个国家新一代人工智能开放创新平台，这些平台涵盖人工智能产业链的基础层、技术层、应用层、治理层。思必驰科技股份有限公司、美的集团股份有限公司、达闼机器人股份有限公司等分别被授权建设智能语音、智能服务机器人、云端机器人等国家级的开放创新平台。

【政策与法规】 2022 年，中国的人工智能政策呈现出中央与地方齐抓共管、管理与支持协同推进的特点，为产业发展提供坚实的政策支撑。各部门陆续发布多项指导意见、通知，明确构建以新一代信息技术、人工智能等为主导的新的增长引擎，支持人工智能场景创新，同时对新技术带来的风险进行规范和管理。

国家层面，2022 年 7 月，科技部等六部门联合印发《关于加快场景创新以人工智能高水平应用促进经济高质量发展的指导意见》，强调解决人工智能重大应用与产业化问题，全面提升人工智能发展质量和水平。2022 年 8 月，《科技部关于支持建设新一代人工智能示范应用场景的通知》印发，明确支持建设新一代人工智能示范应用场景工作的方向，首批支持建设智慧农场、智慧港口、智能矿山等 10 个示范应用场景。2022 年 10 月，在中国共产党第二十次全国代表大会上，党的二十大报告明确将人工智能视为新的增长引擎。2022 年 12 月，最高人民法院发布《关于规范和加强人工智能司法应用的意见》，从顶层设计、司法数据中台和智慧法院大脑建设、应用系统建设、关键核心技术攻关、基础设施建设和安全运维保障 5 个方面，全方位加强和推动人工智能在司法领域的应用。

地方层面，各省（市）根据本地实际出台与人工智能产业相关的政策。2022 年 8 月，四川省发布《四川省"十四五"新一代人工智能发展规划》，旨在明确发展方向，推动产业升级和经济转型。同月，哈尔滨市陆续出台《哈尔滨市加快新一代人工智能产业发展实施方案》《哈尔滨市建设国家新一代人工智能创新发展试验区若干政策》，从多方面为当地的人工智能产业发展提供政策支持。2022 年 9 月，上海市推出人工智能首部省级地方法规《上海市促进人工智能产业发展条例》，在标准制定中发挥引领作用。同月，深圳市公布人工智能产业专项立法《深圳经济特区人工智能产业促进条例》，从地方实际出发，进行政策创新。

［撰稿：陈卿静　王淼　审稿：刘永东］

信息技术应用

数字经济

【概况】 2022年，面对复杂严峻的国际形势，中国数字经济发展势头依然强劲，对经济社会发展的引领支撑作用不断增强，成为稳增长、促转型的重要引擎。数字产业化发展加快推进，数字技术研发能力持续提升，电子信息制造业、软件业等信息产业规模稳步增长。产业数字化转型提档加速，制造业数字化转型持续深化，服务业数字化水平显著提高，农业数字化转型稳步推进。数字治理水平持续提升，数字政务服务体系与效能进一步优化，智慧城市和数字乡村建设深入推进。数字经济国际合作行稳致远，围绕数字基建、数字贸易、数据要素等数字领域重要议题贡献中国方案。

【数字产业化】 2022年，数字产业化加快推进，数字技术研发能力持续提升，网络基础设施适度超前部署取得重要进展，信息产业规模稳步增长。

前沿数字技术创新日益活跃。“科技创新2030—重大项目”、国家重点研发计划、国家自然科学基金进一步加大对高端芯片和集成电路、操作系统和关键软件、人工智能、量子信息、类脑智能等领域的基础研究支持和战略前瞻布局。2022年，中国数字技术研究探索能力持续提高。《数字中国发展报告（2022年）》显示，2022年，中国信息领域相关PCT国际专利申请近3.2万件，全球占比达37%，数字经济核心产业发明专利授权量达33.5万件，同比增长17.5%。信息技术管理、计算机技术等领域有效发明专利增长最快，分别同比增长59.6%、28.8%。数字开源社区协同开放创新生态日益健全完善，操作系统、云计算、软件开发等各类社区已超500个，涌现出大批具有核心技术的开源平台与项目。

数字基础设施规模能级大幅提升。截至2022年年底，累计建成开通5G基站231.2万个，较2021年新增88.7万个，5G用户达5.61亿户，全球占比超过60%。全国110个城市达到千兆城市建设标准，千兆用户突破9 000万户，千兆光网具备覆盖超过5亿户家庭能力。移动物联网终端用户数达到18.45亿户，净增4.47亿户，我国成为全球主要经济体中首个实现“物超人”的国家。IPv6活跃用户数达7.28亿户，移动网络IPv6流量占比近50%。北斗系统全面服务交通运输、公共安全、应急管理、农林牧渔等行业，融入电力、通信、金融等基础设施。“东数西算”工程从系统布局进入全面建设阶段，京津冀等8个国家算力枢纽建设进入深化实施阶段，新开工数据中心项目超过60个，新建数据中心规模超过130万标准机架。《数字中国发展报告（2022 年）》显示，截至 2022 年年底，数据中心机架总规模超过 650 万标准机架，近 5 年年均增速超过 30%，在用数据中心算力总规模超过 180EFLOPS，居世界第二位。

数字产业规模稳步增长。2022 年，规模以上电子信息制造业增加值同比增长 7.6%，超出工业增加值增长水平 4 个百分点；电子信息制造业实现营业收入 15.4 万亿元，同比增长 5.5%。国家统计局数据显示，2022 年，信息传输、软件和信息技术服务业增加值同比增长 9.1%。软件业收入跃上 10 万亿元台阶，达 10.81 万亿元，同比增长 11.2%，其中，信息技术服务收入达 70 128 亿元，同比增长 11.7%，占全行业收入的比重达 64.9%。电信业务收入达 1.58 万亿元，同比增长 7.5%，其中，固定互联网宽带接入业务收入 2 402 亿元，同比增长 7.1%。大数据产业发展试点示范稳步推进，大数据产业规模达 1.57 万亿元，同比增长 18%。人工智能核心产业规模超过 5 000 亿元，同比增长 18%；工业互联网核心产业规模超过 1.2 万亿元，同比增长 15.5%。

数据要素市场建设稳步推进。数据要素市场基本制度框架加快建立，数据资源规模稳步提升。2022 年，中国数据产量达 8.1ZB，同比增长 22.7%，占全球数据总产量的 10.5%，居世界第二位。数据管理能力成熟度评估模型（DCMM）国家标准贯标深入推进，北京、上海等 14 个地区及电力、纺织、建材等 10 个行业试点持续拓展。截至 2022 年年底，DCMM 贯标企业数量达 1 040 家。各地加快探索推进数据交易机构建设。截至 2022 年年底，全国已成立 48 家数据交易机构。北京建成国内首个基于自主知识产权的数据交易平台，将数据交易全过程上链存储，推动实现数据合规流通；上海数据交易所提供高效便捷、合规安全的数据交易服务，引导多元主体加大数据供给，积极构建数商生态体系；深圳数据交易所以深港数据交易合作机制为抓手，积极推动数据跨境交易。

【产业数字化】 2022 年，中国产业数字化转型提档加速。国家统计局数据显示，2022 年，高技术制造业增加值同比增长 7.4%，高于全部规模以上工业增加值平均增长水平 4.4 个百分点。面对不确定性的未来，各行各业加快推进数字化转型，持续提升数字化水平，促进传统产业全方位、全链条转型升级。

制造业数字化转型持续深入。新一代信息技术与制造业融合深入推进，企业数字技术应用水平稳步提升。截至 2022 年年底，全国工业企业关键工序数控化率、数字化研发设计工具普及率分别达到 58.6%、77%。工业和信息化部数据显示，截至 2022 年年底，全国有影响力的平台超过 240 个，重点平台工业设备连接数超过 8 100 万台（套），工业 App 数量已超过 60 万个。智能制造工程深入实施，通过智能化改造，智能制造示范工厂的生产效率平均提升 32%，资源综合利用率平均提升 22%，产品研发周期平均缩短 28%，运营成本平均下降 19%，产品不良率平均下降 24%。

服务业数字化水平显著提高。线上消费稳步增长，商务部数据显示，2022 年全国网络零售额 13.79 万亿元，其中，实物商品网络零售额 11.96 万亿元，同比增长 6.2%，占社会消费品零售总额的比重达到 27.2%。移动支付规模全球领先，2022 年银行业金融机构共处理移动支付业务 1 585.07 亿笔，同比增长 4.81%。数字人民币研发试点稳妥推进，试点地区扩展至 17 个省份的 26 个地区，应用场景从纯线下向线上线下融合转变，截至 2022 年年底，流通中数字人民币存量达到 136.1 亿元。

农业数字化转型稳步推进。农业机械化改造持续推进，数字技术加快向全产业链延伸，产品溯源、智能灌溉、智能温室、精准施肥等智慧农业新模式得到广泛推广。2022 年，全国主要粮食作物耕种收综合机械化率均超过 85%，农机应用北斗终端超过 60 万台（套）。乡村信息服务体系逐步健全，累计建设运营益农信息设施 46.7 万个，为农民和新型农业经营主体提供公益服务 2.9 亿人次，开展便民服务 5.9 亿人次。“互联网 +”农产品出村进城带动农民增收，2022 年全国农村网络零售额达 2.17 万亿元，同比增长 3.6%，其中，农村实物商品网络零售额 1.99 万亿元，同比增长 4.9%。

新模式新业态不断涌现。新一代信息技术与实体经济深度融合，数字化管理、平台化设计、智能化制造、网络化协同、个性化定制等新模式加快普及。零工经济、平台经济等新业态蓬勃发展，双语直播带货、线上健身、新品消费、绿色低碳消费和工厂直供、定制化消费等成为新热点，网约车、网络外卖、数字文化、智慧旅游等市场规模不断扩大。中国互联网络信息中心数据显示，截至 2022 年年底，线上办公、在线旅游预订、互联网医疗用户规模分别达 5.4 亿人、4.2 亿人、3.6 亿人，同比增长率分别达到 15.1%、6.5%、21.7%。

【数字化治理】 2022 年，数字政务加快向线上线下相协同、标准规范更统一的方向发展，智慧城市和数字乡村建设深入推进，有力提升群众的满意度、获得感、幸福感。

数字政府在线服务标准化、规范化、便利化水平稳步提升。截至 2022 年年底，全国一体化政务服务平台实名注册人数超过 10 亿人，国家政务服务平台总使用量超过 850 亿人次，已初步实现地方部门 500 万余项政策服务事项和 1 万多项高频应用的标准化服务，大批高频政务服务事项实现“一网通办”“跨省通办”，有效解决市场主体和群众办事难、办事慢、办事繁等问题。全国 96.68% 的办税缴费事项实现“非接触式”办理，电子发票服务平台用户数量突破千万级。电子证照共享服务体系持续完善，已汇聚 31 个省份、新疆生产建设兵团和 26 个部门 900 余种电子证照、56.72 亿条目录，累计提供电子证照共享服务 79 亿次，有效支撑“减证便民”。国家电子政务外网覆盖范围持续扩大，已连接 31 个省（自治区、直辖市）和新疆生产建设兵团，实现地市、县级全覆盖，乡镇覆盖率达 96.1%。智慧法院服务能力覆盖 100% 高院中院和 97% 基层法院，全国法院电子诉讼占比从 2021 年的 24% 提升至 2022 年的 28%。

新型智慧城市建设更加集约高效。新型城市基础设施建设试点在 21 个市（区）稳步推进，城市信息模型（CIM）基础平台智能化市政基础设施加速建设。上海市、雄安新区等地积极推动数字孪生城市建设，数字孪生技术在城市规划建设管理、城市公共设施建设等领域深入应用。北京市昌平区、上海市临港新区等 19 个地区加快数字家庭试点建设。远程医疗服务平台覆盖全国 31 个省份及新疆生产建设兵团，地市级、县级远程医疗服务实现全覆盖，2022 年共开展远程医疗服务超 2 670 万人次。

数字乡村建设迈向规模化部署阶段。截至 2022 年年底，中国农村网民规模达 3.08 亿人，农村地区互联网普及率达 61.9%，城乡地区互联网普及率差异较去年同期缩小 2.5 个百分点。数字乡村试点深入推进。首批国家数字乡村试点完成终期评估，浙江省德清县、北京市平谷区、天津市西青区、江苏省南京市浦口区、浙江省平湖市、重庆市渝北区等地区试点建设水平位居全国前列。数字乡村标准化建设步伐加快。中央网络安全和信息化委员会办公室、农业农村部、工业和信息化部、国家市场监督管理总局四部门印发《数字乡村标准体系建设指南》。国家标准化管理委员会发布 23 项以数字（智慧）农业为重点的国家农业标准化示范区项目名单。智慧农业建设快速起步，农业农村部累计支持 8 个国家数字农业创新中心、分中心及 41 个国家数字农业创新应用基地建设。

【国际合作】 2022 年，中国积极参与国际组织和多边机制下数字议题磋商研讨，围绕数字贸易、数字治理等数字领域重要议题贡献中国方案，携手打造开放、公平、非歧视的数字经济发展环境，推动构建网络空间命运共同体。

国际影响力显著提升。2022 年，习近平主席在多个场合深入阐述数字领域国际合作的中国主张、中国方案，在二十国集团领导人第十七次峰会上呼吁合力营造开放、包容、公平、公正、非歧视的数字经济发展环境；在亚太经合组织第二十九次领导人非正式会议上提议加速数字化绿色化协同发展；在金砖国家领导人第十四次会晤上提出着眼数字时代人才需要，为加强创新创业合作打造人才库；在全球发展高层对话会上提出中国将在包括数字经济在内的 8 个重点领域与国际合作伙伴特别是发展中国家开展务实合作。《携手构建网络空间命运共同体》白皮书发布，介绍新时代我国互联网发展和治理理念与实践，分享我国推动构建网络空间命运共同体的积极成果。2022 年世界互联网大会国际组织正式成立，为全球互联网共商共建共享提供平台，会员已覆盖 6 大洲 20 余个国家，包括 100 余家机构、组织、企业及个人。

积极推动数字领域多边交流与合作。2022 年，我国积极参与联合国、世界贸易组织（WTO）、二十国集团（G20）、亚太经合组织（APEC）、金砖国家（BRICS）、上海合作组织（SCO）等机制下数字议题磋商研讨，提出《二十国集团数字创新合作行动计划》，推动达成《“中国 + 中亚五国”数据安全合作倡议》，推动 WTO 第十二届部长级会议继续就电子传输临时免征关税达成共识。深入推进金砖国家数字领域务实合作。举行金砖国家数字经济对话会、金砖国家工业互联网与数字制造发展论坛等重要活动，推动达成的《金砖国家数字经济伙伴关系框架》是金砖国家经贸领域第一份数字经济合作专门文件。召开首届中国—阿拉伯国家峰会，发表《首届中阿峰会利雅得宣言》，与阿拉伯国家联盟成员国共同推动全球网络空间治理。截至2022年年底，已与13个国家签署《数字经济领域投资合作备忘录》。“丝路电商”伙伴关系不断拓展，已与28个国家建立双边电子商务合作机制。

数字贸易成为国际贸易增长新动力。数字贸易蓬勃发展，电商交易额、移动支付交易规模位居全球第一。跨境电商进出口规模达2.11万亿元，同比增长9.8%，高于同期外贸增速2.1个百分点，五年来规模增长近10倍。全国设立165个跨境电商综合试验区，覆盖31个省（自治区、直辖市）。独立站数量超过20万个，已成为中国企业与产品出海的重要渠道。海外仓实现从无到有、从小到大发展，服务范围辐射全球。截至2022年年底，中国企业建设运营海外仓数量超过2 400个，面积超过2 500万平方米。数字贸易开放合作持续深化，2022年可数字化交付的服务贸易规模达2.5万亿元，比五年前增长78.6%。

【政策与法规】 2022年，数字经济领域重大战略规划相继出台，相关政策法规密集落地。《“十四五”数字经济发展规划》明确“十四五”时期推动数字经济健康发展的指导思想、基本原则、发展目标、重点任务和保障措施。2022年10月，党的二十大报告强调，加快发展数字经济，促进数字经济和实体经济深度融合，打造具有国际竞争力的数字产业集群。

数字产业化方面，2022年1月，工业和信息化部办公厅、国家发展改革委办公厅发布《关于促进云网融合 加快中小城市信息基础设施建设的通知》，明确推进中小城市网络基础设施升级和应用基础设施按需部署的重点任务。2022年2月，国家发展改革委等部门联合印发通知，同意在京津冀地区、长三角地区、粤港澳大湾区、成渝地区、内蒙古自治区、贵州省、甘肃省、宁夏回族自治区8个地区启动建设国家算力枢纽节点，并规划10个国家数据中心集群。2022年8月，工业和信息化部办公厅印发《5G全连接工厂建设指南》，提出5G全连接工厂的建设目标与原则、建设内容、建设路径。2022年12月，《中共中央 国务院关于构建数据基础制度更好发挥数据要素作用的意见》从数据产权、流通交易、收益分配、安全治理等方面构建数据基础制度，初步形成中国数据基础制度的“四梁八柱”。

产业数字化方面，2022年1月，中国人民银行发布《金融科技发展规划（2022—2025年）》，明确金融数字化转型的总体思路、发展目标、重点任务和实施保障。2022年1月，中国银保监会办公厅发布《关于银行业保险业数字化转型的指导意见》，部署战略规划与组织流程建设、业务经营管理数字化、数据能力建设等重点任务。2022年2月，农业农村部印发《“十四五”全国农业农村信息化发展规划》，对“十四五”时期农业农村信息化高质量发展作出系统部署。2022年5月，中共中央办公厅、国务院办公厅印发《关于推进实施国家文化数字化战略的意见》，部署关联形成中华文化数据库、夯实文化数字化基础设施、搭建文化数据服务平台等8项重点任务。2022年8月，工业和信息化部办公厅、财政部办公厅发布《关于开展财政支持中小企业数字化转型试点工作的通知》，中央财政计划分三批支持地方开展中小企业数字化转型试点。2022年11月，工业和信息化部办公厅印发《中小企业数字化转型指南》，从增强企业转型能力、提升转型供给水平、加大转型政策支持等方面，帮助各类主体明确定位和路径，增强转型合力。

数字化治理方面，2022年6月，《国务院关于加强数字政府建设的指导意见》，明确构建协同高效的政府数字化履职能力体系、构建数字政府全方位安全保障体系、构建科学规范的数字政府建设制度规则体系、构建开放共享的数据资源体系、构建智能集约的平台支撑体系、以数字政府建设全面引领驱动数字化发展等重点任务。2022年7月，《国务院办公厅关于同意建立数字经济发展部际联席会议制度的函》指出，国务院同意建立由国家发展改革委牵头的数字经济发展部际联席会议制度，标志着国家层面实施数字经济发展战略的统筹协调机制正式建立。2022年10月，国务院办公厅发布《全国一体化政务大数据体系建设指南》，提出从统筹管理、数据目录、数据资源、共享交换、数据服务、算力设施、标准规范、安全保障8个方面一体化，构建全国一体化政务大数据安全保障体系，提高政府管理服务效能。2022 年 11 月，《国家广播电视总局办公厅关于进一步加强网络微短剧管理 实施创作提升计划有关工作的通知》提出，严肃、扎实开展“小程序”类网络微短剧专项整治，以及加强规范管理，实施创作提升计划等主要措施，引导网络微短剧规范有序发展。2022 年 11 月，《工业和信息化部 国家互联网信息办公室关于进一步规范移动智能终端应用软件预置行为的通告》提出规范移动智能终端应用软件行为的具体办法，保护用户权益。

2022 年，数字经济相关法律体系进一步完善。2022 年 6 月，《中华人民共和国反垄断法》（2022 年修正）公布，经营者不得利用数据和算法、技术、资本优势及平台规则等从事本法禁止的垄断行为。2022 年 9 月，国家互联网信息办公室、工业和信息化部、国家市场监督管理总局联合发布的《互联网弹窗信息推送服务管理规定》明确，互联网弹窗信息推送服务提供者应当遵守未取得互联网新闻信息服务许可的，不得弹窗推送新闻信息；健全弹窗信息推送内容管理规范等 9 个方面具体要求，该规定自 2022 年 9 月 30 日起施行。2022 年 11 月，国家互联网信息办公室、工业和信息化部、公安部三部门公布《互联网信息服务深度合成管理规定》，对应用深度合成技术提供互联网信息服务制定系统性、专门性规定，明确各类主体的信息安全义务。2022 年 12 月，工业和信息化部印发《工业和信息化领域数据安全管理办法（试行）》，提出数据分类分级管理、数据全生命周期安全管理等方面的安全管理和保护要求。

地方层面，多个省市发布数字经济相关政策法规。《广东省数字经济发展指引 1.0》《关于全面提升江苏数字经济发展水平的指导意见》《福建省做大做强做优数字经济行动计划（2022—2025 年）》《山东省制造业数字化转型行动方案（2022—2025 年）》《北京市促进数字人产业创新发展行动计划（2022—2025 年）》《上海市培育“元宇宙”新赛道行动方案（2022—2025 年）》等规划政策陆续出台，为各地数字经济发展提供指引。同时，地方持续加快数字经济领域立法探索，《江苏省数字经济促进条例》《河北省数字经济促进条例》《北京市数字经济促进条例》《深圳经济特区数字经济产业促进条例》《浙江省公共数据条例》《重庆市数据条例》《四川省数据条例》《陕西省大数据条例》等地方性法规正式出台或施行。

【存在问题】 一是核心技术突破面临更严密封锁。2022 年以来，美国及其盟友持续加大对华打压力度。一方面，美国及其盟友进一步强化国内政策举措，收紧关键基础软硬件、高端技术等领域技术和服务出口。另一方面，美国持续强化与盟友合作，共同实施对华半导体出口管制等新规。

二是数字产业供应链安全隐患突出。面对复杂外部形势，中国数字产业供应链仍存在不稳定、不安全的隐患，自主应用生态亟待形成规模化效应。全球性芯片供应紧张短期内难以明显缓解，对新能源汽车、消费电子等行业产生的影响仍将持续。软件产业链供应链脆弱、产业基础薄弱、融合应用有待深化等问题仍需要引起高度重视，国产工业软件主要集中在低端市场，在中高端等高价值工业软件市场份额较低。

三是产业互联网规模化应用仍不足。从供给看，当前工业互联网平台提供的服务以单点供给为主，如网络建设、数据分析、设备改造等服务，平台独立提供“云基础设施 + 终端连接 + 数据分析 + 应用服务”端到端解决方案的能力还需要提升。从需求看，许多企业尤其是中小企业对“上平台、用平台”持观望态度，尚缺乏应用平台开展数字化转型的实践经验和有效路径，平台应用价值仍不清晰。企业对平台信息安全、网络安全、数据隐私安全的信心不足。

四是数字经济治理体系需要加快完善。一方面，数据确权、交易、流通等相关领域法律法规和标准体系尚不完善，数据泄露和滥用等安全问题时有发生，影响数据要素市场的发展壮大。据不完全统计，全国已经设立 40 余家数据交易机构，但是交易量极小。另一方面，许多地方对数字经济的趋势和规律把握不足，对新模式新业态的监管还需要加强，尚未形成较为成熟的数字经济发展模式。

[撰稿：赵令锐　牛玮璐　审稿：殷利梅]

两化融合

【概况】 当前，国家大力推进建设现代化产业体系，坚持把发展经济的着力点放在实体经济上，推进新型工业化，加快建设制造强国、质量强国、航天强国、交通强国、网络强国、数字中国。依据《工业企业信息化和工业化融合评估规范》（GB/T 23020—2013），两化融合评估诊断工作持续推进。截至 2022 年年底，全国共 26 万余家企业参与该项工作。对相关数据进行深入挖掘和全面剖析，可以量化评测全国两化融合发展全景。

【全国两化融合发展现状】 10 余年以来，我国两化融合发展经历从探索突破到系统推进，再到全面提升的不同阶段，在理论研究、方法创新、产业实践等方面取得丰硕成果。基于 26 万余家企业的评价结果，2022 年，我国两化融合发展水平达到 59.6，同比增长 3.1%，持续保持 2% ～ 3% 的稳定增长态势，正在实现由中级阶段向高级阶段和卓越阶段跨越发展。

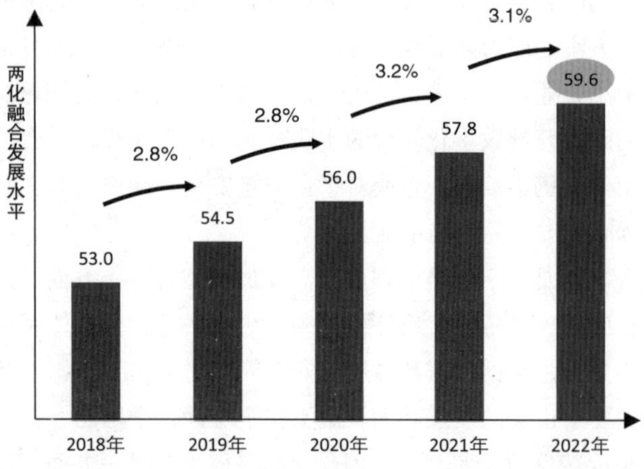

图 1 2018—2022 年全国两化融合发展水平变化趋势

2022 年，我国大型企业、中型企业和小微型企业的两化融合发展水平分别为 65.1、56.9、53.3，与企业规模成明显的正相关关系。近年来，大型企业持续加大信息化投入，积极探索新技术新产品，培育新模式新业态，两化融合发展水平持续提高。受政策、市场等影响，中小型企业两化融合发展动力、活力不断被激发，发展质量和核心竞争力得到有效提升，在产业链和创新链中发挥的作用愈发重要，大中小型企业协同发展趋势明显。

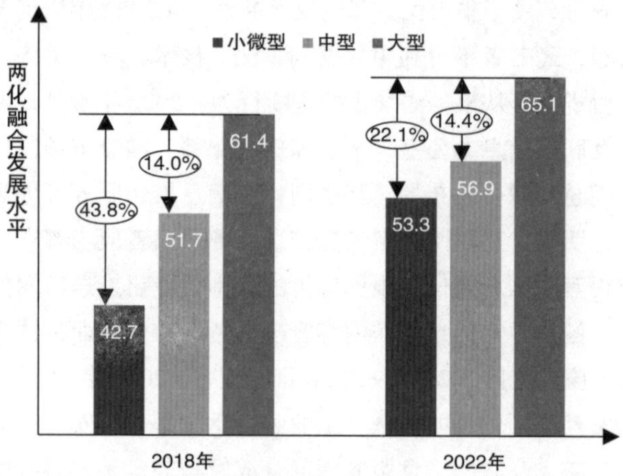

图 2 2018 年、2022 年不同规模企业两化融合发展水平情况

近 5 年，数字化研发设计工具普及率、关键工序数控化率、经营管理数字化普及率 3 项指标稳步增长，体现企业研发、生产、采购、销售、财务等业务环节的数字化水平持续提升。2022 年，53.7% 的企业已经实现研发设计、生产制造、经营管理等业务环节的全面数字化，全国数字化研发设计工具普及率、关键工序数控化率、经营管理数字化普及率分别达到 77.0%、58.6% 和 73.7%。

2022 年，我国具备开展智能制造基础条件的企业比例达到 12.6%，6 年以来翻一番。这些企业底层装备数控化程度高，已经基本实现横向集成与纵向集成，开始向智能工厂、智慧企业迈进。智能化是转型发展的共同目标和方向，致力于全面推动企业内、企业间的生产、经营、管理、服务等活动和过程的智能化和协同化，主要体现为实现原有生产、经营、管理、服务方式和模式全方位、颠覆式变革，主要特点是“动态化”。

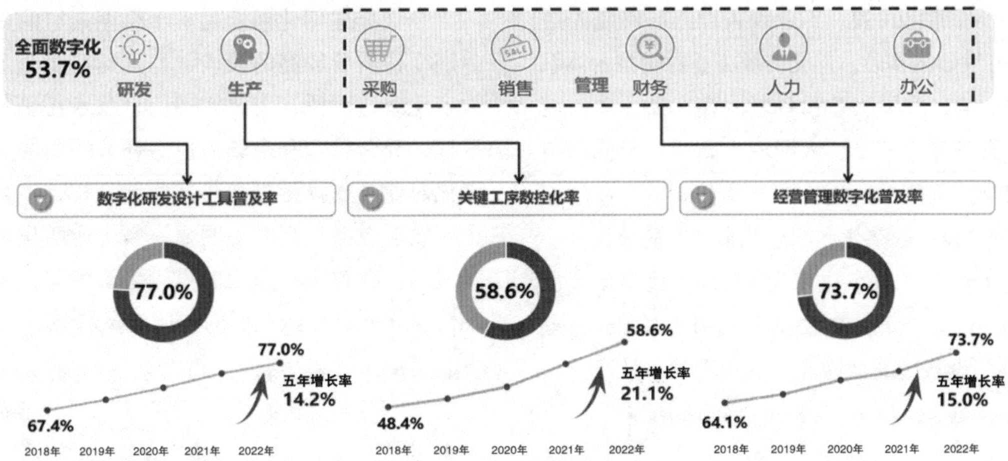

图 3　2018—2022 年全国部分两化融合关键指标水平情况

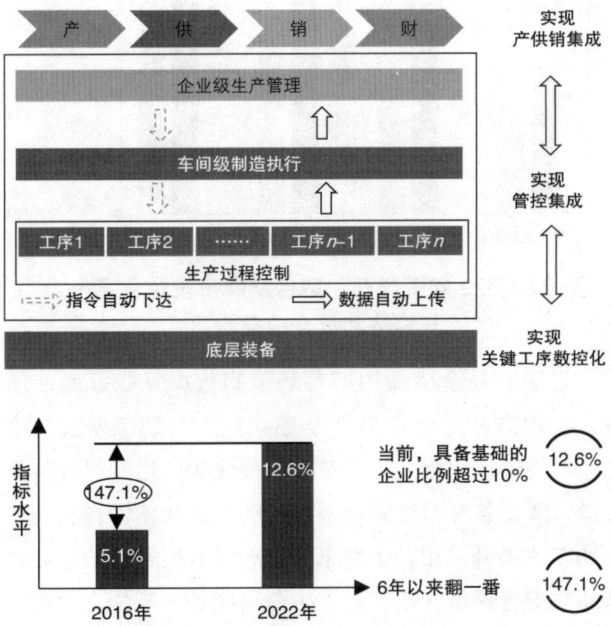

图 4　2016—2022 年全国智能制造就绪率水平情况

【区域两化融合】　2022 年，两化融合发展的区域差异仍然存在，总体呈现“东部领先、中西部追赶”的态势。东部地区因发展基础、资源禀赋等方面的优势，两化融合发展水平持续领先。近 3 年，两化融合发展水平增速超过 5% 的省份有近 7 成位于中西部地区，区域间原本受经济水平、产业结构、地缘优势等因素影响而产生的差距呈现缩小态势，更加平衡、协调、融通的转型发展格局正在全国形成。

【企业两化融合发展情况】　2022 年，企业持续推进数

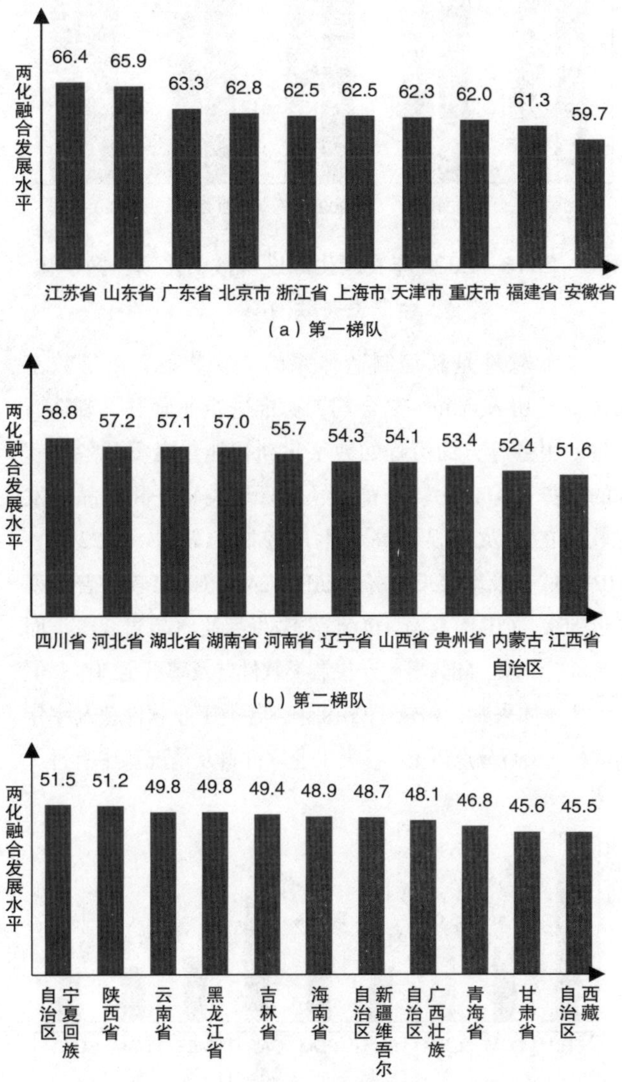

图 5　2022 年区域两化融合发展水平情况

字化、网络化、智能化发展。工业设备设施联网是先进制造业生态良好发展的基础，但受传统工业封闭技术体系和价值壁垒的影响，我国工业设备联网存在商业模式需要优化、线上服务能力不足、入网成本高昂、价值回报预期不足等困难。近些年，随着国内装备制造产业的不断成熟，我国生产设备数字化和网络化水平有显著提升。2022 年，我国生产设备数字化率为 52.5%，数字化生产设备联网率为 46.1%，分别较 2018 年提升 6.6 个百分点和 6.7 个百分点，设备终端全面连接瓶颈得到有效改善。

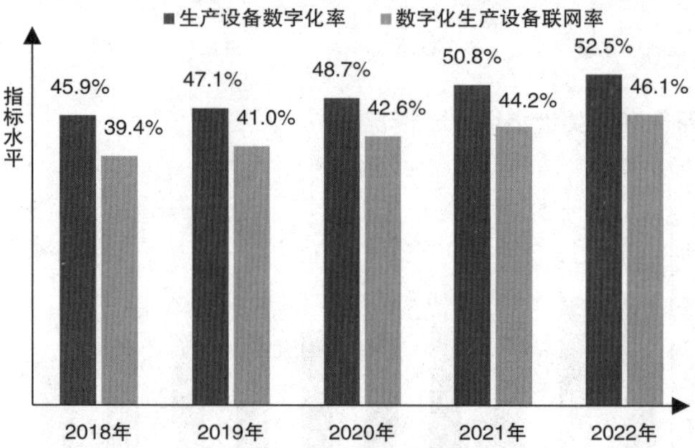

图 6　2018—2022 年我国生产设备数字化率、数字化生产设备联网率

工业软件是新型制造体系的“软装备”，是数字化转型的切入点和“黏合剂”。推进企业研发、制造、销售、服务等方面流程的数字化和智能化离不开各类软件的支撑。综合比较来看，经营管理类软件和产品研发类软件的普及率显著高于生产控制类软件。2022 年，ERP 软件普及率接近 70%，CAD、CAE、CAPP 软件普及率接近 55%，CRM、SCM、PDM 等软件普及率超过 30%，而 SCADA、CAM、MES 等生产控制类软件普及率不足 30%。但是，从整体来看，相较于 2018 年，各类工业软件普及率年均增长 6 个百分点以上，各类工业软件普及情况稳中有进。

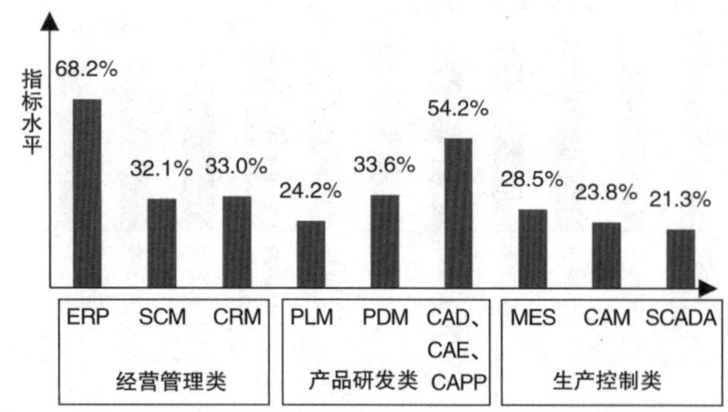

图 7　2022 年我国主要工业软件普及率

企业推进两化融合是一个循序渐进的过程，在建设前期往往需要较高的投入，尤其是在企业主要业务环节数字化改造阶段，需要实现信息技术在研发设计、制造过程、经营管理和市场流通等环节的横向覆盖，并不断深化对业务支撑的纵向渗透，但是相较于激增的投入，企业效能效益提高并不明显。当企业两化融合突破综合集成后，在数字化方面的投入趋于稳定，但效能效益呈现台阶式跃升及跃升后的加速上扬趋势。

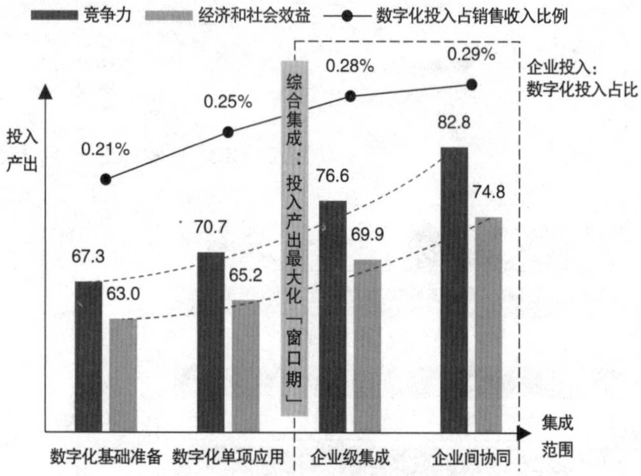

图 8　2022 年不同两化融合发展阶段企业竞争力与经济和社会效益水平

打通产品全生命周期各环节间数据互联互通的通道，实现产品全生命周期业务集成，有助于研发、生产、销售等组织模式的变革和流程优化，达到提升产品质量、降低各环节经营成本的目的，进而使销售利润率得到有效提升。相较于尚未开展产品数据管理的企业，产品数据管理贯穿至产品全生命周期各环节的企业销售利润率由 9.3% 提升至 15.2%，增长 5.9 个百分点。

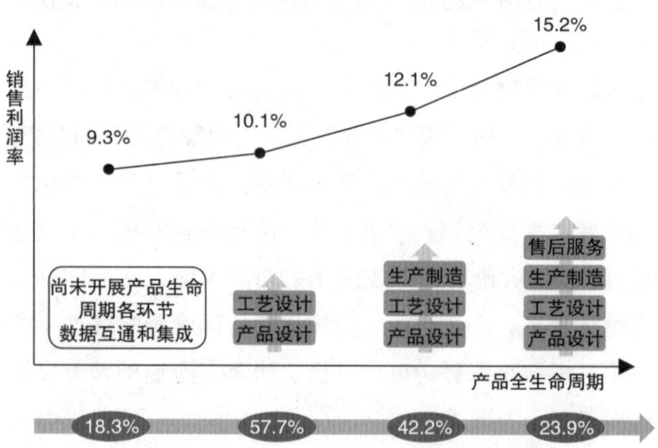

图 9　2022 年企业产品全生命周期互联互通与销售利润率关联分析

【行业两化融合发展现状与特征】 从国民经济三次产业视角看，2022年，我国农业、工业、生产性服务业两化融合发展水平分别为49.0、57.7、58.7，相较于2021年分别增长0.2%、1.4%、0.3%。其中，生产性服务业两化融合发展水平最高，工业两化融合发展水平增速最快。

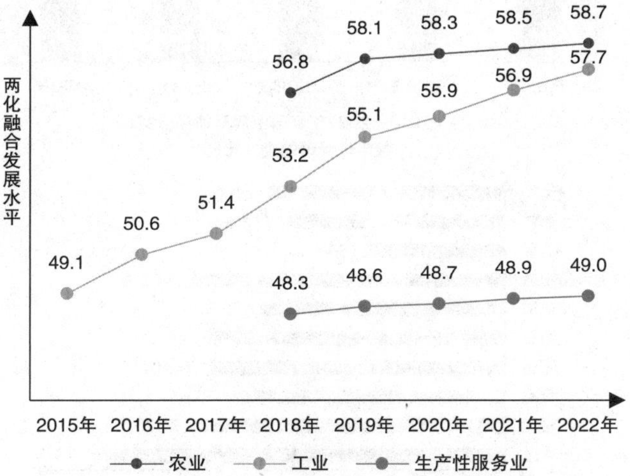

图10　2015—2022年全国三次产业两化融合发展现状及两化融合发展水平

原材料企业通过开展两化融合，不断提高生产设备数字化水平与联网率，积极推进生产计划、生产调度、生产现场操作等多层次生产业务的在线及时交互、协同优化和全过程闭环管理，对生产现场进行远程实时集中监控，实现安全生产风险的自动分析、预警和应急处理。总体来看，原材料行业生产装备数字化和网络化水平及生产过程数控化水平较高，2022年，原材料行业关键工序数控化率达到72.3%，分别比装备行业（51.4%）和消费品行业（54.9%）高出20.9个百分点和17.4个百分点，行业集中打造集约高效、实时优化的生产新体系；2022年，原材料行业生产设备数字化率达到55.0%，同样高于装备行业的49.3%和消费品行业的51.9%，较好的底层生产数字化基础为原材料行业智能化转型奠定基础。

装备行业面向全球一体化开放市场，企业要具有前沿产品与核心技术，才能牢牢占据全球市场竞争的制高点。经过10余年的两化融合发展，我国装备制造企业充分应用数字化技术和工具，在产品研发创新等方面取得一定的积累。2022年，装备行业数字化研发设计工具普及率达到89.4%，ERP、PLM、MES等主要工业软件普及率分别为73.1%、28.3%、31.0%，经营管理数字化普及率达到73.3%，领先于原材料行业，为装备行业着力开展以客户需求为核心的定制化协同研发，以及基于智能化产品的敏捷售后服务等创新性探索活动奠定良好基础。

近年来，消费品行业两化融合发展需求愈发强烈，行业与用户端联系紧密的特点决定了消费品企业在推进两化融合发展过程中，首先关注产业链供应链的协同化管理，以实现产业链资源的优化整合，并快速满足用户的产品服务需求。2022年，食品和轻工行业工业电子商务普及率分别为73.9%和69.1%，分别较全国平均水平（66.3%）高出7.6个百分点和2.8个百分点，消费品企业积极利用互联网、大数据等技术更好地了解消费者需求，不断进行营销模式和产品差异化创新，在以用户为核心的个性化定制、精准化营销和产品全生命周期追溯方面开展创新性探索，形成用户深度参与价值共创的新模式。

电子信息行业数字化基础较好、新技术应用广泛，两化融合起点较高、发展水平长期处于领先地位，在底层生产装备、产品设计研发、精细生产管控、客户市场服务等方面深入开展数字技术应用。2022年，电子信息行业关键工序数控化率、数字化研发设计工具普及率、经营管理数字化普及率分别达到61.3%、84.0%、78.0%，各关键环节两化融合均具有较好的基础和较高的发展水平。电子信息行业开展服务型制造的企业比例、工业电子商务普及率、智能制造就绪率分别为33.2%、69.1%、15.9%，新模式新业态应用在各行业中居领先水平。目前，电子信息行业在产业链协同发展方面仍有欠缺，仅有11.9%的电子信息企业能够实现产业链协同，亟须尽快提高产业链上下游企业的业务协同效率和水平，提高全产业链的整体竞争能力。

【供应链产业链协同发展】 2022年，聚焦供应链协同、产业链融通的集成发展需求，众多行业通过产业链供应链协同打通企业两化融合卡点、堵点、断点。目前，全国实现产供销集成、产业链协同的企业比例分别为30.1%、13.7%，近5年分别增长5.4个百分点和5.9个百分点，企业供应链柔性韧性不断增强，产业链供应链协同运营水平进一步提升。

近年来，企业纷纷加快供应链数字化能力建设，通过加强数据资源在供应链各关键环节的横向集成互联，逐渐实现采购、销售、生产、物流、财务等业务环节的数据集成，实现供应链的可视化和透明化，提升供应链一体化管控水平，有效降低供应链成本，提高企业的市场竞争力。2022 年，我国实现产供销集成的企业比例达到 30.1%，较 2018 年增长 5.4 个百分点。随着供应链的不断延伸和供应网络的逐步建立，企业能够更加快速地响应市场和顾客需求的变化，持续抢占新生市场空间，不断提高企业在产业链供应链中的地位和主导力。

企业外部通过加强制造资源供应全生命周期的跟踪管控与信息共享，引导产业链上下游企业协同开展原料采购、加工制造和产品配送，提升产业链协同水平，打造产业链竞争新优势。2022 年，我国实现产业链协同的企业比例为 13.7%，较 2018 年提高 5.9 个百分点。伴随产业链协同发展，企业大力开展用户需求、制造资源、生产能力等全面对接，加强设计、制造、供应和服务等环节的并行组织和协同优化，深化产业链全渠道智能化管控和动态优化，以全面提升产业链稳定性和竞争力。

【新模式新业态发展情况】 传统的企业管理模式，大多基于管理者的知识经验和企业运行规则协调管控企业业务活动开展。实施数字化管理，重点是充分挖掘数据要素价值，构建完整的数据贯通体系，实现企业业务活动全场景数字化、虚拟化。通过大数据分析和智能化建模，精准发现企业管理痛点，迭代改进管理全过程，以实现 IT（Information Technology）与 OT（Operational Technology）的深度融合，形成基于数据的企业运营模式和决策机制。2022 年，我国企业经营管理数字化普及率达到 73.7%，数字化管理效率持续全面提升。

随着行业分工日益细化，产业链逐渐变长，技术集成的广度和深度大幅拓展，依靠单家企业、单个部门难以实现覆盖企业的创新和生产活动，企业交易成本不断上升。伴随众包设计研发、网络化制造、公共云制造平台等业务创新的不断涌现，企业间通过网络化协同消除地域边界和行业边界，加快制造资源泛在连接、在线汇聚和精准对接，有效实现产业链精简、交互成本降低和经济运行效率提高。2022 年，我国实现网络化协同的企业比例为 39.8%。

从重点行业看，纺织行业侧重于推动面向客户需求的协同设计与制造，依托互联网平台及时响应用户需求，共享制造资源，协同开展小样设计与制造，形成面向订单的灵活协作关系；交通设备制造行业侧重于

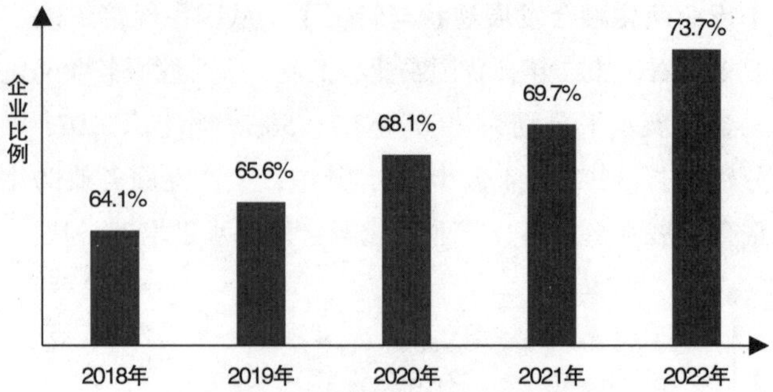

（a）2018—2022年全国经营管理环节实现数字化管理的企业比例

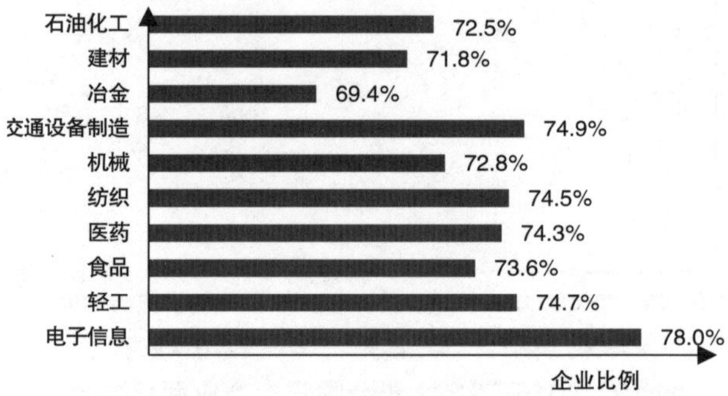

（b）2022年重点行业企业经营管理环节实现数字化管理的企业比例

图 11 全国及制造业各行业实现数字化管理的企业比例

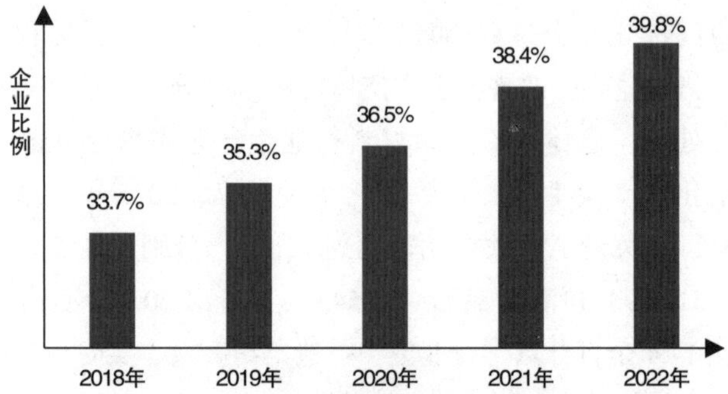

（a）2018—2022 年全国实现网络化协同的企业比例

（b）2022年重点行业实现网络化协同的企业比例

图 12 全国及离散型制造业各行业实现网络化协同的企业比例

推动多研发主体间的在线异地协同研发，依托协同研发平台，整合和共享研发资源，统一研发管理策略和研发流程，与企业外部供应商、配套厂商进行在线协同研发，建立多研发主体间全流程交互协同的新型研发体系。

基于互联网大规模个性化定制是新时期市场需求的增长点，也是制造业变革的重要方向。大力发展基于互联网的大规模个性化定制能够精准匹配供给和需求，带动智能制造、柔性生产的快速发展，是供给侧结构性改革的重要方式。在企业之间开展服务、企业与消费者之间提升服务，以及消费者自身需求升级的过程中，定制化服务逐渐壮大，成为一种新型服务模式。2022 年，我国实现个性化定制的企业比例为 11.0%。

从重点行业看，服装、家电、家居等消费品行业个性化定制的重点是建立客户体验中心、在线设计平台、电子商务平台，形成动态感知、实时响应消费需求的大规模个性化定制模式；飞机、船舶、汽车等装备行业个性化定制的重点是建立基于网络的开放式个性化定制平台，提升高端产品和装备模块化设计、柔性化制造、定制化服务能力。

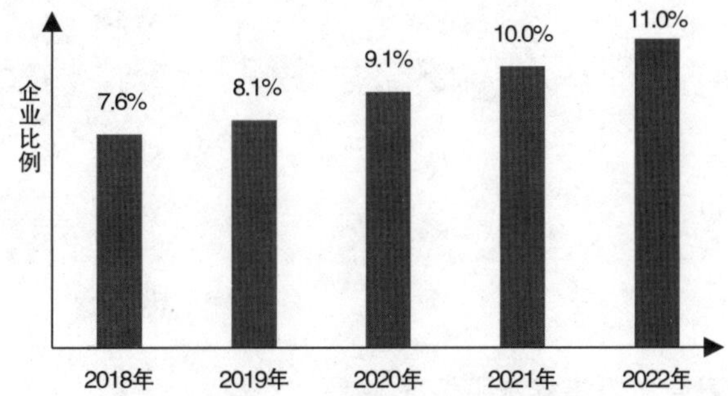

（a）2018—2022年全国实现个性化定制的企业比例

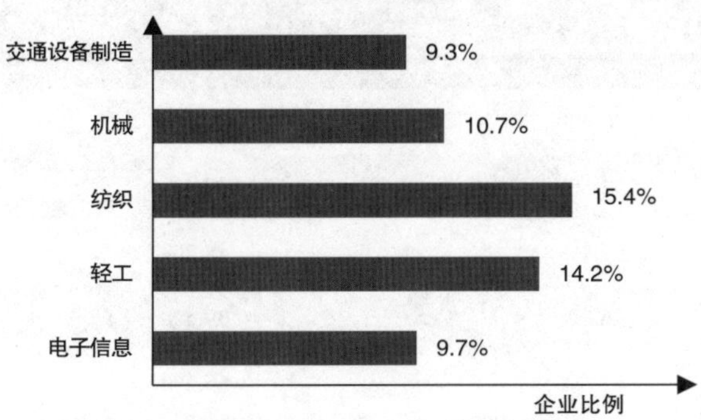

（b）2022年重点行业实现个性化定制的企业比例

图 13　全国及离散型制造业各行业实现个性化定制的企业比例

随着市场竞争不断加剧，生产力大幅提升，供需关系发生转变，产品生产能力已经不再是企业提高市场占有率的唯一考量，客户往往更加关注企业基于产品提供服务的质量。制造企业的定位逐渐从制造商向服务商转变，业务范围从单纯的生产加工向提供设备运营维护、支撑业务管理决策、满足客户多样化需求等服务环节延伸，增加产品附加价值，塑造企业综合优势。2022 年，全国实现服务型制造的企业比例为 31.0%。

从重点行业看，电子信息行业聚焦于价值链前端的研发设计等环节，以面向客户需求的个性化产品设计服务为主，以产品功能和外观设计服务为重点，在价值链各环节为消费者提供符合其个性化需要的“产品系统”；交通设备制造行业聚焦于价值链后端的售后等环节，通过物联网和大数据分析等信息技术的应用，开展装备产品全生命周期追溯与服务，对产品各项运行参数和故障信息进行远程实时监控、诊断、预警和维护，为用户提供增值服务。

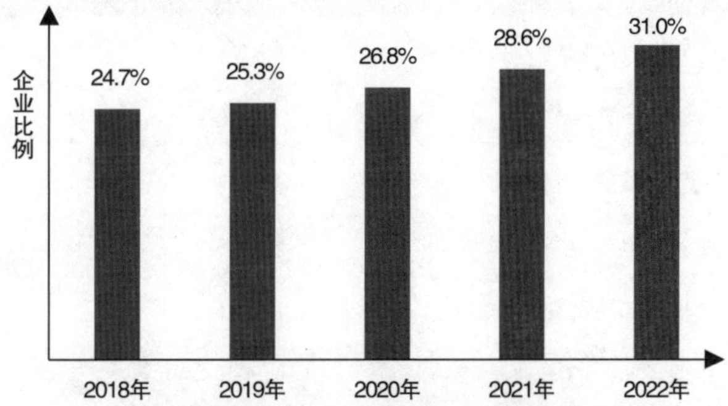

（a）2018—2022年全国实现服务型制造的企业比例

（b）2022年重点行业实现服务型制造的企业比例

图 14　全国及离散型制造业各行业实现服务型制造的企业比例

新一代信息技术的融合应用在将“制造”变为“智造”的同时，也在推进产品从“机制化”到“智能化”的转变。智能产品是 ICT 技术与传统工业产品融合、创新的成果，有助于企业实现生产流程优化，并面向用户提供数据驱动型服务，进而实现商业模式创新。智能化的产品和数据驱动型服务将共同提升用户体验，为用户带来更大效益，助力企业实现高端化创新发展。2022年，我国实现智能化产品生产的企业比例为6.5%。当前，我国已有部分行业在产品智能化方面进行了有效探索，电子信息行业和交通设备制造行业是产品智能化的主力军，基于智能产品的产品数据全生命周期管理有效提高制造与服务的一体化水平。产品智能化成为远程监控、在线运维和基于大数据的服务创新等众多新服务模式的必要条件，基于数据的产品全生命周期服务有待贯穿研发、生产全过程。

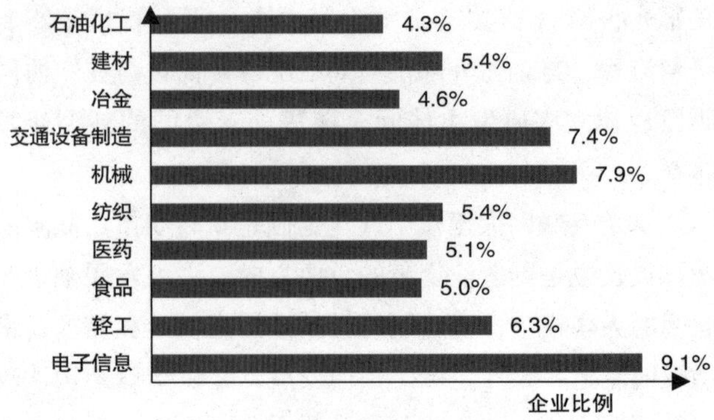

图15　2022年重点行业实现智能化产品生产的企业比例

【统计数据】

表1　2022年原材料行业部分两化融合关键指标水平情况

指标	原材料	冶金	石油化工	建材
数字化研发设计工具普及率	64.5%	63.0%	63.1%	66.2%
关键工序数控化率	72.3%	73.8%	78.7%	61.8%
生产设备数字化率	55.0%	53.8%	58.0%	53.4%
数字化生产设备联网率	52.4%	51.3%	57.0%	48.1%
工业电子商务普及率	60.0%	60.4%	61.9%	58.7%
工业云平台应用率	50.9%	46.7%	53.4%	51.2%
智能制造就绪率	12.2%	12.1%	12.8%	12.0%

表2　2022年装备行业部分两化融合关键指标水平情况

指标	装备	交通设备制造	机械
数字化研发设计工具普及率	89.4%	90.4%	89.1%
关键工序数控化率	51.4%	57.6%	47.8%
生产设备数字化率	49.3%	51.3%	48.2%
数字化生产设备联网率	42.0%	46.8%	39.4%
工业电子商务普及率	65.7%	67.6%	65.2%
工业云平台应用率	54.0%	53.5%	54.5%
智能制造就绪率	11.7%	14.5%	11.1%

表 3　2022 年消费品行业部分两化融合关键指标水平情况

指标	消费品	轻工	医药	纺织	食品
数字化研发设计工具普及率	71.2%	78.6%	64.6%	73.0%	62.3%
关键工序数控化率	54.9%	52.2%	58.4%	57.9%	54.8%
生产设备数字化率	51.9%	50.1%	53.0%	55.6%	51.1%
数字化生产设备联网率	44.3%	42.2%	41.8%	49.0%	44.7%
工业电子商务普及率	69.6%	69.1%	65.4%	68.6%	73.9%
工业云平台应用率	53.6%	52.7%	56.2%	52.6%	54.5%
智能制造就绪率	12.7%	12.5%	11.5%	14.6%	12.3%

表 4　2022 年电子信息行业部分两化融合关键指标水平情况

指标	电子信息
数字化研发设计工具普及率	84.0%
关键工序数控化率	61.3%
生产设备数字化率	57.6%
数字化生产设备联网率	49.6%
工业电子商务普及率	69.1%
工业云平台应用率	54.8%
智能制造就绪率	15.9%

表 5　2022 年中国各重点行业两化融合发展全景

内容	指标	指标水平	原材料	消费品	装备	电子信息
数字化	关键业务环节全面实现数字化管理的企业比例	53.7%	46.5%	52.3%	59.1%	61.3%
	数字化研发设计工具普及率	77.0%	64.5%	71.2%	89.4%	84.0%
	工业软件 ERP 普及率	68.2%	61.8%	65.8%	73.1%	76.4%
	工业软件 PLM 普及率	24.2%	19.3%	22.5%	28.3%	26.8%
	工业软件 MES 普及率	28.5%	26.7%	25.0%	31.0%	37.2%
	生产设备数字化率	52.5%	55.0%	51.9%	49.3%	57.6%
	数字化生产设备联网率	46.1%	52.4%	44.3%	42.0%	49.6%
	关键工序数控化率	58.6%	72.3%	54.9%	51.4%	61.3%

续表

内容	指标	指标水平	原材料	消费品	装备	电子信息
	工业电子商务普及率	66.3%	60.0%	69.6%	65.7%	69.1%
网络化	工业云平台应用率	53.2%	50.9%	53.6%	54.0%	54.8%
	实现产业链协同的企业比例	13.7%	17.4%	16.6%	9.3%	11.9%
智能化	实现生产经营智能分析的企业比例	6.2%	6.2%	6.7%	5.4%	6.4%
	智能制造就绪率	12.6%	12.2%	12.7%	11.7%	15.9%
新产品 新模式 新业态	实现智能化产品生产的企业比例	6.5%	4.8%	5.6%	7.8%	9.1%
	经营管理数字化普及率	73.7%	71.5%	74.3%	73.3%	78.0%
	实现平台化设计的企业比例	10.5%	8.0%	9.8%	12.8%	11.7%
	实现智能化生产的企业比例	7.2%	7.4%	6.7%	7.2%	8.8%
	实现网络化协同的企业比例	39.8%	—	—	—	40.1%
	实现个性化定制的企业比例	11.0%	—	—	—	9.7%
	开展服务型制造的企业比例	31.0%	—	—	—	33.2%

注：实现网络化协同的企业比例、开展个性化定制的企业比例、开展服务型制造的企业比例仅针对离散型制造行业统计。

［撰稿：马冬妍　张磊　审稿：谢学科］

农业信息化

【概况】 2022 年，农业农村部坚持解放和发展数字化生产力，加快推进现代信息技术与农业农村融合应用，农业农村信息化建设取得新进展，为全面推进乡村振兴、建设农业强国、加快农业农村现代化持续提供新动能。

【顶层设计】 农业农村部印发《“十四五”全国农业农村信息化发展规划》，会同国家发展改革委印发《“十四五”数字农业建设规划》，与中央网络安全和信息化委员会办公室等十部门印发《数字乡村发展行动计划（2022—2025 年）》，对“十四五”期间推进数字乡村及智慧农业建设作出了全面部署安排。召开全国数字乡村现场推进会，交流研讨智慧农业和数字乡村发展方向，总结推介各地典型经验和发展模式，部署未来一段时期重点工作。

【智慧农业】 农业农村部持续实施数字农业建设项目，2022 年安排建设国家数字农业创新中心、分中心 8 个，国家数字农业创新应用基地 41 个。对新认定的 106 个农业农村信息化示范基地开展指导和宣传推介，推动信息技术与农业生产经营深度融合。不断加大对农机信息化装备的支持力度，将植保无人驾驶航空器、农机北斗导航终端及辅助驾驶系统、农机作业监控设备等纳入补贴（试点）范围。截至 2022 年年底，累计推广各类农机北斗终端 180 万台，其中，农机定位监测终端 100.3 万台，农机作业监测终端 50.1 万台，农机辅助驾驶 22.3 万台，农用无人机近 10 万台。据农业农村部监测，2022 年，全国农业生产信息化率达到 27.6%，较上年增长 2.2 个百分点。

【数字乡村】 2022 年，农业农村部与中央网络安全和信息化委员会办公室联合印发《数字乡村标准体系建设指南》，加强数字乡村标准化建设，推进数字乡村建设规范有序发展。农业农村部与中央网络安全和信息化委员会办公室等相关部门共同开展国家数字乡村试点终期评估，系统梳理试点工作进展，总结好经验、好做法。不断完善农村信息服务体系，做好信息进村入户工作。截至 2022 年年底，全国共建成运营益农信息社 46.7 万个，为农民和新型农业经营主体提供公益服务 3.63 亿人次，开展便民服务 6.86 亿人次。持续开展农民手机应用技能培训，举办农民手机培训周活动，完善线上培训平台和线下培训体系，不断丰富培训内容，助力提升农民数字素养与技能，7 年累计培训受众超过 1.85 亿人次。

【农村电商】 2022 年，农业农村部深入推进“互联网 +”农产品出村进城工程，继续指导 110 个县（市、区）开展试点，评选一批农村电商典型模式，增加对试点地区优质特色农产品的宣传，推动农产品上网销售、优质优价。组织开展中国农民丰收节金秋消费季，促进品牌农产品和乡村旅游消费，2022 年活动期间相关电商平台销售农产品合计超过 507 亿元。举办农业农村电子商务专题培训班，组织开展“大国农匠”全国农民技能大赛（农村电商人才类），助力农村电商发展，促进农产品销售上行。

【农业农村大数据】 2022 年，农业农村部加强大数据标准规范建设，组织筹建农业农村部数据标准化技术委员会，制定数据分类分级规范，研究建立包括基础标准、技术标准、平台标准、管理标准、安全标准、应用标准 6 大类 33 小类农业农村数据标准体系。研发可供各级农业农村部门使用的大数据公共平台基座，实现数据横纵贯通。推广“全农码”，一个对象建立唯一数字身份，推动实现“地人物财事”全面关联。开发“农事直通”移动端，研究建立各类应用接入机制和对接标准，构建便利基层和农户使用的统一窗口。按照资源、主体、产品三个维度，汇聚农村承包地确权等资源数据、农村集体经济组织和家庭农场等主体数据、绿色优质农产品生产基地等产品数据。

【2023 年农业农村信息化发展趋势】 突出智慧农业和数字乡村建设两个重点，加快推进农业农村数字化转型，为农业强国建设提供有力支撑。

加快智慧农业发展。持续实施数字农业建设项目，建设一批国家数字农业创新中心和创新应用基地，认定一批农业农村信息化示范基地，征集发布一批智慧农业重点推广技术。召开全国智慧农业现场推进会，起草推进智慧农业的指导意见。

深入推进农村电商发展。深入实施“互联网 +”农产品出村进城工程试点，建立完善适应农产品网络销售的供应链体系、运营服务体系和支撑保障体系，促进农产品产销顺畅衔接、优质优价。继续举办中国农民丰收节金秋消费季等活动，持续做好农村电商典型模式宣传推广。

加快推进数字乡村建设。会同中央网络安全和信息化委员会办公室等部门深入实施数字乡村发展行动，开展第二批国家数字乡村试点，健全数字乡村发展水平指标体系，加快数字乡村标准体系建设，引导各地规范推进数字乡村建设。指导各地农业农村部门加强益农信息社规范管理，提升可持续运营和服务能力。持续开展农民手机应用技能培训，助力提升农民数字素养与技能。

健全农业农村数据资源体系。加快推进农业农村大数据平台建设，持续完善大数据发展标准规范体系建设，成立农业农村部数据标准化技术委员会，推动大数据在粮食安全、监测预警、乡村治理等重点领域的应用。

［撰稿：王耀宗　审稿：宋丹阳］

石化信息化

【概况】 2022 年，中国石油化工集团有限公司（以下简称中国石化）聚焦高质量发展、打造世界一流，突出抓好数字化转型、智能化提升和稳产保供支撑保障等重点工作，积极塑造竞争新优势，推动石化产业高端化、智能化、绿色化发展。各领域数智化提升取得新成效，累计承担“工业互联网 + 安全生产”等 10 余个国家试点示范项目，创新引领产业升级迈出新步伐，整体信息化水平持续保持央企前列，中国石化以业务变革为核心的数字化转型实践经验获得第二十九届全国企业管理现代化创新成果一等奖。

【经营管理数字化升级】 2022 年，中国石化推进建设管理云，以 ERP 大集中系统为核心，整体推进战略与决策、风险与监督、财务、人力资源、物资供应、协同办公等经营管理深化应用，强化集中集成，深化数业融合，提升集团化管控水平，促进管理创新、效率提升。

在深化 ERP 应用方面，ERP 系统覆盖经营管理领域 90% 以上的核心业务，流程标准化率达到 94%，支撑国家新政策、公司新决策快速落实。ERP 系统固化 452 个内部控制点，增强集团管控能力；与 300 余套系统稳定集成，实现业务集成与数据共享，优化供应链，支撑企业机构改革、管理变革和业务创新。

在深化业财融合方面，按照构建战略型集约化财务管控体系要求，加快财务数智化升级，助力财务管控数智化转型。搭建财务数智分析决策系统，实现 50 多个数智化工作场景在线自助分析，助力经营决策从经验主导向数据和模型驱动的科学决策转型。统一财务指标体系，在实现中国石化集团数据级大合并基础上，进一步提高报表效率 20% 以上。全面预算系统覆盖预算管理全链条，有效推进中长期目标与短期目标联动。完善全球司库管理功能，充分发挥中国石化整体资金的运作优势，资金集中管理综合运作效益显著，充分体现资金的聚合效应、规模效应、运作效应和平台效应。搭建财务风险管控平台，利率汇率风险、信用风险管理应用上线，通过交易对手管理、授信管理、监控预警、负面舆情管理等功能，对授信交易对手、授信业务进行在线管控，全方位降低交易对手逾期风险。

在投资管控一体化方面，一体化投资优化与管控平台支持战略规划（战略协议）、项目可研、项目审查、投资计划、执行监控、考核评价、综合统计、合资合作全生命周期的 8 大类业务，实现中国石化战略与决策管理域人员 100% 线上工作、投资项目 100% 在线管理、投资规模 100% 线上管控，满足中国石化投资业务穿透式管控、透明化运行。

在优化物资供应管理方面，打通物资供应全流程，实现区域联合储备、煤炭供应协同，提升仓储数字化水平。积极推动供应链融通、产业链贯通，与供应端 130 余家企业实施供应链阳光行动，与采购端 1 800 余家企业实现系统数据一体化连接。

在审计监督采取新模式方面，建设审计数据、审计作业和审计管控三大功能专区，打造集中统一、运行高效、上下贯通的“业审融合”平台，构建“数业融合”审计监督新模式。“业审融合”平台实现财务、物资采购、销售、工程等业务领域重要数据采集利用，建成投用近 100 个审计模型，支撑审计项目全流程在线管理。全面提升审计工作能效，中国石化集团层面和企业层面审计项目实现全流程在线作业和在线管控，现场审计时间与现场参审人数大幅压减。

在综合业务协同方面，以业务赋能、资源共享、高效协同、标准管控、跨域联动为目标，构建综合协同管理六大核心业务应用，实现综合协同管理域业务信息化覆盖率 85% 以上。推进公文档案一体化建设，中国石化集团层面公文档案业务协同，实现文档生成、文档管理、文档利用、文档规范全过程一体化管理，满足集团及所属单位应用需求，构建“横向到边、纵向到底”的覆盖体系。优化综合事务管理，推进督办管理、信访管理和总值班管理 3 项关键业务提升。搭建“石化云媒”技术平台，初步构建覆盖中国石化的全媒体传播体系，加强融媒体运营管理。

【生产营运数字化升级】 推进建设生产云，以智能运营为核心，统筹推进智能运营中心、智能化“田厂站院”建设，大力推动产业上中下游生产领域数智化升级，提升资源优化、生产协同、安全环保水平，促进提质增效、产业升级。

在生产营运方面，深化集团层面智能运营中心应用，有效支撑中国石化协同优化和高效运营。实现财务、采购、计划、生产、销售等数据横向贯通，支撑跨业务、跨领域的运营分析，为中国石化生产方案及时优化调整提供支持；搭建中国石化及油田、炼油、化工、销售等领域效益测算及资源优化模型，促进采产销协同，实现资源合理配置，加强区域资源平衡优化，提高中国石化生产经营整体优化水平和突发事件应急处理能力。

在安全管控方面，强化危化品运输安全管理，危化品运输安全管理系统覆盖中国石化所有生产企业，实现对承运商和承运车辆的集中监管，对运输过程路线变更和人员疲劳驾驶、抽烟、接打电话等违规行为实时推送报警，上线以来运输过程人员违章事件大幅下降。强化施工作业安全管控，实现“7+*N*”类高风险作业许可在线办理，单张作业票开具时间缩短20%，评价作业风险识别数量增加30%，定位签发和违规代签率情况彻底清零，提升高风险作业过程安全管理水平。提升应急指挥能力，应急系统覆盖中国石化所有生产企业，提供应急地图、监测报警、联动处置、VR演练等功能，在事故状态下可实现10分钟内接入视频，20分钟内组建总部、企业指挥团队，30分钟内调齐消防救援力量，为事故精准施救提供保障。

在生态环境保护方面，强化能源环保一体化管理，建设中国石化能源和环境保护一体化管理平台，构建项目环保管理、污染治理、合规监管、风险管控四大预警机制，建立全口径环境数据指标库，打造涵盖源头防控、过程管控和末端治理的污染防治体系，形成“环保一张图”，丰富可视化监控手段，实现中国石化环保排放可视化监管，为精准决策提供支持。强化碳资产管理，碳资产系统构建碳统计和盘查模型，实现中国石化上下一体化碳资产管理，支撑中国石化年度碳排放的盘查和核查，并逐步形成中国石化炼化产品碳足迹数据库，强化产品全生命周期碳排放精细化管理，助力企业减少碳排放，加快落实国家“双碳”目标。

在物流优化方面，建设中国石化统一物流平台，包括运输、仓储、订单、决策等9大中心，实现化工品、炼油品、燃料油、润滑油、天然气物流业务上线和一体化运作，平台已注册900余家物流服务商、3.8万余辆普通物品运输和危化品运输车辆，为全国几千个送达目的地提供配送服务。推动平台企业共享物流资源、降低物流成本、可视化管控物流全程，整合系统内外优质物流资源，打通生产企业和市场客户供需渠道，营造物流互联生态。

在油气生产数智化提升方面，中国石化西北油田等4家企业开展智能油气田建设，围绕油田企业核心资产全生命周期管理，打造全面感知、集成协同、预警预测、分析优化4项能力，助力高效勘探、效益开发，实现油田企业资产价值最大化。通过建立油气藏开发预警闭环管理模式，提高油气藏异常预警预测准确率，根据预警预测结果，提前实施增产措施，促进油气田稳产、增产；通过对油气生产、集输系统，以及单井、抽油机、压缩机等重点设备设施的异常智能诊断报警，缩短油气田异常停产时间，优化油气田开发生产运行流程；通过视频识别技术进行现场违章作业、井场及输油管线泄漏等的智能识别，提高油田安全环保管控水平；通过应急指挥一键接警，提升应急响应速度，应急指令下达时间缩短为秒级。

在炼化生产数智化提升方面，完成广州石化等6家炼化企业的智能工厂2.0主体功能建设，中国石化累计建设16家智能工厂，实现生产一体化优化、设备预知性维修、装置智能化控制、安全监控事前预警等生产管理模式重大转变，打造数字化、网络化、智能化的生产制造新范式，促进炼化企业优化生产、本质安全、提质增效。在中科（广东）炼化、镇海炼化等企业开展智能工厂3.0试点建设，着力打造“人工智能+”“5G+”“数字孪生+”应用新模式，推进新技术与业务深度融合。

在油品销售数智化提升方面，新加油卡系统已在山东省、河南省等12个省份推广，支撑1.07亿张加油卡业务办理。石化钱包在全国3万余座加油站应用，注册用户突破1.2亿人，累积消费交易9亿余笔。应用满足客户便捷服务和多种支付需求，填补零售业务移动支付空白，丰富业务场景，扫码付、授权码、一键加油、无感支付等新模式得到广泛应用。探索智能加油机器人应用，“开关盖＋插拔枪”时间缩短至120秒，取得设备防爆认证，启动智能加油机器人与易捷加油App对接，完成北京悦实达加油站、湖南长沙滨江新城加油站2座试点加油站的改造工作。

在推进智能研究院建设方面，3家科研单位围绕科研管理、科研创新、技术服务3条主线进行整体布局，打造科研智能化样板工程，推动形成第四科研范式，形成新型科研生态。优化科技项目管理流程，实现科研管理业务全过程在线管理，为科研人员“减负松绑”，进一步激发科技创新活力。汇集实验全周期数据，优选数据处理算法，深挖大数据内涵规律，实现实验按需设计、要素关联分析、图谱智能识别等，全面提升科研创新能力。构建技术服务平台，打造加氢装置诊断、管道腐蚀预测等在线服务软件，初步形成全天候在线服务的新业态。

【贸易和金融服务数字化升级】 建设服务云，持续完善中国石化统一的电子商务和客户关系管理平台应用，促进“易派客”“石化e贸”“石化商旅”等服贸业务数字化转型，打造产融数智平台，提升产业金融服务能力，促进产融结合、跨界发展。

在电子商务平台推广应用方面，“石化e贸”平台探索化工品上下游产业链协同，实现全部统销产品、生产企业自销化工产品交易业务上平台，平台注册用户超过2万个，上架商品4 500余款，年交易量突破5 800万吨，累计交易量2.5亿吨。“易派客”平台与供应端、采购端系统互通、数据互通、供销互通，促进关联方资源高效协同，发挥平台保供服务效能，平台上架商品290余万款，拥有会员11万家，累计交易额达2.69万亿元。“易捷”服务平台积极打造全国统一线上平台和会员体系，整合提升、全面推广易捷加油、易捷商城等App，开发易捷国际跨境商城业务，助力业务逆势增长，打造国内领先的综合“汽车服务平台”，构建“易捷自提、易捷到车、易捷到家”等全渠道消费场景，驱动业务创新发展。

在产融数智服务平台建设方面，初步建成中国石化产融数智平台，形成B2C统一支付、数字人民币、产业链信评、互联网风控、互联网保险、年金养老、供应链金融等应用，运用多种渠道、方式与域内、域外场景融合，在积极发展产融生态方面取得一定成效。建成石化统一的线上支付、数字人民币支付体系；搭建统一金融数据服务系统，沉淀形成金融专属模型160个、封装560个API服务；搭建产业信评、互联网风控服务系统，为中国石化各专业电商和产业金融业务提供多种风险预警服务。建设互联网保险销售、运营一体化平台，已上线12款互联网保险产品，助力金融服务域开拓互联网保险市场。

【数字基础设施建设】 聚焦平台赋能、数据赋智，推进“石化智云”工业互联网平台建设，提升信息基础设施能力，强化数据治理与共享应用，推动“数据＋平台＋应用”新模式落地见效，夯实数字化发展基石，打造产业升级新引擎、新动能。

在“石化智云”工业互联网平台方面，发布《石化智云工业互联网白皮书2.0》和系列规范，构建集服务管控、能力开放和持续交付三中心于一体的服务体系，发布API服务1万余项，支撑中国石化集团和企业新建信息化项目上云上平台，形成平台运营、项目质管、集成管控长效机制，提升信息化项目建设质量和建设效率。“石化智云”工业互联网平台被国务院国资委选为中央企业行业领域公有云。

在数据中心和云网建设方面，提升“两地三中心”数字基础支撑能力，建成呼和浩特异地数据中心，支撑中国石化集团和企业信息系统建设与运行，实现新建应用100%云上部署。搭建覆盖集团、区域中心和企业的混合云，支撑党建平台、网络学院等系统部署运行。优化升级中国石化网络架构，建成中国石化同城和异地数据中心环网，完成各地区域中心和子节点的网络扁平化优化调整，提升企业到集团的网络链路性能和冗余可靠性。

在推动数据治理与数据应用方面，发布《中国石化数据治理工作指南》《中国石化数据治理技术白皮书》，制定财务、人力资源等业务域数据标准，初步形成中国石化数据资源目录。纵深推进“多湖一中台”建设，促进数据在中国石化内外的共享流通。加强数据服务平台推广应用，通过中国信息通信研究院的数据中台能力成熟度测评，形成API服务5 000余个，打造风险管理、炼化业财融合、财务价格分析、客户服务分析、中国石化生产运营等一批典型数据应用。

【网络安全管理】 全面落实国家网络安全监管要求，

持续加强网络安全管理，重点推进关键信息基础设施安全保护和供应链安全保护工作，建立健全网络安全通报机制、网络安全保障与应急响应机制、检查评价考核机制，筑牢网络安全防线。

组织网络安全攻防演练。选拔企业技术骨干建立网络安全红蓝队，持续开展重点时期保障、攻防演习、常态化安全运营和漏洞挖掘等工作，形成网络安全联防联控长效机制。组织集团网络安全攻防演习，从互联网侧对中国石化重大、重点信息系统开展网络攻击和沙盘推演，有效提升网络安全防护能力水平。

开展木马病毒专项治理。2022 年共监测到 251 个 IP 存在“挖矿木马”流量，对 52 家企业下发整改通知书并完成处置，有效降低终端设备被“挖矿木马”控制进行虚拟货币“挖矿”的风险隐患。发现 3 起 APT 真实攻击行为，对涉及企业下发安全情况通报并完成处置。通过优化监测策略，“挖矿木马”与 APT 事件告警量减少 80%。

加强网络安全宣贯培训。组织网络安全竞赛，全面开展全员岗位练兵，引导员工向“我要学、我要练、我要赛”转变，进一步提高全员网络安全意识，提升中国石化网络安全技术防护水平。组织中国石化网络安全宣传周活动，以“网络安全为人民，网络安全靠人民”为主题，采取线上线下相结合的方式，举办开幕式、网络安全展览、网络安全技术论坛、网络安全人才选拔赛、云课堂、云展映和云展厅 6 大活动，深入开展宣传教育引导，营造网络安全人人参与、人人有责、人人共享的浓厚氛围。

加强网络安全水平评价。完善细化年度网络安全水平评价指标，指导企业按照评价指标对本单位信息基础设施及信息系统的安全情况开展全面自查和远程复核，针对在检查过程中发现的高危漏洞形成整改通知，并组织企业完成整改。

【信息和数字化统筹管理】 结合央企深化改革、强化风险管控等要求，优化信息化管控体系，开展信息化制度体系、技术管理体系、软件工程造价体系、一体化 IT 运维体系的优化完善工作，提升信息化综合管控水平。

加强信息和数字化顶层设计。组织各业务领域开展数字化转型研究与交流，制定中国石化数字化转型行动计划专项实施方案，并在 15 家试点企业开展数字化转型实施方案细化落地工作。

优化完善信息化管控体系。重构信息化制度体系框架和管理流程，发布中国石化信息化应用架构 1.0 版。在石油石化行业创新开展软件工程造价评估体系建设和试点应用。构建信息技术管理体系，发布《信息化项目技术审查管理办法》，在央企率先实行信息化项目技术门径管理，加强信息化项目技术管控和应用指导。建立信息和数字化专家库及配套制度，充分发挥专家队伍的智囊参谋、决策支持、创新攻关、解难释惑作用。开展信息化产品及服务供应商资源库建设，强化对 IT 战略合作伙伴、IT 专用供应商的风险预警与统筹管理，统筹 IT 专用供应商的监管、评价、风险评估的全周期管理。

深化“域长”负责制运行。聚焦业务域“域长”的顶层设计信息化、业务流程标准化、数据治理、深化应用 4 项职责，健全运行机制，坚持例会制度，协调解决共性问题和重点难题，形成“业务驱动、部门协同、全域覆盖”的长效机制，有效促进数业融合、数实融合。各“域长”单位在中国石化统一应用架构基础上开展全域 App 设计，各事业部编制业务领域数字化转型规划和实施方案。按照数据治理七步法，各业务域开展数据现状分析、数据盘点、数据标准制定等工作，为推动数据入湖、发布数据资源、共享跨域数据奠定基础。

推进数字技术试点应用。中国石化承担“工业互联网 +”、5G、北斗等 10 余个国家试点示范项目建设。其中，“数字孪生的智能乙烯”入选科学技术部十大人工智能示范应用场景；“人工智能基础设施建设及应用”入选国家发展改革委示范项目；“工业互联网 + 安全生产”“工业互联网 + 设备”“5G 基础设施建设及应用”等项目完成阶段试点工作；由中国石化支撑研制的《石化行业智能制造标准体系建设指南（2022 版）》正式发布。中国石化自有联盟区块链“长城链”已与北京市、广州市两个互联网法院联通，实现档案、电子合同、积分兑换、电子证据等应用上链，具备对外服务能力，链上存证超过 360 万条数据，验证总量达 63 万次，基于区块链打造的“石化 e 签”应用实现 6 000 家企业线上签约，线上电子合同平均签订时间缩短到 3.1 天，签约效率提高约 6 倍。

积极推动数实融合工作。2022 年，中国石化有 8 家企业通过两化融合管理体系 AAA 级贯标，累计贯标企业达 56 家，数量排名央企前列。加强信息化队伍建设，分层分类组织信息化培训，累计培训各级人员 6 万余人次。中国石化以业务变革为核心的数字化转型实践经验荣获第二十九届全国企业管理现代化创新成果一等奖，“石化 + 北斗”融合应用被国资委评为“中央企业北斗发展三年行动计划”重要成果，数据服务平台获评“DAMA 中国数据治理优秀产品奖”，一体化投资优化与管控共享平台摘得“2022 IDC 中国未来企业大奖优秀奖”，胜利油田被工业和信息化部评为工业互联网试点示范，镇海炼化被工业和信息化部评为数字领航企业，中科（广东）炼化和海南炼化被工业和信息化部评为清洁能源炼化智能制造示范工厂。

【2023 年信息和数字化发展重点】 2023 年中国石化信息和数字化发展思路：聚焦建设世界一流企业、实现高质量发展，强化“六统一”管理，全面推进“十四五”信息化规划任务实施，加快“432 工程”建设，着力推动全产业数字化转型，提升各领域数智化水平，补短板锻长板，高效支撑中国石化改革创新、产业升级和高质量发展。

2023 年中国石化信息和数字化发展重点：完善信息化管控体系，强化“六统一”要求落实执行；加强信息技术统筹，增强平台支撑、数据赋智能力；加快国家试点示范项目建设，增强创新引领力、产业竞争力；加快管理云建设，加速经营管理数智化升级；加快生产云建设，促进安全生产、高效运营和绿色发展；加快服务云和金融云建设，支撑新业态、新产业和新经济发展壮大；加快数字化基础设施建设，提升网络安全主动防御和信息系统运行保障水平。

［撰稿：王景涛　审稿：任嵬］

政策法规

综　　述

【概况】 2022年，产业政策与法规工作认真贯彻党中央关于全面深化改革、全面依法治国的战略部署，锚定推进新型工业化、建设制造强国和网络强国目标，切实深化体制改革、政策研究和法治建设，不断推动改革红利释放、加强重大决策支撑、加快法律制度完善、提升依法行政水平，为工业和信息化事业的高质量发展提供坚强有力支撑。

【体制改革】 持续推进全面深化改革。一是制造业数字化、绿色化转型政策不断完善。印发《工业和信息化领域数据安全管理办法》，工业互联网标识解析体系国家顶级节点全面上线，推动装备行业数字化。二是产业金融深度融合取得积极成效。修订《工业企业技术改造升级投资指南》；与中国证监会联合印发《关于高质量建设区域性股权市场“专精特新”专板的指导意见》。三是企业创新活力进一步提升。会同国家发展和改革委员会、科学技术部等部门开展“携手行动”促进大中小企业融通创新对接活动。优质企业培育机制不断健全，印发《优质中小企业梯度培育管理暂行办法》《促进中小企业特色产业集群发展暂行办法》等文件。四是重点领域协同机制进一步完善。建立汽车企业零部件库存“红灯”预警机制。政务服务事项实现“一网通办”。配合完成《国有企业改革三年行动方案（2020—2022年）》。

【政策研究】 积极发挥参谋助手作用，产业政策供给能力进一步提升。一是加强重点问题研究储备。组织开展工业和信息化部重大软课题研究，指导工信领域智库机构持续开展课题研究，组织遴选80项优秀研究成果，为重大战略和政策制定提供有力支撑。二是整合优化智库资源。持续加强工信领域智库建设和协调推进工作力度，多层次常态化组织开展智库交流，促进智库资源整合和协同发展。推动中国电子信息产业发展研究院入选国家高端智库培育单位。三是提升产业政策供给质量。加强产业政策统筹管理，初步建立工业和信息化部产业政策数据库，夯实产业政策工作基础。

【依法行政】 深入推进法治政府建设。一是坚持正确政治方向。深入学习贯彻习近平法治思想，始终把习近平法治思想作为工业和信息化法治建设的根本遵循，将法治政府建设摆在工业和信息化工作全局的重要位置，认真落实法治建设“一规划两纲要”部署安排，将法治建设纳入工业和信息化部年度重点工作任务，全面推进加快立法、严格执法、加强普法等各项工作。二是加快推进行业立法。推动《电信法》等立法取得积极进展，深度参与《中华人民共和国反电信网络诈骗法》立法，《无线电发射设备管理规定》《地面无线电台（站）管理规定》等部门规章相继出台。三是推进严格规范执法。加强重点领域执法，维护人民群众财产安全和合法权益。持续提升行政执法规范化水平，加强行政执法监督指导，行政执法人员法治意识和法治素养不断加强。法治宣传教育持续深入，党员干部依法行政能力水平不断提升，工业和信息化领域法治氛围更加浓厚。

政策环境

【政府职能转变】 深入推进政府职能转变。一是印发《工业和信息化部主管的行政许可事项清单（2022 年版）》，将工业和信息化部主管的 36 项行政许可事项全部纳入清单管理，进一步便利经营主体申请行政许可。二是统筹推进权责清单、行政许可清单、行政执法清单、政务服务基本目录编制与动态管理工作，进一步明晰权力边界。三是国务院办公厅印发《关于深化电子电器行业管理制度改革的意见》，推进电子电器行业全流程改革。

【企业社会责任建设】 推进企业社会责任建设。成功举办第五届中国国际进口博览会虹桥国际经济论坛——“践行企业社会责任 合作推进产业链可持续发展”分论坛，此次分论坛汇集政府官员、国际组织官员、企业高管、专家学者代表，通过“线上 + 线下”的参会方式，共同探讨新形势下相关各方如何践行企业社会责任、合作推进产业链可持续发展，维护全球产业链供应链安全稳定。

法治建设

【法律法规立法】 一是加快《电信法》立法。推动将《电信法》列入全国人大常委会、国务院 2022 年度立法工作计划，积极向全国人大报告《电信法》立法进展情况。全力配合司法部开展立法审查。二是加快《无线电频谱资源法》等立法起草工作。三是深度参与《中华人民共和国反电信网络诈骗法》立法。多次参与全国人大常委会有关部门组织的座谈会，在历次征求意见过程中，积极反馈意见建议，并推动做好与《电信法》的衔接。2022 年 9 月，《中华人民共和国反电信网络诈骗法》公布。

【规章立法】 一是编制《工业和信息化部 2022 年规章制定工作计划》，并经工业和信息化部部务会审议通过后印发，向社会公布。2022 年推动的规章立法项目共 18 项，涉及信息领域的规章有《地面无线电台（站）管理规定》等 12 项。二是制定出台《无线电发射设备管理规定》《地面无线电台（站）管理规定》《工业和信息化部专业标准化技术委员会管理办法》3 项规章。三是研究起草和审查《通信短信息服务管理规定》《工业和信息化行政处罚程序规定》等立法工作计划确定的其他规章。

【过路法规和文件审查】 积极配合有关方面开展《中华人民共和国网络安全法》《未成年人网络保护条例》《网络数据安全管理条例》等法律、行政法规的修订、立法工作，积极反馈有关意见建议。严格按照行政规范性文件合法性审核程序开展相关工作，完成《关于进一步规范移动智能终端应用软件预置行为的通告》《关于进一步提升移动互联网应用服务能力的通知》《电信领域违法行为举报处理规定》等信息领域行政规范性文件的合法性审核工作。依照相关法律法规、《公平竞争审查制度实施细则》，做好工业和信息化领域政策文件的公平竞争审查工作，完成《信息通信行业绿色低碳发展行动计划（2022—2025年）》等信息领域政策性文件的公平竞争审查。

【执法监督】 行政执法监督指导成效显著。一是认真履行行政复议工作职责，全年办理行政复议案件683件，依法纠正不当行政行为，有效化解行政争议；收到行政应诉案件170件，均按期举证答辩、出庭应诉，自觉接受司法监督。二是建立案件反馈指导机制，及时梳理复议诉讼案件中发现的苗头性、普遍性问题，通过选编典型案例、开展专题研讨等方式，总结应诉经验，研究基础理论，指导依法行政，法律风险得到有效防范。

【执法培训和行业普法】 法治宣传教育质效明显提升。一是落实“八五”普法规划，开展“全民国家安全教育日”“宪法宣传周”“《中华人民共和国民法典》普法宣传”等专项活动；组织开展行政执法培训、行政复议线上培训，将培训范围扩展至通信管理局业务部门、法治部门全体工作人员，培训人员700余人次，党员干部法治意识和法治能力得到提升；拓展法治宣传工作范围，建立企业会商联动机制，与基础电信企业、重点平台企业针对热点难点问题开展交流研讨，防范行业共性问题风险。二是研究推进企业合规监管工作，举办中国互联网大会工业和信息化企业合规论坛，邀请相关企业、研究单位广泛参与工业和信息化领域企业合规建设，构建工业和信息化领域企业合规生态体系，提升行业合规发展监管效能。三是组织开展行业高质量发展法律保障工作，启动“服务高质量发展 律所公益同行”公益法律服务专项行动，统筹优质法律服务资源服务企业合规经营、行业有序发展。

[撰稿：吴西　审稿：王鹏]

工业和信息化部关于大众消费领域北斗推广应用的若干意见

工信部电子〔2022〕5号

各省、自治区、直辖市及新疆生产建设兵团工业和信息化主管部门：

北斗卫星导航系统是支撑我国经济社会发展的重要空间基础设施，北斗三号系统开通后，提高北斗产业支撑能力、扩大北斗应用普及率已成为促进北斗产业发展、保障国家安全的重要任务。大众消费领域具有产品规模大、辐射作用强的特点，是扩大北斗应用规模、提高应用普及率、培育北斗发展新动能的重要领域。为推动北斗在大众消费领域的规模化应用，现提出以下意见。

一、总体要求

以习近平新时代中国特色社会主义思想为指导，全面贯彻党的十九大和十九届历次全会精神，立足新发展阶段，完整、准确、全面贯彻新发展理念，构建新发展格局，按照党中央、国务院决策部署，提升北斗系统用户体验和竞争优势，将大众消费领域打造成为北斗规模化应用的动力引擎。“十四五”末，突破一批关键技术和产品，健全覆盖芯片、模块、终端、软件、应用等上下游各环节的北斗产业生态，培育20家以上专精特新“小巨人”企业及若干家制造业单项冠军企业，树立一批应用典型样板，建设一批融合应用示范工程，形成大众消费领域好用易用的北斗时空服务体系。

二、提升产业基础能力

（一）突破关键核心技术和产品。针对大众消费领域应用需求，重点突破短报文集成应用、融合卫星/基站/传感器的室内外无缝定位、自适应防欺骗抗干扰等关键技术，加快推进高精度、低功耗、低成本、小型化的北斗芯片及关键元器件研发和产业化，形成北斗与5G、物联网、车联网等新一代信息技术融合的系统解决方案。鼓励应用商用密码，保障产品安全。提升大众消费领域北斗芯片、器件、模块供应能力，确保产业链供应链稳定。

（二）构建北斗应用服务基础设施。完善北斗网络辅助公共服务平台建设，扩大平台用户规模，进一步提高北斗定位速度。创新北斗高精度定位服务平台，推动不同地基增强系统的数据互通和业务协作，提升服务质量和使用效率，拓展北斗高精度定位在大众消费领域应用场景。建设北斗车联网应用服务平台，统一北斗商用车数据源接入和数据开放安全接口，为用户提供高可靠、高精度的北斗位置和数据应用服务。

三、繁荣北斗大众消费市场

（三）丰富智能终端北斗位置服务。开展智能手机高精度定位试点示范。提升智能手机、穿戴设备在室内等遮挡区域的多源融合定位能力，打造室内外无缝连续定位服务体系。探索北斗高精度、短报文等功能应用于智能手机、穿戴设备，构建亚米级定位应用场景，推动成为应急通信手段，在健康养老、儿童关爱、助残关怀、新兴消费、便民服务等领域广泛应用。

（四）扩大车载终端北斗应用规模。鼓励车辆标配化前装北斗终端，提升北斗在车辆应用的渗透率。探索车辆北斗定位+短报文+4G/5G的一键紧急救援模式，鼓励有条件的地区、车企、服务商先试先行。结合北斗地基增强系统、高精度地图，在车联网中推广应用北斗高精度定位技术。

（五）赋能共享两轮车有序管理。推动北斗多频定位、高精度定位等技术在共享两轮车领域的应用，有效提升定位准确度。引导共享两轮车运营企业加大北斗应用力度，逐步升级原有车型支持北斗，规范共享两轮车在市政道路上的停放秩序，支撑城市智能化精细管理。

（六）培育北斗大众消费新应用。鼓励提供时间、位置、通信服务的设备、系统、软件等相关企业使用单模北斗产品或支持北斗独立功能的多模北斗产品，丰富北斗产品形态，培育北斗大众消费应用新模式新业态。举办北斗大众消费领域应用征集大赛和创新论坛，形成北斗创新应用案例集，推广一批北斗新应用，拓宽北斗应用服务新航道。

四、健全完善产业生态

（七）扶持企业做优做强。鼓励企业结合自身特点实现差异化发展，切实提升北斗企业的整体实力。依托国内超大规模市场优势，发挥龙头企业带动作用，强化产业链上下游协同，促进大中小企业融通发展，培育一批专精特新“小巨人”企业、若干家制造业单项冠军企业，打造健康可持续发展的大众消费领域北斗产业链和供应链。

（八）加强标准制定和实施。聚焦大众消费领域北斗标准化需求，有序推进标准制定工作，规范产业发展。鼓励国内企事业单位积极参与国际标准组织工作，推动北斗标准的国际化发展。充分发挥标准的引导作用，强化北斗相关标准的符合性验证。加强北斗产品质量评测能力建设，定期发布北斗大众消费产品质量分析报告，督促企业重视产品质量，为大众用户选择北斗产品提供参考和指引。

（九）激发产业发展新活力。发挥行业协会、产业联盟的协调作用，指导北斗产业链上下游单位广泛合作，形成产学研用相互配合、密切协作的良性循环生态。鼓励地方政府结合区域特点和差异性需求，促进产业创新集聚发展。加强北斗数据共享和分析，充分挖掘北斗时空大数据的价值，为宏观经济分析、精准城市规划、垂直行业应用、网络质量评估等提供服务，以数字化手段助力提升治理体系和治理能力现代化水平。

五、加强组织保障

（十）强化统筹协作。各级工业和信息化主管部门要与相关部门协同配合，确保各项重点工作有序推进。鼓励企业、行业组织、研究机构等单位在技术攻关、产品研发、标准制定、应用示范等方面加强合作，构建产学研用联合的协同创新和成果转化机制。

（十一）加大支持力度。鼓励地方结合资源禀赋，因地制宜制定本地区扶持北斗发展政策，开发更多大众消费领域北斗应用场景。发挥财政资金引导作用，鼓励资本市场加大投入力度，推动北斗产业快速发展。

（十二）加强宣传引导。加强政策宣传，提升已有北斗服务显现度，促进北斗创新服务应用见效，增强大众对北斗应用的感知度。鼓励企业参与产品评测和认证检测，提高北斗产品质量和服务水平，推动北斗产业健康有序发展。

工业和信息化部
2022年1月17日

工业和信息化部办公厅
关于印发车联网网络安全和数据安全标准体系建设指南的通知

工信厅科〔2022〕5号

各省、自治区、直辖市及计划单列市工业和信息化主管部门、通信管理局，有关行业协会、标准化技术组织和专业机构：

现将《车联网网络安全和数据安全标准体系建设指南》印发给你们，请结合本行业（领域）、本地区实际，在标准化工作中贯彻执行。

工业和信息化部办公厅
2022年2月25日

车联网网络安全和数据安全标准体系建设指南

前言

车联网是新一代网络通信技术与汽车、电子、道路交通运输等领域深度融合的新兴产业形态，呈现蓬勃发展的良好态势。随着汽车电动化、网联化、智能化交融发展，车辆运行安全、数据安全和网络安全风险交织叠加，安全形势更加复杂严峻，亟须加快建立健全车联网网络安全和数据安全保障体系，为车联网产业安全健康发展提供支撑。

为贯彻落实《中华人民共和国网络安全法》《中华人民共和国数据安全法》《关键信息基础设施安全保护条例》，根据《新能源汽车产业发展规划（2021—2035年）》《车联网（智能网联汽车）产业发展行动计划》《汽车数据安全管理若干规定》《关于加强车联网网络安全和数据安全工作的通知》要求，工业和信息化部在现有国家车联网产业标准体系的基础上，组织编制了《车联网网络安全和数据安全标准体系建设指南》，用于指导相关标准研制。

一、总体要求

（一）指导思想

以习近平新时代中国特色社会主义思想为指导，全面贯彻党的十九大和十九届历次全会精神，认真贯彻落实党中央、国务院决策部署，统筹发展和安全，面向车联网产业安全需求，加强车联网网络安全和数据安全标准工作顶层设计，注重与车联网相关标准体系之间的衔接，增加标准有效供给，强化标准应用实施，加快构建系统、科学、规范的车联网网络安全和数据安全标准体系，充分发挥标准对车联网产业安全健康发展的指导和规范作用。

（二）基本原则

需求导向、共同推进。紧密对接车联网产业对网络安全、数据安全的迫切需求，鼓励整车及关键设备、车联网服务平台、信息通信、网络安全等产业链各环节、产学研用各方加强协作，共同推进跨行业、跨领域标准的研制与实施，不断提升标准的质量效益。

聚焦重点、急用先行。聚焦车联网终端与设施网络安全、网联通信安全、数据安全、应用服务安全、安全保障与支撑等重点领域，着力增加基础通用、共性技术、试验方法、典型应用等产业急需标准的有效供给，覆盖车联网网络安全、数据安全的关键领域和关键环节。

开放融合、深化合作。结合我国车联网产业发展现状，鼓励国内企事业单位积极参与车联网网络安全、数据安全国际标准化活动，加强与全球车联网产业界的交流与合作，共同推进相关国际标准研制，积极贡献中国的技术方案和实践经验。

（三）建设目标

到 2023 年年底，初步构建起车联网网络安全和数据安全标准体系。重点研究基础共性、终端与设施网络安全、网联通信安全、数据安全、应用服务安全、安全保障与支撑等标准，完成 50 项以上急需标准的研制。

到 2025 年，形成较为完善的车联网网络安全和数据安全标准体系。完成 100 项以上标准的研制，提升标准对细分领域的覆盖程度，加强标准服务能力，提高标准应用水平，支撑车联网产业安全健康发展。

二、主要内容

（一）标准体系框架图

包括总体与基础共性、终端与设施网络安全、网联通信安全、数据安全、应用服务安全、安全保障与支撑 6 个部分，见图 1。

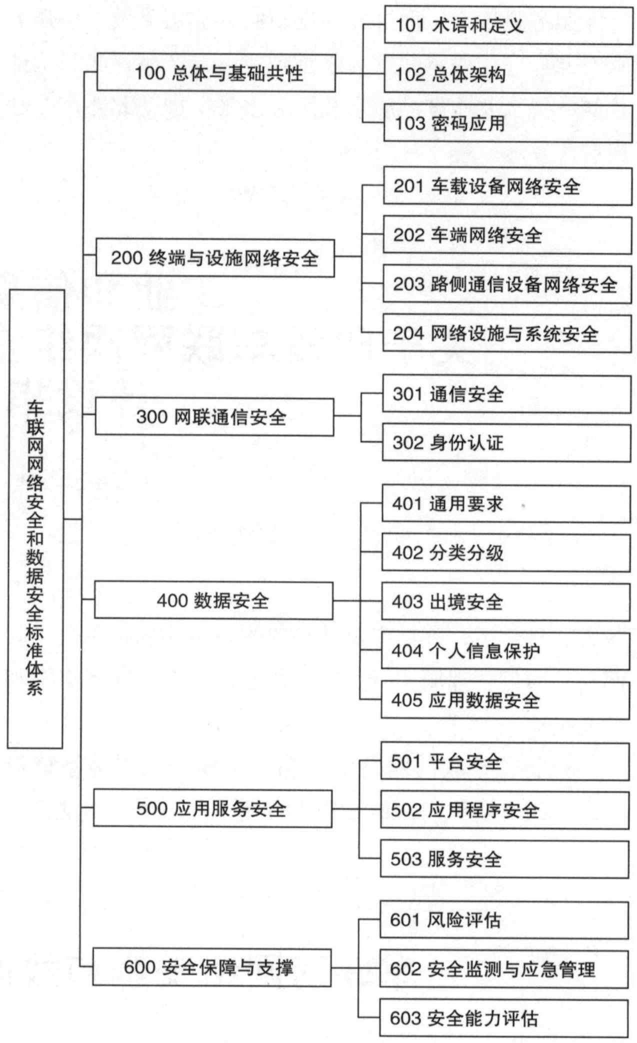

图 1　车联网网络安全和数据安全标准体系框架图

（二）重点领域及方向

1. 总体与基础共性标准

总体与基础共性标准是车联网网络安全和数据安全的总体性、通用性和指导性标准，包括术语和定义、总体架构、密码应用 3 类标准。

术语和定义标准主要规范车联网网络安全和数据安全主要概念，为相关标准中的术语和定义提供依据支撑。

总体架构标准主要规范车联网网络安全总体架构要求，明确和界定防护对象、防护方法、防护机制，指导企业体系化开展网络安全防护工作。

密码应用标准主要规范车联网密码应用通用要求，明确数字证书格式、数字证书应用、设备密码应用等要求。

2. 终端与设施网络安全标准

终端与设施网络安全标准主要规范车联网终端和基础设施等相关网络安全要求，包括车载设备网络安全、车端网络安全、路侧通信设备网络安全、网络设施与系统安全 4 类标准。

车载设备网络安全标准主要规范智能网联汽车关键智能设备和组件的安全防护与检测要求，包括汽车网关、电子控制单元、车用安全芯片、车载计算平台等安全标准。

车端网络安全标准主要规范整车电子电气架构、总线架构、系统架构等安全防护与检测要求。

路侧通信设备网络安全标准主要规范联网路侧设备的安全防护与检测要求。

网络设施与系统安全标准主要规范车联网网络设施与系统的安全防护与检测要求。

3. 网联通信安全标准

网联通信安全标准主要规范车联网通信网络安全、身份认证等相关安全要求，包括通信安全、身份认证 2 类标准。

通信安全标准主要规范蜂窝车联网（C-V2X），以及应用于车联网的蜂窝移动通信（4G/5G）、卫星通信、无线射频识别、车内无线局域网、蓝牙低能耗（BLE）、紫蜂（Zigbee）、超宽带（UWB）等安全防护与检测要求。

身份认证标准主要规范车联网数字身份认证相关的证书应用接口、证书管理系统、安全认证技术及测试方法、关键部件轻量级认证等技术要求。

4. 数据安全标准

数据安全标准主要规范智能网联汽车、车联网平台、车载应用服务等数据安全和个人信息保护要求，包括通用要求、分类分级、出境安全、个人信息保护、应用数据安全等 5 类标准。

通用要求标准主要规范车联网可采集和处理的数据类型、范围、质量、颗粒度等，包括数据最小化采集、数据安全存储、数据加密传输、数据安全共享等标准。

分类分级标准主要规范车联网数据分类分级保护要求，制定数据分类分级的维度、方法、示例等标准，明确重要数据类型和安全保护要求。

数据出境安全标准主要规范车联网行业依法依规落实数据出境安全要求，包括数据出境安全评估要点、评估方法等标准。

个人信息保护标准主要规范车联网用户个人信息保护机制及相关技术要求，明确用户敏感数据和个人信息保护的场景、规则、技术方法，包括匿名化、去标识化、数据脱敏、异常行为识别等标准。

应用数据安全标准主要规范车联网相关应用所开展的数据采集和处理使用等活动，包括车联网平台、网约车、车载应用程序等数据安全标准。

5. 应用服务安全标准

应用服务安全标准主要规范车联网服务平台和应用程序的安全要求，以及典型业务应用服务场景下的安全要求，包括平台安全、应用程序安全和服务安全等 3 类标准。

平台安全标准主要规范车联网信息服务平台、远程升级（OTA）服务平台、边缘计算平台、电动汽车远程信息服务与管理等安全防护与检测要求。

应用程序安全标准主要规范车联网应用程序等安全防护与检测要求。

服务安全标准主要规范车联网典型业务服务场景下的安全要求，包括汽车远程诊断、高级辅助驾驶、车路协同等服务安全要求。

6. 安全保障与支撑标准

安全保障与支撑标准主要规范车联网网络安全管理与支撑相关的安全要求，包括风险评估、安全监测与应急管理和安全能力评估 3 类标准。

风险评估标准主要规范车联网网络安全风险分类与安全等级划分要求，明确安全风险评估流程和方法，提出车联网服务平台、整车网络安全风险评估规范等相关要求。

安全监测与应急管理标准主要规范车联网网络安全监测、数据安全监测、应急管理、网络安全漏洞分类分级、安全事件追踪溯源等相关要求，以及安全管理接口、车联网卡实名登记、车联网业务递交网关（HI）接口等相关规范。

安全能力评估标准主要规范车联网服务平台运营企业、智能网联汽车生产企业、基础电信企业等安全防护措施部署及安全服务实施，提出网络安全成熟度模型、数据安全成熟度模型、安全能力成熟度评价准则、评估实施方法、机构能力认定、道路车辆信息安全工程等相关要求。

三、组织实施

（一）加快标准研制。在国家制造强国建设领导小组车联网产业发展专项委员会指导下，注重与智能网联汽车、信息通信、电子产品和服务等相关标准体系的协调和衔接，以车联网网络安全和数据安全标准体系为指导，组织产学研用各方协同推进标准研制工作。

（二）实施动态更新。按照网络安全相关法律法规要求，结合车联网技术创新和产业发展趋势，持续完善车联网网络安全和数据安全标准体系，为推进车联网产业发展和行业管理提供有力保障。

（三）加强宣贯实施。充分发挥地方主管部门、标准化组织、行业协会和专业机构的作用，组织开展标准的宣标贯标和技术研讨活动，通过培训、咨询、论坛等方式推进标准的宣贯实施。组织开展贯标试点优秀企业和案例的遴选，形成最佳实践，促进标准应用推广。

（四）深化国际合作。加强与国际标准化组织的交流与合作，积极参与国际电信联盟（ITU）、国际标准化组织（ISO）、国际电工技术委员会（IEC）、联合国世界车辆法规协调论坛（UN/WP29）等国际标准化活动，携手全球产业链上下游企业共同推进国际标准研制。

附件：车联网网络安全和数据安全相关标准项目明细表（略）

民政部　中央政法委　中央网信办　发展改革委　工业和信息化部　公安部　财政部　住房城乡建设部　农业农村部　印发《关于深入推进智慧社区建设的意见》的通知

民发〔2022〕29号

各省、自治区、直辖市民政厅（局）、政法委、网信办、发展改革委、工业和信息化厅（局）、公安厅（局）、财政厅（局）、住房城乡建设厅（局）、农业农村（农牧）厅（局、委），新疆生产建设兵团民政局、政法委、网信办、发展改革委、工信局、公安局、财政局、住建局、农业农村局：

现将《关于深入推进智慧社区建设的意见》印发给你们，请结合实际认真贯彻执行。

民政部　中央政法委
中央网信办　发展改革委
工业和信息化部　公安部
财政部　住房城乡建设部
农业农村部
2022年5月10日

关于深入推进智慧社区建设的意见

智慧社区是充分应用大数据、云计算、人工智能等信息技术手段，整合社区各类服务资源，打造基于信息化、智能化管理与服务的社区治理新形态。为充分运用现代信息技术，不断提升城乡社区治理服务智慧化、智能化水平，根据《中共中央 国务院关于加强基层治理体系和治理能力现代化建设的意见》《国务院办公厅关于印发〈“十四五”城乡社区服务体系建设规划〉的通知》等文件要求，现就推进智慧社区建设提出如下意见：

一、总体要求

（一）指导思想

以习近平新时代中国特色社会主义思想为指导，深入学习贯彻习近平总书记关于网络强国的重要思想和基层治理的重要论述精神，贯彻落实党的十九大和十九届历次全会精神，立足新发展阶段，完整、准确、全面贯彻新发展理念，服务加快构建新发展格局，深化物联网、大数据、云计算和人工智能等信息技术应用，按照智慧城市和现代社区的发展要求，依托社区数字化平台和线下社区服务机构，集约建设便民惠民智慧服务圈，提供线上线下相融合的社区生活服务、社区治理及公共服务、智能小区等服务，让社区更加和谐有序、服务更有温度，不断增强居民获得感、幸福感、安全感。

（二）基本原则

——坚持党的全面领导。把坚持和加强党的全面领导贯穿于智慧社区建设的全过程和各方面，确保智慧社区建设的正确方向。

——坚持以人民为中心。始终把满足人民对美好生活的向往作为出发点和落脚点，拓展应用服务场景，让数据多跑路、群众少跑腿。

——坚持统筹规划。强化系统观念，整合现有资源，推动系统集成、数据共享和业务协同，打破信息壁垒，为基层赋能减负。

——坚持需求导向。立足社区资源禀赋和居民需求，强化系统建设的实用性、前瞻性和可扩展性，突出以城带乡、急用先行、梯次推进、迭代更新。

——坚持安全发展。加强智慧社区网络和数据安全管理，强化关键信息基础设施防护，依法保护居民信息安全和个人隐私。

（三）建设目标

到2025年，基本构建起网格化管理、精细化服务、信息化支撑、开放共享的智慧社区服务平台，初步打造成智慧共享、和睦共治的新型数字社区，社区治理和服务智能化水平显著提高，更好感知社会态势、畅通沟通渠道、辅助决策施政、方便群众办事。

二、重点任务

（一）集约建设智慧社区平台。充分依托已有平台，因地制宜推进智慧社区综合信息平台建设，推动部署在不同层级、不同部门的各类社区信息系统与智慧社区综合信息平台联网对接或向其迁移集成。依法向社区下放政务服务审批受理权限，扩大社区政务服务事项网上受理、办理数量和种类，拓展政务事项查询、办理、反馈功能。完善电子政务服务流程，实行“前台一口受理、后台分工协同”运行模式，推动跨部门业务协同、信息实时共享。以设区的市为单位，大幅度优化精简部署在社区的业务应用系统，整合功能相对单一、相近或重复的办公类、管理类、学习类等App，整治“指尖上的形式主义”。推进智慧社区综合信息平台与城市运行管理服务平台、智慧物业管理服务平台、智能家庭终端互联互通和融合应用，提供一体化管理和服务。

（二）拓展智慧社区治理场景。依托智慧社区综合信息平台建立健全民情反馈、风险研判、应急响应、舆情应对机制，提升社区全周期管理水平。全面推进“互联网+社区党建”，推动社区党建工作和党员管理服务信息化，做好网上群众工作。优化社区网格管理平台，推行“社区输入+网上推送+部门响应”工作模式，健全即时响应机制及时回应群众诉求。搭建社区灾害风险预警模型，发展实时监测、智能预警、应急管理和疫情防控智能应用，全面提升社区预警和应急处置能力。加强网络文明建设，更好满足人民群众日益增长的精神文化需求，增进居民对社区生活共同体的归属感。探索推进村（居）民委员会换届网上选民登记、社区协商、村（居）务公开、民主监督等，畅通群众参与渠道。促进智慧小区建设，拓展智能门禁、车辆管理、视频监控等物联网和云服务。

（三）构筑社区数字生活新图景。依托智慧社区综合信息平台，创新政务服务、公共服务提供方式，推动就业、健康、卫生、医疗、救助、养老、助残、托育、未成年人保护等服务“指尖办”“网上办”“就近办”。聚合社区周边商超、物业、维修、家政、养老、餐饮、零售、美容美发、体育等生活性服务业资源，链接社区周边商户，建设便民惠民智慧生活服务圈。大力发展电子商务，探索建立无人物流配送进社区，优先开发符合“三农”需要的技术应用。推动社区购物消费、居家生活、公共文化生活、休闲娱乐、交通出行等各类生活场景数字化，支持村（社区）史馆、智慧家庭、智能体育场地等建设，打造多端互联、多方互动、智慧共享的数字社区生活。强化数字技能教育培训服务，助力未成年人、老年人、残疾人共享智慧生活，消除数字鸿沟。

（四）推进大数据在社区应用。充分依托自然资源和地理空间基础信息库，加强地名地址信息管理，完善社区重点场所、常住居民、流动人口、失能老年人、未成年人和精神障碍患者等重点人群基础数据，深化大数据挖掘应用，提高基于高频大数据精准动态监测预测预警水平。加快构建数字技术辅助决策机制，科学配置社区服务资源、优化社区综合服务设施功能布局。

（五）精简归并社区数据录入。制定社区信息共享清单，完善统一采集、统一制表、统一报送机制，加快建立标准统一、动态管理的社区数据资源体系，大幅减少工作台账报表。完善乡镇（街道）与部门政务信息系统数据资源共享交换机制，根据服务群众需要向社区开放数据资源。加强社区数据安全管理和保障，重点加强对小区物业服务企业数据管理使用情况的监管，依法保护居民个人信息和隐私。

（六）加强智慧社区基础设施建设改造。实施城乡社区综合服务设施智慧化改造工程，加快部署政务通用自助服务一体机，完善社区政务、便利店、智能快递柜等自助便民服务网络布局。合理布建社区公共安全视频监控点位，推进“雪亮 +”智能化应用。加强社区信息交流无障碍建设，充分考虑未成年人、老年人、残疾人等群体的基本需求和使用习惯，提供适老化和无障碍服务。优化社区智慧电网、水网、气网和热网布局，推进小区智能感知设施建设，扩大智能感知设施和技术在安全管理、群防群治、机动车（自行车）管理、生活垃圾处理等领域应用。在维护公共安全等领域，依照相关法律法规稳妥慎重使用人脸识别技术。

三、保障措施

（一）加强组织领导。民政、政法、网络安全和信息化、发展改革、工业和信息化、公安、财政、住房城乡建设（城市管理）、农业农村等部门要加强对智慧社区建设的组织领导，强化统筹协调，明确部门分工，完善协作机制，形成整体合力。加强完善智慧社区规划、政策和标准体系建设，搭建共享开放的数字底座，统筹推进智慧社区应用场景建设，推动部门业务协同和数据共享，加强数据管理和挖掘。乡镇（街道）、村（社区）可因地制宜探索开发符合本地实际的特色应用，做好数据采集整理工作，引导群众参与智慧社区建设和应用。

（二）加强规划引领。以设区的市为单位，统一编制智慧社区建设规划，重点规划社区治理、社区服务基础设施运营、公共事业管理（安防管理、物业管理、停车管理）等领域智慧化建设（改造），根据需要拓展其他建设（改造）项目。省级民政、政法、网络安全和信息化、发展改革、工业和信息化、公安、财政、住房和城乡建设（城市管理）、农业农村等部门要加强对市、县（市、区、旗）的指导和项目支持，根据信息化基础条件，区分新建社区、老旧社区等不同类型，分类规划智慧社区建设策略和重点，提前规划新建社区智慧化建设基础设施，推动智慧社区建设与城镇老旧小区改造、完整社区建设、农村人居环境建设、老年友好型社区建设等有效衔接。

（三）加强保障支持。健全完善政府指导、多方参与的智慧社区建设资金投入机制，鼓励社会力量参与“互联网 + 社区服务”，创新提供服务模式和产品。探索智慧社区建设市场化运营模式，创新智慧社区建设投融资机制，通过政府购买服务或合作开发等方式，支持各类市场主体承接智慧社区建设项目运营，推进创新迭代。加强对社区工作者信息化技能培训，引导高等院校信息化相关专业毕业生在智慧社区建设相关领域就业创业。开展知识普及和教育培训，提高智慧社区应用水平。医疗、社保、民政、生活缴费等高频服务事项，应保留线下办理渠道，推广“一站式”服务，为老年人、残疾人提供便捷服务。积极扩展数字化支撑下的线下服务功能，支持社会组织、社会工作者、志愿者等提供专业化、特色化、个性化服务。

（四）加强试点示范。以县（市、区、旗）为单位，开展智慧社区建设试点工作。制定完善智慧社区建设标准、统计和评价指标体系等，加强对试点单位的政策指导和支持。及时总结推广成功经验和典型做法，推动智慧社区建设水平全面提升。

国务院关于加强数字政府建设的指导意见

国发〔2022〕14号

各省、自治区、直辖市人民政府，国务院各部委、各直属机构：

加强数字政府建设是适应新一轮科技革命和产业变革趋势、引领驱动数字经济发展和数字社会建设、营造良好数字生态、加快数字化发展的必然要求，是建设网络强国、数字中国的基础性和先导性工程，是创新政府治理理念和方式、形成数字治理新格局、推进国家治理体系和治理能力现代化的重要举措，对加快转变政府职能，建设法治政府、廉洁政府和服务型政府意义重大。为贯彻落实党中央、国务院关于加强数字政府建设的重大决策部署，现提出以下意见。

一、发展现状和总体要求

（一）发展现状

党的十八大以来，党中央、国务院从推进国家治理体系和治理能力现代化全局出发，准确把握全球数字化、网络化、智能化发展趋势和特点，围绕实施网络强国战略、大数据战略等作出了一系列重大部署。经过各方面共同努力，各级政府业务信息系统建设和应用成效显著，数据共享和开发利用取得积极进展，一体化政务服务和监管效能大幅提升，“最多跑一次”“一网通办”“一网统管”“一网协同”“接诉即办”等创新实践不断涌现，数字技术在新冠肺炎疫情防控中发挥重要支撑作用，数字治理成效不断显现，为迈入数字政府建设新阶段打下了坚实基础。但同时，数字政府建设仍存在一些突出问题，主要是顶层设计不足，体制机制不够健全，创新应用能力不强，数据壁垒依然存在，网络安全保障体系还有不少突出短板，干部队伍数字意识和数字素养有待提升，政府治理数字化水平与国家治理现代化要求还存在较大差距。

当前，我国已经开启全面建设社会主义现代化国家的新征程，推进国家治理体系和治理能力现代化、适应人民日益增长的美好生活需要，对数字政府建设提出了新的更高要求。要主动顺应经济社会数字化转型趋势，充分释放数字化发展红利，进一步加大力度，改革突破，创新发展，全面开创数字政府建设新局面。

（二）总体要求

1. 指导思想

高举中国特色社会主义伟大旗帜，坚持以习近平新时代中国特色社会主义思想为指导，全面贯彻党的十九大和十九届历次全会精神，深入贯彻习近平总书记关于网络强国的重要思想，认真落实党中央、国务院决策部署，立足新发展阶段，完整、准确、全面贯彻新发展理念，构建新发展格局，将数字技术广泛应用于政府管理服务，推进政府治理流程优化、模式创新和履职能力提升，构建数字化、智能化的政府运行新形态，充分发挥数字政府建设对数字经济、数字社会、数字生态的引领作用，促进经济社会高质量发展，不断增强人民群众获得感、幸福感、安全感，为推进国家治理体系和治理能力现代化提供有力支撑。

2. 基本原则

坚持党的全面领导。充分发挥党总揽全局、协调各方的领导核心作用，全面贯彻党中央、国务院重大决策部署，将坚持和加强党的全面领导贯穿数字政府建设各领域各环节，贯穿政府数字化改革和制度创新全过程，确保数字政府建设正确方向。

坚持以人民为中心。始终把满足人民对美好生活的向往作为数字政府建设的出发点和落脚点，着力破解企业和群众反映强烈的办事难、办事慢、办事繁问题，坚持数字普惠，消除“数字鸿沟”，让数字政府建设成果更多更公平惠及全体人民。

坚持改革引领。围绕经济社会发展迫切需要，着力强化改革思维，注重顶层设计和基层探索有机结合、技术创新和制度创新双轮驱动，以数字化改革助力政府职能转变，促进政府治理各方面改革创新，推动政府治理法治化与数字化深度融合。

坚持数据赋能。建立健全数据治理制度和标准体系，加强数据汇聚融合、共享开放和开发利用，促进数据依法有序流动，充分发挥数据的基础资源作用和创新引擎作用，提高政府决策科学化水平和管理服务效率，催生经济社会发展新动能。

坚持整体协同。强化系统观念，加强系统集成，全面提升数字政府集约化建设水平，统筹推进技术融合、业务融合、数据融合，提升跨层级、跨地域、跨系统、跨部门、跨业务的协同管理和服务水平，做好与相关领域改革和“十四五”规划的有效衔接、统筹推进，促进数字政府建设与数字经济、数字社会协调发展。

坚持安全可控。全面落实总体国家安全观，坚持促进发展和依法管理相统一、安全可控和开放创新并重，严格落实网络安全各项法律法规制度，全面构建制度、管理和技术衔接配套的安全防护体系，切实守住网络安全底线。

3. 主要目标

到 2025 年，与政府治理能力现代化相适应的数字政府顶层设计更加完善、统筹协调机制更加健全，政府数字化履职能力、安全保障、制度规则、数据资源、平台支撑等数字政府体系框架基本形成，政府履职数字化、智能化水平显著提升，政府决策科学化、社会治理精准化、公共服务高效化取得重要进展，数字政府建设在服务党和国家重大战略、促进经济社会高质量发展、建设人民满意的服务型政府等方面发挥重要作用。

到 2035 年，与国家治理体系和治理能力现代化相适应的数字政府体系框架更加成熟完备，整体协同、敏捷高效、智能精准、开放透明、公平普惠的数字政府基本建成，为基本实现社会主义现代化提供有力支撑。

二、构建协同高效的政府数字化履职能力体系

全面推进政府履职和政务运行数字化转型，统筹推进各行业各领域政务应用系统集约建设、互联互通、协同联动，创新行政管理和服务方式，全面提升政府履职效能。

（一）强化经济运行大数据监测分析，提升经济调节能力

将数字技术广泛应用于宏观调控决策、经济社会发展分析、投资监督管理、财政预算管理、数字经济治理等方面，全面提升政府经济调节数字化水平。加强经济数据整合、汇聚、治理。全面构建经济治理基础数据库，加强对涉及国计民生关键数据的全链条全流程治理和应用，赋能传统产业转型升级和新兴产业高质量发展。运用大数据强化经济监测预警。加强覆盖经济运行全周期的统计监测和综合分析能力，强化经济趋势研判，助力跨周期政策设计，提高逆周期调节能力。提升经济政策精准性和协调性。充分发挥国家规划综合管理信息平台作用，强化经济运行动态感知，促进各领域经济政策有效衔接，持续提升经济调节政策的科学性、预见性和有效性。

（二）大力推行智慧监管，提升市场监管能力

充分运用数字技术支撑构建新型监管机制，加快建立全方位、多层次、立体化监管体系，实现事前事中事后全链条全领域监管，以有效监管维护公平竞争的市场秩序。以数字化手段提升监管精准化水平。加强监管事项清单数字化管理，运用多源数据为市场主体精准“画像”，强化风险研判与预测预警。加强“双随机、一公开”监管工作平台建设，根据企业信用实施差异化监管。加强重点领域的全主体、全品种、全链条数字化追溯监管。以一体化在线监管提升监管协同化水平。大力推行“互联网 + 监管”，构建全国一体化在线监管平台，推动监管数据和行政执法信息归集共享和有效利用，强化监管数据治理，推动跨地区、跨部门、跨层级协同监管，提升数字贸易跨境监管能力。以新型监管技术提升监管智能化水平。充分运用非现场、物联感知、掌上移动、穿透式等新型监管手段，弥补监管短板，提升监管效能。强化以网管网，加强平台经济等重点领域监管执法，全面提升对新技术、新产业、新业态、新模式的监管能力。

（三）积极推动数字化治理模式创新，提升社会管理能力

推动社会治理模式从单向管理转向双向互动、从线下转向线上线下融合，着力提升矛盾纠纷化解、社会治安防控、公共安全保障、基层社会治理等领域数字化治理能力。提升社会矛盾化解能力。坚持和发展新时代“枫桥经验”，提升网上行政复议、网上信访、网上调解、智慧法律援助等水平，促进矛盾纠纷源头预防和排查化解。推进社会治安防控体系智能化。加强“雪亮工

程”和公安大数据平台建设，深化数字化手段在国家安全、社会稳定、打击犯罪、治安联动等方面的应用，提高预测预警预防各类风险的能力。推进智慧应急建设。优化完善应急指挥通信网络，全面提升应急监督管理、指挥救援、物资保障、社会动员的数字化、智能化水平。提高基层社会治理精准化水平。实施“互联网＋基层治理”行动，构建新型基层管理服务平台，推进智慧社区建设，提升基层智慧治理能力。

（四）持续优化利企便民数字化服务，提升公共服务能力

持续优化全国一体化政务服务平台功能，全面提升公共服务数字化、智能化水平，不断满足企业和群众多层次多样化服务需求。打造泛在可及的服务体系。充分发挥全国一体化政务服务平台“一网通办”枢纽作用，推动政务服务线上线下标准统一、全面融合、服务同质，构建全时在线、渠道多元、全国通办的一体化政务服务体系。提升智慧便捷的服务能力。推行政务服务事项集成化办理，推广“免申即享”“民生直达”等服务方式，打造掌上办事服务新模式，提高主动服务、精准服务、协同服务、智慧服务能力。提供优质便利的涉企服务。以数字技术助推深化“证照分离”改革，探索“一业一证”等照后减证和简化审批新途径，推进涉企审批减环节、减材料、减时限、减费用。强化企业全生命周期服务，推动涉企审批一网通办、惠企政策精准推送、政策兑现直达直享。拓展公平普惠的民生服务。探索推进“多卡合一”“多码合一”，推进基本公共服务数字化应用，积极打造多元参与、功能完备的数字化生活网络，提升普惠性、基础性、兜底性服务能力。围绕老年人、残疾人等特殊群体需求，完善线上线下服务渠道，推进信息无障碍建设，切实解决特殊群体在运用智能技术方面遇到的突出困难。

（五）强化动态感知和立体防控，提升生态环境保护能力

全面推动生态环境保护数字化转型，提升生态环境承载力、国土空间开发适宜性和资源利用科学性，更好支撑美丽中国建设。提升生态环保协同治理能力。建立一体化生态环境智能感知体系，打造生态环境综合管理信息化平台，强化大气、水、土壤、自然生态、核与辐射、气候变化等数据资源综合开发利用，推进重点流域区域协同治理。提高自然资源利用效率。构建精准感知、智慧管控的协同治理体系，完善自然资源三维立体“一张图”和国土空间基础信息平台，持续提升自然资源开发利用、国土空间规划实施、海洋资源保护利用、水资源管理调配水平。推动绿色低碳转型。加快构建碳排放智能监测和动态核算体系，推动形成集约节约、循环高效、普惠共享的绿色低碳发展新格局，服务保障碳达峰、碳中和目标顺利实现。

（六）加快推进数字机关建设，提升政务运行效能

提升辅助决策能力。建立健全大数据辅助科学决策机制，统筹推进决策信息资源系统建设，充分汇聚整合多源数据资源，拓展动态监测、统计分析、趋势研判、效果评估、风险防控等应用场景，全面提升政府决策科学化水平。提升行政执行能力。深化数字技术应用，创新行政执行方式，切实提高政府执行力。加快一体化协同办公体系建设，全面提升内部办公、机关事务管理等方面共性办公应用水平，推动机关内部服务事项线上集成化办理，不断提高机关运行效能。提升行政监督水平。以信息化平台固化行政权力事项运行流程，推动行政审批、行政执法、公共资源交易等全流程数字化运行、管理和监督，促进行政权力规范透明运行。优化完善“互联网＋督查”机制，形成目标精准、讲求实效、穿透性强的新型督查模式，提升督查效能，保障政令畅通。

（七）推进公开平台智能集约发展，提升政务公开水平

优化政策信息数字化发布。完善政务公开信息化平台，建设分类分级、集中统一、共享共用、动态更新的政策文件库。加快构建以网上发布为主、其他发布渠道为辅的政策发布新格局。优化政策智能推送服务，变“人找政策”为“政策找人”。顺应数字化发展趋势，完善政府信息公开保密审查制度，严格审查标准，消除安全隐患。发挥政务新媒体优势做好政策传播。积极构建政务新媒体矩阵体系，形成整体联动、同频共振的政策信息传播格局。适应不同类型新媒体平台传播特点，开发多样化政策解读产品。依托政务新媒体做好突发公共事件信息发布和政务舆情回应工作。紧贴群众需求畅通互动渠道。以政府网站集约化平台统一知识问答库为支撑，灵活开展政民互动，以数字化手段感知社会态势，辅助科学决策，及时回应群众关切。

三、构建数字政府全方位安全保障体系

全面强化数字政府安全管理责任，落实安全管理制度，加快关键核心技术攻关，加强关键信息基础设施安全保障，强化安全防护技术应用，切实筑牢数字政府建设安全防线。

（一）强化安全管理责任

各地区各部门按照职责分工，统筹做好数字政府建设安全和保密工作，落实主体责任和监督责任，构建全方位、多层级、一体化安全防护体系，形成跨地区、跨部门、跨层级的协同联动机制。建立数字政府安全评估、责任落实和重大事件处置机制，加强对参与政府信息化建设、运营企业的规范管理，确保政务系统和数据安全管理边界清晰、职责明确、责任落实。

（二）落实安全制度要求

建立健全数据分类分级保护、风险评估、检测认证等制度，加强数据全生命周期安全管理和技术防护。加大对涉及国家秘密、工作秘密、商业秘密、个人隐私和个人信息等数据的保护力度，完善相应问责机制，依法加强重要数据出境安全管理。加强关键信息基础设施安全保护和网络安全等级保护，建立健全网络安全、保密监测预警和密码应用安全性评估的机制，定期开展网络安全、保密和密码应用检查，提升数字政府领域关键信息基础设施保护水平。

（三）提升安全保障能力

建立健全动态监控、主动防御、协同响应的数字政府安全技术保障体系。充分运用主动监测、智能感知、威胁预测等安全技术，强化日常监测、通报预警、应急处置，拓展网络安全态势感知监测范围，加强大规模网络安全事件、网络泄密事件预警和发现能力。

（四）提高自主可控水平

加强自主创新，加快数字政府建设领域关键核心技术攻关，强化安全可靠技术和产品应用，切实提高自主可控水平。强化关键信息基础设施保护，落实运营者主体责任。开展对新技术新应用的安全评估，建立健全对算法的审核、运用、监督等管理制度和技术措施。

四、构建科学规范的数字政府建设制度规则体系

以数字化改革促进制度创新，保障数字政府建设和运行整体协同、智能高效、平稳有序，实现政府治理方式变革和治理能力提升。

（一）以数字化改革助力政府职能转变

推动政府履职更加协同高效。充分发挥数字技术创新变革优势，优化业务流程，创新协同方式，推动政府履职效能持续优化。坚持以优化政府职责体系引领政府数字化转型，以数字政府建设支撑加快转变政府职能，推进体制机制改革与数字技术应用深度融合，推动政府运行更加协同高效。健全完善与数字化发展相适应的政府职责体系，强化数字经济、数字社会、数字和网络空间等治理能力。助力优化营商环境。加快建设全国行政许可管理等信息系统，实现行政许可规范管理和高效办理，推动各类行政权力事项网上运行、动态管理。强化审管协同，打通审批和监管业务信息系统，形成事前事中事后一体化监管能力。充分发挥全国一体化政务服务平台作用，促进政务服务标准化、规范化、便利化水平持续提升。

（二）创新数字政府建设管理机制

明确运用新技术进行行政管理的制度规则，推进政府部门规范有序运用新技术手段赋能管理服务。推动技术部门参与业务运行全过程，鼓励和规范政产学研用等多方力量参与数字政府建设。健全完善政务信息化建设管理会商机制，推进建设管理模式创新，鼓励有条件的地方探索建立综合论证、联合审批、绿色通道等项目建设管理新模式。做好数字政府建设经费保障，统筹利用现有资金渠道，建立多渠道投入的资金保障机制。推动数字普惠，加大对欠发达地区数字政府建设的支持力度，加强对农村地区资金、技术、人才等方面的支持，扩大数字基础设施覆盖范围，优化数字公共产品供给，加快消除区域间“数字鸿沟”。依法加强审计监督，强化项目绩效评估，避免分散建设、重复建设，切实提高数字政府建设成效。

（三）完善法律法规制度

推动形成国家法律和党内法规相辅相成的格局，全面建设数字法治政府，依法依规推进技术应用、流程优化和制度创新，消除技术歧视，保障个人隐私，维护市场主体和人民群众利益。持续抓好现行法律法规贯彻落实，细化完善配套措施，确保相关规定落到实处、取得实效。推动及时修订和清理现行法律法规中与数字政府建设不相适应的条款，将经过实践检验行之有效的做法

及时上升为制度规范，加快完善与数字政府建设相适应的法律法规框架体系。

（四）健全标准规范

推进数据开发利用、系统整合共享、共性办公应用、关键政务应用等标准制定，持续完善已有关键标准，推动构建多维标准规范体系。加大数字政府标准推广执行力度，建立评估验证机制，提升应用水平，以标准化促进数字政府建设规范化。研究设立全国数字政府标准化技术组织，统筹推进数字政府标准化工作。

（五）开展试点示范

坚持加强党的领导和尊重人民首创精神相结合，坚持全面部署和试点带动相促进。立足服务党和国家工作大局，聚焦基础性和具有重大牵引作用的改革举措，探索开展综合性改革试点，为国家战略实施创造良好条件。围绕重点领域、关键环节、共性需求等有序开展试点示范，鼓励各地区各部门开展应用创新、服务创新和模式创新，实现“国家统筹、一地创新、各地复用”。科学把握时序、节奏和步骤，推动创新试点工作总体可控、走深走实。

五、构建开放共享的数据资源体系

加快推进全国一体化政务大数据体系建设，加强数据治理，依法依规促进数据高效共享和有序开发利用，充分释放数据要素价值，确保各类数据和个人信息安全。

（一）创新数据管理机制

强化政府部门数据管理职责，明确数据归集、共享、开放、应用、安全、存储、归档等责任，形成推动数据开放共享的高效运行机制。优化完善各类基础数据库、业务资源数据库和相关专题库，加快构建标准统一、布局合理、管理协同、安全可靠的全国一体化政务大数据体系。加强对政务数据、公共数据和社会数据的统筹管理，全面提升数据共享服务、资源汇聚、安全保障等一体化水平。加强数据治理和全生命周期质量管理，确保政务数据真实、准确、完整。建立健全数据质量管理机制，完善数据治理标准规范，制定数据分类分级标准，提升数据治理水平和管理能力。

（二）深化数据高效共享

充分发挥政务数据共享协调机制作用，提升数据共享统筹协调力度和服务管理水平。建立全国标准统一、动态管理的政务数据目录，实行“一数一源一标准”，实现数据资源清单化管理。充分发挥全国一体化政务服务平台的数据共享枢纽作用，持续提升国家数据共享交换平台支撑保障能力，实现政府信息系统与党委、人大、政协、法院、检察院等信息系统互联互通和数据按需共享。有序推进国务院部门垂直管理业务系统与地方数据平台、业务系统数据双向共享。以应用场景为牵引，建立健全政务数据供需对接机制，推动数据精准高效共享，大力提升数据共享的实效性。

（三）促进数据有序开发利用

编制公共数据开放目录及相关责任清单，构建统一规范、互联互通、安全可控的国家公共数据开放平台，分类分级开放公共数据，有序推动公共数据资源开发利用，提升各行业各领域运用公共数据推动经济社会发展的能力。推进社会数据“统采共用”，实现数据跨地区、跨部门、跨层级共享共用，提升数据资源使用效益。推进公共数据、社会数据融合应用，促进数据流通利用。

六、构建智能集约的平台支撑体系

强化安全可信的信息技术应用创新，充分利用现有政务信息平台，整合构建结构合理、智能集约的平台支撑体系，适度超前布局相关新型基础设施，全面夯实数字政府建设根基。

（一）强化政务云平台支撑能力

依托全国一体化政务大数据体系，统筹整合现有政务云资源，构建全国一体化政务云平台体系，实现政务云资源统筹建设、互联互通、集约共享。国务院各部门政务云纳入全国一体化政务云平台体系统筹管理。各地区按照省级统筹原则开展政务云建设，集约提供政务云服务。探索建立政务云资源统一调度机制，加强一体化政务云平台资源管理和调度。

（二）提升网络平台支撑能力

强化电子政务网络统筹建设管理，促进高效共建共享，降低建设运维成本。推动骨干网扩容升级，扩大互联网出口带宽，提升网络支撑能力。提高电子政务外网移动接入能力，强化电子政务外网服务功能，并不断向乡镇基层延伸，在安全可控的前提下按需向企事业单位拓展。统筹建立安全高效的跨网数据传输机制，有序推进非涉密业务专网向电子政务外网整合迁移，各地区各部门原则上不再新建业务专网。

（三）加强重点共性应用支撑能力

推进数字化共性应用集约建设。依托身份认证国家基础设施、国家人口基础信息库、国家法人单位信息资源库等认证资源，加快完善线上线下一体化统一身份认证体系。持续完善电子证照共享服务体系，推动电子证照扩大应用领域和全国互通互认。完善电子印章制发、管理和使用规范，健全全国统一的电子印章服务体系。深化电子文件资源开发利用，建设数字档案资源体系，提升电子文件（档案）管理和应用水平。发挥全国统一的财政电子票据政务服务平台作用，实现全国财政电子票据一站式查验，推动财政电子票据跨省报销。开展各级非税收入收缴相关平台建设，推动非税收入收缴电子化全覆盖。完善信用信息公共服务平台功能，提升信息查询和智能分析能力。推进地理信息协同共享，提升公共服务能力，更好发挥地理信息的基础性支撑作用。

七、以数字政府建设全面引领驱动数字化发展

围绕加快数字化发展、建设数字中国重大战略部署，持续增强数字政府效能，更好激发数字经济活力，优化数字社会环境，营造良好数字生态。

（一）助推数字经济发展

以数字政府建设为牵引，拓展经济发展新空间，培育经济发展新动能，提高数字经济治理体系和治理能力现代化水平。准确把握行业和企业发展需求，打造主动式、多层次创新服务场景，精准匹配公共服务资源，提升社会服务数字化普惠水平，更好满足数字经济发展需要。完善数字经济治理体系，探索建立与数字经济持续健康发展相适应的治理方式，创新基于新技术手段的监管模式，把监管和治理贯穿创新、生产、经营、投资全过程。壮大数据服务产业，推动数字技术在数据汇聚、流通、交易中的应用，进一步释放数据红利。

（二）引领数字社会建设

推动数字技术和传统公共服务融合，着力普及数字设施、优化数字资源供给，推动数字化服务普惠应用。推进智慧城市建设，推动城市公共基础设施数字转型、智能升级、融合创新，构建城市数据资源体系，加快推进城市运行“一网统管”，探索城市信息模型、数字孪生等新技术运用，提升城市治理科学化、精细化、智能化水平。推进数字乡村建设，以数字化支撑现代乡村治理体系，加快补齐乡村信息基础设施短板，构建农业农村大数据体系，不断提高面向农业农村的综合信息服务水平。

（三）营造良好数字生态

建立健全数据要素市场规则，完善数据要素治理体系，加快建立数据资源产权等制度，强化数据资源全生命周期安全保护，推动数据跨境安全有序流动。完善数据产权交易机制，规范培育数据交易市场主体。规范数字经济发展，健全市场准入制度、公平竞争审查制度、公平竞争监管制度，营造规范有序的政策环境。不断夯实数字政府网络安全基础，加强对关键信息基础设施、重要数据的安全保护，提升全社会网络安全水平，为数字化发展营造安全可靠环境。积极参与数字化发展国际规则制定，促进跨境信息共享和数字技术合作。

八、加强党对数字政府建设工作的领导

以习近平总书记关于网络强国的重要思想为引领，始终把党的全面领导作为加强数字政府建设、提高政府管理服务能力、推进国家治理体系和治理能力现代化的根本保证，坚持正确政治方向，把党的政治优势、组织优势转化为数字政府建设的强大动力和坚强保障，确保数字政府建设重大决策部署贯彻落实。

（一）加强组织领导

加强党中央对数字政府建设工作的集中统一领导。各级党委要切实履行领导责任，及时研究解决影响数字政府建设重大问题。各级政府要在党委统一领导下，履行数字政府建设主体责任，谋划落实好数字政府建设各项任务，主动向党委报告数字政府建设推进中的重大问题。各级政府及有关职能部门要履职尽责，将数字政府建设工作纳入重要议事日程，结合实际抓好组织实施。

（二）健全推进机制

成立数字政府建设工作领导小组，统筹指导协调数字政府建设，由国务院领导同志任组长，办公室设在国务院办公厅，具体负责组织推进落实。各地区各部门要建立健全数字政府建设领导协调机制，强化统筹规划，明确职责分工，抓好督促落实，保障数字政府建设有序推进。发挥我国社会主义制度集中力量办大事的政治优势，建立健全全国一盘棋的统筹推进机制，最大程度凝聚发展合力，更好服务党和国家重大战略，更好服务经

济社会发展大局。

（三）提升数字素养

着眼推动建设学习型政党、学习大国，搭建数字化终身学习教育平台，构建全民数字素养和技能培育体系。把提高领导干部数字治理能力作为各级党校（行政学院）的重要教学培训内容，持续提升干部队伍数字思维、数字技能和数字素养，创新数字政府建设人才引进培养使用机制，建设一支讲政治、懂业务、精技术的复合型干部队伍。深入研究数字政府建设中的全局性、战略性、前瞻性问题，推进实践基础上的理论创新。成立数字政府建设专家委员会，引导高校和科研机构设置数字政府相关专业，加快形成系统完备的数字政府建设理论体系。

（四）强化考核评估

在各级党委领导下，建立常态化考核机制，将数字政府建设工作作为政府绩效考核的重要内容，考核结果作为领导班子和有关领导干部综合考核评价的重要参考。建立完善数字政府建设评估指标体系，树立正确评估导向，重点分析和考核统筹管理、项目建设、数据共享开放、安全保障、应用成效等方面情况，确保评价结果的科学性和客观性。加强跟踪分析和督促指导，重大事项及时向党中央、国务院请示报告，促进数字政府建设持续健康发展。

国务院

2022 年 6 月 6 日

工业和信息化部　商务部　市场监管总局　药监局　知识产权局关于印发数字化助力消费品工业“三品”行动方案（2022—2025 年）的通知

工信部联消费〔2022〕79 号

各省、自治区、直辖市及计划单列市、新疆生产建设兵团工业和信息化、商务、市场监管、药品监管、知识产权主管部门：

现将《数字化助力消费品工业“三品”行动方案（2022 – 2025 年）》印发给你们，请结合实际，认真贯彻落实。

工业和信息化部　商务部

市场监管总局　药监局

知识产权局

2022 年 6 月 30 日

数字化助力消费品工业“三品”行动方案（2022—2025 年）

消费品工业增品种、提品质、创品牌“三品”战略实施以来，核心竞争力和创新能力持续增强，产品供给能力和对需求适配性稳步提升。为推进数字化助力消费品工业深入实施“三品”战略，更好满足和创造消费需求，增强消费拉动作用，促进消费品工业加快迈上中高端，制定本方案。

一、总体要求

（一）指导思想

以习近平新时代中国特色社会主义思想为指导，深入贯彻党的十九大和十九届历次全会精神，立足新发展阶段，完整、准确、全面贯彻新发展理念，把握数字化发展新机遇，以消费升级为导向，以数字化为抓手，以场景应用为切入点，聚焦消费品工业研发设计、生产制造、经营管理、公共服务等关键环节，强化数字理念引领和数字化技术应用，统筹推进数据驱动、资源汇聚、平台搭建和产业融合，释放数字技术对行业发展的放大、叠加、倍增作用，推动消费品工业“三品”战略迈上新台阶，更好满足人民对美好生活的向往。

（二）主要目标

到 2025 年，消费品工业领域数字技术融合应用能力明显增强，培育形成一批新品、名品、精品，品种引领力、品质竞争力和品牌影响力不断提升。

——创新能力显著增强。新一代数字技术与消费品工业融合发展更加深入，技术基础进一步夯实，企业经营管理数字化普及率、企业数字化研发设计工具普及率、应用电子商务的企业比例均超过 80%，智慧设计、柔性制造、供应链协同等关键环节的集成创新和融合应用能力大幅增强，消费品工业数字化转型进展加快。

——供给水平明显提高。以企业为主体的技术创新体系进一步健全，产品供给日益丰富，质量与性能持续提升，消费品领域新品、精品、名品不断涌现，在纺织服装、家用电器、食品医药、消费电子等行业培育 200 家智能制造示范工厂，打造 200 家百亿规模知名品牌，产品服务质量和客户满意度持续提升。

——发展生态持续优化。推进以点带面、示范引领、整体提升，创建 50 个数字化转型成效显著、特色鲜明、辐射力强的“三品”战略示范城市。平台化设计、个性化定制、网络化协同、服务化延伸等公共服务能力稳步增强，培育 50 个数字化服务平台，推广 300 个示范带动作用强的应用场景典型案例。

二、重点任务

（一）数字化助力“增品种”

1. 推出更多创新产品顺应消费升级趋势。加强产业链协同创新，强化数据要素价值，推动企业运用数字化手段提升知识产权创造、运用、保护和管理水平。发挥龙头企业、创新平台、研究机构积极作用，加快行业数字化转型，实现信息、知识和创新资源的集聚共享利用。深化新一代信息技术创新应用，围绕健康、医疗、养老、育幼、家居等民生需求大力发展“互联网 + 消费品”，加快绿色、智慧、创新产品开发，以优质供给助力消费升级。

专栏 1　创新能力提升工程
产业链协同创新。支持具有生态主导力的龙头企业打造国家物联网标识管理与公共服务平台、工业互联网平台和工业互联网标识解析二级节点，促进产业链上下游企业数据互通、资源互享和业务互联，高效开展关键技术协同创新、特色资源发掘利用、新品种开发和产业化应用，提升产业链协同创新水平，推动上下游产业集群发展。 知识产权服务平台建设。支持在服装、家纺、家用电器、酿酒、钟表、眼镜等行业建立基于区块链和人工智能技术的知识产权服务平台，面向设计师、品牌商等提供外观设计专利检索、版权登记、版权存证、盗版监测、侵权取证、法律维权、推广交易等“一站式”服务。 智能产品开发。充分运用大数据、云计算、人工智能等技术，精准挖掘消费者需求，以技术推动产品创新，以需求带动产业革新，开发更多智能家电、智慧家居、服务机器人、可穿戴设备、适老化产品等智能终端新品。

2. 推广数字化研发设计促进产品迭代更新。持续推进消费品领域工业设计中心、创意设计集聚区建设，汇聚行业研发设计资源，提升行业数字化设计水平。鼓励开发应用具有自主知识产权的设计工具和工业软件，推动建立创意设计工艺、图案、素材数据库，推广应用众包设计、协同设计、云设计、用户参与设计等新模式。建设多方参与、合作共赢的数字化智慧设计公共服务平台，实现设计工具、模型、人才的网络化汇聚和共享共用。

专栏 2　数字化设计能力提升工程
设计工具与设计软件开发推广。大力推广 CAD、CAE、CAPP 等计算机辅助设计工具。建设设计知识库和工艺知识库，构建覆盖大数据存储、集成、分析和管理的开发与应用环境，实现工业设计技术、经验与知识的模型化和标准化，广泛开发推广设计软件。 智慧设计与仿真优化。在印染、皮革、印刷、涂装等行业推广智能配方管理系统，优化原料选择和配方设计。支持家用

电器、消费电子、家具、家装材料、轻纺机械等行业应用三维建模、模拟仿真、虚拟测试等技术，开展产品设计、功能开发、工艺优化和测试场景应用。

数字化设计公共服务平台建设。汇集产业通用数字技术、专业设计软件和设计师资源，建立具有云端化、智能化、集成化等特征的数字化设计公共服务平台，加强设计与产品需求对接，支持用户参与设计。

3. 推进个性化定制和柔性生产重塑产品开发生产模式。推动建立生产端和消费端数据链路，促进工业互联网与消费互联网互联互通，着力发展协同制造、共享制造、众包众创新模式。支持服装家纺、家用电器、家具、家装材料、特色食品、洗涤用品等行业优势企业基于消费数据采集分析，挖掘用户个性化需求，构建消费驱动型组织模式，开展个性化定制和柔性生产，实现供需高效对接和精准交付。加强数据整合分析、模型库共享与供应商协同，加快培育个性化定制企业和公共服务平台，实现数字化手段对产品消费的赋能、赋值、赋智。

4. 推动数字化绿色化协同扩大绿色消费品供给。推进产品绿色设计与制造一体化，鼓励开发应用节能降耗关键技术和绿色低碳产品，深化产品研发设计和生产制造过程的数字化应用，提升行业绿色制造和运维服务水平。完善绿色产品标准、认证、标识体系，加快推进绿色产品市场供应。积极拓展绿色消费场景，鼓励发展基于“互联网 +”“智能 +”的回收利用与共享服务新模式，赋能行业绿色转型发展效能提升。

专栏 3　数字化绿色化协同能力提升工程

绿色低碳产品推广。鼓励企业按照全生命周期理念开展产品绿色设计，促进绿色低碳技术创新，加强绿色设计关键技术应用，在节能家电、高效照明、环保家具、纤维制品等领域推广 200 种绿色低碳产品，提升绿色消费体验，不断提升资源环境效益。

绿色制造水平提升。以数据为驱动推进化纤、印染、皮革、造纸、电池、医药、家具、家装材料、洗涤用品等行业绿色改造提升，推广应用 200 种绿色工艺技术，推进能源管理体系建设，实现资源能源动态监测和优化管理。

资源利用效率提升。应用物联网、大数据和云计算等技术对产品的生产消费和回收利用开展信息采集、数据分析和流向监测，提升纺织服装、家用电器、家具、塑料制品、玻璃制品、造纸、电池等行业资源利用效率。

（二）数字化助力“提品质”

5. 加大数字化改造力度赋能企业提质增效。推动行业加快数字化改造，引导企业聚焦关键生产运维环节，打造研发设计、生产管控、设备运维、远程服务、供应链管理等数字化场景。推动企业加快智能化升级，推广应用工业 App、智能传感器、机器视觉、自动化控制等关键技术和核心装备，提升现代化管理水平、安全生产保障能力和资源配置效率。在服装家纺、家用电器、家具、家装材料、皮革造纸、食品医药等行业，加快培育智能制造示范工厂，实现全生命周期质量管控和产销用协同发展。

6. 加强追溯体系建设助力提振消费信心。面向食品医药等消费品行业，加快推动质量追溯体系建设，推动实现产品源头追溯、一码到底、物流跟踪、责任认定和信用评价。鼓励企业利用现代化信息技术开展原材料供应、产品生产、消费营销等环节数字化溯源，通过高效整合利用质量追溯数据，实现行业监测调度和消费者权益维护。积极建设产品质量追溯公共服务平台，提升社会公众认知度，发挥数字化溯源提振消费信心的倍增效应。

专栏 4　质量管控能力提升工程

质量管理数字化。引导企业加强生产制造关键装备数字化改造，推广应用质量管理系统（QMS），开展数字化质量验评、质量控制、质量巡检、质量改进等，实现精细化质量管控，持续提升产品质量。

智能在线监测、检测。在纺织、服装、家用电器、家具、家装材料、洗涤用品、食品、医药等行业推广应用机器视觉等技术和智能检测装备，实现产品质量智能在线监测、分析和结果判定，降低不合格品率。

设备远程运维和预测维护。在化纤、包装印刷、原料药、食品等行业，推广设备在线运行监测、预测性维护，降低设备故障率，保障生产质量。提升家电行业和消费类电子行业基础产品可靠性稳定性水平，加强整机产品可靠性标准、产品可靠性设计和试验检测评价技术攻关。

产品全生命周期质量追溯。推动婴幼儿配方乳粉、肉制品、白酒等企业开展质量追溯体系建设，推广 GS1 编码体系，加强原材料、生产、营销环节数字化溯源，强化全生命周期质量协同管控，提供信息查询服务，提振消费信心。

7. 加深智慧供应链管理提升产业链协同效率。支持企业加快人机智能交互、工业机器人、智慧物流等技术装备应用，推动实现研发、采购、生产、营销、物流等关键环节的数据集成和信息共享，提升供应链一体化管控水平。鼓励企业加强与供应链伙伴、平台服务商开展业务协作和资源共享，积极开展协同采购、协同制造、协同配送，提升供应链协同管理水平，营造供应链数字化生态圈。面向重点消费品行业，打造数据互联互通、信息可信交互、生产深度协同、资源柔性配置的智慧供应链服务体系。

专栏 5　智慧供应链管理能力提升工程

龙头企业供应链改造升级。推动企业建设可视化、移动化、智能化供应链管理体系，通过信息集成、移动互联等方式，实现从交易撮合、下单、生产到成品入库、成品发货、物流追踪等供应链业务流程线上化，提高产能利用率，降低库存水平。

智慧供应链服务平台建设。面向重点行业产业集群和专业市场，建设供应链协同服务平台，汇聚供应链各方海量信息数据，依托平台实现上下游供需智能匹配、产品全生命周期可视跟踪、全链条质量协同管控、集采集销等服务，提升供应链协同效率和质量。

数字化供应链标准研制。制定推广数字化供应链体系架构、成熟度模型、管理指南、共享标准等，组织开展数字化供应链等级评价，鼓励企业供应链体系向销售渠道延伸。以标准引领企业研发供应链数字化工具和解决方案，加快企业构建供应链体系，提升供应链数字化管理能力。

（三）数字化助力“创品牌”

8. 借力数字技术打造知名品牌。推动企业创新生产服务和商业模式，通过线上线下融合实现全域营销，支持开展品牌价值评价和专业化服务。加快推进产品设计、文化创意、技术创新与品牌建设融合发展，将中华文化元素有效融入中国品牌，深度挖掘品牌文化价值内涵，探索开展企业品牌价值评价。鼓励优势企业整合国内外资源，支持跨境电商开展海外营销推广，巩固增强中国品牌国际竞争力。

9. 借势数字变革培育新锐精品。在确保数据安全、保护用户隐私的前提下，推动企业运用数字营销网络和数据挖掘分析手段构建用户画像和需求预测模型，培育一批时代元素强、引导时尚消费的专精特新品牌。鼓励企业加快推进智慧商店建设，打造沉浸式、体验式、互动式消费场景，满足多层次多样化消费需求。指导企业加强精细化运营管理，利用数字化方式开展品牌建设，实现品牌精准定位，提升品牌感知质量和社会价值。

10. 借助数字服务塑造区域品牌新优势。推动创意设计园区、创新创业基地、品牌孵化平台等利用数字化手段，加大设计、营销、咨询、策划和数字化转型评估诊断的公共服务供给，为品牌建设提供良好生态环境。依托产业联盟、行业机构、龙头企业围绕优势产业，突出主导产品和区域特色，完善产业结构配套，打造竞争力强、美誉度高的区域品牌，推动商标、地理标志与特色产业发展有机融合，提升区域品牌影响力和产品附加值。

专栏 6　品牌培育能力提升工程

强化品牌数字化管理能力。支持企业提升数据管理、数据分析能力，优化品牌管理流程，实现线上线下协同，培育和创造管理先进、品质优良、品牌卓著的消费品一流企业。

提升区域品牌影响力。围绕产业聚集区，支持发挥地方政府及区域公共服务机构作用，打造产业链上下游中小企业品牌联合体，突出地理标志产品、主导产品，鼓励符合条件的消费品产业园区创建“全国质量品牌提升示范区”。组织展览展销、线上线下推广活动，加大优质特色消费品宣传，提升区域品牌知名度。

国潮品牌创新发展。挖掘中国文化、中国记忆、中华老字号等传统文化基因和非物质文化遗产，加强新生消费群体消费取向研究，创新消费场景，推进国潮品牌建设。依托跨境电商扩大品牌出海，开拓多元化市场。

三、保障措施

（一）加强组织实施。建立由相关部门、行业组织、重点企业、科研院所等有关方面共同参与的工作机制，加强部门协同和央地联动，深入开展“三品”战略示范城市创建，统筹推动公共服务平台建设、应用场景典型案例推广、行业知名品牌培育等重点任务，确保各项工作落实到位。

（二）强化政策支持。利用现有资金渠道支持企业实施数字化助力“三品”行动，鼓励地方立足实际制定相应配套政策，支持企业开展创新能力提升和数字化改造。发挥国家产融合作平台作用，引导金融机构为消费品企业提供精准有效支持。鼓励各类平台、机构对中小企业实行一定的服务费用减免，减少企业数字化转型投入。

（三）推动标准引领。充分发挥科研院所、标准化技术组织的专业优势，加快实施“三品”标准推进工程，健全数字化助力“三品”战略实施标准体系。指导企业严格执行消费品领域强制性国家标准，鼓励企业执行推荐性国家标准和行业标准，鼓励社会团体制定严于国家标准和行业标准的先进团体标准，支持企业参与国际标准制定与转化。

（四）加快人才培养。鼓励相关高校、科研院所、行业组织、重点企业利用建设实训基地、共建实验室、举办高级研修班等方式，推进数字化设计、数字化管理、数字化营销等复合型人才的培养。支持行业组织开展数字化助力“三品”创新创业、技术技能大赛。

（五）加大宣传力度。组织“三品”全国行系列主题活动，支持开展数字化改造和创新能力评估，总结推广先进经验和典型成效，加快构建品牌竞争力评价体系。在国家级展会、博览会上开设专题展区，积极展示“三品”工作典型成果。支持行业组织、地方政府开展创新产品、强企榜单发布，多渠道加大宣传力度，营造良好舆论氛围。

工业和信息化部　发展改革委　生态环境部
关于印发工业领域碳达峰实施方案的通知

工信部联节〔2022〕88号

外交部、科技部、司法部、财政部、住房城乡建设部、交通运输部、商务部、人民银行、国资委、税务总局、市场监管总局、统计局、银保监会、证监会、能源局、林草局、邮政局，各省、自治区、直辖市及计划单列市、新疆生产建设兵团工业和信息化主管部门、发展改革委、生态环境厅（局）：

《工业领域碳达峰实施方案》已经碳达峰碳中和工作领导小组审议通过，现印发给你们，请认真贯彻落实。

工业和信息化部
发展改革委
生态环境部
2022年7月7日

工业领域碳达峰实施方案

为深入贯彻落实党中央、国务院关于碳达峰碳中和决策部署，加快推进工业绿色低碳转型，切实做好工业领域碳达峰工作，根据《中共中央 国务院关于完整准确全面贯彻新发展理念做好碳达峰碳中和工作的意见》和《2030年前碳达峰行动方案》，结合相关规划，制定本实施方案。

一、总体要求

（一）指导思想

以习近平新时代中国特色社会主义思想为指导，全面贯彻党的十九大和十九届历次全会精神，深入贯彻习近平生态文明思想，按照党中央、国务院决策部署，坚持稳中求进工作总基调，立足新发展阶段，完整、准确、全面贯彻新发展理念，构建新发展格局，坚定不移实施制造强国和网络强国战略，锚定碳达峰碳中和目标愿景，坚持系统观念，统筹处理好工业发展和减排、整体和局部、长远目标和短期目标、政府和市场的关系，以深化供给侧结构性改革为主线，以重点行业达峰为突破，着力构建绿色制造体系，提高资源能源利用效率，推动数字化智能化绿色化融合，扩大绿色低碳产品供给，加快制造业绿色低碳转型和高质量发展。

（二）工作原则

统筹谋划，系统推进。坚持在保持制造业比重基本稳定、确保产业链供应链安全、满足合理消费需求的同时，将碳达峰碳中和目标愿景贯穿工业生产各方面和全过程，积极稳妥推进碳达峰各项任务，统筹推动各行业绿色低碳转型。

效率优先，源头把控。坚持把节约能源资源放在首位，提升利用效率，优化用能和原料结构，推动企业循环式生产，加强产业间耦合链接，推进减污降碳协同增效，持续降低单位产出能源资源消耗，从源头减少二氧化碳排放。

创新驱动，数字赋能。坚持把创新作为第一驱动力，强化技术创新和制度创新，推进重大低碳技术工艺装备攻关，强化新一代信息技术在绿色低碳领域的创新应用，以数字化智能化赋能绿色化。

政策引领，市场主导。坚持双轮驱动，发挥市场在资源配置中的决定性作用，更好发挥政府作用，健全以碳减排为导向的激励约束机制，充分调动企业积极性，激发市场主体低碳转型发展的内生动力。

（三）总体目标

“十四五”期间，产业结构与用能结构优化取得积极进展，能源资源利用效率大幅提升，建成一批绿色工厂和绿色工业园区，研发、示范、推广一批减排效果显著的低碳零碳负碳技术工艺装备产品，筑牢工业领域碳达峰基础。到 2025 年，规模以上工业单位增加值能耗较 2020 年下降 13.5%，单位工业增加值二氧化碳排放下降幅度大于全社会下降幅度，重点行业二氧化碳排放强度明显下降。

“十五五”期间，产业结构布局进一步优化，工业能耗强度、二氧化碳排放强度持续下降，努力达峰削峰，在实现工业领域碳达峰的基础上强化碳中和能力，基本建立以高效、绿色、循环、低碳为重要特征的现代工业体系。确保工业领域二氧化碳排放在 2030 年前达峰。

二、重点任务

（四）深度调整产业结构

推动产业结构优化升级，坚决遏制高耗能高排放低水平项目盲目发展，大力发展绿色低碳产业。

1. 构建有利于碳减排的产业布局。贯彻落实产业发展与转移指导目录，推进京津冀、长江经济带、粤港澳大湾区、长三角地区、黄河流域等重点区域产业有序转移和承接。落实石化产业规划布局方案，科学确定东中西部产业定位，合理安排建设时序。引导有色金属等行业产能向可再生能源富集、资源环境可承载地区有序转移。鼓励钢铁、有色金属等行业原生与再生、冶炼与加工产业集群化发展。围绕新一代信息技术、生物技术、新能源、新材料、高端装备、新能源汽车、绿色环保以及航空航天、海洋装备等战略性新兴产业，打造低碳转型效果明显的先进制造业集群。（国家发展改革委、工业和信息化部、生态环境部、国务院国资委、国家能源局等按职责分工负责）

2. 坚决遏制高耗能高排放低水平项目盲目发展。采取强有力措施，对高耗能高排放低水平项目实行清单管理、分类处置、动态监控。严把高耗能高排放低水平项目准入关，加强固定资产投资项目节能审查、环境影响评价，对项目用能和碳排放情况进行综合评价，严格项目审批、备案和核准。全面排查在建项目，对不符合要求的高耗能高排放低水平项目按有关规定停工整改。科学评估拟建项目，对产能已饱和的行业要按照“减量替代”原则压减产能，对产能尚未饱和的行业要按照国家布局和审批备案等要求对标国内领先、国际先进水平提高准入标准。（国家发展改革委、工业和信息化部、生态环境部等按职责分工负责）

3. 优化重点行业产能规模。修订产业结构调整指导目录。严格落实钢铁、水泥、平板玻璃、电解铝等行业产能置换政策，加强重点行业产能过剩分析预警和窗口指导，加快化解过剩产能。完善以环保、能耗、质量、安全、技术为主的综合标准体系，严格常态化执法和强制性标准实施，持续依法依规淘汰落后产能。（国家发展改革委、工业和信息化部、生态环境部、市场监管总

局、国家能源局等按职责分工负责）

4. 推动产业低碳协同示范。强化能源、钢铁、石化化工、建材、有色金属、纺织、造纸等行业耦合发展，推动产业循环链接，实施钢化联产、炼化一体化、林浆纸一体化、林板一体化。加强产业链跨地区协同布局，减少中间产品物流量。鼓励龙头企业联合上下游企业、行业间企业开展协同降碳行动，构建企业首尾相连、互为供需、互联互通的产业链。建设一批“产业协同”“以化固碳”示范项目。（国家发展改革委、工业和信息化部、国务院国资委、国家能源局、国家林草局等按职责分工负责）

（五）深入推进节能降碳

把节能提效作为满足能源消费增长的最优先来源，大幅提升重点行业能源利用效率和重点产品能效水平，推进用能低碳化、智慧化、系统化。

1. 调整优化用能结构。重点控制化石能源消费，有序推进钢铁、建材、石化化工、有色金属等行业煤炭减量替代，稳妥有序发展现代煤化工，促进煤炭分质分级高效清洁利用。有序引导天然气消费，合理引导工业用气和化工原料用气增长。推进氢能制储输运销用全链条发展。鼓励企业、园区就近利用清洁能源，支持具备条件的企业开展“光伏 + 储能”等自备电厂、自备电源建设。（国家发展改革委、工业和信息化部、生态环境部、国家能源局等按职责分工负责）

2. 推动工业用能电气化。综合考虑电力供需形势，拓宽电能替代领域，在铸造、玻璃、陶瓷等重点行业推广电锅炉、电窑炉、电加热等技术，开展高温热泵、大功率电热储能锅炉等电能替代，扩大电气化终端用能设备使用比例。重点对工业生产过程 1000℃以下中低温热源进行电气化改造。加强电力需求侧管理，开展工业领域电力需求侧管理示范企业和园区创建，示范推广应用相关技术产品，提升消纳绿色电力比例，优化电力资源配置。（国家发展改革委、工业和信息化部、生态环境部、国家能源局等按职责分工负责）

3. 加快工业绿色微电网建设。增强源网荷储协调互动，引导企业、园区加快分布式光伏、分散式风电、多元储能、高效热泵、余热余压利用、智慧能源管控等一体化系统开发运行，推进多能高效互补利用，促进就近大规模高比例消纳可再生能源。加强能源系统优化和梯级利用，因地制宜推广园区集中供热、能源供应中枢等新业态。加快新型储能规模化应用。（国家发展改革委、工业和信息化部、国家能源局等按职责分工负责）

4. 加快实施节能降碳改造升级。落实能源消费强度和总量双控制度，实施工业节能改造工程。聚焦钢铁、建材、石化化工、有色金属等重点行业，完善差别电价、阶梯电价等绿色电价政策，鼓励企业对标能耗限额标准先进值或国际先进水平，加快节能技术创新与推广应用。推动制造业主要产品工艺升级与节能技术改造，不断提升工业产品能效水平。在钢铁、石化化工等行业实施能效“领跑者”行动。（国家发展改革委、工业和信息化部、市场监管总局等按职责分工负责）

5. 提升重点用能设备能效。实施变压器、电机等能效提升计划，推动工业窑炉、锅炉、压缩机、风机、泵等重点用能设备系统节能改造升级。重点推广稀土永磁无铁芯电机、特大功率高压变频变压器、三角形立体卷铁芯结构变压器、可控热管式节能热处理炉、变频无极变速风机、磁悬浮离心风机等新型节能设备。（国家发展改革委、工业和信息化部、市场监管总局等按职责分工负责）

6. 强化节能监督管理。持续开展国家工业专项节能监察，制定节能监察工作计划，聚焦重点企业、重点用能设备，加强节能法律法规、强制性节能标准执行情况监督检查，依法依规查处违法用能行为，跟踪督促、整改落实。健全省、市、县三级节能监察体系，开展跨区域交叉执法、跨级联动执法。全面实施节能诊断和能源审计，鼓励企业采用合同能源管理、能源托管等模式实施改造。发挥重点领域中央企业、国有企业引领作用，带头开展节能自愿承诺。（国家发展改革委、工业和信息化部、国务院国资委、市场监管总局等按职责分工负责）

（六）积极推行绿色制造

完善绿色制造体系，深入推进清洁生产，打造绿色低碳工厂、绿色低碳工业园区、绿色低碳供应链，通过典型示范带动生产模式绿色转型。

1. 建设绿色低碳工厂。培育绿色工厂，开展绿色制造技术创新及集成应用。实施绿色工厂动态化管理，强化对第三方评价机构监督管理，完善绿色制造公共服务平台。鼓励绿色工厂编制绿色低碳年度发展报告。引导绿色工厂进一步提标改造，对标国际先进水平，建设一批“超级能效”和“零碳”工厂。（工业和信息化部、

生态环境部、市场监管总局等按职责分工负责）

2. 构建绿色低碳供应链。支持汽车、机械、电子、纺织、通信等行业龙头企业，在供应链整合、创新低碳管理等关键领域发挥引领作用，将绿色低碳理念贯穿于产品设计、原料采购、生产、运输、储存、使用、回收处理的全过程，加快推进构建统一的绿色产品认证与标识体系，推动供应链全链条绿色低碳发展。鼓励“一链一策”制定低碳发展方案，发布核心供应商碳减排成效报告。鼓励有条件的工业企业加快铁路专用线和管道基础设施建设，推动优化大宗货物运输方式和厂内物流运输结构。（国家发展改革委、工业和信息化部、生态环境部、交通运输部、商务部、国务院国资委、市场监管总局等按职责分工负责）

3. 打造绿色低碳工业园区。通过“横向耦合、纵向延伸”，构建园区内绿色低碳产业链条，促进园区内企业采用能源资源综合利用生产模式，推进工业余压余热、废水废气废液资源化利用，实施园区“绿电倍增”工程。到 2025 年，通过已创建的绿色工业园区实践形成一批可复制、可推广的碳达峰优秀典型经验和案例。（国家发展改革委、工业和信息化部、生态环境部、国家能源局等按职责分工负责）

4. 促进中小企业绿色低碳发展。优化中小企业资源配置和生产模式，探索开展绿色低碳发展评价，引导中小企业提升碳减排能力。实施中小企业绿色发展促进工程，开展中小企业节能诊断服务，在低碳产品开发、低碳技术创新等领域培育专精特新“小巨人”。创新低碳服务模式，面向中小企业打造普惠集成的低碳环保服务平台，助推企业增强绿色制造能力。（工业和信息化部、生态环境部等按职责分工负责）

5. 全面提升清洁生产水平。深入开展清洁生产审核和评价认证，推动钢铁、建材、石化化工、有色金属、印染、造纸、化学原料药、电镀、农副食品加工、工业涂装、包装印刷等行业企业实施节能、节水、节材、减污、降碳等系统性清洁生产改造。清洁生产审核和评价认证结果作为差异化政策制定和实施的重要依据。（国家发展改革委、工业和信息化部、生态环境部等按职责分工负责）

（七）大力发展循环经济

优化资源配置结构，充分发挥节约资源和降碳的协同作用，通过资源高效循环利用降低工业领域碳排放。

1. 推动低碳原料替代。在保证水泥产品质量的前提下，推广高固废掺量的低碳水泥生产技术，引导水泥企业通过磷石膏、钛石膏、氟石膏、矿渣、电石渣、钢渣、镁渣、粉煤灰等非碳酸盐原料制水泥。推进水泥窑协同处置垃圾衍生可燃物。鼓励有条件的地区利用可再生能源制氢，优化煤化工、合成氨、甲醇等原料结构。支持发展生物质化工，推动石化原料多元化。鼓励依法依规进口再生原料。（国家发展改革委、工业和信息化部、生态环境部、商务部、市场监管总局、国家能源局等按职责分工负责）

2. 加强再生资源循环利用。实施废钢铁、废有色金属、废纸、废塑料、废旧轮胎等再生资源回收利用行业规范管理，鼓励符合规范条件的企业公布碳足迹。延伸再生资源精深加工产业链条，促进钢铁、铜、铝、铅、锌、镍、钴、锂、钨等高效再生循环利用。研究退役光伏组件、废弃风电叶片等资源化利用的技术路线和实施路径。围绕电器电子、汽车等产品，推行生产者责任延伸制度。推动新能源汽车动力电池回收利用体系建设。（国家发展改革委、科技部、工业和信息化部、生态环境部、交通运输部、商务部、市场监管总局、国家能源局等按职责分工负责）

3. 推进机电产品再制造。围绕航空发动机、盾构机、工业机器人、服务器等高值关键件再制造，打造再制造创新载体。加快增材制造、柔性成型、特种材料、无损检测等关键再制造技术创新与产业化应用。面向交通、钢铁、石化化工等行业机电设备维护升级需要，培育 50 家再制造解决方案供应商，实施智能升级改造。加强再制造产品认定，建立自愿认证和自我声明结合的产品合格评定制度。（国家发展改革委、工业和信息化部、市场监管总局等按职责分工负责）

4. 强化工业固废综合利用。落实资源综合利用税收优惠政策，鼓励地方开展资源利用评价。支持尾矿、粉煤灰、煤矸石等工业固废规模化高值化利用，加快全固废胶凝材料、全固废绿色混凝土等技术研发推广。深入推动工业资源综合利用基地建设，探索形成基于区域产业特色和固废特点的工业固废综合利用产业发展路径。到 2025 年，大宗工业固废综合利用率达到 57%，2030 年进一步提升至 62%。（国家发展改革委、科技部、工业和信息化部、财政部、生态环境部、税务总局、市场监管总局等按职责分工负责）

（八）加快工业绿色低碳技术变革

推进重大低碳技术、工艺、装备创新突破和改造应用，以技术工艺革新、生产流程再造促进工业减碳去碳。

1. 推动绿色低碳技术重大突破。部署工业低碳前沿技术研究，实施低碳零碳工业流程再造工程，研究实施氢冶金行动计划。布局“减碳去碳”基础零部件、基础工艺、关键基础材料、低碳颠覆性技术研究，突破推广一批高效储能、能源电子、氢能、碳捕集利用封存、温和条件二氧化碳资源化利用等关键核心技术。推动构建以企业为主体，产学研协作、上下游协同的低碳零碳负碳技术创新体系。（国家发展改革委、科技部、工业和信息化部、生态环境部、国家能源局等按职责分工负责）

2. 加大绿色低碳技术推广力度。发布工业重大低碳技术目录，组织制定技术推广方案和供需对接指南，促进先进适用的工业绿色低碳新技术、新工艺、新设备、新材料推广应用。以水泥、钢铁、石化化工、电解铝等行业为重点，聚焦低碳原料替代、短流程制造等关键技术，推进生产制造工艺革新和设备改造，减少工业过程温室气体排放。鼓励各地区、各行业探索绿色低碳技术推广新机制。（国家发展改革委、科技部、工业和信息化部、生态环境部等按职责分工负责）

3. 开展重点行业升级改造示范。围绕钢铁、建材、石化化工、有色金属、机械、轻工、纺织等行业，实施生产工艺深度脱碳、工业流程再造、电气化改造、二氧化碳回收循环利用等技术示范工程。鼓励中央企业、大型企业集团发挥引领作用，加大在绿色低碳技术创新应用上的投资力度，形成一批可复制可推广的技术经验和行业方案。以企业技术改造投资指南为依托，聚焦绿色低碳编制升级改造导向计划。（国家发展改革委、科技部、工业和信息化部、生态环境部、国务院国资委、国家能源局等按职责分工负责）

（九）主动推进工业领域数字化转型

推动数字赋能工业绿色低碳转型，强化企业需求和信息服务供给对接，加快数字化低碳解决方案应用推广。

1. 推动新一代信息技术与制造业深度融合。利用大数据、第五代移动通信（5G）、工业互联网、云计算、人工智能、数字孪生等对工艺流程和设备进行绿色低碳升级改造。深入实施智能制造，持续推动工艺革新、装备升级、管理优化和生产过程智能化。在钢铁、建材、石化化工、有色金属等行业加强全流程精细化管理，开展绿色用能监测评价，持续加大能源管控中心建设力度。在汽车、机械、电子、船舶、轨道交通、航空航天等行业打造数字化协同的绿色供应链。在家电、纺织、食品等行业发挥信息技术在个性化定制、柔性生产、产品溯源等方面优势，推行全生命周期管理。推进绿色低碳技术软件化封装。开展新一代信息技术与制造业融合发展试点示范。（国家发展改革委、科技部、工业和信息化部等按职责分工负责）

2. 建立数字化碳管理体系。加强信息技术在能源消费与碳排放等领域的开发部署。推动重点用能设备上云上平台，形成感知、监测、预警、应急等能力，提升碳排放的数字化管理、网络化协同、智能化管控水平。促进企业构建碳排放数据计量、监测、分析体系。打造重点行业碳达峰碳中和公共服务平台，建立产品全生命周期碳排放基础数据库。加强对重点产品产能产量监测预警，提高产业链供应链安全保障能力。（国家发展改革委、工业和信息化部、生态环境部、市场监管总局、国家统计局等按职责分工负责）

3. 推进“工业互联网 + 绿色低碳”。鼓励电信企业、信息服务企业和工业企业加强合作，利用工业互联网、大数据等技术，统筹共享低碳信息基础数据和工业大数据资源，为生产流程再造、跨行业耦合、跨区域协同、跨领域配给等提供数据支撑。聚焦能源管理、节能降碳等典型场景，培育推广标准化的“工业互联网 + 绿色低碳”解决方案和工业 App，助力行业和区域绿色化转型。（国家发展改革委、工业和信息化部、国务院国资委、国家能源局等按职责分工负责）

三、重大行动

（十）重点行业达峰行动

聚焦重点行业，制定钢铁、建材、石化化工、有色金属等行业碳达峰实施方案，研究消费品、装备制造、电子等行业低碳发展路线图，分业施策、持续推进，降低碳排放强度，控制碳排放量。

1. 钢铁。严格落实产能置换和项目备案、环境影响评价、节能评估审查等相关规定，切实控制钢铁产能。强化产业协同，构建清洁能源与钢铁产业共同体。鼓励适度稳步提高钢铁先进电炉短流程发展。推进低碳炼铁技术示范推广。优化产品结构，提高高强高韧、耐蚀耐候、节材节能等低碳产品应用比例。到 2025 年，废钢铁加工准入企业年加工能力超过 1.8 亿吨，短流程炼钢占比达 15% 以上。到 2030 年，富氢碳循环高炉冶炼、氢基竖炉直接还原铁、碳捕集利用封存等技术取得突破应用，短流程炼钢占比达 20% 以上。（国家发展改革委、科技部、工业和信息化部、生态环境部、国务院国资委、市场监管总局、国家能源局等按职责分工负责）

2. 建材。严格执行水泥、平板玻璃产能置换政策，依法依规淘汰落后产能。加快全氧、富氧、电熔等工业窑炉节能降耗技术应用，推广水泥高效篦冷机、高效节能粉磨、低阻旋风预热器、浮法玻璃一窑多线、陶瓷干法制粉等节能降碳装备。到 2025 年，水泥熟料单位产品综合能耗水平下降 3% 以上。到 2030 年，原燃料替代水平大幅提高，突破玻璃熔窑窑外预热、窑炉氢能煅烧等低碳技术，在水泥、玻璃、陶瓷等行业改造建设一批减污降碳协同增效的绿色低碳生产线，实现窑炉碳捕集利用封存技术产业化示范。（国家发展改革委、科技部、工业和信息化部、生态环境部、国务院国资委、市场监管总局等按职责分工负责）

3. 石化化工。增强天然气、乙烷、丙烷等原料供应能力，提高低碳原料比重。合理控制煤制油气产能规模。推广应用原油直接裂解制乙烯、新一代离子膜电解槽等技术装备。开发可再生能源制取高值化学品技术。到 2025 年，“减油增化”取得积极进展，新建炼化一体化项目成品油产量占原油加工量比例降至 40% 以下，加快部署大规模碳捕集利用封存产业化示范项目。到 2030 年，合成气一步法制烯烃、乙醇等短流程合成技术实现规模化应用。（国家发展改革委、科技部、工业和信息化部、生态环境部、国务院国资委、市场监管总局、国家能源局等按职责分工负责）

4. 有色金属。坚持电解铝产能总量约束，研究差异化电解铝减量置换政策，防范铜、铅、锌、氧化铝等冶炼产能盲目扩张，新建及改扩建冶炼项目须符合行业规范条件，且达到能耗限额标准先进值。实施铝用高质量阳极示范、铜锍连续吹炼、大直径竖罐双蓄热底出渣炼镁等技改工程。突破冶炼余热回收、氨法炼锌、海绵钛颠覆性制备等技术。依法依规管理电解铝出口，鼓励增加高品质再生金属原料进口。到 2025 年，铝水直接合金化比例提高到 90% 以上，再生铜、再生铝产量分别达到 400 万吨、1 150 万吨，再生金属供应占比达 24% 以上。到 2030 年，电解铝使用可再生能源比例提至 30% 以上。（国家发展改革委、科技部、工业和信息化部、生态环境部、国务院国资委、国家能源局等按职责分工负责）

5. 消费品。造纸行业建立农林生物质剩余物回收储运体系，研发利用生物质替代化石能源技术，推广低能耗蒸煮、氧脱木素、宽压区压榨、污泥余热干燥等低碳技术装备。到 2025 年，产业集中度前 30 位企业达 75%，采用热电联产占比达 85%；到 2030 年，热电联产占比达 90% 以上。纺织行业发展化学纤维智能化高效柔性制备技术，推广低能耗印染装备，应用低温印染、小浴比染色、针织物连续印染等先进工艺。加快推动废旧纺织品循环利用。到 2025 年，差别化高品质绿色纤维产量和比重大幅提升，低温、短流程印染低能耗技术应用比例达 50%，能源循环利用技术占比达 70%。到 2030 年，印染低能耗技术占比达 60%。（国家发展改革委、科技部、工业和信息化部、生态环境部、国务院国资委、国家能源局等按职责分工负责）

6. 装备制造。围绕电力装备、石化通用装备、重型机械、汽车、船舶、航空等领域绿色低碳需求，聚焦重点工序，加强先进铸造、锻压、焊接与热处理等基础制造工艺与新技术融合发展，实施智能化、绿色化改造。加快推广抗疲劳制造、轻量化制造等节能节材工艺。研究制定电力装备及技术绿色低碳发展路线图。到 2025 年，一体化压铸成形、无模铸造、超高强钢热成形、精密冷锻、异质材料焊接、轻质高强合金轻量化、激光热处理等先进近净成形工艺技术实现产业化应用。到 2030 年，创新研发一批先进绿色制造技术，大幅降低生产能耗。（国家发展改革委、科技部、工业和信息化部、生态环境部、国务院国资委等按职责分工负责）

7. 电子。强化行业集聚和低碳发展，进一步降低非电能源的应用比例。以电子材料、元器件、典型电子整机产品为重点，大力推进单晶硅、电极箔、磁性材料、锂电材料、电子陶瓷、电子玻璃、光纤及光纤预制棒等生产工艺的改进。加快推广多晶硅闭环制造工艺、先进拉晶技术、节能光纤预制及拉丝技术、印制电路板清洁生产技术等研发和产业化应用。到 2025 年，连续拉晶技术应用范围 95% 以上，锂电材料、光纤行业非电能源占比分别在 7%、2% 以下。到 2030 年，电子材料、电子整机产品制造能耗显著下降。（国家发展改革委、科技部、工业和信息化部、生态环境部、国务院国资委、国家能源局等按职责分工负责）

（十一）绿色低碳产品供给提升行动

发挥绿色低碳产品装备在碳达峰碳中和工作中的支撑作用，完善设计开发推广机制，为能源生产、交通运输、城乡建设等领域提供高质量产品装备，打造绿色低碳产品供给体系，助力全社会达峰。

1. 构建绿色低碳产品开发推广机制。推行工业产品绿色设计，按照全生命周期管理要求，探索开展产品碳足迹核算。聚焦消费者关注度高的工业产品，以减污降碳协同增效为目标，鼓励企业采用自我声明或自愿性认证方式，发布绿色低碳产品名单。推行绿色产品认证与标识制度。到 2025 年，创建一批生态（绿色）设计示范企业，制修订 300 项左右绿色低碳产品评价相关标准，开发推广万种绿色低碳产品。（工业和信息化部、生态环境部、市场监管总局等按职责分工负责）

2. 加大能源生产领域绿色低碳产品供给。加强能源电子产业高质量发展统筹规划，推动光伏、新型储能、重点终端应用、关键信息技术产品协同创新。实施智能光伏产业发展行动计划并开展试点示范，加快基础材料、关键设备升级。推进先进太阳能电池及部件智能制造，提高光伏产品全生命周期信息化管理水平。支持低成本、高效率光伏技术研发及产业化应用，优化实施光伏、锂电等行业规范条件、综合标准体系。持续推动陆上风电机组稳步发展，加快大功率固定式海上风电机组和漂浮式海上风电机组研制，开展高空风电机组预研。重点攻克变流器、主轴承、联轴器、电控系统及核心元器件，完善风电装备产业链。（国家发展改革委、工业和信息化部、国家能源局等按职责分工负责）

3. 加大交通运输领域绿色低碳产品供给。大力推广节能与新能源汽车，强化整车集成技术创新，提高新能源汽车产业集中度。提高城市公交、出租汽车、邮政快递、环卫、城市物流配送等领域新能源汽车比例，提升新能源汽车个人消费比例。开展电动重卡、氢燃料汽车研发及示范应用。加快充电桩建设及换电模式创新，构建便利高效适度超前的充电网络体系。对标国际领先标准，制修订汽车节能减排标准。到 2030 年，当年新增新能源、清洁能源动力的交通工具比例达到 40% 左右，乘用车和商用车新车二氧化碳排放强度分别比 2020 年下降 25% 和 20% 以上。大力发展绿色智能船舶，加强船用混合动力、LNG 动力、电池动力、氨燃料、氢燃料等低碳清洁能源装备研发，推动内河、沿海老旧船舶更新改造，加快新一代绿色智能船舶研制及示范应用。推动下一代国产民机绿色化发展，积极发展电动飞机等新能源航空器。（国家发展改革委、工业和信息化部、住房城乡建设部、交通运输部、市场监管总局、国家能源局、国家邮政局等按职责分工负责）

4. 加大城乡建设领域绿色低碳产品供给。将水泥、玻璃、陶瓷、石灰、墙体材料等产品碳排放指标纳入绿色建材标准体系，加快推进绿色建材产品认证。开展绿色建材试点城市创建和绿色建材下乡行动，推广节能玻璃、高性能门窗、新型保温材料、建筑用热轧型钢和耐候钢、新型墙体材料，推动优先选用获得绿色建材认证标识的产品，促进绿色建材与绿色建筑协同发展。推广高效节能的空调、照明器具、电梯等用能设备，扩大太阳能热水器、分布式光伏、空气热泵等清洁能源设备在建筑领域应用。（国家发展改革委、工业和信息化部、生态环境部、住房城乡建设部、市场监管总局等按职责分工负责）

四、政策保障

（十二）健全法律法规

构建有利于绿色低碳发展的法律体系，统筹推动制修订节约能源法、可再生能源法、循环经济促进法、清洁生产促进法等法律法规。制定出台工业节能监察管理办法、机电产品再制造管理办法、新能源汽车动力电池回收利用管理办法等部门规章。完善工业领域碳达峰相关配套制度。（国家发展改革委、工业和信息化部、司法部、生态环境部、市场监管总局、国家能源局等按职责分工负责）

（十三）构建标准计量体系

加快制修订能耗限额、产品设备能效强制性国家标准，提升重点产品能效能耗要求，扩大覆盖范围。建立健全工业领域碳达峰标准体系，重点制定基础通用、碳排放核算、低碳工艺技术等领域标准。强化标准实施，推进标准实施效果评价。鼓励各地区结合实际依法制定更严格地方标准。积极培育先进团体标准，完善标准采信机制。鼓励行业协会、企业、标准化机构等积极参与国际标准化活动，共同制定国际标准。开展工业领域关键计量测试和技术研究，逐步建立健全碳计量体系。（国家发展改革委、工业和信息化部、生态环境部、市场监管总局等按职责分工负责）

（十四）完善经济政策

建立健全有利于绿色低碳发展的税收政策体系，落实节能节水、资源综合利用等税收优惠政策，更好发挥税收对市场主体绿色低碳发展的促进作用。落实可再生能源有关政策。统筹发挥现有资金渠道促进工业领域碳达峰碳中和。完善首台（套）重大技术装备、重点新材料首批次应用政策，支持符合条件的绿色低碳技术装备材料应用。优化关税结构。（国家发展改革委、工业和信息化部、财政部、生态环境部、商务部、税务总局等按职责分工负责）

（十五）完善市场机制

健全全国碳排放权交易市场配套制度，逐步扩大行业覆盖范围，统筹推进碳排放权交易、用能权、电力交易等市场建设。研究重点行业排放基准，科学制定工业企业碳排放配额。开展绿色电力交易试点，推动绿色电力在交易组织、电网调度、市场价格机制等方面体现优先地位。打通绿电认购、交易、使用绿色通道。建立健全绿色产品认证与标识制度，强化绿色低碳产品、服务、管理体系认证。（国家发展改革委、工业和信息化部、生态环境部、市场监管总局、国家能源局等按职责分工负责）

（十六）发展绿色金融

按照市场化法治化原则，构建金融有效支持工业绿色低碳发展机制，加快研究制定转型金融标准，将符合条件的绿色低碳项目纳入支持范围。发挥国家产融合作平台作用，支持金融资源精准对接企业融资需求。完善绿色金融激励机制，引导金融机构扩大绿色信贷投放。建立工业绿色发展指导目录和项目库。在依法合规、风险可控前提下，利用绿色信贷加快制造业绿色低碳改造，在钢铁、建材、石化化工、有色金属、轻工、纺织、机械、汽车、船舶、电子等行业支持一批低碳技改项目。审慎稳妥推动在绿色工业园区开展基础设施领域不动产投资信托基金试点。引导气候投融资试点地方加强对工业领域碳达峰的金融支持。（国家发展改革委、工业和信息化部、财政部、生态环境部、人民银行、银保监会、证监会等按职责分工负责）

（十七）开展国际合作

秉持共商共建共享原则，深度参与全球工业绿色低碳发展，深化绿色技术、绿色装备、绿色贸易等方面交流合作。落实《对外投资合作绿色发展工作指引》。推动共建绿色“一带一路”，完善绿色金融和绿色投资支持政策，务实推进绿色低碳项目合作。利用现有双多边机制，加强工业绿色低碳发展政策交流，聚焦绿色制造、智能制造、高端装备等领域开展多层面对接，充分挖掘新合作契合点。鼓励绿色低碳相关企业服务和产品“走出去”，提供系统解决方案。（外交部、国家发展改革委、工业和信息化部、生态环境部、商务部等按职责分工负责）

五、组织实施

（十八）加强统筹协调

贯彻落实碳达峰碳中和工作领导小组对碳达峰相关工作的整体部署，统筹研究重要事项，制定重大政策。做好工业和信息化、发展改革、科技、财政、生态环境、住房和城乡建设、交通运输、商务、市场监管、金融、能源等部门间协同，形成政策合力。加强对地方指导，及时调度各地区工业领域碳达峰工作进展。（碳达峰碳中和工作领导小组办公室成员单位按职责分工负责）

（十九）强化责任落实

各地区相关部门要充分认识工业领域碳达峰工作的重要性、紧迫性和复杂性，结合本地区工业发展实际，按照本方案编制本地区相关方案，提出符合实际、切实可行的碳达峰时间表、路线图、施工图，明确工作目标、重点任务、达峰路径，加大对工业绿色低碳转型支持力度，切实做好本地区工业碳达峰工作，有关落实情况纳入中央生态环境保护督察。国有企业要结合自身实际制定实施企业碳达峰方案，落实任务举措，开展重大技术示范，发挥引领作用。中小企业要提高环境意识，加强碳减排信息公开，积极采用先进适用技术工艺，加快绿色低碳转型。（各地区相关部门、各有关部门按职责分工负责）

（二十）深化宣传交流

充分发挥行业协会、科研院所、标准化组织、各类媒体、产业联盟等机构的作用，利用全国节能宣传周、全国低碳日、六五环境日，开展多形式宣传教育。加大高校、科研院所、企业低碳相关技术人才培养力度，建立完善多层次人才培养体系。引导企业履行社会责任，鼓励企业组织碳减排相关公众开放日活动，引导建立绿色生产消费模式，为工业绿色低碳发展营造良好环境。（国家发展改革委、教育部、工业和信息化部、生态环境部、国务院国资委、市场监管总局等按职责分工负责）

科技部等六部门关于印发《关于加快场景创新　以人工智能高水平应用促进经济高质量发展的指导意见》的通知

国科发规〔2022〕199 号

各省、自治区、直辖市及计划单列市科技厅（委、局）、教育厅（教委）、工业和信息化主管部门、交通运输厅（局、委）、农业农村厅（委、局）、卫生健康委，新疆生产建设兵团科技局、教育局、工业和信息化局、交通运输局、农业农村局、卫生健康委：

为落实《新一代人工智能发展规划》，系统指导各地方和各主体加快人工智能场景应用，推动经济高质量发展，现将《关于加快场景创新 以人工智能高水平应用促进经济高质量发展的指导意见》印发给你们，请结合实际，认真贯彻落实。

科技部　教育部　工业和信息化部

交通运输部　农业农村部　国家卫生健康委

2022 年 7 月 29 日

关于加快场景创新　以人工智能高水平应用促进经济高质量发展的指导意见

为贯彻落实党中央、国务院关于推动人工智能发展的决策部署，统筹推进人工智能场景创新，着力解决人工智能重大应用和产业化问题，全面提升人工智能发展质量和水平，更好支撑高质量发展，按照《中华人民共和国国民经济和社会发展第十四个五年规划和 2035 年远景目标纲要》《新一代人工智能发展规划》等要求，制定本指导意见。

一、总体要求

场景创新是以新技术的创造性应用为导向，以供需联动为路径，实现新技术迭代升级和产业快速增长的过程。推动人工智能场景创新对于促进人工智能更高水平应用，更好支撑高质量发展具有重要意义。我国人工智能技术快速发展、数据和算力资源日益丰富、应用场景不断拓展，为开展人工智能场景创新奠定了坚实基础。但仍存在对场景创新认识不到位，重大场景系统设计不足，场景机会开放程度不够，场景创新生态不完善等问题，需要加强对人工智能场景创新工作的统筹指导。

1. 指导思想

以习近平总书记关于人工智能系列重要讲话精神为指导，贯彻新发展理念，以促进人工智能与实体经济深度融合为主线，以推动场景资源开放、提升场景创新能力为方向，强化主体培育、加大应用示范、创新体制机制、完善场景生态，加速人工智能技术攻关、产品开发和产业培育，探索人工智能发展新模式新路径，以人工智能高水平应用促进经济高质量发展。

2. 基本原则

——企业主导。坚持企业在场景创新全过程中的主体地位，充分发挥政府引导作用，推动企业成为场景创意提出、场景设计开发、场景资源开放、场景应用示范的主体。

——创新引领。面向新技术的创造性应用，以前瞻性构想和开拓性实践为起点，运用新模式新方法推动人工智能应用场景落地。

——开放融合。推动各类创新主体开放场景机会，围绕场景创新加快资本、人才、技术、数据、算力等要素汇聚，促进人工智能创新链、产业链深度融合。

——协同治理。尊重人工智能发展规律，发挥政府和市场的积极性，共同为场景创新提供制度供给，促进人工智能创新发展与监管规范相协调。

3. 发展目标

场景创新成为人工智能技术升级、产业增长的新路径，场景创新成果持续涌现，推动新一代人工智能发展上水平。

——重大应用场景加速涌现。在经济社会发展、科学研究发现、重大活动保障等领域形成一批示范性强、显示度高、带动性广的重大应用场景。

——场景驱动技术创新成效显著。通过场景创新促进人工智能关键技术和系统平台优化升级，形成技术供给和场景需求互动演进的持续创新力。

——场景创新合作生态初步形成。初步形成政府、产业界、科技界协同合作的人工智能场景创新体系，场景创新主体合作更加紧密、创新能力显著提升。

——场景驱动创新模式广泛应用。场景开放创新成为地方和行业推动人工智能发展的重要抓手，形成一批场景开放政策措施和制度成果。

二、着力打造人工智能重大场景

4. 围绕高端高效智能经济培育打造重大场景

鼓励在制造、农业、物流、金融、商务、家居等重点行业深入挖掘人工智能技术应用场景，促进智能经济高端高效发展。制造领域优先探索工业大脑、机器人协助制造、机器视觉工业检测、设备互联管理等智能场景。农业领域优先探索农机卫星导航自动驾驶作业、农业地理信息引擎、网约农机、橡胶树割胶、智能农场、产业链数字化管理、无人机植保、农业生产物联监测、农产品质量安全管控等智能场景。物流领域优先探索机器人分流分拣、物料搬运、智能立体仓储以及追溯终端等智能场景。金融领域优先探索大数据金融风控、企业智能征信、智能反欺诈等智能场景。商务领域优先探索多人在线协同会议、线上会展、盘点结算等智能场景。家居领域优先探索家庭智慧互联、建筑智能监测、产品在线设计等智能场景。消费领域积极探索无人货柜零售、无人超市、智慧导购等新兴场景。交通运输领域优先探索自动驾驶和智能航运技术在园区内运输、摆渡接驳、智能配送、货车编队行驶、港区集装箱运输、港区智能作业、船舶自主航行等方面的智能应用场景。

5. 围绕安全便捷智能社会建设打造重大场景

以更智能的城市、更贴心的社会为导向，在城市管理、交通治理、生态环保、医疗健康、教育、养老等领域持续挖掘人工智能应用场景机会，开展智能社会场景应用示范。城市管理领域探索城市大脑、城市物联感知、政务数据可用不可见、数字采购等场景。交通治理领域探索交通大脑、智慧道路、智慧停车、自动驾驶出行、智慧港口、智慧航道等场景。生态环保领域重点探索环境智能监测、无人机器自主巡检等场景。智慧社区领域探索未来社区、无人配送、社区电商、数字餐厅等场景。医疗领域积极探索医疗影像智能辅助诊断、临床诊疗辅助决策支持、医用机器人、互联网医院、智能医疗设备管理、智慧医院、智能公共卫生服务等场景。教育领域积极探索在线课堂、虚拟课堂、虚拟仿真实训、虚拟教研室、新型教材、教学资源建设、智慧校园等场景。养老领域积极探索居家智能监测、智能可穿戴设备应用等场景。农村领域积极探索乡村智慧治理、数字农房、在线政务服务等场景。

6. 围绕高水平科研活动打造重大场景

推动人工智能技术成为解决数学、化学、地学、材料、生物和空间科学等领域的重大科学问题的新范式，充分发挥人工智能技术在文献数据获取、实验预测、结果分析等方面作用，重点围绕新药创制、基因研究、生物育种研发、新材料研发、深空深海等领域，以需求为牵引谋划人工智能技术应用场景，融合人工智能模型算法和领域数据知识，实现重大科学问题和发现的研究突破。

7. 围绕国家重大活动和重大工程打造重大场景

在亚运会、全运会、进博会、服贸会等重大活动和重要会议举办中，拓展人工智能应用场景，为人工智能技术和产品应用提供测试、验证机会。鼓励在战略骨干通道、高速铁路、港航设施、现代化机场建设等重大建设工程中运用人工智能技术，提升重大工程建设效率。

三、提升人工智能场景创新能力

8. 强化企业场景创新主体作用

鼓励行业领军企业面向国家重大战略需求和国计民生关键问题，围绕企业智能管理、关键技术研发、新产品培育等开发人工智能技术应用场景机会，开展场景联合创新。大力支持专精特新“小巨人”、独角兽、人工智能初创企业等积极开展场景创新，参与城市、产业场景建设，通过场景创新实现业务成长。鼓励地方通过编制场景创新成果推荐目录等方式，助力企业实现场景创新突破。

9. 鼓励高校院所参与场景创新

支持高校、科研院所、新型研发机构等探索人工智能技术用于重大科学研究和技术开发的应用场景。鼓励在成果转化中主动对接城市、产业的人工智能技术需求，开展场景创新的产学研合作，提高科研工作的市场化导向，激活科研人员创新潜力。鼓励科研人员参与场景创业，挖掘人工智能科研成果场景创意，加速人工智能技术产业化应用。

10. 培育壮大场景创新专业机构

鼓励行业领军企业、科技龙头企业、科技类社会组织、新型研发机构等以人工智能技术与产业融合创新为导向开展人工智能场景创新实践，聚焦产业智能化场景创新需求，建设人工智能场景创新支撑环境、引入行业场景资源、联合开展场景创建、孵化新企业新业务。鼓励市场化人工智能场景创新促进服务机构发展，在人工智能场景发现、发布、对接、推广、培育等方面积极开展理论研究和实践，探索多元主体合作的场景创新新机制。

11. 构筑人工智能场景创新高地

推动国家新一代人工智能创新发展试验区和国家人工智能创新应用先导区以场景为抓手开展创新试验，在人工智能科技创新突破、人工智能与产业深度融合、人工智能社会实验等方面开展场景创新示范。推动创新型城市、国家自主创新示范区、高新技术产业开发区开展场景培育工作，在基础设施建设、人工智能成果转化、企业培育、产业升级等方面创新工作模式。

四、加快推动人工智能场景开放

12. 鼓励常态化发布人工智能场景清单

鼓励各类主体建立常态化人工智能场景清单征集、遴选、发布机制。推动地方政府、领军企业、行业协会和专业服务机构围绕经济社会发展和科技创新需求征集场景。通过召开新闻发布会、场景大会、搭建场景发布平台等多种方式建立场景机会清单发布机制，面向人工智能企业定期发布场景机会，推动人工智能培育从“给政策”“给项目”到“给机会”转变。

13. 支持举办高水平人工智能场景活动

鼓励各地举办高水平场景创新活动，发布场景创新成果、场景合作机会，为场景供给方、研究机构、企业、投资机构提供高端交流平台，加强场景创新主体交流合作。鼓励组织人工智能场景主题创新大赛，围绕社会治理、产业创新等需求开展场景创新，形成一批具有示范推广性的解决方案。鼓励建设集测试、展示、路演、体验为一体的人工智能场景创新体验区、展示馆等场景展示体验环境，定期面向社会举办场景展示体验活动，增强人工智能的科技体验感和获得感。

14. 拓展人工智能场景创新合作对接渠道

鼓励地方政府、央企、行业领军企业通过“揭榜挂帅”、联合创新、优秀场景推介等方式促进场景供需双方对接合作。强化政策、资金支持，推动具有首创性、示范性的标杆场景项目落地。探索市场化场景合作新机制，在商业模式、项目采购、资金合作等方面形成符合场景特征的新制度。鼓励开展跨区域场景合作，鼓励京津冀、长三角、粤港澳大湾区等城市群探索建立人工智能场景创新共同体，发挥中心城市科技辐射带动作用，开展城市间场景创新合作。

五、加强人工智能场景创新要素供给

15. 推动场景算力设施开放

鼓励算力平台、共性技术平台、行业训练数据集、仿真训练平台等人工智能基础设施资源开放共享，为人工智能企业开展场景创新提供算力、算法资源。鼓励地方通过共享开放、服务购买、创新券等方式，降低人工智能企业基础设施使用成本，提升人工智能场景创新的算力支撑。

16. 集聚人工智能场景数据资源

推动城市和行业的人工智能“数据底座”建设和开放，采用区块链、隐私计算等新技术，在确保数据安全的前提下，为人工智能典型应用场景提供数据开放服务。加强“数据底座”的安全保护，对个人信息、商业秘密、行业重要数据等依法予以保护。

17. 多渠道开展场景创新人才培养

鼓励普通高校、职业院校在人工智能学科专业教学中设置场景创新类专业课程，激发人工智能专业学生场景想象力，提升学生场景创新素养与能力。鼓励开展场景创新人才培训，通过开设研修班、开展场景实践交流、组织场景专题培训等多种形式，培养一批具有场景创新意识和能力的专业人才。

18. 加强场景创新市场资源供给

鼓励银行、保险等金融机构研发面向中小企业场景创新的金融产品，为中小企业推动场景项目建设提供资金支持。鼓励市场化投资机构关注场景创新企业，培育一批“耐心”资本，为开展场景创新的科技企业提供融资支持。鼓励行业大企业在与科技企业联合开展场景创新过程中，为场景项目落地和成果推广提供供应链支持，优先将场景创新成果纳入供应链体系。鼓励孵化器、服务机构开展场景路演等活动，帮助企业寻找潜力场景。

工业和信息化部办公厅
市场监管总局办公厅　国家能源局综合司
关于促进光伏产业链供应链协同发展的通知

工信厅联电子函〔2022〕205号

各省、自治区、直辖市及计划单列市、新疆生产建设兵团工业和信息化主管部门、市场监管局（厅、委）、能源主管部门，各有关单位：

近期，光伏行业出现阶段性供需错配、部分供应链价格剧烈震荡等情况，个别环节出现囤积居奇等苗头，有的地方出现割裂市场、区域封闭等问题，亟须深化行业管理，引导产业链供应链协同创新。为优化建立全国光伏大产业大市场，促进光伏产业高质量发展，积极推动建设新能源供给消纳体系，现将有关事项通知如下：

一、立足长远目标，优化产业布局

各地工业和信息化、市场监管、能源主管部门要围绕碳达峰碳中和战略目标，科学规划和管理本地区光伏产业发展，积极稳妥有序推进全国光伏市场建设。统筹发展和安全，强化规范和标准引领，根据产业链各环节发展特点合理引导上下游建设扩张节奏，优化产业区域布局，避免产业趋同、恶性竞争和市场垄断。优化营商环境，规范市场秩序，支持各类市场主体平等参与市场竞争，引导各类资本根据双碳目标合理参与光伏产业。在光伏发电项目开发建设中，不得囤积倒卖电站开发等资源、强制要求配套产业投资、采购本地产品。

二、鼓励创新进步，规范行业秩序

各地工业和信息化、能源主管部门要深入落实《光伏制造行业规范条件》等政策，积极规范产业发展秩序，光伏电站投资建设应对照规范要求和相关标准。积极实施《智能光伏产业创新发展行动计划》，鼓励企业结合市场需求，加快技术研发和智能创新升级。支持企业创新应用新一代信息技术，构建硅料、硅片、电池、组件、系统集成、终端应用及重点配套材料、设备等供应链大数据平台，推广应用公平化、透明化在线采购、车货匹配、云仓储等新服务，提高供应链整体应变及协同能力。为促进削峰填谷和产业链稳定，鼓励有关企业及公共交易机构等合理开展多晶硅及电池等物料储备，严禁囤积居奇。各地市场监管部门要加强监督管理，强化跨部门联合执法，严厉打击光伏行业领域哄抬价格、垄断、制售假冒伪劣产品等违法违规行为。

三、加强系统对接，深化全链合作

各地工业和信息化、能源主管部门要有效利用国内光伏大市场，引导产业链上下游企业深度对接交流。落实新增可再生能源和原料用能不纳入能源消费总量控制的精神，统筹推进光伏存量项目建设，加强多晶硅等新增项目储备，协调手续办理工作，根据下游需求稳妥加快产能释放和有序扩产。鼓励硅料与硅片企业，硅片与电池、组件及逆变器、光伏玻璃等企业，组件制造与发电投资、电站建设企业深度合作，支持企业通过战略联盟、签订长单、技术合作、互相参股等方式建立长效合作机制，引导上下游明确量价、保障供应、稳定预期。指导协会、企业等定期发布真实客观的供需信息，严禁发布不实信息，解决信息不对称和对接不通畅等问题，加快建立产业链供需对接和智能光伏产业公共服务等平台，支持上下游企业以资本、技术、品牌为基础开展联合攻关，推进产业提质、降本、增效。

四、支持协同发展，稳定产业供需

各地工业和信息化、能源主管部门要坚持统筹疫情防控和产业经济发展，引导企业稳固供应链，提升产业链水平，共同推进产业协同发展，保障光伏产业链供应链稳定运转。加强企业跟踪服务保障，开展精准对接，协调解决企业难题，确保企业稳定生产运行。加强区域协调和部门协同，共同推动解决疫情期间的复工复产、物流配送等问题，确保重点区域畅通循环，维护供应链安全稳定。加强光伏行业运行监测，推进实现动态监测、风险预警和政府决策快速响应，引导产业持续健康发展。加强光伏产业链全生命周期管理和碳足迹核算，加快废弃组件回收技术、标准及产业化研究。

五、坚持统筹发力，加强宣传引导

各地工业和信息化、市场监管、能源主管部门要进一步加强有效市场和有为政府结合，充分发挥市场在资源配置中的决定性作用，同时更好发挥政府作用，积极引导企业解决产业发展中面临的新困难和问题，提高自身抗风险能力。充分发挥行业协会、研究院所、检验检测机构、计量技术机构、产业计量测试中心等专业机构的桥梁纽带作用，指导适时开展高峰论坛、专项对接等活动，推进行业交流合作。鼓励各专业媒体开展光伏科普宣传和政策报道，提高公众认知水平。坚持企业在市场开拓和上下游配套协作中的主体地位，相关企业要增强责任意识，合理确定生产目标和价格指标。坚持实事求是，不夸大事实、不跟风炒作，共同营造和谐共生、产业共赢的光伏产业新发展格局。

工业和信息化部、市场监管总局、国家能源局将及时通报重点工作进展情况，适时对存在问题的地方及企业开展约谈、告诫，对违法违规企业开展执法检查，对有关好经验好做法加强宣传推广。

工业和信息化部办公厅
市场监管总局办公厅
国家能源局综合司
2022 年 8 月 17 日

工业和信息化部等七部门关于印发信息通信行业绿色低碳发展行动计划（2022—2025 年）的通知

工信部联通信〔2022〕103 号

各省、自治区、直辖市及计划单列市、新疆生产建设兵团工业和信息化主管部门、发展改革委、财政厅（局）、生态环境厅（局）、住房和城乡建设厅（局）、国资委、能源局，各省、自治区、直辖市通信管理局，中国电信集团有限公司、中国移动通信集团有限公司、中国联合网络通信集团有限公司、中国广播电视网络集团有限公司、中国铁塔股份有限公司，有关行业协会：

现将《信息通信行业绿色低碳发展行动计划（2022—2025年）》印发给你们，请结合实际，认真贯彻落实。

工业和信息化部　国家发展改革委　财政部

生态环境部　住房和城乡建设部

国务院国资委　国家能源局

2022年8月22日

信息通信行业绿色低碳发展行动计划（2022—2025年）

为贯彻落实《中共中央 国务院关于完整准确全面贯彻新发展理念做好碳达峰碳中和工作的意见》，以及《2030年前碳达峰行动方案》决策部署，紧密衔接《“十四五”信息通信行业发展规划》，推动“十四五”时期信息通信行业绿色低碳高质量发展，赋能全社会节能减排促达峰，制定本计划。

一、总体要求

（一）指导思想

以习近平新时代中国特色社会主义思想为指导，全面贯彻党的十九大和十九届历次全会精神，立足新发展阶段，完整、准确、全面贯彻新发展理念，构建新发展格局，统筹处理好发展和减排、整体和局部、短期和中长期的关系，加强信息基础设施建设支撑保障，着力推进重点设施能效水平和行业绿色用能水平提升，着力推进行业赋能全社会节能降碳技术供给能力和行业绿色低碳监测管理能力提升，全面系统提高信息通信行业绿色低碳发展质量，助推经济社会发展全面绿色转型，助力如期实现碳达峰、碳中和目标。

（二）基本原则

——统筹发展。在行业高质量发展中全面贯彻绿色低碳发展理念，循序渐进、安全有序推进行业节能减排降碳，大力提高资源利用效率，发挥数字技术对节能减排的助推器作用，赋能全社会节能降碳。

——目标导向。把助力国家如期实现碳达峰、碳中和目标作为行业绿色低碳发展总体指引，遵循产业和技术发展客观规律，聚焦重点领域和关键环节，科学制定目标和行动方案，务实推进各项任务落到实处。

——创新引领。将创新作为引领行业绿色低碳发展的第一动力，创新体制机制，激发创新活力，全面推进绿色低碳科技革命，引领网络架构绿色转型和重点设施能效提升，推动行业发展质量变革、效率变革、动力变革。

——协同联动。下好绿色低碳发展“一盘棋”，加强信息通信行业内、行业间深度协同，深化基础设施共建共享。充分发挥企业主体作用，增强产业链供应链协同联动，提升绿色低碳发展整体合力。

——双轮驱动。政府和市场两手发力，更好发挥政府引导作用，不断完善行业绿色低碳发展政策环境，充分发挥市场机制作用，形成有效激励约束机制，不断增强绿色低碳的数字技术和产品高质量供给能力。

——开放合作。奉行互利共赢的开放战略，加强信息通信行业绿色低碳发展国际交流，积极推动国内外科技、产业及投融资合作和成果分享，在对话交流中互学互鉴有益经验和成功实践。

（三）发展目标

到2025年，信息通信行业绿色低碳发展管理机制基本完善，节能减排取得重点突破，行业整体资源利用效率明显提升，助力经济社会绿色转型能力明显增强，单位信息流量综合能耗比“十三五”期末下降20%，单位电信业务总量综合能耗比“十三五”期末下降15%，遴选推广30个信息通信行业赋能全社会降碳的典型应用场景。

展望2030年，信息通信行业绿色低碳发展总体布局更加完善，信息基础设施整体能效全球领先，绿色产业链供应链稳定顺畅，有力支撑经济社会全面绿色转型发展。

（四）实施路径

准确把握“十四五”碳达峰关键期，推动有效市场和有为政府更好结合，瞄准“优布局、抓重点、促协同、强赋能、统管理”五大方向确立实施路径，在行业现有绿色发展能力基础上，优化绿色发展总体布局、聚焦三类重点设施绿色发展、协同推进绿色产业链供应链建设、强化行业赋能经济社会绿色发展供给能力、加强行业绿色发展统筹管理，将行业整体能效和绿色用能水平提高引向深入，全面推进信息通信行业绿色低碳高质量发展。

二、优化绿色发展总体布局

加强全局性谋划、战略性布局、整体性推进，深化基础设施统筹布局和架构优化，加强基础设施共建共享，提升基础设施能效和绿色能源使用水平，加快形成布局完善、适度超前、架构先进、能效优化的信息基础设施。

行动 1：优化基础设施体系架构

统筹信息基础设施集约部署。加强顶层设计，优化区域布局，探索建立区域统筹协作、市场一体化发展的信息基础设施绿色低碳发展机制，提高信息基础设施资源利用效率。在信息基础设施布局和建设中融入绿色低碳要求，推动能耗监测与信息基础设施同步规划部署。加强信息基础设施规划与国土空间、城乡建设、电力设施等规划有效衔接。

打造绿色低碳信息基础设施。稳步推进网络全光化，鼓励采用新型超低损耗光纤，规模部署 200G/400G 光传输系统和 1T 以上大容量低功耗网络设备，引导 100G 及以上光传输系统向城域网下沉，减少光电转换能耗。推进网络架构优化，精简网络层级和网络设备节点数量，逐步形成以数据中心为核心的扁平化、云网融合、云边端协同的网络架构和算力设施体系，推动实现异构云集中管理和协同共享。推动网络功能虚拟化（NFV）、人工智能等新技术规模应用，提高网络和算力资源智能调度能力。

行动 2：强化基础设施共建共享

深入推进通信网络设施共建共享。加强统筹协调，持续开展 5G 接入网共建共享，深入推进管道、杆路、光缆、机房、室分等网络基础设施共建共享共维，充分利用已有各类资源，提高基础设施使用效率，降低能源及资源消耗。到 2025 年，新建 5G 基站站址共享率不低于 80%。

全面开展与社会资源共建共享。加强跨行业沟通合作，促进与市政、交通、公安、电力等领域在管孔、杆塔、站址、机房等资源的双向开放共享，鼓励在有条件区域规模部署室外一体化机柜、智慧灯杆等资源共享性载体，提高资源集约利用。

行动 3：提升基础设施整体能效

提升信息基础设施建设和运营绿色化水平。推进企业在信息基础设施建设中优先采用节能减排新技术和设备，鼓励应用《国家通信业节能技术产品推荐目录》《节能节水专用设备企业所得税优惠目录》中的节能技术产品。加快业务平台和信息技术系统云化，建设完善数字化运营平台，提升各类设施能耗精准化、智能化管控水平。优化跨层级跨地区业务处理流程，提升各类设施运行维护效率。

加快高耗能老旧设施绿色升级。鼓励企业利用人工智能、大数据等多种技术手段实施网络设施智能化改造和绿色升级。完善高能耗、低能效网络设备管理，重点针对技术相对落后、能耗较高的老旧网络设备和效率低的电源、电池、空调等基础设施产品，有序开展退网，逐步形成科学完备的老旧设备回收、处理及循环利用体系。

行动 4：提高行业绿色用能水平

鼓励企业积极使用绿色电力。推动畅通绿色电力采购渠道、建立绿色电力碳排放抵消机制，鼓励企业积极购买绿色电力。强化企业主动消费绿色电力的意识，鼓励通过自建拉专线或双边交易、购买绿色电力证书等方式提高绿色电能使用水平，逐步提升绿色电力在整体能源消耗中的占比。

加大绿色能源推广使用。鼓励企业在自有场所建设绿色能源设施，与绿色能源方案提供方合作就近消纳。有序推广锂电池使用，探索氢燃料电池等应用，推进新型储能技术与供配电技术的融合应用。支持智能光伏在信息通信领域示范应用。试点打造一批使用绿色能源的案例。

三、加快重点设施绿色升级

聚焦数据中心、通信基站、通信机房三类重点设施，以全方位全过程的集约化布局、高效化设计、绿色化建设、低碳化技术、智能化运维为手段，加快实现重点设施绿色低碳发展。

行动 5：推进绿色数据中心建设

推动绿色集约化布局。加强数据中心统筹布局，推进“东数西算”工程，梯次布局全国一体化算力网络国家枢纽节点、省内数据中心、边缘数据中心。鼓励一线城市周边地区承接城市外溢需求，建设热数据聚集区。引导承载高时延业务的数据中心优先向气候适宜、可再生能源富集的国家算力枢纽节点部署。加快国家绿色数据中心建设，引导企业建设绿色集约型数据中心，加快“老旧小散”存量数据中心资源整合和节能改造。到 2025 年，全国新建大型、超大型数据中心电能利用效率（PUE）降到 1.3 以下。

加大先进节能节水技术应用。强化绿色设计，加快自然冷源、近端制冷、液冷等制冷节能技术应用，鼓励采用预制模块化机房及高密度、虚拟化等高效 IT 系统方案，推广高压直流供电、高效交流不间断电源、集成式电力模块等技术和产品，发展智能化能源管控系统。根据自然气候条件差异，因地制宜推广先进适用节能技术。鼓励加强面向代码的软件能耗优化，提高算法效率，挖掘业务层降碳潜力。鼓励优化减配冗余设施，自建余热、冷却水回收设施，加快应用先进适用的节水技术和装备，提高水资源利用效率。健全绿色数据中心评价指标体系。

提高 IT 设施能效水平。积极应用液冷型、高温型 IT 设备，提高数据中心 IT 设备能效。鼓励数据中心企业将 IT 设备的风扇、电源等运行情况及中央处理器（CPU）、存储等资源利用情况纳入监控和管理范围，实现 IT 全节点与数据中心联动节能。鼓励数据中心企业创新计费模式，开发客户 IT 能效评估、诊断和能效提升服务，引导用户提升 IT 能效水平。

行动 6：促进通信基站能效提升

推动基站主设备节能技术应用推广。推进硬件节能技术应用，采用高制程芯片、利用氮化镓功放等提升设备整体能效。逐步引入液体冷却、自然冷源等新型散热技术。加强智能符号静默、通道静默等软件节能技术在 5G 网络中的应用。推广集中化无线接入网架构，进一步节省基站机房、电源、空调等配套需求。到 2025 年，5G 基站能效提升 20% 以上。

提升基站配套设施能效水平。推广室外型小型智能化电源系统在基站的应用。结合市电情况优化备电蓄电池配置，加强应用差异化备电，推广市电削峰填谷、电力需求实时响应等节能措施。加大空调节能管控技术应用，提升空调运行状态精准调节能力。

推动基站节能监测及效果评估。引导企业建设完善基站能耗监测管理平台，对基站设备和基站总能耗情况进行实时监测、统计和分析。完善基站设备能效评估体系，探索制定主设备、供电设备等不同层级基站设备能效评估方法，适时组织第三方机构积极开展基站能效评估测试。

行动 7：推动通信机房绿色改造

加快核心机房绿色低碳化重构。推进传统通信机房数据中心化改造，优化机房气流组织，缩短送风距离，加快推广机房冷热通道隔离、微模块、整机柜服务器、余热回收利用等技术。在满足业务安全需求下，加快推广不同供电保障等级的节能技术方案。推动机房通信主设备能效在线测试及更新换代。到 2025 年，改建核心机房 PUE 降到 1.5 以下。

加速接入和汇聚机房绿色化改造。推进机房设备和系统使用高压直流、高效交流不间断电源等供电方案，减少电能转换环节，提高系统能效及资源利用率。加大推广机房机柜一体化集成技术，以及新风、热交换和热管技术等自然冷源利用技术。积极开展机房能效实时监测管理。结合业务需求，充分利用接入及汇聚机房资源，统筹布局边缘数据中心和边缘节点。

四、完善绿色产业链供应链

充分发挥龙头企业的产业引导力，协同带动产业链供应链绿色供给能力提升，完善资源回收再利用体系，加快形成以管理制度为引领、以绿色采购为关键、以评估认证为抓手的绿色产业链供应链格局。

行动 8：引导绿色化生产和采购

引导产业链供应链协同制造。支持设备供应企业加强节能减排技术研发，实现源头节能，为开展设备层减排奠定基础。推动产业链供应链上下游深度合作，协同开展绿色产品设计、生产和使用。探索建立信息通信设备及终端产品能效标准体系和开展能效等级评估，引导设备供应企业提供绿色低碳产品和解决方案。

建立完善绿色采购制度。支持企业在采购中加大对网络设备、IT设备、电源设备及空调等设施的用能效率、绿色制造工艺、使用寿命等要求，引导设备供应企业加大绿色技术产品的研发与供给，降低全生命周期平均碳排放水平。鼓励企业在采购中强化环境管理体系认证要求，引导设备供应企业提升环境管理意识和能力。引导行业开展绿色低碳技术产品评测，鼓励企业依据评测优先采购，引导供应链绿色生产，支撑网络绿色低碳运营。

行动9：提高资源循环利用水平

推动各环节绿色包装循环再利用。支持企业逐步推行统一的绿色包装材料，加大环保材料、可循环利用材料的应用。鼓励运输过程中集约化包装，推行集合包装代替独立包装，避免消费过程中过度包装。

提高废旧信息通信设备回收利用水平。支持企业加强网络主设备、配套等设施的全生命周期管理，鼓励包括终端在内的各类设备以旧换新和售后回收，支持利用互联网平台开展分级分类处置竞拍。鼓励企业在通信基站备电等领域有序推进动力电池梯次利用，提升全过程安全管理能力。在设备报废处置前严格按照有关规定进行数据销毁处理，防范数据泄露。

五、赋能全社会降碳促达峰

以各行业数字化、智能化、绿色化转型需求为导向，以产业绿色低碳转型、居民低碳环保生活和城乡绿色智慧发展等领域为重点，加快提升数字技术与垂直行业应用深度融合的服务供给能力，助力经济社会数字化绿色化转型。

行动10：赋能产业绿色低碳转型

强化工业节能降碳供给能力。鼓励信息通信企业加强与工业企业产业合作和供需对接，加大工业数字化绿色化协同发展技术和服务供给力度。推动重点用能设备、工序等数字化改造和上云用云。培育5G、工业互联网、人工智能等在工业能效管理中的应用，打造数字化赋能工业能效管理解决方案资源库。推广以工业互联网为载体、以能效管理为对象的平台化设计、智能化制造、网络化协同、个性化定制、服务化延伸、数字化管理等融合创新模式。

助力重点行业绿色化转型。鼓励信息通信企业积极配合电网企业推进配电网智能化升级，打造5G智能电网，推广5G SA切片智能分布式配电、5G基站削峰填谷供电等绿色低碳应用。支持企业赋能钢铁、有色金属、石化化工等行业，加快物联感知＋大数据平台建设，推动打造能耗云平台，助力行业用能安全和精细化管理。鼓励企业在农业大棚管理、粮食仓储等场景深化人工智能、物联网等技术应用，降低农业生产能耗。到2025年，面向产业绿色低碳转型挖掘推广10个典型应用场景。

行动11：赋能居民低碳环保生活

强化公共服务绿色低碳供给能力。鼓励信息通信企业与地方政府合作，推动5G、北斗、车联网等信息通信技术与城市交通路网等设施进一步深度融合，提升出行效率。鼓励企业探索试点低碳零碳配送站试点，利用人工智能技术设计推广最优减塑、减包材配送方案。

助力打造居民绿色生活方式。鼓励信息通信企业推广线上会议、线上办公、线上医疗、信息消费等应用，减少出行带来的碳排放。以平台、App等为依托，设计绿色消费宣传、绿色积分兑换等产品应用。鼓励企业向居民提供生活废旧物品回收优惠、回馈、交易等多元化服务，引导居民绿色消费。到2025年，面向居民低碳环保生活挖掘推广10个典型应用场景。

行动12：赋能城乡绿色智慧发展

增强城乡节能降碳供给能力。鼓励信息通信企业积极参与城乡碳足迹感知等技术方案提供，助力实现对区域碳排放的监测和服务。推动数字孪生技术在城乡节能减排等领域应用，实现城乡碳排放、碳消除与城乡发展的多元路径推演，为城乡节能减排提供决策支撑。

助力城乡绿色智慧发展。鼓励信息通信企业赋能城乡环境监测治理，基于智能物联网设施，实现环境数据动态感知与实时监测，支持城乡减污降碳协同控制决策。面向基层社区打造智慧服务微型综合体，参与零碳智慧建筑建设。面向城乡垃圾、废物利用等环节开发绿色节能系统，提高城乡生活垃圾处理能力和资源化利用水平。到2025年，面向城乡绿色智慧发展挖掘推广10个典型应用场景。

六、加强绿色发展统筹管理

准确把握行业绿色发展新趋势，充分发挥企业绿色发展的主体责任，建立健全行业绿色发展的管理机制和手段，提升行业绿色创新能力，营造良好发展环境。

行动13：健全绿色低碳管理机制

构建绿色低碳发展机制。建立健全行业绿色低碳发展协同推进机制，强化绿色发展决策部署贯彻落实，指导企业建立完善碳排放信息披露制度。探索建立企业绿色信用等级评定机制，开展绿色企业评价，发布行业年度绿色发展报告。开展绿色低碳技术创新和应用推广。

增强企业绿色发展制度保障。推动企业建立健全碳达峰、碳中和工作机制，确立主要负责人领导责任制，设置绿色低碳发展管理部门。鼓励龙头企业创新碳排放管理机制，设立绿色发展专项资金，为绿色电力采购、重点设施节能改造等重要活动提供资金保障。推动企业建立完善绿色生产、绿色采购、绿色办公、节能改造等管理办法和规章制度，编制企业绿色低碳发展规划和可持续发展年度报告并向社会发布。

行动 14：建设绿色低碳管理平台

推动企业建立完善绿色低碳发展管理平台。鼓励企业面向数据中心、通信基站、通信机房、办公用房等主要用能设备设施，建立完善覆盖建设、运营、服务等各环节的能耗和碳排放管理平台。汇聚电、水、油、气等各类能源资源消耗数据，实现设备、机房、业务、区域等多维度能耗和排放分析，形成全流程能耗和碳排放管理体系。强化能源消耗、碳排放数据的规范性有效性，增强企业在运行成本控制、环保效益提高、能源效率提升等方面的数据分析能力。

探索建立行业绿色低碳发展管理平台。建设涵盖信息通信行业能源消耗、碳排放、社会赋能等信息的行业管理平台。推进企业与行业碳管理大数据平台对接，提升数据信息的统计、监测、分析和核查水平。加强对不同类型、不同厂商设备在网运行时间、碳排放等数据采集分析，促进设备供应企业加速节能降碳技术迭代创新。

行动 15：提升行业绿色创新能力

加快绿色技术攻关和转化。强化企业创新主体地位，围绕行业绿色低碳发展重点难点，积极开展行业低碳零碳技术创新及转化应用。鼓励龙头企业以绿色低碳发展需求拉动上下游加强产品质量、绿色标准等合作对接，推进产业链协同创新和技术转化。探索建立行业绿色低碳发展科技创新产业联盟，开展多层次、多领域学术交流，鼓励企业、高校、科研机构围绕信息通信行业绿色低碳发展需求开展创新创业。做好行业绿色关键核心及基础共性技术知识产权战略储备和风险预警，强化知识产权保护和运用。

建立健全绿色低碳标准体系。加快制修订信息通信行业共建共享、节能减碳技术、碳核算、低碳评价、重点设施和设备能效、数字化赋能降碳等绿色低碳标准，加大行业绿色低碳标准供给，健全完善行业绿色低碳标准体系。充分发挥标准引领作用，强化先进适用标准的宣传推广和应用实施，推动建立绿色低碳标准采信机制，依据标准开展碳排放核算和低碳评价。到 2025 年，制定信息通信领域 30 项以上绿色低碳标准。

激发市场主体绿色创新活力。鼓励企业在基础设施能效提升、绿色技术研发、绿色发展管理等方面的创新，推广和提升全行业能效水平。支持科技型服务型企业和第三方机构创新服务模式，加强绿色低碳设计、低碳技术验证、碳排放碳足迹核算、绿色诊断以及低碳化、数字化转型、技术转移合作咨询服务等方面的供给能力。适时举办绿色创新大赛等活动，推广信息通信行业绿色低碳技术创新和应用案例。

七、保障措施

（一）加强统筹协调。工业和信息化部探索设立信息通信领域绿色低碳发展议事协调机制，负责信息通信行业绿色低碳发展工作统筹协调和重大问题决策。加强与国家发展改革委、财政部、生态环境部、住建部、国资委、国家能源局等部门沟通协调，推进跨部门工作统筹部署。建立信息通信行业绿色低碳发展专家咨询委员会，对重大问题开展研究，提出政策意见建议。

（二）强化考核评估。加强对企业绿色发展制度、碳管理平台系统建设、绿色采购等绿色发展管理体系的综合考核评价。明确信息通信行业绿色低碳发展指标统计周期，完善企业数据采集报送机制，强化对相关指标的考核评估，及时跟踪行业重点设施的 PUE 值、节能改造进展等情况。

（三）加大政策支持。积极利用现有资金渠道，支持信息通信行业绿色低碳发展。将符合条件的企业和项目纳入工业绿色发展指导目录以及转型金融支持范围。发挥国家产融合作平台作用，推动金融机构为绿色企业和项目提供多样化投融资支持。推动加大绿电供给，研究企业绿色能源使用量与碳排放量间的扣减办法。

（四）加快人才培养。鼓励高等、职业院校信息通信相关专业设立绿色低碳发展研究方向和课题，加强学科教育交叉融合，培养绿色终端设备、绿色网络、绿色软件和平台、绿色发展管理等全链条专业型和复合型人才。支持高校、科研院所、企业等共建绿色发展实验室、人才实训基地，联合培养技术专家和管理人才。充分发挥行业协会、智库、第三方机构作用，培养一批碳排放相关人才。利用各类引才引智计划，积极引进海外高端人才。

（五）加强宣传引导。强化信息通信行业赋能全社会绿色转型作用的宣传，提高地方、企业和公众对信息通信行业绿色低碳发展的认可度。开展绿色发展制度与政策、绿色低碳技术与产品的科普宣传，营造行业绿色低碳发展良好氛围。通过节能降碳优秀案例、最佳实践等的发布，提升先进成果在行业内外的示范效应。开展跨行业对接赋能活动，拓展绿色成果应用的广度和深度。

（六）深化国际合作。加强信息通信行业绿色低碳发展领域国际交流、投融资、技术研发等多元化合作，适时引入国际先进绿色创新成果，积极输出中国绿色低碳发展经验。推动“一带一路”绿色信息基础设施互联互通。鼓励企业参与国际标准制定，推动国内外标准互认，推动信息通信行业绿色低碳技术和产品“走出去”。

附件：信息通信行业绿色低碳发展指标（略）

工业和信息化部办公厅
关于印发5G全连接工厂建设指南的通知

工信厅信管〔2022〕23号

各省、自治区、直辖市及计划单列市、新疆生产建设兵团工业和信息化主管部门，各省、自治区、直辖市及计划单列市通信管理局，各有关单位：

为指导各地区各行业积极开展5G全连接工厂建设，带动5G技术产业发展壮大，进一步加快“5G＋工业互联网”新技术新场景新模式向工业生产各领域各环节深度拓展，推进传统产业提质、降本、增效、绿色、安全发展，工业和信息化部组织编制了《5G全连接工厂建设指南》。现印发给你们，请结合本行业（领域）、本地区实际，推动企业加快实施。

工业和信息化部办公厅

2022年8月25日

5G全连接工厂建设指南

“5G＋工业互联网”是加速中国新型工业化进程的重要支撑。自2019年我部印发《“5G＋工业互联网”512工程推进方案》以来，产业各方紧密合作、积极探索，共同推进“5G＋工业互联网”创新发展，在十大重点行业培育形成20个典型应用场景，取得阶段性成效。为指导各地区各行业积极开展5G全连接工厂建设，带动5G技术产业发展壮大，进一步加快“5G＋工业互联网”新技术新场景新模式向工业生产各领域各环节深度拓展，推进传统产业提质、降本、增效、绿色、安全发展，特制定本指南。

一、总体要求

5G全连接工厂是充分利用以5G为代表的新一代信息通信技术集成，打造新型工业互联网基础设施，新建或改造产线级、车间级、工厂级等生产现场，形成生产单元广泛连接、信息（IT）运营（OT）深度融合、数据要素充分利用、创新应用高效赋能的先进工厂。同时，本指南也适用于采矿、港口、电力等国民经济重点生产领域。

（一）建设目标

“十四五”时期，主要面向原材料、装备、消费品、电子等制造业各行业以及采矿、港口、电力等重点行业领域，推动万家企业开展 5G 全连接工厂建设，建成 1 000 个分类分级、特色鲜明的工厂，打造 100 个标杆工厂，推动 5G 融合应用纵深发展。

（二）建设原则

遵循规律、需求导向。遵循企业数字化转型发展规律，根据企业战略布局和业务开展需求，基于企业网络应用基础，聚焦工业生产过程中的重点、难点，明确 5G 全连接工厂建设内容。

注重实效、有序推进。综合考虑 5G 技术演进和建设使用成本，推进企业灵活部署 5G 网络等基础设施，同步推进安全保障能力建设，实现 5G 在生产辅助环节的规模化部署和核心环节的深层次拓展，不断提升系统化集成应用水平。

融合创新、协同发展。整合工业企业、基础电信企业、5G 终端和网络设备制造商、垂直行业解决方案提供商等各方资源，协同推动 5G 全连接工厂在重点行业、重点领域落地实践，促进创新链、产业链、供应链融合发展。

系统谋划、分类实施。统筹考虑地区特色、行业特征、企业基础，引导企业合理规划建设路径，新建工厂一体设计、一体建设，现有工厂立足实际、急用先行，分行业、分类分级推进 5G 全连接工厂建设。

二、建设内容

（一）基础设施建设

1. 5G 网络建设。支持企业采用虚拟专网、混合专网方式部署 5G 网络，加快用户平面功能（UPF）等 5G 核心网元建设，同步部署相应的安全机制和措施，强化生产现场 5G 网络能力。鼓励企业基于已获得许可的无线电频率，探索 5G 独立专网，创新灵活多样的 5G 网络建设服务模式。

2. 工业网络互通。鼓励企业综合利用 5G、时间敏感网络（TSN）、软件定义网络（SDN）等新型网络技术，在安全可靠的前提下，推动企业办公、生产管理、监控预警、工业控制、物联等网络互通，加快 IT-OT 网络融合。

3. 边缘计算部署。支持企业在生产现场按需部署边缘计算节点，与企业级工业互联网平台互联，满足工业实时控制、就近服务、按需调度、数据安全等需求，推进 5G 网络与边缘计算融合部署，促进云网边端协同。

4. 业务系统建设。鼓励企业自建或租用网络服务与管理系统，为本地化网络运维和管理提供支撑。推进有条件的企业按需建设数据存储节点和工业互联网标识解析企业节点，为数据存储、加工、查询、调用等提供支撑。支持企业建设工业互联网平台或订阅相关服务，支撑生产运营管理。

（二）厂区现场升级

5. 现场装备网络化改造。支持企业加快各类“哑设备”、单机系统等网络化改造，在安全可控的前提下，提升工业数据实时采集能力；对具有移动部署、灵活作业、远程操控等需求设备，积极使用带有 5G 功能的芯片、模组、传感器等进行改造；加快 5G 与可编程逻辑控制器（PLC）、分布式控制系统（DCS）等工业控制系统融合。

6. IT-OT 应用融合化部署。支持企业充分发挥 5G 技术优势，推动 IT-OT 应用统筹部署，探索生产控制、运营管理等软硬件系统的云化，加快生产、运营、管理等各类移动端应用程序（App）研发，满足企业远程调用、资源共享、高算力性能等需求，形成集中管控、现场按需应用的融合方案。

7. 生产服务智能化升级。支持企业运用 5G、人工智能等技术，实现海量历史、实时、时序数据的聚类、关联、预测分析，加强数据深度分析，优化设备健康管理、工艺参数调优、能耗与排放管理、产品售后服务等，为企业精准决策提供依据。

（三）关键环节应用

8. 研发设计应用。支持企业加快 5G、数字孪生、增强现实 / 虚拟现实（AR/VR）等技术融合应用，促进物理与虚拟生产单元之间动态实时映射及提升现场工作效率，支持生产单元模拟、协同研发设计、众包设计等应用场景，提升企业网络协同研发设计及现场作业交互能力。

9. 生产运行应用。支持企业推动5G、边缘计算、知识图谱等技术应用于工业设备、系统、生产线，支持柔性生产制造、远程设备操控、设备协同作业、精准动态作业、现场辅助装配等应用场景，提升生产运行柔性、敏捷、协同能力。

10. 检测监测应用。支持企业通过5G结合机器视觉、模式化识别等技术，进行在线检测监测，加强识别分析、远程诊断、智能预判，支持机器视觉质检、近红外线成像分析、工艺合规校验、设备故障诊断、设备预测维护、无人智能巡检、生产现场监测等应用场景，全方位保障生产质量与安全。

11. 仓储物流应用。支持企业融合5G与射频识别、图像识别、多源融合室内定位、北斗导航等技术，运用智能天车、AGV小车等设备，助力调度管理、货物码放、危险品运输等环节智能化、少人化，支持厂区智能物流、智能理货、全域物流监测等应用场景，提升配送效率，保障货物与人身安全。

12. 运营管理应用。支持企业利用5G结合工业互联网标识、平台等设施，采集整合生产单元信息数据，辅助优化生产工序，支持生产过程溯源、生产能效管控、虚拟现场服务、企业协同合作等应用场景，促进生产数字化、绿色化，推动产业链上下游贯通。

（四）网络安全防护

13. 安全防护能力升级。推进企业利用5G、人工智能、新型加密算法等技术，结合生产安全需求，围绕设备、控制、网络、平台和数据等关键要素，构建多层级网络安全防护体系；做好安全应急预案，阶段性开展安全检测评估，提升网络安全监测水平，确保网络运行平稳，提高安全威胁发现、快速处置和应急响应能力。

14. 安全管理水平提升。推进企业全面落实工业互联网企业网络安全分类分级管理相关政策与标准，提升设备、控制、网络、平台和数据等安全防护能力；加大网络安全投入，明确责任部门和责任人，建立健全监测预警、数据上报、应急响应、风险评估等安全机制。

三、建设路径

（一）开展分类分级建设。支持企业建设产线级、车间级、工厂级等不同类型5G全连接工厂。产线级5G全连接工厂建设，着重在单一生产环节、业务单元的设备连接、数据采集和5G融合应用创新方面能力建设。车间级5G全连接工厂建设，着重多产线多系统协同优化、数据价值充分释放、集成创新水平提升等能力建设。工厂级5G全连接工厂建设，着重跨车间跨层级互联互通、场景的深度和系统化应用、全要素生产率提升等能力建设。

（二）加快重点行业推广。在电子设备制造、装备制造、钢铁、采矿、电力等重点行业和领域，推动发展基础较好、需求较明确的企业主体，率先建设5G全连接工厂，形成数字化、网络化、智能化转型升级标杆；同时，鼓励更多行业企业积极探索5G在工业生产各环节创新应用，实现提质、降本、增效、绿色、安全发展。

5G全连接工厂建设重点行业和领域

01 电子设备制造

重点针对行业产品迭代速度快、产品质量要求高、客户要求快速响应、降低劳动力成本、减少物料库存等需求，促进精准动态作业、柔性生产制造、现场辅助装配、机器视觉质检、厂区智能物流等典型应用场景普及应用。

02 装备制造

重点针对行业百万量级生产资源协同设计、泛在感知、设备预测性维护、提升生产效率、保障人员健康与安全等需求，推进航空制造、船舶制造、汽车制造与工程机械制造等重点领域，提升装配加工、质量监测、产品交付、远程服务等关键能力，促进协同研发设计、设备协同作业、现场辅助装配、机器视觉质检、厂区智能物流、虚拟现场服务等典型场景普及应用。

03 钢铁

重点针对行业生产过程透明可视、降低生产设备维护成本、节能降碳等需求，促进远程设备操控、机器视觉质检、工艺合规校验、设备故障诊断、设备预测维护、生产现场监测、全域智能物流、生产能效管控、企业协同合作等典型场景普及应用。

04 采矿

重点针对行业降低事故危险、保障作业人员健康、工作面少人化无人化需求，促进生产单元模拟、远程设备操控、设备协同作业、无人智能巡检、生产现场监测等典型场景普及应用。

05 电力

重点针对行业发电、输电、变电、配电、用电等主要环节，促进现场辅助安装、无人智能巡检、设备故障诊断、生产现场监测、生产能效管控等典型场景普及应用。

06 石化化工

重点针对行业提高生产效率、降低能耗、提升安全管理水平、数字化转型、安全生产预测预警等需求，促进生产单元模拟、远程设备操控、生产现场监测、生产能效管控、设备预测维护、全域物流监测等典型场景普及应用。

07 建材

重点针对行业提高生产效率、实现无人化作业、提升安全管理水平、节能降碳、数字化转型等需求，促进生产单元模拟、生产现场监测、机器视觉质检、设备预测维护、生产能效管控等典型场景普及应用。

08 港口

重点针对港口安全生产、无人化作业、与物流协同联动等需求，促进生产单元模拟、远程设备操控、生产能效管控、精准动态作业、厂区智能理货等典型场景普及应用。

09 纺织

重点针对行业提高产品质量、提升数字化水平、推进产业绿色转型、快速适应个性化消费趋势等需求，促进生产单元模拟、设备协同作业、柔性生产制造、工艺合规校验、生产过程溯源、企业协同合作等典型场景普及应用。

10 家电

重点针对行业产品型号多、产品更新迭代快、降低生产成本等需求，通过5G简化工厂内部网络，利用5G MEC承载工厂生产系统和应用，促进柔性生产制造、机器视觉质检、虚拟现场服务、厂区智能物流、厂区智能理货、无人智能巡检、生产现场监测、产线数字孪生、智能安防、智能设备交互、生产过程溯源、工艺合规管理、设备预测维护、生产能效管控等典型场景普及应用。

四、保障措施

（一）强化产业支撑

组织开展5G全连接工厂相关技术标准制定，鼓励大企业探索行业标准方案、中小企业提升标准应用水平。加快推进5G工业芯片、模组、网关等产品设备研发与应用，降低产业推广成本。推进工业数据模型化组织，进行标准化描述和信息建模。大力推动中小企业上云。开展相关人才能力培育，加强复合型人才储备。

（二）推进多方合作

推进地方工业和信息化主管部门和通信主管部门在政策发布、遴选评估、宣传推广等方面加强协同合作。推动基础电信企业、互联网企业、工业企业、设备制造企业、解决方案服务商、高校、研究机构等加强合作，充分发挥工业互联网产业联盟、工业行业协会等产业组织桥梁纽带作用，深化政产学研用多方协同，构建良好产业生态。

（三）深化产融结合

鼓励产业各方充分利用国家产融合作平台、地方产融对接平台，畅通产融信息对接渠道、提高对接效率。鼓励各地出台支持5G全连接工厂建设的政策，加大资金支持力度，并通过专项资金、产业基金等方式支持企业。鼓励各地积极拓宽资金来源，创新企业贷款、融资、保险等金融服务方式，加大精准信贷扶持力度。引导企业用好用足固定资产加速折旧、企业研发费用加计扣除等相关税收优惠政策。

（四）开展遴选评估

制定5G全连接工厂评价标准，组织开展分类分级评估，建设5G全连接工厂项目库，依托工业互联网试点示范，遴选5G全连接工厂标杆。建立5G全连接工厂建设情况动态监测机制，将建设情况纳入工业互联网发展成效评估、工业互联网产业示范基地评价。按年度发布《5G全连接工厂名录》，打造“5G+工业互联网”中国方案和5G全连接工厂中国品牌。

（五）加强总结宣传

依托中国5G+工业互联网大会、工业互联网大会等重点产业活动，大力宣传5G全连接工厂典型成果。推动各地方召开现场会，加强5G全连接工厂建设经验交流和典型成果推广。基于已公示的5G全连接工厂标杆，分行业、多频次组织开展实地培训与经验交流，积极促进典型成果在各地区各行业的推广应用。

附件：名词解释（略）

国务院办公厅
关于深化电子电器行业管理制度改革的意见

国办发〔2022〕31号

各省、自治区、直辖市人民政府，国务院各部委、各直属机构：

深化电子电器行业管理制度改革，进一步破除制约行业高质量发展的体制机制障碍，提高政府监管效能，对于更好激发市场主体活力、促进产业转型升级和技术创新、培育壮大经济发展新动能具有重要意义。为进一步优化电子电器行业管理制度，促进电子电器行业高质量发展，经国务院同意，现提出以下意见。

一、指导思想

坚持以习近平新时代中国特色社会主义思想为指导，全面贯彻党的十九大和十九届历次全会精神，认真落实党中央、国务院关于深化"放管服"改革优化营商环境的决策部署，完整、准确、全面贯彻新发展理念，加快构建新发展格局，全流程优化电子电器行业生产准入和流通管理，加强事前事中事后全链条全领域监管，大幅降低制度性交易成本，激发企业创新动力和发展活力，促进技术产品研发创新和市场公平竞争，切实维护电子电器相关产业链供应链安全稳定，加快推动电子电器行业高质量发展。

二、优化电子电器产品准入管理制度

（一）改革完善电子电器产品强制性认证制度。根据技术和产品发展实际情况，动态调整强制性产品认证目录。将安全风险较高的锂离子电池、电源适配器/充电器纳入强制性认证管理，对安全风险较低、技术较为成熟的数据终端、多媒体终端等9种产品不再实行强制性认证管理（见附件1）。调整优化强制性认证程序，按"双随机、一公开"方式开展获证前工厂检查，结合企业信用状况、产品质量国家监督抽查情况等因素科学合理确定获证后的监督检查频次，加强产品一致性监督检查，不断提升监管效能。（市场监管总局负责）

（二）改革完善电信设备进网许可制度。动态调整实行进网许可制度的电信设备目录。将卫星互联网设备、功能虚拟化设备纳入进网许可管理，对与电信安全关联较小、技术较为成熟的固定电话终端、传真机等11种电信设备不再实行进网许可管理（见附件2）。精简优化进网许可检测项目，相应降低检测收费标准。将进网许可的审批承诺时限压减至15个工作日。将进网试用批文的有效期由1年延长至2年。推行进网许可标志电子化，逐步替代纸质标志贴签，不再要求电信设备产品包装、内置信息、广告等处标注进网许可证编号，便利产品取得进网许可后尽快上市，但产品取得进网许可前不得销售或者使用。实行电信设备产品系族管理，对取得进网许可的产品，持证企业新增、变更委托生产企业，或者进行不改变主要功能、核心元器件的技术和外形改动的，无须重新办理检测和许可。（工业和信息化部负责）统一电信设备进网许可和强制性认证电磁兼容（EMC）检测要求，企业申办许可和认证时只需要进行一次检测，检测报告相互承认。（工业和信息化部、市场监管总局按职责分工负责）

（三）优化无线电发射设备型号核准制度。将无线电发射设备型号核准的审批承诺时限压减至15个工作日。除受限于无线电频率规划调整和频率使用许可期限要求外，将《无线电发射设备型号核准证》有效期限短于2年的延长至2年以上。优化无线电发射设备型号核准代码编码模式，工业和信息化部制定发布编码规则，由企业自主按照编码规则编制核准代码，便利企业安排生产计划，但产品取得型号核准前不得销售或者使用。（工业和信息化部负责）

（四）推动电子电器产品准入自检自证。2022 年年底前确定一批条件完备、具有良好质量管理水平和信用的电信设备、无线电发射设备、信息技术设备和家用电器生产企业开展自检自证试点。试点企业申请办理电信设备进网许可、无线电发射设备型号核准、强制性认证时，除网络安全等特殊检测项目外，可以采用本企业检测报告替代第三方检测报告；可以在作出相关承诺的前提下，免于提交本企业或者其委托生产企业的生产能力、技术力量、质量保证体系方面的申请材料。自检自证开展情况向社会公示，接受社会和行业监督。根据试点效果，逐步推广电子电器产品准入自检自证制度。（工业和信息化部、市场监管总局按职责分工负责）

（五）深化广播电视设备器材入网认定制度改革。动态调整广播电视设备器材入网认定品种，逐步减少线缆、分配网络器材等品种入网认定管理，对标清类设备等不再实行入网认定管理。全面推行入网认定电子证件，取代入网认定纸质证书。（广电总局负责）

三、整合绿色产品评定认证制度

（六）精简整合节能评定认证制度。持续规范能效标识制度，鼓励企业不断提升产品能源效率。取消能效“领跑者”产品遴选制度、“能效之星”产品评价制度。将节能产品认证制度、低碳产品认证制度整合为节能低碳产品认证制度。节能低碳产品标准由有关部门共同制定，认证规则由市场监管总局牵头制定。通过节能低碳产品认证的产品，在政府采购中按规定享受优先采购或者强制采购政策，符合相关地方奖补政策的按规定享受。（国家发展改革委、工业和信息化部、财政部、生态环境部、市场监管总局和各省级人民政府按职责分工负责）

（七）加快构建统一的绿色产品认证与标识体系。统筹环境标志认证、节能低碳产品认证、节水产品认证、可再生能源产品认证和绿色设计产品评价制度，纳入绿色产品认证与标识体系实行统一管理，实施绿色产品全项认证或者分项认证。市场监管总局会同国家发展改革委、工业和信息化部、生态环境部等有关部门统一发布绿色产品标识、评价标准清单和认证目录。认证机构应当根据企业需求，依据纳入绿色产品评价标准清单的标准开展全项认证，并采信分项认证结果，避免重复检测和认证。在具备条件的领域，增加企业自我声明的评价方式。在已开展绿色产品认证的领域，政府采购按规定优先采购或者强制采购具备绿色产品标识的产品。（市场监管总局、国家发展改革委、工业和信息化部、财政部、生态环境部、水利部、商务部、国家能源局按职责分工负责）除法律、行政法规、国务院决定明确规定外，各地区、各部门不得在绿色产品认证与标识体系之外设定和实施涉及产品节约能源、节约资源、环境保护、低碳、绿色等方面的认定、认证、评比、评价、评选、标识等制度。（各地区、各部门负责）

四、完善支持基础电子产业高质量发展的制度体系

（八）加大基础电子产业研发创新支持力度。统筹有关政策资源，加大对基础电子产业（电子材料、电子元器件、电子专用设备、电子测量仪器等制造业）升级及关键技术突破的支持力度。通过实行“揭榜挂帅”等机制，鼓励相关行业科研单位、基础电子企业承担国家重大研发任务。引导建立以行业企业为主体、上下游相关企业积极参与、科研院所有力支撑的研发体系，重点支持发展技术门槛高、应用场景多、市场前景广的前沿技术和产品。（科技部、工业和信息化部、国家发展改革委按职责分工负责）

（九）优化基础电子产品应用制度。结合基础电子产品发展实际，动态调整重点新材料首批次应用示范指导目录、首台（套）重大技术装备推广应用指导目录，加大对基础电子产品的支持力度。（工业和信息化部、财政部、银保监会按职责分工负责）基础电子产品生产企业参与武器装备科研生产及配套的，企业无须就电子元器件办理武器装备科研生产许可，需要办理武器装备科研生产备案的，应当及时办理。（国家国防科工局、工业和信息化部按职责分工负责）

（十）完善基础电子产业投融资制度。发挥国家制造业转型升级基金、中小企业发展基金等政府投资基金引导作用，按照市场化原则，对符合条件的基础电子企业加大支持力度，鼓励有关地方投资基金和社会资本投资，着力培育行业优质企业，支持产业链“链主”企业、制造业单项冠军企业和“专精特新”中小企业发展。（工业和信息化部、财政部、国家发展改革委按职责分工负责）鼓励各类金融机构创新金融产品和服务，加大对基础电子产业的金融支持力度。（人民银行、银

保监会按职责分工负责）支持符合条件的基础电子企业上市融资。（证监会负责）

（十一）加大基础电子产业研发制造用地支持力度。支持基础电子企业研发制造新型基础电子产品，在符合国土空间规划的前提下，允许在工业项目建设用地上通过调整用地结构，增加配套研发、设计、测试、中试设施，建筑面积不超过总建筑面积15%的，可继续按原用途使用土地。（自然资源部负责）

五、优化电子电器行业流通管理制度

（十二）完善电子电器行业相关进出口管理制度。深入落实出口退税、出口信用保险等外贸政策，扩大出口信贷投放，鼓励电子电器行业企业发展跨境电商。（财政部、商务部、人民银行、税务总局、银保监会、进出口银行、中国出口信用保险公司按职责分工负责）为支持电子电器行业企业配套出口项目相关设备、仪器暂时出境，工业和信息化部制定相关货物清单，海关将清单中货物的复运进境期限由最长2年改为5年。（海关总署、工业和信息化部按职责分工负责）加强电子电器产品质量安全风险监测评估，进一步调整优化必须实施检验的进出口商品目录。深化进出口货物“提前申报”“两步申报”“船边直提”“抵港直装”等改革，提升通关便利化水平。（海关总署负责）

（十三）支持废弃电子电器产品回收处理行业健康发展。落实废弃电子电器产品处理税收优惠政策。充分发挥现行资源综合利用税收优惠政策的激励引导作用，合理降低废弃电子电器产品处理企业负担。（财政部、税务总局按职责分工负责）着力优化废弃电子电器产品回收处理网络布局，持续提升废弃电子电器产品资源化利用和无害化处理水平。支持有关企业建设回收网点、中转仓库。加强废弃电子电器产品回收处理监管工作，将废弃电子电器产品违法拆解处理活动作为监管重点，加大执法处罚力度。（国家发展改革委、公安部、生态环境部、商务部按职责分工负责）

（十四）规范管理电子电器行业商业测评活动。行业主管部门要对商业测评中存在的利用行政机关和事业单位名义、滥设商业测评名目、滥发商业测评证书、“花钱买排名”、吃拿卡要等破坏市场公平竞争秩序的行为进行清理整顿，及时处理有关商业测评活动的投诉举报，并向社会公布结果。基础电信运营商不得组织开展对电信设备产品的商业测评。严禁行政机关、事业单位及其工作人员组织或者参与商业测评活动。（工业和信息化部、国务院国资委、市场监管总局等有关部门按职责分工负责）

六、加强事前事中事后全链条全领域监管

（十五）严格落实放管结合要求。将加强产品监管作为深化电子电器行业管理制度改革的重要内容，切实履行监管职责，密切监管协同，不断提升监管效能。对不再实行行政许可或者强制性认证管理的产品，压实监管责任，依据风险状况确定监督抽查比例，依法查处违法行为。对继续实行行政许可或者强制性认证管理的产品，按照“谁审批、谁监管，谁认证、谁监督”的原则，依法严肃查处无证生产行为或者获证后产品质量不符合要求的生产行为。对存在缺陷的电子电器产品，督促生产者履行召回主体责任，对拒不实施召回的生产者，依法责令召回。（市场监管总局、工业和信息化部、广电总局、公安部等有关部门和各省级人民政府按职责分工负责）

（十六）完善电子电器产品监督管理规则。在电子电器领域全面推行跨部门、跨层级“双随机、一公开”监管，按年度统筹制定抽查计划，对同一企业同类产品实行年度抽查次数总量控制，着力解决重复抽检、重复处罚问题。健全信用监管制度，对电子电器企业划分风险等级，将监督抽查比例、频次等与企业信用状况、风险等级挂钩，提升监管的精准性和有效性。对直接关系人民群众生命财产安全、公共安全，以及潜在风险大、社会风险高的产品，实行重点监管，及时发现处置重大风险隐患，守牢安全底线。健全社会监督机制，充分发挥行业协会、新闻媒体、社会公众和市场专业化服务组织的监督作用，构建社会共治格局。（市场监管总局、工业和信息化部、广电总局、公安部等有关部门和各省级人民政府按职责分工负责）

各地区、各部门要充分认识深化电子电器行业管理制度改革的重大意义，主动作为、狠抓落实，健全工作机制，完善配套措施，确保各项改革举措落地见效。工业和信息化部、市场监管总局要根据行业发展、技术进步和市场需求等情况，进一步加大力度持续清理电子电器产品准入的不合理限制，便利合格产品进入市场。要加强统筹协调和督促落实，及时协调解决本意见贯彻执

行中的重点难点问题，重大情况及时报告国务院。

附件：1. 强制性产品认证目录动态调整清单（略）

2. 实行进网许可制度的电信设备目录动态调整清单（略）

国务院办公厅

2022 年 9 月 17 日

工业和信息化部关于印发《网络产品安全漏洞收集平台备案管理办法》的通知

工信部网安〔2022〕146 号

各省、自治区、直辖市及新疆生产建设兵团工业和信息化主管部门，各省、自治区、直辖市通信管理局，有关网络产品安全漏洞收集平台运营单位：

现将《网络产品安全漏洞收集平台备案管理办法》印发给你们，请认真遵照执行。

工业和信息化部

2022 年 10 月 25 日

网络产品安全漏洞收集平台备案管理办法

第一条　为规范网络产品安全漏洞收集平台备案管理，根据《中华人民共和国网络安全法》《中华人民共和国数据安全法》《网络产品安全漏洞管理规定》，制定本办法。

第二条　中华人民共和国境内的网络产品安全漏洞收集平台的备案管理工作，适用本办法。

本办法所称网络产品安全漏洞收集平台（以下简称漏洞收集平台），是指相关组织或者个人设立的收集非自身网络产品安全漏洞的公共互联网平台，仅用于修补自身网络产品、网络和系统安全漏洞用途的除外。

第三条　漏洞收集平台备案通过工业和信息化部网络安全威胁和漏洞信息共享平台开展，采用网上备案方式进行。

第四条　拟设立漏洞收集平台的组织或个人，应当通过工业和信息化部网络安全威胁和漏洞信息共享平台如实填报网络产品安全漏洞收集平台备案登记信息，主要包括：

（一）漏洞收集平台的名称、首页网址和互联网信息服务（ICP）许可或备案号，用于发布漏洞信息的相关网址、社交软件公众号等互联网发布渠道；

（二）主办单位或主办个人的名称或姓名、证件号码，以及漏洞收集平台主要负责人和联系人的姓名、联系方式；

（三）漏洞收集的范围和方式、漏洞验证评估规则、通知相关责任主体修补漏洞规则、漏洞发布规则、注册用户的身份核实规则及分类分级管理规则等；

（四）通过工业和信息化部通信网络安全防护管理系统，取得的网络安全等级保护备案相关材料；

（五）依据有关国家标准和行业标准，实施平台管理等情况；

（六）有关主管部门要求提交的其他需要说明的信息。

第五条　工业和信息化部在收到漏洞收集平台提交的备案信息后，填报信息齐全、符合法定要求的，应当在10个工作日内予以备案，向其发放备案编号，将备案信息通报公安部和国家互联网信息办公室，并通过工业和信息化部网络安全威胁和漏洞信息共享平台向社会公布有关备案信息。

拟设立漏洞收集平台的组织或个人应对所填报信息的真实性负责，发现备案信息不真实、不完整的，工业和信息化部在10个工作日内通知漏洞收集平台予以补正。

完成备案的漏洞收集平台应当在其网站主页底部位置标明其备案编号。

第六条　备案信息发生变化的，应当自信息变化之日起30日内通过工业和信息化部网络安全威胁和漏洞信息共享平台履行备案变更手续。

第七条　不再从事漏洞收集业务的，应当在业务终止之日通过工业和信息化部网络安全威胁和漏洞信息共享平台履行备案注销手续。

第八条　漏洞收集平台应在上线前完成备案，已上线运行的漏洞收集平台应在本办法施行之日起10个工作日内进行备案。

第九条　工业和信息化部设立举报渠道，社会公众可通过工业和信息化部网络安全威胁和漏洞信息共享平台电话、邮箱等方式，对漏洞收集平台涉嫌违反法律法规的行为进行举报。经核查属实的，将依法依规对漏洞收集平台予以处理。

第十条　本办法自2023年1月1日起施行。

工业和信息化部办公厅
关于印发中小企业数字化转型指南的通知

工信厅信发〔2022〕33号

各省、自治区、直辖市及新疆生产建设兵团工业和信息化主管部门，有关行业协会：

现将《中小企业数字化转型指南》印发给你们，请结合实际认真贯彻执行。

工业和信息化部办公厅

2022年11月3日

中小企业数字化转型指南

当前，世界经济数字化转型成为大势所趋。中小企业是实体经济的重要组成部分，也是产业数字化转型的重点和难点。为贯彻落实党中央、国务院关于加快数字化发展的决策部署，以数字化转型推动中小企业增强综合实力和核心竞争力，特制定《中小企业数字化转型指南》（以下简称《指南》）。

一、总则

（一）适用对象

中小企业数字化转型遵循“从易到难、由点及面、长期迭代、多方协同”的思路。《指南》主要面向中小企业、数字化转型服务供给方和地方各级主管部门。

《指南》旨在助力中小企业科学高效推进数字化转型，提升为中小企业提供数字化产品和服务的能力，为有关负责部门推进中小企业数字化转型工作提供指引。

（二）实施原则

坚持企业主体，效益优先。中小企业需参考与发展需求相适配的内容，用好市场资源和公共服务，因“企”制宜推进数字化转型。适时评估转型成效，优化转型规划实践，以数字化转型促进提质、增效、降本、降耗、绿色和安全发展。

坚持应用牵引，供需互促。中小企业数字化转型服务供给方主体应聚焦中小企业特征及需求，研制小型化、快速化、轻量化、精准化（“小快轻准”）产品，围绕“评估、规划、实施、优化”全流程提供专业化服务，基于应用反馈提升产品服务供给水平。

坚持政府引导，协同联动。充分发挥有为政府作用，加强政策支持、资源统筹和管理服务，因地制宜构建中小企业数字化转型生态，深化产学研用金等多方主体协同创新，推动形成促进中小企业数字化转型的工作合力。

二、增强企业转型能力

（一）开展数字化评估

结合《中小企业数字化水平评测指标》等标准规范，中小企业与数字化转型服务商、第三方评估咨询机构等开展合作，评估数字化基础水平和企业经营管理现状，构建评估指标数据管理机制，支撑转型需求分析和转型成效评估。评估可获得的人力、物力和财力等内部资源和市场化服务资源，以及所在地区、所处行业或领域的数字化转型相关政策和公共服务资源。评估研产供销服等环节转型的潜在价值和可行性，明确数字化转型优先级，定期结合企业发展实际调整转型策略，有效确保数字化转型投入产出比。

（二）推进管理数字化

实施企业数字化转型“一把手”负责制，构建与数字化转型适配的组织架构，制定绩效管理、考核方案和激励机制等配套管理制度。定期组织企业经营管理者和一线员工参加数字化培训，深化数字化转型认知，提升数字素养和技能。引导业务部门和技术部门加强沟通协作，形成跨部门数字化转型合力。有条件的企业可探索设立专门的数字化转型部门。应用财务流程自动化、协同办公平台、标准化人力资源管理产品等，实现财务、办公、人力资源等管理环节数字化转型，提升企业管理精细化水平。应用工业互联网平台推动各环节数据综合集成、可视化和智能分析，优化企业经营管理决策。

（三）开展业务数字化

应用订阅式产品服务，推动研发设计、生产制造、仓储物流、营销服务等业务环节数字化，降低一次性投入成本。使用 SaaS 化的计算机辅助设计（CAD）、计算机辅助工程（CAE）等工具开展数字化研发设计，发展众包设计和协同研发等新模式，提升研发设计效能。应用云化制造执行系统（MES）和高级计划与排程（APS）等数字化产品，优化生产制造资源配置，实现按需柔性生产。应用仓库管理（WMS）、订单管理（OMS）、运输管理（TMS）等解决方案和无人搬运车（AGV）、自主移动机器人（AMR）等硬件，使用第三方物流平台，推动仓储物流环节数字化。开展产品全生命周期管理，构建产品数字镜像，提升产品数据管理水平，发展基于数字化产品的增值服务，拓展业务范围，创新盈利模式。

（四）融入数字化生态

应用产业链供应链核心企业搭建的工业互联网平台，融入核心企业生态圈，加强协作配套，实现大中小企业协同转型。应用行业龙头企业输出的行业共性解决方案，加速提升自身数字化水平。基于园区 / 产业集群开展网络化协作，发展订单共享、设备共享、产能协作和协同制造等新模式，弥补单个企业资源和能力不足。积极接入园区 / 产业集群的数字化创新网络，利用共性技术平台开展协同创新。积极对接中小企业公共服务平台等载体，参加政策宣贯、供需对接、咨询诊断、人才培训等活动。

（五）优化数字化实践

联合数字化转型服务商或第三方评估咨询机构等开展转型成效评估，重点开展业务环节数字化水平评估和企业经营管理水平行业横向和纵向对比分析，从生产效率、产品质量、绿色低碳等方面评估企业转型价值效益。结合现阶段企业内外部数字化转型资源，制定调整下一阶段数字化转型策略，选择与下一转型阶段相匹配的数字化产品和服务，提升转型策略与发展现状的适应性。

三、提升转型供给水平

（一）增强供需匹配度

互联网平台企业和数字化转型服务商等供给方主体，聚焦中小企业数字化共性需求，研发即时沟通、远程协作、项目管理、流程管理等基础数字应用。遵循“大企业建平台、中小企业用平台”思路，大型企业打造面向中小企业需求的工业互联网平台，输出成熟行业数字化转型经验，带动产业链供应链上下游中小企业协同开展数字化转型。细分行业数字化转型服务商研发推广具备行业特性的产品服务。低代码服务商持续提升产品的可拓展性，帮助业务人员自主高效构建数字化应用，满足即时个性化需求。

（二）开展全流程服务

数字化转型服务商、互联网平台企业、工业互联网平台企业等通过线上线下结合方式，展示场景融合应用和转型方法路径，增强中小企业数字化转型意识和意愿。数字化转型服务商和第三方评估机构等主体，聚焦中小企业个性化转型需求，帮助中小企业制定数字化转型策略。电信运营商、智能硬件企业、数字化转型服务商等帮助中小企业开展网络建设、硬件改造连接和软件应用部署等，开展配套数字技能培训。基于中小企业阶段性转型需求，数字化转型服务商整合生态资源，为中小企业匹配与现阶段需求适配的产品和服务，推动中小企业转型逐步深入。

（三）研制轻量化应用

数字化转型服务商聚焦中小企业转型痛点难点，提供“小快轻准”的产品和解决方案。研发推广低代码产品服务，助力中小企业自行创建、部署、使用和调整数字化应用，提升中小企业二次开发能力和需求响应能力。发展订阅式软件服务，有条件的数字化转型服务商可面向中小企业提供免费试用版服务，探索发展以数字化转型收益支付服务费用等方式，降低中小企业数字化转型顾虑和成本。工业互联网平台企业汇聚工业 App，沉淀工业技术、知识和经验，建设工业 App 商店，加速工业 App 交易流转应用。

（四）深化生态级协作

工业互联网平台、数字化转型服务商和大型企业等各方主体，推动产业链供应链上下游企业业务协同、资源整合和数据共享，助力中小企业实现“链式”转型。大型企业搭建或应用工业互联网平台，面向上下游中小企业开放订单、技术、工具、人才、数据、知识等资源，探索共生共享、互补互利的合作模式。工业互联网平台、数字化转型服务商和金融机构加强合作，开展物流、资金流和数据流等交叉验证，创新信用评估体系和风险控制机制，提升中小企业融资能力。

四、加大转型政策支持

（一）加强转型引导

实施中小企业数字化转型促进工程，深入开展大中小企业“携手行动”，推动产业链供应链上下游、大中小企业融通创新。加强中小企业数字化转型相关政策衔接，落实工信部和财政部联合开展的中小企业数字化转型试点等工作，结合当地实际出台配套措施，加强分类指导和跟踪服务，确保政策落地见效。有条件的地方可探索分行业分领域推动中小企业数字化转型。

（二）加大资金支持

按照“企业出一点、平台让一点、政府补一点”的思路，降低中小企业数字化转型门槛，有条件的地方可鼓励平台减免转型共性需求支出。发挥地方政府专项资金作用，支持对中小企业转型带动作用明显的“链主”企业和转型成效突出的“链星”中小企业。鼓励金融机构研制面向中小企业数字化转型的专项产品服务，设立中小企业数字化转型专项贷款，拓宽中小企业转型融资渠道。

（三）推广试点应用

结合当地重点行业和关键领域，遴选中小企业数字化转型试点示范，培育推广中小企业数字化转型案例标杆，鼓励中小企业“看样学样”。支持专精特新中小企业开展数字化转型，发挥引领示范作用带动更多中小企业数字化发展。培育和遴选一批可复制的产业链供应链上下游协同转型的典型模式，推广大中小企业融通创新模式，有效支撑产业链供应链补链固链强链。

（四）完善配套服务

构建完善中小企业数字化转型公共服务体系，加强中小企业数字化转型公共服务平台建设，提升政策宣传、诊断评估、资源对接、人才培训、工程监理等公共服务能力。组织开展中小企业数字化转型“问诊”服务，组织专家深入中小企业一线开展“入驻式”诊断服务。支持职业院校、大型企业等建设数字人才实训基地，提升中小企业数字人才供给。

（五）优化发展环境

加大工业互联网、人工智能、5G、大数据等新型基础设施建设力度，优化中小企业数字化转型外部环境。建设完善地方营商环境评估体系，将中小企业数字化转型成效纳入考核范围。开展中小企业数字化转型相关会议和活动，营造良好发展氛围。发挥政府引导基金作用，带动社会资本支持中小企业数字化转型服务商做大做强。基于地方中小企业数字化转型实际，优化财税金融、人才培引等政策措施，稳定中小企业转型政策预期。

附件：名词解释（略）

工业和信息化部办公厅　国家市场监督管理总局办公厅
关于做好锂离子电池产业链供应链协同稳定发展工作的通知

工信厅联电子函〔2022〕298 号

各省、自治区、直辖市及计划单列市、新疆生产建设兵团工业和信息化主管部门、市场监管局（厅、委），各有关单位：

锂离子电池（以下简称锂电）是支撑新型智能终端、电动工具、新能源储能等产业发展的基础电子产品。近来随着下游需求及产业规模爆发式增长、疫情复杂多变、经济下行压力加大等因素影响，国内锂电产业链供应链阶段性供需失衡严重，部分中间产品及材料价格剧烈波动超出正常范围；上下游对接不畅，部分领域出现囤积居奇、不正当竞争；部分环节产能盲目扩张，低质低价竞争时有发生。为保障锂电产业链供应链协同稳定，现将有关事项通知如下：

一、坚持科学谋划，推进锂电产业有序布局

各地工业和信息化主管部门要及时了解本地锂电制造及一阶材料（正极材料、负极材料、隔膜、电解质等）、二阶材料（电池级碳酸锂、氢氧化锂等）产业发展情况，按照“十四五”制造业系列规划和《关于推动能源电子产业发展的指导意见》等要求，实事求是制定本地区锂电产业发展政策。指导锂电企业结合实际和产业趋势合理制定发展目标，在关键材料供应稳定、研发创新投入充足、配套资金适量充裕的前提下，因时因需适度扩大生产规模，优化产业区域布局，避免低水平同质化发展和恶性竞争，建立创新引领、技术优先、公平竞争、有序扩张的发展格局。

二、加强供需对接，保障产业链供应链稳定

各地工业和信息化主管部门要引导上下游企业加强对接交流，推动形成稳定高效的协同发展机制。鼓励锂电（电芯及电池组）生产企业、锂电一阶材料企业、锂电二阶材料企业、锂镍钴等上游资源企业、锂电回收企业、锂电终端应用企业及系统集成、渠道分销、物流运输等企业深度合作，通过签订长单、技术合作等方式建立长效机制，引导上下游稳定预期、明确量价、保障供应、合作共赢。落实《“十四五”工业绿色发展规划》等要求，完善废旧新能源汽车动力电池回收利用体系，提高综合利用水平。各地市场监管部门要加大监管力度，严格查处锂电产业上下游囤积居奇、哄抬价格、不正当竞争等行为，维护市场秩序。

三、强化监测预警，提高公共服务供给能力

各地工业和信息化主管部门要严格执行《电子信息制造业统计调查制度》，综合运用部门统计、问卷调查、行业管理、企业调度、大数据分析等方式，加强锂电行业产能、投资等运行情况监测。联合各地市场监管部门及时发现产品价格异常波动及产能短缺、投资过热等问题，深入实施《锂离子电池行业规范条件》，引导

产业加快转型升级。充分发挥“数字工信”平台及地方平台等技术手段作用，加强锂电行业运行和风险预警，实现第一时间预警、第一时间响应。工业和信息化部指导有关单位修订实施《锂离子电池综合标准化技术体系》，建设产业链供需对接服务和锂电产品溯源公共服务平台，建立全生命周期溯源管理体系。鼓励行业协会、研究机构等积极发挥桥梁纽带作用，及时发布产业态势、行业预警等信息，引导行业加强自律。

四、加强监督检查，保障高质量锂电产品供给

各地工业和信息化主管部门、市场监管部门引导锂电企业落实产品质量主体责任，加强质量管理体系和质量保证能力建设，根据锂电产品本征安全、工艺安全和防护安全等需求，持续开展技术创新，加强质量管控，优化工艺流程，获得质量认证，提升检测能力。鼓励应用 ISO 9000 等质量管理体系标准和“六西格玛”“卓越绩效”等先进质量管理方法，提高产品一次交验合格率，保障产品可靠性、稳定性和一致性，相关产品应符合《便携式电子产品用锂离子电池和电池组 安全要求》（GB 31241）、《固定式电子设备用锂离子电池和电池组 安全技术规范》（GB 40165）等一系列强制性标准要求。各地市场监管部门、工业和信息化主管部门要按照职责分工，对锂电生产企业开展产品质量监督检查。各地工业和信息化主管部门组织本地锂电生产企业开展产品质量自查，鼓励企业通过自我声明形式公开质量自查情况。各地市场监管部门依据《产品质量法》和国家强标，重点查处生产销售不符合国家强制性标准产品等质量违法行为。市场监管总局、工业和信息化部适时组织检验检测机构，开展锂电产品质量抽查。

五、优化管理服务，营造产业发展良好环境

各地工业和信息化主管部门、市场监管部门要坚持推动有效市场和有为政府更好结合，着力破除地方保护和区域割裂，共同建设高效规范、公平竞争、充分开放的全国锂电统一大市场。统筹疫情防控和产业发展，会同有关部门指导企业提升疫情防控应对能力，加强对企业的跟踪服务，积极协调企业生产、运输、销售等环节遇到的困难。加强对锂电产业链供应链重点项目的管理，联合有关部门严格落实建设项目相关要求，引导锂电产业健康有序发展。

工业和信息化部、市场监管总局将及时通报重点工作进展情况，适时开展约谈和提醒告诫，对违法典型案例公开曝光，对好经验好做法及时宣传推广。

工业和信息化部办公厅

国家市场监督管理总局办公厅

2022 年 11 月 10 日

工业和信息化部　国家互联网信息办公室
关于进一步规范移动智能终端应用软件预置行为的通告

工信部联信管函〔2022〕269 号

为进一步规范移动智能终端应用软件预置行为，保护用户权益，提升移动互联网应用服务供给水平，构建更加安全、更有活力的产业生态，促进移动互联网持续繁荣发展，根据《中华人民共和国网络安全法》《中华人民共和国个人信息保护法》《中华人民共和国电信条例》，现将有关事项通告如下：

一、本通告所称预置应用软件，是指由生产企业预置，在移动智能终端主屏幕和辅助屏界面内存在用户交互入口，为满足用户应用需求而提供的、可独立使用的软件程序。

二、移动智能终端应用软件预置行为应遵循依法合规、用户至上、安全便捷、最小必要的原则，依据谁预

置、谁负责的要求，落实企业主体责任，尊重并依法维护用户知情权、选择权，保障用户合法权益。

三、生产企业应确保移动智能终端中除基本功能软件外的预置应用软件均可卸载，并提供安全便捷的卸载方式供用户选择。

四、基本功能软件限于以下范围：

（一）操作系统基本组件：系统设置、文件管理；

（二）保证智能终端硬件正常运行的应用：多媒体摄录；

（三）基本通信应用：接打电话、收发短信、通讯录、浏览器；

（四）应用软件下载通道：应用商店。

实现同一基本功能的预置应用软件，至多有一个可设置为不可卸载。

五、生产企业应完善移动智能终端权限管理机制，提升操作系统安全性，采取技术和管理措施预防在产品流通环节发生置换操作系统和安装应用软件的行为。

六、生产企业应按照《移动智能终端应用软件预置和分发管理暂行规定》（工信部信管〔2016〕407号）有关规定，保证预置应用软件安全合规，明示所提供预置应用软件的相关信息，履行登记、审核、监测、留存、下架等全链条管理责任，完善投诉受理制度等服务保障措施，及时处理用户投诉，落实个人信息保护责任。

七、工业和信息化部会同国家互联网信息办公室加强对预置应用软件的监督检查。对违反本通告的行为，依照有关法律法规规定进行处理。

八、本通告自2023年1月1日起执行。

特此通告。

工业和信息化部

国家互联网信息办公室

2022年11月30日

中共中央　国务院
关于构建数据基础制度更好发挥数据要素作用的意见

数据作为新型生产要素，是数字化、网络化、智能化的基础，已快速融入生产、分配、流通、消费和社会服务管理等各环节，深刻改变着生产方式、生活方式和社会治理方式。数据基础制度建设事关国家发展和安全大局。为加快构建数据基础制度，充分发挥我国海量数据规模和丰富应用场景优势，激活数据要素潜能，做强做优做大数字经济，增强经济发展新动能，构筑国家竞争新优势，现提出如下意见。

一、总体要求

（一）指导思想。以习近平新时代中国特色社会主义思想为指导，深入贯彻党的二十大精神，完整、准确、全面贯彻新发展理念，加快构建新发展格局，坚持改革创新、系统谋划，以维护国家数据安全、保护个人信息和商业秘密为前提，以促进数据合规高效流通使用、赋能实体经济为主线，以数据产权、流通交易、收益分配、安全治理为重点，深入参与国际高标准数字规则制定，构建适应数据特征、符合数字经济发展规律、保障国家数据安全、彰显创新引领的数据基础制度，充分实现数据要素价值、促进全体人民共享数字经济发展红利，为深化创新驱动、推动高质量发展、推进国家治理体系和治理能力现代化提供有力支撑。

（二）工作原则

——遵循发展规律，创新制度安排。充分认识和把握数据产权、流通、交易、使用、分配、治理、安全等基本规律，探索有利于数据安全保护、有效利用、合规流通的产权制度和市场体系，完善数据要素市场体制机制，在实践中完善，在探索中发展，促进形成与数字生产力相适应的新型生产关系。

——坚持共享共用，释放价值红利。合理降低市场主体获取数据的门槛，增强数据要素共享性、普惠性，激励创新创业创造，强化反垄断和反不正当竞争，形成依法规范、共同参与、各取所需、共享红利的发展模式。

——强化优质供给，促进合规流通。顺应经济社会数字化转型发展趋势，推动数据要素供给调整优化，提高数据要素供给数量和质量。建立数据可信流通体系，增强数据的可用、可信、可流通、可追溯水平。实现数据流通全过程动态管理，在合规流通使用中激活数据价值。

——完善治理体系，保障安全发展。统筹发展和安全，贯彻总体国家安全观，强化数据安全保障体系建设，把安全贯穿数据供给、流通、使用全过程，划定监管底线和红线。加强数据分类分级管理，把该管的管住、该放的放开，积极有效防范和化解各种数据风险，形成政府监管与市场自律、法治与行业自治协同、国内与国际统筹的数据要素治理结构。

——深化开放合作，实现互利共赢。积极参与数据跨境流动国际规则制定，探索加入区域性国际数据跨境流动制度安排。推动数据跨境流动双边多边协商，推进建立互利互惠的规则等制度安排。鼓励探索数据跨境流动与合作的新途径新模式。

二、建立保障权益、合规使用的数据产权制度

探索建立数据产权制度，推动数据产权结构性分置和有序流通，结合数据要素特性强化高质量数据要素供给；在国家数据分类分级保护制度下，推进数据分类分级确权授权使用和市场化流通交易，健全数据要素权益保护制度，逐步形成具有中国特色的数据产权制度体系。

（三）探索数据产权结构性分置制度。建立公共数据、企业数据、个人数据的分类分级确权授权制度。根据数据来源和数据生成特征，分别界定数据生产、流通、使用过程中各参与方享有的合法权利，建立数据资源持有权、数据加工使用权、数据产品经营权等分置的产权运行机制，推进非公共数据按市场化方式“共同使用、共享收益”的新模式，为激活数据要素价值创造和价值实现提供基础性制度保障。研究数据产权登记新方式。在保障安全前提下，推动数据处理者依法依规对原始数据进行开发利用，支持数据处理者依法依规行使数据应用相关权利，促进数据使用价值复用与充分利用，促进数据使用权交换和市场化流通。审慎对待原始数据的流转交易行为。

（四）推进实施公共数据确权授权机制。对各级党政机关、企事业单位依法履职或提供公共服务过程中产生的公共数据，加强汇聚共享和开放开发，强化统筹授权使用和管理，推进互联互通，打破“数据孤岛”。鼓励公共数据在保护个人隐私和确保公共安全的前提下，按照“原始数据不出域、数据可用不可见”的要求，以模型、核验等产品和服务等形式向社会提供，对不承载个人信息和不影响公共安全的公共数据，推动按用途加大供给使用范围。推动用于公共治理、公益事业的公共数据有条件无偿使用，探索用于产业发展、行业发展的公共数据有条件有偿使用。依法依规予以保密的公共数据不予开放，严格管控未依法依规公开的原始公共数据直接进入市场，保障公共数据供给使用的公共利益。

（五）推动建立企业数据确权授权机制。对各类市场主体在生产经营活动中采集加工的不涉及个人信息和公共利益的数据，市场主体享有依法依规持有、使用、获取收益的权益，保障其投入的劳动和其他要素贡献获得合理回报，加强数据要素供给激励。鼓励探索企业数据授权使用新模式，发挥国有企业带头作用，引导行业龙头企业、互联网平台企业发挥带动作用，促进与中小微企业双向公平授权，共同合理使用数据，赋能中小微企业数字化转型。支持第三方机构、中介服务组织加强数据采集和质量评估标准制定，推动数据产品标准化，发展数据分析、数据服务等产业。政府部门履职可依法依规获取相关企业和机构数据，但须约定并严格遵守使用限制要求。

（六）建立健全个人信息数据确权授权机制。对承载个人信息的数据，推动数据处理者按照个人授权范围依法依规采集、持有、托管和使用数据，规范对个人信息的处理活动，不得采取“一揽子授权”、强制同意等方式过度收集个人信息，促进个人信息合理利用。探索由受托者代表个人利益，监督市场主体对个人信息数据进行采集、加工、使用的机制。对涉及国家安全的特殊个人信息数据，可依法依规授权有关单位使用。加大个人信息保护力度，推动重点行业建立完善长效保护机制，强化企业主体责任，规范企业采集使用个人信息行为。创新技术手段，推动个人信息匿名化处理，保障使用个人信息数据时的信息安全和个人隐私。

（七）建立健全数据要素各参与方合法权益保护制度。充分保护数据来源者合法权益，推动基于知情同意或存在法定事由的数据流通使用模式，保障数据来源者享有获取或复制转移由其促成产生数据的权益。合理保护数据处理者对依法依规持有的数据进行自主管控的权益。在保护公共利益、数据安全、数据来源者合法权益的前提下，承认和保护依照法律规定或合同约定获取的数据加工使用权，尊重数据采集、加工等数据处理者的劳动和其他要素贡献，充分保障数据处理者使用数据和获得收益的权利。保护经加工、分析等形成数据或数据衍生产品的经营权，依法依规规范数据处理者许可他人使用数据或数据衍生产品的权利，促进数据要素流通复用。建立健全基于法律规定或合同约定流转数据相关财产性权益的机制。在数据处理者发生合并、分立、解散、被宣告破产时，推动相关权利和义务依法依规同步转移。

三、建立合规高效、场内外结合的数据要素流通和交易制度

完善和规范数据流通规则，构建促进使用和流通、场内场外相结合的交易制度体系，规范引导场外交易，培育壮大场内交易；有序发展数据跨境流通和交易，建立数据来源可确认、使用范围可界定、流通过程可追溯、安全风险可防范的数据可信流通体系。

（八）完善数据全流程合规与监管规则体系。建立数据流通准入标准规则，强化市场主体数据全流程合规治理，确保流通数据来源合法、隐私保护到位、流通和交易规范。结合数据流通范围、影响程度、潜在风险，区分使用场景和用途用量，建立数据分类分级授权使用规范，探索开展数据质量标准化体系建设，加快推进数据采集和接口标准化，促进数据整合互通和互操作。支持数据处理者依法依规在场内和场外采取开放、共享、交换、交易等方式流通数据。鼓励探索数据流通安全保障技术、标准、方案。支持探索多样化、符合数据要素特性的定价模式和价格形成机制，推动用于数字化发展的公共数据按政府指导定价有偿使用，企业与个人信息数据市场自主定价。加强企业数据合规体系建设和监管，严厉打击黑市交易，取缔数据流通非法产业。建立实施数据安全管理认证制度，引导企业通过认证提升数据安全管理水平。

（九）统筹构建规范高效的数据交易场所。加强数据交易场所体系设计，统筹优化数据交易场所的规划布局，严控交易场所数量。出台数据交易场所管理办法，建立健全数据交易规则，制定全国统一的数据交易、安全等标准体系，降低交易成本。引导多种类型的数据交易场所共同发展，突出国家级数据交易场所合规监管和基础服务功能，强化其公共属性和公益定位，推进数据交易场所与数据商功能分离，鼓励各类数据商进场交易。规范各地区各部门设立的区域性数据交易场所和行业性数据交易平台，构建多层次市场交易体系，推动区域性、行业性数据流通使用。促进区域性数据交易场所和行业性数据交易平台与国家级数据交易场所互联互通。构建集约高效的数据流通基础设施，为场内集中交易和场外分散交易提供低成本、高效率、可信赖的流通环境。

（十）培育数据要素流通和交易服务生态。围绕促进数据要素合规高效、安全有序流通和交易需要，培育一批数据商和第三方专业服务机构。通过数据商，为数据交易双方提供数据产品开发、发布、承销和数据资产的合规化、标准化、增值化服务，促进提高数据交易效率。在智能制造、节能降碳、绿色建造、新能源、智慧城市等重点领域，大力培育贴近业务需求的行业性、产业化数据商，鼓励多种所有制数据商共同发展、平等竞争。有序培育数据集成、数据经纪、合规认证、安全审计、数据公证、数据保险、数据托管、资产评估、争议仲裁、风险评估、人才培训等第三方专业服务机构，提升数据流通和交易全流程服务能力。

（十一）构建数据安全合规有序跨境流通机制。开展数据交互、业务互通、监管互认、服务共享等方面国际交流合作，推进跨境数字贸易基础设施建设，以《全球数据安全倡议》为基础，积极参与数据流动、数据安全、认证评估、数字货币等国际规则和数字技术标准制定。坚持开放发展，推动数据跨境双向有序流动，鼓励国内外企业及组织依法依规开展数据跨境流动业务合作，支持外资依法依规进入开放领域，推动形成公平竞争的国际化市场。针对跨境电商、跨境支付、供应链管理、服务外包等典型应用场景，探索安全规范的数据跨境流动方式。统筹数据开发利用和数据安全保护，探索建立跨境数据分类分级管理机制。对影响或者可能影响国家安全的数据处理、数据跨境传输、外资并购等活动依法依规进行国家安全审查。按照对等原则，对维护国

家安全和利益、履行国际义务相关的属于管制物项的数据依法依规实施出口管制，保障数据用于合法用途，防范数据出境安全风险。探索构建多渠道、便利化的数据跨境流动监管机制，健全多部门协调配合的数据跨境流动监管体系。反对数据霸权和数据保护主义，有效应对数据领域“长臂管辖”。

四、建立体现效率、促进公平的数据要素收益分配制度

顺应数字产业化、产业数字化发展趋势，充分发挥市场在资源配置中的决定性作用，更好发挥政府作用。完善数据要素市场化配置机制，扩大数据要素市场化配置范围和按价值贡献参与分配渠道。完善数据要素收益的再分配调节机制，让全体人民更好共享数字经济发展成果。

（十二）健全数据要素由市场评价贡献、按贡献决定报酬机制。结合数据要素特征，优化分配结构，构建公平、高效、激励与规范相结合的数据价值分配机制。坚持“两个毫不动摇”，按照“谁投入、谁贡献、谁受益”原则，着重保护数据要素各参与方的投入产出收益，依法依规维护数据资源资产权益，探索个人、企业、公共数据分享价值收益的方式，建立健全更加合理的市场评价机制，促进劳动者贡献和劳动报酬相匹配。推动数据要素收益向数据价值和使用价值的创造者合理倾斜，确保在开发挖掘数据价值各环节的投入有相应回报，强化基于数据价值创造和价值实现的激励导向。通过分红、提成等多种收益共享方式，平衡兼顾数据内容采集、加工、流通、应用等不同环节相关主体之间的利益分配。

（十三）更好发挥政府在数据要素收益分配中的引导调节作用。逐步建立保障公平的数据要素收益分配体制机制，更加关注公共利益和相对弱势群体。加大政府引导调节力度，探索建立公共数据资源开放收益合理分享机制，允许并鼓励各类企业依法依规依托公共数据提供公益服务。推动大型数据企业积极承担社会责任，强化对弱势群体的保障帮扶，有力有效应对数字化转型过程中的各类风险挑战。不断健全数据要素市场体系和制度规则，防止和依法依规规制资本在数据领域无序扩张形成市场垄断等问题。统筹使用多渠道资金资源，开展数据知识普及和教育培训，提高社会整体数字素养，着力消除不同区域间、人群间数字鸿沟，增进社会公平、保障民生福祉、促进共同富裕。

五、建立安全可控、弹性包容的数据要素治理制度

把安全贯穿数据治理全过程，构建政府、企业、社会多方协同的治理模式，创新政府治理方式，明确各方主体责任和义务，完善行业自律机制，规范市场发展秩序，形成有效市场和有为政府相结合的数据要素治理格局。

（十四）创新政府数据治理机制。充分发挥政府有序引导和规范发展的作用，守住安全底线，明确监管红线，打造安全可信、包容创新、公平开放、监管有效的数据要素市场环境。强化分行业监管和跨行业协同监管，建立数据联管联治机制，建立健全鼓励创新、包容创新的容错纠错机制。建立数据要素生产流通使用全过程的合规公证、安全审查、算法审查、监测预警等制度，指导各方履行数据要素流通安全责任和义务。建立健全数据流通监管制度，制定数据流通和交易负面清单，明确不能交易或严格限制交易的数据项。强化反垄断和反不正当竞争，加强重点领域执法司法，依法依规加强经营者集中审查，依法依规查处垄断协议、滥用市场支配地位和违法实施经营者集中行为，营造公平竞争、规范有序的市场环境。在落实网络安全等级保护制度的基础上全面加强数据安全保护工作，健全网络和数据安全保护体系，提升纵深防护与综合防御能力。

（十五）压实企业的数据治理责任。坚持“宽进严管”原则，牢固树立企业的责任意识和自律意识。鼓励企业积极参与数据要素市场建设，围绕数据来源、数据产权、数据质量、数据使用等，推行面向数据商及第三方专业服务机构的数据流通交易声明和承诺制。严格落实相关法律规定，在数据采集汇聚、加工处理、流通交易、共享利用等各环节，推动企业依法依规承担相应责任。企业应严格遵守反垄断法等相关法律规定，不得利用数据、算法等优势和技术手段排除、限制竞争，实施不正当竞争。规范企业参与政府信息化建设中的政务数据安全管理，确保有规可循、有序发展、安全可控。建立健全数据要素登记及披露机制，增强企业社会责任，打破“数据垄断”，促进公平竞争。

（十六）充分发挥社会力量多方参与的协同治理

作用。鼓励行业协会等社会力量积极参与数据要素市场建设，支持开展数据流通相关安全技术研发和服务，促进不同场景下数据要素安全可信流通。建立数据要素市场信用体系，逐步完善数据交易失信行为认定、守信激励、失信惩戒、信用修复、异议处理等机制。畅通举报投诉和争议仲裁渠道，维护数据要素市场良好秩序。加快推进数据管理能力成熟度国家标准及数据要素管理规范贯彻执行工作，推动各部门各行业完善元数据管理、数据脱敏、数据质量、价值评估等标准体系。

六、保障措施

加大统筹推进力度，强化任务落实，创新政策支持，鼓励有条件的地方和行业在制度建设、技术路径、发展模式等方面先行先试，鼓励企业创新内部数据合规管理体系，不断探索完善数据基础制度。

（十七）切实加强组织领导。加强党对构建数据基础制度工作的全面领导，在党中央集中统一领导下，充分发挥数字经济发展部际联席会议作用，加强整体工作统筹，促进跨地区跨部门跨层级协同联动，强化督促指导。各地区各部门要高度重视数据基础制度建设，统一思想认识，加大改革力度，结合各自实际，制定工作举措，细化任务分工，抓好推进落实。

（十八）加大政策支持力度。加快发展数据要素市场，做大做强数据要素型企业。提升金融服务水平，引导创业投资企业加大对数据要素型企业的投入力度，鼓励征信机构提供基于企业运营数据等多种数据要素的多样化征信服务，支持实体经济企业特别是中小微企业数字化转型赋能开展信用融资。探索数据资产入表新模式。

（十九）积极鼓励试验探索。坚持顶层设计与基层探索结合，支持浙江等地区和有条件的行业、企业先行先试，发挥好自由贸易港、自由贸易试验区等高水平开放平台作用，引导企业和科研机构推动数据要素相关技术和产业应用创新。采用“揭榜挂帅”方式，支持有条件的部门、行业加快突破数据可信流通、安全治理等关键技术，建立创新容错机制，探索完善数据要素产权、定价、流通、交易、使用、分配、治理、安全的政策标准和体制机制，更好发挥数据要素的积极作用。

（二十）稳步推进制度建设。围绕构建数据基础制度，逐步完善数据产权界定、数据流通和交易、数据要素收益分配、公共数据授权使用、数据交易场所建设、数据治理等主要领域关键环节的政策及标准。加强数据产权保护、数据要素市场制度建设、数据要素价格形成机制、数据要素收益分配、数据跨境传输、争议解决等理论研究和立法研究，推动完善相关法律制度。及时总结提炼可复制可推广的经验和做法，以点带面推动数据基础制度构建实现新突破。数字经济发展部际联席会议定期对数据基础制度建设情况进行评估，适时进行动态调整，推动数据基础制度不断丰富完善。

2022 年 12 月 2 日

工业和信息化部
关于印发《工业和信息化领域数据安全管理办法（试行）》的通知

工信部网安〔2022〕166 号

各省、自治区、直辖市、计划单列市及新疆生产建设兵团工业和信息化主管部门，各省、自治区、直辖市通信管理局，青海、宁夏无线电管理机构，部属各单位，部属各高校，各有关企业：

现将《工业和信息化领域数据安全管理办法（试行）》印发给你们，请认真遵照执行。

工业和信息化部

2022 年 12 月 8 日

工业和信息化领域数据安全管理办法（试行）

第一章　总则

第一条　为了规范工业和信息化领域数据处理活动，加强数据安全管理，保障数据安全，促进数据开发利用，保护个人、组织的合法权益，维护国家安全和发展利益，根据《中华人民共和国数据安全法》《中华人民共和国网络安全法》《中华人民共和国个人信息保护法》《中华人民共和国国家安全法》《中华人民共和国民法典》等法律法规，制定本办法。

第二条　在中华人民共和国境内开展的工业和信息化领域数据处理活动及其安全监管，应当遵守相关法律、行政法规和本办法的要求。

第三条　工业和信息化领域数据包括工业数据、电信数据和无线电数据等。工业数据是指工业各行业各领域在研发设计、生产制造、经营管理、运行维护、平台运营等过程中产生和收集的数据。

电信数据是指在电信业务经营活动中产生和收集的数据。

无线电数据是指在开展无线电业务活动中产生和收集的无线电频率、台（站）等电波参数数据。

工业和信息化领域数据处理者是指数据处理活动中自主决定处理目的、处理方式的工业企业、软件和信息技术服务企业、取得电信业务经营许可证的电信业务经营者和无线电频率、台（站）使用单位等工业和信息化领域各类主体。工业和信息化领域数据处理者按照所属行业领域可分为工业数据处理者、电信数据处理者、无线电数据处理者等。数据处理活动包括但不限于数据收集、存储、使用、加工、传输、提供、公开等活动。

第四条　在国家数据安全工作协调机制统筹协调下，工业和信息化部负责督促指导各省、自治区、直辖市及计划单列市、新疆生产建设兵团工业和信息化主管部门，各省、自治区、直辖市通信管理局和无线电管理机构（以下统称地方行业监管部门）开展数据安全监管，对工业和信息化领域的数据处理活动和安全保护进行监督管理。

地方行业监管部门分别负责对本地区工业、电信、无线电数据处理者的数据处理活动和安全保护进行监督管理。

工业和信息化部及地方行业监管部门统称为行业监管部门。

行业监管部门按照有关法律、行政法规，依法配合有关部门开展的数据安全监管相关工作。

第五条　行业监管部门鼓励数据开发利用和数据安全技术研究，支持推广数据安全产品和服务，培育数据安全企业、研究和服务机构，发展数据安全产业，提升数据安全保障能力，促进数据的创新应用。

工业和信息化领域数据处理者研究、开发、使用数据新技术、新产品、新服务，应当有利于促进经济社会和行业发展，符合社会公德和伦理。

第六条　行业监管部门推进工业和信息化领域数据开发利用和数据安全标准体系建设，组织开展相关标准制修订及推广应用工作。

第二章　数据分类分级管理

第七条　工业和信息化部组织制定工业和信息化领域数据分类分级、重要数据和核心数据识别认定、数据分级防护等标准规范，指导开展数据分类分级管理工作，制定行业重要数据和核心数据具体目录并实施动态管理。

地方行业监管部门分别组织开展本地区工业和信息化领域数据分类分级管理及重要数据和核心数据识别工作，确定本地区重要数据和核心数据具体目录并上报工业和信息化部，目录发生变化的，应当及时上报更新。

工业和信息化领域数据处理者应当定期梳理数据，按照相关标准规范识别重要数据和核心数据并形成本单位的具体目录。

第八条　根据行业要求、特点、业务需求、数据来源和用途等因素，工业和信息化领域数据分类类别包括但不限于研发数据、生产运行数据、管理数据、运维数据、业务服务数据等。

根据数据遭到篡改、破坏、泄露或者非法获取、非法利用，对国家安全、公共利益或者个人、组织合法权益等造成的危害程度，工业和信息化领域数据分为一般数据、重要数据和核心数据三级。

工业和信息化领域数据处理者可在此基础上细分数据的类别和级别。

第九条　危害程度符合下列条件之一的数据为一般数据：

（一）对公共利益或者个人、组织合法权益造成较小影响，社会负面影响小；

（二）受影响的用户和企业数量较少、生产生活区域范围较小、持续时间较短，对企业经营、行业发展、技术进步和产业生态等影响较小；

（三）其他未纳入重要数据、核心数据目录的数据。

第十条　危害程度符合下列条件之一的数据为重要数据：

（一）对政治、国土、军事、经济、文化、社会、科技、电磁、网络、生态、资源、核安全等构成威胁，影响海外利益、生物、太空、极地、深海、人工智能等与国家安全相关的重点领域；

（二）对工业和信息化领域发展、生产、运行和经济利益等造成严重影响；

（三）造成重大数据安全事件或生产安全事故，对公共利益或者个人、组织合法权益造成严重影响，社会负面影响大；

（四）引发的级联效应明显，影响范围涉及多个行业、区域或者行业内多个企业，或者影响持续时间长，对行业发展、技术进步和产业生态等造成严重影响；

（五）经工业和信息化部评估确定的其他重要数据。

第十一条　危害程度符合下列条件之一的数据为核心数据：

（一）对政治、国土、军事、经济、文化、社会、科技、电磁、网络、生态、资源、核安全等构成严重威胁，严重影响海外利益、生物、太空、极地、深海、人工智能等与国家安全相关的重点领域；

（二）对工业和信息化领域及其重要骨干企业、关键信息基础设施、重要资源等造成重大影响；

（三）对工业生产运营、电信网络和互联网运行服务、无线电业务开展等造成重大损害，导致大范围停工停产、大面积无线电业务中断、大规模网络与服务瘫痪、大量业务处理能力丧失等；

（四）经工业和信息化部评估确定的其他核心数据。

第十二条　工业和信息化领域数据处理者应当将本单位重要数据和核心数据目录向本地区行业监管部门备案。备案内容包括但不限于数据来源、类别、级别、规模、载体、处理目的和方式、使用范围、责任主体、对外共享、跨境传输、安全保护措施等基本情况，不包括数据内容本身。

地方行业监管部门应当在工业和信息化领域数据处理者提交备案申请的二十个工作日内完成审核工作，备案内容符合要求的，予以备案，同时将备案情况报工业和信息化部；不予备案的应当及时反馈备案申请人并说明理由。备案申请人应当在收到反馈情况后的十五个工作日内再次提交备案申请。

备案内容发生重大变化的，工业和信息化领域数据处理者应当在发生变化的三个月内履行备案变更手续。重大变化是指某类重要数据和核心数据规模（数据条目数量或者存储总量等）变化30%以上，或者其他备案内容发生变化。

第三章　数据全生命周期安全管理

第十三条　工业和信息化领域数据处理者应当对数据处理活动负安全主体责任，对各类数据实行分级防护，不同级别数据同时被处理且难以分别采取保护措施的，应当按照其中级别最高的要求实施保护，确保数据持续处于有效保护和合法利用的状态。

（一）建立数据全生命周期安全管理制度，针对不同级别数据，制定数据收集、存储、使用、加工、传输、提供、公开等环节的具体分级防护要求和操作规程；

（二）根据需要配备数据安全管理人员，统筹负责数据处理活动的安全监督管理，协助行业监管部门开展工作；

（三）合理确定数据处理活动的操作权限，严格实施人员权限管理；

（四）根据应对数据安全事件的需要，制定应急预案，并开展应急演练；

（五）定期对从业人员开展数据安全教育和培训；

（六）法律、行政法规等规定的其他措施。

工业和信息化领域重要数据和核心数据处理者，还应当：

（一）建立覆盖本单位相关部门的数据安全工作体系，明确数据安全负责人和管理机构，建立常态化沟通与协作机制。本单位法定代表人或者主要负责人是数据安全第一责任人，领导团队中分管数据安全的成员是直接责任人；

（二）明确数据处理关键岗位和岗位职责，并要求关键岗位人员签署数据安全责任书，责任书内容包括但不限于数据安全岗位职责、义务、处罚措施、注意事项等内容；

（三）建立内部登记、审批等工作机制，对重要数据和核心数据的处理活动进行严格管理并留存记录。

第十四条　工业和信息化领域数据处理者收集数据应当遵循合法、正当的原则，不得窃取或者以其他非法方式收集数据。

数据收集过程中，应当根据数据安全级别采取相应的安全措施，加强重要数据和核心数据收集人员、设备的管理，并对收集来源、时间、类型、数量、频度、流向等进行记录。

通过间接途径获取重要数据和核心数据的，工业和信息化领域数据处理者应当与数据提供方通过签署相关协议、承诺书等方式，明确双方法律责任。

第十五条　工业和信息化领域数据处理者应当按照法律、行政法规规定和用户约定的方式、期限进行数据存储。存储重要数据和核心数据的，应当采用校验技术、密码技术等措施进行安全存储，并实施数据容灾备份和存储介质安全管理，定期开展数据恢复测试。

第十六条　工业和信息化领域数据处理者利用数据进行自动化决策的，应当保证决策的透明度和结果公平合理。使用、加工重要数据和核心数据的，还应当加强访问控制。

工业和信息化领域数据处理者提供数据处理服务，涉及经营电信业务的，应当按照相关法律、行政法规规定取得电信业务经营许可。

第十七条　工业和信息化领域数据处理者应当根据传输的数据类型、级别和应用场景，制定安全策略并采取保护措施。传输重要数据和核心数据的，应当采取校验技术、密码技术、安全传输通道或者安全传输协议等措施。

第十八条　工业和信息化领域数据处理者对外提供数据，应当明确提供的范围、类别、条件、程序等。提供重要数据和核心数据的，应当与数据获取方签订数据安全协议，对数据获取方数据安全保护能力进行核验，采取必要的安全保护措施。

第十九条　工业和信息化领域数据处理者应当在数据公开前分析研判可能对国家安全、公共利益产生的影响，存在重大影响的不得公开。

第二十条　工业和信息化领域数据处理者应当建立数据销毁制度，明确销毁对象、规则、流程和技术等要求，对销毁活动进行记录和留存。个人、组织按照法律规定、合同约定等请求销毁的，工业和信息化领域数据处理者应当销毁相应数据。

工业和信息化领域数据处理者销毁重要数据和核心数据后，不得以任何理由、任何方式对销毁数据进行恢复，引起备案内容发生变化的，应当履行备案变更手续。

第二十一条　工业和信息化领域数据处理者在中华人民共和国境内收集和产生的重要数据和核心数据，法律、行政法规有境内存储要求的，应当在境内存储，确需向境外提供的，应当依法依规进行数据出境安全评估。

工业和信息化部根据有关法律和中华人民共和国缔结或者参加的国际条约、协定，或者按照平等互惠原则，处理外国工业、电信、无线电执法机构关于提供工业和信息化领域数据的请求。非经工业和信息化部批准，工业和信息化领域数据处理者不得向外国工业、电信、无线电执法机构提供存储于中华人民共和国境内的工业和信息化领域数据。

第二十二条　工业和信息化领域数据处理者因兼并、重组、破产等原因需要转移数据的，应当明确数据转移方案，并通过电话、短信、邮件、公告等方式通知受影响用户。涉及重要数据和核心数据备案内容发生变化的，应当履行备案变更手续。

第二十三条　工业和信息化领域数据处理者委托他人开展数据处理活动的，应当通过签订合同协议等方式，明确委托方与受托方的数据安全责任和义务。委托处理重要数据和核心数据的，应当对受托方的数据安全保护能力、资质进行核验。

除法律、行政法规等另有规定外，未经委托方同意，受托方不得将数据提供给第三方。

第二十四条　跨主体提供、转移、委托处理核心数据的，工业和信息化领域数据处理者应当评估安全风险，采取必要的安全保护措施，并由本地区行业监管部门审查后报工业和信息化部。工业和信息化部按照有关规定进行审查。

第二十五条　工业和信息化领域数据处理者应当在数据全生命周期处理过程中，记录数据处理、权限管理、人员操作等日志。日志留存时间不少于六个月。

第四章　数据安全监测预警与应急管理

第二十六条　工业和信息化部建立数据安全风险监测机制，组织制定数据安全监测预警接口和标准，统筹建设数据安全监测预警技术手段，形成监测、预警、处置、溯源等能力，与相关部门加强信息共享。

地方行业监管部门分别建设本地区数据安全风险监测预警机制，组织开展数据安全风险监测，按照有关规定及时发布预警信息，通知本地区工业和信息化领域数据处理者及时采取应对措施。

工业和信息化领域数据处理者应当开展数据安全风险监测，及时排查安全隐患，采取必要的措施防范数据安全风险。

第二十七条　工业和信息化部建立数据安全风险信息上报和共享机制，统一汇集、分析、研判、通报数据安全风险信息，鼓励安全服务机构、行业组织、科研机构等开展数据安全风险信息上报和共享。

地方行业监管部门分别汇总分析本地区数据安全风险，及时将可能造成重大及以上安全事件的风险上报工业和信息化部。

工业和信息化领域数据处理者应当及时将可能造成较大及以上安全事件的风险向本地区行业监管部门报告。

第二十八条　工业和信息化部制定工业和信息化领域数据安全事件应急预案，组织协调重要数据和核心数据安全事件应急处置工作。

地方行业监管部门分别组织开展本地区数据安全事件应急处置工作。涉及重要数据和核心数据的安全事件，应当立即上报工业和信息化部，并及时报告事件发展和处置情况。

工业和信息化领域数据处理者在数据安全事件发生后，应当按照应急预案，及时开展应急处置，涉及重要数据和核心数据的安全事件，第一时间向本地区行业监管部门报告，事件处置完成后在规定期限内形成总结报告，每年向本地区行业监管部门报告数据安全事件处置情况。

工业和信息化领域数据处理者对发生的可能损害用户合法权益的数据安全事件，应当及时告知用户，并提供减轻危害措施。

第二十九条　工业和信息化部委托相关行业组织建立工业和信息化领域数据安全违法行为投诉举报渠道，地方行业监管部门分别建立本地区数据安全违法行为投诉举报机制或渠道，依法接收、处理投诉举报，根据工作需要开展执法调查。鼓励工业和信息化领域数据处理者建立用户投诉处理机制。

第五章　数据安全检测、认证、评估管理

第三十条　工业和信息化部指导、鼓励具备相应资质的机构，依据相关标准开展行业数据安全检测、认证工作。

第三十一条　工业和信息化部制定行业数据安全评估管理制度，开展评估机构管理工作。制定行业数据安全评估规范，指导评估机构开展数据安全风险评估、出境安全评估等工作。

地方行业监管部门分别负责组织开展本地区数据安全评估工作。

工业和信息化领域重要数据和核心数据处理者应当自行或委托第三方评估机构，每年对其数据处理活动至少开展一次风险评估，及时整改风险问题，并向本地区行业监管部门报送风险评估报告。

第六章　监督检查

第三十二条　行业监管部门对工业和信息化领域数据处理者落实本办法要求的情况进行监督检查。

工业和信息化领域数据处理者应当对行业监管部门监督检查予以配合。

第三十三条　工业和信息化部在国家数据安全工作协调机制指导下，开展工业和信息化领域数据安全审查相关工作。

第三十四条　行业监管部门及其委托的数据安全评

估机构工作人员对在履行职责中知悉的个人信息和商业秘密等，应当严格保密，不得泄露或者非法向他人提供。

第七章　法律责任

第三十五条　行业监管部门在履行数据安全监督管理职责中，发现数据处理活动存在较大安全风险的，可以按照规定权限和程序对工业和信息化领域数据处理者进行约谈，并要求采取措施进行整改，消除隐患。

第三十六条　有违反本办法规定行为的，由行业监管部门按照相关法律法规，根据情节严重程度给予没收违法所得、罚款、暂停业务、停业整顿、吊销业务许可证等行政处罚；构成犯罪的，依法追究刑事责任。

第八章　附则

第三十七条　中央企业应当督促指导所属企业，在重要数据和核心数据目录备案、核心数据跨主体处理风险评估、风险信息上报、年度数据安全事件处置报告、重要数据和核心数据风险评估等工作中履行属地管理要求，还应当全面梳理汇总企业集团本部、所属公司的数据安全相关情况，并及时报送工业和信息化部。

第三十八条　开展涉及个人信息的数据处理活动，还应当遵守有关法律、行政法规的规定。

第三十九条　涉及军事、国家秘密信息等数据处理活动，按照国家有关规定执行。

第四十条　工业和信息化领域政务数据处理活动的具体办法，由工业和信息化部另行规定。

第四十一条　国防科技工业、烟草领域数据安全管理由国家国防科技工业局、国家烟草专卖局负责，具体制度参照本办法另行制定。

第四十二条　本办法自 2023 年 1 月 1 日起施行。

工业和信息化部
关于印发中国软件名城（园）管理办法的通知

工信部信发〔2022〕168 号

各省、自治区、直辖市及计划单列市、新疆生产建设兵团工业和信息化主管部门：

现将《中国软件名城管理办法》《中国软件名园管理办法》印发给你们，请认真遵照执行。

工业和信息化部

2022 年 12 月 10 日

中国软件名城管理办法

第一章　总则

第一条　以习近平新时代中国特色社会主义思想为指导，立足新发展阶段，完整、准确、全面贯彻新发展理念，构建新发展格局，深入实施国家软件发展战略，加强中国软件名城管理工作，发挥示范带动效应，促进我国软件和信息技术服务业高质量发展，推动制造强国、网络强国、数字中国建设，按照中共中央办公厅、国务院办公厅《创建示范活动管理办法（试行）》要求，制定本办法。

第二条　中国软件名城是指产业实力突出，规模效益和发展质量处于领先地位，在协同创新、融合应用、环境营造等方面具有示范引领效应，积极开展创建工作，完成创建目标，达到创建标准后，由工业和信息化部授予“中国软件名城”称号的城市。

第三条　中国软件名城管理坚持部省市协同联动，以“统筹规划、联合推进、突出特色、务求实效、发展创新、动态调整”为原则，依照透明、规范的程序进行。

第四条　工业和信息化部负责中国软件名城管理工作。省级人民政府配合工业和信息化部对中国软件名城工作进行指导和管理，支持本辖区的软件和信息技术服务业集聚城市开展中国软件名城创建及提升工作。

第五条　中国软件名城指标体系（以下简称指标体系）由工业和信息化部组织制定并适时更新。指标体系是指导中国软件名城申请、创建、评审、授予、提升、管理的标准体系。

第六条　支持工业稳增长和转型升级成效明显市（州）、建设信息基础设施和推进产业数字化成效明显市（州）等，以及拥有2家及以上中国软件名园的城市，优先创建中国软件名城。

第二章　申请条件及程序

第七条　凡具备申请条件的地级及以上软件和信息技术服务业集聚城市均可申请创建中国软件名城。其中，直辖市可直接向工业和信息化部申请；地级市经所属省级人民政府同意后向工业和信息化部申请。

第八条　申请创建中国软件名城的条件：

（一）直辖市、地级市及所属省级人民政府对发展软件和信息技术服务业高度重视，对开展中国软件名城创建工作积极主动；

（二）软件和信息技术服务业基础良好、规模较大、发展潜力较强，对国民经济的贡献程度较高，拥有若干全国知名度较高的骨干软件企业和若干全国市场占有率较高的软件产品，创新能力较强，产业特色鲜明、生态较好；

（三）软件和信息技术服务业带动效应明显，对拉动经济增长、促进就业、加速传统行业数字化转型，以及提升城市管理和社会服务水平具有重要支撑作用，对城市文化塑造及品牌提升具有积极影响；

（四）产业政策支持力度较大，具有较为丰富的科技、教育、人才等资源条件和良好的城市人文环境，具有较为完善的适合软件和信息技术服务业集聚发展的物理载体环境，产业基地园区、公共服务平台等建设情况良好。

第九条　申请城市应明确工作机构，负责本市中国软件名城创建工作的组织实施。

第十条　申请创建中国软件名城需提交以下材料：

（一）申请城市人民政府的书面申请报告；

（二）中国软件名城创建申请表；

（三）中国软件名城创建工作方案；

（四）其他需提供的材料。

第十一条　工业和信息化部对申请材料进行形式审查，审查内容包括城市是否符合申请条件、申请材料是否齐全等。对申请材料通过形式审查的城市，启动中国软件名城创建工作。

第三章　创建要求

第十二条　中国软件名城创建城市（以下简称创建城市）建立推进机制，明确部门职责，分解目标任务，落实达标计划，并及时将创建工作进展情况报送工业和信息化部。

第十三条　创建城市应做好中国软件名城创建工作的动员宣传，积极利用中国软件名城平台贯彻落实国家软件发展战略，并与中国软件名园等其他创建活动紧密结合、协调一致、相互促进，加快发展软件和信息技术服务业，提升软件服务城市经济社会发展的水平和能力。

第十四条　创建城市所属省级人民政府加强对中国软件名城创建工作的指导协调，整合资源大力支持，督促创建城市实施好创建工作方案，确保创建工作成效。

第十五条　中国软件名城创建周期为3年。对于创建工作推进力度大、成效突出的创建城市，经报工业和信息化部同意后，可以适当缩短创建周期，但原则上创建周期不得少于2年。

第四章　评审授予

第十六条　创建城市对照创建工作方案和指标体系，在总结创建工作各项目标任务完成情况的基础上开展自评，形成自评报告。认为达到创建标准的，经所属省级人民政府同意后，向工业和信息化部提出评审申请，报送自评报告等评审材料。

第十七条　工业和信息化部审查评审材料，适时组织专家评审组根据指标体系和评审规范，采取文档审查、实地考察、重点访谈、专题座谈等方式进行评审，形成评审结论。

第十八条　对通过评审的创建城市，在工业和信息化部门户网站公示 5 个工作日；对未通过评审的创建城市，出具改进意见。

第十九条　对公示无异议的城市，由工业和信息化部授予“中国软件名城”称号。

第五章　发展提升

第二十条　中国软件名城应完善工作机制，研究制定和实施发展提升计划。顺应产业发展新趋势，加大政策资金扶持力度，持续优化发展环境，提升创新发展能力，加快突破关键核心技术，打造名园、名企、名品、名人，培育产业集群竞争优势，构建软硬协同发展的产业生态，提升国际竞争力和影响力，进一步发挥示范带动作用。

第二十一条　中国软件名城所属省级人民政府加大指导协调力度，综合利用政策规划、项目资金、宣传引导等手段，从产业创新、企业培育、应用示范、生态优化、人才保障、国际合作等方面持续给予中国软件名城更大力度的支持。

第六章　动态管理

第二十二条　工业和信息化部加强对中国软件名城发展提升的战略规划和指导，在政策规划、技术创新、试点示范、品牌宣传、标准化等方面给予重点支持。

第二十三条　工业和信息化部建立常态化信息采集机制，加强对中国软件名城发展情况的动态监测；建立中国软件名城与中国软件名园的交流机制，推动名城名园协同提升；建立宣传推广机制，丰富对中国软件名城的宣传形式，总结经验做法，加大宣传力度。

第二十四条　工业和信息化部对中国软件名城进行动态管理，实行退出机制。每年组织开展中国软件名城评估工作，发布评估结果，以星级体现（最高级为三星，星级越高发展质量越好）。对评估结果为一星的中国软件名城，给予提醒，责令整改；对连续两年评估结果为一星的，公告退出。

第二十五条　对于隐瞒事实、弄虚作假参与中国软件名城创建的城市，查实后取消创建资格，已批准授予“中国软件名城”称号的，直接公告退出。

第二十六条　未经工业和信息化部同意，任何城市不得使用“中国软件名城”称号、制作使用中国软件名城的标志物及其宣传品。

第七章 附则

第二十七条　本办法由工业和信息化部负责解释。

第二十八条　本办法自公布之日起施行，《中国软件名城创建管理办法（试行）》（工信部信软〔2017〕11 号）同时废止。

附：中国软件名城指标体系（略）

中国软件名园管理办法

第一章　总则

第一条　以习近平新时代中国特色社会主义思想为指导，立足新发展阶段，完整、准确、全面贯彻新发展理念，构建新发展格局，深入实施国家软件发展战略，规范中国软件名园管理工作，推动软件园区特色化、专业化、品牌化、高端化发展，发挥示范带动作用，促进我国软件和信息技术服务业高质量发展，按照中共中央办公厅、国务院办公厅《创建示范活动管理办法（试行）》要求，制定本办法。

第二条　中国软件名园是指产业特色鲜明，规模效益和发展质量处于领先地位，在创新发展、产用协同、生态培育、环境优化等方面具有示范引领效应，积极开展创建工作，完成创建目标，达到创建标准后，由工业和信息化部授予“中国软件名园”称号的软件园区。

第三条　中国软件名园管理以“统筹布局、协同推进、突出特色、应用牵引、动态调整”为原则，依照透明、规范的程序进行。

第四条　工业和信息化部负责中国软件名园管理工作。各省、自治区、直辖市及计划单列市、新疆生产建设兵团工业和信息化主管部门（以下统称省级工业和信息化主管部门）配合工业和信息化部负责本地区中国软件名园管理工作。地市级工业和信息化主管部门负责组织本辖区的软件园区开展中国软件名园创建及提升工作。

第五条　中国软件名园指标体系（以下简称指标体系）由工业和信息化部组织制定并适时更新。指标体系是指导中国软件名园申请、创建、评审、授予、提升、管理的标准体系。

第六条　中国软件名园特色方向包括关键基础软件、大型工业软件、行业应用软件、新兴平台软件、嵌入式软件等。

第七条　支持中国软件名城、工业稳增长和转型升级成效明显市（州）、建设信息基础设施和推进产业数字化成效明显市（州），以及国家新型工业化产业示范基地等的软件园区，优先创建中国软件名园。

第二章　申请条件及程序

第八条　凡具备申请条件的软件园区均可申请创建中国软件名园。申请条件包括：

（一）软件园区所属地市级人民政府对软件和信息技术服务业发展高度重视，对开展中国软件名园工作积极主动；

（二）软件园区成立 2 年以上，具有独立的建设和管理机构，管理制度健全，发展规划明确，地域边界清晰，基础设施良好；

（三）软件园区软件和信息技术服务业集聚度较高，业务收入规模、增速比较优势明显，具有一定产业特色，拥有若干知名软件企业和产品，对城市主导产业发展具有较强的应用支撑能力；

（四）软件园区在服务软件企业方面，拥有较为完善的政策体系和公共服务平台，能够提供适配验证、体验推广、企业孵化、投资融资、法律服务、人才培训等公共服务。

第九条　软件园区在所属地市级工业和信息化主管部门组织下，经省级工业和信息化主管部门同意，向工业和信息化部提出申请，报送申请材料。申请材料包括：

（一）中国软件名园创建申请上报文件；

（二）中国软件名园创建申请表；

（三）中国软件名园创建工作方案；

（四）其他需提供的材料。

第十条　工业和信息化部组织专家和第三方机构对中国软件名园申请材料进行审查，必要时进行实地考察。对通过审查的软件园区，启动中国软件名园创建工作。

第三章　创建要求

第十一条　中国软件名园创建园区（以下简称创建园区）须建立创建工作机制，明确各方职责，分解目标任务，制定推进计划，扎实开展创建工作，及时将创建工作进展情况报送工业和信息化部。

第十二条　创建园区要加大资源要素投入，聚焦特色方向，加快培育名企、名品，提升创新能力，加强产用协同，健全产业生态，进一步完善政策体系，提高服务水平，优化发展环境。

第十三条　创建园区所属地市级工业和信息化主管部门积极争取地市级人民政府支持，会同有关部门建立中国软件名园创建指导协调工作机制，加大推进力度，综合利用政策规划、项目资金、宣传引导等方式，从基础建设、产业布局、企业孵化、应用示范、生态培育、人才保障等方面对创建园区给予支持，督促创建园区实施好创建工作方案，确保创建工作成效。

第十四条　中国软件名园创建周期为 2 年。对于创建工作推进力度大、成效突出的软件园区，经报工业和信息化部同意后，可以适当缩短创建周期，但原则上创建周期不少于一年半。

第四章　评审授予

第十五条　创建园区对照创建工作方案和指标体系，在总结创建工作各项目标任务完成情况的基础上开展自评，形成自评报告。认为达到标准的，经所属地市级、省级工业和信息化主管部门审核确认后，向工业和信息化部提出评审申请，报送评审申请表、自评报告等评审材料。

第十六条　工业和信息化部审查评审材料，适时组织专家评审组根据创建工作方案和指标体系，采取材料审查、会议答辩、实地考察、专题座谈等形式，对创建园区进行评审，形成评审结论。

第十七条　对通过评审的创建园区，在工业和信息化部门户网站公示 5 个工作日；对未通过评审的创建园区，出具改进意见。

第十八条　对公示无异议的创建园区，由工业和信息化部授予“中国软件名园”称号。

第五章　发展提升

第十九条　中国软件名园应完善工作机制，研究制定和实施发展提升计划。持续优化发展环境，做强特色、做大优势，进一步提升集聚发展能力，加快壮大名企、名品，强化在特色方向的生态影响力，深化国际交流合作，进一步发挥示范带动作用，形成一批可复制、可推广的经验和模式。

第二十条　鼓励中国软件名园所属地市级人民政府持续加大投入，在发展规划、优惠政策、土地利用、资源集聚、人才保障、基础设施建设等方面给予更大力度的支持，组织中国软件名园加快发展提升，并以中国软件名园为支点，推动软件和信息技术服务业实现高质量发展，积极组织申请创建中国软件名城。

第二十一条　省级工业和信息化主管部门定期跟踪本地区中国软件名园发展情况，加强日常督导和管理，引导优势企业、重点项目、重大工程向中国软件名园集聚。

第六章　动态管理

第二十二条　工业和信息化部加强对中国软件名园发展提升的战略规划和指导，在规划布局、政策落实、试点示范、品牌宣传、标准化等方面给予重点支持。

第二十三条　工业和信息化部建立常态化信息采集机制，加强对中国软件名园发展情况的动态监测；建立中国软件名园与中国软件名城的交流机制，推动名园名城协同提升；建立宣传推广机制，丰富对中国软件名园的宣传形式，加大宣传力度。

第二十四条　工业和信息化部对中国软件名园进行动态管理，实行退出机制。每年组织开展中国软件名园评估工作，发布评估结果，以星级体现（最高级为三星，星级越高发展质量越好）。对评估结果为一星的中国软件名园，给予提醒，责令整改；对连续两年评估结果为一星的，公告退出。

第二十五条　对于隐瞒事实、弄虚作假参与中国软件名园创建的软件园区，查实后取消创建资格，已批准授予“中国软件名园”称号的，直接公告退出。

第二十六条　未经工业和信息化部同意，任何软件园区不得使用中国软件名园相关称号、制作使用中国软件名园的标志物及其宣传品。

第七章　附则

第二十七条　本办法由工业和信息化部负责解释。

第二十八条　本办法自公布之日起施行。

附：中国软件名园指标体系（略）

工业和信息化部办公厅关于印发完善工业和信息化领域科技成果评价机制的实施方案（试行）的通知

工信厅科函〔2022〕329 号

有关省、自治区、直辖市及计划单列市、新疆生产建设兵团工业和信息化主管部门，有关行业协会、联合会，各部属高校、部属单位，有关科技成果评价机构：

现将《关于完善工业和信息化领域科技成果评价机制的实施方案（试行）》印发给你们，请结合实际，认真贯彻落实。

工业和信息化部办公厅

2022 年 12 月 21 日

关于完善工业和信息化领域科技成果评价机制的实施方案（试行）

为推动工业和信息化领域科技成果评价工作，充分发挥科技成果评价的“指挥棒”作用，促进产业科技创新和高质量发展，根据《中华人民共和国科学技术进步法》《中华人民共和国促进科技成果转化法》等相关法规及《国务院办公厅关于完善科技成果评价机制的指导意见》（国办发〔2021〕26 号），制定本方案。

一、总体要求

（一）指导思想

以习近平新时代中国特色社会主义思想为指导，深入贯彻党的二十大精神，立足新发展阶段，完整、准确、全面贯彻新发展理念，构建新发展格局，坚持科技自立自强，聚焦工业和信息化领域，突出行业特色，以需求为牵引，以应用为导向，创新评价机制，完善评价体系，以评价助创新、促熟化，推动早出成果、多出成果、出好成果，推动创新链、产业链、资金链、人才链深度融合，提升产业基础高级化和产业链现代化水平，支撑制造强国和网络强国建设。

（二）基本原则

全面准确，系统评价。坚持以科技创新质量、绩效、贡献为核心的评价导向，多元评价科技成果的科学价值、技术价值、经济价值、社会价值、文化价值，完整准确反映成果创新水平、转化应用绩效和对经济社会发展的实际贡献。

聚焦重点，分类实施。遵循科研渐进性和成果阶段性的客观规律，依据基础研究成果、应用研究成果、技术开发和产业化成果的特点，以及工业和信息化领域关注重点，分类别、分阶段开展评价。

企业主体，市场主导。强化企业科技创新主体地位，充分调动各类评价主体的积极性，提高用户、金融投资机构等在评价中的话语权、决策权。发挥市场在资源配置中的决定性作用，营造评价的良好环境。

客观公正，严谨规范。坚持公平公正，推动评价工作标准化、规范化。健全完善以用户评价、市场检验和第三方评价为主的评价体系，完善监督机制。引导树立正确价值导向，防止为评而评、滥用评价结果。

（三）工作目标

到 2027 年，形成一套工业和信息化领域的科技成果评价规范，培育遴选一批水平高、能力强、信誉好的科技成果评价和转移转化机构，健全工业和信息化领域科技成果项目库，形成一套推广应用模式，评价或转化一批高质量科技成果，各类创新主体参与评价的行为更加科学规范、科技成果的数量和质量显著提升、推广应用成效大幅增强、产业技术进步的速度明显加快。

二、主要任务

（一）全面准确评价

1. 破“四唯”立“五元”。破除“唯论文、唯职称、唯学历、唯奖项”倾向，全面准确评价科技成果的科学、技术、经济、社会、文化等“五元”价值。科学价值重点评价在新发现、新原理、新方法方面的独创性贡献。技术价值重点评价重大技术发明，突出在解决产业关键共性技术问题、“卡脖子”难题、产出更多独门绝技等方面的成效。经济价值重点评价在取得经济效益、形成新的经济增长点方面的成效。社会价值重点评价在解决人民健康、国防与公共安全、绿色低碳等方面的成效。文化价值重点评价在倡导科学家精神、工程师文化、工匠精神、企业家精神等方面的影响和贡献。

2. 分类分阶段评价。鼓励全国性行业协会、学会、研究会、专业化评估机构（以下简称行业组织和专业机构）等，制定体现行业特性的差异化评价指标和评价规范，针对科技成果在研发、工程化、产业化和商业化等不同阶段的特点，分类别分阶段开展评价。涉及军工、国防、民爆等领域的成果，可根据其非市场化特点另行制定评价指标和评价规范。

3. 推进重点项目评价。做好国家财政资金、政策支持的项目评价，加强中长期评价、后评价和成果回溯，以评价促进标志性成果产出。建立健全重大项目知识产权全流程管理制度，加强知识产权保护，完善知识产权转移转化机制，规范知识产权交易，促进知识产权价值实现。推动相关项目成果向中小企业授权、许可、转让，助力中小企业创新发展。

4. 创新评价方式方法。利用大数据、人工智能等技术，运用技术成熟度、制造成熟度等评价方法，开发智能化评价工具，提高评价质量和效率。探索“揭榜挂帅”“以赛代评”、概念验证、技术预测、知识产权评估和扶优式评审等评价方式。强化科技工作者的责任和信用，结合试验检测报告、用户证明、权威机构排名、专利、版权、资质等支撑材料，探索建立“自我声明”的承诺制新模式。

（二）健全评价体系

5. 优化评价机构。择优遴选一批高水平的评价机构，鼓励其牵头制定评价的国家标准、行业标准和团体标准，推动评价机构专业化、标准化、规范化发展。支持评价机构提升服务能力，探索线上线下相结合、客观数据分析和专家专业评价相结合等服务新模式，充分运用大数据检索分析等新技术赋能。鼓励评价机构延伸服务链条，提供成果到产品全生命周期服务。

6. 强化专家队伍建设。组建高水平的评价专家队伍，坚持专业性、公正性和权威性，突出职业道德、综合素质要求，科学设置专家遴选标准。推动评价机构建立评价专家库并定期动态调整，确保“有进有出”“优进劣出”，规范专家评价行为，完善评价专家的廉政风险防控机制和责任追究制度。依法保障专家权利，确保专家能够客观公正、实事求是开展评价工作。加大复合型人才培养，持续充实评价专业力量。

7. 构建多方评价体系。构建用户、市场和第三方专业机构评价为主，权威专家参与，创新主体“自我声明”，政府引导监督相结合的多方评价体系。发挥行业组织和专业机构作用，支持其作为独立第三方开展市场化评价。引导企业家、天使投资人、创业投资机构、专业化技术转移机构等各类市场主体提早介入研发活动，对科技成果潜在经济价值、市场估值、发展前景等进行商业化评价。

8. 完善评价制度规范。加强评价制度建设，健全信用体系，规范评价机构、技术经理人、成果拥有者等各类评价参与者的行为，建立评价机构失信名单。强化行业组织和专业机构等自我管理，健全利益关联回避制度，提升评价的权威性和公信力。加强评价全过程的质量管理，推动评价方法、指标、流程等的标准化。

9. 加强公共服务。支持工业产品质量控制和技术评价实验室、产业技术基础公共服务平台、新材料重点平台等加强自身能力建设，增强公益属性，为评价提供检测、试验、分析等公共服务，支撑成果真实性和可靠性验证。支持试验检测机构“服务前移”，重点建设新技术新产品适配应用创新与验证环境，在科技成果产生、评价、产业化等全过程中提供专业服务。

（三）加速成果产业化

10. 用好评价结果。发挥好科技成果评价在技术交易、科技奖励、产业化推广等方面的作用，加强科技成果评价与项目、基地、人才等评价的有机结合，在制定和实施产业政策时，如制造业领航企业、制造业单项冠军企业、专精特新“小巨人”评选，以及首台（套）重大技术装备、首批次新材料、首版次关键软件评定等，适度采信评价结论。支持行业组织和专业机构、被评价方等在工作中科学合理运用评价结果。

11. 促进产学融结合。完善成果评价与金融机构、投资公司的联动机制，通过高质量的成果评价，引导金融机构有效支持创新型企业。充分用好国家产融合作平台，在企业“硬科技”属性评价、“科技产业金融一体化”专项目录遴选、企业上市推荐等工作中，将评价结论作为参考。支持地方、企业与高校加强合作，强化供需对接机制，围绕产业发展、企业需求建立联合式、订单式技术研发新模式，提升科技成果转化成效。

三、保障措施

（一）加强组织实施。工业和信息化部负责完善工业和信息化领域科技成果评价机制，加强对评价工作的统筹指导，会同有关部门组织成果推介和产融对接，加强评价过程的监管，对违规、造假等行为建立黑名单制度。地方工业和信息化主管部门、行业组织按照本实施方案负责本地区、本行业的评价工作，定期向工业和信息化部推荐优秀科技成果。评价机构按照本实施方案建立规范化的评价管理办法。被评价方对评价成果的真实性负责，不得请托、干扰和影响评价过程。

（二）优化资源配置。依据评价结论，合理配置要素资源，引导企业和社会资本投入，促进高质量科技成果产出。鼓励在国家制造业高质量发展试验区、国家新型工业化产业示范基地、中国软件名城（园）、国家小型微型企业创业创新示范基地、先进制造业集群、中小企业特色产业集群等园区（基地）、各类先导区中，引进科技成果评价和转移转化机构，建设创新成果产业化中心和承载区。对工业和信息化领域重点工程、重大项目成果及制造业领航企业、制造业单项冠军企业、专精特新“小巨人”企业、国家技术创新示范企业、“揭榜挂帅”优胜企业等主体的成果评价情况纳入长期跟踪。

（三）建立信息平台。建设工业和信息化领域科技成果信息平台，分层次、分领域建立成果项目库，提高评价服务的信息化水平。加强与国家产融合作平台、制造业创新成果产业化服务平台、国家先进技术转化应用公共服务平台等的对接，推动科技创新要素资源加速流动，加强评价结论的互认、互用。

（四）构建良好创新生态。鼓励企业、科研机构、高校和其他组织建立优势互补、分工明确、成果共享、风险共担的协同体系。面向地方产业园区（基地），强化场景驱动，挖掘符合其应用场景、技术需求的科技成果，为地方发展提供新动能。鼓励部属高校、科研院所开展校企校地对接，支持企业开展科技成果产业化应用示范。加强科技成果评价和转移转化机构建设，培育高层次专业人才队伍。挖掘评价典型案例和成功做法，形成示范并全面推广。

（五）释放部属单位活力。鼓励部属高校、科研院所在职称评审、绩效考核等评价过程中，加大科技成果转化等实际贡献的权重。鼓励部属单位完善科技成果转化尽职免责机制，创新职务科技成果管理体系。部属单位应建设全流程贯通的知识产权管理服务体系，推动专利导航、预警、布局及申请前评估等制度的落地实施，加大高价值专利培育，推广专利价值挖掘与二次开发，逐步完善专利放弃维持前的安全审核机制。鼓励部属单位实施专利开放许可、“先使用后付费”等新机制新模式。

科技管理

技术创新

【国家制造业创新中心建设工程】 工业和信息化部高水平推进国家制造业创新中心建设，在已认定的省级制造业创新中心中择优开展培育，新批复成立国家石墨烯创新中心、国家虚拟现实创新中心、国家超高清视频创新中心3家国家制造业创新中心。组织开展国家制造业创新中心考核评估，推动创新中心始终保持创新领先优势。

【车联网】 工业和信息化部以支持创建国家级车联网先导区为牵引，带动重点地区及有关高速公路先行先用，加快部署车联网基础设施，新增2 200余台路侧通信单元（RSU），打造以群众需求为导向的实用场景，部分城市实现红绿灯诱导通行、危险路段预警等蜂窝车联网（C-V2X）典型应用，不断增强车联网发展的内生动力。推动行业加快实施《国家车联网产业标准体系建设指南》，协调关键标准落地实施。

【国家技术创新示范企业】 工业和信息化部突出关键技术创新导向，深入开展国家技术创新示范企业认定工作，引导企业持续加强创新投入，切实提升技术创新能力。2022年，新认定65家企业为国家技术创新示范企业，对198家国家技术创新示范企业进行复核评价，其中195家通过复核评价。

【工业和信息化部重点实验室】 工业和信息化部发挥部重点实验室在开展基础研究和应用基础研究、重大关键技术和产业共性技术研发等方面的作用，深入开展部重点实验室认定工作，并通过考核评估切实提升实验室建设和运行水平。2022年，新认定29家部重点实验室，组织对158家已认定部重点实验室开展年度考核和专项评估，督促指导实验室根据评估结果认真总结提高，推动依托单位加大投入力度，提高实验室创新活力。

［供稿：工业和信息化部科技司］

高技术与物联网

【人工智能】 开展人工智能产业创新任务揭榜工作，遴选出 183 家入围单位的 202 个揭榜项目，与国家药品监督管理局联合开展人工智能医疗器械创新任务揭榜工作，遴选 221 家入围单位开展集中攻关，推动人工智能技术创新发展，加快新技术、新产品落地。面向上海（浦东新区）、深圳、济南—青岛、北京、天津（滨海新区）、杭州、广州、成都 8 个人工智能创新应用先导区开展阶段性评估，加快推动先导区创新发展。支持南京、武汉、长沙创建国家人工智能创新应用先导区，加快人工智能应用创新集聚区发展。

【物联网】 组织遴选物联网示范项目。遴选出 179 个物联网示范项目，以点带面，促进物联网创新能力提升与融合应用发展。持续开展新型工业化产业示范基地（物联网）发展动态评估和质量评价工作。5 个新型工业化产业示范基地（物联网）均获得四星以上评价，其中杭州高新区连续三年获得五星评价。工业和信息化部、住房和城乡建设部在北京市昌平区等 19 个地区联合开展数字家庭建设试点，推动物联网在市政领域规模化应用。

【量子信息】 指导成立量子信息网络产业联盟，组织开展量子信息技术应用案例征集、量子保密通信标准验证评测、量子信息技术标准化图景白皮书等研究项目和活动，促进产学研用协同创新与未来产业生态培育。在 ITU–T、ISO/IEC 等国际标准组织中推动量子密钥分发网络架构、功能需求、协议接口、系统安全性和应用场景等标准研究，已发布量子密钥分发网络相关国际标准 10 余项。在中国通信标准化协会组织开展量子保密通信器件、系统、网络、应用等关键技术标准研究，已发布相关标准 8 项。

【科技重大专项】 统筹协调工业和信息化部科技创新 2030 – 重大项目工作，与科学技术部加强沟通协调，论证完善重点新材料研发应用、智能制造和机器人等重大项目实施方案，积极争取由工业和信息化部主责实施。统筹完成 01、03、04 专项验收总结工作，研究推进重大项目接续实施，为持续稳定支持相关领域创新工作争取资源。深度参与工信领域相关的国家重点研发计划指南编制工作，紧扣产业科技发展需求，向科学技术部推荐工业和信息化部部属高校、单位 45 名高水平专家成为科技计划指南编制专家。做好科技计划项目审核推荐工作，2022 年共推荐获批立项国家相关科研计划项目 62 项，总国拨经费达 7.47 亿元。

[供稿：工业和信息化部科技司]

质量管理

【先进质量管理方法推广】 2022 年，继续鼓励地方工业和信息化主管部门、专业机构、行业协会组织开展卓越绩效、六西格玛、精益管理等先进质量管理模式和质量工程技术的应用推广、经验交流等活动，组织开展“质量分级”“质量管理小组”“信得过班组”“现场管理”“全面质量管理”知识普及教育等质量活动，引导企业贯彻 GB/T 19000 系列标准，提高企业质量管理能力。

华为技术有限公司、中兴通讯股份有限公司、大唐移动通信设备有限公司、深圳市腾讯计算机系统有限公司、烽火通信科技股份有限公司、百度时代网络技术（北京）有限公司等多家电子信息企业荣获第二十三届中国专利奖。

【质量控制和技术评价实验室建设工作】 2022 年，全面梳理工业产品质量控制和技术评价实验室业务开展情况，组织收集国家监督抽查等活动的质量数据，把脉制造业质量水平。

【工业质量提升和品牌建设工作】 印发《工业和信息化部办公厅关于做好 2022 年工业质量提升和品牌建设工作的通知》，指导地方工业和信息化主管部门、行业协会和专业机构分解落实工业质量品牌建设年度计划。联合国家发展和改革委员会等相关部门印发《关于新时代推进品牌建设的指导意见》，大力实施制造业“增品种、提品质、创品牌”行动，形成有影响力的“中国制造”卓著品牌。联合国家市场监督管理总局等部门印发《进一步提高产品、工程和服务质量行动方案（2022—2025 年）》，深入实施质量提升行动，进一步提高产品、工程和服务质量。组织开展制造业可靠性提升和关键过程质量控制能力提升行动，遴选 50 家企业的 66 项制造业可靠性提升典型经验和 51 家企业的 67 项制造业关键过程能力提升优秀案例，开展 2 场优秀案例经验交流会，向全国广泛推广制造业可靠性提升和关键过程质量控制能力提升优秀经验。支持专业机构开展高于行业标准的高端品牌认证、重点行业质量诊断、质量分析对比、质量管理培训等活动。支持行业协会和专业机构研制质量分级评价标准，开展质量分级评价，促进企业产品由优秀向卓越迈进。

同方计算机有限公司、山东正中信息技术股份有限公司、卓望信息技术（北京）有限公司等电子信息行业企业获评“2022 年中国企业品牌创新成果”，工业品牌形象持续提升。

【质量标杆学习活动】 支持行业协会、专业机构开展质量标杆遴选和经验交流，福建宁德核电有限公司、杭州老板电器股份有限公司、浙江大华技术股份有限公司、上海宇航系统工程研究所等 58 家企业和单位获评“2022 年全国质量标杆”。开展 4 期全国质量标杆经验交流活动，参与人数 8 000 余人次，参与企业超过 2 000 家。

【全国工业企业品牌建设工作】 组织开展品牌培育管理体系标准贯标，举办品牌培育经验交流活动，支持研究品牌培育管理体系成熟度评价机制，总结推广优秀品牌培育典型案例，提高企业品牌建设能力。指导行业协会、专业机构开展“中国制造”品牌现状调查，编制“中国制造”品牌发展指数，为制造业企业系统打造品牌和创造价值提供方法和路径。开展品牌故事大赛、品牌创新成果发布等活动，宣传推广“中国制造”品牌，讲好“中国制造”品牌故事。

【产业集群区域品牌建设试点工作】 鼓励国家先进制造业集群、国家新型工业化产业示范基地、国家级经济开发区和高新区等产业集聚区，加强与行业协会、专业机构合作，开展品牌诊断、经验交流等活动，围绕主导产业加强检验检测、试验验证等质量基础能力建设，打造竞争力强、美誉度高的区域品牌。

【工业质量品牌公共服务平台建设】 依托质量品牌公共服务平台，完成第六批工业产品质量控制和技术评价实验室核定、制造业可靠性提升优秀案例申报、制造业能力提升优秀案例申报等工作；面向四川省、贵州省、湖北省、广东省等多地，开展“专精特新”中小企业提升竞争力、“专精特新”中小企业政策宣贯、创新驱动技术服务、“每月一课：质量提升”、数据安全等系列专题直播活动，进一步加大对企业培育力度，做好企业高质量发展服务工作。

【全国全面质量管理知识竞赛活动】 组织举办“2022 年全国企业员工全面质量管理知识竞赛”活动，引导广大企事业单位在新时代进一步推进全面质量管理。全国共计 665 万人参与答题，较 2021 年增加 50 余万人，再创历史新高，覆盖全国 34 个省级行政区。成都宏科电子科技有限公司、中国电子科技集团有限公司、中国电子信息产业集团有限公司等一批电子信息企业踊跃参与，推动企业员工学习应用全面质量管理知识和方法，提高全员质量意识和素质，促进质量全面提升。

【制造业质量管理数字化】 持续宣贯推广《制造业质

量管理数字化实施指南（试行）的通知》，推动企业运用新一代信息技术，提高质量管理数字化水平。氟基新材料行业生产质量管理数字化转型实践、基于“流程＋数字化”的全流程质量智能管控、基于大数据的材料不良段精准切除等63项案例获评“2022年制造业质量管理数字化典型场景和解决方案优秀案例”。

［供稿：工业和信息化部科技司］

行业标准管理

【技术标准体系建设】 2022年，为贯彻落实《国家标准化发展纲要》，工业和信息化部优化标准化治理结构，增强标准化治理效能，以高标准促进高质量发展作为标准化工作着力点，以高标准助力高技术创新，引领产业优化升级。一是持续完善人工智能、智能制造、云计算、锂离子电池等技术标准体系，整体推进跨行业、跨领域标准体系建设；二是大力推进物联网、区块链与分布式记账等标准体系研究工作，逐步构建完善新兴领域标准体系，推动标准体系环境本身从离散型应用向集成化应用转变。

【标准立项】 2022年，工业和信息化部围绕集成电路、信息技术、人工智能、工业互联网、节能与综合利用、两化融合等重点领域，积极开展电子信息行业立项工作，重点填补标准空白。全年共安排《超高清视频智能处理系统通用技术规范》等130项行业标准制修订计划和《区块链产业服务 服务能力成熟度评价》《智能制造系统解决方案供应商评价规范》等45项国家标准制修订计划。

【标准宣贯】 2022年，工业和信息化部积极开展电子信息行业重点领域标准宣传推广。一是建立行业标准发布前的宣传解读制度，支持有关行业协会、标准化专业机构等聚焦重大标准，通过组织培训、专家解答等方式及时回应社会和企业关切，引导企业执行新标准。二是加大标准全文公开，自工业和信息化部成立以来批准发布的2.2万项行业标准文本信息已全部实现全文公开，为相关行业、企业和个人了解行业标准信息提供了便捷渠道。

【标准国际化】 2022年，工业和信息化部积极推动电子信息行业标准国际化工作，中国电子信息行业的国际标准化水平稳步提升。一是以国际标准提案为核心，鼓励和支持国内企事业单位实质性参与国际标准化工作，提升国际标准话语权，增强相关产业国际竞争力。全年共支持《晶体硅光伏电池光热致衰减测试方法》等6项由中国牵头制定的国际标准项目。二是积极推动中国专家参与国际标准制定。充分发挥中国电子信息领域的技术实力和产业优势，切实推动和鼓励各领域专家积极参与和主导国际标准制定，承担国际标准化组织技术机构领导职务工作，增强国际标准话语权。三是积极开展标准外文版研制工作。组织开展面向“一带一路”沿线地区和国家的标准需求分析，结合实际需要，积极推进电子信息领域标准外文版研制，为服务“一带一路”沿线地区和国家经济建设贡献中国智慧。2022年共安排《太阳电池用铝浆》等4项行业标准外文版计划，批准发布《平衡车用锂离子电池和电池组规范》等2项行业标准外文版。

【标准制定修订】 2022年，工业和信息化部立足制造强国和网络强国建设全局，统筹布局新产业、新基建、产业基础再造、产业优化升级等重点标准项目，积极开展电子信息行业标准制定修订工作，标准研制工作取得一系列重要成果。在行业标准方面，全年共批准发布《人工智能从业人员能力要求》《锂金属蓄电池及电池组总规范》等129项行业标准。在国家标准方面，组织相关标准化技术委员会完成《信息安全技术 步态识别数据安全要求》《智能制造 工业大数据时间序列数据采集与存储管理》等116项国家标准的制定。

【团体标准化】 2022年，工业和信息化部大力支持社会团体围绕电子信息行业高质量发展需求，自主制定发布技术水平全面优于国家标准和行业标准的团体标准，电子信息行业团体标准化工作取得显著进展。2022 年，《智能电视适老化设计技术要求》《人工智能芯片应用面向汉盲翻译系统的技术要求》等 35 项电子信息领域团体标准入选工业和信息化部百项团体标准应用示范项目，涉及人工智能、信息技术新型显示、太阳能光伏、智能终端等重点领域。

[供稿：工业和信息化部科技司]

知识产权与成果管理

【行业计量技术规范编制】 一是支持重点领域技术规范制定，支持技术创新、绿色制造、安全与节能环保等测试技术和方法的技术规范制定，支持产业急需、社会关注的热点技术规范制定，加快填补新领域计量空白。对已不能满足当前技术进步和产业发展需要但市场亟须的规范项目进行修订。2022 年，依据计量规范编制原则和工作重点，组织 9 个行业经过立项申报、网站公示、专业司局征求意见、反馈意见处理、报部审批等工作环节，最终确立 123 项计量技术规范列入 2022 年度编制计划。

二是按照计量技术规范制修订管理工作流程的要求，组织完成 9 个行业 122 项计量技术规范报批工作。计量技术规范结合制造强国和网络强国的行业需求，切实发挥计量技术对制造业的引领和支撑作用，满足行业发展急需，促进产业水平提升，对推动相关产业发展具有重要作用；部分计量技术规范为自主研制，具备自主创新测试方法，可完善计量量值传递溯源体系；部分计量技术规范满足节能、绿色环保及质量和安全可靠性的需求。

【科研成果产业化】 一是印发《关于完善工业和信息化领域科技成果评价机制的实施方案（试行）》（以下简称《实施方案》），推动工业和信息化领域科技成果评价工作，充分发挥科技成果评价的“指挥棒”作用，促进产业科技创新和高质量发展。围绕“评什么”“怎么评”“谁来评”“怎么用”，在《实施方案》中提出全面准确评价、健全评价体系、加速成果产业化 3 大重点任务、11 项子任务。

二是修订《产业技术基础公共服务平台工作指南》，完善平台的功能定位、建设要求、运行要求，引导平台强化对中小企业的服务支撑。制定《2022 年产业技术基础公共服务平台能力建设项目年度检查工作方案》，开展 2022 年产业技术基础公共服务平台评估复核，将平台服务中小企业情况纳入检查和评估复核范围。

三是贯彻落实《赋予科研人员职务科技成果所有权或长期使用权试点实施方案》，支持北京航空航天大学、北京理工大学、哈尔滨工业大学、西北工业大学 4 所高校参与赋权试点。加强对部属高校的科技成果转化情况调研，加强校地校企对接，促进部属高校科技成果与产业需求有效对接。

【工业企业知识产权运用能力】 一是国家知识产权局、工业和信息化部联合印发《关于知识产权助力专精特新中小企业创新发展若干措施的通知》，提出提升知识产权创造水平，增强企业创新能力；促进知识产权高效运用，提高企业核心竞争力；加强知识产权保护，护航企业创新发展；强化知识产权服务保障，提升助企惠企实效；加大协同推进力度，确保措施落地见效 5 方面 16 条具体举措，以深化实施中小企业知识产权战略推进工程，助力“专精特新”中小企业创新发展。

二是实施工业和信息化部知识产权推进计划，围绕制造业重点领域知识产权布局与行业知识产权保护、制造业重点领域知识产权等重大问题研究、制造业企业知识产权能力提升与成果转化等方面，部署 15 项知识产权推进计划项目。

三是开展工业企业知识产权运用试点培育工作，累计遴选 2 813 家知识产权运用试点企业。支持开展“制造业知识产权大课堂”培训系列活动，帮助中小企业提升知识产权保护意识与管理能力。

四是推进制造业知识产权的协同运用，在产业技术基础公共服务平台建设中，促进标准、知识产权、成果转化等技术基础要素体系融合发展，加快企业、高校、科研院所知识产权深度合作、协同创新、成果转化和科技体制改革，构建行业、地方、企业平台梯次建设格局，促进制造业创新成果产业化，推动制造业高质量发展。

【全国知识产权宣传周活动】 积极配合国家知识产权局开展“全面开启知识产权强国建设新征程”全国知识产权宣传周活动，组织工业和信息化部相关部属单位开展“企业开源知识产权合规培训”“专利布局助力技术创新培训”等知识产权宣传周系列活动。

【制造业知识产权大课堂】 着力提升企业知识产权意识与能力，发布工业和信息化部知识产权推进计划，支持专业机构面向企业开展制造业知识产权大课堂系列活动。2022 年，围绕工业和信息化领域知识产权创造、运用、保护等主题开展培训，累计培训 2 000 余人次。

[供稿：工业和信息化部科技司]

电子行业标准与国家标准

【2022 年发布的电子行业标准】

序号	标准号	标准名称	实施日期
1	SJ/T 11548.2—2022	信息技术 社会服务管理 三维数字社会服务管理系统技术规范 第 2 部分：基础数据库	2022-7-1
2	SJ/T 11548.3—2022	信息技术 社会服务管理 三维数字社会服务管理系统技术规范 第 3 部分：业务办理	2022-7-1
3	SJ/T 11548.4—2022	信息技术 社会服务管理 三维数字社会服务管理系统技术规范 第 4 部分：服务受理	2022-7-1
4	SJ/T 11548.5—2022	信息技术 社会服务管理 三维数字社会服务管理系统技术规范 第 5 部分：网格化管理	2022-7-1
5	SJ/T 11548.6—2022	信息技术 社会服务管理 三维数字社会服务管理系统技术规范 第 6 部分：辅助决策	2022-7-1
6	SJ/T 11792—2022	锂离子电池电极材料导电性测试方法	2022-7-1
7	SJ/T 11793—2022	锂离子电池电极材料电化学性能测试方法	2022-7-1
8	SJ/T 11794—2022	锂离子电池正极材料游离锂的测试方法	2022-7-1
9	SJ/T 11795—2022	锂离子电池电极材料中磁性异物含量测试方法	2022-7-1
10	SJ/T 11796—2022	电子烟用锂离子电池和电池组通用规范	2022-7-1
11	SJ/T 11797—2022	锂金属蓄电池及电池组总规范	2022-7-1
12	SJ/T 11798—2022	锂离子电池和电池组生产安全要求	2022-7-1
13	SJ/T 11799—2022	光伏组件背板用氟塑料薄膜	2022-7-1
14	SJ/T 11800—2022	太阳能光伏用自洁净玻璃	2022-7-1
15	SJ/T 11803—2022	有质量评定的基础机电继电器 通用继电器空白详细规范	2022-7-1
16	SJ/T 11804—2022	工业互联网从业人员能力要求	2022-7-1

续表

序号	标准号	标准名称	实施日期
17	SJ/T 11805—2022	人工智能从业人员能力要求	2022-7-1
18	SJ/T 11806—2022	物联网从业人员能力要求	2022-7-1
19	SJ/T 2862—2022	电子设备用固定电阻器详细规范 RXG5 型线绕功率型固定电阻器 评定水平 E	2023-1-1
20	SJ/T 2863—2022	电子设备用固定电阻器详细规范 RXG6 型线绕功率型固定电阻器 评定水平 E	2023-1-1
21	SJ/T 2864—2022	电子设备用固定电阻器详细规范 RXG7 型线绕功率型固定电阻器 评定水平 E	2023-1-1
22	SJ/T 2867—2022	电子设备用固定电阻器详细规范 RI40 型玻璃釉膜低功率固定电阻器 评定水平 E	2023-1-1
23	SJ/T 2911—2022	电子设备用电位器详细规范 WH159 型低功率电位器 评定水平 E	2023-1-1
24	SJ/T 10354—2022	电子设备用电位器详细规范 WHE121 型低功率电位器 评定水平 E	2023-1-1
25	SJ/T 10557.1—2022	电解电容器用铝箔技术条件	2023-1-1
26	SJ/T 10618—2022	电子设备用固定电阻器详细规范 RYG1 型金属氧化膜功率型固定电阻器 评定水平 E	2023-1-1
27	SJ/T 10619—2022	电子设备用固定电阻器详细规范 RYG2 型金属氧化膜功率型固定电阻器 评定水平 E	2023-1-1
28	SJ/T 10632—2022	电子陶瓷原材料粘土、长石、菱镁矿、方解石、白云石、滑石、石英中杂质的原子吸收分光光度测定法	2023-1-1
29	SJ/T 10633—2022	电子陶瓷原材料氧化铝中杂质的原子吸收分光光度测定法	2023-1-1
30	SJ/T 10691—2022	变频变压电源通用规范	2023-1-1
31	SJ/T 10694—2022	电子产品制造与应用系统防静电测试方法	2023-1-1
32	SJ/T 11140—2022	铝电解电容器用电极箔	2023-1-1
33	SJ/T 11183—2022	旋转式涂覆设备通用规范	2023-1-1
34	SJ/T 11272—2022	车载彩色显示器通用规范	2023-1-1
35	SJ/T 11451—2022	扩散炉能源消耗规范	2023-1-1
36	SJ/T 11457.2—2022	波导型介电谐振器 第 2 部分：应用于振荡器和滤波器的使用指南	2023-1-1
37	SJ/T 11460.6.3—2022	显示光源组件 第 6-3 部分：测试方法 LED 发光条光电参数	2023-1-1
38	SJ/T 11467—2022	电子电气产品中有害物质的风险评估指南	2023-1-1
39	SJ/T 11807—2022	锂离子电池和电池组充放电测试设备规范	2023-1-1
40	SJ/T 11808—2022	电动工具用锂离子电池和电池组 安全技术规范	2023-1-1
41	SJ/T 11809—2022	电动工具用锂离子电池和电池组规范	2023-1-1
42	SJ/T 11810—2022	电动轮椅用锂离子电池和电池组 安全技术规范	2023-1-1
43	SJ/T 11811—2022	电动轮椅用锂离子电池和电池组 通用规范	2023-1-1
44	SJ/T 11812.1—2022	分布式储能用锂离子电池和电池组性能规范 第 1 部分：家庭储能	2023-1-1
45	SJ/T 11812.2—2022	分布式储能用锂离子电池和电池组性能规范 第 2 部分：道路交通与景观照明设施	2023-1-1
46	SJ/T 11813—2022	童车用锂离子电池和电池组 安全技术规范	2023-1-1
47	SJ/T 11814—2022	童车用锂离子电池和电池组 通用规范	2023-1-1
48	SJ/T 11815—2022	玩具用锂离子电池和电池组 安全技术规范	2023-1-1

续表

序号	标准号	标准名称	实施日期
49	SJ/T 11816—2022	玩具用锂离子电池和电池组 通用规范	2023-1-1
50	SJ/T 11817—2022	半导体光电子器件 灯丝灯用发光二极管空白详细规范	2023-1-1
51	SJ/T 11818.1—2022	半导体紫外发射二极管 第 1 部分：测试方法	2023-1-1
52	SJ/T 11818.2—2022	半导体紫外发射二极管 第 2 部分：芯片规范	2023-1-1
53	SJ/T 11818.3—2022	半导体紫外发射二极管 第 3 部分：器件规范	2023-1-1
54	SJ/T 11819—2022	电子画屏通用规范	2023-1-1
55	SJ/T 11820—2022	半导体分立器件直流参数测试设备技术要求和测量方法	2023-1-1
56	SJ/T 11821—2022	数字功率分析仪通用规范	2023-1-1
57	SJ/T 11822—2022	贴片单体导电硅胶弹性按键详细规范	2023-1-1
58	SJ/T 11823—2022	集成电路塑封油压机	2023-1-1
59	SJ/T 11824—2022	金属氧化物半导体场效应晶体管（MOSFET）等效电容和电压变化率测试方法	2023-1-1
60	SJ/T 11825—2022	防静电工作台、座椅通用技术规范	2023-1-1
61	SJ/T 11826—2022	管道液体静电电荷密度在线检测方法	2023-1-1
62	SJ/T 11827—2022	管道在线液体静电消除器通用规范	2023-1-1
63	SJ/T 11828.1—2022	光伏组件自然曝露试验及年衰减率评价 第 1 部分：湿热大气环境	2023-1-1
64	SJ/T 11828.2—2022	光伏组件自然曝露试验及年衰减率评价 第 2 部分：干热砂尘大气环境	2023-1-1
65	SJ/T 11829.1—2022	晶体硅光伏电池用等离子体增强化学气相淀积（PECVD）设备 第 1 部分：管式 PECVD 设备	2023-1-1
66	SJ/T 11829.2—2022	晶体硅光伏电池用等离子体增强化学气相淀积（PECVD）设备 第 2 部分：板式 PECVD 设备	2023-1-1
67	SJ/T 11830—2022	晶体硅光伏电池智能制造 数据采集指南	2023-1-1
68	SJ/T 11831—2022	车内用直流电源适配器技术规范	2023-1-1
69	SJ/T 11832.1—2022	薄化液晶显示盒 第 1 部分：术语	2023-1-1
70	SJ/T 11832.3—2022	薄化液晶显示盒 第 3 部分：检测方法	2023-1-1
71	SJ/T 11833.4—2022	移动显示器件用玻璃盖板 第 4 部分：机械试验方法 双轴弯曲强度（环对环）	2023-1-1
72	SJ/T 11833.5—2022	移动显示器件用玻璃盖板 第 5 部分：机械试验方法 刚性支撑受试件抗尖锐物体的动态撞击	2023-1-1
73	SJ/T 11834—2022	车用平视显示器光学性能测试方法	2023-1-1
74	SJ/T 11835—2022	客车用数字电视接收机技术规范	2023-1-1
75	SJ/T 11836—2022	智能电视应用程序恶意行为测评	2023-1-1
76	SJ/T 11837—2022	智能电视应用程序恶意行为分类	2023-1-1
77	SJ/T 11838—2022	水泥行业信息化和工业化融合评估规范	2023-1-1
78	SJ/T 11839.1—2022	离散型制造执行过程云化规范 第 1 部分：总则	2023-1-1

续表

序号	标准号	标准名称	实施日期
79	SJ/T 11840—2022	智能音箱技术规范	2023-1-1
80	SJ/T 11841.2.2—2022	显示系统视觉舒适度 第 2-2 部分：平板显示 - 蓝光测量方法	2023-1-1
81	SJ/T 11842—2022	电视接收设备 液晶显示规范	2023-1-1
82	SJ/T 11843—2022	电视接收设备 通用规范	2023-1-1
83	SJ/T 11844—2022	电视接收设备 高动态范围（HDR）显示规范	2023-1-1
84	SJ/T 11845.1—2022	基于低频噪声参数的电子元器件可靠性评价方法 第 1 部分：通用要求	2023-1-1
85	SJ/T 11845.2—2022	基于低频噪声参数的电子元器件可靠性评价方法 第 2 部分：光电耦合器件	2023-1-1
86	SJ/T 11845.3—2022	基于低频噪声参数的电子元器件可靠性评价方法 第 3 部分：二极管	2023-1-1
87	SJ/T 11846—2022	电压调整器低频噪声参数测试方法	2023-1-1
88	SJ/T 11847.1.2—2022	柔性显示器件 第 1-2 部分：总规范	2023-1-1
89	SJ/T 11847.3.1—2022	柔性显示器件 第 3-1 部分：侧弯曲柔性显示模块详细规范	2023-1-1
90	SJ/T 11847.3.2—2022	柔性显示器件 第 3-2 部分：外侧折叠柔性显示模块详细规范	2023-1-1
91	SJ/T 11848—2022	半导体分立器件 3DG2484 型 NPN 硅高频小功率晶体管详细规范	2023-1-1
92	SJ/T 11849—2022	半导体分立器件 3DG3500、3DG3501 型 NPN 硅高频小功率晶体管详细规范	2023-1-1
93	SJ/T 11850—2022	半导体分立器件 3DK2219A、3DK2222A、3DK2222AUB 型 NPN 硅小功率开关晶体管详细规范	2023-1-1
94	SJ/T 11851—2022	半导体分立器件 S3DK5794 型 NPN 硅小功率开关晶体管对管详细规范	2023-1-1
95	SJ/T 11852—2022	服务机器人用锂离子电池和电池组通用规范	2023-1-1
96	SJ/T 11853—2022	正压悬浮区熔单晶硅炉	2023-1-1
97	SJ/T 11854—2022	光伏用直拉单晶硅炉	2023-1-1
98	SJ/T 11855—2022	光伏用紫外老化试验箱辐照性能测试方法	2023-1-1
99	SJ/T 11856.1—2022	光纤通信用半导体激光器芯片技术规范 第 1 部分：光源用法布里 - 珀罗型及分布式反馈型半导体激光器芯片	2023-1-1
100	SJ/T 11856.2—2022	光纤通信用半导体激光器芯片技术规范 第 2 部分：光源用垂直腔面发射型半导体激光器芯片	2023-1-1
101	SJ/T 11856.3—2022	光纤通信用半导体激光器芯片技术规范 第 3 部分：光源用电吸收调制型半导体激光器芯片	2023-1-1
102	SJ/T 11857—2022	家电用电子整流无刷直流电动机	2023-1-1
103	SJ/T 11858—2022	贴片式微型振动器	2023-1-1
104	SJ/T 11859—2022	微型水泵用单相永磁同步电动机通用规范	2023-1-1
105	SJ/T 11860—2022	电镀溶液试验方法	2023-1-1
106	SJ/T 11862—2022	锂电池术语	2023-1-1
107	SJ/T 11863—2022	单片超大尺寸掩模板装载盒规范	2023-1-1
108	SJ/T 11864—2022	半绝缘型碳化硅单晶衬底	2023-1-1

续表

序号	标准号	标准名称	实施日期
109	SJ/T 11865—2022	功率器件用 Φ150 mm n 型碳化硅衬底	2023-1-1
110	SJ/T 11866—2022	半导体光电子器件 硅衬底白光功率发光二极管详细规范	2023-1-1
111	SJ/T 11867—2022	硅衬底蓝光小功率发光二极管芯片详细规范	2023-1-1
112	SJ/T 11868—2022	硅衬底蓝光功率发光二极管芯片详细规范	2023-1-1
113	SJ/T 11869—2022	硅衬底白光功率发光二极管芯片详细规范	2023-1-1
114	SJ/T 11870—2022	照明用光传感器的性能测试方法	2023-1-1
115	SJ/T 11871—2022	照明用红外传感器的性能要求	2023-1-1
116	SJ/T 11872—2022	照明用照度传感器的性能要求	2023-1-1
117	SJ/T 11873—2022	超声波测距传感器总规范	2023-1-1
118	SJ/T 11874—2022	电动汽车用半导体分立器件应力试验程序	2023-1-1
119	SJ/T 11875—2022	电动汽车用半导体集成电路应力试验程序	2023-1-1
120	SJ/T 11876—2022	电子电气产品有害物质管理与实施评价指南	2023-1-1
121	SJ/T 11877—2022	打印机及多功能一体机制造业绿色工厂评价要求	2023-1-1
122	SJ/T 11878—2022	电视机制造业绿色工厂评价要求	2023-1-1
123	SJ/T 11879—2022	电子信息制造业绿色园区评价要求	2023-1-1
124	SJ/T 11880—2022	发光二极管制造业绿色工厂评价要求	2023-1-1
125	SJ/T 11881—2022	微型计算机制造业绿色工厂评价要求	2023-1-1
126	SJ/T 11882—2022	液晶面板制造业绿色工厂评价要求	2023-1-1
127	SJ/T 11883—2022	扩散炉热平衡和热效率及综合能耗的计算方法	2023-1-1
128	SJ/T 11884—2022	电子玻璃制造业节能诊断技术规范	2023-1-1
129	SJ/T 11885—2022	动力锂离子电池行业绿色供应链管理规范	2023-1-1

【2022 年发布的电子行业国家标准】

序号	标准号	标准名称	实施日期
1	GB/T 23006—2022	信息化和工业化融合管理体系 新型能力分级要求	2022-3-9
2	GB/T 23007—2022	信息化和工业化融合管理体系 评定分级指南	2022-3-9
3	GB/T 23021—2022	信息化和工业化融合管理体系 生产设备管理能力成熟度评价	2022-3-9
4	GB/T 4725—2022	印制电路用覆铜箔环氧玻纤布层压板	2022-10-1
5	GB/T 17737.8—2022	同轴通信电缆 第 8 部分：聚四氟乙烯绝缘半柔电缆分规范	2022-10-1
6	GB/T 17737.801—2022	同轴通信电缆 第 8-1 部分：聚四氟乙烯绝缘半柔电缆空白详细规范	2022-10-1

续表

序号	标准号	标准名称	实施日期
7	GB/T 20278—2022	信息安全技术 网络脆弱性扫描产品安全技术要求和测试评价方法	2022-10-1
8	GB/T 25069—2022	信息安全技术 术语	2022-10-1
9	GB/T 41300—2022	民用无人机唯一产品识别码	2022-10-1
10	GB/Z 41288—2022	信息安全技术 重要工业控制系统网络安全防护导则	2022-10-1
11	GB/Z 41290—2022	信息安全技术 移动互联网安全审计指南	2022-10-1
12	GB/T 23011—2022	信息化和工业化融合 数字化转型 价值效益参考模型	2022-10-12
13	GB/T 23023—2022	信息化和工业化融合管理体系 生产设备运行绩效评价指标集	2022-10-12
14	GB/T 41780.1—2022	物联网 边缘计算 第 1 部分：通用要求	2022-10-12
15	GB/T 41781—2022	物联网 面向 Web 开放服务的系统 安全要求	2022-10-12
16	GB/T 41864—2022	信息技术 计算机视觉 术语	2022-10-12
17	GB/T 41870—2022	工业互联网平台 企业应用水平与绩效评价	2022-10-12
18	GB/T 42024—2022	智能制造 基于 OID 的异构系统互操作功能要求	2022-10-12
19	GB/T 42029—2022	智能制造 工业数据空间参考模型	2022-10-12
20	GB/T 20984—2022	信息安全技术 信息安全风险评估方法	2022-11-1
21	GB/T 29829—2022	信息安全技术 可信计算密码支撑平台功能与接口规范	2022-11-1
22	GB/T 30283—2022	信息安全技术 信息安全服务 分类与代码	2022-11-1
23	GB/T 31506—2022	信息安全技术 政务网站系统安全指南	2022-11-1
24	GB/T 41387—2022	信息安全技术 智能家居通用安全规范	2022-11-1
25	GB/T 41388—2022	信息安全技术 可信执行环境 基本安全规范	2022-11-1
26	GB/T 41389—2022	信息安全技术 SM9 密码算法使用规范	2022-11-1
27	GB/T 41391—2022	信息安全技术 移动互联网应用程序（App）收集个人信息基本要求	2022-11-1
28	GB/T 41400—2022	信息安全技术 工业控制系统信息安全防护能力成熟度模型	2022-11-1
29	GB/T 41479—2022	信息安全技术 网络数据处理安全要求	2022-11-1
30	GB/T 41574—2022	信息技术 安全技术 公有云中个人信息保护实践指南	2023-2-1
31	GB/Z 41634—2022	电磁兼容检测用设备期间核查指南	2023-2-1
32	GB/T 8566—2022	系统与软件工程 软件生存周期过程	2023-5-1
33	GB/T 14916—2022	识别卡 物理特性	2023-5-1
34	GB/T 18233.1—2022	信息技术 用户建筑群通用布缆 第 1 部分：通用要求	2023-5-1
35	GB/T 18233.2—2022	信息技术 用户建筑群通用布缆 第 2 部分 : 办公场所	2023-5-1
36	GB/T 18233.6—2022	信息技术 用户建筑群通用布缆 第 6 部分：分布式楼宇设施	2023-5-1
37	GB/T 19668.7—2022	信息技术服务 监理 第 7 部分：监理工作量度量要求	2023-5-1
38	GB/T 23022—2022	信息化和工业化融合管理体系 生产设备运行管理规范	2023-5-1

续表

序号	标准号	标准名称	实施日期
39	GB/T 23031.1—2022	工业互联网平台 应用实施指南 第1部分：总则	2023-5-1
40	GB/T 23050—2022	信息化和工业化融合管理体系 供应链数字化管理指南	2023-5-1
41	GB/T 25068.3—2022	信息技术 安全技术 网络安全 第3部分：面向网络接入场景的威胁、设计技术和控制	2023-5-1
42	GB/T 25068.4—2022	信息技术 安全技术 网络安全 第4部分：使用安全网关的网间通信安全保护	2023-5-1
43	GB/T 26237.1—2022	信息技术 生物特征识别数据交换格式 第1部分：框架	2023-5-1
44	GB/T 26237.8—2022	信息技术 生物特征识别数据交换格式 第8部分：指纹骨架数据	2023-5-1
45	GB/T 26237.10—2022	信息技术 生物特征识别数据交换格式 第10部分：手形轮廓数据	2023-5-1
46	GB/T 26237.15—2022	信息技术 生物特征识别数据交换格式 第15部分：掌纹图像数据	2023-5-1
47	GB/T 28826.4—2022	信息技术 公用生物特征识别交换格式框架 第4部分：安全块格式规范	2023-5-1
48	GB/T 28827.1—2022	信息技术服务 运行维护 第1部分：通用要求	2023-5-1
49	GB/T 28827.7—2022	信息技术服务 运行维护 第7部分：成本度量规范	2023-5-1
50	GB/T 28827.8—2022	信息技术服务 运行维护 第8部分：医院信息系统管理要求	2023-5-1
51	GB/T 29268.5—2022	信息技术 生物特征识别性能测试和报告 第5部分：访问控制场景与分级机制	2023-5-1
52	GB/T 29268.6—2022	信息技术 生物特征识别性能测试和报告 第6部分：运行评价的测试方法	2023-5-1
53	GB/T 33356—2022	新型智慧城市评价指标	2023-5-1
54	GB/T 34680.5—2022	智慧城市评价模型及基础评价指标体系 第5部分：交通	2023-5-1
55	GB/T 38659.3—2022	电磁兼容 风险评估 第3部分：设备风险分析方法	2023-5-1
56	GB/T 38659.4—2022	电磁兼容 风险评估 第4部分：系统风险分析方法	2023-5-1
57	GB/T 38664.4—2022	信息技术 大数据 政务数据开放共享 第4部分：共享评价	2023-5-1
58	GB/T 39204—2022	信息安全技术 关键信息基础设施安全保护要求	2023-5-1
59	GB/T 40694.4—2022	信息技术 用于生物特征识别系统的图示、图标和符号 第4部分：指纹应用	2023-5-1
60	GB/T 40694.5—2022	信息技术 用于生物特征识别系统的图示、图标和符号 第5部分：人脸应用	2023-5-1
61	GB/T 40694.9—2022	信息技术 用于生物特征识别系统的图示、图标和符号 第9部分：血管应用	2023-5-1
62	GB/T 40778.3—2022	物联网 面向Web开放服务的系统实现 第3部分：物体发现方法	2023-5-1
63	GB/T 40783.2—2022	信息技术 系统间远程通信和信息交换 磁域网 第2部分：带内无线充电控制协议	2023-5-1
64	GB/T 41772—2022	信息技术 生物特征识别 人脸识别系统技术要求	2023-5-1
65	GB/T 41773—2022	信息安全技术 步态识别数据安全要求	2023-5-1
66	GB/T 41778—2022	信息技术 工业大数据 术语	2023-5-1
67	GB/T 41779—2022	高性能计算机系统能效测试方法	2023-5-1
68	GB/T 41782.1—2022	物联网 系统互操作性 第1部分：框架	2023-5-1
69	GB/T 41782.2—2022	物联网 系统互操作性 第2部分：网络连通性	2023-5-1
70	GB/T 41783—2022	模块化数据中心通用规范	2023-5-1

续表

序号	标准号	标准名称	实施日期
71	GB/T 41784—2022	信息技术 实时定位 视觉定位系统数据接口	2023-5-1
72	GB/T 41785—2022	磁光电混合存储系统通用规范	2023-5-1
73	GB/T 41800—2022	信息技术 传感器网络 爆炸危险化学品贮存安全监测系统技术要求	2023-5-1
74	GB/T 41801.1—2022	信息技术 卡上生物特征识别系统 第 1 部分：基本要求	2023-5-1
75	GB/T 41801.2—2022	信息技术 卡上生物特征识别系统 第 2 部分：物理特性	2023-5-1
76	GB/T 41801.3—2022	信息技术 卡上生物特征识别系统 第 3 部分：逻辑信息交换机制	2023-5-1
77	GB/T 41802—2022	信息技术 验证码程序要求	2023-5-1
78	GB/T 41803.1—2022	信息技术 社会保障卡生物特征识别应用系统 第 1 部分：通用要求	2023-5-1
79	GB/T 41804—2022	信息技术 生物特征识别系统性能环境影响的评价方法	2023-5-1
80	GB/T 41806—2022	信息安全技术 基因识别数据安全要求	2023-5-1
81	GB/T 41807—2022	信息安全技术 声纹识别数据安全要求	2023-5-1
82	GB/T 41810—2022	物联网标识体系 对象标识符编码与存储要求	2023-5-1
83	GB/T 41813.1—2022	信息技术 智能语音交互测试方法 第 1 部分：语音识别	2023-5-1
84	GB/T 41813.2—2022	信息技术 智能语音交互测试方法 第 2 部分：语义理解	2023-5-1
85	GB/T 41814.1—2022	信息技术 生物特征识别校准、增强和融合数据 第 1 部分：融合信息格式	2023-5-1
86	GB/T 41815.1—2022	信息技术 生物特征识别呈现攻击检测 第 1 部分：框架	2023-5-1
87	GB/T 41815.2—2022	信息技术 生物特征识别呈现攻击检测 第 2 部分：数据格式	2023-5-1
88	GB/T 41816—2022	物联网 面向智能燃气表应用的物联网系统技术规范	2023-5-1
89	GB/T 41817—2022	信息安全技术 个人信息安全工程指南	2023-5-1
90	GB/T 41818—2022	信息技术 大数据 面向分析的数据存储与检索技术要求	2023-5-1
91	GB/T 41819—2022	信息安全技术 人脸识别数据安全要求	2023-5-1
92	GB/T 41865—2022	软件与系统工程 产品线工程与管理参考模型	2023-5-1
93	GB/T 41866.1—2022	系统与软件工程 信息技术项目绩效基准度量框架 第 1 部分：概念和定义	2023-5-1
94	GB/T 41866.2—2022	系统与软件工程 信息技术项目绩效基准度量框架 第 2 部分：基准度量要求	2023-5-1
95	GB/T 41866.3—2022	系统与软件工程 信息技术项目绩效基准度量框架 第 3 部分：报告编制	2023-5-1
96	GB/T 41866.4—2022	系统与软件工程 信息技术项目绩效基准度量框架 第 4 部分：数据收集和维护	2023-5-1
97	GB/T 41867—2022	信息技术 人工智能 术语	2023-5-1
98	GB/T 41871—2022	信息安全技术 汽车数据处理安全要求	2023-5-1
99	GB/T 41903.1—2022	信息技术 面向对象的生物特征识别应用编程接口 第 1 部分：体系结构	2023-5-1
100	GB/T 41904—2022	信息技术 自动化基础设施管理（AIM）系统 要求、数据交换及应用	2023-5-1
101	GB/T 41905—2022	软件与系统工程 软件测试工具能力	2023-5-1
102	GB/T 42012—2022	信息安全技术 即时通信服务数据安全要求	2023-5-1

续表

序号	标准号	标准名称	实施日期
103	GB/T 42013—2022	信息安全技术 快递物流服务数据安全要求	2023-5-1
104	GB/T 42014—2022	信息安全技术 网上购物服务数据安全要求	2023-5-1
105	GB/T 42015—2022	信息安全技术 网络支付服务数据安全要求	2023-5-1
106	GB/T 42016—2022	信息安全技术 网络音视频服务数据安全要求	2023-5-1
107	GB/T 42017—2022	信息安全技术 网络预约汽车服务数据安全要求	2023-5-1
108	GB/T 42018—2022	信息技术 人工智能 平台计算资源规范	2023-5-1
109	GB/T 42025—2022	智能制造 射频识别系统 超高频 RFID 系统性能测试方法	2023-5-1
110	GB/T 42028—2022	面向陆上油气生产的物联网系统技术要求	2023-5-1
111	GB/T 42030—2022	智能制造 射频识别系统 超高频读写器应用编程接口	2023-5-1
112	GB/T 6113.402—2022	无线电骚扰和抗扰度测量设备和测量方法规范 第 4-2 部分：不确定度、统计学和限值建模 测量设备和设施的不确定度	2023-7-1
113	GB/T 23686—2022	环境意识设计 原则、要求与指导	2023-7-1
114	GB/T 26237.9—2022	信息技术 生物特征识别数据交换格式 第 9 部分：血管图像数据	2023-7-1
115	GB/T 37036.6—2022	信息技术 移动设备生物特征识别 第 6 部分：指静脉	2023-7-1
116	GB/T 37036.8—2022	信息技术 移动设备生物特征识别 第 8 部分：呈现攻击检测	2023-7-1
117	GB/T 41903.2—2022	信息技术 面向对象的生物特征识别应用编程接口 第 2 部分：Java 实现	2023-7-1
118	GB/T 41903.3—2022	信息技术 面向对象的生物特征识别应用编程接口 第 3 部分：C# 实现	2023-7-1
119	GB/T 42129—2022	数据管理能力成熟度评估方法	2023-7-1
120	GB/T 42130—2022	智能制造 工业大数据系统功能要求	2023-7-1
121	GB/T 42131—2022	人工智能 知识图谱技术框架	2023-7-1
122	GB/T 42132.1—2022	信息技术 用于生物特征识别测试和报告的机读测试数据 第 1 部分：测试报告	2023-7-1
123	GB/T 42133—2022	信息技术 OFD 档案应用指南	2023-7-1
124	GB/T 42134—2022	智能制造 大规模个性化定制 术语	2023-7-1
125	GB/T 42135—2022	智能制造 多模态数据融合技术要求	2023-7-1
126	GB/T 42136—2022	智能制造 远程运维系统通用要求	2023-7-1
127	GB/T 42137—2022	离散型智能制造能力建设指南	2023-7-1
128	GB/T 42138—2022	流程型智能制造能力建设指南	2023-7-1
129	GB/T 42140—2022	信息技术 云计算 云操作系统性能测试指标和度量方法	2023-7-1
130	GB/T 42152—2022	废旧办公耗材与配件再制造通用规范	2023-7-1
131	GB/T 42198—2022	智能制造 大规模个性化定制 需求交互要求	2023-7-1
132	GB/T 42199—2022	智能制造 大规模个性化定制 设计要求	2023-7-1
133	GB/T 42200—2022	智能制造 大规模个性化定制 生产要求	2023-7-1
134	GB/T 42201—2022	智能制造 工业大数据时间序列数据采集与存储管理	2023-7-1

续表

序号	标准号	标准名称	实施日期
135	GB/T 42202—2022	智能制造 大规模个性化定制 通用要求	2023-7-1
136	GB/T 42207.5—2022	电子设备用连接器 产品要求 矩形连接器 第 5 部分：额定电压直流 250 V 额定电流 30 A 卡扣锁紧可重复接线电源连接器详细规范	2023-7-1
137	GB/T 42209—2022	液晶显示屏用点对点（P2P）信号接口 传输协议	2023-7-1
138	GB/T 42210—2022	液晶显示屏用点对点（P2P）信号接口　电参数	2023-7-1
139	GB/T 42243—2022	有机发光二极管（OLED）电视机通用技术规范	2023-7-1
140	GB 14023—2022	车辆、船和内燃机 无线电骚扰特性 用于保护车外接收机的限值和测量方法	2023-11-1
141	GB 17799.4—2022	电磁兼容 通用标准 第 4 部分：工业环境中的发射	2023-11-1

［撰稿：张璨　审稿：陈大纪］

国内授权专利情况

【概况】 2022 年，国家知识产权局授权的中国申请人所持有的电子信息技术类发明专利 347 009 件，比上年增加 9.1%。

在 2022 年授权的电子信息技术类发明专利中，测量测试类发明专利 62 942 件，基本电气元件类发明专利 47 996 件，计算机软硬件类发明专利 136 614 件，电通信类发明专利 77 241 件，其他类发明专利 69 957 件。各专业所获得授权发明专利数量比上年均有所增加，其中，计算机软硬件类授权发明专利增幅最大，增长率 37.8%；电通信类授权发明专利增幅最小，增长率 9.9%；测量测试类、其他类和基本电气元件类 3 类专业授权发明专利年增幅较为接近，分别为 23.4%、23.3% 和 17.5%。

2022 年授权的电子信息技术类发明专利专业分布与上年相比未出现明显变化，各专业占比排名与上年保持一致。计算机软硬件类授权发明专利占比在各专业排名中继续保持第一，占 34.6%，比上年提高 3.4 个百分点；电通信类授权发明专利占比排名第二，占 19.6%，比上年下降 2.5 个百分点；其他类授权发明专利占比排名第三，占 17.7%，比上年下降 0.2 个百分点；测量测试类、基本电气元件类授权发明专利占比分别排名第四、第五，占比分别为 15.9%、12.2%，较上年分别下降 0.1 个百分点、0.6 个百分点。总体来看，计算机软硬件类授权发明专利占比处于持续增长态势，其他 4 类专业授权发明专利占比均略有下降，降幅最多不超过 2.5 个百分点。

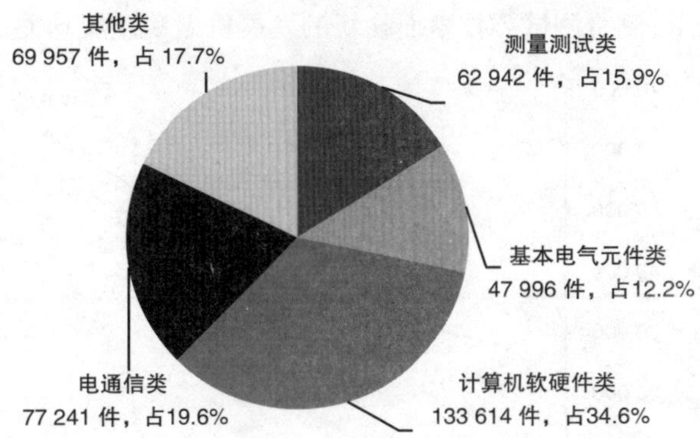

图 1　2022 年授权的电子信息技术类发明专利专业分布情况

2018—2022 年，电子信息技术类授权发明专利数量持续增长，年增长率呈现波动上升趋势。在 5 类专业中，2018—2022 年计算机软硬件类授权发明专利年均增长率最高，为 36.5%；基本电气元件类授权发明专利年均增长率最低，为 17.1%；电通信类授权发明专利年均增长率为23.5%，较2017—2021年电通信类授权发明专利年均增长率31.3%有所降低；测量测试类和其他类授权发明专利年均增长率分别为22.9%、19.3%，发展相对平稳。

电子信息技术与各行业不断深度融合发展，新一代信息技术成为新时期科技革命和产业变革的关键力量，有助于提升中国的国际地位与国际竞争力。电子信息产业各分支均朝着强创新、高效率、促转型的高质量发展方向转变。伴随数字化、网络化、智能化的信息化浪潮，企业普遍增加研发投入，创新成果丰硕，电子信息技术类发明专利申请数量、质量双升，电子信息技术领域发明专利事业呈现高质量发展趋势。计算机系统与软件、5G、大数据、物联网、人工智能、集成电路、信息安全技术、无人系统、区块链、测试计量与仪器等领域成为电子信息技术产业的发展重点。

【测量测试类发明专利】 2022年测量测试类授权发明专利比上年增加11 931件，增长23.4%，增速较快，增速在各类专业中列第2位，比上年上升1位。2018—2022年，测量测试类授权发明专利增速较稳定，年均增长率22.9%，在各类专业中排名第三，比2017—2021年的年均增长率上升1个百分点。测量测试类发明专利广泛应用于国民经济各领域，新能源汽车、自动化制造、智能实验室、消费类电子等行业的快速发展推动测量测试类产品的持续更新，在中国产业全面转型升级及节能减排降耗政策背景下，测量测试类技术面临新的发展机遇和发展动能。

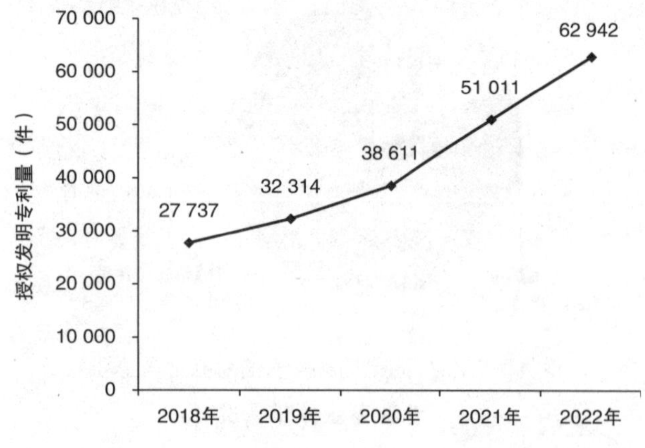

图2　2018—2022年测量测试类授权发明专利情况

【基本电气元件类发明专利】 基本电气元件类授权发明专利2022年较上年增加7 147件，增长17.5%，增速在各类专业中列第4位，比上年上升1位。2018—2022年，基本电气元件类授权发明专利平稳增长，年均增长率17.1%，在各类专业中排名末位，与2017—2021年的年均增长率相同。近年来，集成电路、5G、汽车电子、物联网领域的战略布局是基本电气元件类技术创新的主导因素。在智能化时代背景下，基本电气元件作为智能制造的基础，市场前景向好。

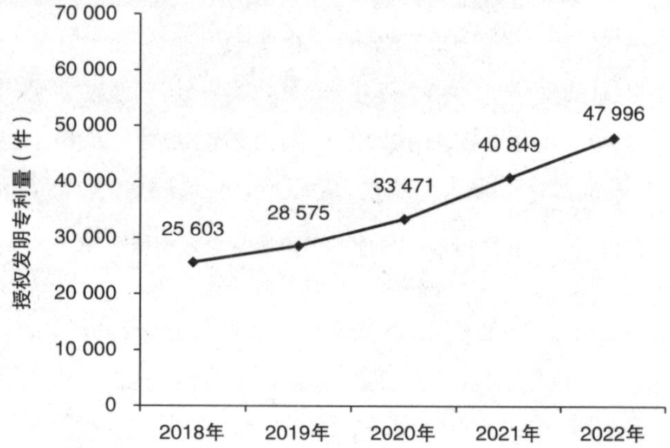

图3　2018—2022年基本电气元件类授权发明专利情况

【计算机软硬件类发明专利】 计算机软硬件类授权发明专利2022年比上年增加37460件，增长率较上年有大幅提升，增长37.8%，在各类专业中位列第一，与上年排名一致。2018—2022年，计算机软硬件类授权发明专利年均增长率36.5%，在各类专业中位列第一，比2017—2021年的年均增长率上涨0.9个百分点。伴随科技革命和产业变革，信息化、数字化在企业降本增效、增强竞争力的过程中越来越重要，长期来看计算机软硬件类技术仍将是电子信息技术领域研究的热点，实现计算机软硬件类技术的高质量发展是新时期中国电子信息领域的重点。

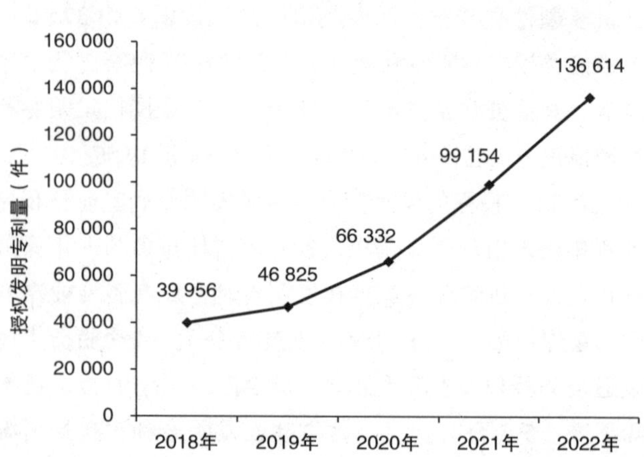

图4　2018—2022年计算机软硬件类授权发明专利情况

【电通信类发明专利】 电通信类授权发明专利2022年比上年增加6 951件，增长9.9%，在各类专业中排名居末位，比上年下降3位。2018—2022年，电通信类授权发明专利年增速呈现较大起伏，年均增长率23.5%，在各类专业中排名第二，比2017—2021年的年均增长率降低7.8个百分点。近年来，5G移动通信网络加速构建，6G移动通信网络研发加速布局，新型网络环境将推动网络技术的转型升级，中国在电通信领域的发明专利已有一定储备，增长速率放缓，通信技术逐渐呈现高层次、智能化的发展态势。

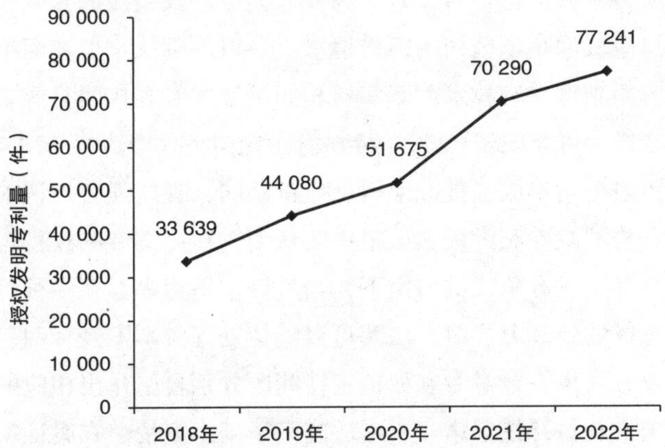

图5　2018—2022年电通信类授权发明专利情况

【其他类发明专利】 其他类授权发明专利2022年比上年增加13 213件，增长23.3%，在各类专业中排名第三，比上年上升1位。2018—2022年，其他类授权发明专利年均增长率19.3%，在各类专业中居第4位，比2017—2021年的年均增长率下降0.8个百分点。

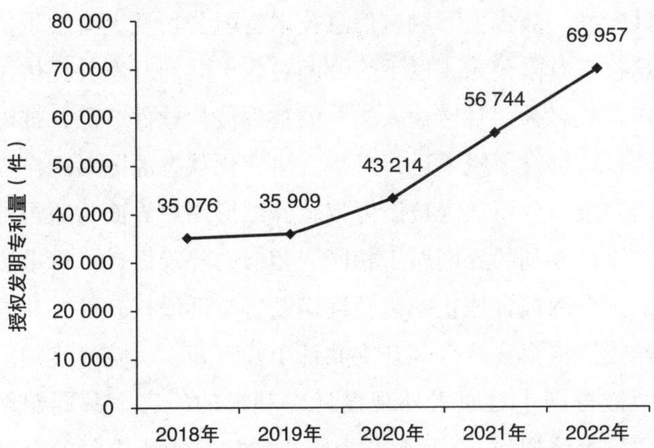

图6　2018—2022年其他类授权发明专利情况

【2022年电子信息技术产业知识产权诉讼案例】

浙江安谐智能科技有限公司与青岛讯极科技有限公司、讯极科技（苏州）有限公司著作权侵权及商业诋毁纠纷案　青岛讯极科技有限公司（以下简称青岛讯极公司）、讯极科技（苏州）有限公司（以下简称讯极苏州公司）的共同法定代表人在某次公开演讲中使用的PPT配图，与浙江安谐智能科技有限公司（以下简称安谐公司）为当地交警部门提供的“不按规定使用远光灯自动记录系统”拍摄生成的某张图片基本一致。该系统基于安谐公司《一种远光灯持续开启的检测方法》的发明专利研发而成。安谐公司认为涉案照片生成于该系统，属于功能性作品，依法应受《著作权保护法》保护，请求法院判令青岛讯极公司、讯极苏州公司停止侵权、赔礼道歉、消除影响并赔偿损失。一审法院认为，《著作权保护法》保护的作品是特定领域内具有独创性的思想表达。涉案图片由机器设定程序进行自动拍摄产生，机器设备并不能成为作品的创作主体，未体现安谐公司创作涉案图片的主观意图。照片的非艺术性表达不属于《著作权保护法》意义中摄影作品的认定范围，故不宜作为《著作权保护法》意义中的作品进行保护。此案入选“重庆法院2022年知识产权司法保护十大典型案例”。

深圳奇策迭出文化创意有限公司与杭州原与宙科技有限公司侵害作品信息网络传播权纠纷案　深圳奇策迭出文化创意有限公司（以下简称奇策公司）经漫画家马千里授权享有“我不是胖虎”系列作品独占性著作财产权。奇策公司在杭州原与宙科技有限公司（以下简称原与宙公司）经营的平台发现其用户铸造并发布了“胖虎打疫苗”NFT数字作品，该作品与马千里发布的插图作品完全一致。奇策公司遂以原与宙公司侵害其信息网络传播权为由提起诉讼。一审法院认为，NFT数字作品交易符合信息网络传播行为的特征，结合交易模式、技术特点、平台控制能力、盈利模式等，涉案平台应建立有效的知识产权审查机制，认定原与宙公司侵权成立。原与宙公司不服，提起上诉。二审法院认为，NFT数字作品的上架发布阶段涉及信息网络传播行为，作为数字藏品的一种形式，NFT数字作品使用的技术可较为有效地避免后续流转过程中被反复复制。基于NFT数字作品交易网络服务伴随着相应财产性权益的产生、移转及可能引发的侵权后果等因素，此类服务提供者应当审查NFT

数字作品来源的合法性，确认 NFT 数字作品铸造者具有适当权利。本案中，原与宙公司未尽到相应的注意义务，故驳回上诉，维持原判。此案入选“2022 年中国法院十大知识产权案件”。

天宝解决方案公司与河南二建集团钢结构有限公司侵害计算机软件著作权纠纷案　天宝解决方案公司（Trimble Solutions Corporation，以下简称天宝公司）是“Tekla Structures”系列计算机软件的著作权人，该软件主要应用于钢结构工程设计。天宝公司发现河南二建集团钢结构有限公司（以下简称二建公司）未经其许可，擅自复制、使用“Tekla Structures”软件，遂诉至法院，要求二建公司停止侵权，并赔偿经济损失及合理支出 8 785 000 元。诉讼中，天宝公司申请法院对二建公司使用的计算机进行证据保全。法院在审查后作出证据保全民事裁定书。在证据保全过程中，二建公司采取断电等方式，阻碍法院采取保全措施。法院经审理后认为，二建公司采取断电等方式阻止证据保全，构成对司法活动的妨碍，决定对二建公司罚款 10 万元。同时，因二建公司构成侵权，最终判决二建公司停止侵权、赔偿天宝公司经济损失共计 1 023 120 元。此案入选“2022 年河南法院知识产权司法保护十大典型案例”。

王某侵犯上海柏楚电子科技股份有限公司著作权罪案　自 2020 年 6 月起，被告人王某在未取得上海柏楚电子科技股份有限公司（以下简称柏楚公司）授权许可的情况下，从他人处购得盗版激光切割套料软件（CypNest 软件），并通过其开设的淘宝网店及个人微信号予以销售。期间，被告人王某对该软件进行复制，并采用远程安装或者寄送加密狗的方式对盗版软件进行发行。经柏楚公司比对，被告人王某售卖的 CypNest 软件所侵犯的是柏楚公司开发的 CypNest6.3.772.020191012-V771 正版软件著作权。一审法院认为，被告人王某未经著作权人许可，以营利为目的复制发行其计算机软件作品，非法经营数额达 34 万余元，属于有其他特别严重的情节，其行为已构成侵犯著作权罪。被告人王某坦白，自愿认罪认罚，依法可从轻、从宽处罚。一审法院根据被告人王某犯罪的事实、情节、性质及对社会的危害程度等，以侵犯著作权罪，判处其有期徒刑三年，并处罚金 20 万元；责令被告人王某退赔被害人的经济损失。一审宣判后，被告人王某未提出上诉，公诉机关亦未提起抗诉，一审判决生效。此案入选“2022 年上海法院知识产权司法保护十大案件”。

深圳市租电智能科技有限公司与深圳市森树强电子科技有限公司等侵害实用新型专利权纠纷案　深圳市租电智能科技有限公司（以下简称租电公司）系实用新型专利《一种动态密码 USB 线材》的专利权人。租电公司认为深圳市森树强电子科技有限公司（以下简称森树强公司）等实施了侵权行为，向法院提起诉讼。森树强公司等抗辩称与租电公司同日申请了技术方案实质相同的涉案实用新型专利和关联实用新型专利，该关联实用新型专利权已被宣告无效，因此涉案专利权也应属无效，故应驳回租电公司的诉讼请求。一审法院认定上述两项实用新型专利技术方案实质相同，涉案专利权明显或者有极大可能归于无效，故判决驳回租电公司的诉讼请求。租电公司不服，提起上诉。二审期间，森树强公司请求宣告涉案专利无效。二审法院认为，在涉案专利权稳定性存疑或有争议的情况下，当后续审理程序存在多种可选择的处理方式时，法院可以酌情处理。本案经释明，双方当事人针对专利权稳定性问题分别自愿作出相应的未来利益补偿承诺。二审法院基于基本案情、在案证据和双方承诺，采用“先行裁驳、另行起诉”的处理方式，裁定撤销一审判决，驳回起诉。此案入选“2022 年最高人民法院知识产权法庭典型案例”。

北京金山安全软件有限公司与上海触宝信息技术有限公司、海触乐信息技术有限公司外观设计专利侵权案　原告北京金山安全软件有限公司（以下简称金山公司）开发的“趣输入”App 以独创的输入法图形用户界面获得名为《用于移动通信终端的图形用户界面》的外观设计专利。被告上海触宝信息技术有限公司及上海触乐信息技术有限公司（以下简称两被告）共同开发并提供用户下载名为“触宝输入法”的被诉侵权软件产品，被诉侵权软件在手机上运行后呈现出变化状态的图形用户界面。金山公司认为被诉侵权软件图形用户界面与原告外观设计专利的界面属于相同或相似的外观设计，请求法院判令两被告停止销售及许诺销售被诉侵权软件并共同赔偿经济损失及合理开支共计 100 万元。法院最终判决两被告停止对原告外观设计专利权的侵害，共同赔偿原告经济损失 30 万元及为制止侵权行为所支付的合理开支 5 万元。一审判决后，双方当事人均未上诉，一审判决生效。此案入选“2022 年上海法院知识产权司法保护十大案件”。

苹果电脑贸易（上海）公司与高通股份有限公司发明专利无效案　高通股份有限公司（以下简称高通公司）系发明专利《计算装置中的活动的卡隐喻》的权利人。苹果电脑贸易（上海）公司（以下简称苹果公司）向国家知识产权局提出无效宣告请求，国家知识产权局决定维持专利权有效。苹果公司不服，向法院提起诉讼。一审法院判决驳回其诉讼请求。苹果公司不服，提起上诉。二审法院认为，如果技术方案中若干技术特征之间相互依存并具有协同作用，能够依赖整体实现某一功能并产生了相应效果，则在创造性评价中应当考虑上述协同作用。二审最终判决驳回上诉，维持原判。此案入选“2022 年北京知识产权法院发布专利授权确权十大典型案例”。

北京百度网讯科技有限公司与苏州闪速推网络科技有限公司不正当竞争纠纷案　北京百度网讯科技有限公司（以下简称百度公司）是百度搜索引擎的经营者。苏州闪速推网络科技有限公司（以下简称闪速推公司）通过租赁高权重网站二级目录，利用技术手段生成大量与客户所在行业常用搜索关键词相关的广告页面，并将这些页面挂接到高权重网站的二级目录中，当用户在百度等搜索引擎上搜索这些关键词时，被推广公司的广告网页就会占据搜索结果首页一条或多条，实现“万词霸屏”的效果。百度公司以闪速推公司实施的上述行为构成不正当竞争为由诉至法院。一审法院认为，闪速推公司依附于百度搜索引擎开展“万词霸屏”业务，故意利用技术手段破坏百度搜索引擎根据关键词搜索的正常收录和排名秩序，增加了用户信息获取成本，扰乱市场竞争秩序和互联网信息服务管理秩序，违背诚实信用原则和公认的商业道德，构成不正当竞争。判令闪速推公司停止涉案不正当竞争行为，赔偿经济损失及合理支出共计 275.3 万元。一审判决后，当事人均未上诉。此案入选“2022 年中国法院十大知识产权案件”。

深圳市腾讯计算机系统有限公司、腾讯科技（深圳）有限公司与杭州百豪科技有限公司、杭州古馨文化艺术有限公司不正当竞争纠纷案　深圳市腾讯计算机系统有限公司（以下简称腾讯计算机公司）、腾讯科技（深圳）有限公司（以下简称腾讯科技公司）是 QQ 软件及产品的开发和运营主体，QQ 软件提供手动抢红包功能。杭州百豪科技有限公司（以下简称百豪科技）是两款自动抢红包软件的开发和运营主体，其中一款自动抢红包软件的服务提供者是杭州古馨文化艺术有限公司（以下简称古馨公司）。一旦有用户发送红包，自动抢红包软件可自动领取红包并自动发送答谢消息。腾讯计算机公司和腾讯科技公司认为百豪科技与古馨公司构成不正当竞争，诉请两被告停止侵权、消除影响，并赔偿经济损失及维权合理开支共计 495 万元。一审法院认为，被诉侵权软件的开发、运营架构于两原告已经拥有的广大 QQ 软件用户群体和已经建立的互动生态系统，妨碍 QQ 产品和服务的正常运行，扰乱了市场竞争秩序，构成不正当竞争。一审宣判后，百豪科技不服提起上诉。二审法院认为，被诉软件通过技术手段以自动抢红包代替手动抢红包，破坏 QQ 红包本身公平随机的算法机制，不当利用了 QQ 软件的运营资源和竞争优势，扰乱了互联网市场竞争秩序，同时损害了消费者利益，构成不正当竞争。百豪科技不服提起再审申请，法院裁定驳回再审申请。此案入选“2022 年中国法院 50 件典型知识产权案例”“2022 年浙江法院十大知识产权案件”。

咪咕音乐有限公司与淘宝（中国）软件有限公司、杭州阿里巴巴音乐科技有限公司不正当竞争纠纷案　咪咕音乐有限公司（以下简称咪咕音乐公司）发现由淘宝（中国）软件有限公司（以下简称淘宝公司）开发，由杭州阿里巴巴音乐科技有限公司（以下简称阿里音乐公司）发行的虾米音乐 App 以歌曲音源文件网络地址（URL）设链的方式，向用户免费提供咪咕音乐公司曲库的歌曲。咪咕音乐公司以淘宝公司、阿里音乐公司的行为构成不正当竞争为由诉至法院。一审法院认为，阿里音乐公司的行为不构成不正当竞争。咪咕音乐公司不服一审判决，提起上诉。二审法院认为，咪咕音乐公司对自己的曲库享有竞争利益，其合法权益应受法律保护。作为同业经营者，淘宝公司、阿里音乐公司实质上通过技术手段免费使用咪咕音乐公司曲库中的歌曲，并将本应由自己承担的扩大曲库的成本转移给了咪咕音乐公司，不正当地获得竞争优势，其主观过错明显。淘宝公司、阿里音乐公司的行为不具有正当性，构成不正当竞争，一审法院认为该行为不属于不正当竞争行为属于认定错误，依法予以纠正。此案入选“2022 年四川法院知识产权司法保护十大典型案例”。

周某某侵犯中芯国际集成电路制造有限公司商业秘密罪案　中芯国际集成电路制造有限公司（以下简称中芯国际公司）拥有 Process sensor 电路技术秘密信息，以设置 FTP 权限、监控公司网络流量、签署带有保密义务的劳动合同及保密协议等保密措施，保护上述信息不为公众所知悉。2016 年 9 月至 2019 年 1 月，被告人周某某入职中芯国际公司，具有查阅中芯国际公司持有的上述与商业秘密相关数据包的权限。被告人周某某违反合同义务，将两个 IP 数据包在内的文件下载至工作计算机硬盘，再以拆除硬盘的方式将上述文件带离公司并存储于其个人计算机。经鉴定，周某某获取的上述两个 IP 数据包所包含的技术方案与中芯国际公司主张的 Process sensor 电路技术秘密信息相同。被告人周某某被抓获后如实供述了尚未掌握的犯罪事实。一审法院认为，被告人周某某违反权利人中芯国际公司有关保守商业秘密的要求，以盗窃等不正当手段获取商业秘密，给权利人造成重大损失，其行为已构成侵犯商业秘密罪，依法应予惩处。被告人周某某到案后主动如实供述了侦查机关尚未掌握的犯罪事实，可视为自首，可以从轻或者减轻处罚；自愿认罪认罚，依法可以从宽处理。一审宣判后，公诉机关未提出抗诉，被告人周某某未上诉，一审判决生效。此案入选“2022 年上海法院知识产权司法保护十大案件”。

深圳花儿绽放网络科技股份有限公司与浙江盘兴数智科技股份有限公司、浙江盘石信息技术股份有限公司侵害技术秘密纠纷案　深圳花儿绽放网络科技股份有限公司（以下简称花儿绽放公司）是“有客多”小程序源代码技术秘密的权利人。花儿绽放公司主张浙江盘兴数智科技股份有限公司（以下简称盘兴公司）与其签订《花儿绽放源代码使用许可合同》并依约获取涉案软件源代码后，违反合同约定保密义务，在公共网站披露该源代码，故向法院提起诉讼，请求判令盘兴公司及其唯一股东浙江盘石信息技术股份有限公司（以下简称盘石公司）连带赔偿经济损失 5 000 余万元并消除影响。一审法院判决盘兴公司、盘石公司连带赔偿 500 万元。花儿绽放公司、盘兴公司、盘石公司均不服，提起上诉。二审法院认为，涉案软件源代码构成技术秘密，盘兴公司披露涉案软件源代码的行为构成技术秘密侵害；花儿绽放公司单方委托鉴定机构就涉案技术秘密商业价值出具的鉴定意见中，多项数据存疑，不应予以采信；综合考虑涉案技术秘密的研究开发成本、实施该项技术秘密的收益、可得利益、可保持竞争优势的时间等因素，一审法院酌定的损害赔偿数额并无明显不当。遂判决驳回上诉，维持原判。此案入选“2022 年最高人民法院知识产权法庭典型案例”。

【统计数据】

表 1　2018—2022 年国内授权的电子信息技术类发明专利总体分布情况

单位：件

产品分类	2018 年	2019 年	2020 年	2021 年	2022 年	合计
测量测试类	27 737	32 314	38 611	51 011	62 942	212 615
基本电气元件类	25 603	28 575	33 471	40 849	47 996	176 494
计算机软硬件类	39 956	46 825	66 332	99 154	136 614	388 881
电通信类	33 639	44 080	51 675	70 290	77 241	276 925
其他类	35 076	35 909	43 214	56 744	69 957	240 900
合计	162 011	187 703	233 303	318 048	394 750	1 295 815

注：表中的合计数据均为各类专业简单累加的数据，未去重。

［撰稿：王媛媛　郭淑芳　李河言　张镭　审稿：李慧颖］

国际合作

综　述

【概况】 2022 年，中国信息产业国际合作工作以习近平新时代中国特色社会主义思想为指导，认真贯彻落实党中央、国务院决策部署，顺利举办金砖中国年系列活动、产业链供应链韧性与稳定论坛，积极拓展对重点国家和地区合作新机制，参加国际电信联盟、G20 数字部长会等重要活动，着力推动数字经济和产业链合作，拓展产业国际合作空间，有力服务中国特色大国外交和制造强国、网络强国建设。

亚　洲

【第二次中国－东盟数字部长会议】 2022 年 1 月 28 日，第二次中国－东盟数字部长会议以视频形式召开。工业和信息化部副部长张云明与缅甸交通和通信部部长丁昂山共同主持会议。

张云明指出，中方愿与东盟方一道，落实习近平主席和东盟各国领导人达成的共识，充分利用中国－东盟数字部长会议机制，务实开展数字领域互利共赢合作，让数字技术和应用更好地赋能经济社会发展，加速区域各国数字化转型进程。会议通过《落实中国－东盟数字经济合作伙伴关系行动计划（2021 — 2025）》和《2022 年中国－东盟数字合作计划》，双方就加强数字政策对接、新兴技术、数字技术创新应用、数字安全、数字能力建设合作等达成共识。

【中巴信息技术产业联合工作组第一次会议】 2022 年 7 月 28 日，中巴信息技术产业联合工作组第一次会议以视频形式召开。工业和信息化部副部长张云明与巴基斯坦信息技术和通信部联邦秘书穆赫辛・穆斯塔克共同主持会议。

张云明指出，中巴信息技术产业联合工作组为中巴全面战略伙伴关系发展注入新动力。中方愿与巴方一道，携手推动双方信息技术和数字领域合作不断取得新成效。张云明介绍了中国数字和信息通信技术领域发展最新情况，希望会后双方抓紧落实会议成果，推动各领域项目合作早见成效。

会议围绕信息通信基础设施、信息通信技术创新应用、政策与监管、无线电频谱管理、网络安全和能力建设等议题开展交流，审议通过《中巴信息技术产业联合工作组工作条例》，在工作组框架下成立 6 个工作小组。

外交部、国家发展改革委、中国驻巴基斯坦大使馆及工业和信息化部有关司局负责同志参加会议。

【会见沙特通信和信息技术部部长苏瓦哈】 2022 年 12 月 7 日，工业和信息化部部长金壮龙视频会见沙特阿拉伯王国通信和信息技术部部长苏瓦哈，双方共同签署《中华人民共和国工业和信息化部与沙特阿拉伯王国通信和信息技术部合作谅解备忘录》。工业和信息化部副部长张云明出席会见。

金壮龙表示，中沙两国在信息通信技术和人工智能等领域有着良好的合作基础，此次签署部门间合作谅解备忘录，将为中沙全面战略伙伴关系发展注入新动力。中方愿同沙方一道，认真落实两国元首的重要共识，携手推动双方信息通信技术和数字领域合作不断取得新成效。

欧　洲

【中欧工业对话磋商机制第十一次全体会议】 2022 年 1 月 21 日，中欧工业对话磋商机制第十一次全体会议以视频形式召开。工业和信息化部副部长辛国斌与欧盟委员会内部市场、工业、创业和中小企业总司长克尔斯汀·约恩娜共同出席会议。

辛国斌指出，在双方的共同努力下，汽车等领域合作取得实质性进展。辛国斌强调，中国正在加快构建双循环新发展格局，中欧工业合作仍有巨大潜力和广阔空间。双方应创新交流模式，拓展合作领域，构筑互利共赢的合作体系。

会上，双方听取汽车、原材料、中小企业、工业能效、造船工作组工作开展情况的汇报，并就进一步优化对话机制交换意见，一致同意保持密切沟通，深化务实合作。

【中英产业合作对话】 2022 年 6 月 9 日，工业和信息化部与英国商业、能源和产业战略部召开首次中英产业合作对话。双方就汽车产业、制造业绿色发展、工业数字化转型、中英现代产业合作伙伴关系等方面进行交流，共同签署联合成果文件，在汽车、绿色制造、科技和数字经济领域增进标准、法规和政策交流，继续推进中英现代产业合作伙伴关系建设。

【上海合作组织成员国第二次工业部长会议】 2022 年 7 月 15 日，上海合作组织成员国第二次工业部长会议以线上线下相结合的形式召开，工业和信息化部副部长辛国斌率团出席会议并发言。

辛国斌指出，上海合作组织成员国的利益与命运紧密相连，深度交融。中国愿与上海合作组织成员国加强沟通交流，紧密团结协作，探索产业链供应链合作新机遇，多层次全方位推动中小企业合作，丰富工业领域投资项目合作，促进工业领域取得务实合作成果。辛国斌强调，中国工业经济持续提振，必将为促进上海合作组织成员国工业合作提供更多机遇。中方愿同各方一道，以“上海精神”为指引，推动工业部长会议成果文件落地见效，持续深化工业领域务实合作。

【中俄通信与信息技术合作分委会第二十一次会议】 2022 年 8 月 26 日，中俄通信与信息技术合作分委会第二十一次会议以视频形式召开，工业和信息化部副部长张云明与俄罗斯联邦数字发展、通信和大众传媒部副部长切尔克索娃共同主持会议。

张云明指出，双方认真落实中俄总理定期会晤委员会第二十五次会议议定事项，电信、信息技术和网络安全、无线电频率协调、邮政 4 个工作组各项重点工作取得积极进展。双方主管部门应在数字经济、操作系统、新一代通信技术、陆缆扩容等方面进一步开展交流互鉴，加强在国际多边场合协调，不断推动两国信息通信领域合作迈上新台阶。

美洲与大洋洲

【第 18 届古巴信息技术国际博览会】 2022 年 3 月 25 日，应古巴通信部邀请，工业和信息化部总工程师韩夏通过视频方式向第 18 届古巴信息技术国际博览会开幕式致辞。

韩夏介绍了中国数字经济发展所取得的成就，表示中国大力推动以 5G 为代表的新一代信息通信技术发展，加快信息基础设施建设，深入开展 5G 应用“扬帆”行动，积极推进 5G 应用赋能千行百业，制造业数字化转型纵深推进，数字产业化发展迅速，新技术新业态新模式蓬勃兴起，网上购物、在线教育、远程医疗等“非接触经济”进一步方便人民群众生活，助力数字经济发展。

韩夏指出，工业和信息化部将认真落实中古两国元首达成的共识，加强与古巴政府部门、产业界、学术界交流合作，共同推进 5G 网络、工业互联网、数据中心等新型信息基础设施建设。中方愿继续秉持开放合作、互利共赢理念，与世界各国共同开创数字经济合作新局面。

【首届中拉数字技术合作论坛】 2022 年 7 月 19 日，首届中拉数字技术合作论坛在线上举办。本届论坛以“探索中拉合作新路径 携手迈向数字新时代”为主题，由工业和信息化部副部长张云明和拉共体轮值主席国阿根廷国家通信局局长克劳迪奥·安布罗西尼共同主持，18 个拉美和加勒比国家通信及相关部门代表出席。

张云明就深化中拉数字技术合作提出三点倡议：一是搭建平台，加强经验交流与政策协调；二是创新发展，打造数字技术合作新局面；三是开放合作，营造良好数字发展环境。

论坛期间，与会代表围绕论坛主题，就新型基础设施建设、人工智能、5G、电信普遍服务和无线电频谱管理等多个领域合作进行富有成效的交流和对话。论坛通过《首届中国－拉美和加勒比国家数字技术合作论坛联合声明》，就中拉数字技术领域合作达成丰硕成果形成共识。

【2022 产业链供应链韧性与稳定国际论坛】 2022 年 9 月 19—20 日，为落实习近平主席在二十国集团领导人罗马峰会上提出的重要合作倡议，产业链供应链韧性与稳定国际论坛在浙江省杭州市举行。工业和信息化部部长金壮龙通过视频方式出席开幕式并致辞。工业和信息化部副部长辛国斌主持开幕式。

金壮龙表示，习近平主席向产业链供应链韧性与稳定国际论坛致贺信，充分体现中国政府对全球产业链供应链合作发展的高度重视，彰显坚定维护产业链供应链韧性与稳定的决心和诚意。工业和信息化系统将深入学习贯彻习近平主席重要指示精神，以实际行动深化产业链供应链国际合作，共同构筑安全稳定、畅通高效、开放包容、互利共赢的全球产业链供应链体系。坚定不移扩大高水平对外开放，持续完善市场化法治化国际化营商环境，加强政策、规则、标准对接，促进国际分工合作。

本次论坛主题为“同舟共济，共克时艰，务实推动构建富有韧性的全球产业链供应链”，由工业和信息化部、国家发展改革委、交通运输部、国务院发展研究中心、浙江省人民政府共同举办。来自全球 29 个国家及多个国际组织的代表，通过线上线下相结合的方式参加论坛。期间，中国联合印度尼西亚、智利、古巴、巴基斯坦、塞尔维亚共同发起、阿根廷支持发表《产业链供应链韧性与稳定国际合作倡议》（杭州倡议），向全世界发出共同维护产业链供应链安全稳定的立场和主张，得到各方积极响应。

国际组织

【金砖国家工业互联网与数字制造发展论坛】 2022年5月23日，金砖国家工业互联网与数字制造发展论坛在福建厦门开幕。国务委员王勇出席论坛开幕式并致辞。

王勇表示，制造业数字化转型是大势所趋，契合金砖国家产业发展方向。习近平主席在金砖国家领导人第十三次会晤上提出举办工业互联网与数字制造发展论坛的重要倡议，为各方深化该领域务实合作提供重要指引。中方愿同金砖伙伴一道，坚持开放包容、合作共赢的金砖精神，凝聚发展共识、分享实践经验，协同推动工业互联网与数字制造发展，共同实现更高质量、更具韧性、更可持续增长。

王勇强调，金砖国家产业结构互补性强，在制造业数字化转型领域合作空间广阔。各方应把握工业互联网发展机遇，拓展新工业革命伙伴关系，加强工业互联网创新应用，加快企业数字化改造升级，积极发展新型数字基础设施，促进政策协调对接和标准规则互联互通，加强数字人才培养和交流合作，共同提升制造业数字化、网络化、智能化发展水平，为金砖五国乃至全球经济发展注入新动力、开辟新空间。

论坛由工业和信息化部、福建省人民政府、厦门市人民政府共同主办，主题为“把握工业互联网发展机遇，携手推动制造业数字化转型”，旨在顺应新一轮科技革命和产业变革发展趋势，共同推动数字化转型领域创新合作，打造金砖国家数字化发展重要交流平台。

金砖国家政府部门、国际组织负责人，有关国家驻华使节，科研机构、行业协会及领军企业代表约300人以线上线下相结合的方式参加论坛。论坛发布《金砖国家制造业数字化转型合作倡议》。

【第六届金砖国家工业部长会议】 2022年5月23日，第六届金砖国家工业部长会议在福建厦门以视频形式举行，工业和信息化部部长主持会议。南非贸易工业和竞争部部长易卜拉欣·帕特尔、巴西经济部特别秘书丹妮拉·马克斯·卡西蒂诺、俄罗斯工业和贸易部部长丹尼斯·曼图罗夫、印度商业和工业部国务部长索姆·帕卡什等金砖国家工业主管部门部长级官员出席会议。

与会代表高度赞赏中方作为主席国发挥的建设性作用，对2022年金砖国家工业领域合作取得的进展予以充分肯定。各方围绕“深化新工业革命领域创新合作，推动实现更加强劲、健康、韧性的可持续发展”主题进行广泛深入探讨，在加强工业领域全面合作、促进产业数字化转型、强化产业链供应链合作、提升工业发展能力方面达成广泛共识，审议通过《第六届金砖国家工业部长会议联合宣言》。

【第八届金砖国家通信部长会议】 2022年7月6日，第八届金砖国家通信部长会议以视频方式举行，工业和信息化部部长主持会议。南非通信和数字技术部部长昆布佐·恩特沙韦尼，巴西通信部副部长马西米雷诺·马丁赫，俄罗斯数字发展、通信和大众传媒部副部长贝拉·切尔科索娃，印度铁道部、通信部、电子和信息技术部部长阿什维尼·维什瑙等金砖国家通信主管部门部长级官员及国际电信联盟秘书长赵厚麟出席会议。

与会代表高度赞赏中方作为主席国发挥的建设性作用，对2022年金砖国家通信领域合作取得的进展予以充分肯定。各方在促进创新、提升数字化转型、拓展数字互联互通、增进数字普惠包容、深化数字治理合作等方面达成广泛共识。各方围绕“利用信息通信技术推进2030年可持续发展议程，深化合作实现更加强劲、绿色、健康发展”主题进行广泛深入探讨，在促进创新、提升数字化转型、拓展数字互联互通、增进数字普惠包容、深化数字治理合作等方面达成广泛共识。会议审议通过《第八届金砖国家通信部长会议宣言》。

【2022金砖国家未来网络创新论坛】 2022年7月6日，2022金砖国家未来网络创新论坛以视频方式举行。论坛以“携手金砖伙伴，以网络创新推动高质量发展”为主题，旨在进一步深化金砖国家在信息通信领域的技术交流和

创新合作，助力构建更加全面、紧密、务实、包容的高质量伙伴关系。论坛由工业和信息化部、深圳市人民政府共同主办，由中国信息通信研究院、深圳市工业和信息化局、金砖国家未来网络研究院中国分院、深圳市福田区人民政府共同承办，来自金砖国家行业主管部门、科研机构、企业的上百名代表参会。

工业和信息化部副部长张云明、深圳市市长覃伟中、南非驻华大使谢胜文、国际电信联盟秘书长赵厚麟出席论坛并致辞，南非、巴西、俄罗斯、印度代表及嘉宾通过网络参加本次论坛。

张云明表示，金砖国家未来网络创新论坛为深化金砖国家信息通信领域的合作做出积极贡献。要深入贯彻落实金砖国家领导人第十四次会晤共识，坚持“和衷共济、合作发展、开拓创新、开放包容”，切实推动金砖国家在信息通信领域的务实合作，一是坚持开放包容，共同制定 ICT 领域合作计划；二是坚持开拓创新，共同搭建高效协同机制；三是坚持合作发展，共同把握未来发展机遇。

论坛期间，举行了中国信息通信研究院、巴西电信研究与发展中心、金砖国家未来网络研究院中国分院三方谅解备忘录签署仪式，金砖国家未来网络研究院中国分院与俄罗斯伊尔库茨克国立理工大学谅解备忘录签署仪式，并举办了第五届“绽放杯”5G 应用征集大赛国际专题邀请赛启动仪式。参会代表围绕移动通信技术、人工智能、算力网络等领域进行了深度交流。

【2022 数字金砖论坛】 2022 年 7 月 7 日，2022 数字金砖论坛以视频方式举行。论坛以“金砖国家携手拥抱数字化转型”为主题，邀请金砖国家和国际电信联盟有关代表，共话数字经济全球发展、共商产业转型交流合作、共享技术创新成果经验。工业和信息化部副部长张云明，深圳市副市长郑红波，南非通信和数字技术部部长昆布佐·恩特沙韦尼，南非驻华大使谢胜文，巴西驻华大使保罗·瓦莱，俄罗斯驻华特命全权大使安德烈·杰尼索夫，俄罗斯数字发展、通信和大众传媒部大众传播和国际合作司副司长安德里·智沃夫，印度通信部电信司副司长沙克亚，国际电信联盟秘书长赵厚麟出席论坛开幕式并致辞。

张云明表示，世界经济数字化转型是大势所趋，中国政府高度重视数字经济发展，出台一系列战略规划和政策措施，建成开通 5G 基站数量超过 170 万个，5G 基站占全球的 60% 以上，电子商务、电子政务、短视频等新兴应用深刻改变亿万人民的生产生活方式，工业互联网创新发展形成“中国方案”，有力促进制造业数字化转型升级，历史性实现全国行政村“村村通宽带”，积极推进适老化和信息无障碍改造，不断弥合数字鸿沟。

张云明强调，金砖国家要加强数字经济等领域合作，合力推动经济复苏，促进数字化转型和高质量发展。一是加强交流合作，夯实发展基础。用好数字金砖任务组工作机制，在数字连通、数字创新等领域加强对话交流。二是加强开拓创新，壮大数字经济。强化金砖国家之间产学研用协同创新，挖掘培育产业数字化转型典型应用场景和解决方案。三是加强多边共治，营造良好生态。与金砖伙伴共同推动完善全球数字化新技术、新基建、新要素的规则、标准和规范，优化数字社会环境。

本届论坛是金砖“中国年”系列会议和活动的重要组成，由工业和信息化部、深圳市人民政府共同主办，由中国信息通信研究院、深圳市工业和信息化局、金砖国家未来网络研究院中国分院承办。金砖国家、国际组织的政产学研各界代表线上参加会议，就新一代信息通信技术应用、工业互联网发展、产业数字化转型等热点话题开展广泛讨论和交流互鉴。

【2022 金砖国家新工业革命伙伴关系论坛】 2022 年 9 月 7 日，2022 金砖国家新工业革命伙伴关系论坛在福建厦门举办。福建省委书记尹力、福建省省长赵龙、工业和信息化部副部长辛国斌、厦门市委书记崔永辉、福建省副省长康涛、厦门市市长黄文辉、巴西驻华大使高望、俄罗斯联邦工业和贸易部副部长阿列克谢·格鲁杰夫、印度商业和工业部工业与内贸促进局首席顾问鲁帕·杜达、南非驻华使馆全权公使巴仕迪、阿联酋驻华大使阿里·扎西里、阿根廷驻华大使牛望道等金砖和“金砖 +”国家代表，国际电信联盟秘书长赵厚麟、联合国工业发展组织执行干事邹刺勇、新开发银行副行长兼首席行政官周强武等国际组织负责人现场或视频出席。

本次论坛主题为“深化新工业革命伙伴关系，推动共同可持续发展”，部分国家驻华使领馆及相关国际组织、知名企业、行业协会代表共 300 余人参会，围绕产业数字化转型、产业链供应链合作、工业可持续发展等议题进行了广泛深入研讨。论坛期间，金砖创新基地产业链供应链协同创新、数字领域标准验证与创新应用、人才培养等 8 大赋能平台上线，产业创新联盟成立，标准与知识产权服务中心、制造业创新成果产业创新中心正式揭牌，总投资额 181 亿元的 29 个项目现场签约。

论坛期间举办了金砖国家工业创新大赛决赛，设置工业互联、智能制造、绿色循环 3 个赛道，共收到参赛项目 1 330 个，为金砖产业合作发挥了示范引领作用。此外，举办了金砖创新基地理事会第二次会议、金砖国家新工业革命展等活动。

【二十国集团数字经济部长会议】 2022 年 9 月 1 日，二十国集团数字经济部长会议在印度尼西亚巴厘岛举行。会议主题为“韧性复苏：携手实现更加包容、赋能和可持续的数字化转型”。二十国集团成员、嘉宾国及国际电信联盟等国际组织代表参加会议。工业和信息化部总经济师许科敏率团出席会议并发言。

许科敏表示，中国政府坚持以人民为中心的发展思想，着力推动数字基础设施建设，构建数字包容社会，加快中小企业数字化转型，在为民众提供可用、有用、好用的信息通信服务，以及推动数字经济发展方面取得积极成效。中方积极倡导全球数字创新合作，促进发展中国家信息通信技术能力建设，推动构建广泛参与的数字技术创新生态，努力打造有利、包容、开放、公平、非歧视的数字经济。

【国际电信联盟 2022 年全权代表大会】 2022 年 9 月 26 日至 10 月 14 日，国际电信联盟 2022 年全权代表大会在罗马尼亚布加勒斯特举行。中国成功连任国际电信联盟理事国，国家无线电监测中心主任程建军当选新一届无线电规则委员会委员。

在 9 月 27 日大会政策性发言中，中国代表团团长、工业和信息化部副部长张云明表示，中国坚持以人民为中心的发展思想，高度重视并积极推动信息通信业发展，通信基础设施覆盖率显著提升，产业融合创新不断加快，信息通信国际合作持续深化。中国愿与各国一道，加强 5G 等新兴技术领域标准研发和产业合作，共同推动全球数字产业普惠发展，让更多人享受数字经济发展红利。

国际电信联盟秘书长赵厚麟对中国成功连任理事国、程建军当选新一届无线电规则委员会委员表示热烈祝贺。他强调，中国作为国际电信联盟理事国，始终代表广大发展中国家的利益，长期以来积极推动全球信息通信发展，为国际电信联盟作出重大贡献。

国际电信联盟理事会由 48 个理事国组成，负责在两次全权代表大会之间履行管理机构职责。无线电规则委员会由 12 名专家组成，负责解释无线电规则、补充完善规则程序，并协调解决成员国之间无线电频率干扰等问题。

[供稿：工业和信息化部国际合作司]

地区概况

北　京　市

【概况】　2022年，北京市电子信息产业呈现稳中有进态势。根据北京市统计局数据，全年计算机、通信和其他电子设备制造业实现利润总额420.3亿元，同比增长24.7%；全行业规模以上企业实现产值3 407亿元，同比下降9.2%，实现增加值增速3.6%。软件和信息技术服务业实现增加值增速9.8%，高于第三产业增速6.4个百分点；累计完成固定资产投资527.7亿元，同比增长36.0%，超过全年投资计划任务187.7亿元；实现营业收入24 849.9亿元，同比增长7.3%。行业结构持续优化升级，互联网信息服务业营业收入占比53.5%，较上年提升1.3个百分点，实现三连升。

【电子信息制造业】　2022年，根据行业协会统计数据，北京市电子信息制造业实现主营业务收入5 309.7亿元，同比下降6.2%；实现出口交货值1 197.6亿元，同比下降8.3%。全年手机产量9 414.7万部，同比下降18.9%；台式微型计算机产量530.9万台，同比下降32.9%；笔记本电脑产量1.0万台，同比下降91.7%；显示器产量227万台，同比下降55.3%；电子元件产量174.9万只，同比下降17.1%；半导体分立器件产量43.8亿只，同比下降28.2%；集成电路产量144.1亿块，同比增长15.7%；液晶显示面板产量33 869.4万平方米，同比增长40.3%；电视机产量391.9万台，同比下降53.7%；智能家居设备产量253万台，同比下降72.7%。

推进央企合作，加快推动中国电子科技集团有限公司的京外优质资源落地北京市，推进智慧创新园企业入驻；组织尚亦城集团等企业在首钢园打造“元宇宙全球现场”，搭建创新发布馆、沉浸式体验馆、元宇宙游戏馆、元宇宙产业生态馆4个主题展区；加快怀柔科学城产业转化示范区建设，A栋工程主体结构完成约70%，动力中心完成超过50%，完成总工程量的28%。海创微芯项目采购6台设备和1套版图设计软件，建筑物主体建设工作正在推进；启元实验室智能微系统平台项目启动实验室产业转化及公共平台开放洽谈工作，微纳系统设计集成与测试平台贴片倒装系统、金属刻蚀机、涂胶显影机等20余套设备完成招标，厂房已完成主体结构封顶；惯性与声学传感技术北京市工程研究中心项目完成拟采购设备清单，开启场地整体设计工作。燕东微电子项目启动厂房改造及设备购置，经济技术开发区集聚装备、零部件及材料配套企业近 50 家，吸引设计、研发、产业服务和国际合作项目落地近 30 个。

【软件和信息技术服务业】 2022 年，北京市软件和信息技术服务业营业收入 100 亿元以上企业 22 家，营业收入占比 61.8%，较上年提升 3.8 个百分点；营业收入 10 亿元以上企业 185 家，营业收入占比 80.1%，较上年提升 2.5 个百分点；营业收入 1 亿元以上企业 1 613 家，营业收入占比 95.8%，较上年提升 0.4 个百分点。龙头企业综合实力和创新优势突出，中国互联网综合实力百强榜、软件和信息技术服务竞争力百强榜中，北京市入选企业数量均居全国首位，占比均超 3 成，多家领军企业在各榜单中名列前茅，产业集聚效应领先全国。行业专精特新中小企业 1 710 家，其中，国家级专精特新“小巨人”企业 197 家。行业专精特新中小企业专利授权 8 504 件。从授权专利类型来看，发明专利 3 056 件，占比 35.9%；实用新型专利 4 063 件，占比 47.8%；外观新型专利 1 385 件，占比 16.3%。

【信息基础设施】 2022 年，北京市推进“一云”布局落地，云上系统 1 201 个，云平台整体使用率 25.5%。办公云为 70 家单位 245 个应用系统开通云资源，其中，173 个系统正式上线运行。“京办”建成组织体系维护、信息沟通的基础平台，形成安全稳定易用、运行稳定的 2.2 版本，覆盖全市“16+1”区 67 个市级部门，注册用户 44.7 万人，累计接入办公助手、智慧管理、学习教育、生活服务 4 类 169 个应用。“京通”完成首批优选的 410 项服务事项接入，构建企业服务专区、残疾人服务专区、区级服务专区，初步完成管理规范体系建设；“北京通”App 同步稳定运行。移动公共服务平台完成自然人统一认证系统、资源接入与分发系统功能优化和性能提升。电子证照、电子签章、身份认证等系统与全国一体化政务服务平台实现对接和数据共享。“京智”完成 14 个领导决策专题应用场景建设，实现 585 个系统和 734 类数据“进舱”，建立 1 471 项城市运行监测指标，为 48 个部门 248 位用户开通决策支撑服务。“城市码”向全市提供标识认定和二维码共性服务，支撑城管、交通领域的城市部件设施普查和统一编码。区块链先进算力实验平台初步具备支撑服务能力。

1.4G 专网安全稳定运行。1.4G 专网基站 477 个，五环内室外覆盖率 90% 以上，用户 1.9 万户，承载 30 余个政府部门 60 余个业务系统。在 2022 年北京冬奥会和冬残奥会中，1.4G 专网首次在国际重大活动中独立承担一级指挥网任务，主要用于主运行中心与北京赛区和延庆赛区各场馆之间的统一指挥调度，实现跨地域异网指挥调度无障碍。

全年新建 5G 基站 2.4 万个，累计建设 5G 基站 7.6 万个，实现五环路以内及城市副中心 5G 信号连续覆盖、五环路以外重点区域精准覆盖，5G 终端用户新增 384.8 万户，累计 1 399.1 万户，占移动电话用户总数的 35.6%。新增 1 000Mbps 以上宽带接入用户 71 万户，累计 134.4 万户。

【人工智能】 2022 年，北京市人工智能产业（相关软件企业）实现营业收入 4 313.5 亿元，同比增长 9.0%。加快建设国家人工智能创新应用先导区，在科技创新、产业集聚、融合应用、生态环境建设等方面取得显著成果。引导企业和研究机构开展核心算法、基础软硬件关键核心技术等源头创新，打造开源开放生态，在大规模通用预训练模型、人工智能芯片等领域取得突破。打造“北京人工智能产业大脑”，推进人工智能产业集聚。征集、发布和建设人工智能深度应用场景，推动人工智能在智慧城市、科技冬奥等场景应用落地。

北京市政务数据开放走在前列，无条件开放 115 家市区级单位的公共服务事项指南、财税金融、城市管理等领域公共数据集 15 880 个。数字人、智能机器人等技术在冬奥会落地，彰显科技冬奥魅力。海淀区、朝阳区、西城区、昌平区、通州区等区开始或完成“智慧城市大脑”相关部署，北京市迈向全域场景开放的智慧城市 2.0 阶段。无人出行服务从示范运营迈入商业化试点新阶段。2022 年度北京市发布智能工厂 36 家、数字化车间 47 家，人工智能与智能制造融合创新加速落地。

【工业互联网】 2022 年，北京市工业互联网产业政策体系不断完善，实施《北京工业互联网发展行动计划（2021—2023 年）》《北京市“新智造 100”工程实施方案（2021—2025 年）》等系列政策，出台《北京市推动软件和信息服务业高质量发展的若干政策措施》《关于进一步加快北京市信创产业高质量发展的若干措施》。平台赋能效应不断显现，全市初步构建“双跨 + 行业 +

特定技术”平台体系，培育形成5个“双跨”平台和70余个重点平台，汇聚各类工业App超过5万个。

发挥试点示范引导作用。全年入选工业和信息化部工业互联网试点示范项目25个、新一代信息技术与制造业融合发展示范项目12个、工业软件优秀产品17个、工业互联网App优秀解决方案24个。培育一批京津冀互认的系统解决方案供应商。推动北京市专精特新中小企业数字化转型升级，组织开展2022年度专精特新制造业企业数字化赋能奖励项目征集工作。开展中小企业数字化转型试点，提升数字化公共服务平台服务中小企业能力。

基础支撑能力持续增强。截至2022年年底，工业互联网标识解析国家顶级节点（北京）接入二级节点96个，接入企业超过5.2万家，累计标识注册量571亿个，累计标识解析量超过687亿次，辐射北方9个省（自治区、直辖市）。国家工业互联网大数据中心体系建设基本完成，打造工业数据的汇聚、传输、存储、计算和应用的关键基础设施，对接32个重点工业互联网平台；通过应用系统运行沉淀、平台对接和分中心等多种渠道，汇聚数据约710万余条；通过互联网等方式，汇聚企业工商、税务等基础数据约2.4亿条，覆盖约1.4亿家个体工商户和5 000万家活跃企业用户。

【信息产业基地和园区】 2022年，北京市布局互联网3.0产业集群。支持创业黑马科技集团股份有限公司建设数字人基地，吸引80余家企业快速集聚；推动百度公司在通州区落地互联网3.0产业集群，在石景山区首钢园、丰台区南中轴产业园打造产业集聚区。

工业互联网产业园区建设成果显著。石景山区中关村工业互联网产业园先导区入驻34家企业，入驻率72%。纺织服装行业数字化转型解决方案公共服务平台正在建设中，航天云网INDICS提供工业设备快速接入、工业大数据等服务。顺义区中德产业园集聚83家德企，包括25家“隐形冠军”企业、52家智能制造企业。朝阳区与中国工业互联网研究院签署共建工业互联网产业园区合作协议，在酒仙桥电子城共同建设工业互联网产业园区，加快推动工业互联网产业集聚，支撑工业互联网产业示范基地建设。

北斗产业布局不断优化。北京市形成以海淀区北部中关村科学城空天产业园、朝阳区国家地理信息服务出口基地、顺义区国家地理信息科技产业园、经济技术开发区北京市北斗产业创新基地等为核心的北斗导航与位置服务产业集群。

【电子政务】 2022年，北京市提升政务专网安全保障能力，发布《北京市电子政务外网统一实名接入管理办法（试行）》。截至2022年年底，市级政务外网累计接入6 489家单位，并与46个国家部委及16个区级网络平台进行对接，承载社保、金财、医保、政务云平台、视频会议等300余个重要业务系统；政务外网安全接入平台用户1.6万人，为公务人员移动办公和移动执法提供便利。

开展2022年电子政务网络安全检查，选取全市57个系统、10个App及16个区政府网站进行远程技术测试，选取10家单位开展现场检查，以查促改。加强政务数据安全保护，印发《关于加强政务网络和数据安全保护工作的通知》，进一步强化数据安全管理要求。组织大数据中心强化对重要系统的应急演练，提升应急处突水平。持续开展政务信息安全监测，对市级政务云、市级大数据平台等重要信息化基础设施开展监测预警和重点防护，及时发布安全预警通报，做好应急处置，维护市级政务网络和信息系统安全稳定运行。

建立市级政务信息系统基础台账，包含90个市级部门共1 794个系统，其中，已建系统1 556个，在建系统100个，拟建系统138个；形成《北京市市级政务信息系统绩效评价报告》，针对在用1 285个系统进行绩效评价，并针对存在问题形成整改工作台账。

【新技术新产业】 2022年，北京市印发《北京市经济和信息化局 北京市财政局关于促进本市新型基础设施投资中新技术新产品推广应用的若干措施》《新基建领域新技术新产品（含数字经济标杆技术）清单（第一批）》《北京市推动软件和信息服务业高质量发展的若干政策措施》，支持新技术新产品研发，支持在区块链、人工智能、互联网3.0等新一代信息技术领域建设一批共性技术平台，对符合条件的平台给予资金补助；发布国内首个数字人产业专项支持政策《北京市促进数字人产业创新发展行动计划（2022—2025年）》，推动数字人进入数字消费领域，支持开展数字人电商直播、数字人流媒体制作等业务，搭建全场景XR数字化呈现软硬件场地等运营设施；起草出台《关于加快促进智慧城市全域应用场景开放试点示范的实施方案》，推动平台企业参与智慧城市建设。

推进新技术融合应用。鼓励支持相关区加大自动驾驶测试道路和场景开放力度，持续支持企业开展自动驾驶道路测试，推进大兴机场高速、大兴机场北线高速等双向 126 千米高速公路新增路段开放工作，全市共开放 228 条 1 027.9 千米自动驾驶测试道路。推进数字人民币全域试点，结合场景建设情况和试点成效，率先在丽泽金融商务区和运河商务区、北京 CBD、首都国际机场、中关村科学城等自贸片区建设法定数字货币试验区，拓展示范性数字人民币应用场景、创新特色应用，建设特色银行网点。完成数字人民币北京冬奥会场景试点，冬奥会期间全市公交、地铁、共享单车全面支持使用数字人民币购票乘坐，场馆内及冬奥签约酒店、定点医院内商户均支持使用数字人民币支付。

开展新技术新应用安全评估。发挥市区两级网信和公安部门作用，开展评估、督导和检查工作；开展自主评估工作，强化对新功能新应用上线和再上架的安全评估，在支持新兴技术发展的同时，压实网络信息服务提供者安全主体责任，加强网络信息安全管理和防护手段研究，促进互联网信息服务规范有序发展。

［供稿：北京市经济和信息化局］

天 津 市

【电子信息制造业】 2022 年，天津市有规模以上电子信息制造业企业 235 家，其中，营业收入 100 亿元以上企业 5 家，10 亿元以上企业 33 家，1 亿元以上企业 85 家；实现产值 2 531 亿元，同比增长 3.9%。海光信息技术股份有限公司等 3 家企业上市，华海清科股份有限公司入选工业和信息化部制造业单项冠军企业，飞腾信息技术有限公司等 4 家企业被列入国家集成电路企业税收减免清单，天地伟业技术有限公司入选工业和信息化部、国家广播电视总局超高清视频典型应用案例。行业集聚形成以滨海新区、西青区、津南区为核心区，以北辰区、东丽区、宝坻区、武清区为材料及装备配套区的战略布局；涌现出曙光信息产业股份有限公司等一批龙头企业，产品涉及高性能服务器、家庭服务机器人、工业服务机器人、智能医疗终端等多个方向。

全市有集成电路制造业企业 140 余家。其中，30 家重点企业实现产值 347 亿元，同比增长 13.7%，超过年初既定目标；完成投资 110.3 亿元，同比增长 6.9%。产业重点布局在天津经济技术开发区、天津滨海高新技术产业开发区、西青区、津南区，集聚众多国内外头部企业。其中，中芯国际集成电路制造（天津）有限公司“大二期”项目正式开工建设。

【软件和信息技术服务业】 2022 年，天津市软件和信息技术服务业完成收入 2 722 亿元，同比增长 12.3%。全面落实软件企业所得税优惠政策，协助 29 家软件企业累计享受企业所得税减免 3.5 亿元，切实减轻企业负担。推动行业试点示范，天津卓朗科技发展有限公司等企业的 11 个项目入选工业和信息化部 2022 年大数据产业发展试点示范项目，组织天津美腾科技股份有限公司等企业申报 2022 年工业软件优秀产品。开展数据管理能力成熟度评估贯标试点，新增 132 家企业获得数据管理能力成熟度等级证书，累计 151 家，企业数据管理能力稳步提升。全面梳理天津市平台经济发展有关情况，牵头编制《天津市人民政府办公厅关于推动生产性服务领域平台经济健康发展的实施意见》，打造具有天津特色的平台经济，助力制造强市建设。

基础软件全国领先，培育形成以飞腾信息技术有限公司等为代表的领军企业，打造“CPU 设计 － 操作系统 － 数据库 － 超级计算 － 信息安全服务”等具有影响力的产品链条；金山办公软件有限公司等办公软件、中间件企业也相继落户，基础软件优势进一步稳固。工业软件快速发展，汇聚以中汽数据（天津）有限公司等具备工业软件研发能力的企业近 50 家，营业收入合计超过400亿元。行业应用软件日趋繁荣，重点培育天津市普迅电力信息技术有限公司等一批行业应用解决方案商，集聚以天津软通动力技术服务有限公司等为代表的系统集成头部企业。平台经济创新引领，集聚云账户（天津）共享经济信息咨询有限公司等知名平台经济企业超过100家，有效带动信息技术服务领域快速发展。

【信息基础设施】 2022年，天津市推进5G、千兆光网、工业互联网标识解析等新型信息基础设施建设。截至2022年年底，全市累计建成5G基站5.5万个，较上年增加1.6万个，市内重点区域、场所5G覆盖逐步优化，农村区域实现村村通5G。城市家庭千兆光纤网络覆盖率、10G PON端口占比、500Mbps及以上用户占比3项千兆城市关键指标继续位居全国第一，宽带用户下载速率综合增长率位居全国第一。在信创、高端装备、集成电路、车联网等12条重点产业链推动打造5G、千兆光网及工业互联网标识解析应用场景，助力企业提质降本、节能增效。重点推动5G规模化发展，坚持以赛促用，“5G赋能海油工程，打造首个海洋油气装备制造智能工厂”项目获得第五届“绽放杯”5G应用征集大赛一等奖，5G助力天津港打造智慧、绿色的世界一流港口入选2022世界5G大会十大应用案例。已建和在建工业互联网标识解析节点6个，累计注册量超过35亿次，解析量超过22亿次，日均解析量1 600万次，助力重点企业数字化转型升级。

【大数据】 2022年，天津市开展数据管理能力成熟度评估贯标试点工作，促进数据要素价值释放，提升企业数据管理和应用能力。天津智慧城市研究院有限公司获批成为全国首家获得数据管理培训机构、数据管理能力成熟度评估机构双资质单位。印发《关于推动企业数据管理国家标准实施工作方案》，组织全市16个区召开数据管理国家标准宣贯工作部署会，深入天津滨海高新技术产业开发区、东丽区、北辰区、武清区开展数字化转型和数据管理能力成熟度标准宣贯活动。

试点示范应用带动产业升级。推动360集团等试点示范项目产业化进程，支撑行业大数据使用需求。自2018年以来，全市累计36个项目入选工业和信息化部大数据产业发展试点示范项目，挖掘一批大数据创新应用场景，形成一批具有核心竞争力的大数据重点产品，培育一批具有行业特色的大数据解决方案，推进大数据在重点行业与领域的发展应用。

【人工智能】 2022年，天津市以天津（滨海新区）国家人工智能创新应用先导区为重点，聚焦“11251”发展战略，构建人工智能综合公共服务平台、培育产业集群、拓展应用场景、完善产业生态、提升产业创新能力。天津（滨海新区）国家人工智能创新应用先导区公共服务平台可开放公共数据600TB，汇聚华为云、紫光云等20余家生态合作伙伴。超算天津中心单精度算力约为3 000PFLOPS，天津市人工智能计算中心单精度算力50PFLOPS。推动项目建设，引导企业攻关人工智能芯片、知识深度学习等行业前沿技术和产品，形成一批行业共性关键核心技术。9个项目入选工业和信息化部人工智能医疗器械创新任务揭榜项目。推进人工智能场景应用建设，中新生态城智慧城市等10个项目入选工业和信息化部“智赋百景”名单，形成一批应用场景典型案例，推动人工智能与经济社会深度融合。

【工业互联网】 2022年，天津市推动工业互联网创新发展，实施《推动工业互联网创新发展实施“智汇天津”三年行动计划（2021—2023年）》和《天津市制造业数字化转型三年行动方案（2021—2023年）》。推动国家级工业互联网“双跨”平台在天津市落地应用，推动中海油田服务股份有限公司等国家高质量发展项目建设，重点培育天津水泥工业设计研究院有限公司等20余个行业级、企业级工业互联网平台，逐步构建起多层次工业互联网平台体系，赋能企业数字化转型。

举办2022中国（天津）工业App创新应用大赛，天津市11家企业、高校在本次大赛中获奖。开展工业互联网App优秀解决方案试点示范，形成一批具有行业特色、数字赋能高质量发展的典型经验和有效方案，累计31个工业App入选工业和信息化部优秀解决方案。推动“5G＋工业互联网”融合应用，5G应用项目超过300个，培育海尔“5G＋工业互联网”集成创新、空客5G智慧工程等26个部委工业互联网试点示范或重大专项。

【信息产业基地和园区】 2022年，天津市以园区建设为载体打造产业集聚平台，结合软件产业发展优势、特色，全面统筹规划空间布局，形成以滨海新区为核心，西青区、武清区、津南区、河西区等共同发展的“1+N”空间发展布局。滨海新区作为全市软件产业发展的主要载体，产业规模占全市产业总量的比例超过 70%；辖区形成多个特色分明的功能园区，逐步形成资源集聚、区域联动、特色鲜明的高速发展态势。泰达数字产业园培育超过 300 家数字经济企业，年营业收入近 200 亿元。中国信创谷集聚龙头企业，引入紫光云总部、中环半导体产业园等重大项目，形成较为完备的信创产业链条。武清区聚焦大数据、电子商务产业，汇聚多家电子商务领域知名企业，推动建设臻云数据中心等一批数据中心项目，支撑全国一体化算力网络国家枢纽节点建设，服务京津冀发展。河西区等市内六区推动楼宇经济发展，打造网信大厦等载体项目，引育京东云等重点企业；西青区等环城四区充分发挥智能制造优势，围绕忽米网等重点企业加快工业互联网平台建设。

【两化融合】 2022 年，天津市持续普及推广两化融合管理体系，累计 1 400 余家企业开展两化融合管理体系贯标，新增贯标达标企业 400 余家，居全国前列。全市两化融合发展水平大幅提升，达 107.2。支持工业企业上云用云，重点遴选 52 个上云上平台应用示范项目，涵盖电子信息、装备制造、消费品、生物医药、原材料等全部重点行业领域，提升企业信息化建设与上云应用水平，形成较好的应用效益和示范意义。编制《天津市制造业数字化转型服务商管理规范（试行）》，培育本地数字化转型服务商，不断提升数字化转型服务供给能力和服务质量。

【智能终端制造业】 2022 年，天津市有智能终端制造业企业 66 家，实现收入 381 亿元，产品涉及工业机器人、医疗诊断终端、智能城市终端及家用终端等领域，产业重点布局在天津经济技术开发区、天津滨海高新技术产业开发区、西青区、津南区，集聚富联精密电子（天津）有限公司、天津中科曙光存储科技有限公司等企业。其中，富联精密电子（天津）有限公司是全球第三大 PC 准系统生产基地，服务器产量约占全球服务器总产量的 1/3；天津光电通信技术有限公司掌握从打印机芯、控制软硬件到驱动、耗材等全部核心技术，形成一系列安全办公打印机产品；天津天地伟业数码科技有限公司蝉联 2022 全球安防 50 强企业第 7 位。联想集团天津智慧创新服务产业园正式投产，产业园以“绿色零碳、数智引领、灯塔工厂”作为核心定位，打造科学可复制的“零碳智造”解决方案。

【锂离子电池制造业】 2022 年，天津市锂离子电池制造业集聚 8 家锂离子电池整机生产企业、2 家电池材料生产企业，实现收入 364 亿元。其中，整机产品主要为磷酸铁锂、三元锂电池，材料类产品涉及正极、负极、电解液等。

【信息消费】 2022 年，天津市持续推动信息消费扩大升级。强化试点推进，坚持示范引领，围绕生活类信息消费、公共服务类信息消费、行业类信息消费、新型信息产品消费、信息消费支撑平台等信息消费重点领域，进一步挖掘信息消费潜力，推动新思域（天津）科技有限公司、天津蓟州绿色食品集团有限公司 2 家企业的项目入选工业和信息化部 2022 年新型信息消费示范项目。加强宣传推广，释放消费潜力，举办以“智能新时代：数字赋能 智赢未来”为主题的第六届世界智能大会，通过线上线下融合方式打造“会展赛 + 智能体验”国际化平台，突出智能体验打造新场景，设立智慧消费体验场景，培育形成一批信息消费新产品、新业态、新模式，为推进信息消费有效供给和行业应用覆盖提供支撑。

［供稿：天津市工业和信息化局］

河 北 省

【概况】 2022年，河北省有电子信息产业入统企业999家，从业人员20.7万人；实现主营业务收入2 938.7亿元，同比增长16.8%；实现利税280.5亿元，同比增长23.3%；实现利润总额202.2亿元，同比增长27.7%；出口创汇44.7亿美元，同比增长18.2%。

【电子信息制造业】 2022年，河北省有电子信息制造业入统企业537家，从业人员15.5万人；实现主营业务收入2 203.8亿元，同比增长19.1%；实现利润总额157.3亿元，同比增长47.2%；出口创汇44.1亿美元，同比增长20.1%。

行业电子实现主营业务收入1 064.3亿元，同比增长18.8%；实现利税124.1亿元，同比增长23.3%；出口创汇7.7亿美元，同比增长24.9%。光伏产业实现主营业务收入511.3亿元，同比增长22.1%；实现利税45.6亿元，同比增长483.3%；出口创汇15.2亿美元，同比增长50.5%。新型显示产业实现主营业务收入262.8亿元，同比增长19.2%；实现利税–4.8亿元；出口创汇3.3亿美元，同比增长2.9%。半导体相关产业实现主营业务收入222.8亿元，同比增长21.9%；实现利税34.0亿元，同比增长19.1%；出口创汇17.1亿美元，同比增长2.9%。现代通信产业实现主营业务收入142.6亿元，同比增长7.9%；实现利税10.9亿元，同比下降9.4%；出口创汇0.8亿美元，同比增长25.2%。晶澳太阳能科技股份有限公司、风帆有限责任公司、中国乐凯集团有限公司入选2022年度电子信息竞争力百强企业；培育国家制造业单项冠军3家，推动中船（邯郸）派瑞特气体股份有限公司成为省内首家科创板上市企业。全省电子信息制造业领域A股上市企业累计23家。

【软件和信息技术服务业】 2022年，河北省有软件和信息技术服务业入统企业462家，从业人员5.2万人；实现主营业务收入734.9亿元，同比增长10.3%；实现利润总额44.9亿元，同比下降12.8%；完成软件产品收入41.5亿元，同比下降9.0%；完成信息技术服务收入491.2亿元，同比增长16.4%；完成嵌入式系统软件收入26.1亿元，同比下降16.6%。中移系统集成有限公司入选2022年度软件和信息技术服务竞争力百强企业；河北工大科雅能源科技股份有限公司在创业板上市。

【科技进步与应用】 2022年，河北省组织实施“揭榜挂帅”行动，在第三代半导体、现代通信、光伏、大数据等领域突破一批关键核心技术。截至2022年年底，14个项目获得河北省科技进步奖。实施新一代信息技术重大成果转化项目34项，支持资金超过1亿元。省级以上研发机构、创新平台超过500家，其中，国家级研发机构、创新平台41家。全行业研发投入强度达4.5%。

【信息基础设施】 2022年，河北省拥有电话用户9 384.7万户，其中，（固定）互联网宽带接入用户651.4万户，移动互联网用户8 733.3万户；光纤线路总长250.2万千米，同比增长8.8%；IPTV用户1 836.9万户，同比增长1.2%；互联网宽带接入端口5 321.7万个，同比增长6.2%；互联网省际出口带宽72 000Gbps，同比增长48.1%；移动通信基站48.6万个，同比增长8.7%，其中，5G基站9.4万个。5G应用步入规模化发展轨道，全年新建5G应用项目419个，总数达581个。全省在第五届“绽放杯”5G应用征集大赛中获得二等奖3项、优秀奖8项。5家上线运营的工业互联网标识解析二级节点服务企业830家，标识注册量3.2亿个，标识解析量9.9亿次。

【云计算】 2022年，河北省推动企业上云上平台，印发《河北省“十万企业上云”行动计划（2022—2025年）》。全年上云企业新增1.5万余家，上云企业累计突破7.7万家，企业工业设备上云率19.7%。

【大数据】 2022年，河北省加速布局以张家口市、廊坊市为核心的大数据中心体系，在用数据中心总规模约58.5万架标准机柜，在线运营服务器规模322万台，建设超大型数据中心26个、大型数据中心8个。规划在建超大型数据中心42个、大型数据中心7个，总规模达120万架标准机柜。张家口市获批建设全国一体化算力网络京津冀国家枢纽节点。推动数据管理能力成熟度评估贯标工作，通过评估企业累计185家。

【人工智能】 2022年，河北省拥有人工智能重点实验室23家、技术创新中心58家，在机器学习、模式识别、智能传感、机器人等方面实施一批基础研究项目，储备一批人工智能领域技术成果。廊坊市与华为技术有限公司合作，落地国家级人工智能计算中心，建设全国首批、河北省唯一的人工智能公共算力开放创新平台，连接高等院校、企业及科研院所等生态伙伴数百家。

【工业互联网】 2022年，河北省加速完善工业互联网平台战略部署，推动工业互联网平台普及应用，培育省级工业互联网平台127个。其中，企业级平台82个，行业级、区域级平台45个。累计32个平台被工业和信息化部列为试点示范平台。全年培育省级工业创新发展重点项目454个、试点项目100个。15个项目入选工业和信息化部2022年新一代信息技术与制造业融合发展试点示范项目，12个项目入选工业和信息化部2022年工业互联网试点示范项目。

【信息产业基地和园区】 2022年，河北京南·固安高新技术产业开发区规划区面积49.8平方千米，建成区面积27.1平方千米，形成电子信息产业、航空航天产业、生命健康产业三大主导产业。其中，新型显示产业集群集聚上下游企业89家，建设第六代全柔AMOLED显示屏生产线，形成具备完全自主知识产权的新型显示产业集群；航空航天及装备产业集群集聚上下游企业130余家；固安生物医药健康产业集群以固安肽谷生物医药产业园为核心，集聚相关企业69家，固安县拥有国家级科技型中小企业177家、省级科技型中小企业1 056家。

张北云计算基地构建以数字经济为核心的现代化经济体系，拥有13个数据中心项目，总投资约975亿元，占地1.7平方千米，建设规模194万台服务器。其中，基地已运营项目5个、在建项目2个（部分投运）、拟建项目6个。

张家口市怀来大数据产业基地签约一批数字经济龙头企业，投运数据中心项目9个，在线运营服务器72万台。全年“数据+软件”产业完成营业收入37.1亿元，完成固定资产投资107亿元；规模以上数字装备制造企业完成工业产值2.3亿元。

【两化融合】 2022年，河北省两化融合发展水平实现持续稳定增长，达57.2，较上年总体水平增长4.6%。两化融合关键指标水平加速提升，新模式、新业态培育成效凸显，数字化研发设计工具普及率72.2%，关键工序数控化率61.5%，年增长率分别为3.5%、4.3%。

【产业环境】 2022年，河北省深入实施新一代信息技术产业三年“倍增”计划，聚焦半导体、新型显示、现代通信、光伏、大数据等重点产业，坚持“项目为王”，建立电子信息产业重点项目库，实施一批重大项目，培育一批骨干企业；召开全省电子信息产业高质量发展暨项目建设推进会，开展招商对接，打造产业生态；编制半导体产业细分领域产业规划，绘制半导体产业链图谱、京津冀三地网络安全产业链图谱。

【主要问题】 2022年，河北省信息产业竞争力亟待提升，企业总体规模较小、整体竞争力偏弱，缺乏龙头企业带动上下游产业发展；新业态、新模式发展缓慢，经济发展活力不足，创新创业氛围不够浓，缺少共享经济、平台经济等领域的优势企业；存在人才及创新矛盾，学科教育偏弱，人才供给不足，缺乏行业领军人物及具有一定专业知识、熟练市场运作的复合型人才，产业研发投入、知识产权保护等需要进一步加强。

［供稿：河北省工业和信息化厅］

山 西 省

【概况】 2022年，山西省电子信息产业实现快速增长。其中，电子信息制造业实现营业收入1 697.2亿元，同比增长9.4%；软件和大数据产业实现营业收入118.0亿元，同比增长10.4%。

【电子信息制造业】 2022年，山西省电子信息制造业主要产业领域保持快速增长态势。在光伏领域，新一代N型光伏电池实现大规模布局，引进晶科能源年产56吉瓦垂直一体化大基地项目等一批引领性强的重大项目。在半导体领域，碳化硅衬底材料、第三代半导体检测设备、深紫外LED等产品达到国内先进水平，山西烁科晶体有限公司碳化硅衬底材料达到国内领先水平。在新型储能电池领域，正负极材料、隔膜、电解液等锂电材料加快布局，山西尚太锂电科技有限公司等行业领先企业快速发展。在智能终端领域，形成富士康手机代工、信创计算机制造等产业布局。

典型企业　山西烁科晶体有限公司全面掌握碳化硅生长装备制造、高纯碳化硅粉料制备工艺、N型碳化硅单晶衬底和高纯半绝缘碳化硅单晶衬底的制备工艺，形成碳化硅粉料制备、单晶生长、晶片加工整套生产线。该公司是国内首家生产8英寸N型碳化硅衬底和8英寸高纯半绝缘碳化硅衬底的企业，形成4～8英寸碳化硅衬底产品体系，产品市场占有率居全国前3位。

山西中来光能电池科技有限公司主要从事N型高效单晶硅电池技术的研发及生产，建有年产16吉瓦高效单晶硅电池智能工厂项目，量产高效N型TOPCon电池光电转换效率25.5%，居行业领先水平。

山西尚太锂电科技有限公司主要从事锂离子电池负极材料的生产和研发，是国内首个全工序“一体化”锂离子电池负极材料生产企业，已建产能20万吨，市场占有率11.0%，出货量居全国第5位。

【软件和信息技术服务业】 2022年，山西省软件和信息技术服务业实现软件业务收入72.3亿元，同比增长1.9%。其中，软件产品收入15.9亿元，同比下降1.8%；信息技术服务收入50.8亿元，同比增长9.5%；嵌入式系统软件收入3.8亿元，同比下降35.8%。全省有规模以上软件和信息技术服务业企业81家，主要集聚于山西转型综合改革示范区。

典型企业　山西清众科技股份有限公司是专注于大数据及人工智能技术应用、服务于城市和企业数字化转型的国家级专精特新“小巨人”企业，是山西省首批数字化转型促进中心。该公司项目连续3次获批工业和信息化部大数据产业发展试点示范项目，城市泛在智联关键技术与应用示范项目获得山西省科技进步二等奖，参与建设的晋城市智慧城市项目成为“中等数字城市标杆”。

山西万立科技有限公司是一家以智能动态计量技术、智能机器人控制、传感技术研发与应用技术三大技术为核心，专业从事智能动态称重技术及其产品的开发、生产、营销，智能机器人技术和产品的研究与开发，以及自动化工程的设计与集成的综合型高新技术企业、省级技术中心企业、专精特新企业。该公司研发的煤炭产量监控系统入选2022年山西省创新产品和服务推荐清单，酒醅取料复合机器人关键技术研究项目入选2022年山西省重点研发计划项目。

【电子产品进出口贸易】 2022年，受国际市场价格波动和国内需求减少等多重因素影响，山西省机电产品出口额923.2亿元，同比下降14.7%；机电产品进口额267.0亿元，同比下降49.3%。

【科技进步与应用】 2022年，山西省加快发展新技术新项目。持续开展“双百行动”，印发《山西省重点行业百项关键共性技术导向目录（2022年）》《山西省重点行业百项技术创新项目导向计划（2022年）》，优选32个信息产业的关键技术研发、新产品研发及技术创新试验项目，引导企业开展关键共性技术攻关和技术创新项目实施，加速构建以先进制造业为支撑的现代产业体系。

【信息基础设施】 2022 年，山西省加快 5G 基站建设应用。截至 2022 年年底，全省累计建成 5G 基站 67 163 个，每万人 5G 基站数量居全国第一方阵。推进高铁、高速公路沿线通信网络覆盖，截至 2022 年年底，高铁沿线 21 个点段、高速公路沿线 44 个点段的信号覆盖提质升级施工及信号测试已全部完成。

推动数据中心建设应用。全省在用、在建数据中心 78 个，设计标准机架 82.8 万架，同比增长 77.5%。推进秦淮数据中心、中联数据中心、百度云计算（阳泉）中心等项目按计划顺利实施，国家先进计算（太原）中心、山西省超级计算中心、国科晋云山西先进计算中心 3 个计算中心提供先进算力支撑。其中，国家先进计算（太原）中心通过科学技术部验收并正式挂牌，主机系统理论峰值达到 314.9PFLOPS（每秒运算能力 1 000 万亿次），实测性能达到 201.8PFLOPS。加快培育建设数据中心，组织山西省内数据中心申报国家新型数据中心典型案例，2 家企业入选工业和信息化部 2022 年国家新型数据中心典型案例。

【大数据】 2022 年，山西省大数据产业发展生态持续优化。举办第三届晋阳湖·数字经济发展峰会，以“数字筑基·创新引领·绿色发展·拥抱生态”为主题，举办主旨论坛、10 场分论坛、院士成果报告会、展览及系列配套活动，500 余人参加峰会。

推动信创产业加快布局。推动成立山西省信息技术应用创新协会，编制发布《山西省信创产业生态体系构建及策略研究》。组织开展信创行业技术交流和产品推介活动，征集行业需求 55 个。依托太原市、长治市、山西转型综合改革示范区等重点区域，打造百信信创产业基地、中国长城智能制造（山西）基地、国科晋云山西高端整机制造基地、龙芯（长治）信创产业园等信创产业基地。全省初步构建起“CPU－操作系统 －基础软件 －整机制造 －配套外设 －应用集成”信创产业链条。全年信创产业实现营业收入 27 亿元，同比下降 9.4%。

拓展数字化应用场景。研究制定《大数据产业发展试点示范项目评分标准》，组织开展 2022 年大数据试点项目申报，国土空间大数据治理分析与安全共享平台等 7 个项目入选工业和信息化部 2022 年大数据产业发展试点示范项目。

【工业互联网】 2022 年，山西省工业互联网网络基础不断夯实。推进工业互联网建设应用，截至 2022 年年底，成功申报建设二级节点 13 个，覆盖煤炭、煤化工、道路货物运输、矿山机械制造等多个行业领域，其中 6 个节点接入国家顶级节点。

“5G＋工业互联网”融合持续深化。第三届晋阳湖·数字经济发展峰会“5G＋工业互联网”分论坛聚焦“5G＋工业互联网”前沿技术与产业话题，研讨行业前沿技术、分享交流先进解决方案、构建行业资源合作平台，共同探讨领域国际国内前沿动态，共享领域研究成果。论坛优选山西省 35 个“5G＋工业互联网”领域重点项目，带动投资近 23 亿元，邀请山西新元煤炭有限责任公司、山西晋南钢铁集团有限公司等企业对“5G＋工业互联网”等重点示范项目进行现场推介。引导省内数字经济领域重点项目与国内行业领域知名专家开展长期务实合作，建立“专家 － 项目 － 企业”结对合作机制。

【信息安全】 2022 年，山西省强化行业信息安全管理，对全省各地区工信行业网络安全工作进行安排部署；组织开展信息安全监督检查工作，带领技术力量随机抽查太原市辖区工业企业网络安全防护工作，对检查发现的问题向企业进行反馈并要求属地工信部门监督整改到位，提高行业安全管理水平。提升信息安全保障能力，充分发挥技术平台的风险感知和协同处置作用，进一步推动省内重点工业企业接入省级工业互联网安全态势感知平台。建立山西省工业和信息化领域数据安全风险防控重点企业地方名录，推动企业重要数据和核心数据目录编制工作，初步建立全省工业和信息化领域数据安全工作机制。

【信息产业基地和园区】 2022 年，山西省加快山西数据流量生态园建设。发挥山西数据流量生态园作为全国首家以数据要素驱动数字经济园区的优势，持续推动园区企业招商和项目招引。入园企业数量突破 400 家，互联网流量投放额突破 25 亿元，形成以数字基建为底层支撑，涵盖数字智造、数字能源、数字物流、数字文娱、数字电商、数字教育等的 10 余个数字应用场景。

【电子政务】 2022 年，山西省强化政务信息化建设。确立数字政府建设总体架构，政务信息化应用建设初见成效。建成连通国家平台，覆盖省、市、县、乡四级的一体化在线政务服务平台；政务服务“三晋通”覆盖率和满意度稳步提升，实现热门高频事项“一网通办”；推出领导驾驶舱指挥决策平台、“13710”信息督办平台等一批具有山西特色的数字政府应用，在政府决策管理服务方面发挥重要作用。政务信息基础设施初具规模。建成省级政务云平台，基本完成省直政务信息系统“迁移上云”，电子政务外网覆盖率大幅提升，各级政务信息化应用平台积累丰富的数据资源，全面夯实数字政府建设底座。

【两化融合】 2022 年，山西省两化融合发展水平持续提高。编制印发《山西省“十四五”信息化和工业化深度融合发展规划》，深入推进两化融合，加速新一代信息技术与制造业融合发展，培育转型发展新动能，构建工业发展新优势。2022 年，山西省两化融合发展水平 84.1，关键工序数控化率 58.1%，数字化研发工具普及率 70.2%，全省累计通过两化融合管理体系贯标企业 408 家。

【重点信息化项目】 2022 年，山西省制定《“一月一入企 全年大服务”活动工作细则（数字企业）》和数字产业化服务小组入企服务工作方案，收集梳理出 5 个工信领域 15 类服务事项政策集面向企业进行宣讲，累计入企 92 家，摸底项目 83 个，总投资 251.7 亿元。组织山西省数字经济联合会公开发布 4 批共 172 个数字企业产品（服务），建立常态化数字产品（服务）目录发布机制，助力企业开拓业务市场。

【信息消费】 2022 年，山西省组织开展新型信息消费示范项目申报推荐工作，太原并州饭店有限责任公司“5G + 智慧央厨云消费平台”等 7 个项目入选工业和信息化部 2022 年新型信息消费示范项目，通过示范引领，全省信息消费潜力实现进一步释放。

【新技术新产业】 2022 年，山西省强化数字新技术新业态研究。推动数字领域加强交流合作，组织人员赴海南省开展数字经济发展新模式、新业态调研，组织山西转型综合改革示范区、太忻一体化经济区与海南生态软件园、三亚崖州湾科技城开展数字产业对接，山西祥睿能源有限公司等重点企业与山西数据流量生态园开展产品供需对接。引导山西省数字产业协会发布《数字孪生技术与应用白皮书（2022 版）》，布局数字孪生技术研发应用。

加快培育数据要素市场。围绕制造、金融、数字经济等行业领域开展数据管理能力成熟度（DCMM）贯标评估，分析企业数据管理短板，并提出阶段性改进、提升的意见、建议，推动 15 家重点企业获得 DCMM 等级证书。开展线上宣贯培训，争取国家培训资源，在全国试点地区中先行利用 DCMM 标准宣贯培训平台，对近 200 名学员开展线上宣贯培训，提升相关工作人员业务水平，引导企业提高 DCMM 自评估能力。开展 DCMM 知识选拔赛，根据全国试点地区 DCMM 标准知识竞赛统一安排部署，组织开展全省 DCMM 标准知识选拔赛，以赛促学，推动 DCMM 国家标准的普及推广。

【产业环境】 2022 年，山西省印发《山西省加快 5G 融合应用实施方案》，提出加快 5G 融合应用十大工程，深入推进 5G 赋能千行百业；印发《省级数字经济发展专项资金管理办法》，进一步规范数字经济发展专项资金的管理和使用，提高专项资金使用效益；印发《山西省人民政府办公厅关于数字经济高质量发展的实施意见》，提出加快“数字山西”建设八大工程，全面立体构建数字经济发展体系；印发《山西省“十四五”信息化和工业化深度融合发展规划》，持续推进信息化和工业化深度融合，加速新一代信息技术与制造业融合发展；印发《山西省“十四五”软件和信息技术服务业发展规划》，推动软件和信息技术服务业高质量发展；印发《山西省“十四五”电子信息产业发展规划》，推动电子信息产业高质量发展。

【主要问题】 2022 年，山西省电子信息制造、软件和大数据等数字核心产业布局不均衡，主导产业不突出，产业规模与先进地区相比差距明显，缺少具有全国影响力的企业、园区和品牌；部分行业领域信息化基础和数字化应用水平偏低，多数企业尚处于信息化起步建设或单项覆盖阶段，企业智能制造水平与先进地区相比存在较大差距；电子信息产业领域人才相对短缺，数字孪生、物联网、量子计算等新一代信息技术研发应用不足。

［供稿：山西省工业和信息化厅］

内蒙古自治区

【软件和信息技术服务业】 2022 年，内蒙古自治区软件和信息技术服务业实现软件业务收入 5.8 亿元，同比增长 17.3%；实现软件产品销售收入 2.3 亿元，同比增长 26.0%；实现利润总额 3.4 亿元，同比增长 12.2%。

【科技进步与应用】 2022 年，内蒙古中环领先半导体材料有限公司实施技术项目 13 个，申请专利 13 件，授权专利 17 件，通过 ISO 14001 环境管理体系、ISO 45001 职业健康安全管理体系认证，获评内蒙古自治区技术创新示范企业，通过国家高新技术企业三年复审。

截至 2022 年年底，华讯高科股份有限公司获得授权专利 8 件，在审核专利 6 件，登记计算机软件著作权 56 件，开展国际科技合作交流，获批院士工作站，获评高新技术企业、科技型中小企业、自治区企业研究开发中心、自治区新型研发机构等。

内蒙古科电数据服务有限公司全年申请专利 23 件，授权发明专利 15 件、外观设计专利 12 件、实用新型专利 2 件，登记计算机软件著作权 13 件，发表论文 3 篇，入库科技型中小企业，获得 ITSS 信息技术服务运行维护标准符合性证书，通过 ISO 9001 质量管理体系认证。

内蒙古小草数字生态产业股份有限公司全年申请专利 90 余件，授权专利 57 件，登记计算机软件著作权 36 件，登记作品版权 2 件，获评国家高新技术企业、自治区企业技术中心、大数据标准化试点等，通过 ISO 9001 质量管理体系、ISO 14001 环境管理体系、ISO 45001 职业健康安全管理体系等认证。

【信息基础设施】 截至 2022 年年底，内蒙古自治区累计建成 5G 基站 4.1 万个，新建 5G 基站 2.1 万个，实现自治区 12 个盟市中心城区、103 个旗县区和 941 个乡镇及重点工业园区 5G 网络全覆盖。建成呼和浩特市国家级骨干直联点和国际互联网专用通道，呼和浩特市、包头市、赤峰市、鄂尔多斯市入选全国“双千兆”城市。开展电信普遍服务工作，截至 2022 年年底，建成 4G 基站 56 个。

【大数据】 2022 年，内蒙古自治区推进绿色数据中心建设，全国一体化算力网络国家枢纽节点内蒙古枢纽加快推进，截至 2022 年年底，数据中心累计签约投资规模突破 1 650 亿元，服务器承载能力达 200 万台。引导数字产业园建设，呼和浩特市、包头市、鄂尔多斯市、乌兰察布市、赤峰市的 9 个数字产业园区入驻企业 741 家，其中，入驻高新技术企业 77 家，实现产值 63.6 亿元。加大招商引资力度，支持盟市引进计算中心和超算中心，推动投资额百亿元的快手智能云乌兰察布数据中心投运。

【工业互联网】 截至 2022 年年底，内蒙古自治区建成国家级工业互联网平台 1 个、自治区级工业互联网平台 25 个，在建自治区级工业互联网平台 6 个。持续打造特色优势区域行业平台体系，对呼和浩特市、包头市、鄂尔多斯市、乌海市等盟市开展工业互联网平台调研，全年重点建设呼和浩特市蒙牛乳业安全生产云端管理平台、包头市内蒙古新特硅材料有限公司企业级工业互联网平台、北方股份智能网联矿卡服务平台、赤峰市蒙东地区工业互联网平台、乌海市老石旦煤矿工业互联网平台、鄂尔多斯市煤炭工业互联网平台、阿拉善盟腾格里精细化工有限公司智能工厂管控平台。

加快数字化转型，支持工业领域数字化项目，按照《内蒙古自治区工业数字化转型实施方案（2021—2025

年）》安排，全年在企业网络化改造升级、标识解析二级节点、标识解析企业节点、工业互联网平台、智慧矿山、智慧电厂等 11 个方面，对 107 个项目合计支持资金 1.8 亿元。

【新一代信息技术与制造业融合】 2022 年，内蒙古自治区持续加大对 5G 基站建设支持力度和 5G 在工业领域的应用推广力度，围绕能源、装备制造、化工、钢铁、有色等传统产业改造升级，持续推进“5G + 智慧矿山”“5G + 智慧电厂”“5G + 无人驾驶”建设。76 处井工煤矿完成智能化采掘工作面 129 个，其中，70 处煤矿建成智能化采煤工作面 83 个，40 处煤矿建成智能化掘进工作面 46 个。推动“5G + 无人驾驶”计划，25 处露天煤矿开展无人驾驶试验，完成 100 台无人驾驶改造任务，累计完成 233 台无人驾驶重卡改造任务。

建成内蒙古第一机械集团有限公司、内蒙古环保投资集团公司等 6 个工业互联网标识解析二级节点，标识解析在钢铁、稀土、煤炭等领域应用成效显著；推动互联网标识解析二级综合节点向企业提供标识发码、标识解析、标识应用服务，带动更多行业龙头建设企业级节点，更好地服务企业，实现数据共享、业务互联，培育一批标识解析二级节点应用创新企业，促进工业企业数字化转型。截至 2022 年年底，6 个工业互联网标识解析二级节点累计接入企业 958 家，标识存量 802 万个，标识解析量 24.4 万次。

【两化融合】 2022 年，内蒙古自治区持续在规模以上企业开展两化融合对标工作，编写《内蒙古两化融合发展数据地图（2022）》，启动两化融合管理体系贯标企业 179 家，通过两化融合管理体系贯标企业 47 家。实施万户企业登云行动，在自治区 12 个盟市开展万企登云宣贯活动，截至 2022 年年底，平台累计注册企业 2 294 家，在自治区 9 个盟市开展宣贯活动 25 场，参会人数近 3 000 人，累计登云企业 1.9 万家。

[撰稿：毛永毅　彭武华　审稿：张广收]

辽　宁　省

【概况】 2022 年，随着国内外市场需求增大、产业发展政策支持力度加大，辽宁省电子信息产业总体呈现回升态势，按可比口径计算，实现营业收入 3 054.5 亿元，同比增长 10.5%。

【电子信息制造业】 截至 2022 年年底，辽宁省电子信息制造业总体保持平稳增长态势，盈利水平稳步提升。拥有规模以上企业 259 家，实现营业收入 1 113.5 亿元，同比增长 8.6%；实现利润 192.9 亿元，同比增长 12.1%。受市场需求不断增加的拉动，主要子行业集成电路行业实现营业收入 398 亿元，同比增长 10.6%，其中，集成电路装备行业保持高速增长，实现营业收入 72 亿元，同比增长 37.1%，增速高于电子信息制造业 28.5 个百分点，部分重点企业连续 3 年呈现翻番增长态势。光伏行业实现营业收入 75 亿元，同比增长约 23%。受下游市场拉动，特别是受通信领域需求激增的影响，电子元器件企业订单较上年大幅增长，实现营业收入 531.7 亿元，同比增长 11.9%。

【软件和信息技术服务业】 2022 年，辽宁省软件和信息技术服务业运行态势良好，企业盈利能力稳步提升，软件业务出口保持增长，从业人员规模不断扩大，通过推进两化深度融合、走新型工业化道路，为软件产业快速发展提供市场空间。全省统计范围企业 1 321 家，实现软件业务收入 1 941 亿元，同比增长 11.6%；实现利润 136.1 亿元，同比增长 8.2%；完成软件业务出口收入 27.4 亿美元，同比增长 6.0%，其中，完成离岸外包出口收入 21.9 亿美元。

以辽宁鲲鹏生态创新中心、昇腾创新中心、金碟数字经济与信创产业园为依托，推进信息技术应用创新产业发展。其中，辽宁鲲鹏生态创新中心全年集聚生态伙伴 176 家，完成 107 个系统 196 款软件产品鲲鹏适配并发放认证证书，累计通过华为微认证软件产品 1 005 款、通过鲲鹏 HCIA 认证软件产品 96 款。

印发《辽宁省软件产业集群培育方案》，明确以沈阳市、大连市为引领，其他各市特色产业突出的“双核多极化”产业发展目标。建立软件产业集群建设专班，加速完善软件产业发展政策环境、培育打造行业重点企业、深入挖掘行业重点项目，共同推动软件产业集群重点任务实施。

征集立项行业地方标准 25 项，审定并发布《信息系统渗透测试》等 5 项地方标准。辽宁省软件和信息技术服务标准化技术委员会、辽宁省电子信息技术标准化技术委员会在全省专业标准化技术委员会年度考核中被评为优秀。召开 2 次全省软件产业标准体系宣贯会，对 800 余家企业开展数据管理能力成熟度评估模型等行业标准培训。

大连锐动科技有限公司、大连医科大学附属第一医院入选工业和信息化部人工智能医疗器械创新任务揭榜入围单位；鞍钢集团有限公司、大连数据湖信息技术有限公司的项目入选工业和信息化部 2022 年大数据产业发展试点示范项目；东软集团（大连）有限公司的项目入选工业和信息化部物联网示范项目。东北大学软件学院获批全国首批特色化示范性软件学院，英特工程仿真技术（大连）有限公司成为清华大学、北京航空航天大学等高校校企关键软件高层次人才联合培养单位。

全省形成较完整的离岸信息服务产业链，离岸业务承接能力居全国前列，涌现出东软集团股份有限公司等在国内外拥有一定知名度、交付能力在全国处于领先地位的骨干企业，在承接国内外高端咨询、高端设计等业务，加速离岸业务高端化方面不断取得新突破。全年东软集团股份有限公司、信华信技术股份有限公司在软件外包出口和服务外包 2 项榜单中分列第 1 名、第 2 名，在覆盖软件系统的全生命周期的高端软件离岸业务能力继续全国领先。

【工业互联网】 2022 年，辽宁省印发《辽宁省工业互联网产业集群发展培育方案》；印发《关于做好工业互联网标识应用推广工作的通知》，推动标识规模化应用，拥有省级工业互联网平台 65 个；举办 2022 全球工业互联网大会，包括开幕式及大会报告、创新成果展、产业数字化数字产业化招商会等活动。全省拥有 5G 基站 6.7 万个，工业互联网标识解析二级节点上线 32 个，实现全省 14 个地市全覆盖。“星火 · 链网”超级节点（沈阳）上线运行，2 个“星火 · 链网”骨干节点（营口、沈阳铁西）上线运行。全省上云企业超过 10 万家，其中，工业企业 2.5 万家；组织企业开展工业控制系统安全自查，发现安全漏洞及时进行技术处理。辽宁省入选国家工业领域数据安全管理试点地区，组织沈阳鼓风机集团股份有限公司、特变电工沈阳变压器集团有限公司等 33 家试点企业开展工业数据安全分级分类管理、重要数据和核心数据备案等工作。

【名城名园创建】 2022 年，辽宁省沈阳市、大连市积极创建中国软件名城（名园），印发创建“中国软件名城（名园）”实施方案，提升软件技术赋能、赋智、赋值能力，突破一批基础软件、创新一批平台软件、深耕一批嵌入式软件、发展一批工业软件、打造一批高附加值行业应用软件、培育一批网络安全软件，进一步促进产业提质升级，提升自主发展能力，建设具有国际影响力的产业集聚区。沈阳国际软件园继续迭代升级打造“沈阳数字经济产业园”，围绕人工智能、物联网、大数据、5G 通信、网络安全、数字孪生等数字经济新兴技术及未来信息技术领域开展建设。大连市持续打造“一带一城多园区”（高新技术产业园区及旅顺南路软件产业带，生态科技创新城，分布在金普新区、中山区、西岗区、沙河口区、甘井子区各具特色、“专而精”的产业集聚区）发展格局，不断完善大连软件园、腾飞园区、天地园区、信华信（国际）软件园、东软软件园等重点园区配套建设及企业和人才汇聚工作。

【数字经济】 2022 年，辽宁省新型基础设施建设、人工智能、算力中心等元宇宙基础产业领域发展迅速，部分指标居全国前列。沈阳市和平区联合龙头企业推动建立东北地区首个元宇宙产业园，成立辽宁元宇宙产业联盟；大连市成立首个元宇宙产业技术中心，数字辽宁工程重点项目——沈阳人工智能计算中心、大连人工智能计算中心建设提速，两个中心总规划算力 600PFLOPS 以上、高速算力 10PFLOPS。其中，沈阳人工智能计算中心（一期）上线算力 100PFLOPS，签约用户 30 家，签约算力 93.7PFLOPS，对接院士团队 6 个，识别储备算力需求

104PFLOPS；大连人工智能计算中心（一期）上线算力100PFLOPS、高速算力5PFLOPS，适配课题20余个。

【制造业数字化转型】 2022年，辽宁省工业企业关键工序数控化率59.7%，数字化研发设计工具普及率77.2%。组织开展数字化车间、智能工厂评选工作，省级数字化车间、智能工厂累计152家。重点培育数字化转型标杆示范企业30家。举办“标识+”辽宁行活动，沈阳市召开“5G+工业互联网”暨标识解析应用推广座谈会，营口市召开“星火·链网”标识解析镁质耐火材料行业示范应用推介会，加快标识解析推广应用，培育产业发展新模式、新业态。开展服务诊断，组织省内企业开展两化融合评估诊断，确定232家两化融合管理体系贯标试点企业，支持33家企业开展两化融合管理体系贯标。

【产业环境】 2022年，辽宁省成立集成电路装备产业集群工作推进专班，制定出台《辽宁省培育壮大集成电路装备产业集群若干措施》《辽宁省集成电路装备产业集群发展专项规划（2022—2025年）》，在产业要素各个方面争取更大力度支持集成电路装备和关键零部件企业发展；编制并实施辽宁省大数据发展首部地方性法规《辽宁省大数据发展条例》，并将工业大数据单独列出专章，对挖掘工业大数据价值、加快数字化改造、推动工业大数据融合应用、提升数据治理能力等方面进行规定；出台《辽宁省加快数字经济核心产业发展的若干措施》，在支持总部经济及平台经济、发展软件及电子信息制造业、补贴数字基础设施建设及奖励国家级标杆试点示范项目等方面提出20条资金支持政策，进一步明确着力点，支持企业和产业发展壮大。全省首次建立并实施首版次软件产品应用制度，制定全国首个首版次软件产品评估社团标准，支持首版次软件产品项目38个，拉动市场销售近3亿元。

［供稿：辽宁省工业和信息化厅］

吉 林 省

【电子信息制造业】 截至2022年年底，吉林省拥有规模以上电子信息制造业企业134家，完成产值325.4亿元，同比增长10.0%；完成工业增加值同比增长19.7%；产值、增加值增速分别高出规模以上工业增速15.6个百分点、26.1个百分点。

创新能力持续增强，全省拥有5家重点研发机构、8家国家重点实验室、27个相关科技协同创新平台。企业竞争能力不断提升，培育长春长光辰芯微电子股份有限公司等13家国家级专精特新“小巨人”企业，长春光华微电子设备工程中心有限公司、长春禹衡光学有限公司2家企业入选工业和信息化部第七批制造业单项冠军企业。

集成电路产业取得新进展，功率半导体产业链加速垂直整合，吉林华微电子股份有限公司先进功率器件半导体封装基地项目开工建设、电力电子器件外延线项目完成部分基础设施建设，长春光华微电子设备工程中心有限公司12英寸全自动晶圆探针台实现批量生产，基本建成多领域协同发展的产业链条。激光及新型显示产业稳步发展，光电信息产业园一期基本建成，部分入驻企业已装修完毕并顺利搬迁，二期、三期正在开展主体建设，国家半导体激光创新中心正加速筹建；吉林省永利激光科技有限公司光纤激光器系列产品项目建成投产，吉林奥来德光电材料股份有限公司、长春海谱润斯科技股份有限公司OLED产品为国内头部显示屏制造商稳定供货。

汽车电子产业稳步推进，吉林华微电子股份有限公司8款车用功率半导体产品进入国家车用半导体推广目录，研制的肖特基二极管、IGBT功率模块等产品已给中国第一汽车集团有限公司送样，并获得初步认可。能源电子产业加速布局，拥有能源电子企业30余家，完成产值约140亿元。松原正泰光伏组件、中溢集团锂电负极材料等一批光伏及新型储能项目正加快建设，达产后预计实现产值 420 亿元。

典型企业　吉林华微电子股份有限公司聚焦主推产品、重点领域、典型客户，积极攻克关键技术，完成新一代 IGBT、超结 MOS 产品工艺平台建设，深入拓展新能源、汽车电子、白色家电、工业控制、光伏逆变、UPS 等新兴领域，与多家行业头部企业、知名企业达成战略合作与深度合作，重点产品销售片量、重点领域销售额大幅增长，推进功率半导体行业发展。2022 年，该公司实现营业收入 19.5 亿元，同比下降 11.6%；实现归属于上市公司股东净利润 5 774.9 万元，同比下降 50.1%。

【软件和信息技术服务业】　2022 年，吉林省软件和信息技术服务业营业收入同比下降 1.2%。在全省范围内开展软件和信息技术服务业高质量发展专题调研，摸透企业诉求，切实帮助企业解决难题。

聚力产业强基。利用科技研发专项资金，加大对软件企业研发支持力度，引导软件企业提高 R&D 投入水平，加强政产学研用协同攻关，深化新一代信息技术与制造业融合。实施软件行业专精特新中小企业培育计划，培育长春吉大正元信息技术股份有限公司等年营业收入 1 000 万元以上、年研发费用投入占比不低于 1.5%、对软件产业具有强链作用的创新型中小企业。加大对软件知识产权保护力度，提升知识产权创造、保护、应用、管理和服务能力，鼓励企业加强软件知识产权合作，持续推进软件正版化。

支撑制造业数字化转型。鼓励工业企业加大对工业软件，尤其是智能产品中嵌入式系统软件的研发投入，推动内涵式增长。强化本地工业企业与软件企业对接服务，建立吉林省优质软件企业清单，为有智能化改造需求的重点企业配备信息化顾问，引导软件企业强化对重点工业企业的信息化服务。推动建设汽车、轨道交通、能源清洁利用等重点工业互联网项目，及时跟进项目进展情况，对项目建设中遇到的困难和问题，及时协调解决。推动吉林省首个国家工业互联网标识解析综合型二级节点上线运营。

引导产业集聚。依托长春市科教人才和产业基础优势，以行业龙头和“隐形冠军”企业为主体，打造吉林省软件和信息技术服务产业核心区。围绕吉林化学工业循环经济示范园区等基础好、体量大、安全风险高的重点园区，引导重点软件企业开展数字化赋能，提升智慧园区信息服务水平。发挥中小企业公共服务平台、吉林省软件行业协会等载体优势，在政策解读、法律咨询、融资对接、人力资源、技术创新、检验认证等方面为软件企业开展精准服务，提高软件企业研发能力和产品竞争力。

优化产业生态。鼓励“数字吉林”建设吸纳本地企业参与，在推动智慧城市、智慧农业、智慧交通、智慧医疗、智慧文旅等过程中，鼓励各地区各部门多采购本省软件产品，推动本省企业加大参与度。推广普及软件开发云和智能化开发工具，长春新区每年支持软件企业 1 000 万元，用于引导软件企业基于云服务的模式，“按需使用、随时随地”进行云端项目管理、配置管理、代码检查、编译等。鼓励重点软件企业与吉林大学相关学院加强合作，联合创办特色化软件学院，培养专业技能型和应用创新型人才，联合培养人才、留住人才。发挥长春软件与动漫服务外包产业园、修正服务外包基地、启明软件园、吉林软件服务外包产业基地、延吉高新区服务外包基地等的示范带动作用，依托吉林省软件产业基础及语言优势，发展服务外包，鼓励企业出口创汇。

典型企业　长春吉大正元信息技术股份有限公司 2022 年受复杂严峻的外部环境影响，签单、实施、交付验收均有一定困难。同时，该公司积极布局战略转型，在技术研发、营销转型、人才储备与员工激励等方面均加大投入。全年该公司实现营业收入 4.9 亿元，同比下降 39.8%；实现净利润 –2 337.1 万元，同比下降 114.8%；归属于母公司所有者的净利润 –3 364.8 万元，同比下降 123.0%。

【科技进步与应用】　2022 年，吉林省推进创新型省份建设 16 个方面 180 项重点任务。争取国家支持吉林省保留现有 11 家国家重点实验室、新建 3 家国家重点实验室和 2 家国家技术创新中心，6 家国家重点实验室参加第一批重组。长春国家自主创新示范区获批并启动建设。吉林省、长春市 2 个国家级知识产权保护中心建成运行。长春市、四平市分别获批首批国家知识产权强市建设示范城市和试点城市。实施科技成果转化“双千工程”，推动 1 205 项成果在本地转化。新认定科技型中小企业 1 804 家，高新技术企业累计 3 112 家。新认定长春博立电子科技有限公司等省级专精特新中小企业 409 家。加强科技企业孵化器、众创空间等载体建设。

升级出台人才政策3.0版，优化聚才引才政策，营造识才爱才敬才良好氛围。高校毕业生留吉人员11.8万人，比上年增长17.7%。推动电子信息制造业发展，支持“长春光谷”、长春经开光电信息产业园、CMOS高端图像传感器等重点项目建设。

【信息基础设施】 2022年，吉林省国家级互联网骨干直联点编制可行性报告，设立互联网支撑保障中心机构，达成资金保障意向。直联点将实现数据流量本地交换，减少绕转汇聚，大幅提升互联网网间通信质量和运行效率，提高网络安全性能。网间平均时延将由48毫秒降低至20毫秒以内，VR/AR、车联网等实时性要求高的需求原则上平均时延将不超过10毫秒。

吉林省主动融入全国一体化大数据中心体系，构筑“数字吉林”数据底座。以“吉林祥云”大数据平台为核心，有效汇聚在用、在建的政府和社会化算力资源，统筹构建一体化算力服务体系，为区域提供一体化算力支持。长春算力中心项目启动建设，建成后每秒可进行5 000万亿次计算，将在智能制造、医药、卫星遥感、智慧农业、智慧城市、数字文化等领域为高等院校、企业、科研院所提供人工智能算力支撑。

【云计算】 2022年，吉林省按照“全省统筹、省建市用”模式，建设完善“吉林祥云”云网一体基础设施体系，“吉林祥云”大数据平台“两地三中心”基础架构已经形成，电子政务外网纵向骨干网和省级横向接入网传输能力大幅跃升。在建设数字政府的同时，吉林省加快与一些企业合作，共同打造“数字吉林”和数字经济。华为东北研发中心等落地长春市，吉林省“神旗”信创产业基地暨吉林省信创产业基金落户长春新区。此外，吉林省组建长春理工大学吉林祥云大数据发展研究院，整合政府、学术和市场三方资源，打造大数据人才培养、科研创新和产业孵化平台。

【大数据】 2022年，长春净月国家高新技术产业开发区做强“数字车”，打造“智能网联研发生产基地+无人驾驶示范园区－街区”场景联动，加快拓展国家智能网联汽车应用北方示范区，打造L4智能驾驶汽车研发生产基地，规划开辟车路云网协同无人驾驶示范基地，带动无人驾驶应用标准制定、无人驾驶应用示范推广。中国第一汽车集团有限公司加快推动数智化转型升级，抢抓以智能化、电动化为代表的新一轮汽车工业革命带来的新机遇。一汽解放汽车有限公司的车联网大数据可以实时监测全国各地解放卡车使用情况，预测分析市场情况，为生产和销售提供决策支撑，惠及上下游产业链。红旗繁荣工厂总投资80亿元，对标全球一流的智能化超级工厂，应用机器人、自动导航运输车（AGV）、搭载5G技术的智能化工位等提高汽车生产效率和质量。

【工业互联网】 2022年，吉林省不断布局基础设施网，建设长春市等工业大数据行业平台、服务示范基地，优化“吉林祥云”大数据平台，基本建成高速、移动、安全、泛在的通信网络，5G网络实现城市和乡镇全面覆盖。建设跨行业跨领域的省级工业互联网平台、汽车行业工业互联网平台、能源清洁利用工业互联网平台、工业企业数字化公共服务平台等12个平台，工业App数量突破2 000个，中国第一汽车集团有限公司等6家企业的解决方案入选工业和信息化部2022年工业互联网App优秀解决方案。红旗数字化工厂以工业互联网平台建设为核心载体，广泛应用物联网技术，使人、机器、应用系统之间互联互通、高度集成。工业互联网标识解析吉林省综合型二级节点公共服务平台已上线连接，标识解析体系覆盖中成药制造、农产品加工、汽车零部件等行业，连接86家企业，标识注册量20 364个，标识解析量超过10万次，可实现防伪管理、防窜货管理、产品追溯管理、仓储管理、数字化营销等十大场景近百个应用。

【电子政务】 2022年，吉林省数据共享交换体系建设总体思路与架构采用统建模式，省、市、县、乡、村统一标准的数据共享平台构建多层纵向贯通、多面横向联通的数据共享交换体系。基于统建模式的优势，吉林省不断探索数据共享及应用的典型案例，包括支撑全省政务数据资源目录编制、全省信用体系建设、不动产和公积金数据共享、工程建设项目审批数据共享、省本级年度财政预算编制、农户土地承包地信息共享应用、社会精准救助等方面。

［供稿：吉林省工业和信息化厅］

黑龙江省

【电子信息制造业】 2022 年，黑龙江省电子信息制造业实现营业收入 110.8 亿元，同比增长 12.9%；推进中电科传感技术研究院有限公司挂牌成立。

在半导体材料领域，大庆溢泰半导体材料有限公司主要生产砷化镓半导体材料；黑龙江科友半导体股份有限公司从事第三代半导体材料碳化硅长晶及装备研制，率先完成 6 英寸碳化硅晶体制备并实现批量供货，年产能达 10 万片；哈尔滨奥瑞德蓝宝石制品有限公司主要从事蓝宝石晶体生长设备制造、蓝宝石晶体材料生长、蓝宝石制品加工、3D 玻璃热弯机研发生产及陶瓷制品研发制造业务，成为全球较大的蓝宝石晶棒生产基地。

在动力电池领域，哈尔滨光宇蓄电池股份有限公司阀控密封铅酸蓄电池年产能为 240 万 kVAh，市场占有率 30%；哈尔滨光宇电源股份有限公司年生产液态锂离子电池 8 000 万只、聚合物锂离子电池 3 000 万只、锂动力电池 40 万 kVAh。

在消费电子领域，哈尔滨长城计算机项目一期投入运营，年产 30 万台 CPU 计算机整机，填补黑龙江省知名品牌计算机整机生产的空白；深圳善行医疗可穿戴医疗设备生产基地和展示中心入驻深哈产业园，已实现投产，主要产品为新型可穿戴智能监测服（智能心电衣），依托边缘计算和 AI 技术，将采集到的 12 导心电信号通过远程数据传输实现医保控费、远程医疗、精准医疗、慢病管理等功能；哈尔滨思哲睿智能医疗设备股份有限公司的腔镜手术机器人是行业内首个在泌尿外科领域进入国家创新医疗器械特别审批程序（绿色通道）的腔镜手术机器人，并获得第三类医疗器械注册证。

【软件和信息技术服务业】 2022 年，黑龙江省软件和信息技术服务业重点监测的 102 家企业实现营业收入 84.2 亿元。其中，软件业务收入 59.3 亿元，软件产品研发、信息技术服务、互联网服务等领域关键技术创新和服务供给能力不断提升。

在软件产品研发领域，联通（黑龙江）产业互联网有限公司主要从事电子政务应用软件开发、信息技术服务等业务，哈尔滨工业大学软件工程股份有限公司主要从事软件开发、信息系统集成、信息技术咨询等业务，安天科技集团股份有限公司主要为网信等行业和关键基础设施等提供整体安全解决方案，哈尔滨航天恒星数据系统科技有限公司主要从事城市空间信息系统、基于北斗应用服务等。

在信息技术服务领域，亿阳信通股份有限公司主要从事通信软件开发及技术服务，哈尔滨俄运通科贸股份有限公司主要从事国际物流管理系统软件开发、信息技术服务，哈尔滨海邻科信息技术有限公司主要从事智慧警务、基层治理数字化等产品及技术服务。

在互联网服务领域，龙采科技集团有限责任公司入选 2022 年中国互联网综合实力百强企业，主要业务为互联网企业智慧云服务平台开发建设，覆盖电子商务、建筑装修、金融保险、房产医疗、幼儿教育及生活服务等多个领域。

【大数据与云计算】 2022 年，黑龙江省围绕实施国家大数据战略，通过培育典型示范应用，推动大数据产业发展。联通（黑龙江）产业互联网有限公司的五大连池市农业产业园良种繁殖基地信息化平台项目等 3 个项目入选工业和信息化部 2022 年大数据产业发展试点示范项目。黑龙江省中小企业上云公共服务平台上线运行，开发政策发布、云服务推广、企业上云需求分析等服务版块，对外发布 14 个云平台的 123 款云服务产品，为企业按需选择、择优选择云平台提供支撑与服务。举办全省中小企业上云专题培训，全省 13 个市（地）1 400 余人次参加，龙哈工业云、金蝶云、金山云等平台服务商及黑龙江省工业信息化发展中心等专业机构以线上方式进行专题授课。

【工业互联网】 2022 年，黑龙江省实施工业互联网创新发展战略，加快构建工业互联网网络、平台、安全三大功能体系，推动互联网与实体经济深度融合，促进制造业转型升级和高质量发展。黑龙江省第2个工业互联网标识解析二级节点在齐齐哈尔市上线运行，与国家顶级节点试点实现互联互通，初步形成标识解析服务能力。工业互联网标识解析综合服务平台建成投用，发布全生命周期管理、供应链管理、设备管理等10个标识解析应用场景。工业互联网标识解析二级节点接入企业4 000余家，标识注册量2.9亿个，标识解析量47.2亿次。

【两化融合】 2022年，黑龙江省紧扣制造业高质量发展要求，以智能制造为主攻方向，以数字化转型为主要抓手，推动工业化和信息化融合发展。印发《黑龙江省制造业数字化转型专项行动方案（2022—2026年）》，提出到2026年关键业务环节全面数字化的规模以上企业比例达到56%的发展目标，明确十大重点任务，全面启动实施制造业数字化转型行动。推进两化融合管理体系贯标，依托两化融合公共服务平台加强跟踪指导，支持黑龙江省工业信息化发展中心等第三方咨询服务机构为企业提供贯标服务，推动企业以贯标为牵引加快业务流程再造和组织管理模式创新，打造标准引领、数据驱动的核心竞争力，新增两化融合管理体系贯标达标企业460余家。两化融合发展水平继续保持稳定增长，根据国家工业信息安全发展研究中心统计数据，黑龙江省关键业务环节全面数字化的企业比例34.6%，同比增长9.2%，其中，ERP、PLM、MES等主流工业软件普及水平分别达77.1%、24.7%、34.5%。

【工业信息安全】 2022年，黑龙江省不断强化工业领域信息安全管理，护航数字经济发展和工业强省建设。建成工业信息安全态势感知平台和工业互联网安全态势感知平台，通过主动探测、态势感知、隐患排查、攻击发现、骨干网流量分析等技术手段为工业企业提供安全预警信息，支撑工业企业的安全生产和工业互联网高质量发展。聚焦重点行业领域工业互联网建设及应用，开展工业互联网安全服务诊断，指导工业企业从技术、管理、运维等方面提升工业信息安全防护水平，累计面向130家工业企业提供工业信息安全解决方案，提升工业企业网络安全防护能力。组织开展工业信息安全培训30余场，开展《中华人民共和国网络安全法》《中华人民共和国数据安全法》等法律法规宣传，推介工业信息安全优秀解决方案，进一步推动工业企业信息安全人才队伍建设，增强工业企业风险防范意识和能力。

【工业软件研发与应用】 2022年，黑龙江省加快推动工业软件产业发展，支持企业研发先进适用的软件产品和系统解决方案，面向重点行业领域开展试点示范和应用推广，形成一批典型企业和优秀案例。黑龙江亿林网络股份有限公司的保障生产过程全流程温度能源动态配置和管控的寒区绿色种养温室解决方案入选工业和信息化部2022年新型信息消费示范项目，牡丹江恒丰纸业股份有限公司的基于AI、IoT技术面向工业App领域（智能制造）解决方案入选工业和信息化部2022年工业互联网App优秀解决方案，哈尔滨宇龙自动化有限公司的离散型行业装备制造系统入选工业和信息化部2022年工业软件优秀产品。工业互联网创新发展工程项目建设进展顺利，安天科技集团股份有限公司、哈尔滨工大天创电子有限公司、黑龙江省工业信息化发展中心、哈尔滨工业大学软件工程股份有限公司、哈尔滨工业大学、黑龙江省通信技术支撑中心分别牵头的6个项目已建成投用。

【产业环境】 2022年，黑龙江省出台数字经济发展规划和配套支持政策，对发展数字经济作出部署安排。印发《黑龙江省“十四五”数字经济发展规划》，在8个方面部署40项重大任务，设置11个工程专栏，明确全省“十四五”时期推动数字经济发展的基本原则、发展目标、重点任务和保障措施；印发《黑龙江省支持数字经济加快发展若干政策措施》，围绕培育引进市场主体、延伸壮大数字产业链、推进产业数字化转型升级、推动数字技术创新与成果转化、营造良好发展生态5个方面出台20条政策，支持数字经济加快发展；印发《黑龙江省电子信息产业振兴专项行动方案（2022—2026年）》，明确10个电子信息制造产业链及10个软件和信息技术服务业产业链的发展方向、主要任务和重点工程，加快推动数字经济核心产业发展。

举办2022世界5G大会，以“筑5G生态 促共创共利”为主题，以会、展、赛、投资洽谈等形式呈现5G产业的技术进步和产品创新，搭建跨区域产业协作联动桥梁，共同探讨5G国际合作、技术前瞻、数字产业、5G＋行业应用等多个话题。在深圳市、福州市、哈尔滨市举办3场数字经济投资对接活动，华为技术有限公司、百度在线网络技术（北京）有限公司、深圳市腾讯计算机系统有限公司等头部企业和五大电信运营商领投黑龙江省数字制造、数字服务和新型基础设施项目，共签约项目226个，签约额1 031.8亿元。

［供稿：黑龙江省工业和信息化厅］

上 海 市

【电子信息制造业】 2022年，上海市电子信息制造业布局智能终端新赛道。发布《上海市促进智能终端产业高质量发展行动方案（2022—2025年）》，重点发展智能网联汽车、智能机器人、虚拟现实交互终端、智能家居终端、智能穿戴终端、信创终端。编制出台《上海市智慧健康养老产品及服务推广目录（2022年版）》，遴选出20款智慧健康养老终端产品。

推进超高清视频应用落地。组织推进超高清视频点亮五大新城活动，在五大新城选取一批超高清大屏落地。推进上海广播电视台完成本市超高清户外大屏统一播控平台的方案编制和架构搭建；6家企业入选工业和信息化部、国家广播电视总局超高清视频典型应用案例。

加强物联网生态融合。支持智能物联终端在加改装智能电梯、停车导引升级、智慧安防、智慧家居、美丽家园、适老化改造＋智慧健康养老、15分钟便利生活圈等场景中的应用，探索智能物联的源头性技术创新主体培育，构建“技术－产品－场景－业态”的产业链创新生态。推动智能物联边缘网关服务器和移动终端控制器产品研发与产业化。

【软件和信息技术服务业】 2022年，上海市软件和信息技术服务业实现软件业务收入8 929.4亿元，同比增长10.5%。营业收入超过100亿元企业25家、超过10亿元企业178家。13家软件企业入选2022年中国软件企业150强企业，17家互联网企业入选2022年中国互联网百强企业。

产业结构整体稳定，软件服务化趋势明显。工业软件领域涌现出一批具有较强研发能力的高成长企业，同时，软件产业通过不断创新助力重大项目实施。上海道客网络科技有限公司推出新一代云原生操作系统DaoCloud Enterprise 5.0，上海步科自动化股份有限公司推出AK800系列可编程逻辑控制器，亮风台（上海）信息科技有限公司、上海曼恒数字技术股份有限公司的数字可视化技术保障大飞机的研制，网宿科技股份有限公司的云服务保障北京冬奥会全程直播，卡斯柯信号有限公司基于北斗定位的智能列控系统保障万吨重载列车满载试验。互联网信息服务业蓬勃发展，其中，生活性服务业厚积薄发，小红书、得物等抢占互联网细分赛道，规模实现高速扩张；钢铁、工业品等领域发展出一批特色生产性服务平台，如找钢网、西域供应链等。

【信息基础设施】 2022年，上海市千兆接入能力覆盖家庭961万户，家庭宽带用户平均接入带宽386Mbps。累计建设5G室外基站超过6.8万个、5G室内小站超过27万个。持续推进43家“5G＋医疗健康”应用试点医院5G室内覆盖，已完成18家医院5G室内覆盖。持续推进58个重点场馆5G室内覆盖，已完成43个场馆5G室内覆盖。持续推进机场、桥隧5G网络建设。累计推进876项5G创新应用。开展上海市能源领域5G应用优秀案例征集遴选工作，基于“5G＋智能充换电”安全运营平台等10个项目入选上海市能源领域5G应用优秀案例；完成上海市“5G＋智慧教育”应用试点优秀项目辅导推选工作，8个项目入选工业和信息化部“5G＋智慧教育”应用试点项目；推进“双千兆”赋能智慧园区工作，启动《园区新基建建设规范》地方标准编制。

举办全国首届“光华杯”千兆光网应用创新大赛，上海市获得一等奖3项、二等奖6项、三等奖8项。举办第五届“绽放杯”5G应用征集大赛上海区域赛，从

500余个报名项目中评选出一等奖5项、二等奖8项、三等奖13项、特色奖5项。组织企业申报2022世界5G大会5G十大应用案例，3个项目入选。

发布《上海市IPv6流量提升和应用创新三年专项行动计划（2022—2024年）》，围绕IPv6流量提升和应用发展总体目标，明确3年重点任务。发布《上海市IPv6创新城市试点实施方案》，加快推动IPv6创新城市建设工作。

【云计算】 2022年，上海市云计算产业实现收入1 200亿元。远程办公、在线文娱等在线新经济领域持续增长，为云计算产业提供需求，间接带动云计算产业逆势增长。在企业数量方面，根据天眼查数据，在全国云计算行业注册资本前5 000名的企业中，上海市有454家。在产业空间布局方面，上海市云计算产业由集聚走向分散，依托“云海计划”及软件信息服务业“一中四方”空间布局，形成以杨浦区、静安区、徐汇区、浦东区、嘉定区等为载体的云计算产业特色集聚区。其中，杨浦区、静安区大数据产业带动云存储、云通信等基础设施层企业集聚，徐汇区、闵行区形成云计算与人工智能融合发展态势，浦东区、嘉定区的工业互联网布局推动上海智能云、物联网云创新发展。在算力基础设施方面，全市初步形成“一平台、五中心”（上海市人工智能公共算力服务平台、上海超级计算中心、腾讯长三角人工智能先进计算中心、阿里云华东智能算力中心、商汤科技人工智能计算中心、上海有孚临港云计算数据中心）的智算中心发展格局，为城市数字化转型提供算力基座。在云计算技术开发方面，云计算企业不断创新，紧跟前沿，在云原生、云渲染、云边协同等关键技术领域广泛布局沉淀。

【人工智能】 2022年，上海市人工智能产业形成从算法、芯片、产品到行业应用的强韧产业链，在数字化转型中深度赋能。《上海市促进人工智能产业发展条例》自2022年10月1日起施行，成为国内人工智能领域首部省级地方法规。

创新性成果集中涌现，持续布局技术攻关。算法领域迭代创新，上海人工智能实验室发布“OpenXLab浦源”体系和“书生2.0”大模型，打造上海开源开放策源地；英矽智能科技（上海）有限公司全球首款由AI发现的抗纤维化药物推入Ⅰ期临床。智能终端多点突破，上海节卡机器人科技有限公司的AI移动助手机器人助力构建高度柔性生产线，打造智能工厂；上海微创医疗机器人（集团）股份有限公司的图迈手术机器人获得国家药品监督管理局上市批准，成为全球第2个、国内第1个全面覆盖胸腹盆腔领域的临床腔镜手术机器人。在基础设施领域，上海商汤智能科技有限公司的新一代人工智能计算与赋能平台进入试运行。此外，在工业和信息化部组织的人工智能医疗器械创新任务揭榜中，博睿康医疗科技（上海）有限公司等企业的30个项目入选。

举办2022世界人工智能大会。大会以“智联世界 元生无界”为主题，构建“会展赛用才”五大版块，通过开闭幕式、主题论坛、行业专题论坛等121场线上线下活动，搭建国际交流平台，助力打造良好产业发展生态。

产业支撑体系日益完善。东海大桥洋山深水港自动驾驶场景等18个场景入选工业和信息化部100个典型人工智能应用场景。6个人工智能元宇宙重大应用场景在2022世界人工智能大会上发布。加快人工智能人才集聚，编制全国首部人工智能领域的人才白皮书《上海人工智能产业人才发展白皮书》。

【工业互联网】 2022年，上海市编制发布《上海市制造业数字化转型实施方案》及任务分解表，实施8个专项工程和5项保障措施；金山区创建市级工业互联网创新实践基地。开展“工赋链主”梯度培育，发布上海外高桥造船有限公司等首批10家“工赋链主”培育企业及“工赋链主”培育工程工作推进方案。推进“平台+园区”融合创新，面向全市特色产业园区开展“平台+园区”试点示范，上海化学工业区、上海湾区高新技术产业开发区、东方美谷、临港新片区大飞机产业园重点打造“工业互联网+安全生产”“两网贯穿”“工业元宇宙”“数字孪生”等数字化转型新模式；青浦工业园区、上海湾区高新技术产业开发区入选首批国家新型工业化产业示范基地工业互联网平台赋能数字化转型提升试点。以评促建，面向全市30个重点工业互联网平台开展应用水平评价工作，发布上海市十大工业互联网标杆平台；建设工业互联网微服务组件平台，推动平台合作生态。聚焦汽车、生物医药等6个重点产业领域，征集并发布50个重点数字化应用场景。发布2022年工业互联网专业服务商推荐目录，聚焦咨询服务、云网服务、标识解析、工业数据、工业信息安全等，24 家优秀服务商入选。

【信息产业基地和园区】 2022 年，上海市“一体两翼”布局持续深化。浦东集成电路产业创新带加快建设，张江集成电路设计产业园总建筑面积近 36 万平方米的新项目正式启动。“南翼”临港新片区综合性产业基地加快打造，上海电子化学品专区、松江 G60 电子信息国际创新产业园、浦江创芯之城等特色产业园加快建设，逐步形成南部集群。“北翼”嘉定智能传感器创新中心技术成果转化能力持续提升，上海汽车芯谷正式开园，硅光芯片产业加大布局，宝山区加快半导体项目布局落地。

37 家市级软件和信息技术服务业产业基地全年实现软件和信息技术服务业经营收入 9 213.2 亿元，同比增长 7.7%。基地共有注册企业和配套服务机构 56 453 家，其中，经认定的软件企业 6 125 家，同比增长 5.8%；承载软件和信息技术服务业的能级不断提升，能够满足产业未来发展对载体空间的需求；软件和信息技术服务业从业人员 66.8 万人。

【信息消费】 2022 年，上海市将信息消费作为推动消费升级、提升经济质量的重点领域，聚焦信息消费带动数字经济健康发展，从经济、生活、治理 3 个方面发力，与城市数字化转型工作相结合，加快壮大培育新型产品和服务。举办 2022 上海信息消费节系列活动，通过开幕式、线上赋能计划、首发首秀、CEO 直播带货联播日、优惠促销等百余场活动，打造“$1\times4\times N$”活动矩阵，邀请千余家在线新经济重点企业集中推介一批优秀数字化产品和解决方案，最终拉动信息消费额约 390 亿元。推动小红书、商米等 15 家企业入选工业和信息化部新型信息消费示范项目。建设信息消费体验中心，推动上海盒马 X 会员店、商米之家入选首批国家级信息消费体验中心。

【区块链】 2022 年，上海市拥有 264 家区块链备案企业，在金融、航运、贸易、征信等领域打造多个具有引领性的商业化案例。上海欧冶金融信息服务股份有限公司应用央行贸金链，打造国内首个大宗商品供应链金融服务平台，推动钢贸产业链上下游物流、信息流、资金流的链上互认。中国远洋海运集团有限公司通过“梧桐链 + AI + 大数据”，实时生成重点区域船舶进出记录，实现行为自动链上记录和保费自动计算，提升保单核算、统计申报效率近 30%。上海跨境电子商务公共服务有限公司自研电子口岸链，有效解决跨境交易中的虚构交易、重复购汇等问题，实现跨境人民币结算。

领军企业开展全球化布局，主导国际标准制定，投资海外科技企业和开源技术项目超过 500 个。上海万向区块链股份公司等领军企业率先在 IEEE 发起分布式账本技术标准工作组，并作为 IEEE 区块链跨链、数字资产等标准制定的主席单位，主导制定相关国际标准 10 余项。上海万向区块链股份公司连续 8 年举办区块链全球峰会，吸引线下线上观众超过 30 万人。

[供稿：上海市经济和信息化委员会]

江 苏 省

【电子信息制造业】 2022 年，江苏省电子信息制造业实现营业收入 42 021 亿元，同比增长 15.3%；规模以上企业 7 047 家，从业人员 205.8 万人。在重点监测的主要产品中，太阳能电池产量 10 872 万千瓦，同比增长 35.8%；手机产量 5 455 万部，同比增长 34.9%；彩色电视机产量 753 万台，同比下降 1.7%；光缆产量 8 659 万芯千米，同比下降 3.3%；数码相机产量 143 万台，同比下降 12.1%；集成电路产量 1 004 亿块，同比下降 15.3%；半导体分立器件产量 1 627 亿只，同比下降 17.1%；液晶显示屏产量 22 674 万片，同比下降 27.4%；微型计算机产量 3 330 万台，同比下降 39.1%，其中，笔记本电脑产量 2 554 万台，同比下降

43.3%。17 家企业入选 2022 年度电子信息竞争力百强企业。

苏南地区进一步打造集成电路、物联网和传感器、新型显示、晶硅光伏等区域名片，苏中地区、苏北地区加速发展电子信息产业（加工制造、原材料、装备等）并实现一定规模的产业集聚，区域发展更加均衡协调。2022 年，苏南地区实现主营业务收入 32 343 亿元，同比增长 10.4%；苏中地区实现主营业务收入 5 119 亿元，同比增长 22.9%；苏北地区实现主营业务收入 4 560 亿元，同比增长 53.2%。

内资企业增速快于三资企业，出口稳定增长。2022 年，电子信息制造业内资企业实现营业收入 23 280 亿元，同比增长 28.8%；三资企业实现主营业务收入 18 741 亿元，同比增长 2.0%。2022 年，全行业实现出口交货值同比增长 7.1%。

【软件和信息技术服务业】 2022 年，江苏省软件和信息技术服务业纳入统计的企业 5 840 家，其中，省规划布局内重点软件企业、专精特新软件企业培育库中企业分别达 148 家、172 家；完成软件业务收入 13 164 亿元，同比增长 10.3%；实现利润总额 1 355 亿元，同比增长 6.4%，近两年复合增长率 5.1%；累计实现出口额 74.1 亿美元，同比增长 9.3%。其中，外包服务出口额 6.4 亿美元，同比增长 17.4%；嵌入式系统软件出口额 44.8 亿美元，同比增长 5.5%；其他软件业务出口额 22.9 亿美元，同比增长 15.3%。软件业从业人员 140.1 万人，同比增长 1.3%；从业人员工资总额同比增长 13.2%，近两年复合增长率 3.0%。软件产品实现收入 3 103 亿元，同比增长 17.2%，占全行业软件业务收入的 23.6%，较上年提升 1.4 个百分点。信息技术服务实现收入 7 701 亿元，同比增长 8.0%，占全行业软件业务收入的 58.5%，较上年下降 1.2 个百分点。信息安全产品和服务实现收入 121 亿元，同比增长 25.2%。嵌入式系统软件实现收入 2 239 亿元，同比增长 8.6%。

2022 年，苏南地区实现软件业务收入 12 045 亿元，同比增长 9.5%，占全省软件业务收入的 91.5%，较上年下降 0.6 个百分点；苏中地区实现软件业务收入 323 亿元，同比增长 18.0%，占全省软件业务收入的 2.5%，较上年提升 0.2 个百分点；苏北地区实现软件业务收入 796 亿元，同比增长 19.5%，占全省软件业务收入的 6.0%，较上年提升 0.4 个百分点。分区域看，苏北地区软件业务收入增速最快，高出全省平均增速 9.2 个百分点。在 13 个市中，连云港市、淮安市、南通市软件业务收入增速分别达 141.2%、43.4%、24.3%，分列全省前 3 位。

【科技进步与应用】 2022 年，江苏省加强信息产业领域企业技术创新体系建设，引导和支持企业建设省级以上企业技术中心，新认定 39 家省级软件企业技术中心、64 家省级电子类企业技术中心。加快建设国家集成电路特色工艺及封装测试创新中心，新增 1 家海洋信息技术与装备省级制造业创新中心，推动中心提升创新能力，开展共性技术研发和输出。聚焦高端芯片、工业软件、通信技术等信息产业重点领域和关键环节，组织实施 19 个关键核心技术（装备）攻关项目。编制《江苏省重点技术创新项目导向计划（2022 年）》，列入核心软件、集成电路、新兴数字产业等信息产业领域项目 241 个，推动重点企业加快产业基础和关键领域创新突破。加快首台（套）重大装备、首版次软件及信创产品推广应用，发布两批《江苏省重点推广应用的新技术新产品目录》，在信息产业领域推广应用新技术新产品 606 个。

【信息基础设施】 2022 年，江苏省 4G 网络全面覆盖全省城乡地区，4G 基站 49 万个；新建 5G 基站 5.6 万个，累计建成 18.7 万个，其中，基于 700MHz 的 5G 基站 3.1 万个，5G 网络覆盖全省城镇区域及大部分农村地区；年度部署 10G PON 38.4 万个，总数 123.1 万个，千兆光网基本覆盖城乡所有家庭；5G 在网用户 4 713 万户，千兆固定宽带用户 933 万户。

推进 5G 产业链集聚发展。持续组织推进紫金山实验室、江苏省未来网络创新研究院及南京国博电子股份有限公司等一批研究机构和重点企业开展 5G 毫米波、模组器件、射频天线等关键技术攻关。开展“走进省级‘5G + 工业互联网’融合应用先导区”系列活动，累计推动 34 家企业达成产业合作意向。2022 年，全省 5G 产业规模约 3 800 亿元。

培育融合应用示范。制定印发《江苏省 5G 应用“领航”行动计划（2022—2024 年）》及年度工作实施方案，重点推动 5G 在工业互联网、车联网、智慧城市等领域的融合应用。编制印发《全省推进 5G 全连接工厂建设实施方案》，重点推动一批 5G 全连接工厂项目建设，首批遴选省级 5G 全连接工厂 21 家。组织苏州工业园区等 13 个园区开展省级“5G + 工业互联网”融合应用先导区培育工作。在全国第五届“绽放杯”5G 应用大赛中获得一等奖 2 项、二等奖 3 项、三等奖 6 项。11 个项目入选工业和信息化部 2022 年移动物联网应用典型案例。全年新签约 5G 融合应用项目 1 230 个，涉及工业互联网、车联网、智慧城市、安全生产、交通物流、电力能源等领域，其中，“5G + 工业互联网”融合应用项目 178 个。

【人工智能】 2022 年，江苏省拥有人工智能相关领域企业超过 1 200 家，相关产业规模超过 3 000 亿元；拥有省级重点研发机构 100 余家，其中，国家级研发机构 20 余家。思必驰科技股份有限公司获批建设语言计算国家新一代人工智能开放创新平台，成为江苏省唯一一个国家级人工智能开放创新平台。由江南大学与多所知名大学共同建设的江苏省人工智能国际合作联合实验室在无锡市揭牌。实施“人工智能 +”行动，在智能制造、智慧医疗、智慧教育、智慧城市等领域形成一批具有示范引领作用的典型应用场景。组织开展江苏省人工智能融合创新产品和应用解决方案征集活动，征集发布 139 项人工智能和实体经济深度融合优秀案例。举办第五届江苏人工智能大会、第四届全球校园人工智能算法精英大赛、第二届中国（江苏）智能网联汽车人才创新创业大赛等 10 余场活动。开展 2022 年度江苏省人工智能学会人工智能科技成果奖评选活动，评选发布技术创新奖 60 项、技术应用奖 45 项、技术推广奖 10 项。

全省不断优化人工智能产业空间布局，形成以苏南地区城市群为重点、南京市和苏州市为核心的“一带两核”发展格局，同时支持省内其他地区立足各自的基础条件和比较优势，因地制宜探索人工智能产业发展路径。中国（南京）智谷、中国（南京）软件谷、苏州人工智能产业园等人工智能产业集聚区具有一定规模。全省在智能传感器与芯片、智能语音、机器视觉、自然语言处理、工业机器人、智能驾驶等领域掌握一批关键核心技术，涌现出一批优秀的人工智能企业。

【工业互联网】 2022 年，江苏省新培育 2 个国家级工业互联网跨行业跨领域平台、17 个国家特色专业型平台、3 家“数字领航”企业、34 个省级重点工业互联网平台、1 187 家两化融合管理体系贯标达标企业、7 114 家星级上云企业、79 家工业互联网标杆工厂、17 家“互联网 + 先进制造业”特色产业基地。

【物联网】 2022 年，江苏省物联网产业实现业务收入 7 920 亿元，同比增长 10.3%。加快推进无锡国家传感网创新示范区建设，无锡市物联网产业实现营业收入 4 011 亿元，同比增长 16.2%，占全省物联网产业规模的 50.6%。推动产业集聚，重点规划建设以无锡市为核心、以苏州市和南京市为支撑的“一体两翼”物联网产业布局，打造昆山周庄传感器件集群、南山车联网小镇、雪浪工业互联网园区、慧海湾先进感知小镇、南京徐庄物联网器件软件集群等重点物联网产业基地。支持和推动苏中地区、苏北地区结合自身优势重点发展矿山物联网、医疗物联网、环保物联网、农业物联网等专业化、特色化的物联网产品和服务。省内分工合理、优势互补、互动共赢的产业发展格局逐步显现。

推动重点示范和推广应用。率先部署由国家行业主管部门支持的重大应用示范项目 23 个，物联网综合应用示范、汽车电子标识、智慧医疗、粮食物联网、农资物联网等一批国家级重点项目取得阶段性成果，智能工业、智能交通、智慧环保、产品质量追溯等应用日趋成熟。江苏省企业在全球 78 个国家、830 余个城市承建或参建物联网应用工程项目。

【信息安全】 2022 年，江苏省印发全省工业信息安全工作要点，督导各类工业企业落实工业信息安全责任制。完善工业信息安全保障“一网一池一平台”功能，新增“安全上云”情况评估，江苏省公共服务平台新增注册企业 1 858 家，在 99 家重点企业部署企业侧安全审计系统。增强企业安全防护能力，新培育省级工业信息安全防护星级达标企业 211 家，组织超过 220 家企业开展网络安全分类分级管理。开展省级信息安全风险评估机构备案工作，7 家机构通过备案复核，新增备案机构 3 家。制定形成工业互联网安全应用先导区培育指南，培育先导区 2 家。完成工业和信息化部车联网身份认证和信任安全试点 8 个项目的总结评估，推荐优秀案例 4 个。在工业和信息化部组织开展的工业互联网安全深度行活动中，江苏省获评工业互联网安全深度行总体成效突出地区。

【信息产业基地和园区】 截至2022年年底，江苏省拥有国家级电子信息产业示范基地7家，入驻企业超过29万家，从业人员307万人。2022年，7家示范基地实现销售收入4.2万亿元，实现利润总额1 859亿元，分别占全省规模工业的26%、21%，支撑作用强劲。7家示范基地规模全部超过千亿元，其中，苏州工业园区电子信息产业示范基地规模超过1.7万亿元。在工业和信息化部开展的国家示范基地发展质量评价中，7家示范基地全部获得四星级以上称号，其中，苏州工业园区电子信息产业示范基地获评五星级。7家示范基地全年研发投入同比增长8.7%；主导产业建有省级以上研发机构1 417家，同比增长13.1%；规模以上企业有效发明专利3.7万件，同比增长16.9%；主编、参编国家和国际标准402项，同比增长38.6%；拥有两化融合管理体系贯标企业289家、工业互联网平台77个、星级上云企业1 842家；工业固体废物综合利用率超过90%，其中，2家示范基地工业固体废物综合利用率达100%；建有省级以上绿色工厂131家；资源消耗持续降低，单位工业增加值能耗0.16吨标煤/万元，单位工业增加值用水量6.2立方米/万元，同比分别下降12.6%、5.3%；建有省级以上公共服务平台165个。

【智慧江苏】 2022年，江苏省制定智慧江苏工作要点和长三角一体化信息化工作要点，开展省级部门信息主管培训活动，与中兴通讯股份有限公司签署深化战略合作协议。持续开展智慧江苏重点工程和标志性工程建设，在经济社会各领域打造30项重点工程、10项标志性工程、30项行业示范工程；开展智慧广电示范项目遴选，评定智慧广电示范项目12个。开展智慧校园及示范校创建。加强重大项目跟踪服务，建立重点工程、典型案例及服务机构名录。完成数字人大、江苏省政务办政务中台、江苏省卫健影像云平台等省级信息化项目审核；推动城市生命线安全省级监管平台项目立项，完成项目建议书、技术指导书和可行性研究报告编制，组织城市安全领域监测传感设备梳理摸排。组织开展全省信息化发展水平评测，制定智慧江苏标准规范和行业信息化建设地方标准，举办智慧江苏发展论坛等活动。

【智改数转】 2022年，江苏省坚持以诊促建，推进智能化改造和数字化转型走深向实。选定首批化工、航空发动机关键零部件、服装、中药等12个行业，研究编制分行业智能化改造和数字化转型实施指南，结合行业特性和数字化转型的痛点、难点和关键环节，梳理95个关键环节、214个重点场景、96个典型案例，为企业研发设计、生产制造、仓储物流、质量管理、能源管理、安环管理、供应链管理等生产经营全业务链条提供指导。面向中小企业推行专精特新中小企业智能制造顾问制度，组织近2 000家服务商对2万家规模以上中小企业提供智能化改造和数字化转型免费诊断服务，为企业提供转型指导服务。编制46期智能化改造和数字化转型工作专报，通报重要工作动态及企业推行智改数转的优秀案例，保持紧密、及时的信息沟通，营造企业数字化转型良好氛围。

【重点信息化项目】 2022年，江苏省聚焦产业强链补链固链、智能化改造和数字化转型、节能降碳等重点领域，编制包含450个项目、当年计划投资超过2 600亿元的重大工业项目清单。其中，电子信息行业项目111个，超额完成年度计划投资10.2个百分点。

【信息消费】 2022年，江苏省信息消费规模6 300亿元，居全国前列。10个项目入选工业和信息化部2022年新型信息消费示范项目，10个项目入选工业和信息化部、国家体育总局2022年度智能体育典型案例。完成江苏省信息消费重点领域优秀产品推广目录培育遴选工作，发布优秀产品（平台）150个。开展信息消费品牌创建工作，发布十大信息消费影响力品牌，涌现出孩子王、科沃斯等一批国内外知名品牌。开展江苏省信息消费星级体验中心培育遴选工作，建设3星级以上体验中心41个。举办首届江苏省信息消费大赛、中国（无锡）信息消费节等活动，筹建完成中国信息消费推进联盟江苏分联盟。

［供稿：江苏省工业和信息化厅］

浙 江 省

【概况】 2022 年，浙江省实施数字经济“一号工程”升级版，全面推进数字产业化、产业数字化融合发展，加快培育具有国际竞争力的新一代信息技术产业集群。电子信息产业运行总体呈现“前高后稳”发展态势，发展动能不断增强，成为引领全省经济高质量发展的重要支撑。全省电子信息产业拥有规模以上企业 8 008 家，从业人员 168.6 万人。2022 年，浙江省电子信息产业完成增加值同比增长 6.3%，占全省 GDP 的比重为 11.6%，成为全省经济发展的优势产业和支柱产业。2022 年，浙江省电子信息产业实现营业收入 42 702 亿元，同比增长 10.5%；实现利税总额 3 868.6 亿元，同比增长 8.9%；实现利润总额 3 293.5 亿元，同比增长 9.6%；完成出口交货值 5 496.6 亿元，同比增长 23.7%。

【电子信息制造业】 2022 年，浙江省电子信息制造业生产持续高位运行，引领增长作用增强。规模以上电子信息制造业完成增加值同比增长 10.7%，高于全省规模以上工业增速 6.5 个百分点。电子信息制造业引领新兴产业增长，增速分别比八大万亿元产业中的高端装备、时尚、节能环保、健康、文化制造业高 5.3 个百分点、12.6 个百分点、6.6 个百分点、4.3 个百分点、12.9 个百分点。全年规模以上电子信息制造业实现总产值 17 721.2 亿元，实现销售产值 17 180.1 亿元，实现营业收入 19 610.9 亿元，分别同比增长 15.6%、13.1%、18.5%，分别高于全省规模以上工业增速 8.3 个百分点、6.4 个百分点、11.1 个百分点。供需循环逐步改善，产销两旺，全年产品产销率 96.9%。主要产品生产加快，太阳能电池、集成电路圆片、锂离子电池、半导体分立器件产量分别同比增长 58.3%、47.3%、24.6%、18.7%，智能手机、服务器等终端产品产量出现下降。

企业效益增势向好，创新研发活力足。全年规模以上电子信息制造业实现利润总额 1 216.1 亿元，占全省工业利润总额的 20.7%，同比增长 10.6%，高于全省规模以上工业增速 25.5 个百分点；营业收入利润率 6.2%，高于全省规模以上工业 0.8 个百分点；亏损面持续收窄，亏损面 20.7%，亏损企业 1 114 家，扭亏转盈企业 283 家。创新研发逆势上扬，全年规模以上电子信息制造业投入研发费用 822.8 亿元，新产品产值 11 147.8 亿元，均占全省的 1/4 以上，创近年来历史新高。

有效投资保持快速增长，重大项目带动明显。全年电子信息制造业投资增长 35.7%，高于全省制造业投资增速 18.7 个百分点。抓好 138 个新一代信息技术项目的投产达产，全年完成投资 488.7 亿元。加大重大项目招引，数字经济产业合作大会征集签约数字经济合作项目 36 个，总投资额 746 亿元。

【软件和信息技术服务业】 2022 年，浙江省软件和信息技术服务业总体保持平稳态势，软件业务收入迈上新台阶。全省纳入工业和信息化部软件业统计监测的企业 1 717 家，全年实现软件业务收入 9 390.2 亿元，同比增长 3.0%；实现利润 2 287.2 亿元，同比增长 2.3%，软件业务利润率 24.4%，盈利能力保持全国领先；实现软件业务出口额 118 408 万美元，同比增长 22.7%，软件业务出口总体呈现快速增长。

软件产业加速集聚发展，杭州国际级软件名城、宁波特色型中国软件名城建设加快推进，发挥“数字经济 + 智能制造”互补优势，进一步提升双城的核心竞争力、辐射带动力。全年杭州市、宁波市软件业务收入合计占全省软件业务收入的 95.3%。其中，杭州市实现软件业务收入 8 258.8 亿元，同比增长 1.7%；宁波市实现软件业务收入 694.3 亿元，同比增长 19.5%。龙头企业稳步增长，全年营业收入超过 10 亿元的企业合计实现软件业务收入 7 873.7 亿元，占全行业软件业务收入的 83.9%，同比增长 3.1%，拉动全省软件产业增长 2.6 个百分点，成为全行业增长的主动力。

【电子产品进出口贸易】 2022 年，受新兴市场快速增长、新能源产品出口加快带动影响，浙江省电子信息制造业出口持续保持两位数增长，规模以上电子信息制造业完成出口交货值 4 228.1 亿元，同比增长 23.7%，高出规模以上工业增速 15.5 个百分点，对规模以上工业出口增长贡献率达 63.4%，拉动规模以上工业出口增长 5.2 个百分点，通信终端设备、太阳能电池、锂离子电池、集成电路等出口增长较快。宁波市、嘉兴市、杭州市等出口大市增长较快，对全行业出口拉动作用日益增强。

【科技进步与应用】 2022 年，浙江省组织编制《杭州综合性国家科学中心建设方案》，推动杭州城西科创大走廊打造“面向世界、引领未来、服务全国、带动全省”的创新策源地。首批 4 家数字经济领域省级技术创新中心入轨运行，宁波工业互联网研究院有限公司、同盾科技有限公司 2 家企业获批建设国家新一代人工智能开放创新平台。全年实施数字技术重大科技攻关项目 240 个，形成 116 项进口替代成果。以企业为主体的创新体系加快建设，一批创新能力强的高新技术企业快速发展，推动产业迈向高端化。全省累计培育电子信息领域的国家高新技术企业 11 094 家；电子信息领域有效发明专利 89 198 件，同比增长 26.8%。

【信息基础设施】 截至 2022 年年底，浙江省累计建成 5G 基站 17 万个，每万人拥有 5G 基站 25.2 个，行政村 5G 覆盖率 100%，率先实现“村村通 5G、县县通千兆”。高标准提升互联网能级，全国首个新型互联网交换中心建成使用，互联网省际出口带宽 10.4Tbps，接入企业 155 家，建成 5 条国际数据专用通道。IPv6 端到端贯通能力不断增强，IPv6 活跃终端占比 81.9%，IPv6 流量占比 26.9%，移动网络 IPv6 活跃连接数 8 845.6 万户，固定网络 IPv6 活跃连接数 1 969.7 万户。互联网普及率稳步提升，网民规模 5 642.9 万人，互联网普及率 85.8%，互联网宽带接入端口 6 458.7 万个，光纤接入端口 5 825.6 万个。加快部署泛在物联网络，物联网终端用户 18 311.7 万户，同比增长 34.8%，实现窄带物联网乡镇以上区域连续覆盖。加快布局算力基础设施，累计建设数据中心 202 个，推动阿里巴巴长三角智能计算基地数据中心等项目落地建设。

【云计算】 2022 年，浙江省云计算产业发展态势良好，产业规模稳步提升，形成以 30 余家云平台服务商为主导、200 余家省内外云应用服务商组成的云计算产业生态。全年云计算领域重点监测企业实现营业收入 1 451.4 亿元，同比增长 9.4%；实现云服务收入 628.0 亿元，同比增长 9.4%，集聚一批知名云计算企业。截至 2022 年年底，全省累计上云企业 49.9 万家，累计培育省级上云标杆企业 375 家、省级制造业“云上企业”190 家；全省用云量指数 68.3。

【大数据】 2022 年，根据大数据重点监测企业调研数据，浙江省大数据企业（运营商除外）实现营业收入 5 713.2 亿元，其中，大数据服务收入 2 960.8 亿元；实现利润总额 1 606.7 亿元；从业人员平均人数 18.2 万人。从细分领域来看，工业大数据赋能制造业企业数字化转型成效明显，数据安全产品体系不断完善。大数据产业集聚发展态势明显，杭州市、宁波市、嘉兴市等成为全省大数据产业主要集聚区，大数据产业营业收入保持两位数增长。加快推动大数据技术和产品在各行业的深度应用，6 个项目入选工业和信息化部 2022 年大数据产业发展试点示范项目。大数据发展水平总体指数 45，大数据产业规模指数 39.8，处于全国第一梯队。

【人工智能】 2022 年，浙江省人工智能产业形成从核心技术研发、智能终端制造到行业融合应用的完整产业链。根据全省人工智能产业重点监测企业统计数据，全年人工智能产业实现营业收入 5 242 亿元，培育建设中国（杭州）人工智能小镇、物联网小镇、互联网小镇等专业化产业平台，在人工智能领域培育专精特新企业 106 家，培育营业收入 20 亿元以上的高新技术企业 58 家。杭州市高新区（滨江）联合华为技术有限公司打造杭州人工智能计算中心。

【工业互联网】 2022 年，浙江省持续完善提升全省“1+*N*”工业互联网平台体系，阿里云 supET 工业互联网平台、蓝卓 supOS 工业互联网平台入选工业和信息化部 2022 年跨行业跨领域工业互联网平台。建立特色专业型平台梯度培育模式，累计创建省级平台 430 个，累计上云企业超过 49 万家。17 个项目入选工业和信息化部 2022 年工业互联网试点示范项目。开展重点工业企业网络安全分类分级管理，并入选工业和信息化部工业领域数据安全管理试点地区。浙江工业互联网安全态势感知平台实现与国家级平台数据互联互通。立足杭州湾产业带优势，打造国家级长三角（杭州）制造业数字化能力中心、国家级工业互联网平台应用创新推广中心（宁波）和中国（杭州）工业互联网小镇，形成基础设施完善、应用场景丰富的创新平台。推进工业互联网标识解析体系建设，累计建成10家标识解析二级节点企业，标识注册量超过 13.3 亿个，标识解析量超过 7.4 亿次，接入企业节点 1 057 家，推动形成涵盖机械制造、化纤、纺织、供应链管理等多领域的工业互联网标识解析服务体系。

【产业数字化转型】 2022 年，浙江省加快推进数字技术与实体经济融合发展，以数字化改造"三个全覆盖"为目标，加速推进数字技术赋能实体经济提质增效。率先探索"产业大脑 + 未来工厂"发展新范式，建设工业行业产业大脑 46 个、省级工业互联网平台 430 个，服务企业 7 万余家，助力企业降低成本 13%、提高效益 23%；52 家未来工厂有效助推企业平均生产效率提升 54%、成本降低 19%。数字赋能服务业持续提质增效，全年网络零售额 2.7 万亿元，同比增长 7.2%，跨境电子商务综合试验区实现省域全覆盖；移动支付普及率 96%，数字人民币交易规模 162 亿元。农业农村数字化水平加快提升，全省累计认定未来农场 20 家、数字农业工厂 278 家。

【信息消费】 2022 年，浙江省开展杭州市、宁波市、温州市、湖州市等国家信息消费示范城市的创建工作，支持信息消费创新项目在示范城市的先行先试，形成示范引领效应。18 个项目入选工业和信息化部 2022 年新型信息消费示范项目。加快推进信息消费示范推广，依托世界互联网大会、世界数字经济大会等重大平台展示信息消费的新成果、新模式和新应用。通过线上线下体验中心，开展信息消费体验、优秀案例示范等活动。在 2022 年世界互联网大会 · 乌镇峰会期间，组织举办 2022 年长三角新型信息消费示范成果首发活动，展示信息消费在增进百姓福祉、改善社会民生方面的重要作用，宣传加快畅通国内国际双循环，扩大内需、提振消费的"浙江经验"。

【产业环境】 2022 年，浙江省加强规划引导和政策落实，加大产业扶持力度。印发实施新一代信息技术高质量发展、打造数字经济"一号工程"升级版指导意见，以及集成电路、高端软件、智能光伏等产业集群培育方案等政策，建立部省常态化定期交流机制，高水平推进国家数字经济创新发展试验区建设。

【主要问题】 2022 年，浙江省以手机、计算机为代表的消费电子类芯片因消费电子产品市场需求放缓，订单持续减少，出口有所放缓，行业快速增长趋势整体受到影响；铁红、铁磷等原材料成本上涨，叠加企业用能成本增高，企业利润空间受挤压。

[撰稿：郑闽红　审稿：厉敏]

安 徽 省

【概况】 2022 年，安徽省电子信息产业推进"建芯固屏 聚光强机"行动，不断完善软件和信息技术服务业产业生态，推进数字经济快速发展，推动工业互联网"落地扎根"，不断增强集成电路、新型显示、太阳能光伏、锂离子电池、智能语音、工业互联网等产业竞争力和影响力，培育壮大电子元器件、智能硬件等补链延链产业，以电子信息产业平稳增长为全省制造业提质扩量增效降本作贡献。

【电子信息制造业】 2022 年，安徽省电子信息制造业规模保持平稳增长。计算机、通信和其他电子设备制造业规模以上工业增加值同比增长 8.7%。规模以上电子信息制造业企业突破 1 500 家。全省 15 家电子信息制造业企业年产值突破 100 亿元，其中，联宝（合肥）电子科技有限公司年产值超过 1 200 亿元。

集成电路制造高速增长。全年集成电路制造规模以上工业增加值同比增长 32.5%，营业收入同比增长 60.0%。举办 2022 世界集成电路大会，聚焦“会、展、赛、训”四大版块，举办 1 场开幕式、1 场博览会、4 场高峰论坛、10 场主题论坛、专业技能竞赛和教育部职业技能师资培训等多项活动，论坛参会人员 4 847 人次，展览参观人员超过 1.3 万人次，全省集成电路产业发展影响力进一步提升。参加 2022 年全国集成电路 EDA 开发应用大赛，获得二等奖 2 项、三等奖 1 项。

太阳能光伏及锂电行业发力增长。全年光伏设备及元器件制造规模以上工业增加值同比增长 84.3%，营业收入同比增长 118.9%，产量同比增长 33.6%。锂离子电池制造规模以上工业增加值同比增长 108.8%，营业收入同比增长 166.3%，产量同比增长 2.6%。安徽动力源科技有限公司、固德威电源科技（广德）有限公司 2 家企业入选工业和信息化部第十一批符合《光伏制造行业规范条件》企业名单。界首市天鸿新材料股份有限公司、合肥国轩高科动力能源有限公司 2 家企业入选工业和信息化部第六批符合《锂离子电池行业规范条件》企业名单。

电子信息基础产业加快发展。全年电子专用材料制造规模以上工业增加值同比增长 100.2%，营业收入同比增长 60.8%。光电子器件制造规模以上工业增加值同比增长 24.4%，营业收入同比增长 26.3%。来邦科技股份公司等 9 家企业入选工业和信息化部智慧健康养老应用试点示范名单。

新型显示行业应用稳步拓展。全年显示器件制造规模以上工业增加值同比下降 10.4%，营业收入同比下降 17.8%。安徽旭辰达电子科技有限公司等 4 家企业的应用案例入选工业和信息化部、国家广播电视总局超高清视频典型应用案例。合肥全色光显科技有限公司等 5 家企业入选“百城千屏”第二批生产企业名录。

重大项目建设实现新突破。全年电子信息制造业技改投资同比增长 54.0%，电子信息制造业工业投资同比增长 31.9%。合肥动态随机存储器基地、晶合集成 12 英寸晶圆代工等重大项目建设稳步推进，阜兴新能源光伏硅片、尚德太阳能光伏组件等项目建设进展顺利，维信诺 AMOLED 模组、天马新型显示模组等项目加速推进。

【软件和信息技术服务业】 2022 年，安徽省软件和信息技术服务业规模实现稳步增长。软件和信息技术服务业规模以上软件企业实现营业收入 1 410.3 亿元，同比增长 17.2%；完成软件业务收入 942.4 亿元，同比增长 8.0%。其中，软件产品收入 448.9 亿元，同比增长 3.7%；信息技术服务收入 264.4 亿元，同比下降 25.6%；信息安全收入 7.0 亿元，同比下降 30.8%；嵌入式系统软件收入 222.1 亿元，同比增长 198.2%。从业人员 9.9 万人，同比增长 0.6%。

优势骨干企业引领作用凸显。科大讯飞股份有限公司、安徽华米信息科技有限公司、科大国创软件股份有限公司、科大国盾量子技术股份有限公司、合肥美亚光电技术股份有限公司、新华三信息安全技术有限公司等一批影响力大、竞争力强的龙头企业，日益成为产业创新和规模发展的主导力量。全年中国声谷入园企业 2 005 家，实现主营业务收入 2 050 亿元，实现“双两千”目标，在智能语音、人工智能等领域形成活跃的“安徽力量”，培育安徽推想智能科技有限公司、合肥中科类脑智能技术有限公司、本源量子计算科技（合肥）股份有限公司等多家优势企业。

软件产业园建设成效明显。持续推进全省各市创建符合本地发展优势的特色产业园，全年建成软件产业园 23 个，开展全省软件产业园建设情况督查，谋划建立软件产业园评价机制，构建“一市一园”发展格局。鼓励合肥市以中国声谷为抓手，以合肥高新技术产业开发区为核心承载区，以合肥经济技术开发区、蜀山区、庐阳区、长丰县为产业发展区，加快推进中国声谷瑶海网谷产业园、舒城声光电产业园建设，构建“一市多园”发展格局。

示范推广应用卓有成效。支持企业综合应用中国声谷智能语音及人工智能、软件和 5G 技术产品，面向教育、广电、公安、卫生、民政、生产制造、社会治理等场景研发“智能 + 应用场景”优秀解决方案。组织 51 个“智能 + 应用场景”优秀解决方案产用对接，建设完成 29 个示范应用项目。加强科大讯飞工业听诊器、声学成像仪、工业设备卫士等“工业六感”智能产品在全国 10 个省份 20 余个地市的制造业企业应用。创新运用虚拟主播首版次软件，多种渠道宣传推介 64 个首版次软件，取得良好效果。

各级产业政策强力落实。开展 2022 年中国声谷资金项目申报工作，支持项目 630 个，支持资金 8.0 亿元及时下达企业，尽早发挥助企纾困作用。推荐 3 家软件企业进入国家鼓励的重点软件企业所得税减免名单，落实 39 家软件企业所得税减免材料审核，宣传软件产品增值税即征即退政策。

【科技进步与应用】 2022 年，安徽省软件研发与科技创新持续推进。推动出台工业软件创新发展三年行动计划和支持工业软件创新发展若干政策，支持工业软件核心技术攻关、推广应用、企业主体培育、人才培养引进等。发布语音及语言、工业软件、信息技术应用创新等软件及人工智能关键技术“揭榜挂帅”创新目录，支持科大讯飞股份有限公司等企业“揭榜”开展 37 项关键技术攻关项目。科大讯飞股份有限公司、合肥市太泽透平技术有限公司、全芯智造技术有限公司、合肥九韶智能科技有限公司、安徽三禾一信息科技有限公司等一批工业软件领域骨干企业持续做大做强，九韶内核 AMCAX、三维工艺设计仿真平台、“顺风耳”图聆工业云平台、涡轮设计 CAE 软件、计算光刻 EDA 软件技术等产品研发及产业化应用取得较好成效。

【信息基础设施】 2022 年，安徽省 5G 建设应用取得突破。新建 5G 基站 27 381 个，累计建成 5G 基站 8.5 万余个。5G 网络覆盖全省所有地级市、县城城区及乡镇镇区，行政村 5G 网络通达率超过 89%。

基础设施建设日趋完善。安徽省首条国际互联网数据专用通道正式开通，园区企业整体国际通信网络性能和服务质量得到显著提升。合肥国家级互联网骨干直联点进入试运行状态，全省网络承载能力不断增强。中国工业互联网研究院安徽分院暨国家工业互联网大数据安徽分中心正式落地合肥市，工业互联网数据资源集聚和赋能成效取得新突破。合肥市、黄山市、宿州市、芜湖市成为全国第二批“千兆城市”。全省建成工业互联网标识解析二级节点 6 个，累计标识解析注册量超过 1.5 亿个，二级节点建设与应用呈现爆发式增长态势。

融合应用不断丰富。全省累计征集 5G 场景应用 540 个，其中，已建成 5G 场景应用 236 个，占 5G 场景应用总数的 43.7%，涵盖智能制造、智慧医疗、智慧教育等 20 余个行业门类，辐射全省所有地市。5G 应用从单个项目建设进入规模化复制阶段，相关领域装备智能化水平得到较大提升。根据中国信息通信研究院发布的《2022 中国“5G + 工业互联网”发展成效评估报告》，安徽省等 6 省（市）在全国范围内呈现示范引领特点。

【云计算与大数据】 2022 年，安徽省持续推进“皖企登云”。实施“皖企登云”提质扩面行动，创新开展 5 期“皖企登云你我他”沙龙，提升赋能企业与应用企业对接效率，覆盖线上线下观众超过 130 万人次。全年新增 7 400 家企业与云资源深度对接，累计对接企业 2.6 万家。全省工业云平台应用率 61.4%，同比提升 4.4 个百分点。

推动工业大数据在企业研发设计、生产制造、经营管理、销售服务的全流程融合应用，支持企业运用大数据打造新模式、新业态。新增 4 家企业的项目入选工业和信息化部 2022 年大数据产业发展试点示范项目，累计 21 家企业的项目入选试点示范项目。安徽雨鑫木业有限公司入选工业和信息化部首批国家新型数据中心典型案例。4 家企业通过数据管理能力成熟度评估认证，2 家企业入选工业和信息化部 2022 年区块链典型应用案例，实现全省数据管理能力成熟度评估、实体经济领域区块链应用案例“零”的突破。全省关键工序数控化率 56.3%，数字化研发设计工具普及率 79.5%，分别同比提升 4.4 个百分点、3.1 个百分点。

【工业互联网】 2022 年，安徽省平台赋能体系不断丰富。全省累计培育重点工业互联网平台 130 个，36 个入选工业和信息化部工业互联网试点示范名单，基本形成以“双跨”平台为引领、区域型平台横向覆盖、行业型平台纵向连接的全方位工业互联网平台赋能体系，产业链覆盖能力不断增强。科大讯飞“图聆”工业互联网平台入选工业和信息化部 2022 年跨行业跨领域工业互联网平台；奇瑞汽车“海行云”等 13 个平台入选工业和信息化部特色专业型工业互联网平台。安徽省工业互联网综合服务平台——“羚羊”平台被工业和信息化部列为第一批中小企业数字化转型服务平台。全省工业互联网平台连接设备超过 600 万台，工业 App、工业模型均突破 1 万个，服务企业超过 8 万家。

开展人才培训和诊断咨询。印发《2022 年安徽省工业互联网“万人培训、千企诊断”工作方案》，培养工业互联网专业技术人才3 000名，完成企业线上诊断911家。委托中国工业互联网研究院等9家机构对全省180家重点工业企业开展工业互联网诊断和咨询服务，为企业数字化转型“号脉问诊、开具药方”。组建由院士领衔的安徽省工业互联网专家咨询委员会，开展工业互联网前瞻性、战略性重大问题研究，为重大决策、政策实施提供专业建议。建成超过1 000名工业互联网服务专员队伍，提供“一对一”服务，为全省工业数字化改造打通“最后一公里”。

宣传推广持续加强。出版工业互联网典型案例集《皖美工赋——工业互联网的模式创新与实践探索》。举办全国工业互联网平台赋能深度行、2022世界制造业大会工业互联网生态论坛等大型活动。

【两化融合】 2022年，安徽省企业两化融合发展水平不断提升。加快推进两化融合管理体系在企业的普及和推广，构建开放式、扁平化、平台化的中小企业组织管理新模式，提升企业核心竞争力。全年新增328家企业通过两化融合管理体系评定，累计2 205家企业通过评定，其中，获得AAA级评定企业38家。新增8家企业入选工业和信息化部2022年新一代信息技术与制造业融合发展试点示范名单，累计19家企业入选试点示范名单。其中，安徽海螺集团有限责任公司入选全国首批“数字领航”企业。

【信息消费】 2022年，安徽省新型信息消费不断扩大升级。全省8个项目入选工业和信息化部2022年新型信息消费示范项目，开展信息消费示范城市动态管理，参加2022全国工业App和信息消费大赛，评选出安徽省第八批信息消费体验中心18个、第十批信息消费创新产品110款，创建省级示范信息消费体验中心，不断提升供给侧质量和能力。

[供稿：安徽省经济和信息化厅]

福 建 省

【电子信息制造业】 2022年，福建省电子信息制造业工业增加值累计增长18.8%，销售产值累计增长13.2%，出口交货值累计增长14.8%，产销率95.5%，规模以上电子信息制造业营业收入同比增长15.3%。集成电路和光电、计算机和网络通信设备、锂离子电池3个产业集群规模超过2 000亿元。宁德时代新能源科技股份有限公司、戴尔（中国）有限公司等16家电子信息制造业企业营业收入超过百亿元。福建省电子信息（集团）有限责任公司、厦门宏发电声股份有限公司、新大陆科技集团有限公司3家企业入选2022年度电子信息竞争力百强企业。

集成电路产业形成以福州市、厦门市、泉州市、莆田市为主的沿海集成电路产业带及以厦门市、泉州市为核心的“一带双核”集成电路产业格局，初步构建涵盖设计、制造、封测、材料、设备等上下游协同发展的产业体系。厦门火炬高技术产业开发区被评为2022年第三代半导体最具竞争力产业园区。福建省集成电路创新实验室挂牌成立。福建省在集成电路产业设计端拥有集成电路设计企业100余家，主要集中在厦门市、福州市，重点企业有瑞芯微电子有限公司等；制造端企业主要集中在福州市、厦门市、泉州市、莆田市，重点企业有联芯集成电路制造（厦门）有限公司等；封测端企业主要集中在福州市、厦门市、泉州市，重点企业有渠梁电子有限公司等；材料端企业生产光罩、光刻胶、溅射靶材、特气等，重点企业有厦门美日丰创光罩有限公司等；设备端企业提供涂胶显影机、物理气相沉积机、原子层沉积机、流体输送系统等，重点企业有芯米（厦门）半导体设备有限公司等。

新型显示产业主要分布在福州市、厦门市、莆田市、龙岩市等，形成福清融侨经济技术开发区、厦门火炬高技术产业开发区、武平县新型显示产业园等产业集聚区，基本构建涵盖玻璃基板、面板、模组、整机等较完善的产业链。福清融侨经济技术开发区集聚以冠捷电子科技（福建）有限公司、福州京东方光电科技有限公司等为龙头的一批上下游企业。厦门火炬高技术产业开发区作为全省新型显示产业主要集聚地，是全国唯一一家光电平板显示产业集群试点单位，连续 3 年被评为国家“五星级”新型工业化产业示范基地。武平县新型显示模组及材料制造产业集群入选全国首批中小企业特色产业集群。全省上游材料及装备领域实现玻璃基板、背光片、偏光片、工艺气体等部分材料的本地化配套；中游面板及模组领域基本实现显示面板高低世代线齐聚，兼具 a-Si、LTPS、IGZO、AMOLED 等多种显示技术发展布局；下游整机及终端领域企业生产的智能电视、智能支付终端、激光显示屏、激光投影机、移动通信一体机等主要产品产量居全国前列。福建省成为全国平板显示器、监视器、笔记本电脑、液晶电视机等终端产品的主要生产基地。

LED 产业主要分布在厦门市、泉州市、漳州市、龙岩市等，形成厦门国家级半导体照明工程产业化基地、漳州长泰光电产业园、安溪光电产业园等产业集聚区，基本构建外延片与芯片制造、封装测试、显示和照明应用等较为完善的产业链。上游外延片、芯片领域实力强、规模大、品种全，在全国 LED 外延芯片领域处于领先地位，三安光电股份有限公司、厦门乾照光电股份有限公司、福建兆元光电有限公司居全国 LED 芯片竞争力前列；中游封装领域拥有厦门华联电子有限公司、厦门光莆电子股份有限公司等重点企业，均居全国封装领域前列；下游应用领域拥有厦门强力巨彩光电科技有限公司、立达信物联科技股份有限公司等重点企业，厦门强力巨彩光电科技有限公司领跑全国室内全彩和室外全彩行业，立达信物联科技股份有限公司 LED 球泡灯和筒灯出口额位居全国第一。

计算机和网络通信设备产业主要分布在福州市、厦门市、泉州市、漳州市等，形成福州经济开发区（马尾）、福清融侨经济技术开发区、厦门火炬高技术产业开发区等产业集聚区。产业主要集中在下游整机和终端产品领域，重点企业有戴尔（中国）有限公司、戴尔（厦门）有限公司、福建星网锐捷通讯股份有限公司、福建升腾资讯有限公司等。其中，戴尔（中国）有限公司是全球较大的计算机和笔记本电脑厂商，新大陆科技集团有限公司 POS 机出货量位居全球第二，福建星网锐捷通讯股份有限公司的传统瘦客户机和 VDI 产品所占市场份额均位居全国第一，厦门汉印电子技术有限公司热敏打印机居国际领先水平。

锂离子电池产业主要分布在宁德市、厦门市、福州市等，构建包含正极材料、负极材料、隔膜、电解液、铜箔、铝箔、电芯、模组等较为完善的产业链。产业发展居全国领先水平，宁德市锂电产业集群产值超过 3 000 亿元，厦门市加快建设新能源产业集聚区，福州市发展智慧储能产业链，福建省成为全国乃至全球重要的锂离子电池产业基地。马尾区用户侧新型储能产业集群入选全国首批中小企业特色产业集群。上游关键材料领域拥有厦门厦钨新能源材料股份有限公司、福安青美能源材料有限公司、福建常青新能源科技有限公司等重点企业；中游电芯模组领域拥有宁德时代新能源科技股份有限公司、宁德新能源科技有限公司、福建飞毛腿电池有限公司等重点企业；下游终端应用领域拥有厦门海辰储能科技股份有限公司、福建飞毛腿电池有限公司、科华数据股份有限公司等重点企业。

【软件和信息技术服务业】 2022 年，福建省软件和信息技术服务业运行稳健，实现软件业务收入 2 776 亿元。软件产品和软件服务相互渗透，信息技术服务收入占比超过 60%，产业模式从传统“以产品为中心”向“以服务为中心”转变，产业结构持续优化。产业集聚效应进一步凸显，福州市、厦门市 2 个“中国软件特色名城”在特色产业领域优势互补、差异化发展，形成“双子星”产业发展格局。

创新体系更加完善，企业竞争力不断提升。软件和信息技术服务业创新体系基本建立，在全省数字经济“独角兽”“瞪羚”创新企业中，软件企业占比 80%；福建星网锐捷通讯股份有限公司等 8 家企业入选 2022 年度软件和信息技术服务竞争力百强企业；累计超过 30 家骨干企业参与超过 150 项行业标准制修订工作；在芯片设计、信息安全、电子政务、工业信息化控制、金融科技、电力软件、信息通信等细分领域涌现出福建星网锐捷通讯股份有限公司、新大陆科技集团有限公司等一批具有行业影响力的重点企业。

载体建设持续推进，产业承载能力不断提升。福州软件园和厦门软件园作为全省软件产业发展的重要载体和产业集聚核心区，产业发展空间不断优化拓展。福州软件园通过“一园多区”实现产业空间不断“蝶变”，整合形成“产研+服务+智造”产业空间格局，打造“千亿数谷”，连续3年蝉联“中国最具活力软件园”；厦门软件园发展一期至三期，不断提升产业承载能力，是国家首批数字服务出口基地、中国服务外包产业集聚园区、新型工业化产业示范基地。2个园区均实现“千亿园区”目标，产业引领作用充分体现。

专业平台特色突出，服务体系更加完善。在云服务方面，华为云创新中心、阿里云公共服务平台、华为中软国际制造云、厦门超级计算中心等为企业提供云化服务，其中，华为云创新中心服务企业近千家，关联产值超过23亿元，华为云上企业超过2 100家。在知识产权方面，北京软件和信息服务交易所福建工作中心、“知创福建”、厦门知识产权运营公共服务平台等为企业提供一站式知识产权服务。在技术研发方面，围绕卫星导航、IC设计、5G、大数据、软件测试等搭建北斗卫星综合移动终端应用开发平台、厦门卫星导航应用研发中试基地、集成电路公共设计服务中心等多个技术服务平台。在资本服务方面，厦门古地石基金小镇、福州软件园数字产业基金大厦等项目创新金融服务模式，搭建全生命周期资本服务链。

【5G技术应用】 2022年，福建省新建5G基站2.1万个，累计建成5G基站7.1万个，实现所有乡镇和68%以上行政村5G覆盖。4个项目入选国家新型基础设施专项(5G应用方向)，获得国家奖补资金约2亿元。推动陶瓷行业龙头企业九牧厨卫股份有限公司牵头发布国内首个陶瓷行业“5G+工业互联网”地方标准，带动细分行业加速转型。拓展5G多领域应用，23个项目入选工业和信息化部“5G+医疗健康”应用试点项目，2个项目入选工业和信息化部“5G+智慧教育”应用试点项目。组织企业参加第五届“绽放杯”5G应用征集大赛，宁德时代5G灯塔工厂等4个项目获得全国总决赛优秀奖。培育首批5G全连接工厂种子项目111个。

【工业互联网】 2022年，福建省入选国家级工业互联网平台6个，新培育5个省级工业互联网示范平台、61家新一代信息技术与制造业融合发展标杆企业。福州市数字产业互联科技有限责任公司等11家企业入选工业和信息化部中小企业数字化转型试点企业。筛选61个工业互联网应用典型案例，在晋江市、厦门市召开产业数字化转型工作现场会进行推广。引进落地中国工业互联网研究院福建省分院、国家工业互联网大数据中心福建省分中心，举办工业互联网创新大赛、区块链大赛，加速赋能全省工业企业高质量发展。

【物联网】 2022年，福建省物联网产业快速发展，蜂窝物联网终端用户6 001.8万户，同比增长33.6%；物联网企业1 500余家，其中，规模以上物联网企业574家，214家企业获得高新技术企业认定，20家企业在主板上市，1家企业申报北交所IPO，14家企业入选工业和信息化部专精特新“小巨人”企业。举办数字中国大型综合性展会、物联网博览会专业展会等活动，鼓励企业主动参与标准研制，培育国脉科技股份有限公司、新大陆科技集团有限公司等一批具有行业影响力的物联网企业。宁德时代5G智慧工厂、国家电网总部数字化安全管控智能终端项目等8个项目入选工业和信息化部2022年移动物联网应用典型案例。

【区块链】 2022年，福建省加强打造区块链品牌名片建设，福建省福州市、福建省民政厅、海峡出版发行集团有限责任公司、国投（福建福州）城市资源循环利用有限公司入选国家区块链创新应用试点单位（地区）。举办区块链“星火·链网”项目对接交流会，对“星火·链网”骨干节点项目开展推介，促进区块链技术与产业创新发展相融合，赋能区域数字经济发展。推进区块链技术示范应用工程建设，福州市初步建成数字福州主链、政务数据共享链、公共信用链及14条应用子链，在中国软件评测中心开展的2022年数字政府服务能力系列评估中获得优秀等级。

［供稿：福建省工业和信息化厅］

江 西 省

【概况】 2022年，江西省电子信息产业技术创新能力不断提升，企业实力不断增强，产业结构不断完善，形成省内配套、近距离协作较为完整的产业生态。全年电子信息产业实现营业收入1.0万亿元，同比增长32.2%；实现利润900.7亿元，同比增长78.2%。

【电子信息制造业】 2022年，江西省电子信息制造业呈现量质齐升的良好态势，由过去以生产元器件为主的单一结构向生产“整机+关键元器件+电子材料”转变。全年电子元器件产业完成营业收入4 172.7亿元，智能终端产业完成营业收入2 826.9亿元，光伏锂电产业完成营业收入2 223.5亿元，三大主导产业营业收入合计占行业营业收入比重连续3年超过90%。其中，半导体照明产业拥有从设计、制造、封装、测试，到装备、材料、创新研发平台、人才培养等较为完整的产业链；移动智能终端产业形成覆盖触摸屏、摄像头、指纹识别、LCM显示模组、触控芯片、射频芯片、传感器、手机闪光灯、耳机、受话器和整机生产等相对完整的产业链。

全省拥有规模以上电子信息制造业企业2 000余家，比上年净增400余家，其中，高新技术企业900余家，专精特新“小巨人”企业34家。培育营业收入超过100亿元企业16家，超过50亿元企业30余家，超过20亿元企业80余家，基本形成大中小企业梯度培育、融通发展格局。全年手机产量9 300万部，电子电路板产量约占全国产量的25%，联创电子科技股份有限公司在全球高清广角镜头市场占有率超过70%，南昌菱光科技有限公司的接触式影像传感器产品全球市场占有率达40%，晶能光电股份有限公司的手机闪光灯出货量占全球市场的25%，华勤千亿元产业基地、富士康智能制造、木林森LED全产业链、科翔电子高端PCB等一批重大项目正在建设中。

【软件和信息技术服务业】 2022年，江西省软件和信息技术服务业发展平稳，实现营业收入390亿元，同比增长20.0%；实现软件业务收入304.8亿元，同比增长25.6%；实现软件产品收入128.2亿元、信息技术服务收入155.1亿元、信息安全收入1.6亿元；实现软件业务出口额1.1亿美元；实现利润37亿元。

软件和信息技术服务业企业数量不断增长，2家企业入选2022年中国互联网综合实力百强企业。江西贪玩信息技术有限公司全年实现营业收入57.6亿元，成为全省首家营业收入突破50亿元的企业。全省12家企业营业收入超过10亿元，累计营业收入277亿元，初步形成龙头企业带动、上下游共同发展格局。

【虚拟现实（VR）产业】 2022年，世界VR产业大会连续第5年在江西省南昌市举办，品牌效应持续增强，VR产业发展取得明显成效，VR产业成为江西省一张“产业名片”。世界VR产业大会设置4个版块、32场重要活动，包括元宇宙、产业链供应链2场高峰论坛，数字人、超高清等10场主题论坛，以及4场VR头部企业生态论坛；开展产业对接、产融对接、应用推广等系列活动，发布一系列VR技术及应用最新成果；共签约项目107个，总投资额716.7亿元。截至2022年年底，全省有VR企业400余家，实现VR及相关产业营业收入812亿元，其中，南昌市VR相关产业营业收入超过600亿元。全省VR产业按照“一核心、两体系”进行总体布局，龙头企业数量持续增加，初步形成产业上下游集聚、抱团发展的局面。其中，在全国VR 50强企业中有16家企业落户南昌市。

【科技进步与应用】 2022年，南昌大学自主研发的硅衬底LED技术开辟全球第3条技术路线，其中，硅衬底黄光LED电光转换率达29%以上。晶能光电硅衬底高光效GaN基蓝色发光二极管技术获得国家技术发明一等奖。建立国内LED行业唯一一家国家级工程技术研究中心——国家硅基LED技术工程研究中心，组建数字融合、发光材料、信息安全3个省级科技创新联合体，以及通信终端产业技术研究院、华为南昌研究所、微软 AI+VR 创新基地等一批创新平台和研发机构。江西省硅衬底半导体照明制造业创新中心自主研发的硅衬底 LED 牛仔系列路灯经国家电光源机构检测，整灯光效达 197.8 流明 / 瓦；晶能光电股份有限公司牵头制定 4 项硅衬底行业标准，开发出 5 微米间距的像素矩阵。国家虚拟现实创新中心正式落户南昌市。

【信息基础设施】 2022 年，江西省推进国家互联网骨干直联点、5G 基站、工业互联网建设。南昌国家级互联网骨干直联点建成开通，网络性能大幅提升，省内网间平均时延为 1.8 毫秒。工业互联网标识解析二级节点注册量 5.4 亿个，较上年增加 4 亿个；累计标识解析量超过 16 亿次，较上年增加 12 亿次；接入企业 4 150 家，较上年增加 3 446 家。开通工业互联网标识解析二级节点 12 个，新开通 5G 基站 2.8 万个，虚拟专网 277 个，5G 终端用户 2 073.7 万户，均大幅超额完成年度目标。

【产业布局】 2022 年，江西省形成以京九高铁为“轴”，以南昌市、吉安市、赣州市、九江市 4 个城市为重点，其他设区市共同发展的“一轴、四城、全覆盖”产业布局。南昌市构建“机智灵光”产业体系，以“芯屏端网”4 个核心产业链环节为重点，打造 5G、移动智能终端、VR、LED 等先进制造产业集群。吉安市打造“电子谷”，重点发展 LED、移动智能设备、触控显示、PCB 等产业，推动“芯光屏板链智网”融合发展。赣州市聚焦智能终端、新型显示、新型电子材料及元器件、应用电子、数字产业化 5 个方向。九江市发展电子电路材料、智能终端、智能电器、半导体照明 4 个优势产业。其他设区市根据自身产业发展基础，打造各具特色的电子信息产业。

【云服务】 2022 年，江西省组织开展企业上云上平台专项活动，采用“各地市补一点、云服务商让一点、企业出一点”模式，企业上云数量大幅增长。全年新增上云企业 13.8 万家，累计上云企业 25 万家，其中，深度上云企业 7 971 家；工业云平台应用率 46.0%。

【大数据】 2022 年，江西省大数据产业营业收入复合增长率超过 25%。新创建 1 个国家新型工业化（大数据）产业示范基地——上饶高铁经济试验区。三川智慧科技股份有限公司面向智慧水务的全链物联设备与系统研发及其应用项目入选工业和信息化部 2022 年大数据产业发展试点示范项目。培育并认定江西省水投江河信息技术有限公司等 32 家大数据示范企业，累计培育大数据示范企业 92 家。开展大数据专家征集遴选工作，确定 30 名专家纳入省级大数据专家库，为大数据产业提供技术支撑。

【工业互联网】 2022 年，江西省分类培育工业互联网平台，评定遴选省级工业互联网重点平台 18 个、跟踪培养平台 35 个，工业互联网平台应用普及率 16.4%，工业互联网平台体系逐步形成，其中，维盈 WINGplat 工业互联网平台入选工业和信息化部 2022 年特色专业型工业互联网平台。推进工业互联网标识解析二级节点建设，全省建成二级节点 13 个，接入企业突破 6 000 家，累计标识注册量 8.3 亿个，累计标识解析量 25.2 亿次。

【信息安全】 2022 年，江西省加强信息安全保障，开展工业领域数据安全管理和工业互联网安全深度行活动，入选工业和信息化部工业领域数据安全管理试点成效突出地区，以及工业互联网安全深度行应急演练成效突出地区、赛事活动成效突出地区。

做好监测应急工作。全年下发安全漏洞通报 4 次，累计通报安全漏洞 116 个，涉及工业企业 110 家；进行安全专项检查 2 次，覆盖工业企业 292 家，涉及电子信息、石油化工、有色金属、软件服务、装备制造等行业；开展实战应急演练活动 1 次，参演企业 100 余家，处置安全事件 57 个。

加强人才队伍培育。推动南昌大学智能物联与网络安全产业学院获批江西省普通本科高校现代产业学院培育项目。牵头举办 2022 年江西省“振兴杯”数字经济职业技能竞赛——中国工业互联网安全大赛江西选拔赛，省内 185 支队伍近 600 人报名参赛。江西省网络信息安全讲师团开展网络信息安全宣讲、培训共 20 场次，累计培训 2 万余人次。

推动信息安全产业发展。举办江西信息安全产业园开园暨江西省信息安全产业信创联盟成立大会，推动江西省与三六零安全科技股份有限公司签署战略合作协议。推动江西省信息安全产业科技创新联合体揭牌成立。4 个项目入选工业和信息化部 2022 年网络安全技术应用试点示范项目。

【两化融合】 2022 年，江西省开展企业两化融合度评价普查，江西省成为全国企业两化融合度评价唯一一个试点省。开展两化融合示范，制定两化融合示范企业和示范园区管理办法，分类分级培育示范企业 677 家、示范园区 42 个。持续推广两化融合管理体系国家标准，全省通过评定贯标企业 719 家。全省制造业企业数字技术应用水平大幅提升，企业经营管理数字化普及率 72.2%，数字化研发设计工具普及率 75.0%，关键工序数控化率 56.6%，开展服务型制造的企业比例 32.0%，开展网络化协同的企业比例 40.3%，实现智能化产品生产的企业比例 7.2%。

【新一代信息技术】 2022 年，江西省"5G＋工业互联网"建设项目超过 300 个，在 14 个领域评选 5G 优秀案例 339 个。物联网产业保持快速增长，6 个项目入选工业和信息化部 2022 年物联网示范项目。推进企业开展人工智能关键技术攻关，2 家单位入选工业和信息化部人工智能揭榜挂帅"潜力单位"。争取"星火 · 链网"节点落户江西省，向工业和信息化部推荐 14 个典型区块链项目。

【产业环境】 2022 年，江西省出台《江西省汽车电子产业发展三年行动计划（2022—2024 年）》《京九（江西）电子信息产业带三年行动计划（2023—2025 年）》等一系列规划文件，全省所有设区市都将电子信息产业作为首位产业或重点产业，县区基本实现电子信息企业全覆盖。国家发展和改革委员会印发的《革命老区重点城市对口合作工作方案》明确赣州市、吉安市分别与深圳市、东莞市建立对口合作关系。全省聚焦企业全生命周期服务，打造优良营商环境。

[供稿：江西省工业和信息化厅]

山 东 省

【概况】 2022 年，山东省信息技术产业实现营业收入 16 266.9 亿元，同比增长 17.9%。其中，电子信息制造业增加值同比增长 17.9%；软件和信息技术服务业实现软件业务收入首次突破万亿元大关。

【电子信息制造业】 2022 年，山东省电子信息制造业实现营业收入 5 609.3 亿元，同比增长 15.5%。全年生产打印机 1 114.8 万台、手机 454.1 万部、彩色电视机 2 545.6 万台、集成电路 40.8 亿块，分别同比增长 23.7%、64.6%、28.1%、2.0%。

重点产业　虚拟现实产业能级大幅跃升。加快构建以青岛市为中心，济南市、潍坊市、烟台市、威海市 4 个城市联动，其他城市协同的"1+4+*N*"虚拟现实产业区域布局，打造国内一流、具有国际竞争力的千亿元级虚拟现实产业高地。举办 2022 国际虚拟现实创新大会，国家虚拟现实创新中心（青岛）正式揭牌成立，31 个项目签约落地，103 家单位成立虚拟现实产业联盟。全年虚拟现实产业主营业务收入同比增长超过 20%。

集成电路领域补齐短板。开展集成电路财政奖补，视频编解码、红外成像、温湿传感等芯片完成流片，推动封装测试公共服务平台建设，加快培育形成集成电路产业生态圈。举办 2022 中国（德州）集成电路产业峰会，17 个项目在现场完成集中签约。全年集成电路制造业增加值同比增长 38.6%。

服务器制造业保持领先优势。济南市是服务器制造业的主要集聚区，产能主要集中在浪潮集团有限公司。全年浪潮通用服务器以 10.3% 的市场占有率位居全球第二，中国市场占有率位居第一；人工智能服务器全球市场占有率连续 3 年位居全球第一。浪潮 M6 服务器打破 305 项国际性能测试世界纪录；AI 服务器搭载 GPU 芯片厂商上海壁仞智能科技有限公司自研的高端通用 GPU，在 BERT 和 ResNet50 两项重要任务中取得 8 卡和 4 卡整机的全球最佳性能，取得历史性突破。

智能终端上下游产业蓬勃发展。烟台艾睿光电科技有限公司低成本高性能智能红外探测器等24个项目入选山东省2022年智能传感器领域应用示范项目，为行业应用树立标杆。歌尔股份有限公司在元宇宙等前沿领域加大布局，微电子声学传感器出货量持续居全球前列。威海打印机基地集聚多家世界500强企业，形成年产打印机1 300万台、智能终端设备600万台、热敏打印头3 600万支、接触式图像传感器500万支的生产能力。

典型企业　2022年，海尔集团公司、海信集团控股股份有限公司、浪潮集团有限公司、歌尔股份有限公司、九阳股份有限公司5家企业入选2022年度电子信息竞争力百强企业。海尔集团公司全年实现全球营业收入3 506亿元，同比增长5.4%；蝉联全球大型家用电器品牌零售量首位，卡奥斯COSMOPlat连续4年居工业和信息化部跨行业跨领域工业互联网平台榜首。海信集团控股股份有限公司全年实现营业收入同比增长4.6%；海信系电视全球市场出货量2 441.9万台，全球市场占有率12.1%，电视机出货量首次跃居全球第2位。浪潮集团有限公司全年实现营业收入同比增长25.0%；浪潮服务器市场占有率居全球第2位、中国第1位；浪潮人工智能服务器市场占有率居全球第1位，连续5年中国市场占有率超过50%；边缘服务器市场占有率蝉联中国第1位。歌尔股份有限公司全年实现营业收入同比增长30%以上，首次突破千亿元；创建国家虚拟现实创新中心（青岛），电声器件、虚拟现实设备全球领先。九阳股份有限公司全年实现营业收入突破百亿元，拥有20余个品类、300余种型号的厨房小家电。

【软件和信息技术服务业】　2022年，山东省软件和信息技术服务业实现软件业务收入10 657.6亿元，同比增长19.2%；实现利润总额688亿元，同比增长14.8%。

全省实现软件产品收入2 955.4亿元，同比增长11.3%。基础软件、工业软件分别实现收入108.7亿元、413.4亿元，分别同比增长53.1%、19.5%。浪潮开源服务器操作系统突破多元异构算力融合、软硬协同优化等关键技术，刷新分布式存储、云计算等领域的多项国际权威测评纪录。山东山大华天软件有限公司掌握“三维几何建模引擎”“几何约束求解器”等工业软件核心技术，在设计动态导航、计算机辅助制造加工技术、冲压注塑模具设计等领域技术领先。

全省实现信息技术服务收入4 897.3亿元，同比增长21.8%。云服务、大数据服务分别实现收入639.2亿元、423.7亿元，分别同比增长18.7%、25.1%。卡奥斯COSMOPlat、浪潮云洲工业互联网平台连接用户、机理模型、行业生态等居国内前列。青岛海信网络科技股份有限公司的轨道交通调度控制服务、东方电子股份有限公司的智能电网调度管理、众阳健康科技集团的医保医疗解决方案等一批信息服务居国内领先水平。

全省实现信息安全收入102.3亿元，同比增长9.9%。中孚信息股份有限公司自主研发国内首批基于操作系统的终端安全防护工具集，在安全保密、密码应用、公共安全等领域形成全系列的安全产品。渔翁信息技术股份有限公司是国家信创工作委员会密码应用组组长单位，参与国家密码行业5项标准制定。

全省实现嵌入式系统软件收入2 702.7亿元，同比增长24.7%。在数控机床、轨道交通、电力设备、智能家电等嵌入式系统软件领域优势明显，拥有济南二机床集团有限公司、中车青岛四方车辆研究所有限公司等代表性企业。

【信息基础设施】　2022年，山东省开展5G建设攻坚。实施5G“百城万站”深度覆盖和“百企千例”规模应用行动，新建5G基站6.1万个，累计开通5G基站超过16.2万个，入库“5G＋工业互联网”项目147个、5G全连接工厂种子项目77个，入选工业和信息化部“5G＋工业互联网”典型应用场景7个，入选工业和信息化部2022年移动物联网应用典型案例11个，物联网终端超过1.6亿个。

推动标识解析节点建设。组织召开标识解析二级节点培育推进会，发动企业累计建设运营二级节点38个、接入国家顶级节点21个，标识注册量352亿个，标识解析量超过360亿次，接入企业超过2万家。

推进确定性网络建设。推动完成5 600千米确定性骨干网络2.0建设升级，新建城域网超过2 400千米，时延抖动控制在0.02毫秒以内，性能指标达到国际领先水平，打造一批“确定性网络＋远程医疗”“确定性网络＋综合能源服务”等典型应用场景。

推动落实网络安全主体责任。开展工业互联网安全深度行活动，成立山东省工业互联网安全专业委员会，建立山东省网络安全重点企业（机构）库，完成 67 家企业分类分级管理试点，有效提升工业互联网安全保障能力。

【大数据】 2022 年，山东省围绕大数据全产业链发展，培育壮大新技术、新业态、新模式，多措并举推动大数据产业实现快速增长。全年大数据产业实现业务收入 1 672.2 亿元，同比增长 23.1%；实现营业收入 2 473.7 亿元，同比增长 25.3%。大数据技术与三次产业持续融合发展，大数据技术产品收入 804.3 亿元，同比增长 23.3%，占大数据业务收入的 48.1%。大数据服务产品收入 867.9 亿元，同比增长 22.8%，占大数据业务收入的 51.9%。8 个项目入选工业和信息化部 2022 年大数据产业发展试点示范项目。

【人工智能】 2022 年，山东省促进人工智能创新发展，发挥人工智能赋能作用。推动人工智能技术应用落地，对山东省人工智能平台及 2022—2025 年度重点项目进行摸底，结果显示山东省共有人工智能平台 80 个、重点项目 103 个，人工智能产业规模持续壮大，与行业融合应用不断深入。推动先导区建设成势见效，面向济南 – 青岛国家人工智能创新应用先导区征集 40 个人工智能典型应用场景，召开先导区建设工作座谈会、济青先导区“AI 融齐鲁行”系列活动及人工智能测试验证平台助力行业规范发展沙龙等，发挥先导区引领作用。举办相关赛事活动，推荐优秀人工智能企业参加“兴智杯”全国人工智能创新应用大赛，举办第二届山东省人工智能创新创业大赛、山东省“技能兴鲁”职业技能大赛—2022 年山东省人工智能融合创新职业技能竞赛，以人工智能高水平应用促进经济高质量发展。

【工业互联网】 2022 年，山东省紧抓国家级工业互联网示范区建设机遇，开展“工赋山东”专项行动，加速推动工业互联网建设应用“走深向实”。橙色云、蓝海工业互联网平台入选工业和信息化部 2022 年新增跨行业跨领域工业互联网平台，“双跨”工业互联网平台累计达到 4 个。云帆工业互联网平台等 11 个平台入选工业和信息化部 2022 年特色专业型工业互联网平台，特色专业型工业互联网平台累计达到 29 个。围绕标志性产业链，新培育面向跨行业跨领域、面向重点行业、面向重点区域、面向产业链供应链协同的省级工业互联网平台 95 个，优选出省级重点工业互联网平台 155 个。创新实施工业互联网平台评价，引导平台正向竞争发展，推动省级以上工业互联网平台深入企业现场，积累行业知识，累计打造工业 App 超过 4 万个、工业机理模型 8 万余个、系统解决方案 1 300 余个，服务全省 50 万余家中小企业。建设山东未来网络研究院，引进 13 支专业技术团队，开展多云互联等前瞻性课题研究，与省内龙头企业联合开展技术攻关，提交知识产权申请近百件。依托华为（山东）ICT 学院，累计培训专业人才超过 9 000 人次，举办部省合作工业互联网专题培训班。推动市场化成立工赋（山东）数字科技有限公司，建设运营省级综合服务平台、国家级平台应用推广中心、创新合作中心，累计举办峰会论坛、场景反向路演、供需牵手对接、网络安全深度行等系列活动 26 场，对接企业 3 000 余家，达成数字化转型合作项目 280 余个。

【信息产业基地和园区】 2022 年，山东省出台《山东省软件名园建设管理办法》，推进软件园区高端化、品牌化、特色化、专业化发展，首批认定 4 家综合型名园、7 家特色型名园，各级财政资金支持超过 3 亿元，算谷浪潮科技园、青岛“海之心”人工智能计算中心、海克斯康东营赋智中心等一批重大项目有序推进。11 家软件名园投用建筑面积 1 340 万余平方米，入园软件企业 1 516 家，从业人员超过 29 万人，省级以上研发平台 285 个；全年实现软件业务收入 4 118 亿元，占全省软件业务收入的 38.6%。

【两化融合】 2022 年，山东省推动工业互联网规模化应用，加速两化融合进程。打造示范标杆，累计培育省级试点示范项目 700 余个、典型应用场景 220 个、工业互联网园区 17 个，新打造 100 家“工赋山东”工业设备上云标杆企业、工业互联网标杆工厂、“5G + 工业互联网”应用标杆，累计入选工业和信息化部工业互联网平台创新领航应用案例 31 个、“数字领航”企业 4 个、国家新型工业化产业示范基地工业互联网平台赋能数字化转型提升试点项目 4 个。开展供需牵手，推进“万名数字专员”进企业行动，累计培育数字专员 3 600 余名，对接服务企业 16 万余家，推动落地实施一批数字化转型项目，形成一批新业态、新模式。推动融合应用，累计引导3万余家工业企业参与诊断评估，全年两化融合发展水平117.1，工业云平台应用率62.3%，生产设备数字化率57.5%，关键业务环节全面数字化的企业比例67.8%，产业数字化指数80.3。

【产业环境】 2022年，山东省出台《新一代信息技术产业2022年行动计划》《山东省制造业数字化转型行动方案（2022—2025年）》《山东省推动虚拟现实产业高质量发展三年行动计划（2022—2024年）》《推动虚拟现实产业高质量发展若干政策措施》《山东半岛工业互联网示范区建设规划（2022—2025年）》《山东省制造业数字化转型行动方案（2022—2025年）》《山东省软件工程技术中心培育认定办法》等文件，推动新一代信息技术产业高质量发展。

[供稿：山东省工业和信息化厅]

河 南 省

【概况】 2022年，河南省规模以上电子信息制造业企业实现营业收入7 935亿元，同比增长5.3%，增加值增速16.7%，高于全省工业增速9.1个百分点；河南森源集团有限公司入选2022年度电子信息竞争力百强企业。软件和信息技术服务业产业规模持续增长，企业发展不断加快，初步形成集聚态势，全年实现软件业务收入597.9亿元，同比增长32.1%。在重点监测的产品中，全年手机产量1.6亿部，其中，智能手机产量9 548万部。

【电子信息制造业】 2022年，河南省电子信息制造业产业集聚度不断提升。围绕新型显示和智能终端，全省形成5 000亿元级产业集群；郑州航空港经济综合实验区成为全球重要的智能终端生产基地，鸿富锦精密电子（郑州）有限公司全年生产苹果手机9 509万部；鹤壁市、焦作市、商丘市等协同发展智能终端整机制造基础配套产业，产品涵盖机构件、外壳、连接器、磁性材料等，总规模达千亿元级。计算产业基本形成以郑州市为核心，许昌市、鹤壁市、安阳市等多地发展格局，郑州市先进计算产业规模在全省的占比达90%，许昌市鲲鹏产业硬件生产基地形成规模产业化能力，鹤壁市龙芯中科产业基地集聚龙芯生态企业10余家，全省生产服务器49.4万台、PC机9.6万台，同比增长293.2%。智能传感器产业初步形成中国（郑州）智能传感谷，以及开封市、洛阳市、新乡市等各具特色的“一谷六园”发展格局，气体传感器、热释电传感器国内市场占有率位居第一。光电子产业龙头企业优势明显，集聚发展态势逐步凸显。洛阳市形成光电元器件产业集群，中高端连接器全国领先；鹤壁市打造高端光通信产业集群，光分路器芯片等产品打破国外垄断；南阳市打造国家级数字光电产业基地，在功能镀膜、光学零部件等领域优势突出；信阳市建设光学零部件加工基地，主要生产光学镜片等产品。

细分领域持续发力。在新型显示关键材料领域，丰联科光电（洛阳）股份有限公司的钼靶材、ITO靶材率先在国内实现高世代面板材料创新，稳定向龙头企业供货；郑州旭飞光电科技有限公司、河南旭阳光电科技有限公司的玻璃基板、玻璃盖板制造技术达到国际领先水平。在半导体和智能传感器领域，半导体硅片、靶材、湿化学品等材料优势突出，安全芯片、传感芯片、光通信芯片等专用芯片有一定基础，半导体封测、专用设备等加快布局；中国（郑州）智能传感谷入选2022年中国智能传感器十大园区。在先进计算领域，整机制造优势突出，超聚变数字技术有限公司全年实现产值约235亿元，牵引带动内存、硬盘、连接器、散热器等配套产业快速发展。在汽车电子领域，天海集团等企业生产的汽车线束、电子插接件、车载视听娱乐系统、配电盒等产品市场占有率居全国前列。

创新能力不断提升。培育建设电子信息重点细分领域创新平台，实现创新链、技术链和产业链深度融合。中国电子科技集团公司第二十七研究所牵头建设河南省先进光子技术产业研究院，研究开发系列化激光管制装置，突破高功率激光稳定输出、窄谱激光合束、高精度发射、高效能利用和处置效能评估等关键技术。中光学集团股份有限公司牵头建设河南省数字光电产业研究院，重点突破微纳光学与半导体光学核心器件的设计制造技术、新一代光学功能薄膜的设计与制造技术、数字化智能互联先进光学系统应用技术。翔宇医疗设备股份有限公司牵头建设河南省智慧康养设备产业研究院，围绕智能康复设备行业，从事行业共性关键技术研究、产品样机制造、模拟试验、测试检验等产品开发与优化设计等服务业务。

开放水平不断提高。举办 2022 世界传感器大会，展示全球传感科技、产业和应用最新成果，现场签约项目 40 余个，有效提升河南省智能传感器产业的影响力和凝聚力；组织召开智能传感器新品发布暨产销对接会，达成签约项目或合作协议，推动产业链供应链协同发展。举办 2022 豫粤电子信息产业对接活动，聚焦电子信息重点产业链集中开展宣传推介、项目签约、洽谈对接、参观考察等活动，全省 12 个省辖市的 27 家企业参展，展品涵盖新型显示、智能终端、集成电路、先进计算、光通信、电子材料等电子信息重点领域，超聚变服务器、黄河鲲鹏计算机、仕佳光子 PLC 光分路器芯片、信大捷安 5G 安全芯片等产品集中展示河南省电子信息产业创新成果。

【软件和信息技术服务业】 2022 年，河南省软件和信息技术服务业初步形成以郑州市为核心，以洛阳市、许昌市、新乡市等为支撑的产业布局，实现软件业务收入超过 1 亿元企业 66 家、超过 10 亿元企业 5 家，上市企业 46 家，三大交易所上市企业 13 家、新三板挂牌企业 33 家。河南中钢网科技集团股份有限公司入选 2022 年度软件和信息技术服务竞争力百强企业，河南中盾云安信息科技有限公司入选 2022 中国产业区块链百强企业。全省形成以郑州市为核心，洛阳市、许昌市、新乡市、鹤壁市等协同发展的“一核多点”软件产业布局。

部分细分领域优势突出。郑州金水科教园区集聚近百家骨干企业，郑州信大捷安信息技术股份有限公司自主研制出首款车规级高性能安全芯片，成为全国首家商业化推广的汽车安全解决方案提供商。列车运行控制、高速铁路运行监测、轨道交通测控、自动驾驶、智慧公交等软件产品全国领先，河南思维自动化设备股份有限公司的列控系列产品市场占有率 49%，郑州天迈科技股份有限公司的智慧公交产品及服务覆盖全国 76% 的省会和直辖市。智能仪表、煤矿安全监测等领域嵌入式系统 软件市场占有率全国领先，河南新天科技股份有限公司基于物联网的智能仪表打破国外技术壁垒。在税务、电力、教育等应用领域，百旺金穗云信息科技有限公司居税务信息化领域行业前 3 位，河南九域腾龙信息工程有限公司牵头制定国家电力能源行业大数据等系列标准，郑州新开普电子技术有限公司校园一卡通市场占有率 45%。

赋能效应日益凸显。新乡市入选工业和信息化部 2022 年信息消费示范城市。全省形成一批以软件为支撑的平台型企业，其中，致欧家居科技股份有限公司入选独角兽企业，UU 跑腿“跑”遍全国 200 余个城市、用户超过 5 500 万人。软件定义制造加速渗透，新增智能工厂 185 家，累计建设智能工厂、智能车间 919 家；建立“1+47”工业互联网平台体系，部署工业 App 2 600 余个，天瑞集团信息科技有限公司的天信工业互联网平台入选工业和信息化部 2022 年跨行业跨领域工业互联网平台。产业园区发展迅速，郑州金水科教园区等 9 个软件园区被认定为河南省首批软件产业园区，其中，位于郑州市的园区 6 个，位于洛阳市、新乡市、许昌市的园区各 1 个。

【信息基础设施】 2022 年，河南省电话用户新增 261.4 万户，总数 11 291.5 万户。其中，移动电话用户新增 290.5 万户，总数 10 643.1 万户；固定电话用户减少 29.1 万户，总数 648.4 万户。5G 移动电话用户 3 682.4 万户，4G 移动电话用户 6 012.1 万户。互联网用户新增 693.3 万户，总数 13 335.7 万户。其中，互联网宽带接入用户新增 429 万户，总数 3 934.8 万户；移动互联网用户新增 264.3 万户，总数 9 400.9 万户。1 000Mbps 以上宽带接入用户占比 21.2%，互联网专线用户占比 0.5%。

全年新开通 5G 基站 5.6 万个；移动电话基站 57.2 万个，较上年增长 8.7%；4G 基站 33.2 万个，较上年增长 2.5%；5G 基站 15.3 万个，较上年增长 54.8%。互联网宽带接入端口 6 228.6 万个，较上年增长 10.6%。互联网省际出口带宽 85 049Gbps。5G 网络建设和产业应用发展良好。全年累计投资 101.9 亿元，实现乡镇以上区域 5G 网络连续覆盖，基本满足应用场景需求，网络规模居全国第一方阵。印发《关于征集报送 2022 年度 5G

项目的通知》，面向全省征集2022年度5G项目484个，涵盖网络建设、产业发展、技术研发、场景应用，年度计划投资220.8亿元。

【大数据】 2022年，河南省大数据产业产值突破800亿元，培育大数据重点企业近500家，建成大数据园区37个，基本构建了以龙子湖“智慧岛1号”为核心区、以各地市大数据产业园区为节点的大数据产业发展格局。数据要素市场培育成效初显。郑州数据交易中心正式挂牌成立，首创全省共建统一数据交易平台新模式，吸纳联盟会员200余家，上架数据应用、数据API、数据报告等多类型数据产品超过300款，涵盖金融、交通、能源、水利等行业，数据交易额超过6 000万元。中原数据交易联盟成立，开展前瞻性研究，推进产学研用合作，探索数据基础制度，培育数据要素市场，吸引133家国内数据资源优质提供商和数据服务龙头企业加入。加强中原数据要素生态产业园招商，13家数据交易企业入驻，打造全链式产业生态布局取得初步成效。开展数据资产评估试点，在全省遴选18家试点企业，探索开展数据治理、数据确权、价值评估、资本服务等工作。开展数据管理能力成熟度评估模型贯标，首批遴选47家试点企业开展贯标工作。

加强宣传推广。举办2022数字河南云博会，打造云展览、云展厅和云园区，全方位展示河南省在数字化转型各方面的优秀技术产品、解决方案和应用场景，累计3 000余家企业参与，在线浏览突破2 022万人次。组织制造业与互联网融合发展深度行、“企业上云”深度行、“5G＋工业互联网”融合发展深度行等活动，召开水泥、钢铁和煤焦化等“两高”行业数字化转型推进工作会议，累计参与企业6 000余家。

【工业互联网】 2022年，河南省工业互联网平台应用全面开展，模式创新与跨界融合成为特色。大中小企业基于工业互联网平台并行推进创新应用逐渐普及。大型企业依托良好的信息化基础，围绕“强化数据、创新模式”，重点聚焦开发布局高价值应用，一方面对特定场景进行深度数据分析挖掘，优化设备或设计、生产、经营等具体环节，在现有基础上借助平台推广增强应用能力；另一方面对产业链条进行要素打通并叠加数据分析，提升上下游协同与资源整合能力，拓展创新型应用。中小型企业通过工业互联网平台获取企业经营与生产的信息化管理能力，低成本云化部署MES、ERP等系统。

【信息安全】 2022年，河南省推进网络和信息安全工作，提升工业和信息化领域安全保护水平。推进网络安全技术应用试点示范，遴选互联网医疗场景下数据安全及隐私保护实践等5个项目参评国家级试点示范项目。河南省推荐申报的数据安全及隐私保护实践、企业开办一网通政务服务平台、紫荆网络信息安全科技园3个项目，以及驻豫央企直接申报的5G智能安全风险监测平台、全栈安全根社区基础软件适配实践2个项目入选工业和信息化部2022年网络安全技术应用试点示范拟支持项目名单。

组织开展全省工业控制系统信息安全检查，组织全省714家重要工业控制系统运营单位完成1 529套重点工控设备的安全自查和线上数据填报工作。组织开展全省工业领域数据安全检查。建立工业领域数据安全风险防控重点企业名录，纳入企业189家，涵盖钢铁、石化、建材、汽车、食品、医药、电子制造、软件和信息技术等17个细分领域；指导各地市工业和信息化主管部门建立台账，督促所辖企业围绕云服务、数据共享、数据出境、技术服务外包等9个方面开展数据安全自查和整改；组织对郑州市、洛阳市、开封市等8个城市的15家重点企业进行数据安全现场检查。

【两化融合】 2022年，河南省规模以上工业企业数字化研发设计工具普及率、生产设备数字化率、关键工序数控化率分别达80.7%、50.9%、56.0%，智能制造就绪率14.8%；累计建设具有行业先进水平的智能车间773家、智能工厂332家、智能制造标杆企业44家，生产效率平均提升30%，运营成本平均降低20%，单位产值能耗平均降低10%，有效提升企业核心竞争力。

【信息消费】 2022年，河南省持续开展新型信息消费试点示范，组织遴选省级新型信息消费示范项目15个，推荐16个项目参评工业和信息化部新型信息消费示范项目，其中，11个项目获评工业和信息化部2022年新型信息消费示范项目，获评数量居全国前列。

【新技术新产业】 2022年，河南省量子信息产业加快建设“一网一中心一基地”（量子通信网络、量子信息技术创新中心、量子通信应用示范基地）。首届 CCF 量子计算大会在郑州市召开，近 300 名国内外计算机、物理和数学等领域从事量子计算软硬件和应用研究与技术开发的专家学者、研发人员、企业代表参加会议，从量子计算的基础理论、软硬件研究开发路线、应用、教育和产业发展等方面进行探讨，以期促进量子计算领域发展。

全省拥有区块链及相关企业近 700 家，区块链赋能企业超过 5 200 家，建成河南省首个区块链产业园区，认定的 9 个河南省软件产业园区均开展区块链技术研发和服务。郑州市获批创建国家区块链发展先导区，河南省区块链产业园区集聚近 40 家区块链知名企业，其中，独角兽企业 2 家，全国区块链百强企业 6 家。区块链公共服务平台“豫信链”已建成投入使用。

全省卫星产业规模超过 100 亿元，规划建设河南省地理信息产业园、郑州北斗云谷、郑州北斗产业园、人民星云 5G 空天地创新应用中心、鹤壁地理信息产业园、焦作地理信息产业园等重点园区，培育一批拥有卫星产业核心专利技术的骨干企业。

【主要问题】 2022 年，河南省电子信息制造业虽然整体规模较大，但层次不高，大部分是附加值较低的终端加工制造业，缺少集成电路、大尺寸显示面板等关键核心产业支撑；部分领域虽然实现突破，但发展后劲不足，创新人才和团队严重缺乏，企业利润较低，研发投入普遍不足；集聚效应虽逐步显现，但短板依然突出，平台支撑力度不够，缺少龙头项目，部分关键核心配套缺失。软件和信息技术服务业整体规模小、收入少，与发达省份相比差距较大，缺乏在国内具有突出影响力的大型龙头企业；软件园区普遍规模偏小，定位不清晰，特色不突出，没有形成在全国有影响力的园区和品牌；人才支撑弱、政策吸引力不足，高端人才引进难、留住难，技术创新、税收、金融服务等方面政策吸引力不强。

［撰稿：张黎明　李景峰　邓凯　张攀科　谢明远　审稿：耿萌］

湖　北　省

【概况】 2022 年，湖北省电子信息产业推进以光电子信息为特色的产业发展，不断提升产业基础高级化和产业链现代化水平，打造万亿元级“光芯屏端网”产业集群，加快推进电子信息产业高质量发展。全行业实现主营业务收入 7 655 亿元，同比增长 20.0%。其中，电子信息制造业主营业务收入 5 101 亿元，同比增长 12.9%；软件业务收入 2 554 亿元，同比增长 20.7%。全年主营业务收入超亿元企业 728 家，较上年增加 97 家；三资企业 80 家，较上年增加 1 家；从业人员年末人数 90.2 万人，同比增长 6.1%。

【电子信息制造业】 2022 年，湖北省规模以上电子信息制造业企业从上年的 786 家增加到 833 家，全年实现利润总额 299 亿元，同比增长 27.4%。全行业主营业务收入超过 100 亿元企业 12 家，超过 10 亿元企业 89 家，超过 1 亿元企业 408 家；从业人员年末人数 48.8 万人，同比增长 4.3%。在电子信息制造业主要产品中，显示面板产量同比增长 21.9%，销量同比下降 15.8%；锂离子电池材料产量同比增长 185.5%，销量同比增长 147.3%；彩色电视机产量同比增长 147.4%，销量同比增长 131.8%；手机产量同比增长 41.5%，销量同比增长 40.9%。

中国信息通信科技集团有限公司、闻泰科技股份有限公司、骆驼集团股份有限公司、华工科技产业股份有限公司、长飞光纤光缆股份有限公司 5 家企业入选 2022 年度电子信息竞争力百强企业；截至 2022 年年底，5 家企业实现主营业务收入分别为 520.6 亿元、579.8 亿元、133.6 亿元、117.7 亿元、136.8 亿元，分别同比增长 –5.5%、10.1%、8.4%、17.8%、45.3%。闻泰科技股份有限公司、长江存储科技有限责任公司 2 家企业入选

2022年中国半导体百强企业。中国信息通信科技集团有限公司、长飞光纤光缆股份有限公司、鸿富锦精密工业(武汉)有限公司、联想武汉基地、武汉宝龙达信息技术有限公司、康宁显示科技(武汉)有限公司等企业被纳入国家重点跟踪的供应链企业。湖北鼎龙控股股份有限公司被工业和信息化部评为第七批全国制造业单项冠军企业。

【软件和信息技术服务业】 2022年，湖北省拥有规模以上软件和信息技术服务业企业1 162家，较上年净增51家，全年实现利润总额247.9亿元，同比增长6.0%；实现软件业务出口额3.6亿美元，同比增长14.5%；从业人员年平均人数41.4万人，同比增长8.3%。全省累计通过信息技术服务标准符合性评估企业351家；软件业务收入10亿元以上企业30家，其中，湖北今日头条科技有限公司、武汉巨量星图科技有限公司、湖北巨量引擎科技有限公司3家企业的产业规模超过100亿元。

中国信息通信科技集团有限公司、武汉斗鱼鱼乐网络科技有限公司、武汉佰钧成技术有限责任公司、领航动力信息系统有限公司、武汉卓尔数字传媒科技有限公司5家企业入选2022年度软件和信息技术服务竞争力百强企业。武汉巨量星图科技有限公司实现软件业务收入215.9亿元，同比增长116.4%；湖北今日头条科技有限公司实现软件业务收入372.8亿元，同比增长13.1%。

【电子产品进出口贸易】 2022年，湖北省电子信息制造业进出口贸易在全省各行业中继续保持领先地位，11家电子信息制造业企业名列全省进口额前20名，15家电子信息制造业企业名列全省出口额前20名。全省各行业出口额超过1亿美元的企业15家，其中，电子信息制造业企业12家。湖北省出口电子产品主要包括集成电路、平板计算机、蓄电池、印制电路板等。

【科技进步与应用】 2022年，国家信息光电子创新中心研制出铌酸锂薄膜相干光调制器芯片等全球首款芯片，组织全国首次1.06Pbps超大容量光传输系统试验，自主研发出全球首款1.6Tbps硅光互连芯片；湖北省国家数字化设计与制造创新中心同广东省国家印刷及柔性显示创新中心联合攻关，研制出首台新型显示喷印装备，打破国外技术垄断，并通过成果转让、组建企业实施产业化，创造国家制造业创新中心之间的合作典范。

【信息基础设施】 2022年，湖北省“双千兆”网络协同发展，移动电话基站38.2万个，同比增长8.2%，其中，5G宏基站8.0万个；每万人拥有5G基站16.5个。5G网络实现城区深度覆盖、县域连续覆盖、乡镇全通达。宽带接入端口4 066.2万个，同比增长10.9%，具备千兆网络服务能力的10G PON端口69.6万个。移动电话用户和固定宽带用户加速向5G和千兆宽带迁移，物联网终端用户4 300.8万户，同比增长57.0%。公用通信网基础设施IPv6改造全面完成，移动网IPv6流量占比50.0%。全省开展“千兆城市”建设，武汉市、宜昌市、荆门市入选“千兆城市”。全省持续推动农村网络覆盖水平提升，实现所有县级行政区、乡镇级行政区5G网络全覆盖，行政村通光纤、4G网络全覆盖。

【云计算】 2022年，湖北省实施中小城市云网强基行动，促进全省所有县级城市云网融合加速演进，推动新一代信息技术保障能力下沉到县级城市，助力强县工程实施；开展“云行荆楚”行动，再培育50家省级上云标杆企业，截至2022年年底，全省上云标杆企业150家，累计上云工业企业4.6万家，覆盖率超过45%。企业关键工序数控化率58.1%，汽车、电子信息、钢铁等行业涌现一批典型应用案例。

【大数据】 2022年，湖北省出台数字经济强省支持政策，加强算力基础设施硬支撑、加快构建数据基础制度体系、强化数据安全保障，实施数字生态活力构筑行动；实施大数据产业链链长制，带动链主企业、骨干企业、单项冠军企业做大做强做优。全省大数据产业规模862亿元，同比增长24.0%。大数据相关企业超过480家，在数据采集、传输、处理和应用等环节集聚一批优质企业和平台，形成从硬件到软件、从产品到服务的全产业链覆盖。

不断深化数据行业应用，13家企业的项目入选工业和信息化部2022年大数据产业发展试点示范项目；推进数字惠企纾困，开辟优化营商环境专区，汇聚惠企政策2 071条，让“数据多跑路、企业少跑腿”；深化数据赋能，扩大“免证明”应用领域，调用100项高频证照证明 2 080 万次，提供“免证明”服务 5.1 万次，涉及 1 881 个政务服务事项，办件量 1 263.1 万笔；助力城市治理，推动武汉市、荆州市、孝感市等城市实现视频智能分析，十堰市利用车载视频自动采集城市管理突出问题，并上传数字城管系统进行派单处置。

围绕融入国家“东数西算”重大工程战略，编制报送《全国一体化算力网络国家枢纽节点（湖北）建设方案》。全省在用数据中心 144 个、在建数据中心 23 个，拥有边缘数据中心 19 个，在用标准机架 14.7 万架。武汉人工智能计算中心完成二期扩容，算力达 200PFLOPS；武汉超算中心首期算力规模 50PFLOPS，正式投入运营；“双中心”已接入“中国算力网”，并依托“双中心”布局全省超算产业链。

湖北省获评全国工业领域数据安全管理试点成效突出地区，7 个案例入选工业和信息化部工业领域数据安全管理试点典型案例；湖北省入选全国数据管理能力成熟度评估模型贯标试点地区，全省遴选 122 家贯标试点企业，引导企业进一步提升数据管理能力。

【人工智能】 2022 年，湖北省人工智能产业规模 516 亿元，同比增长 32.6%。全省人工智能相关企业 520 余家，形成涵盖基础层、技术层和应用层的完整产业链，在智能制造、建筑、交通、教育、金融、医疗等领域，涌现出一批优秀应用场景。在 AI 芯片领域，涌现出武汉云岭光电股份有限公司、武汉市聚芯微电子有限责任公司、武汉芯动科技有限公司等一批优秀企业。在技术层领域，汇集武汉微创光电股份有限公司、科大讯飞股份有限公司等一批重点企业。

出台促进人工智能与实体经济融合的相关意见，开展应用场景“揭榜挂帅”行动，推动人工智能技术与经济社会深度融合，开展人工智能十大优秀应用案例的遴选工作，并在 2022 中国 5G + 工业互联网大会上发布推介，形成品牌效应。4 家企业入选工业和信息化部 2022 年人工智能创新任务揭榜单位，11 家企业入选工业和信息化部人工智能医疗器械创新任务揭榜入围单位。武汉人工智能研究院与武汉长江计算科技有限公司签署共建创新技术中心战略合作协议，开展技术创新与推广，助推人工智能应用场景的创新落地。

武汉市获批国家人工智能创新应用先导区。武汉人工智能研究院正式投入运营，北京大学武汉人工智能研究院落户光谷。湖北江城实验室的集成电路科技成果转化中心正式获批，成为武汉市首批 5 家科技成果转化中心之一。国家智能设计与数控技术创新中心揭牌，打造制造业强“芯”铸“魂”的突击队。全省首个数字经济（人工智能）知识产权运营中心揭牌，打通从科技研发到成果转化的“最后一公里”。全省加快实施“双区”引领战略，加速构建以武汉市为中心的人工智能产业发展辐射圈。

【工业互联网】 2022 年，湖北省加快推进工业互联网平台建设，培育国家级工业互联网试点示范项目 7 个，建成 37 个企业级、行业级工业互联网平台，湖北格创东智科技有限公司的东智工业应用智能平台入选工业和信息化部 2022 年跨行业跨领域工业互联网平台，实现湖北省“零”的突破。截至 2022 年年底，中部地区唯一的工业互联网标识解析国家顶级节点（武汉）标识注册量 91.7 亿个，日均标识解析量 1 157 万次。接入该顶级节点的二级节点有 31 个，其中，湖北省有 13 个。

【信息安全】 2022 年，湖北省重点推进信创“两基地一园一中心”（国家级信创产品适配基地、信创人才培养基地、信创产业园、基础软件适配优化和联合攻关体验中心）建设。其中，国家级信创产品适配基地即将落成，信创人才培养基地、基础软件适配优化和联合攻关体验中心已投入使用。信创人才培养基地被工业和信息化部认定为信创人才标准应用试点单位，开展多期数据库人才培训班相关实训活动，举办全国大学生信创大赛。武汉市黄陂区在木兰畅谷园区建设信创产业园，出台专项扶持政策“信创八条”，信创全产业链高密度集聚。

【两化融合】 2022 年，湖北省加快推进数字技术融合应用，举办全省 5G 全连接工厂应用场景建设推进会，通报全省 5G 全连接工厂应用场景建设情况，认定 30 家省级 5G 全连接工厂，发布《湖北省家电行业 5G 网络建设与应用指引》，结合 5G 技术解决方案商用能力，提出家电行业 5G 全连接工厂的网络部署方案、成功实践及应用建议，助推 5G 全连接工厂规模化推广。

组织第五届“绽放杯”5G 应用征集大赛湖北区域赛，发布全省 5G 应用优秀案例集，首次在襄阳市、宜昌市设立复赛。本届大赛全省共有 829 个项目参赛，是上年的4倍，评选出一等奖6项、二等奖11项、三等奖14项。

截至2022年年底，全省在建5G全连接工厂108家，建成全球“灯塔工厂”2家，培育工业和信息化部新一代信息技术与制造业融合发展试点示范项目32个、工业和信息化部大数据产业发展试点示范项目30个、工业和信息化部两化融合管理体系贯标企业1 434家。

【信息消费】 2022年，湖北省推进信息消费扩大升级，开展省级新型信息消费示范项目评选工作，并推荐优胜项目申报工业和信息化部新型信息消费示范项目，对入选工业和信息化部新型信息消费示范项目的企业按有关政策给予适当奖励。全省12个项目入选工业和信息化部2022年新型信息消费示范项目。在2022年全国工业App和信息消费大赛晋级总决赛的6个赛项240个决赛项目中，湖北省有26个；在全国获奖的60个项目中，湖北省有3个。宜昌市入选工业和信息化部2022年特色型信息消费示范城市。

【新技术新产业】 2022年，湖北省推动量子科技发展，将量子信息纳入全省重点谋划的九大新兴特色产业链统筹推进，并建立产业链推进机制。在量子科技研究和产业化领域，集聚长江量子（武汉）科技有限公司、武汉光谷量子技术有限公司、湖北国科量子通信网络有限公司等产业龙头企业，逐步形成量子科研和产业化集群。以华中科技大学为项目法人单位，以中国科学院精密测量科学与技术创新研究院、中国地质大学（武汉）和中山大学为项目共建单位建设精密重力测量研究设施。全省形成以中国科学院精密测量科学与技术创新研究院、武汉大学、华中科技大学、武汉量子技术研究院为主导的“3+1”科研领军方阵，并以武汉量子技术研究院为主体筹建合肥国家实验室武汉研究基地。量子芯片和元器件、中性原子量子计算机、量子精密测量装备等在全国具备领先优势。

启动建设区块链服务网络主干网和政务专网，华中地区首个“星火·链网”骨干节点在武汉市汉阳区率先上线，武汉星火数字产业大楼正式揭牌，武汉市江汉区创建国家区块链发展先行示范区，十堰市、中国长江三峡集团有限公司等骨干节点加快布局建设。全省4个案例入选工业和信息化部2022年区块链典型应用案例。武汉市获批创建国家区块链发展先导区。

【产业环境】 2022年，湖北省出台《持续深化一流营商环境建设若干措施》《推进全省规上工业企业研发机构建设的若干措施》《关于促进湖北省人工智能与实体经济融合的意见》《振作工业经济运行 推动工业高质量发展行动方案》《湖北省推进北斗产业高质量发展若干措施》《湖北省突破性发展光电子信息产业三年行动方案（2022—2024年）》《湖北省集成电路产业发展中长期规划（2022—2035年）》《湖北数字经济强省三年行动计划（2022—2024年）》《以控制成本为核心优化营商环境的若干措施》等一系列推动电子信息产业发展的政策和措施。

提升数字经济促进电子信息产业发展的地位和作用，不断优化产业结构，实现政策机制从“夯基垒台”到“立柱架梁”的阶段性跃升，明确“一年提升、两年突破、三年倍增、四年跨越”的发展目标，实施“核心产业倍增、融合应用加速、数据价值化、数据治理能力提升、网络强基、数字生态活力构筑”六大行动，持续推动产业发展良性循环。截至2022年年底，全省数字经济增加值同比增长14.3%。

【主要问题】 2022年，湖北省电子信息产业区域间发展不平衡，尚未形成区域协同发展的局面；尚无规模超过千亿元的电子信息企业，缺乏带动区域发展、体量巨大的头部企业；产业规模较小，与全省工业经济在全国的地位不符；产业基础能力和产业链水平有待进一步提升，产业链上游基础材料、关键元器件、基础软件及核心设备仍然依赖进口，在前沿技术、高端产品等方面创新能力不足。

[供稿：湖北省经济和信息化厅]

湖 南 省

【概况】 2022 年，湖南省电子信息产业实现营业收入 6 330 亿元。其中，电子信息制造业实现营业收入 4 314 亿元，同比增长 20.2%，高于全省规模工业增速 10.1 个百分点；软件和信息技术服务业实现营业收入 2 016 亿元，同比增长 13.9%。

【电子信息制造业】 2022 年，湖南省规模以上电子信息制造业企业增加值同比增长 13.4%，高于全省规模工业增速 6.2 个百分点；实现利润 207.9 亿元，同比增长 28.7%，高于全省规模工业增速 17.2 个百分点。全省电子信息制造业入选 1 个国家先进制造业集群、2 个全国中小企业特色产业集群。推动重点产品迭代升级和自主创新，中车时代半导体大功率晶闸管器件市场占有率位居全球第一，中国电子科技集团公司第四十八研究所碳化硅离子注入机市场占有率位居全国第一；中小尺寸显示屏、超大尺寸液晶面板产品产量全国领先，蓝思科技手机玻璃盖板市场占有率位居全球第一；5 件专利获得第二十三届中国专利奖，35 个项目获得 2022 年湖南省科学技术奖。

规模以上电子信息制造业企业 1 320 家，净增 131 家；新增 4 家营业收入超过百亿元企业，累计营业收入超过百亿元企业 10 家；新增国家制造业单项冠军企业 5 家、专精特新“小巨人”企业 69 家。重点推进的 40 个项目完成投资 215.9 亿元，完成年计划投资额的 118.0%，其中，21 个项目建成投产，占项目总数的 52.5%。以全省“十大产业项目”为标志的一批重大项目加快建设、投产增效。

打造先进计算产业品牌。编发先进计算产业首个省级专项规划；巩固拓展“两芯一生态”优势，长沙市新一代自主安全计算系统集群入选国家先进制造集群名单；湖南麒麟信安科技股份有限公司在科创板上市交易；建设世界计算 · 长沙智谷，长沙人工智能创新中心启动运营，75 家企业签约或意向入驻；依托国家网络安全产业园区，创建首批国家网络安全教育技术产业融合发展试验区。

新型显示产业积极突破。实施“强玻引屏补端”工程，新型显示“玻 - 屏 - 端”全产业链布局基本形成；湖南邵虹特种玻璃项目通过国家“窗口指导”并点火生产，长沙惠科光电有限公司 12 条生产线全面投产，长沙市望城区、湘潭市等智能终端基地产能逐步释放；推进超高清视频产业发展，批复设立湖南省马栏云想视频技术研究院，打造元宇宙产业“算力 + 视频”基石。

半导体及集成电路产业加速发展。湖南三安半导体基地一期项目、中车时代功率半导体核心元器件二期项目等重点项目实现投产达产，启动湖南三安半导体基地二期项目、中车时代功率半导体核心元器件三期项目，引入扬州扬杰电子科技股份有限公司投资控股湖南楚微半导体科技有限公司，支持中国电子科技集团公司第四十八研究所提升半导体装备研发能力、开展“三束”（离子束、分子束、电子束）研发，推动国家第三代半导体技术创新中心（湖南）等平台建设。

【软件和信息技术服务业】 2022 年，湖南省软件和信息技术服务业实现软件业务收入 1 272 亿元，同比增长 13.5%。其中，软件产品收入 329 亿元，信息技术服务收入 760 亿元，信息安全收入 14 亿元，嵌入式系统软件收入 169 亿元，分别占软件业务收入的 25.9%、59.7%、1.1%、13.3%，软件产业向服务化延伸趋势加速。

产业创新发展动能强劲。关键核心技术能力提升，湖南麒麟信安科技股份有限公司推出金融信创云解决方案，湖南亚信安慧科技有限公司研发的 AntDB 数据库获得 2022 年最佳数据库品牌大奖，湖南云畅网络科技有限公司的万应工场低代码平台获得 2022 中国低代码平台行业应用卓越奖。创新平台承载力增强，湖南欧拉生态创新中心成立，16 家企业和高校共同发起成立湖南欧拉技术创新与产业发展联盟，中电工业互联网有限公司承建的湖南省制造业创新中心（工业技术软件化）通过验收。行业标准体系建设持续强化。新增信息技术服务标准（ITSS）认证企业60家，累计拥有有效期内ITSS认证企业171家；新增软件能力成熟度模型（CMMI）认证企业69家，其中，通过CMMI 5认证企业11家，累计拥有有效期内CMMI认证企业196家。工业软件基础能力不断提升，全年工业App数量超过2.5万个，13个项目入选省级工业互联网App典型应用案例，3款产品获评工业和信息化部2022年工业软件优秀产品。

市场主体培育成效显著。龙头企业做大做强，湖南天河国云科技有限公司等3家企业入选2022中国产业区块链企业百强榜单，湖南快乐阳光互动娱乐传媒有限公司、湖南兴盛优选电子商务有限公司2家企业入选2022年中国互联网综合实力百强企业，湖南微算互联信息技术有限公司入选2022年中国互联网成长型企业。重点企业快速成长。全省软件50强企业实现营业收入590亿元，实现软件业务收入330亿元；新增软件和移动互联网领域专精特新"小巨人"企业34家，累计68家；3家企业入选2022中国独角兽企业，2家企业入选2022年中国潜在独角兽企业。

产业发展生态持续优化。出台关键软件能力提升实施方案，认定20款湖南省首版次软件产品，组织实施35个关键技术产品攻关项目。举办首个面向区域和行业的欧拉操作系统生态大会，发布《湖南欧拉生态发展白皮书（2022）》；成立中国首个桌面操作系统根社区openKylin，13家企业成为openKylin社区首批理事会成员单位。举办2022互联网岳麓峰会、2022年全国工业App和信息消费大赛、2022年湖南省软件产业发展高峰论坛等活动。

【信息基础设施】 2022年，湖南省长沙国家级互联网骨干直联点开通运行，网间访问性能居全国前列。长沙市建成"千兆城市"，全省87个中小城市实施云网融合强基赋能工程，千兆宽带用户178万户，移动网络IPv6流量占比超过40%。全年累计建设5G基站8.9万个，每万人拥有5G基站超过13个；5G物联网终端用户超过4 100万户，年均增长率141.0%。

实施湖南省"数字新基建"100个标志性项目，共投资207亿元。长沙市获批创建国家人工智能创新应用先导区，加速抢占智能网联汽车新赛道，建成国家智能网联汽车（长沙）测试区、湖南（长沙）国家级车联网先导区，成为全国唯一一个获得4块智能网联汽车领域国家级牌照的城市，建设全国一流的智能网联基础设施。5G高新视频多场景应用国家广播电视总局重点实验室启动运营。全省农业农村大数据中心和生物种业智能大数据平台已建成。

【大数据】 2022年，湖南省聚焦"四算一体"，强化算力支撑，激活数据潜能，建成、在建规模以上（100架标准机架）数据中心共48个，机架总规模16.3万架标准机架。大数据特性优势逐渐在多样化、绿色化、标准化方面崭露头角。多样化应用方面，建立和使用工业数据云、煤炭大数据中心、乡情人才数据库、数据中台等数据资源池；绿色化转型方面，湖南磐云数据中心获得国家绿色数据中心称号；标准化管理方面，引导企业开展数据管理能力成熟度评估模型（DCMM）贯标认证，5家企业启动DCMM贯标工作。应用场景深度拓展。农业大数据方面，岳麓山种业创新中心汇集生物育种大数据，仅一个基因测序平台每2～3天产生的数据量就可达6TB；工业大数据方面，中联重科股份有限公司积累超过100亿小时的工业大数据，为400余个业务场景的分析应用提供支撑；服务业大数据方面，张家界市武陵源区打造的大数据景区数据管控系统助力湖南省首届旅游发展大会召开。

重点建设项目稳步推进。6个项目入选工业和信息化部2022年大数据产业发展试点示范项目。在全省2022年"数字新基建"100个标志性项目名单中，大数据领域项目有22个，总投资额超过33亿元。国家超级计算长沙中心"天河"新一代超级计算机启动运行。12个省级大数据产业园经营势头良好，产业集聚效应明显。长沙天心经济开发区大数据产业园实现数字经济营业收入超过200亿元；中国电信天翼云中南数字产业园完成投资约12亿元；郴州市东江湖大数据产业园签约落户3个数据中心，共2.5万架标准机架。

【人工智能】 2022年，湖南省人工智能技术创新能力持续增强。主攻人工智能技术创新的湘江实验室揭牌成立，首批19个院士专家团队入驻并开展科技创新工作。北京大学计算与数字经济研究院在长沙市注册成立，开展先进计算、大数据等领域基础研究和应用研究。湖南自兴人工智能科技集团有限公司的人类染色体智能辅助诊断项目获得首届"兴智杯"全国人工智能创新应用大赛行业赋能专题赛AI+医药医疗创新方案赛一等奖。8家企业入选工业和信息化部人工智能医疗器械创新任务揭榜单位，5家企业入选工业和信息化部人工智能产业创新任务揭榜单位。湖南国天电子科技有限公司的深海智能复合无人探测平台等8个项目获评湖南省人工智能标志性创新产品。

重点项目建设稳步推进。组织实施制造业领域146个智能化升级重点项目，完成总投资超过72亿元，打造一批制造业领域智能化升级标杆。世界计算·长沙智谷项目超额完成年度投资，重点布局人工智能、大数据、基础软件、应用软件及集成运营服务企业，一批人工智能相关领域企业意向入驻。可孚医疗科技股份有限公司投资20亿元打造健康监测、助听康复等智能医疗科技产业园，完成一期建设并试用，二期全球研发中心已建成。

行业融合应用不断深化。农业方面，袁隆平农业高科技股份有限公司通过种业全产业链数字化转型升级，提升育种效率10%以上，提升制种产量5%以上。工业方面，长沙宏达威爱信息科技有限公司等3家企业的项目入选工业和信息化部工业制造领域超高清视频典型应用案例；湖南煤业股份有限公司周源山矿业分公司打造省内煤矿行业首个在线运行的5G智慧矿山，实现值守人员减少70%、采煤工效提高20%，防御灾害能力有效提升。交通方面，中车株洲电力机车有限公司研发GOA4等级的自动驾驶地铁车辆，实现在不需要司机和乘务员参与下车辆所有运营场景和紧急处理场景的自动化；湖南湘江智能科技创新中心有限公司等企业打造全球首个5G智慧物流示范项目应用场景。

【工业互联网】 2022年，湖南省电子行业工业互联网标识解析二级节点覆盖面不断扩大，已接入32家企业，实现标识注册量2.8亿个，日均标识解析量150万次。培育各类型主要工业互联网平台超过150个，同比增长15.4%。主要工业互联网平台连接工业设备超过480万台（套），同比增长26.3%。累计开发工业App超过2.2万个，采集数据参数种类超过3.5万种。培育形成以1个国家级“双跨”平台为龙头、64个省级工业互联网平台为骨干的“1+64”工业互联网平台体系，推动工业互联网平台的高质量建设和产业化应用。工业互联网平台加速向工程机械、轨道交通装备、中小航空发动机、电子信息、新能源汽车、现代石化等重点产业集群规模化应用。3个应用案例入选工业和信息化部2022年工业互联网平台创新领航应用案例。

推进工业互联网平台在工程机械、轨道交通、电子信息、汽车、钢铁等制造业重点行业领域融合应用，加快工业设备和业务系统“上云上平台”，实现行业资源高效汇聚和优化配置。截至2022年年底，全省累计推动中小企业“上云”48.8万家、“上平台”2.4万家。

组织企业申报国家有关试点示范，17个项目入选工业和信息化部工业互联网试点示范项目。2家企业入选工业和信息化部2022年新一代信息技术与制造业融合发展试点示范数字领航企业，设备联网率超过90%，关键工序数控化率超过95%，实现产品全生命周期的数字化管理。组织实施一批制造业数字化转型“三化”重点项目，新认定10家省级“5G+工业互联网”示范工厂、40家“上云上平台”标杆企业。

推进制造业数字化转型供给资源池建设，首次发布15家省级制造业数字化转型服务商名单。推动组建工业互联网产业联盟湖南分联盟，为促进产业资源导入、企业合作交流搭建优质平台。长沙经济技术开发区建设湖南省首个省级“5G+工业互联网”先导区取得进展，“平台+园区”优秀解决方案和先进经验模式加速推广。中国工业互联网研究院湖南分院正式注册落地湘江新区。举办湖南省专精特新企业数字化转型现场观摩会和中小企业数字化转型主题培训班，为加快推动专精特新企业数字化转型创造条件。

【两化融合】 2022年，湖南省持续推进两化融合管理体系贯标，新增两化融合管理体系贯标认证企业161家。全省累计颁布两化融合管理体系贯标证书790张，其中，基础版贯标证书592张；累计颁布升级版贯标证书466张（其中，AAA级证书10张，AA级证书25张，A级证书163张，换发A级证书268张）；两化融合管理体系贯标认证企业累计777家，其中，基础版贯标认证企业585家，升级版贯标认证企业192家。

工业信息安全保障能力持续增强。建立湖南省工业和信息化领域数据安全工作机制和数据安全产业发展协同机制，全面推进数据安全建设管理，举办2022年湖南省工业互联网网络安全应急演练。组织召开湖南省工业互联网企业网络安全分类分级管理和数据安全试点工作推进会，推动123家工业互联网企业参与网络安全分类分级管理，完成注册备案企业120家，完成自主定级企业118家，通过定级审核企业110家，遴选工业领域网络安全服务机构20家、技术专家24名。

【主要问题】 2022年，湖南省下游消费性电子终端需求持续疲软，影响手机、计算机整机、新型显示等重点产业发展；量大面广的终端产品对产业支撑还不够有力，关键核心设备、核心技术、核心元器件受制于人，高品质产品生产所需的工艺、装备和控制系统配套支撑能力不足；软件产业规模偏小，产品大多集中在价值链中低端，具备自主知识产权的关键软件核心技术与产品较少。

[供稿：湖南省工业和信息化厅]

广 东 省

【概况】 2022年，广东省推动电子信息制造业、软件和信息技术服务业、信息基础设施、工业互联网、大数据、人工智能等产业发展，加快建设制造强省、网络强省、数字经济强省，为工业经济高质量发展奠定基础，加快实现由制造大省向制造强省跨越。

【电子信息制造业】 2022年，广东省电子信息制造业行业生产缓中趋稳，保持平稳增长态势。全年电子信息制造业实现销售产值44 371.7亿元，同比增长0.7%，占全省规模以上工业企业销售产值的25.2%；实现工业增加值同比增长1.1%，占全省规模以上工业企业工业增加值的23.6%。

受能源及部分原材料价格上涨影响，企业经营成本增加，行业利润总额大幅下滑。全省规模以上电子信息制造业企业实现营业收入46 682.8亿元，同比增长0.9%，占全省规模以上工业企业营业收入的26.0%；营业成本38 633.0亿元，同比增长2.2%；利润总额2 009.0亿元，同比下降36.3%，占全省规模以上工业企业利润总额的21.2%。全省电子信息制造业实现营业利润率4.3%，较上年下降2.5个百分点；实现出口交货值19 810.0亿元，同比增长1.8%，占全省规模以上工业企业出口交货值的51.3%。

在电子信息制造业主要优势领域，通信设备、电子元器件、计算机整机、非专业视听设备等产品产量均居全国首位，形成一批世界级“拳头”产品，手机、彩色电视机等产品产量居全球首位。全年程控交换机产量829.7万线，同比增长48.7%；移动通信基站产量453.5万射频模块；彩色电视机产量1.1亿台，同比增长11.5%；手机产量6.3亿部，同比下降6.4%。受全球消费终端需求疲软的影响，上游电子元器件产量下滑。全年集成电路产量516.9亿块，同比下降11.7%；光电子器件产量5 468.5亿只，同比下降16.3%；电子元件产量28 035.4亿只，同比下降25.4%。TCL集团等广东省五大彩色电视机企业的4K电视产量3 642.9万台，同比增长19.5%，占其电视机总产量的54.4%。全省4K机顶盒用户2 596万户，同比增长2.7%，较上年增加69万户。

一批龙头骨干企业综合竞争能力明显增强，成为支撑新一代电子信息产业集群平稳发展的主导力量。全省11家企业营业收入超过1 000亿元。华为投资控股有限公司入选2022年《财富》世界500强企业；46家企业入选2022中国制造业500强企业，其中，电子信息制造业领域企业有20家；22家企业入选2022年度电子信息竞争力百强企业；45家企业入选2022年度中国综合PCB百强企业。截至2022年年底，全省累计67家电子信息制造业企业入选工业和信息化部制造业单项冠军企业，累计324家企业入选工业和信息化部专精特新“小巨人”企业。

【软件和信息技术服务业】 2022年，广东省软件和信息技术服务业形成广州市、深圳市中国软件名城“双核引领”，珠海市、东莞市、惠州市等重点地市“梯队协同”，粤东粤西粤北地区“竞相发展”的产业格局。根据快报数据，全省实现软件业务收入17 413亿元，同比增长 11.1%；实现利润总额 2 652 亿元，同比增长 0.4%；实现软件业务出口额 246.4 亿美元，同比下降 2.2%。从细分领域看，软件产品收入 3 451 亿元，同比增长 10.3%；信息技术服务收入 11 545.7 亿元，同比增长 13.5%；信息安全收入 197.8 亿元，同比增长 7.5%；嵌入式系统软件收入 2 218.2 亿元，同比增长 1.6%。19 家企业入选 2022 年度软件和信息技术服务竞争力百强企业，18 家企业入选 2022 年中国互联网综合实力百强企业。

【信息基础设施】 2022 年，广东省加快推进 5G、4G、光纤网络、乡村信息基础设施建设，信息基础设施发展水平居全国前列。全年新建 5G 基站 6.1 万个，累计建设 5G 基站 23.2 万个，5G 网络已实现全省所有县区主城区室外连续覆盖、所有乡镇主要区域基本覆盖。截至 2022 年年底，全省光纤接入用户累计 4 385.7 万户，占宽带接入用户总数的 94.8%。500Mbps、1 000Mbps 以上宽带接入用户分别为 1 330.8 万户、845.7 万户，分别占宽带接入用户总数的 28.8%、18.3%。

【人工智能和大数据】 2022 年，广东省人工智能企业数量、质量双提升。人工智能产业在产业规模、区域发展、技术创新、生态构建等方面发展迅猛，逐渐形成以广州市、深圳市为“主引擎”，以珠三角为核心，粤东粤西粤北各地市协同联动、区域定位互补的发展格局。截至 2022 年年底，人工智能相关注册企业约 17 万家，拥有人工智能核心企业超过 900 家，位列全国第一梯队；拥有人工智能上市企业 85 家，形成以大型企业为引领、以骨干企业为支撑、众多中小型企业蓬勃发展的良好态势。

形成人工智能多元平台发展格局。围绕算力、算法、数据等人工智能新基建要素，部署一批科技创新平台。拥有中山大学、华南理工大学、鹏城实验室、琶洲实验室等一批高水平的 AI 研发机构和团队，拥有广州人工智能公共算力中心、鹏城云脑Ⅱ、横琴人工智能超算中心等一流的云计算支撑平台和规模较大的集成电路产业集群，琶洲人工智能与数字经济试验区建设“琶洲算谷”，机器学习、语音识别、生物特征识别、计算机视觉、虚拟现实等人工智能技术处于全国领先水平。

大数据与人工智能融合应用趋势加强。依托强大的制造业产业群，人工智能技术与第一、二、三产业融合成效初显，由部分先导领域（如医疗、交通、教育等服务领域）向制造业、农业等领域拓展；在智能制造、智能机器人、智能运载工具、智慧城市、智慧金融、智能家居等垂直产业领域形成“百花齐放”格局。举办首届广州 · 琶洲算法应用国际大赛。支持阿里巴巴集团在广州市举办“云上创新 智在广东”2022 阿里云广东峰会。10 个项目入选工业和信息化部 2022 年大数据产业发展试点示范项目，28 家企业获得数据管理能力成熟度等级证书。

产业发展环境不断提升。发布《广东省新一代人工智能创新发展行动计划（2022—2025 年）》等人工智能领域相关产业政策，建设 11 个省级人工智能产业园，拥有广州市、深圳市 2 个国家级人工智能创新应用先导区。印发《广东省企业首席数据官建设指南》《广东省企业数据管理国家标准贯标试点工作方案（2022—2025 年）》，推动开展企业首席数据官建设，开展《数据管理能力成熟度评估模型》国家标准宣贯。依托专业服务机构、行业协会和联盟组织等，采用线上与线下相结合的方式，加强人工智能和大数据政策宣贯。

【工业互联网】 2022 年，广东省建设国家工业互联网示范区，以工业互联网创新应用为着力点，从供给侧、需求侧、环境侧齐发力，推进制造业数字化转型和高质量发展。优化广东省制造业数字化转型产业生态供给资源池，引进 500 余家优秀数字化转型服务商，重点培育 6 个工业和信息化部跨行业跨领域工业互联网平台。累计推动 2.5 万家规模以上工业企业数字化转型，带动超过 70 万家企业“上云用云”。实施产业集群数字化转型工程，聚焦智能终端、印制电路板、纺织服装等细分行业，探索产业链供应链“集群式”数字化转型的新路径。高规格召开广东省制造业数字化转型现场会，凝聚数字化转型共识。

【信息消费】 2022 年，广东省加快发展信息消费，进一步推动广州市、佛山市、深圳市等国家信息消费示范城市建设。广州市在谋划建设国际数字信息枢纽，推动汽车、软件和信息技术服务、个性定制等领域持续发力。深圳市在信息消费需求供给、生态环境、政策覆盖等方面综合实力强劲。佛山市推动产业数字化转型，打造数字化智能化示范工厂和工业互联网应用示范。广东省 5 个项目入选工业和信息化部 2022 年新型信息消费示范项目；同时，推进“信息消费 + 乡村振兴”工作，支持举办“信息消费助力乡村振兴”区县行（南雄站）活动，促进农村电商消费。

【新技术新产业】 2022年，广东省区块链产业主要分布在广州市、深圳市，区块链主要应用于金融、电子发票、数据存证、数字版权、物流、产品溯源等领域。指导企业制定试点实施方案，开展试点中期评估工作。组织重点地市征集区块链应用案例，推荐专利商标确权交易、供应链金融等一批实体经济和公共服务领域优秀案例。支持广州市创建国家级区块链发展先行示范区，广州市印发《广州市促进创新链产业链融合发展行动计划（2022—2025年）》，加大区块链企业和信息服务培育力度。欣旺达电子股份有限公司入选国家区块链创新应用特色领域试点（“区块链＋制造”方向）；深圳市印发《深圳市人民政府关于发展壮大战略性新兴产业集群和培育发展未来产业的意见》，区块链被列入八大未来产业重点发展方向之一。全省注册区块链企业上万家，拥有多家上市公司和单项冠军企业。

【主要问题】 2022年，广东省消费电子终端市场呈现“旺季不旺”状态，产销两端表现疲软，上游显示面板、印制电路板等关键零部件生产订单需求减少，企业产能利用率明显下滑；出口持续低迷制约产值平稳增长，跨境物流运输等成本不同程度地上涨，企业运营成本压力不断增加，利润空间的压缩导致订单竞争力下滑，出口贸易增速持续放缓；区域发展不平衡现象突出，珠三角地区9个城市的电子信息产业营业收入占全省电子信息产业营业收入的95%以上，粤东、粤西、粤北地区新一代电子信息产业相对薄弱，且受土地空间、环境容量等因素制约，无法很好地承接珠三角产业梯度转移。

[供稿：广东省工业和信息化厅]

广西壮族自治区

【电子信息制造业】 2022年，广西壮族自治区电子信息制造业完成产值1 540.0亿元，同比增长11.8%；完成工业销售产值1 444.6亿元，同比增长10.1%；完成出口交货值702.4亿元，同比增长6.9%；产销率93.8%；累计完成投资289亿元，同比增长29.0%，占全自治区工业投资额的7.1%。

在广西壮族自治区14个地市中，10个地市电子信息制造业规模以上工业产值呈现正增长态势。重点城市电子信息制造业完成产值情况为：南宁市全年实现产值744.1亿元，同比增长3.2%，占全自治区电子信息制造业总产值的48.3%；北海市全年实现产值392.1亿元，同比增长4.9%，占全自治区电子信息制造业总产值的25.5%；桂林市全年实现产值128.7亿元，同比增长46.3%，占全自治区电子信息制造业总产值的8.4%；梧州市全年实现产值82.1亿元，同比增长49.7%，占全自治区电子信息制造业总产值的5.3%。

全自治区有规模以上电子信息制造业企业358家。在前110家重点监测企业中，电子信息制造业企业共9家，全年完成产值784.1亿元，占全自治区电子信息制造业总产值的50.9%。在全自治区产值前500名的企业中，电子信息制造业企业共43家，产值规模1 304亿元，占全自治区电子信息制造业总产值的84.7%。

【软件和信息技术服务业】 2022年，广西壮族自治区软件和信息技术服务业快速增长，实现软件业务收入851.6亿元，同比增长25.4%。软件和信息技术服务业呈现以信息技术服务为主的产业结构，信息技术服务收入占全自治区软件业务收入的94.6%。其中，软件产品收入43.2亿元，同比下降45.0%；信息技术服务收入805.3亿元，同比增长35.0%；嵌入式系统软件收入2.7亿元，同比增长3.0%；信息安全收入0.4亿元，同比增长1 257.0%。产业集聚效应明显，围绕南宁市、北海市形成集聚态势，南宁市、北海市软件业务收入占全自治区软件业务收入的97.8%。其中，南宁市完成软件业务收入 441.0 亿元，同比增长 56.0%；北海市完成软件业务收入 392.2 亿元，同比增长 5.0%。规模以上企业数量持续增长，全年上规入统软件和信息技术服务业企业 123 家，新增入统企业 8 家，业务收入 1 亿元以上企业 39 家、5 000 万元～1 亿元企业 13 家、1 000 万元～5 000 万元企业 45 家。

【电子产品出口贸易】 2022 年，广西壮族自治区电子信息制造业完成出口交货值 702.4 亿元，同比增长 6.9%，主要出口产品包括通信网络产品、电机产品、液晶显示器、液晶电视、卫星电视接收转发设备、微波通信设备、通信测试分析仪、电子印刷设备、数显量具、电子铝箔等。

【信息基础设施】 2022 年，广西壮族自治区建成运营广西 F 根镜像节点和国家域名顶级节点，有效降低网络流量跨区流通的时间和成本，大幅缩短平均解析时延，提升互联网访问速度和安全性。

超前布局“双千兆”网络协同发展。全年新增建设 5G 基站 2.4 万个，累计建成 5G 基站 6.7 万个，5G 网络覆盖乡级行政区以上区域，行政村 5G 网络覆盖率 68.7%；累计发展千兆宽带用户 417.2 万户，自然村光纤网络覆盖率 93.3%。14 个设区市“千兆城市”评价指标全部达标，全部被工业和信息化部评为“千兆城市”，广西壮族自治区成为全国首个所有设区市均达标的省份。

加快5G标杆应用示范推广。举办第五届“绽放杯”5G应用征集大赛广西区域赛，征集各领域参赛项目 559 个，获得全国总决赛二等奖 1 项、三等奖 1 项、优秀奖 5 项。

持续推进工业互联网标识解析体系建设。举办工业互联网标识解析线上培训会，推动建设工业互联网标识解析二级节点 16 个，其中，2 个节点投入运行，7 个节点完成评审。截至 2022 年年底，中国 - 东盟工业互联网标识解析二级节点累计标识注册量 1.6 亿个，标识解析量 8.5 亿次，当月日均标识解析量超过 50 万次，累计标识解析量居全国同类标识解析节点前列；工业互联网标识解析二级节点（柳州）累计标识注册量 1.6 亿个，标识解析量 2 281 万次，注册企业 77 家，涉及螺蛳粉、扶贫产品、车联网、智慧城市、汽车零部件等行业。

【工业互联网】 2022 年，根据中国信息通信研究院发布的《2022 中国“5G + 工业互联网”发展成效评估报告》，广西壮族自治区“5G + 工业互联网”处于快速崛起梯队，具备专项政策支持力度大、基础设施建设进程快、应用模式推广速度快、创新发展驱动能力强等主要特征，发展取得新成效。

持续完善政策环境。印发《广西实施制造业数字化转型行动方案》《广西推进工业互联网标识解析体系建设工作实施方案》《加快推动制造业数字化转型专班工作方案》《广西 5G 应用“扬帆”行动计划（2022—2024 年）》《广西工业和信息化领域数据安全工作机制》等政策文件，为加快推动工业互联网发展提供政策支持。

深化工业互联网行业应用。推动汽车、机械、林产、铝、煤炭等自治区工业互联网行业级平台建设运营，带动产业链上下游企业上平台、用平台。机械工业互联网平台建设完成后实现 210 家制造业企业业务上云、1 699 家企业供应链协同，其中，打通研发或生产协同的上下游企业比例超过 50%，打通供应链协同的企业比例超过 80%；下游经销商接入 152 家，100% 接入平台。车合云工业互联网平台实现汽车及零部件行业多样化的数字应用场景，初步测算平均每条生产线提升效益 20 万元 / 年。企业节省项目研发成本超过 30%，缩短研发周期超过 60%，产品的研制、生产、服务全生命周期经验绩效提升超过 10%。林产工业互联网平台基础支持环境在建设运营过程中不断完善升级，入驻企业 66 家。煤炭工业互联网平台形成一整套可视化数据应用中心，为自治区及邻近省份的煤炭贸易提供“1+N”服务。铝工业互联网平台开展工业互联网智慧制造、数据赋能应用，加速推进智慧制造应用模块及平台覆盖，实现自动化的生产组织和数据采集、精细的生产控制和物料跟踪、有序规范的生产管理。

抓好工业互联网示范创新引领行动。全年 44 个项目列入工业和信息化部工业互联网平台创新领航应用案例、新一代信息技术与制造业融合发展试点示范项目、App 优秀解决方案等。鼓励各市持续深化试点示范项目建设，柳州市推进工业互联网示范城市建设，探索传统产业高端化、高新技术产业化、新型产业规模化发展模式；梧州市首创无人机智慧机场项目，构建“1+1+1+N”智慧应用场景，打造全国领先的无人机智慧机场应用服务示范新标杆。支持企业打造数字化转型典型案例，上汽通用五菱区块链智能合约平台入选国家区块链创新应用试点项目，广西盛隆云网未来数字工厂项目在首届“光华杯”千兆光网应用创新大赛全国总决赛中获得创新示范奖，柳工海外运营协同平台在2022“鼎革奖”数字化转型先锋榜评选中获得出海企业全球协同奖。

加强工业互联网生态建设。发挥广西壮族自治区工业互联网产业联盟桥梁纽带作用，联盟会员单位超过200家，包含高等院校、科研院所、制造业企业及从事工业互联网相关的信息服务和科技企业。组织全自治区各市开展工业互联网相关活动，推进工业互联网向市、县落地普及，推动制造业数字化转型升级。柳州市组织举办2022年机械产业集群工业互联网人才高级研修班，防城港市举办工业互联网发展论坛暨广西首辆5G无人驾驶移动云舱启用仪式，钦州市开展“5G＋工业互联网”应用需求对接会。创新编制广西壮族自治区工业互联网赋能制造业数字化转型路线图，“一行一策”推进汽车、机械、钢铁等11个重点产业全方位、全链条数字化转型。

【信息安全】 2022年，广西壮族自治区编制《促进广西数据安全产业发展的实施方案》，鼓励开发数据安全技术，引导数据安全产品研发、生产，系统提升数据安全产业供给能力，构建数据安全产业生态体系。组织开展工业互联网安全深度行活动，广西壮族自治区获评工业和信息化部2022年工业互联网安全深度行活动应急演练成效突出地区。在全自治区范围内遴选一批重点工业企业，形成自治区级工业领域数据安全重点企业名录，并以此名录为重点开展工业企业数据安全工作。组织、指导工业企业开展数据安全风险自查工作，开展工业企业数据安全现场抽查、评估工作，抽取一批重点工业企业进行现场实地数据安全风险核查、评估，并根据工业企业数据安全风险自查、抽查情况，编制自治区工业领域数据安全风险评估报告。指导企业按照相关要求进行数据分类分级，开展重要数据和核心数据目录编制工作，形成自治区级重要数据和核心数据目录备案表，规范工业领域重要数据和核心数据处理活动，提高重要数据和核心数据安全管理水平。

【两化融合】 2022年，广西壮族自治区企业两化融合发展水平稳步提升，达67.2，生产设备数字化率43.5%，数字化研发设计工具普及率67.3%，关键工序数控化率52.2%；累计参与两化融合管理体系评估诊断和对标引导企业2 398家，两化融合管理体系贯标达标企业61家，两化融合管理体系贯标试点企业51家，试点工作得到较好推进。

［撰稿：钟明贵　审稿：李建］

海　南　省

【概况】 2022年，海南省出台《海南省数字经济发展实施方案（2022—2025年）》，统筹推进全省数字经济发展。截至2022年年底，全省工商登记注册互联网市场主体超过5万家，拥有高新技术资质企业1 550家，其中，电子信息领域企业460家，通过软件产品评估和软件企业评估企业52家，通过信息技术服务标准认证企业36家，通过信息安全服务资质认证企业20家。

【特色产业培育】 2022年，海南生态软件园依托中国游戏数码港项目，吸引部分游戏头部企业落地，形成从IP设计、内容生产到分发等游戏动漫产业闭环生态圈，游戏产业初具规模。海南省出台《海南省加快推进数字疗法产业发展的若干措施》，支持打造特色数字健康产业。海南生态软件园依此举办海南自由贸易港数字医疗健康生态大会，并揭牌全省首个数字医疗健康创新基地，集聚一批获批互联网医院牌照的企业。海南省海口市龙华区数字创意设计产业集群入选工业和信息化部首批中小企业特色产业集群。

【信息基础设施】 2022年，海南省根据海南自由贸易港建设发展需要，持续推进信息基础设施建设。全年新增开通5G基站8 000余个，累计5G基站超过2万个，实现各市县主城区、全部乡镇镇区室外连续覆盖，全省约 70% 的行政村开通 5G 网络。聚焦 5G 在工业互联网、医疗、教育、旅游、农业、能源等行业的融合创新，打造一批具有海南特色的 5G 应用场景，博鳌东屿岛车联网项目等 11 个 5G 创新应用在第五届“绽放杯”5G 应用征集大赛中获奖。持续开展城乡光网建设，互联网出省带宽扩至 18.96Tbps，省内城域网带宽扩至 26.1Tbps，新建万兆 10G PON 光纤网络端口 6.0 万个，各市县主城区、全部乡镇和 70% 以上的行政村具备千兆光纤宽带接入能力，重点产业园区具备万兆光纤宽带接入能力。三亚市获评“千兆城市”，成为海南省首个“千兆城市”。有序推进信息基础设施重点项目，中国电信海南（海口）国际信息园（一期）、中国移动（海南海口）自贸港数据中心开工建设。

【大数据】 2022 年，海南省以数据要素市场化建设为出发点，探索构建数据产品超市，实现数据资源市场化高效配置。截至 2022 年年底，海南省数据产品超市入驻近 400 家企业，上架 800 余款数据产品，交易额累计超过 6 000 万元，数据赋能财税金融、教育文化、生活服务、科技创新等多个领域。

【工业互联网】 2022 年，海南省推动实施《海南省加快工业互联网创新发展三年行动计划（2021—2023 年）》，印发《2022 年海南省工业互联网创新发展任务实施计划》，明确“新基建强基”等 6 个行动共 22 项具体任务。组织开展 2022 年海南省工业互联网优秀应用案例评选活动，遴选发布澳斯卡粮油 - 数字工厂、富岛“5G + 工业互联网”应用实践等 8 个优秀应用案例。举办海南自贸港数字经济大讲堂，开展工业互联网和企业上云培训交流，有效促进全省制造业数字化转型发展。海南飞行者科技有限公司的基于多维感知决策一体化的无人机控制 App 物流配送解决方案入选工业和信息化部 2022 年工业互联网 App 优秀解决方案，中国石油海南炼油化工有限公司的基于“5G + 工业互联网”的三化数字化管理创新应用案例入选工业和信息化部 2022 年工业互联网平台创新领航应用案例。

【信息产业园区】 2022 年，海南省重点打造海南生态软件园、海口复兴城互联网信息产业园、三亚互联网信息产业园、清水湾国际信息产业园等信息产业园区。海南生态软件园以区块链、数字文体、数字健康等为主导产业方向，先后被认定为国家级科技企业孵化器、国家数字服务出口基地。海口复兴城互联网信息产业园以数字贸易、智能物联、金融科技、国际创新为主导产业方向，先后被认定为国家文化出口基地、国家海外人才离岸创新创业基地、国家级科技企业孵化器、全国创业孵化示范基地。2022 年，海南生态软件园、海口复兴城互联网信息产业园实现全口径营业收入分别超过 2 000 亿元、1 000 亿元。

【电子政务】 2022 年，海南省持续深化“一张电子政务外网、一个政府数据中心、一朵政务云、一个政务中台、一个数据共享平台、一个数据开放平台、一条区块链”的“七个一”信息化能力建设，实现跨层级、跨地域、跨系统、跨部门、跨业务的协同管理和服务。将“码上办事”移动端升级，并更名为“海易办”，聚焦“好办、易办、快办”，实现 130 项事项“一件事一次办”、31 项事项“智能快办”、154 项事项“跨省通办”，推动 287 类 3 469 万个证照办事“免提交”，赋能多个场景“亮证办”，“一网通办”能力显著提升。“海政通”激活用户 19 万人，接入 132 个行业应用系统，集成即时通信、支撑组件、工作门户及政务应用等功能，服务政府内部“零跑动”改革，提升“一网协同”效能。创设并深化“审批 - 监管 - 执法 - 信用”闭环联动机制，在 7 个市县开展试点先行，“一网监管”整体效能稳步提升。

【工业领域数据安全管理试点】 2022 年，海南省入选工业和信息化部工业领域数据安全管理试点，全省遴选油气化工、医药、食品加工等领域的 8 家企业参加试点。双成药业重要数据出境安全管理方案、基于金盘科技工业业务场景的数据出境安全评估及监测方案入选工业和信息化部工业领域数据出境安全管理典型案例。

【区块链】 2022 年，海南省持续推动实施《海南省创建国家区块链试验区实施方案》，举办 2022 年度海南省区块链技术应用推广培训班，组织开展海南省 2022 年度区块链创新应用试点项目申报遴选，持续推动区块链创新应用和产业发展。海南省海口市区块链综合试点、海南省“区块链 + 医疗健康”、海南省洋浦经济开发区“区块链＋贸易金融”3 个项目入选工业和信息化部等部门联合确定的国家区块链创新应用试点。

【产业环境】 2022 年，海南省印发《海南省激励企业上规模奖励资金（工业和信息产业）管理实施细则》，对信息传输、软件和信息技术服务业营业收入上规模企业给予奖励；加大行业企业梯次培育，海南飞行者科技有限公司、海南宝通实业公司、云码智能（海南）科技有限公司 3 家数字经济企业入选工业和信息化部第四批专精特新“小巨人”名单；海南金盘智能科技股份有限公司入选工业和信息化部第七批制造业单项冠军企业。

[供稿：海南省工业和信息化厅]

重 庆 市

【概况】 2022 年，重庆市电子信息产业实现营业收入 10 392.3 亿元，同比增长 4.5%，总体运行平稳；与四川省共同推动成渝地区电子信息先进制造集群入选工业和信息化部第三轮先进制造业集群决赛优胜者，结束重庆市无国家级先进制造业集群历史。

【电子信息制造业】 2022 年，重庆市电子信息制造业实现营业收入 7 356.3 亿元，同比下降 0.4%。智能终端版块实现营业收入 4 972.8 亿元，同比下降 2.5%。其中，计算机整机和配套实现营业收入 3 471.4 亿元，同比下降 1.0%；手机整机和配套实现营业收入 1 164.2 亿元，同比下降 8.4%；家电实现营业收入 337.2 亿元，同比增长 4.0%。其他电子版块实现营业收入 2 383.5 亿元，同比增长 4.5%。

全市形成以两江新区、重庆高新技术产业开发区为核心，以主城都市区为主体，优势互补、相互支撑、错位发展的发展格局。两江新区、重庆高新技术产业开发区做强做优做大智能终端、集成电路、新型显示等优势产业，引领示范作用明显；璧山工业园区、江津工业园区、铜梁工业园区、潼南工业园区、长寿工业园区等园区重点打造智能终端零部件配套产业基地，因地制宜发展能源电子、智能家居、电子特气；万州区、梁平区加快发展化合物半导体、射频芯片、功率封测等细分领域；南岸区、江北区、渝北区、巴南区等中心城区立足自身优势求突破，家电、显示面板、传感器及仪器仪表等优势产业持续巩固。

【软件和信息技术服务业】 2022 年，重庆市软件和信息技术服务业实现营业收入 3 036 亿元，同比增长 18.5%。其中，软件业务收入 2 705 亿元，同比增长 10.5%。全年收储楼宇面积 170 万平方米，使用面积 93 万平方米，使用率 54.7%；新增软件和信息技术服务业企业 3 500 余家，累计 3.5 万余家；新增从业人员 5 万余人，累计 26 万余人。

【电子产品进出口贸易】 2022 年，重庆市电子信息产业实现出口交货值 3 983.7 亿元，同比下降 6.0%，占全市工业出口交货值的 83.0%。其中，智能终端版块实现出口交货值 3 486.7 亿元，同比下降 2.3%，占电子信息产业出口交货值的 87.5%。

【科技进步与应用】 2022 年，重庆市加快建设首批国家数字经济创新发展试验区、国家新一代人工智能创新发展试验区、国家地方共建硅基混合集成创新中心，培育引进联合微电子中心、康佳光电技术研究院、中国电科芯片技术研究院等 160 余个高端研发创新平台，全球最小间距显示屏、高速硅基光电子芯片等一批关键核心技术取得突破。

【信息基础设施】 2022 年，重庆市全面提升智造能级。采取“点上示范、面上推广”方式，累计推动实施 6 080 个智能化改造项目，建成 144 家智能工厂、958 家数字化车间，实施 622 个平台化设计、数字化管理、网络化协同、个性化定制、服务化延伸等制造业数字化转型典型应用，支持 11.5 万家企业“触网上云用数赋智”，推动实施智能化改造的规模以上企业生产效率平均提升 56.8%，产品不良率平均降低 39.6%，运营成本平均降低 22.1%，单位生产能耗平均降低 20.4%。全年数字化研发设计工具普及率 80.9%，关键工序数控化率 58.8%。

优化工业数字网络。聚焦工业互联网“网络、平台、安全”三大体系，工业互联网标识解析国家顶级节点（重庆）接入西部 10 个省（市）二级节点 45 个，累计标识注册量超过 235.6 亿个，标识解析量超过 192.2 亿次，叠加“星火 · 链网”超级节点、域名 F 根镜像服务器，重庆市成为唯一一个“域名、标识、区块链”三大功能节点融合为一体的城市。加速构建以 5G 为代表的“数字基建”，作为首批 5G 规模组网试点城市，每万人拥有 5G 基站超过 24 个，居全国第一梯队。重庆忽米网络科技有限公司、广域铭岛数字科技有限公司入选工业和信息化部 2022 年跨行业跨领域工业互联网平台。

加快支撑平台建设。加快汇聚工业硬件、工业软件、工业网络、工业信息安全等领域主体，引进培育中船重工（重庆）西南装备研究院有限公司等一批智能制造创新载体落户重庆市，集聚平台服务、解决方案、大数据应用等数字化转型服务商 235 家，提供服务近 1 000 项。中国工业互联网研究院重庆分院、国家工业互联网平台西南体验中心、国家工业互联网数字化转型促进中心等一批创新平台落地建设。两江新区、重庆经济技术开发区、北碚区、江津区创建工业互联网国家新型工业化产业示范基地。融入成渝双城经济圈建设，依托成渝地区工业互联网一体化发展示范区，加快推进成渝智能制造和工业互联网协同发展。

【两化融合】 2022 年，重庆市加快推动人工智能、数字孪生、5G、大数据等新一代信息技术在制造业的创新应用，通过试点先行、示范引领，探索形成可复制、可推广的典型应用场景和解决方案。打造 40 家市级智能制造标杆企业、10 家双化协同示范工厂，建设 40 家创新示范工厂、40 家 5G 全连接工厂，培育新能源汽车智能排产与资源优化配置、高分子新材料工厂能耗监测与优化运行管理等 582 个新技术应用场景，重点企业 5G 技术渗透率超过 24%。推动长安汽车智能柔性生产、宗申集团动力产业链协同制造等项目入选国家试点示范项目。

【产业环境】 2022 年，重庆市编制《重庆市能源电子产业发展行动计划》，明确江津区、璧山区、铜梁区、两江新区、西部科学城重庆高新区为能源电子主要发展区县，并同步配套出台产业发展支持政策，围绕“光储端信”，重点推动光伏、储能产业加快发展；出台《重庆市软件和信息服务业“满天星”行动计划（2022—2025 年）》，推动统筹谋划产业布局、拓展场所承载空间、强化场景应用牵引、培育壮大重点主体、加大人才引培力度、优化软件和信息服务业生态 6 项重点任务落实，进一步促进传统产业升级，增强创新创业活力，盘活用好存量楼宇，助力数字化变革，加快形成大中小企业融通发展态势。

【主要问题】 2022 年，重庆市电子信息产业产品结构单一，主要集中在加工制造和组装领域，计算机整机和手机代工产能超过 60%。龙头企业偏少，规模以上电子信息制造业企业仅 770 家，千亿元级规模企业仅 1 家。核心竞争力弱，集成电路制成工艺能力多以相对稳定成熟的特色工艺为主，设备、材料和关键零部件有竞争力的产品不多；柔性面板链条尚未全面起势，Micro-LED 等下一代先进显示技术尚未产业化；核心零部件等本地配套不足，对外依存度超过 60%。

数字化转型发展不平衡，渝东南和渝东北地区数字化车间、智能工厂数量分别为 73 家、14 家，分别仅占全市总数的 7.6%、9.7%，整体呈现数字化转型基础薄弱、意愿不强、起步较晚等特点；数字化车间和智能工厂主要聚焦汽车、消费品、电子信息、装备制造等行业，行业集中度较高，化工、材料、医药等行业数字化转型步伐相对较慢，整体上仍处于以自动化为基础、数字化局部改进阶段；智能制造先行企业特别是龙头企业数字化水平大幅领先，大量中小微企业数字化转型步伐较慢，出现较为明显的两极分化趋势。

［供稿：重庆市经济和信息化委员会］

四 川 省

【概况】 2022年，四川省电子信息产业实现营业收入16 488.7亿元，同比增长10.7%。根据工业和信息化部数据，四川省电子信息制造业实现营业收入9 913.4亿元，软件和信息技术服务业实现主营业务收入6 575.3亿元。全年生产彩色电视机1 543.7万台、电子计算机整机9 248.4万台、移动通信手持机（手机）12 631万部、液晶显示屏59 557.8万片、集成电路110.9亿块、电子元件389.6亿只。

【电子信息制造业】 2022年，根据四川省统计局数据，全省计算机、通信和其他电子设备制造业对工业增长贡献达24.3%，在规模以上工业3.8%的增速中贡献0.9个百分点，为“工业挑大梁”提供支撑。

全省新培育51家电子信息制造业国家级专精特新“小巨人”企业、176家省级专精特新企业。佳缘科技股份有限公司正式登陆创业板，中航（成都）无人机系统股份有限公司、成都坤恒顺维科技股份有限公司、成都思科瑞微电子股份有限公司实现科创板上市。四川时代新能源科技有限公司入选世界经济论坛“灯塔工厂”，全省累计3家企业入选。四川长虹电子控股集团有限公司、四川九洲投资控股集团有限公司、绵阳惠科光电科技有限公司入选2022年度电子信息竞争力百强企业。四川长虹电子控股集团有限公司全年实现工业总产值853.7亿元，较上年增长12.0%；实现营业收入1 473亿元，同比下降3.3%。四川九洲投资控股集团有限公司全年实现营业收入405亿元，实现利润总额6.7亿元，较上年分别增长15.3%、11.2%。

【软件和信息技术服务业】 2022年，根据工业和信息化部数据，四川省软件和信息技术服务业实现软件业务收入4 841.6亿元，同比增长11.5%，实现利润总额712.3亿元。从业务类型看，实现软件产品收入1 301.3亿元，同比增长15.7%，占全行业收入的26.9%；信息技术服务收入3 112.8亿元，同比增长10.1%，占全行业收入的64.3%；信息安全收入121.1亿元，同比增长21.4%；嵌入式系统软件收入306.4亿元，同比增长5.6%。全省新增39家软件产业专精特新“小巨人”企业。

【电子产品进出口贸易】 2022年，根据四川省商务厅数据，四川省主要电子产品进出口总额5 984.6亿元，同比下降4.7%。其中，出口额3 350.6亿元，同比下降4.9%；进口额2 634.0亿元，同比下降4.4%。出口方面，自动数据处理设备及其部件出口额2 068.1亿元，同比下降7.4%；电子元件出口额1 043.7亿元，同比下降5.0%；手机出口额83.9亿元，同比下降3.3%；家用电器出口额75.6亿元，同比增长12.9%；平板显示模组出口额79.4亿元。进口方面，电子元件是全省进口额最大的产品，进口额2 316.3亿元，同比下降7.7%；半导体制造设备进口额38.7亿元，同比下降58.2%。

【科技进步与应用】 2022年，四川省打造重大创新载体，鼓励和支持行业龙头、骨干企业牵头，联合产业链上下游企业、科研院所等创新资源组建制造业创新中心，创建国家超高清视频创新中心，实现四川省国家级制造业创新中心“零”的突破，持续推进产业关键共性技术研发攻关。

实施产业重大关键技术（产品）研制，安排工业发展资金4 200万元支持14项关键技术（产品）研发。编制重点产业链关键核心技术攻关任务清单，围绕清洁能源、晶硅光伏等重点领域，采取“揭榜挂帅”方式安排资金8 000万元支持17项关键核心技术攻关。

持续提升产业支撑能力，出台《四川省产业技术基础公共服务平台建设管理暂行办法》，培育一批具备权威性、基础性、公益性、前瞻性的技术基础公共服务平台，编制《产业基础领域重要产品和关键核心技术攻关任务清单》，并开展提升高校科技成果转化和产业化水平、推动产业链创新链深度融合研究。

强化企业创新主体地位，提升企业自主创新能力，引导企业增加研发投入，支持企业购置关键设备、改善研究环境、攻克核心技术等，完善企业科研基础设施，增强企业核心竞争力，新认定省级企业技术中心 181 家，新认定技术创新示范企业 28 家。

【信息基础设施】 截至 2022 年年底，四川省有长途光缆线路 6.4 万千米，光缆线路 439.3 万千米，移动电话基站 53.3 万个，光纤端口占比 97.8%，互联网省际出口带宽 86.7Tbps，成都国家级互联网骨干直联点网间互联带宽增至 1 137Gbps。攀枝花市、宜宾市、乐山市、雅安市入选全国第二批“千兆城市”，全省累计 8 个城市入选。组织开展 2022 年度“双千兆乡镇通”项目，支持全省 1 400 个 5G 基站和 1 180 个固定千兆光纤点位建设运维，实现乡镇“双千兆”100% 通达。组织开展全省“双千兆”创新应用大赛，四川省 5G 数智林草火情监测即报系统建设项目、宜宾三江新区 5G + 车路协同智慧接驳智慧物流示范线建设项目分别获得一等奖、二等奖。成都智算中心建成并投入运行。国家超级计算成都中心等 3 个数据中心入选国家绿色数据中心，累计 9 个数据中心入选。全省数据中心规模达 28 万架标准机架，建成 12 个大型、超大型数据中心。

【大数据与云计算】 2022 年，四川省大数据产值规模约 1 400 亿元，同比增长约 17%。“东数西算”战略支点建设迈出坚实步伐，国家超级计算成都中心计算能力稳居全球前 10 位，天府数据中心集群加快成势，四川能投天府云数据产业基地（一期）、易信科技数据中心、立昂云等大型、超大型数据中心项目开工建设。峨眉山旅游股份有限公司的智慧文旅大数据中心入选工业和信息化部 2022 年国家新型数据中心典型案例，累计入选数量增至 3 个。雅安经济开发区获批工业和信息化部第十批国家新型工业化产业示范基地（数据中心）。创意信息技术股份有限公司获评支撑型数字化转型促进中心。第五届大数据应用实践大会暨“东数西算 · 中国雅云”主题大会在中国 · 雅安大数据产业园举行。

【人工智能】 2022 年，四川省涉人工智能企业超过 700 家，产业规模突破 600 亿元，基本形成从基础支撑、核心技术到上层应用的全产业链企业集群，在无人机、智慧交通、智慧医疗等领域全国领先。电子科技大学等 10 家单位入选工业和信息化部人工智能产业创新任务揭榜挂帅单位；四川大学华西医院等 16 家单位入选工业和信息化部人工智能医疗器械创新任务揭榜挂帅单位。围绕智能制造、智慧金融、智慧医疗、航空航天等重点领域推进示范应用，相关领域 10 个场景入选工业和信息化部国家人工智能创新应用先导区“智赋百景”。

【工业互联网】 2022 年，四川省推进成渝地区工业互联网一体化发展示范区建设，推动印发《共建成渝地区工业互联网一体化发展示范区实施方案》，联合重庆市遴选成渝地区工业互联网及智能制造资源池服务商名单，进一步提升成渝地区工业互联网产业供给服务质量。工业互联网标识解析体系基本构建，工业互联网标识解析国家顶级节点（成都托管与灾备节点）启动运营，上线二级节点 14 个，累计标识注册量和标识解析量均居全国前列，服务企业超过 2 300 家。新培育国家级特色专业型工业互联网平台 4 个、首批“数字领航”企业 2 家，累计培育国家级制造业数字化转型及智能制造有关试点示范超过 300 个。新增上云企业 5 万家，累计上云企业超过 34 万家，全面加速企业数字化进程。

【物联网】 2022 年，四川省物联网营业收入超过 1 800 亿元，形成以成都市为核心，绵阳市、宜宾市、乐山市、遂宁市、泸州市等协同发展格局，培育集聚 1 200 余家物联网企业，基本形成从上游芯片、智能传感器到下游系统集成及应用服务较为完整的产业链，在智慧农业、车联网、智慧交通、智慧物流、智能安防、智能家居、智能抄表、智慧停车等领域广泛应用。

【信息安全】 2022 年，四川省联合重庆市创建国内首个跨省域的国家网络安全产业园区（成渝地区）。布局建设成都市网络信息安全产品和服务产业集群，组织推荐亚信科技（成都）有限公司牵头的联合体入选工业和信息化部首批 5G 应用安全创新示范中心，5G 安全设备 / 系统运维自动化系统项目入选工业和信息化部 2022 年 5G 应用安全创新任务揭榜项目。组织 10 家企业申报工业和信息化部网络安全技术应用示范，推动中小企业安全上云。遴选 113 家工业企业开展四川省工业互联网企业网络安全分类分级管理工作，争创工业信息安全国家制造业创新中心，支持四川省密码科创产业园建设，打造四川省工业互联网安全综合服务平台。组织对10余家工业企业开展网络安全检查和应急演练等工作，树立物理防护、技术防护、人员防护的综合防护理念。

【信息产业基地和园区】 2022年，成都高新技术产业开发区电子信息产业示范基地培育“芯－屏－端－网”四大产业，集群特色鲜明，完成工业总产值6 212.5亿元，其中，主导产业总产值3 811.7亿元；实现规模以上工业利润总额463.1亿元。

四川绵阳高新技术产业开发区电子信息（数字视听）产业示范基地培育智能终端、磁性材料及应用产业，构建“三主两特”优势产业体系，全年完成工业总产值895.8亿元，其中，主导产业总产值732.6亿元；实现规模以上工业企业利润总额6.6亿元。

四川宜宾临港经济技术开发区电子信息（智能终端）产业示范基地发展态势强劲，全年完成工业总产值1 221.9亿元，其中，主导产业总产值492.8亿元；实现规模以上工业企业利润总额48.9亿元。

四川遂宁经济技术开发区电子信息（光电子）产业示范基地初步形成以电子信息、食品饮料、新能源为主的“2+1”现代绿色产业体系，全年完成工业总产值800.0亿元，其中，主导产业总产值639.0亿元；实现规模以上工业企业利润总额50.3亿元。

【电子政务】 2022年，四川省推动政务数据流通共享。国家、省、市三级数据共享体系初步建立，可申请数据资源23万个，3 510项办理事项在平台公开运行，实现“不动产登记”等102项“一件事”上线可办，“最多跑一次”事项比例99.8%。“天府通办”自助终端2.0正式上线、实名注册用户6 700万人，200余项高频事项就近办理。“川渝通办”新上线101项政务服务，累计上线政务服务311项，20类电子证照亮证互认，“全程网办”事项占比超过80%。

【两化融合】 2022年，四川省两化融合发展水平97.5。新增国家级两化融合管理体系贯标示范企业3家，新增通过两化融合管理体系贯标评定企业808家，同比增长74.5%；智能制造业就绪度19.6%，数字化研发设计工具普及率80.9%，工业云平台应用率57.4%，均居全国前列；关键工序数控化率56.6%，较上年提升4.8个百分点。印发《四川省新型智慧城市试点示范管理办法（试行）》，发布新型智慧城市优秀解决方案及技术创新产品132个，新增国家新型信息消费示范项目和省级信息消费体验中心8个，协同开展“5G＋医疗健康”“5G＋智慧教育”等试点，持续提升民生服务数字化应用水平。

【重点信息化项目】 2022年，四川省基于数据驱动的数字化工厂建设等6个项目入选工业和信息化部2022年大数据产业发展试点示范项目，知信链——区块链版权服务平台等3个项目入选工业和信息化部2022年区块链典型应用案例。开展工业和信息化部3个国家级重大专项建设。其中，先进制造业（软件和信息服务）集群项目已建设完成，工业软件协同攻关与体验推广中心项目完成94%，成都人工智能产业技术基础公共服务平台项目整体建设进度达80%。推荐21个应用场景项目参与工业和信息化部国家人工智能创新应用先导区典型应用场景专项征集，10个项目入选工业和信息化部100个典型应用场景。

【信息消费】 2022年，四川省加快释放信息消费潜力，深化数字融合创新示范，实现网络交易额4.2万亿元；开展第三批省级信息消费体验中心遴选工作，确定省级信息消费体验中心3家。“数游峨眉”体验中心等5个项目入选工业和信息化部2022年新型信息消费示范项目，入选数量连续5年居全国前列。

【新技术新产业】 2022年，四川省区块链产值规模约11亿元，同比增长约66%；组织制定《可信区块链平台服务等级评价规范》等多项相关团体标准及地方标准。成都链安科技有限公司等9家区块链企业通过省级以上“专精特新”企业认定。成都链安科技有限公司等6家单位发起成立区块链安全及应用联盟。“蜀信链”全年总上链交易量超过1 900万笔。成都市入选国家区块链创新应用综合型试点城市，四川大学、四川省人力资源和社会保障厅、四川省大数据中心分别获国家区块链教育、人社、政务服务特色领域试点，34家企业入选国家区块链创新应用综合性试点应用示范场景建设单位。第二届中国可信区块链安全攻防大赛全国总决赛在成都市举行。

推动量子信息产业可持续发展。建设完成22个用户节点的成都市量子保密通信城域网并开通服务，实现用户节点与城域网集控站之间的量子密钥共享与量子网络加密安全传输。完成国家广域量子保密通信骨干网络“成渝干线”建设，覆盖成渝双城经济圈重要区域，具备天地一体的量子密钥分发能力。成都市青羊区工业创新设计功能区管理委员会与四川国科量子通信网络有限公司签署合作协议书，建设四川量子信息产业化平台。

注重强化元宇宙产业创新突破发展。调研元宇宙产业国内相关政策及发展趋势，编制《四川省元宇宙产业发展报告》，推荐元宇宙新赛道“赛手企业”，支持四川大学等成立工业元宇宙协同创新平台，重点突破虚实融合图形生成、显示引擎和数字孪生等关键核心技术，围绕元宇宙在各行业的建设难题进行联合攻关。

【产业环境】 2022 年，四川省实施《四川省“十四五”数字经济发展规划》《四川省软件与信息服务业三年行动计划》《四川省“十四五”软件与信息服务业发展规划》等，编制印发《“百城千屏”四川行动实施指南》《四川省新型显示产业高质量发展实施意见》，为推动四川省电子信息产业高质量发展提供规划引领和政策保障。

[供稿：四川省经济和信息化厅]

贵 州 省

【电子信息制造业】 2022 年，贵州省电子信息制造业实现快速增长，完成总产值 917.1 亿元。其中，规模以上工业总产值 791.7 亿元，同比增长 22.1%；规模以下工业总产值 125.4 亿元，同比增长 12.4%。规模以上工业增加值同比增长 37.5%，高于全省工业增速 38.3 个百分点，超年度目标任务 17.5 个百分点，增速居十大工业产业第 2 位。

重点企业培育成效明显。加大对龙头企业、高成长性企业培育力度，鼓励企业实施数字化改造、开拓产品市场。累计给予贵州省工业和信息化发展专项资金 5 400 万元、新型工业化发展基金 2.8 亿元，支持电子信息制造业企业发展。贵州振华风光半导体股份有限公司、中国振华（集团）新云电子元器件有限责任公司、贵阳中安科技集团有限公司等 7 家企业入选工业和信息化部第四批专精特新“小巨人”企业，累计 17 家企业入选工业和信息化部专精特新“小巨人”企业。贵州振华风光半导体股份有限公司在上海证券交易所科创板上市，市值突破 270 亿元。累计 7 家电子信息制造业企业上市。

【软件和信息技术服务业】 2022 年，贵州省软件和信息技术服务业实现软件业务收入 719.5 亿元，同比增长 90.5%。云服务收入占全省软件和信息技术服务业收入的 72.2%，成为大数据“首位产业”；软件产品收入、嵌入式系统软件收入、信息安全收入分别同比增长 101.6%、46.3%、2.0%；研发投入同比增长 239.2%，为历年最高；从业人员数量、利润分别同比增长 8.9%、65.7%，软件产业结构持续优化，竞争力不断增强。全省规模以上软件和信息技术服务业企业 260 家，新增 32 家，100 亿元级企业 1 家，50 亿元级企业 1 家，10 亿元级企业 7 家；1 亿元级骨干企业 64 家，新增 19 家。近 3 年，全省累计入选省级以上“专精特新”企业 73 家，20 家企业进入上市挂牌后备库，“百企引领”累计引进培育新一代信息技术企业 400 余家；8 家企业入选 2022 年省级服务业龙头企业；7 个项目入选工业和信息化部 2022 年大数据产业发展试点示范项目，入选数量近年最多。

【信息基础设施】 2022 年，贵州省新建 5G 基站 3.1 万个，累计建成 5G 基站 8.4 万个，行政村 5G 通达率超过 50%。全面实施“双千兆”网络建设工程，协同推进千兆光纤网络和 5G 网络建设。贵阳市、遵义市获批全国“千兆城市”，其中，贵阳市 5G 用户占比等多项指标居全国第一梯队，入选 2022 年度建设信息基础设施和推进产业数字化成效明显市（州）推荐名单，全省信息基础设施综合水平实现跨越式发展。互联网出省带宽累计 38 000Gbps。新增光缆长度 23.5 万千米，累计 181 万千米，贵阳・贵安国家级互联网骨干直联点带宽 600Gbps。

【云计算】 2022 年，贵州省云服务“首位产业”增速达 162.7%，成为大数据产业的一大特色和优势，打造成为全国一流的云服务产业基地。以华为云计算技术有限公司、云上艾珀（贵州）技术有限公司、贵州白山云科技股份有限公司等为代表的云服务企业快速发展。华为云计算技术有限公司定位为华为云全球总部，截至 2022 年年底，累计引进并落地华为云生态伙伴 21 家，华为云生态逐步集聚；云上艾珀（贵州）技术有限公司为全国 2 亿余个 iCloud 用户提供服务；贵州白山云科技股份有限公司在全国内容分发网络市场排名前 5 位。贵安超级计算中心为 50 余个国家和地区、超过 20 万个用户提供云渲染算力支撑，服务《流浪地球 2》等多部影视作品，渲染时长超过 6 900 万小时。

【数据中心】 2022 年，贵州省全面启动“东数西算”工程，建设全国一体化算力网络国家枢纽节点，打造面向全国的算力保障基地。全省在建及投运重点数据中心 31 个，新增 6 个，其中，大型、超大型数据中心 13 个，服务器承载能力超过 225 万台。美的云、建行数据中心、南网能源数据中心、华为（贵阳贵安）数字经济创新中心等项目已签约落地，贵安主算力枢纽项目、国家电投贵州贵安数据中心一期、中国移动贵安数据中心三期、贵阳贵安超互联新算力基础设施等一批项目开工建设。“东数西算”贵州枢纽与粤港澳大湾区枢纽骨干直联网建设项目一期（贵州部分站点 – 湖南 – 广东部分站点）建设完成，二期建设中。全省数据中心从“存”到“算”加速转变，从数据存储中心向算力中心、结算中心、运营中心转型。

【信息产业基地和园区】 2022 年，贵州省强化产业园区载体建设，“筑巢引凤”壮大市场主体。高标准建设贵阳大数据科创城，打造全省数字产业和人才集聚区、数字场景应用示范区、生态文明展示区，围绕数字产业重点业态和重点领域引进优胜企业入驻。以打造省级软件名园和培育园区为产业集聚主抓手，健全对贵州省级软件名园——贵阳国家高新区大数据国际软件产业园及贵州省软件名园培育园区——惠水县百鸟河数字小镇管理服务机制，加速推动软件产业集聚，引导各地因地制宜，依托遵义高新技术产业开发区数字经济产业园、黔西南义龙试验区大数据产业园区、安顺市“011 科创谷”、铜仁市互联网平台特色产业集群等园区，培育打造一批专业化、特色化的区域级数字产业园区。

【电子政务】 2022 年，贵州省持续提升政府治理体系和治理能力现代化水平，按照全省“一体化”“一盘棋”思路，推进“基础设施一体化、数据资源一体化、业务应用一体化、运营管理一体化”。全省数据共享开放水平持续保持全国前列，省域政府数据开放综合指数居全国第 3 位，贵州政务云平台实现省、市、县 3 级政府部门政务信息系统网络通、数据通，上云结构化数据量 5 017TB。网上政务服务数字化水平加快提升，“一网通办”水平再提升，累计打通国家垂直系统 46 个、省内自建系统 110 个，电子印章省、市、县 3 级 100% 全覆盖。持续提升网办深度，“全程网办”事项占比提升至 80%，“零跑腿”事项 13.2 万项，占比 94%。参与泛珠九省“跨省通办”协作，通办事项 165 项。推进数字机关建设，打造政府服务对内总入口和对外总出口，贵州省电子政务一体化办公平台整合接入 301 个政务应用。“贵政通”推广应用范围覆盖省、市、县、乡村，注册用户 20 万人，日活跃用户最高达 4.9 万人。

【两化融合】 2022 年，贵州省两化融合发展水平 53.4，较上年提升 3.6，增幅近 5 年来最大，完成“两化融合发展水平达到 51”的工作目标。其中，关键工序数控化率 48.5%，数字化研发设计工具普及率 68.3%，较上年分别提升 7.4 个百分点、8.6 个百分点，增幅均为近 5 年来最大；工业云平台应用率 50.8%。

编制印发《支持工业领域数字化转型的若干政策措施》，采取政策宣贯、培训服务、资金引导、项目指导、跟踪问效等多种方式，调动市场主体积极性，谋划、建设和储备一批优质项目。全年 646 家企业开展数字化建设工作，涉及项目 828 个。

企业改造能力逐渐提高。通过分类施策，引导企业运用数字化工具推进“提质、降本、增效、降碳、安全”改造。推进贵州凯星液力传动机械有限公司等企业运用智能传感器等物联网技术实现“哑设备”网络互联能力改造；支持贵州中航电梯有限责任公司等企业运用5G等技术开展内外网改造升级，建立多层级网络信息模型体系；指导中国南方电网贵州电网有限责任公司、中国振华电子集团有限公司完成标识解析二级节点项目建设，提升能源和电子行业数据综合服务能力。

产业转型进程不断加快。结合各产业特点，发挥数字技术赋能作用，以“链主牵头、全链参与”方式有所侧重推进产业转型，建设一批特色工业互联网平台。针对磷化工行业生产运行、运营管理、设备维护等数据资源有效汇聚，建设磷化工工业互联网赋能与公共服务平台，提升产业链协同与资源优化配置；针对酱酒生产、包装、窖藏、物流、营销、监管等环节开展试点示范，打造酱香酒工业互联网平台，创新个性化业务营销模式，助力世界酱香型白酒产业基地核心区建设。全省十大工业产业两化融合发展水平均超过51，现代能源、新型建材行业两化融合发展水平增长较快，较上年分别提升7.5、7.1。

区域数字水平稳步提升。围绕各地区发展实际和产业特色，指导市（州）加强工作部署和责任落实，9个市（州）两化融合发展水平均有改善。其中，贵阳市两化融合发展水平62.6，处在两化融合发展高级阶段（创新突破阶段）的企业比例17.8%，在国内属于优秀水平；黔东南苗族侗族自治州、黔西南布依族苗族自治州、安顺市两化融合发展水平同比增幅较大，增幅分别达到7.2、6.5、6.4，高于全省3.6的整体增幅。贵阳经济技术开发区、遵义高新技术产业开发区、安顺高新技术产业开发区等开展智慧园区建设，发挥载体支撑作用。

创新应用生态持续完善。发挥“政产学研用”协同作用，形成数字化转型推进合力。联合信息技术服务商加快创新载体建设，建成工业控制系统信息安全靶场（全国共4个），启动建设5G应用安全创新示范中心（全国共9个）；利用贵州“工业云”公共服务平台为企业实施百余个数字化改造项目；联合专业研究机构组织工业领域数字化转型市州行系列活动，累计开展8期工业领域数字化转型公开课，超过6 000名学员参加培训；联合高校学院加快产教融合新模式探索，贵州电子信息职业技术学院工业互联网产业学院获批工业和信息化部新一代信息技术人才实训试点；联合行业组织促进产业链供需对接，工业互联网产业联盟等机构与数百家企业建立咨询服务联系。

【重大产业项目】 2022年，贵州省聚焦打造“三个千亿级”主导产业集群，引进大数据头部企业，推动一批重大项目加快建设并取得积极成效。“东数西算”工程实现开门红，全国一体化算力网络国家（贵州）枢纽节点建设稳步推进。浪潮、鲲鹏服务器生产基地累计生产服务器48万台。数据流通交易平台累计交易额3.9亿元，集聚省内外“数据商”455家，上架产品670款。“贵商易”平台累计注册企业25.8万家，上架政策1.6万项，申报政策超过2.4万次，惠及企业5 574家次。

【信息消费】 2022年，贵州省实施大数据融合创新发展工程，推动大数据与生产性服务业融合，网络货运、数字服务、生活服务等领域信息消费平台经济加速发展。铜仁网络货运数字产业园拥有牌照企业175家，累计实现营业收入近百亿元。黔南数字经济运营中台接入企业22.4万家，交易规模107.5亿元，推动资金回流6.5亿元，沉淀各类交易数据7.8亿条。“一码游贵州”平台赋能涉旅行业数字化转型，接入A级以上景区500余家、酒店3.7万家、商户5.7万家，累计访问量4.3亿次，总用户2 967.9万人，累计交易额9 816万元。

【区块链】 2022年，贵州省围绕区块链储备35个“百企引领”企业项目，12个项目入选省级“百企引领”优秀产品和解决方案，4家企业获得国家互联网信息办公室境内区块链信息服务备案。贵阳市国家区块链创新应用综合性试点加快建设，享链作为贵阳市区块链综合性试点底层支撑技术，通过中国信息通信研究院“可信区块链测评”的功能测试和性能测试，在全省部署节点150个，在生态监测、电子证照等多个领域落地应用。全省3个案例入选工业和信息化部2022年区块链典型应用案例。

【产业环境】 2022年，贵州省抢抓数字经济创新区发展机遇，强化基础保障，推动服务模式、政策制度、体制机制突破，打造大数据容错试错的“试验田”。编制《数字经济发展创新区实施方案》，发布《贵州省大数据战略行动2022年工作要点》。围绕推进数据流通交易等重点，启动《贵州省数据要素条例（草案）》立法，推进《贵州省信息基础设施条例（修订草案）》立法；对《贵州省“十四五”数字经济发展规划》《国家大数据（贵州）综合试验区 “十四五” 建设规划》目标任务进行细化分工，推动各项目标任务有效落地落实。依托国家技术标准创新基地（贵州大数据），加大关键共性标准研制和应用力度，推荐立项研制16项大数据地方标准；累计培育32个省级大数据创新中心、大数据创新创业基地。编制《贵州省大数据产业惠企政策摘编》，组织开展全省大数据企业产品征集，收录248家企业、476款产品，通过“贵商易”平台开展供需对接。连续7年设立贵州省大数据发展专项资金支持企业发展。落实软件和信息技术服务业企业“两免三减半”税收优惠政策，9家企业减免税收1 581.5万元。

【主要问题】 2022年，贵州省电子信息制造业企业整体规模较小，缺乏电子信息整机制造头部企业的引领带动，产业链不完善、本地配套率低，产品主要集中在中低端价值领域，产品附加值较低。配套的软硬件支撑相对薄弱，软件开发企业、平台服务商、咨询机构等信息服务主体不多，工业软件、工业机器人、数控机床、智能传感器等技术产品还难以满足数字化转型应用需求。

园区在公共配套、要素集聚、政策创新、人才服务等方面还有不小差距，商业模式还不成熟，不能很好满足支撑软件产业创新、集聚等需要。

数据中心对产业生态带动作用还未发挥，数据价值有待挖掘，东西部协作机制还未形成。核心要素保障还需要加强，大数据人才培养体系还不完善，本土数字经济人才缺口超过20%；针对平台经济等新业态、新模式创新服务力度不够，“试验田”作用未能最大限度发挥；金融、能源、水利、交通等社会面的大数据场景亟待开发。

［供稿：贵州省工业和信息化厅　贵州省大数据发展管理局］

云 南 省

【概况】 2022年，云南省坚持应用导向，推动信息技术、数字技术与实体经济深度融合，不断推进数字产业化发展、产业数字化转型，加速推进全省数字经济核心产业实现快速增长。根据云南省统计局数据，全年云南省数字经济核心产业实现主营业务收入3 110.0亿元，同比增长52.6%。其中，数字产品制造业主营业务收入2 145.0亿元，同比增长86.6%；数字产品服务业主营业务收入134.9亿元，同比下降13.4%；数字技术应用业主营业务收入600.1亿元，同比增长3.5%；数字要素驱动业主营业务收入230.0亿元，同比增长50.0%。

根据行业统计数据，全省电子信息产业统计内企业174家，其中，电子信息制造业企业58家，软件和信息技术服务业企业116家。在主要电子产品中，全年太阳能级硅晶材料产量18.0万吨，太阳能级硅片产量80.5亿片，太阳能电池产量5 737.5兆瓦，三元材料前驱体产量1 540.8吨，锂电池正极材料产量29.2万吨，音响产量60万台，手机产量1 927.4万部。

【电子信息制造业】 2022年，根据行业统计数据，云南省电子信息制造业实现工业总产值1 915.6亿元，实现主营业务收入2 051.4亿元，实现利润总额205.8亿元，从业人员年末人数49 002人。

【软件和信息技术服务业】 2022年，根据行业统计数据，云南省软件和信息技术服务业实现主营业务收入160.1亿元，其中，软件业务收入96.2亿元；实现利润总额5.0亿元，从业人员年末人数19 375人。

【信息基础设施】 2022年，云南省数字底座不断夯实。在信息化、数字化建设方面持续加码，加速布局“新基建”，畅通经济社会发展信息“大动脉”，促进新型基础设施建设与经济社会发展深度融合。截至2022年年底，全省累计建成移动基站39.1万个，其中，5G基站6.6万个，基本实现市县主城区及省级以上开发区全覆盖；光缆线路长度261万千米；移动电话用户5 132万户；

在用、在建及规划建设机架 4.2 万架，数据中心 50 个。

【工业互联网】 2022 年，云南省围绕促进制造业高质量发展，推进制造业数字化转型升级，在工业互联网体系构建、新技术新产品应用、标杆示范打造、产业生态环境培育和全产业融通发展等方面取得点和面的突破。

加强顶层设计和产业发展环境建设。起草《云南省制造业数字化转型若干政策措施》《新一代信息技术应用指南（工业领域卷）》《云南省制造业企业数字化转型能力评估规范》《云南省构建新一代信息技术人才培养体系实施方案》等文件，从政策措施、技术指导、服务体系等方面进一步强化推动新一代信息技术与制造业融合的制度保障。出台《关于加快全省制造业数字化改造 推动数字化转型发展的实施意见》，对全省制造业数字化转型的目标、路径、方法和重点工作进行全面指导。

打造数字化转型标杆示范。组织 60 余个项目、案例申报工业和信息化部 2022 年两化融合、工业互联网相关试点示范，共入选项目 20 个。其中，工业互联网试点示范项目 1 个，第一批财政支持中小企业数字化转型试点平台 1 个，智能制造标准应用试点项目 1 个，新一代信息技术与制造业融合发展试点示范 3 个，工业互联网平台创新领航应用案例 3 个。聚焦制造业企业“提质增效、降本降耗、安全生产”3 条主线，在 10 个重点行业遴选出 10 家制造业数字化转型标杆企业、10 家智能制造标杆企业。培育一批省级示范平台及项目，择优评选联诚科技工业互联网公共服务平台等 5 个平台为 2022 年度工业互联网特色示范平台。鼓励企业应用新一代信息技术，评选出云测产品质量检验与控制平台为服务型制造示范平台、中建光机电一体化共享技术与制造服务平台项目为共享制造示范项目。组织实施 30 个智能制造示范项目，涉及流程型、离散型、智能装备等 6 类示范模式。

提升制造业数字化转型服务能力。全省各类工业互联网平台 29 个，形成行业级、企业级及面向区域特色、专业特色的多层级工业互联网平台体系，服务范围覆盖 46 个国民经济细分行业，服务企业 23 715 家，连接设备 33 508 台，部署数据采集点 90.1 万个，整合工业软件 114 款，开发工业机理模型 14 个，获得各类专利 216 件。全年工业互联网平台投入运营经费 2.4 亿元，年收入 12.7 亿元。建设工业互联网服务商资源池，整合国内、省内企业数字化技术咨询、工程建设、应用服务等方面的资源和能力。组织完成第四批工业互联网服务商资源池申报评选，新入驻企业 35 家，资源池汇聚省内外各类服务商 160 余家、行业领域技术专家 197 名。组织专家、服务商团队到云南创视界光电科技有限公司等制造业企业进行现场诊断、评估，为企业转型发展“问诊把脉”，提出初步的数字化转型总体规划建议。

【两化融合】 2022 年，云南省开发基于互联网的制造业企业数字化转型能力评估系统，依托评估系统在红河哈尼族彝族自治州、楚雄彝族自治州、大理白族自治州、保山市 4 个州市，以及玉溪高新技术产业开发区、曲靖经济技术开发区、呈贡信息产业园区、安宁产业园区、昭阳经济技术开发区 5 个工业园区开展评估试点工作，经过线上动员会及培训，275 家规模以上企业注册系统，提交评估问卷 136 份。持续推进两化融合管理体系贯标，引导企业“上云用数赋智”，引导企业开展两化融合诊断、对标诊断，实施两化融合管理体系贯标。截至 2022 年年底，全省累计 2 835 家企业开展两化融合评估诊断，累计通过评定企业 182 家，新增通过评定企业 45 家。据不完全统计，截至 2022 年年底，全省上云企业累计超过 9 万家，其中，工业企业上云 7 611 家，设备上云 17 064 台。

【信息消费】 2022 年，云南省结合推进“新基建”和“数字云南”建设，突出区位优势和特色产业，加快推动信息消费持续增长。推动消费升级、产业转型和民生改善。全省累计 11 个项目入选工业和信息化部新型信息消费示范项目，涵盖农业、医疗、交通、城市服务等多个领域。昆明市入选工业和信息化部综合型信息消费示范城市，在提高信息消费供给水平、扩大信息消费覆盖面、优化信息消费发展环境等方面进行综合示范。引入国内龙头企业实现 5G 智能终端、OLED 微型显示器、PC 及服务器、机器人“云南造”。云南省数字经济开发区、区块链中心、斗南花卉交易平台、茶纹云、健康医疗大数据中心、智慧交管、智慧停车等项目相继落地，推进各领域创新蓬勃发展，数字化创新引领发展能力大幅提升。

【主要问题】 2022 年，云南省传统产业与数字产业融合不足，技术壁垒拉宽产业鸿沟；信息化、数字化人才不足，高端人才稀缺，在推动数字经济发展的人才储备、知识体系、运转协调方面还需要进一步提升；数字经济发展仍处于起步阶段，在国内排名较低，数字化基础设施支撑能力仍然较弱，数字经济发展中一些关键问题解决机制和方法仍需要不断完善。

[供稿：云南省工业和信息化厅]

西藏自治区

【概况】 2022 年，西藏自治区落实数字西藏建设的一系列安排部署，围绕“四件大事”，推进“四个创建”，争取做到“四个走在前列”，将数字经济发展培育成助力高原经济高质量发展的新动能。全年西藏自治区实现数字经济增加值 204.8 亿元，同比增长 5.8%，占全自治区 GDP 的 9.6%。

【软件和信息技术服务业】 2022 年，西藏自治区有软件和信息技术服务业企业 300 余家，其中，规模以上软件和信息技术服务业企业 17 家，较上年新增 2 家，实现主营业务收入 8.6 亿元。网智天元科技集团股份有限公司面向全域风险管理的智能金融信息服务平台获得工业和信息化部 2022 年新型信息消费示范项目。西藏高驰科技信息产业集团有限责任公司、网智天元科技集团股份有限公司、西藏查瓦云科技有限责任公司依托藏语言文字特色资源，加强藏语音智能软件研发，实现“汉藏智能互译”“人工翻译”“学双语”等功能。

【数据基础设施】 2022 年，西藏自治区大数据发展管理局成立并正式挂牌运行，负责统筹推进西藏自治区大数据中心建设及数据治理应用，填补西藏自治区无省级大数据中心的空白。截至 2022 年年底，实现自治区级 305 个应上云业务系统中的 188 个业务系统部署上云，搭建“社会治理、生态环保、经济运行、兴边富民”4 个应用主题。

【信息基础设施】 截至 2022 年年底，西藏自治区累计建成 5G 基站 8 099 个，实现县级以上及重点乡镇覆盖。物联网加快普及应用，移动物联网终端连接数 121.8 万个。网络惠民服务深入推进，千兆用户 2 万户。互联网省级带宽 2 656Gbps，助力西藏自治区融入国家“东数西算”战略布局。千兆光网打造西藏教育发展新引擎项目获得全国首届“光华杯”千兆光网应用创新大赛一等奖。

【大数据】 2022 年，西藏自治区宁算大数据中心一期、中国移动（西藏拉萨）数据中心一期建成，全自治区数据中心机架容量突破 1.5 万架，全年数据中心实现营业收入约 1.5 亿元。网智天元科技集团股份有限公司的多语种社会治理舆情监控大数据平台获得工业和信息化部 2022 年大数据产业发展试点示范项目。西藏自治区支持企业开展数据管理能力成熟度贯标，3 家企业通过贯标。

【工业互联网】 2022 年，西藏自治区工业互联网公共服务平台项目可行性研究报告获西藏自治区发展和改革委员会批复，项目初步设计及概算编制工作也已完成。项目建成后可对西藏自治区工业和数字经济运行监测、助力企业数字化转型、服务企业绿色节能和安全生产提供平台支撑。截至 2022 年年底，全自治区有工业互联网应用项目 2 个，西藏华泰龙矿业开发有限公司数字矿山、西藏玉龙铜业股份有限公司智慧矿山初步实现生产环节工业互联网应用。

【电子政务】 2022 年，西藏自治区持续优化完善政务服务 App，推动更多事项“网上办”，全自治区政务服务事项网上可办率 99.5%。不断拓展西藏自治区电子政务外网覆盖面，电子政务外网接入点位 7 080 个，实现自治区、地（市）、县（区）、乡（镇）4 级全覆盖，形成“横向到边，纵向到乡（镇）”的“一张网”格局，承载各级各部门非涉密业务系统 167 个。依托电子政务外网安全监管平台和运维管理平台，实现保通率 99.0%。

【两化融合】 截至 2022 年年底，西藏自治区两化融合发展水平 58.6，通过两化融合管理体系贯标企业 22 家。西藏华泰龙矿业开发有限公司数字矿山、西藏高争建材股份有限公司生产大数据管理平台、西藏奇正藏药股份有限公司智能制造等 20 个工业领域数字化改造项目陆续建成投用。

【重点信息化项目】 2022 年，西藏自治区信息化项目完成投资 52.1 亿元。在民生保障领域建成西藏自治区远程医疗服务平台、林芝市健康云等项目。在教育领域建成智慧教育、日喀则 30 所数字校园示范、山南市组团式援藏教育信息化等项目。在应急指挥救援领域建成国家地震烈度速报与预警工程（西藏）项目。在产业领域建成日喀则青稞产业大数据中心、宁算大数据中心一期、西藏高驰科技信息产业集团有限责任公司“藏译通”App 等项目。

【5G 应用】 截至 2022 年年底，西藏自治区累计培育 20 个 5G 应用项目，其中，西藏玉龙铜业股份有限公司“5G + 无人驾驶”等 11 个项目建成应用，中国联通 5G 打造西藏华泰龙智慧矿山项目获得 2022 年第五届“绽放杯”5G 应用征集大赛绿色智能制造专题赛三等奖。

【数字经济集聚区】 2022 年，西藏自治区制定印发《拉萨数字经济集聚区（面向南亚的数字港）建设 2022 年工作方案》，以拉萨高新技术产业开发区为核心区，打造西藏数字经济集聚区。拉萨高新技术产业开发区累计注册数字经济类企业 2 596 家，全年实现营业收入超过 45 亿元。

【工控安全】 2022 年，西藏自治区邀请国家工业信息安全发展研究中心专家进藏，实地对涉及天然饮用水、藏药、物流、建材、水电、矿山等行业的 10 家重点企业进行工业控制系统网络评估，并为每家受评估企业编制评估报告，督查企业全部完成问题整改。

【产业环境】 2022 年，西藏自治区制定出台《关于加快推进数字西藏建设的意见》《数字西藏建设行动计划（2022—2025 年）》等文件；研究出台《西藏自治区数字经济发展实施方案（2022—2025 年）》，提出实施数字经济发展“437”行动，打造“国家高原智慧文化旅游新样板”“国家高原特色农牧业新示范”“国家清洁能源数字化应用新标杆”等“6 新”数字屋脊，以期走出一条高原边疆民族地区数字经济差异化发展新路子。

将西藏自治区传统企业改造升级、数字经济企业升规入统、企业申报国家和自治区有关试点示范和典型案例等纳入西藏自治区中小企业发展专项资金奖励补助范围，支持数字经济发展。为促进企业数字化转型，出台《西藏自治区数字化转型骨干企业认定管理办法（试行）》，将培育认定一批本地数字化转型骨干企业。加强与银行等金融机构协作，全年梳理 57 家高新数字企业融资对接清单，并推送给银行等金融机构，为数字经济企业提供 9.2 亿元信贷支持。

【主要问题】 2022 年，西藏自治区数字经济产业结构不合理，缺乏电子信息制造业企业支撑，仅有电信卫星广播传输服务业、软件和信息技术服务业、互联网相关服务业，其中，电信卫星广播传输服务业主营业务收入占比 80%；传统企业存在小、散、弱现状，同时存在部分企业负责人对数字化发展长远意义认识不到位，数字化转型现实需求和技术实力不足；数字化专业人才短缺，在一定程度上制约了数字经济发展。

[供稿：西藏自治区经济和信息化厅]

陕 西 省

【概况】 2022年，陕西省电子信息制造业按工业和信息化部大口径统计，有规模以上企业362家，实现营业收入4 076.1亿元，同比增长35.2%；实现利润总额247.3亿元，同比增长3.4%。按小口径统计（计算机、通信和其他电子设备制造业），陕西省有规模以上企业253家，实现营业收入2 308.5亿元，占全省规模以上工业企业营业收入的6.6%，同比增长17.2%；实现利润总额194.7亿元，同比下降11.1%。软件和信息技术服务业总体运行稳中有进，全年实现软件业务收入2 218.5亿元，同比增长11.0%；从业人员超过24万人。

【电子信息制造业】 2022年，陕西省电子信息制造业以半导体及集成电路、太阳能光伏、新型显示、智能终端、光子、传感器6个产业为重点，全力以赴稳增长，推动重点项目建设，不断提升产业发展水平。受消费电子产品市场需求低迷等因素影响，全年电子信息制造业规模以上工业增加值同比增长7.1%。在主要电子信息产品中，全年手机产量3 113.9万部，同比下降32.4%；电子元件产量64.6亿只，同比下降21.7%。

半导体及集成电路产业共有半导体企业、科研院所及相关机构270余家，从业人员约6万人，形成从半导体设备和材料研制与生产，到集成电路设计、制造、封装测试及系统应用较为完整的产业链，以西安高新技术产业开发区、西安经济技术开发区为核心呈现集群式发展态势。根据陕西省半导体行业协会统计，全年半导体产业实现销售收入1 228.3亿元，同比下降18.8%。其中，设计业实现销售收入209.6亿元，同比增长20.5%；制造业实现销售收入568.5亿元，同比下降41.3%；封测业实现销售收入142.8亿元，同比增长6.4%；支撑业实现销售收入213.3亿元，同比增长30.8%；分立器件实现销售收入94.1亿元，同比增长28.2%。全年半导体及集成电路产业产品进出口总值2 923.3亿元，占全省外贸总值的60.5%。

太阳能光伏产业形成完整产业链，共有重点企业20余家，主要分布在西安市、咸阳市、渭南市、商洛市、榆林市等市。隆基绿能科技股份有限公司全年单晶硅片出货85.1吉瓦，连续9年稳居全球单晶硅片出货量首位；组件出货46.8吉瓦，连续3年组件出货量和市场占有率均居全球首位；2022年7月，隆基绿能中央研究院正式投用。彩虹集团新能源股份有限公司是全国光伏玻璃行业五强之一，杨凌美畅新材料股份有限公司金刚石线年产能4 500万千米，特变电工西安电气科技有限公司光伏逆变器业务遍及全球4大洲20余个国家。全年光伏重点企业产值突破千亿元，新增装机容量213.4万千瓦，累计装机容量1 516万千瓦。

新型显示产业以咸阳高新技术产业开发区为主要承载地，以彩虹光电G8.6液晶面板生产线及其配套项目为核心，形成百亿元级新型显示产业集聚区。上游有TFT-LCD玻璃基板、液晶材料、印制线路板用覆铜板项目，以及为G8.6液晶面板生产线就近配套的偏光片、光学膜、湿化学品等；中游有G8.6液晶面板项目；下游有液晶监视器和大尺寸液晶电视OEM项目等。虹阳显示（咸阳）科技有限公司投建的G8.5+基板玻璃生产线一期项目开工建设，项目建成达产后预计年产基板玻璃582万片。受液晶面板价格下跌影响，全年新型显示产业重点企业实现产值约180亿元。

智能终端产业形成一定产业基础和集群规模，以西安市为主要承载地，在芯片研发方面，具备三星闪存芯片、紫光展锐基带芯片、中兴射频芯片、华为西安研究所海思芯片、紫光国芯DRAM芯片等高端芯片研发设计能力；在移动终端设计方面，集聚一批高端设计公司，其中，华为技术有限公司与中兴通讯股份有限公司在西安市的研发人员已超万名，专注手机研发技术人员数千名；在智能手机制造方面，以西安中兴通讯终端科技有限公司、西安比亚迪电子有限公司两大整机制造企业为依托，全省实现年产智能手机8 000万部生产能力。

光子产业孵化和培育近百家高科技企业，实施“追光计划”，聚焦先进激光与光子制造、光子材料与芯片、光子传感三大领域，构建光子技术与产业创新生态体系，并提供全方位的资金、研发中试、工艺代工和园区承载等服务，光子产业发展进入“快车道”。全年光子产业规模以上企业实现产值近百亿元，同比增长超过 50%；营业利润同比增长近 100%。

传感器产业围绕西安市、宝鸡市、汉中市形成 3 个主要产业集聚区，产品涉及压力、温度、流量、液位、角度等多个类别，其中，压力传感器占比最大，全年产业规模近百亿元。位于姜谭经济技术开发区的西部传感器产业园是宝鸡市及渭滨区按照“功能布局一流、协作配套一流、绿色低碳一流、智慧共享一流”标准聚力打造的全国传感器产业基地，项目全部建成后，将形成集创新研发、集成应用、高端制造、贸易集散、展览展示于一体的传感器全产业链体系，预计实现年产值 50 亿元以上。

【软件和信息技术服务业】 2022 年，陕西省印发《陕西省“十四五”软件业发展规划》；开展 2 批首版次软件产品征集工作，共认定首版次软件产品 31 款，给予奖补资金 1 000 万元；完成全省 2021 年享受软件和集成电路设计申报所得税优惠政策企业备案资料的核查工作，44 家企业享受免缴、减半征收所得税优惠共 5 000 万余元，其中，符合国家鼓励软件企业条件的 28 家企业享受减免企业所得税优惠 4 000 余万元；推荐的 2 款产品入选工业和信息化部 2022 年工业软件优秀产品。全省实现软件业务收入 2 218.5 亿元，同比增长 11.0%。其中，软件产品收入 632.9 亿元，信息技术服务收入 1 382.1 亿元，信息安全收入 20.2 亿元，嵌入式系统软件收入 183.3 亿元。根据工业和信息化部运行监测协调局发布的《2022 年 1—11 月分地区软件和信息技术服务业主要经济指标完成情况表》，陕西省软件业务收入居全国第 12 位。

【大数据】 2022 年，陕西省审议通过《陕西省大数据条例》，印发《陕西省加快推进数字经济产业发展实施方案（2021—2025 年）》，营造数字经济良好发展法治政策环境；征集并发布 30 个数字化典型应用场景，推荐的 4 个项目入选工业和信息化部 2022 年大数据产业发展试点示范项目；举办 2022 西部数字经济博览会，搭建西部地区数字经济全产业链高质量发展交流平台；新增成为数据管理能力成熟度贯标试点地区，西咸新区新型工业化大数据产业基地成为四星级大数据示范基地。全年数字经济规模首次超过 1 万亿元，同比增长 13.9%，高于同期全省名义 GDP 增速 3.9 个百分点。全省大数据产业步入链圈结合、融合创新、安全发展新阶段，逐渐成为支撑全省经济社会发展的优势产业。

【工业互联网】 2022 年，陕西省支持中小企业上平台用平台，开展中小企业上云上平台项目申报工作，对向省内中小企业上云服务平台目录中的公有云平台购买产品或服务的企业，给予合同金额一定比例的补贴，共计安排资金 600 余万元支持中小企业通过平台应用赋能实现数字化转型升级。鼓励企业开展星级上云评定，首次认定法士特集团、中煤陕西榆林能源化工有限公司 2 家企业的星级上云项目并给予奖励，提升企业上云比例和云化应用深度。支持工业互联网标杆工厂建设，围绕五大新应用模式，支持和引导制造业企业开展工业互联网基础能力、标杆能力和创新能力建设，首次认定陕西重型汽车有限公司等 10 家企业的工业互联网标杆工厂，并给予奖补资金 500 万元。建设工业互联网创新人才培训基地，依托西北工业大学中标工业和信息化部工业互联网创新发展工程项目，建设陕西省工业互联网创新人才培训基地，培养数字化转型人才，解决企业“不会转”难题，提升企业核心竞争力。

【物联网】 2022 年，陕西省设立物联网产业链联合办公室，高质高效推进秦创原 · 陕西物联网产业基地建设，组织物联网产业重点项目和链主企业申报，多次赴省外进行物联网产业招商推介，先后举办陕西物联网产业链长三角合作交流会、智能感知与物联网产业链发展专题培训等活动，围绕物联网产业链“12388”提升发展战略，提升智能传感器研发力度，加快核心器件产业化进程，助力全省智能传感器制造工艺水平提升；同时，探索集成应用领域，加强与省内外高端装备与智能制造产业研究院校、专家及企业的对接，推动产业集成创新和规模化发展进程。

【信息产业基地和园区】 2022 年，西安软件园形成“2+5+*N*”（包括应用软件、信息技术服务 2 个优势产业，集成电路设计、跨境电商、大数据与云计算、数字创意、信息安全 5 个新兴产业，以及人工智能、5G、工业互联网、物联网等产业）发展新格局，以丝路软件城为核心，以软件园示范区、服务外包基地、人工智能产业园、数字经济产业园为支撑的空间布局，集聚陕西省 90% 以上的行业企业及软件龙头企业，是陕西省、西安市软件产业发展的“主引擎”“主平台”“主阵地”。西安软件园拥有软件企业超过 4 100 家，其中，规模以上企业 226 家，营业收入超过 1 亿元企业 68 家，从业人员 1 万人以上企业 3 家，上市上柜企业 40 家；吸引 36 家世界 500 强企业、52 家中国软件收入百强企业设立研发或分支机构，吸引软件研发机构超过 150 家。

【两化融合】 2022 年，陕西省印发《陕西省“十四五”信息化和工业化融合发展规划》；先后支持 9 个两化融合项目、31 个信息化建设项目，共计安排财政资金 2 000 万余元；对 25 个通过两化融合管理体系贯标评定的企业给予一次性奖励资金 20 万元；推荐的 5 个项目入选工业和信息化部 2022 年新一代信息技术与制造业融合发展试点示范。截至 2022 年 11 月底，全省参与升级版两化融合管理体系贯标企业 1 272 家，累计通过贯标企业 835 家，获得升级版贯标证书企业 721 家。

根据两化融合公共服务平台统计数据，陕西省企业生产设备数字化率 44.0%，数字化研发设计工具普及率 70.3%，关键工序数控化率 52.1%，应用电子商务的企业比例 60.3%，实现产业链协同的企业比例 11.0%，实现网络化协同的企业比例 33.1%，开展服务型制造的企业比例 21.7%，开展个性化定制的企业比例 9.4%，数字化生产设备联网率 39.6%，智能制造就绪率 9.6%，工业云平台应用率 39.7%，关键业务环节全面数字化普及率 41.5%，两化融合发展水平 77.1。

【信息消费】 2022 年，陕西省组织开展新型信息消费示范项目征集推荐，延安华圣三农科技服务有限公司的延安华圣 e+ 网络品牌服务体系建设、陕西安康秦巴众创科技发展有限公司的安康乡村振兴空间电商平台 2 个项目入选工业和信息化部 2022 年新型信息消费示范项目；动员并组织省内从事信息消费产品、应用服务研发的企事业单位参加 2022 年全国工业 App 和信息消费大赛。

【数字化转型】 2022 年，陕西省开展“551 企业数字化转型行动计划”，即成立 5 个数字化转型特派员小分队，组织 50 名专家，进入 100 家企业，向企业免费提供数字化转型服务报告，帮助企业降本提质增效，并形成工作月报制度，确保各小分队工作进度和服务质量，完成 109 家企业的调研并形成服务报告，超额 9 家企业完成年初设定任务。

先后两次举办企业数字化转型能力提升专题研修班，累计培训工业和信息化部门和重点企业业务人员 250 余人次。陕西工信数字化转型微信公众号上线，旨在融合新媒体、塑造新形象、树立新典型，引领发展方向、汇聚优质资源、推行惠企政策，推进工业经济新发展、新风貌，单篇政策发布文章最高阅读量近 5 000 人次。举办“数字化转型：产业升级新动能高峰对话”活动，向顾问单位推介陕西省产业数字化转型升级发展情况，为顾问单位与陕西省合作搭建沟通交流平台。

【主要问题】 2022 年，陕西省电子信息制造业缺少本土领军企业，本地配套率较低，各环节间缺乏协同，公共服务平台规模偏小、资源偏少，服务能力有待提高；大数据产业缺少具有行业带动力和市场影响力的本土龙头企业，难以形成大数据融合发展效应；两化融合发展水平还不高，企业发展不平衡，与经济发达地区相比还存在一定差距；工业互联网平台融合应用与产业发展落地的“最后一公里”尚未打通，需要进一步提升省内重点产业园区和产业集群在工业互联网平台创新应用方面的示范引领作用；行业龙头企业、高等院校、智库的服务和协调作用不够突出，企业缺少高素质应用型、复合型、创新型数字化领域和工业互联网技能人才。

［供稿：陕西省工业和信息化厅］

甘 肃 省

【概况】 2022年，甘肃省通过全面推进5G、工业互联网、数据中心、智能制造重大领域建设，以及完善基础设施、深化融合应用、壮大产业生态等举措，推进数字经济和实体经济深度融合，数字基础设施持续夯实，数字赋能水平显著提升。

【电子信息制造业】 2022年，甘肃省电子信息制造业集群效应逐渐显现。全年电子信息制造业在统企业14家，实现主营业务收入278.6亿元，同比增长10.8%。

集成电路产业主要集中在天水市、兰州新区，形成以集成电路封装测试为核心，以集成电路设计制造、封测专用设备、引线框架为重点，以模具、备件、包装材料、专用材料等为辅助配套的发展体系。

光伏制造产业主要集中在酒泉市、张掖市、金昌市、武威市，产品以晶硅类为主导，包括硅料提纯、晶硅拉棒、切片、电池片、光伏组件等，在建和即将开工的项目建成投产后，全省光伏装备将实现上下游全产业链贯通。

锂电池产业主要集中在金昌市、白银市、兰州新区，立足镍、铜、钴等有色金属资源优势和产业基础，聚焦动力电池、储能电池2种应用方向，重点发展镍钴锰酸锂、磷酸铁锂2种电池材料，推动形成互融共促的产业生态。

智能制造产业主要集中在兰州市、平凉市、张掖市。甘肃长风电子科技有限责任公司是省级“智能机器人产业链链主”企业，形成工业机器人平台、高端智能成套装备、智能制造整体解决方案三大核心业务，研发出自主导航和智能避障类机器人、桁架机器人及工业机器人等产品。平凉智能光电产业园项目概算总投资约50亿元，完成固定资产投资4.4亿元；招引产业12家，洽谈储备智能光电类项目20余个，初步实现产业园内企业产品“小循环”；在引进的6家企业中，4家企业建成投产，2家企业正在调试设备；园区全年完成产值3.5亿元。张掖智能制造产业园项目总投资100亿元，累计完成投资19亿元；入驻企业32家，并相继投产运营，业务领域涉及手机整机、机器人、计算机、智能家电、智能家居、医疗器械等产品；园区全年完成工业产值7 091.1万元。

【软件和信息技术服务业】 2022年，甘肃省软件和信息技术服务业支撑作用持续提升。全年软件和信息技术服务业实现主营业务收入82.2亿元，同比下降1.9%。拥有规模以上企业82家，主营业务收入超过1亿元企业17家。全行业研发费用投入2.6亿元，研发经费投入强度为7.1%；拥有软件著作权1 967件，同比增长45.0%。47家企业设有研发机构。甘肃鲲鹏生态创新中心投入建设，6家鲲鹏生态企业在甘肃省注册落地，与134家信息技术企业开展鲲鹏生态合作。全省累计孵化232个基于鲲鹏信息技术的数字化转型解决方案，培养本地高校、企业鲲鹏技术人才5 000余名，以鲲鹏算力技术为核心的数字经济产业链逐步形成。

【科技进步与应用】 2022年，甘肃省提升企业创新和转化能力，新培育认定省级企业技术中心、行业技术中心等各类创新主体64家（包括省级企业技术中心20家、行业技术中心14家、工业设计中心21家，以及省级技术创新示范企业8家、制造业创新中心1家），完成工业新产品备案105款、新工艺新技术300余项；新产品销售收入占全部工业销售收入的7.6%。数字技术研究应用能力不断增强。兰州大学聚焦心理生理计算、开放架构的网络计算平台、可穿戴装备、开源可信软件、基于实时的物联网关键技术等研究方向，在人工智能、芯片制造、物联网、大数据、认知科学、云计算等领域取得突破。中电万维信息技术有限责任公司聚焦计算机视觉、自然语言处理、多模态3个方向，建成1个AI中台重点产品，具备全栈的AI研发与训练服务能力；基于AI中台建设AI小模型，训练发布AI能力81项，其中6项达到业界先进水平；有AI研发人员60名、核心算法研发人员13名；AI受理专利32件，授权专利9件。建成甘肃省智慧交通重点实验室、甘肃省智慧交通与智能网联汽车综合测试应用示范基地。发挥龙头企业支撑带动作用，以天水华天电子集团为核心，新组建甘肃省集成电路制造材料创新联合体，为打造西部集成电路封测产业集聚区提供科技支撑。

【信息基础设施】 2022 年，甘肃省互联网省际出口带宽 23 000Gbps；出省直联方向 22 个，涵盖国内“北（京）上（海）广（州）西（安）成（都）”重点核心节点及周边省份。全省光缆线路总长度 110.1 万千米；有国家一级干线光缆 26 条，上联国内网络核心节点城市，辐射周边省市。其中，通过西安－兰州－乌鲁木齐、兰州－西宁－拉萨等国家一级干线光缆直达中亚、南亚国家，为全省西向信息通信对外开放奠定网络基础条件。全省累计建成移动通信基站 21.5 万个，其中，建成 5G 基站 3.7 万个，实现全省乡（镇）以上区域 5G 网络连续覆盖，实现所有行政村通宽带。推进兰州国家级互联网骨干直联点、全国一体化算力网络国家枢纽节点建设，庆阳市作为八大全国一体化数据中心集群之一，已建设与国内其他国家枢纽节点直联链路。加快推进千兆光网建设，累计建成 10G PON 端口 33 万个，实现乡镇以上区域千兆光网覆盖，酒泉市获批工业和信息化部 2022 年千兆城市。实现云计算、大数据等新兴业务收入 42 亿元。

【工业互联网】 2022 年，甘肃省工业互联网生态体系日益完善。举办工业互联网一体化进园区“百城千园行”活动甘肃省启动仪式暨首站（兰州新区）活动，通过政策解读、专家授课、案例分享等方式，宣讲国内外工业互联网发展前沿趋势，推动先进经验和成功模式复制推广，发挥工业园区产业集聚优势，推动工业互联网落地普及，促进园区企业加快数字化转型。发挥甘肃省工业互联网产业技术创新联盟、甘肃省工业互联网产业研究院及 3 个分院作用，推动完成省级工业互联网专家委员会和分领域技术支撑团队组建，结合分院职能制定需求方案，汇聚算力资源，完成工业互联网专家委员会和分领域技术支撑团队的资料收集汇总。深化融合应用，建成区域级、行业级、企业级工业互联网平台 23 个，酒钢集团宏兴股份公司西沟矿业公司的“5G＋智慧矿山”项目获得第五届“绽放杯”5G 应用征集大赛智慧采矿专题赛一等奖。

【数字赋能全产业链】 2022 年，甘肃省推动数据赋能全产业链发展，重点企业经营管理数字化普及率、企业数字化研发设计工具普及率、工业企业关键工序数控化率分别达 58%、54%、50%。加快工业互联网、5G 和实体经济深度融合，聚焦智慧矿山、智能制造、无人搬运仓储物流（AGV）、工厂园区安防监控、智慧杆塔、智慧医疗、智慧教育等多个“5G＋工业互联网”重点应用场景，实施应用项目 600 余项，赋能制造业数字化转型作用日益凸显。其中，酒钢集团宏兴股份公司西沟矿业公司的“5G＋智慧矿山”项目实现人机分离、远程控制，劳动生产率提高 33.3%；白银有色集团股份有限公司通过打造铜冶炼智能工厂示范工程，铜业公司阴极铜较上年增产 34.6%，铜冶炼综合能耗较上年下降 14.2%，均创投产以来最高水平；紫金云数据中心 1.1 期工程可提供 2 543 个机位服务能力，被工业和信息化部等六部委确定为国家绿色数据中心，已入驻上线“天翼云”“鲲鹏云”“紫光云”“金川云”等多家数据业务。

【网络安全】 2022 年，甘肃省从事网络安全产业的企业数量快速增长，现有甘肃国信安全信息服务有限公司、兰州大学应用技术研究院有限责任公司、甘肃海丰信息科技有限公司、甘肃安信信息安全技术有限公司等 12 家企业，北京启明星辰信息安全技术有限公司等 8 家国内知名企业陆续入驻甘肃省。依托丝绸之路信息港股份有限公司建成网络安全运营中心，在如意云接入 46 家企事业单位的业务系统，管理资产超过 1 200 个，日均检测疑似攻击超过 15 万次，保障全省关键信息基础设施的安全运行，降低网络安全运行维护投入成本。

【产业环境】 2022 年，甘肃省加快数字经济、数字赋能、强工业行动等部署，完善政策支撑体系，优化融合发展环境，落实《甘肃省 5G 建设及应用专项实施方案》《甘肃省“十四五”工业互联网发展规划》，出台《甘肃省强工业行动实施方案（2022—2025 年）》，编制《关于开展推动信息通信业高质量发展赋能产业转型升级行动方案》，为全省工业企业加快数字化转型提供行动指南。落实《甘肃省电子信息产业链水平提升实施方案（2021—2025）》《甘肃省“十四五”电子信息产业发展规划》《电子产业链“一链一策”工作推进手册》等政策文件，提出电子信息产业的发展方向和重点任务，以集成电路、软件和信息技术服务、大数据、锂电池等产业链为重点，打造天水集成电路产业基地、兰州新区大数据产业基地、兰州软件园、平凉智能光电产业园、张掖智能制造产业园“两个基地、三个园区”，依托资源优势，推动锂电池和光伏产业延链补链强链。全年实施电子产业链年度重大项目 39 个，年度计划投资 60.3 亿元，累计完成投资 64.0 亿元。

［供稿：甘肃省工业和信息化厅］

青 海 省

【概况】 2022 年，青海省电子信息制造业重点联系企业实现工业总产值 758.7 亿元，较上年增加 524.6 亿元，同比增长 224.0%，其中，规模以上电子信息制造业企业实现工业总产值 327.3 亿元，占比 43.1%；实现主营业务收入 769.2 亿元，较上年增加 497.2 亿元，同比增长 182.8%。软件和信息技术服务业重点联系企业实现营业收入 12.2 亿元，同比增长 10.6%；实现软件业务收入 5.2 亿元，同比下降 1.7%。

【电子信息制造业】 2022 年，青海省新能源产业、储能产业市场需求激增，碳酸锂价格屡创历史高点，为迎合市场需求，锂电产业企业扩增产线、释放产能、加大基建投入，实现较好较快发展。全年锂电产业实现主营业务收入 418.5 亿元，较上年增加 257.8 亿元，同比增长 160.4%；实现工业总产值 398.2 亿元，较上年增加 273.9 亿元，同比增长 220.4%。全年晶硅及光伏产业实现主营业务收入 247.2 亿元，较上年增加 203.5 亿元，同比增长 465.7%；实现工业总产值 251.0 亿元，较上年增加 206.9 亿元，同比增长 469.2%；实现利润总额 3.6 亿元，较上年减少 6.7 亿元，同比下降 65.0%；企业盈利面 50.0%，与上年持平。箔材料及其他配套产业对光伏等产业依赖程度较高，随着配套产业市场走势良好，盈利水平有较大幅度提升，整体发展态势良好。全年箔材料及其他配套产业实现主营业务收入 103.5 亿元，较上年增加 35.9 亿元，同比增长 53.1%；实现工业总产值 109.5 亿元，较上年增加 43.8 亿元，同比增长 66.7%。

【软件和信息技术服务业】 2022 年，青海省软件和信息技术服务业重点联系企业完成软件产品收入 4 777.4 万元，同比下降 44.3%。在入统的 15 家企业中，软件产品收入超过 100 万元企业 8 家、超过 500 万元企业 3 家；实现工业软件收入 195.3 万元，同比下降 92.2%。信息技术服务收入稳步增长，其中，大数据服务收入、集成电路设计收入对整体信息技术服务收入拉动明显，但云服务收入、电子商务平台技术服务收入同比有所下滑，全年软件和信息技术服务业重点联系企业实现信息技术服务收入 4.5 亿元，同比增长 5.3%。加强信息安全保护，信息安全产业面临良好政策环境，处于快速发展的历史机遇期，全年软件和信息技术服务业重点联系企业实现信息安全收入 1 911.6 万元，同比增长 113.8%。嵌入式系统软件企业存在数量少、体量小、结构单一的劣势，全年软件和信息技术服务业重点联系企业实现嵌入式系统软件收入 555.6 万元，同比下降 44.2%。

【信息基础设施】 2022 年，青海省持续加大 5G 网络建设应用，累计建成 5G 基站 10 620 个，5G 网络已覆盖全省 100% 的县城区域和乡镇区域。西部矿业股份有限公司锡铁山分公司“电机车无人驾驶 +5G 智能融合”项目入选工业和信息化部 2022 年物联网示范项目，“青海盐湖 5G + 安全生产融合创新”项目获得第五届“绽放杯”5G 应用征集大赛一等奖。青海省申报开展国家电信普遍服务项目，助力数字乡村建设。中国移动（青海）高原大数据中心入选工业和信息化部国家新型数据中心典型案例，中国电信（国家）数字青海绿色大数据中心作为中国首个 100% 清洁能源可溯源绿色大数据中心建成投运，西宁国家级互联网骨干直联点获批建设，有效促进全省信息产业集聚和经济社会转型升级。

【工业互联网】 2022年，青海省编制《青海省工业互联网发展规划（2023—2025）》，促进全省工业互联网加快发展。工业互联网标识解析综合型二级节点（青海）实现规模化应用，累计标识注册量2.1万个、标识解析量1 065万次。省级工业互联网安全态势感知平台覆盖省内300余家工业企业互联网出入口流量，有效提高接入工业企业抵御安全风险能力。加快盐湖化工工业互联网平台推广应用，为盐湖产业数字化创新发展提供高效数据及一体化服务支撑。

【信息安全】 2022年，青海省开展年度工业控制系统信息安全检查，督促企业落实防护措施，杜绝网络安全事故发生；履行全省数据安全工作协调机制牵头单位职责，制定相关工作方案，加快构建数据安全监管体系，防范化解工业和信息化领域数据泄露突出风险；开展工业和信息化领域数据安全检查，遴选青海盐湖工业有限公司等7家企业，开展数据安全自查、整改，有效防范和化解数据安全风险。

【两化融合】 2022年，青海省通过宣贯两化融合管理体系贯标政策，引导和帮助企业实施两化融合管理体系贯标，青海盐湖元通钾肥有限公司等9家企业通过两化融合管理体系贯标；印发《青海省运用新一代信息技术促进国有企业数字化转型的指导意见》《关于下达省国资委监管企业2022年度数字化转型考核指标的通知》，将国有企业数字化转型纳入国有企业经营业绩考核指标，带动全省工业企业数字化转型；引导有基础、有条件的重点企业推进生产线智能化改造，推动建设数字化车间、智能化工厂；推广应用信息通信技术和智能装备，提高设计、制造、工艺、管理水平；推动企业上云用云工作，强化对企业宣传力度，优化企业上云用云实施路径、应用产品等，有效带动企业数字化转型。

【主要问题】 2022年，青海省企业对数字化、网络化、智能化发展紧迫性和重要性认识不够，两化融合对企业核心竞争力和综合效益的提升作用没有充分发挥；工业互联网、大数据、人工智能等新一代信息技术支撑作用发挥不够明显，多层次、多样化服务的数字化生态体系尚待健全完善；两化融合领域缺乏具有较强影响力和竞争力的龙头企业，信息化人才仍然缺乏。

[供稿：青海省工业和信息化厅]

宁夏回族自治区

【概况】 2022年，宁夏回族自治区推进黄河流域生态保护和高质量发展先行区建设，加快新旧动能转换，全面推进产业数字化、数字产业化，将数字信息产业确定为“六新”产业之一，通过科学规划、政策支持、平台搭建、融合创新，形成以银川经济技术开发区和高新技术产业开发区、中卫西部云基地为主体的产业集聚区。2022年，宁夏回族自治区信息产业实现产值680亿元，同比增长49.1%。

【电子信息制造业】 2022年，在集成电路领域，宁夏中欣晶圆半导体科技有限公司成为国内大尺寸集成电路晶圆产能较大企业，可年产480万片8英寸和360万片12英寸半导体级单晶硅片；宁夏创盛新材料科技有限公司生产的40万片导电型、半绝缘型碳化硅衬底晶片专用于大功率芯片制造，是半导体新发展方向；九天智能科技（宁夏）有限公司的芯片测试封装规模达2亿片，为国内新能源企业、光伏企业供应芯片产品。

在光伏制造领域，宁夏中环光伏材料有限公司50吉瓦太阳能级单晶硅材料智慧工厂是电子信息制造业的全球样板工厂；银川隆基硅材料有限公司在建成世界最大单晶硅棒生产基地基础上，与宁夏中卫协鑫光伏电力有限公司、矽盛光电（宁夏）有限公司等10余家企业一起向建设中国“新硅都”加速迈进。

在电子元器件制造领域，天通银厦新材料有限公司的 400 千克级工业蓝宝石晶体技术全国领先；宁夏鑫晶盛电子材料有限公司的工业蓝宝石晶体制造加工项目已建成投产，打造全球产能最大、技术领先的蓝宝石生产加工基地。

在锂离子电池制造领域，宁夏回族自治区依托丰富的电力资源优势和干燥的气候条件，培育宁夏宝丰能源集团股份有限公司，引入国内锂电池头部企业投资布局，通过加快技术创新，提升绿色制造、智能制造水平，增强核心竞争力，不断提高锂离子电池制造业产业链、供应链现代化水平。

【软件和信息技术服务业】 2022 年，宁夏回族自治区有软件企业约 500 家，其中规模以上软件企业 47 家，累计获得计算机软件著作权超过 5 000 件。举办第四届宁夏工业 App 创新应用大赛，集聚全国 800 余款工业 App 作品，形成资源池。建成西北首个软件开源社区（opendao），基于区块链技术实现对开源项目价值管理，集聚全球开发资源，提高开源软件开发效率，网站每日访问量约 25 万次，在线人数近万人，网站知名度和使用量排名靠前。组织实施人工智能、区块链、算力调度等 9 个大数据与软件行业关键技术揭榜攻关项目，有效推动企业技术升级。累计实施智慧景区综合管理系统、数字乡村大数据服务平台、视频大数据的执法应用等 47 个大数据产业试点示范项目，推动大数据在工业、农业、服务业等领域的融合应用。

【信息基础设施】 2022 年，宁夏回族自治区互联网宽带接入端口 690.1 万个，其中，光纤接入端口占比 99.2%；千兆以上宽带用户 76.0 万户，增速 189.9%；5G 基站 14 007 个，每万人拥有 5G 基站 19 个，5G 用户普及率 54.0%。宁夏回族自治区石嘴山市、中国广电宁夏网络有限公司的重点行业 IPv6 融合应用项目分别入选工业和信息化部等部门联合确定的 IPv6 技术创新和融合应用综合试点城市、IPv6 技术创新和融合应用试点项目，试点相关建设任务有序推进。

【云计算】 2022 年，宁夏回族自治区枢纽“1357”总体战略全面推进，实现交换中心“4 点有其一”、枢纽节点“8 区拥一位”、北斗分中心“9 域享一席”、根节点服务器“解析服务桥头堡”；建成大型、超大型数据中心 8 个，在建数据中心 7 个，成为西部地区最大的智算基地，数据中心产业发展总指数居全国第 9 位、西部地区第 1 位，算力质效指数居全国第 4 位、西部地区第 1 位，算力资源环境指数居全国第 1 位。亚马逊云向 4 000 余家企业提供云服务。联通闽宁云、移动苏宁云分别于 2022 年 4 月、6 月上线，主要为东部地区省份提供云主机、云储存等服务，已服务企业超过 300 家。

【工业互联网】 2022 年，宁夏回族自治区网络化协同、个性化定制、服务化延伸、智能化制造等工业互联网新模式、新业态加速普及。“工业互联网 + 安全生产”示范应用在民爆、危化、冶金等行业广泛开展，工业互联网平台建设和融合应用在“六新”产业深入实施。累计培育认定 173 个自治区级工业互联网试点示范项目，建成 11 个行业级、75 个企业级工业互联网平台，实现上云企业 1 200 家。

【物联网】 2022 年，宁夏回族自治区有窄带物联网（NB-IoT）基站 4 334 个，实现全自治区范围物联网覆盖，移动物联网终端用户 209.6 万户，同比增长 19.5%，其中，NB-IoT 物联网终端用户 138.7 万户，5G 物联网终端用户 1.1 万户，物联网在车联网、公共服务、智慧工业、智慧农业等领域应用加速推广。

【信息产业基地和园区】 2022 年，宁夏回族自治区软件产业构建“一核一基地多区”产业空间布局，其中，“一核”——银川市软件业务收入约占全自治区软件业务收入的 63%，“一基地”——中卫市软件业务收入约占全自治区软件业务收入的 34%，银川数字经济产业园、中卫西部云基地、银川中关村创新中心 3 个重点产业集聚区软件业务收入分别约占全自治区软件业务收入的 49%、33%、6%。

【两化融合】 2022 年，宁夏回族自治区两化融合发展水平 51.5，数字化研发设计工具普及率 59.4%，关键工序数控化率 59.4%。其中，两化融合发展水平居西部地区第 5 位，数字化研发设计工具普及率居西部地区第 6 位，关键工序数控化率居西部地区第 3 位。全自治区 50% 以上的制造业企业实现生产设备数据自动采集，ERP 等工业软件应用率超过 60%。从转型程度看，全自治区 70%

的制造业企业数字化成熟度处于起步阶段，大量中小企业成为数字化发展的生力军；25% 的企业处于数字化改造阶段，实现核心业务环节的数字化、网络化；5% 的企业处于网络化集成阶段，实现网络化集成及单点智能。

【主要问题】 2022 年，宁夏回族自治区电子信息制造业基础薄弱，服务器制造、高端芯片研发还处于空白，智能终端产业以零配件为主，缺乏高端成套产品；数据中心效益不高，主要以机架租赁、数据存储服务为主，仍处于产业价值链中低端，需要打破“非实时性数据存储”定位；与甘肃省、内蒙古自治区同为西部地区全国一体化算力网络国家枢纽节点，在算力产业发展方面形成同质化竞争；转型动力不足，平台企业缺少成熟且灵活的解决方案，数据管理及技术沉淀不足，工业企业受资金、人才、安全等因素制约，在供需两端未形成“建平台”“用平台”良性循环。

[供稿：宁夏回族自治区工业和信息化厅]

新疆维吾尔自治区

【电子信息制造业】 2022 年，新疆维吾尔自治区电子信息制造业整体保持稳定增长，实现主营业务收入 675.3 亿元，同比增长 49.0%；实现利润总额 312.9 亿元，同比增长 74.0%；实现工业总产值（现行价）643.0 亿元，同比增长 29.0%，主要增长点来自电子材料产业。受国际经济低迷影响，计算机、通信和其他电子设备制造业工业增加值增速同比下降 14.5%；出口交货值 3.7 亿元，同比下降 14.4%。

电子材料产业在全国市场影响力显著增强，主要产品多晶硅产量在全国占据优势，受国内外市场需求拉动，硅基电子材料市场需求旺盛。多晶硅产能 32.5 万吨 / 年，产量 34.2 万吨，同比增长 15.0%；单晶硅棒产量 2.6 万吨，同比增长 17.1%。铝基电子材料产业保持稳定增长，企业运行情况总体良好。电极箔产量 3 300 万平方米，同比增长 15.0%；电子铝箔产量 2.9 万吨，同比下降 12.7%。

受市场变化等多种因素影响，消费电子产业从业人员数出现下滑，劳动密集型消费电子企业发展缓慢，南疆消费电子企业数量、从业人员数明显下降，北疆 LED 照明、半导体贴片、封测产业等电子元器件生产企业运行稳定。截至 2022 年年底，新疆维吾尔自治区有消费电子产品生产企业 91 家，同比下降 43.0%；吸纳就业人数 8 534 人，同比下降 65.9%；实现产值 26.8 亿元，同比下降 33.0%。全年计算机整机产量 5 728 台，手机产量 85.8 万部，智能音箱产量 1.29 万台，光电子器件产量 125 万只，同比分别下降 67.9%、63.4%、81.8%、25.7%。

【软件和信息技术服务业】 2022 年，受市场变化等多种因素影响，新疆维吾尔自治区部分经济活动停顿，导致市场需求不足、要素保障困难，一些风险承受能力较弱的企业生产经营难度加大，软件和信息技术服务业发展趋势放缓。全年 83 家规模以上软件和信息技术服务业企业实现主营业务收入 73.8 亿元；实现软件业务收入 56.9 亿元，其中，软件产品收入 6.3 亿元，信息技术服务收入 49.3 亿元，信息安全收入 1.1 亿元，嵌入式系统软件收入 0.2 亿元；从业人员年末人数 8 343 人，工资总额 10.4 亿元。

产业载体建设取得新进展，新疆软件园工商注册企业累计超过 600 家，入园企业 280 余家，从业人员 1 万余人，年产值规模超过 60 亿元，实现税收 1.6 亿元，产业集聚作用进一步凸显。企业创新能力稳步提升，联合新疆生产建设兵团主办 2022 年“天山杯”第二届新疆软件创新应用暨工业 App 大赛，围绕重点产业、领域应用，以创新驱动、数字赋能助力自治区软件企业实现“换道超车”，推动新一代信息技术与实体经济融合发展。全年新增软件产品 130 款，累计 1 437 款；新增计算机软件著作权 71 件，累计 3 529 件。

【电子产品进出口贸易】 2022 年，新疆维吾尔自治区生产的电子铝箔、电极箔产品向日本、韩国、美国、欧洲等国家和地区批量出口。受国际经济低迷等因素影响，全年电子铝箔出口量 1 583 吨，电极箔出口量 312.8 万平方米，分别同比下降 54.7%、18.6%。

【科技进步与应用】 2022 年，新疆维吾尔自治区云计算、大数据、物联网、区块链等新一代信息技术在安全生产、智慧安防、平安社区建设、智能农机装备、智慧旅游等领域得到充分运用，重点在丝绸之路经济带创新驱动发展试验区、乌昌石国家自主创新示范区布局建设自治区级制造业创新中心，在信息技术应用工业云大数据产业培育自治区级制造业创新中心。推进光伏行业转型升级，开展光伏制造行业规范公告、智能光伏试点示范申报和推荐工作，新疆协鑫新能源材料科技有限公司入选工业和信息化部第十一批符合《光伏制造行业规范条件》企业，至此，新疆维吾尔自治区全部光伏生产企业均进入符合《光伏制造行业规范条件》企业名单；新特能源股份有限公司入选工业和信息化部第三批智能光伏试点示范企业，促进智能光伏产业技术进步和应用扩展。

【信息基础设施】 2022 年，新疆维吾尔自治区加速推进 5G 和千兆光网“双千兆”网络建设，扩大千兆光网覆盖范围，推动千兆光网下乡，提升千兆光纤网络覆盖能力，实现地州中心城市 5G 网络覆盖，在“村村通宽带”基础上实现“县县通 5G”“市市通千兆”。全年建成 5G 基站 14 672 个，累计建成 5G 基站 34 388 个，每万人拥有 5G 基站 13.3 个，所有地级市城区、县城城区和 97.2% 的乡镇实现 5G 网络覆盖，年度总投资额 17 亿元；固定互联网宽带接入端口 2 350.9 万个，光纤入户端口 2 304.8 万个，家庭千兆光纤网络覆盖率 68.8%，10G PON 及以上端口 22.1 万个，10G PON 端口占比 17.7%。工业和信息化部通报 2022 年千兆城市建设情况，乌鲁木齐市、克拉玛依市两地上榜千兆城市，成为新疆维吾尔自治区首批千兆城市。

【云计算】 2022 年，新疆维吾尔自治区云计算产业快速发展。以乌鲁木齐 - 昌吉、克拉玛依为核心的“两核多星”云计算产业园区布局稳步推进，载体集聚效应凸显，重点数据中心业务承载量稳步提升。据不完全统计，截至 2022 年年底，全自治区投用数据中心 17 个，规划部署机架 6.5 万架，投用机架 2.2 万架。数据中心绿色化发展进程不断加快，克拉玛依碳和水冷数据中心探索碳达峰、碳中和背景下热能回收循环再利用可行性，是新疆维吾尔自治区第一家采用板式水冷散热的大型数据中心，已进入投产试运行阶段，安装部署 1 万余台服务器；中国联通乌鲁木齐开发区数据中心入选工业和信息化部 2022 年国家新型数据中心（中小型数据中心）典型案例。

【工业互联网】 截至 2022 年年底，新疆维吾尔自治区建成工业互联网标识解析二级节点 1 个，建设石油、钢铁、装备等领域工业互联网平台。新疆国际陆港物联信息科技有限公司的中欧班列（乌鲁木齐）集结中心智能场站集群项目入选工业和信息化部 2022 年工业互联网试点示范项目。

【信息安全】 2022 年，新疆维吾尔自治区围绕“八大产业集群”建设，在分类分级管理、政策标准宣贯、资源池建设、应急演练、人才培训和赛事活动等方面取得突出成绩。在工业和信息化部公布的工业互联网安全深度行活动典型案例和成效突出地区名单中，新疆石油管理局有限公司、新疆雪峰科技（集团）股份有限公司入选典型案例，新疆维吾尔自治区获得“总体成效突出地区”“分类分级管理成效突出地区”“政策标准宣贯成效突出地区”“资源池建设成效突出地区”“人才培训成效突出地区”“赛事活动成效突出地区”6 项荣誉。

【信息产业基地和园区】 2022 年，新疆维吾尔自治区推进沿边口岸经济带持续发展电子信息产业，指导博尔塔拉蒙古自治州成立电子信息协会，有序推动霍尔果斯市、博乐市、喀什市等沿边地区电子信息产业园发展壮大。新疆软件园是围绕丝绸之路经济带核心区“五大中心”建设打造的软件与信息产业的集聚、创业、创新的高新技术产业园区，已成为集国家科技企业孵化器、国家级众创空间、国家级小微企业创业创新示范基地、中国软件公共服务平台新疆平台、新疆留学人员创业园、院士专家服务中心、博士后工作站于一体的综合性多功能园区。截至 2022 年年底，新疆软件园工商注册企业近 600 家，陆续引进一批行业龙头企业，从业人员近万人；年产值超过 60 亿元，实现税收 1.6 亿元，产业集聚作用进一步凸显。

【两化融合】 2022 年，新疆维吾尔自治区印发《新疆维吾尔自治区信息化和工业化深度融合"十四五"发展规划》，为"十四五"时期推进两化深度融合提供指引。2022 年，新疆维吾尔自治区两化融合发展水平 65.6，其中，关键工序数控化率 55.3%，数字化研发设计工具普及率 49.1%。全自治区累计建设国家智能制造示范工厂 4 家、国家工业互联网创新发展工程项目 9 个。

【新技术新产业】 2022 年，新疆维吾尔自治区加快培育大数据、区块链等新一代信息技术发展。开展大数据试点示范项目建设，中通服公众信息产业股份有限公司的基于行业应用的大数据治理平台项目入选工业和信息化部 2022 年大数据产业发展试点示范项目。加快推动区块链技术应用，促进区块链和经济社会深度融合，鼓励企业按照国家要求研发和建设联盟链服务平台，"新密链"区块链基础服务平台入选工业和信息化部 2022 年区块链典型应用案例。

【产业环境】 2022 年，新疆维吾尔自治区不断完善电子信息产业发展政策支持，出台《关于加快推动自治区硅基产业高质量发展实施方案》，将硅电子材料作为重点发展对象；出台《关于将硅基产业打造成为新时代新疆支柱产业的若干政策措施》，加大对硅电子材料产业政策支持力度，推进产业延链强链拓链补链；落实劳动密集型消费电子产业低电价优惠政策，审核印发第六批享受低电价政策劳动密集型企业名录，助力消费电子产业健康发展。

【主要问题】 2022 年，新疆维吾尔自治区信息产业总体规模较小，优势骨干企业数量少，企业技术水平较低，竞争力较弱；信息产业发展支持政策不够健全，缺少工作推进机制和政策配套措施；"信息孤岛"、信息技术人才匮乏情况依然存在，企业上云和发展工业互联网的意识还比较淡漠；区位、能源支撑产业发展的优势未能充分发挥。

[供稿：新疆维吾尔自治区工业和信息化厅]

大　连　市

【电子信息制造业】 2022 年，大连市 145 家规模以上（年主营业务收入 1 000 万元以上）电子信息制造业企业实现工业总产值 636.5 亿元，实现主营业务收入 764.6 亿元，实现出口交货值 383.8 亿元。全年生产集成电路 58 126 万块，同比下降 32.4%；生产汽车音响 860 万台，同比增长 8.0%；生产激光视盘机 96 万台，同比下降 9.4%；生产打印机 21.7 万台，同比下降 11.8%。

中国华录集团有限公司、大连辽无二电器有限公司 2 家国有控股企业全年实现主营业务收入 46.8 亿元，占全行业主营业务收入的 6.1%；实现出口交货值 14 亿元，占全行业出口交货值的 3.6%。

87 家民营企业全年实现工业总产值 135.7 亿元，占全行业工业总产值的 21.3%；实现主营业务收入 161 亿元，占全行业主营业务收入的 21.1%；实现出口交货值 55.7 亿元，占全行业出口交货值的 14.5%。民营企业产品结构不断优化，科技创新能力日益提高，半导体设备、光通信等领域产品具有较强竞争能力，呈现良好发展态势。全年大连连城数控机器股份有限公司实现工业总产值 14.9 亿元，大连华邦化学有限公司实现工业总产值 2.3 亿元，大连优欣光科技有限公司实现工业总产值 1.7 亿元。

58 家外资企业，以及港、澳、台资企业全年实现主营业务收入 603.6 亿元，占全行业主营业务收入的 78.9%；实现出口交货值 328.1 亿元，占全行业出口交货值的 85.5%。其中，日资企业 46 家，实现主营业务收入 267.4 亿元，实现出口交货值 132.9 亿元。

重点行业　大连市电子信息制造业形成数字视听、

电子元器件、应用电子、电子工业专用设备及材料四大细分行业。

数字视听行业有规模以上企业 10 家，全年实现主营业务收入 123.7 亿元，同比下降 5.7%，占电子信息制造业主营业务收入的 16.2%，所占比重较上年下降 1.6%。数字视听产品主要有激光投影电视、激光视盘机整机及机芯、蓝光光盘、广播电视设备、汽车音响、智能家居产品、音视频矩阵、游戏等。

应用电子行业有规模以上企业 35 家，全年完成主营业务收入 114.1 亿元，同比增长 16.1%，占电子信息制造业主营业务收入的 14.9%，所占比重较上年增长 1.6%。应用电子产品品种较多，涵盖电子计算机及外设、电子测量仪器、电子信息机电产品等领域，在国内外占有重要市场地位，主要产品有打印机及暗盒、医疗电子产品、微型电动机等。

电子工业专用设备及材料行业有规模以上企业 41 家，全年完成主营业务收入 117.2 亿元，同比下降 0.8%，占电子信息制造业主营业务收入的 15.3%，所占比重较上年下降 0.7%。产品涵盖电子工业专用设备、电子信息产品专用材料等领域。电子工业专用设备领域发展速度加快，大部分产品集中在半导体产业领域，主要产品有太阳能级晶体生长炉、半导体级晶体生长炉、金刚线切方机、软焊料装片机、芯片装片机、大功率固晶机等；电子信息产品专用材料包括高纯电子气体、锂离子电池及模组、锂离子电池负极材料等。

电子元器件行业有规模以上企业 59 家，全年完成主营业务收入 409.6 亿元，同比增长 4.6%，占电子信息制造业主营业务收入的 53.6%，所占比重较上年增长 0.6%。电子元器件主要产品有集成电路、半导体分立器件、光电子器件、传感器、印制电路板、柔性印制线路板、多层高电容器、显示屏、电子纸等。其中，印制电路板、柔性印制线路板产量在东北地区规模最大，多层高电容器市场占有率居全球第 3 位、全国第 1 位。

【软件和信息技术服务业】 2022 年，大连市软件和信息技术服务业持续保持良好发展态势，产业规模持续壮大，转型升级步伐不断加快，融合发展程度不断加深，高质量发展成效显著。

全面落实产业政策。落实《辽宁省“十四五”信息产业发展规划》《大连市软件和信息服务业 2028 行动纲要》等部署，围绕人工智能、工业软件、物联网、大数据、云计算、信息安全及应用软件等重点方向，推动软件产业高质量发展。鼓励企业参与工业和信息化部人工智能、物联网、大数据、工业软件等试点示范项目建设，组织企业开展数字辽宁制造强省软件产业高质量发展项目和首版次软件产品申报工作。开展国家软件企业所得税优惠政策核查工作，减免企业所得税 3 850 万元。

持续加强“大连软件”品牌建设。推动大连软件园、大连腾飞软件园、华录数据湖产业园、大连数谷等园区建设发展，不断提升基础设施、业务发展、科技创新、创业孵化、人力资源等服务能力，实现软件园区集聚人才、技术和企业，推动产业发展的功能定位。开展全市软件和信息技术服务业名园、名企、名人、名品征集评选，发布大连市软件百强企业榜单和分项优秀名单。举办“大连格子衫节”等属于 IT 人的节日系列活动，凝聚人心，激发产业活力。

持续提升软件创新和供给能力。围绕人工智能、工业软件、大数据、物联网等新一代信息技术领域，培育一批颇具潜力的企业，大连锐动科技有限公司、大连医科大学附属第一医院入选工业和信息化部人工智能医疗器械创新任务揭榜入围单位，大连数据湖信息技术有限公司的项目入选工业和信息化部 2022 年大数据产业发展试点示范项目，东软集团（大连）有限公司的项目入选工业和信息化部物联网示范项目，英特工程仿真技术（大连）有限公司的产品入选工业和信息化部 2022 年工业软件优秀产品，遨海科技有限公司、大连鑫海智桥信息技术有限公司的项目入选工业和信息化部 2022 年工业互联网 App 优秀解决方案。

搭建产业对接平台。组织召开“仿真驱动创新 数字定义未来”产品发布会、慧见未来 · 元宇宙之数字孪生沙龙、元宇宙浪潮下的大连人工智能产业发展云端会议、制造业数字化转型企业对接会、“数字助力双碳 发展绿色经济”主题沙龙、“信创有我”大连信创产业生态交流会、华为伙伴暨开发者大会 2022 大连分会等主题活动，不断完善软件产业生态体系，营造良好发展氛围。

【大数据】 2022 年，大连市推进发挥大数据特性优势、夯实产业发展基础、打造繁荣有序产业生态等任务开展。推动大数据产业试点示范建设，大连金慧融智科技股份有限公司、中科睿海（大连）智能技术研究院有限公司等一批企业项目获得《数字辽宁智造强省专项资金（智造强省方向）》支持。开展企业数据管理能力建设，推进数据管理能力成熟度（DCMM）评估贯标工作，组织7家企业申报大连市DCMM评估贯标试点企业，培育构建数据管理服务体系。大连德泰控股有限公司获得数据管理能力成熟度评估受管理级（二级）认证单位，成为辽宁省首家获得DCMM评估贯标认证企业。

【人工智能】 2022年，大连市落实《大连市新一代人工智能发展规划》，制定印发《大连市人工智能产业链指引2.0版》，明确到2025年人工智能产业链发展的目标、重点任务、规划布局及措施，确定精准招商对象，推动人工智能产业链快速发展。培育东软集团（大连）有限公司、大连锐动科技有限公司等人工智能重点企业发展壮大，发挥引领带动作用；推进人工智能产品及行业解决方案研发应用，持续促进人工智能技术与实体经济深度融合。

【工业互联网】 2022年，大连市从建设和应用两个维度，在国内率先提出对“星火·链网”骨干节点、标识解析二级节点等新型基础设施给予支持，打造区域链网公共服务体系，为优势产业数字化转型提供支撑能力。多次组织召开工业互联网标识解析二级节点、“星火·链网”骨干节点建设工作会议，邀请相关专家讲座并开展针对性辅导，为企业搭建沟通桥梁。截至2022年年底，9家企业标识解析二级节点、1家企业“星火·链网”骨干节点建设可行性报告通过国家评审，其中，4个二级节点已与国家顶级节点联通。

全市20余家企业建设企业级工业互联网平台，“冰山云”“仿真云”“擎起网”等具有一定区域和行业影响力的工业互联网平台推动企业生产方式、服务体系、商业模式重构。截至2022年年底，全市建成“长征云”国家级“双跨”工业互联网平台和“Bingo云”等32个省级工业互联网平台，工业互联网平台数量居辽宁省首位。工业互联网平台服务企业用户6 966家，工业设备连接总数97万余台（套）。

【两化融合】 2022年，大连市支持企业开展两化融合管理体系贯标认证，贯彻信息化和工业化融合管理体系标准，发挥企业“战略－优势－能力”主线，助推企业获得可持续竞争优势。全市通过两化融合管理体系贯标企业累计275家，5个项目入选工业和信息化部2022年工业互联网平台创新领航应用案例，数量在副省级城市居首位。

【新技术新产业】 2022年，大连市推进工业元宇宙等未来产业发展，成立元宇宙技术中心，启动元宇宙大厦建设，促进元宇宙相关产业集聚和创新发展。做好大连迈思信息技术有限公司、大连东锐软件有限公司等元宇宙重点企业培育，推动元宇宙应用场景建设，发挥元宇宙产业创新联盟作用，推动产业合作，形成新的增长极。

［供稿：大连市工业和信息化局］

宁 波 市

【概况】 2022年，宁波市规模以上电子信息制造业企业实现产值3 880.5亿元，同比增长3.8%；完成增加值同比增长3.0%；实现出口交货值1 054.2亿元，同比增长3.1%；实现利润总额245.4亿元，同比下降0.3%。软件和信息技术服务业纳统重点企业330家，完成软件业务收入694.3元，同口径同比增长19.5%，同口径环比增长28.2%。

【电子信息制造业】 2022年，宁波市电子信息制造业企业数量、产业规模进一步扩大，细分行业运行差异性较大。根据工业和信息化部重点监测企业统计，宁波市11个细分行业呈“六升五降”，其中，5个细分行业产值增速实现两位数增长，以家电行业、电子测量仪器行业、电子信息专用材料行业为代表的战略性新兴产业展现蓬勃发展势头；行业指标负增长较明显的是电子计算机行业和电子器件行业。产业支撑各区（县、市）工业发展重要性提升，从电子信息制造业增加值占规模以上工业增加值的比重来看，余姚市、慈溪市、前湾新区、象山县、宁海县等电子信息制造业增加值占比较上年有所提高，而高新区、江北区、北仑区、镇海区等较上年有所下降。

龙头企业拉动作用凸显。全年规模前 20 家企业实现产值 1 538.1 亿元，同比增长 18.1%。从规模来看，全市产值超过 100 亿元企业 4 家，超过 50 亿元企业 8 家，超过 10 亿元企业 53 家，龙头企业梯队已经形成。从产值增速来看，宁波德业变频技术有限公司等 6 家企业产值实现成倍增长，拉动产业整体发展。从争创荣誉情况来看，宁波均胜电子股份有限公司等 4 家企业入选 2022 年度电子信息竞争力百强企业，舜宇集团有限公司等 11 家企业入选浙江省百家重点企业。

产业投资项目支撑有力。根据全市年度 1 000 万元以上工业投资项目库监测，全年入库数字经济核心产业制造业项目在 369 个，累计完成投资 144.3 亿元，年度投资计划完成率 80.6%。其中，1 亿元以上项目 130 个，累计完成投资 113.4 亿元，年度投资计划完成率 78.6%。在 369 个项目中，实际开工项目 118 个，开工率 92.2%；10 亿元以上项目实际开工 10 个，开工率 100%。全年竣工投产项目 97 个，累计完成投资 79.3 亿元。

围绕标志性产业链培育，不断加大产业链上下游企业培育力度。纯集成电路规模以上企业完成工业总产值 152.6 亿元，同比增长 11.6%；集成电路及相关产业（不含集成电路设计业）完成工业总产值 490.4 亿元，同比增长 16.8%；光学电子规模以上企业实现工业总产值 662.6 亿元，同比下降 5.4%。产业链头部企业仍然稳健，在集成电路领域，宁波达新半导体有限公司等 5 家纯集成电路企业实现产值同比增速超过 50%；在光学电子领域，宁波卢米蓝新材料有限公司等 3 家企业的产值增速超过 50%。

【软件和信息技术服务业】 2022 年，宁波市起草《宁波市高质量发展软件和信息服务业行动方案（2022—2026 年）》，编制《宁波市推进软件产业高质量发展的若干政策（初稿）》，起草《宁波市软件产业园区规划建设方案（V1.0）》；完成 2022 年度软件名城资金补助工作，129 家企业的 183 个项目获得补助资金 1.6 亿元。

加强企业培育和品牌打造。宁波均胜电子股份有限公司连续 4 年入选软件和信息技术服务竞争力百强企业，宁波吉利汽车研究开发有限公司入选浙江省软件业务收入前 30 强企业。6 家软件企业上榜浙江省软件和信息技术服务业“亩产效益”领跑者名单，入选企业数占全省入选企业数的 30.0%。新认定重点首版次软件产品 53 款，其中，11 款产品列入省级首版次软件应用推广目录。推进落地全省首单首版次软件保险，已有 5 款首版次软件产品签订保单。

推进产业集聚。推动鄞州东城花鸟市场、北仑华生国际西 2 个软件园扩容地块建设。指导甬江软件园加快谋划园区产业定位和功能定位，编制《宁波甬江软件产业园产业发展规划》。依托宁波甬江科创区启动建设，沿甬江南岸谋划 19.5 平方千米的集中连片软件产业集聚空间。

促进产业生态建设。特色化示范性软件学院浙江大学软件学院产教融合项目正式签约。指导软件行业协会组建制造业 CDO 联盟，构建制造业企业与软件企业供需对接机制。推动 15 家制造业企业、工业软件企业、工业互联网工程服务公司加入浙江省工业软件联盟，参与工业软件创新生态和项目建设。

【科技进步与应用】 2022 年，宁波市获得工业和信息化部发文批复，同意宁波石墨烯创新中心有限公司组建国家石墨烯创新中心；与工业和信息化部签订《石墨烯制造业创新中心创新能力建设项目合同书》。新增省级服务型制造示范企业 13 家，新增国家级服务型制造示范企业 7 家、示范平台 2 个；新增国家级单项冠军企业 20 家，累计 83 家。启动建设宁波甬江科创区，打造以甬江实验室为引领的实验室体系，构建以产业技术研究院、双创平台为支撑的产学研用协同发展格局。推进高端创新载体建设，甬江实验室实现省部共建国家重点实验室“零”的突破。

【信息基础设施】 截至 2022 年年底，宁波市累计建成 5G 基站 2.5 万个，累计发展 5G 个人用户超过 499 万户，5G 个人用户普及率 52.3%，5G 网络信号实现市区、县城、乡镇连续覆盖，实现地铁线和核心城区主干道全覆盖，行政村5G信号通达率100%。全市累计部署10G PON端口11.4万个，占PON端口总数的比例超过33.1%，具备覆盖超过630万户家庭的千兆光纤接入能力。城乡光纤接入能力均达到1 000Mbps，城域出口带宽达15Tbps。窄带物联网建设日趋完善，全市累计部署窄带物联网基站超过6 500个，基本实现区域NB-IoT全覆盖。

【云计算与大数据】 2022年，宁波市集约建设“一朵云”，市政务云计算中心设备1 054台、虚拟机7 320台。推进行业数据中心建设，国家北斗导航位置服务数据中心浙江（宁波）数据中心通过终验，已为10余家政府单位和行业企业提供服务，累计数据总量31TB。印发《宁波市数据要素市场化配置改革行动方案》，形成“112*X*”体系架构，即通过完善“1”个公共数据平台、打造“1”个数据要素市场运营主体、构建“2”级数据要素流通体系、培育“*X*”个专业数据开发利用业态，推动数据要素市场化落地落实。宁波市能源大数据管理中心揭牌成立，集成3 000余家重点企业的用能数据和700余家公共建筑单位的空调负荷数据，上线空调负荷管理、产业园区能源管理、绿色工厂监测等20余款能源大数据产品，实现城市能源数据、电力负荷数据和社会经济数据多跨融合。促进企业能力提升，组织软件企业开展公共数据条例宣贯培训、数据管理能力成熟度评估模型贯标宣贯等多场活动。

【人工智能】 2022年，宁波工业互联网研究院有限公司获批建设智能制造国家新一代人工智能开放创新平台，启动建设浙江省智能工厂操作系统技术创新中心。宁波市聚焦人工智能细分领域，开展“未来产业”培育课题研究，摸清全市人工智能产业发展底数，梳理人工智能技术特点及其在工业、民生等方面的融合应用，提出发展人工智能的突破方向，形成《宁波市人工智能产业调研情况》报告。

【工业互联网】 2022年，宁波市统筹推进工业互联网创新发展。加速构建“基础级+行业级+企业级”工业互联网平台体系，累计获评国家级工业互联网领域奖项45项、省级工业互联网平台43个。supOS工业操作系统连续3年入选工业和信息化部跨行业跨领域工业互联网平台，拥有生态合作伙伴近700家，推广项目500余个。培育创建行业级工业互联网平台27个，支持龙头企业依靠技术积累和供应链整合优势，搭建企业级工业互联网平台，19个平台入选省级工业互联网平台。

推动5G、人工智能、云计算等新技术与制造业融合创新，以生产制造、物流仓储、运维服务等环节为切入点，推进新技术新场景融合应用和试点示范。印发《2022年度宁波市“5G+工业互联网+人工智能+工控安全”工作方案》，梳理发布典型应用场景28个、场景供应商30家，融合产品243款、产品供应商42家。新增7家企业的项目入选工业和信息化部2022年新一代信息技术与制造业融合发展试点示范项目，数量位居浙江省第一。9个标杆入选工业和信息化部《5G全连接工厂探索实践案例集》，占案例总数的比例超过20%。

【信息安全】 2022年，宁波市开展工业系统安全摸底排查，完成50家重点工业企业和17个省级工业互联网平台排查工作，同步开展工控安全“百企诊断”工作，累计完成120家企业的现场诊断。完成宁波市工业领域工控安全态势监测服务平台（一期）建设，122家工业企业和22个重点工业互联网平台纳入监测范围，编制8期月度《宁波市工业领域工控安全态势监测分析报告》；持续开展各类智能制造项目安全评估工作，完成安全评估项目23个。召开浙江省第三届工业控制网络安全技能大赛，40支队伍参赛，宁波市的6个团队获奖。宁波市工控安全培训暨全国工业互联网安全深度行（宁波站）活动召开，120余人参加培训宣贯活动。浙江国利网安科技有限公司获得2022年网络安全优秀创新成果大赛创新产品三等奖。

【电子政务】 2022年，宁波市围绕打造“全国数字政府建设市域范例”，加快打造标志性成果。推进重大应用建设，在浙江省数字政府26项重大改革涉及的38项重大应用中，宁波市贯通34项重大应用，实现应贯尽贯，重大任务承接率实现100%。推进数字孪生甬江流域、“甬数通”等11个国家试点应用项目建设，推动省级试点应用多出成果，加快建设浙江民调在线、无废城市等7个省级试点应用项目，供好粮食一件事等6项应用被列为“一地创新、全省共享”试点层级。

围绕“掌上办事之市”建设，迭代升级“浙里办”宁波频道，深化“一网通办”改革成效，提升政府服务标准化、规范化、便利化、集约化水平。“浙里办”宁波频道上架应用 135 个，实名注册用户 1 005.1 万人，打造“健康宁波”“崇军在线”“城市感知”等惠民高频应用，全年“浙里办”总访问量 3 亿余次，每百万人日均活跃用户 4.4 万人。推进政务服务“一网通办”，依申请政务服务办件“一网通办”率 90%，全市各镇（街道）均开通“一网通办”工作台。

【两化融合】 2022 年，宁波市持续推进企业上云，召开全市企业上云推进会，启动云上企业培育计划库建设，发布案例和产品集；开展浙江省第二批制造业“云上企业”及市县级培育库遴选工作，培育库市级企业 126 家、区县级企业 229 家，择优推荐 44 家企业申报省级标杆；累计上云企业 93 966 家。抓好区域两化融合，联动宁波文道企业管理服务有限公司、宁波市企业数字化促进会等第三方服务机构，服务指导各地两化融合工作，编制《宁波市两化融合发展水平指数评估报告》。

【信息消费】 2022 年，宁波市以推进国家综合型信息消费示范城市建设为抓手，统筹推动供给能力提升、需求升级释放、消费环境优化和发展氛围营造，形成扩大升级信息消费的“宁波模式”。“小 6 买菜”等 4 个项目入选工业和信息化部 2022 年新型信息消费示范项目。南塘老街入选第二批国家级夜间文化和旅游消费集聚区，海曙区、鄞州区获评首批浙江省数字生活新服务样板县，宁波泛老外滩智慧商圈获评首批浙江省示范智慧商圈，水街、韩岭老街入选第二批省级高品质步行街试点。

【新技术新产业】 2022 年，宁波市印发《宁波市区块链产业先导区建设实施方案》；在 2022 世界数字经济大会期间举办宁波市区块链应用技术创新峰会，发布宁波市区块链新型信息基础设施“甬链”；持续建设城市数字孪生平台，依托智慧宁波时空信息云平台（二期）汇总全市约 4 000 平方千米三维实景数据成果，为全市 160 余个用户的 260 余个应用场景提供支撑服务，实现数字孪生基础服务能力的全面提升；奉化区与中国民营科技实业家协会元宇宙工作委员会签署合作协议，打造奉化元宇宙产业服务平台。

【产业环境】 2022 年，宁波市组织开展集成电路专项政策、市级光伏发电补贴工作，及时推进 2022 年度集成电路专项政策补助和光伏发电补贴政策兑现；组织开展 2022 年第二批集成电路产业投资项目申报、评审工作；协助企业申请国家相关产业政策支持，开展 2022 年享受税收优惠政策的集成电路企业或项目清单制定工作；向新型显示产业相关的关键原材料、零配件生产企业开展享受免征进口关税的相关政策宣传。

【主要问题】 2022 年，宁波市电子信息制造业产业结构亟待优化，电子信息制造业企业主要分布在上游材料、零配件等领域，以及变压器、电池等传统产品领域，而数字产品、整机类产品实力较弱，导致全行业平均增加值率较低；新建达产项目偏少，新建的部分重点项目尚处于开工建设阶段，数字经济产业园三期、云羿宁波工业互联网产业园、鲲鹏产业园等产业平台仍不具备项目入驻条件；受外部环境影响较大，在宁波市的电子信息制造业企业中有较多的企业是出口导向型，受国际经济形势影响，企业经营业绩下降。

［供稿：宁波市经济和信息化局］

厦 门 市

【电子信息制造业】 2022年，厦门市电子信息制造业作为工业主要支柱产业，主要包括平板显示、计算机与通信设备、半导体和集成电路3条产业链，实现产值3 102.8亿元，同比下降0.5%，占全市工业总产值8 986.9亿元的34.5%。

平板显示产业链全年实现产值1 499亿元，同比下降4.6%。全市形成玻璃基板、面板、模组、整机等上下游全产业链布局，是国家光电产业集群试点、全球触控屏组最大研发和生产基地。电气硝子玻璃（厦门）有限公司液晶基板四期项目投产，形成玻璃基板完整生产工艺；厦门天马显示科技有限公司第6代柔性AMOLED生产线项目首批产品点亮。

计算机与通信设备产业链全年实现产值1 216亿元，同比增长1.7%，涵盖整机制造、电子元器件、外部设备、IT服务等产业链环节，整机品牌具有全球影响力。龙头企业戴尔（中国）有限公司全年产值增长42.0%，厦门亿联技术股份有限公司全年产值增长31.0%，带动行业发展。厦门弘信电子科技集团股份有限公司投资建设新能源车用FPC产线40条，配套SMT生产线15条。玉晶光电（厦门）有限公司等企业新建VR、红外镭射等先进光学镜头生产线。华联电子（翔安）工业园竣工。同致电子汽车电子电器部件及模具生产技术改造项目、松下Lumix系列相机产品改造升级项目等一批增资扩产项目有序推进。厦门宏发电声股份有限公司入选2022年度电子信息竞争力百强企业。瑞华高科技电子工业园（厦门）有限公司入选工业和信息化部第四批符合《印制电路板行业规范条件》企业名单。国家信息光电子新基建数据中心、科华数据云产业、算能科技人工智能芯片总部等通信设备产业项目相继落地，产业生态不断完善，产业发展后劲不断增强。

半导体和集成电路产业链全年实现产值329.5亿元，同比增长6.7%；初步形成涵盖集成电路设计、制造、封测、装备与材料及应用的产业链，加速产业布局和垂直领域整合。厦门国家火炬高新技术产业开发区入选2022年第三代半导体最具竞争力产业园区。厦门市三安集成电路有限公司、绿芯半导体（厦门）有限公司、厦门芯一代集成电路有限公司3家企业的产品获得2022年“中国芯”优秀产品奖。13家企业（14个项目）入选国家2022年享受税收优惠政策的集成电路企业（项目）清单。

推进平台载体建设，支持举办中国集成电路设计业2022年会暨厦门集成电路产业创新发展高峰论坛，成立厦门市集成电路行业专家委员会。新引进博蓝特第三代半导体衬底及材料项目、思坦科技Micro-LED模组生产项目、粒芯化合物半导体外延/芯片项目、安捷利美维高端封装基板及高端HDI项目等落地建设。

【软件和信息技术服务业】 2022年，厦门市软件和信息技术服务业规模效益稳步增长，产业结构持续优化。410家规模以上软件企业实现营业收入528亿元，同比增长17.8%，营业收入、增速均创下新高。福建电子口岸股份有限公司入选工业和信息化部人工智能产业创新任务揭榜挂帅单位，全市新增3个国家级大数据产业发展试点示范项目、3个省级工业互联网App典型案例、5个省级软件业关键技术产业化项目，118家企业入选福建省数字经济核心产业领域“独角兽”“瞪羚”企业名单。落地咪咕元宇宙总部、华为开发者创新中心等一批新项目。骨干企业实力提升，在游戏、互联网、人工智能、大数据等细分领域“多点开花”，形成“满天星”发展态势。厦门市美亚柏科信息股份有限公司、科技谷（厦门）信息技术有限公司入选2022中国大数据企业50强。

【信息基础设施】 2022年，厦门市入选国家第二批“千兆城市”名单，是福建省首个入选城市。全市家庭千兆光网覆盖率215.1%，10G PON端口占比48.4%；5G用户占比45.1%；5G基站13 629个，每万人拥有5G基站25.8个；500Mbps及以上用户占比30.2%，各项指标排名全省第一。4个项目入选工业和信息化部2022年移动物联网应用典型案例征集活动入库案例名单。

工业互联网标识解析综合型二级节点已有 582 家企业标识接入，其中，规模以上工业企业 456 家；标识注册量 3.8 亿条，标识解析量 3 400 万次，针对常见的工业场景和需求，推出“5G 工业数采”“智能刀具管控”“食链安全码”“工业码溯源”等 10 余个基于标识的工业 App。“星火 · 链网”超级节点（厦门）已部署完成，可以向周边地区产业提供区块链整体服务能力。

【大数据】 2022 年，厦门市发布《厦门经济特区数据条例》，实现厦门市数据领域立法“零”的突破；制定出台《厦门市 2022 年公共数据开放计划》《厦门市公共数据资源开放分类分级指南（试行）》《强化数据共享和政务服务平台建设 夯实“一网通办”支撑基础工作方案的通知》等文件。

加强公共数据汇聚共享应用。开展全市政务信息系统全面接入工作，推动信息系统“应登尽登”，全市可接入系统 179 个。推动数据共享，完成厦门市生态环境局等部门 65 项数据需求对接。组织开展 2022 年度厦门市政务数据优秀共享案例评选工作，15 个案例入选，并择优推荐 5 个案例参评福建省优秀案例。截至 2022 年年底，厦门市信息共享协同平台汇聚人口、法人等基础数据，及各区各部门的业务数据共 51.5 亿条，提供各类共享服务接口 1 896 个，累计调用共享服务 19.6 亿次，有效支撑城市大脑、免申即享、i 教育等上百个业务系统的协同应用。推动供电、供水、燃气及公交等公用企业数据汇聚，共汇聚 198 万条数据，实现企业数据汇聚新突破。厦门市政务数据共享工作获评 2022 数字政府创新成果与实践案例。

加快数据资源开发利用。截至 2022 年年底，厦门市大数据安全开放平台汇聚并发布 40 个部门的公共信息资源 998 个，开放数据总量 2.25 亿条，同比增长 200.0%，累计支撑普惠金融、信易贷等 52 个应用场景。举办厦门市第二十八届职工技能竞赛 2022 年度大数据创新应用技术比赛，营造数据开发应用良好氛围。

【工业互联网】 2022 年，厦门市基本建成“双跨平台引领 – 重点平台赋能 – 公共平台普及”的平台发展格局。引入国家级跨行业跨领域平台，建立厦门市企业上云上平台服务商备案库，持续强化重点平台运营服务能力。建成厦门市工业互联网公共服务平台，持续提升厦门市产业数字化元宇宙超市服务能力，汇总备案各类服务商 110 家，征集发布 46 个制造业数字化转型赋能平台及 98 款数字化产品，为重点行业企业、量大面广中小企业提供工业互联网共性服务，降低企业数字化成本。

围绕电子、机械、化工主导产业，打造智能化生产、柔性化制造、网络化协同等典型应用场景，推动形成一批标杆性引领型示范项目，带动全市数字化水平显著提升。全市通过两化融合管理体系贯标认证企业 769 家，上云上平台企业超过 5 000 家，1 415 家规模以上工业企业设备数字化率 65.0%、经营管理数字化率突破 87.0%，工业互联网平台普及率 16.3%，均居全省前列。一批领先企业加快工业互联网应用创新，2 个国家级工业互联网试点示范项目、4 个制造业与互联网融合试点示范项目带动工业互联网应用普及推广。

拥有较为成熟的工业互联网服务商资源池，形成以硬件配套、软件开发、系统集成相互协同为特色的数字服务产业。厦门鼎铸智能设备有限公司等 300 余家硬件配套厂商、厦门航天思尔特机器人系统股份公司等 55 家机器人企业形成数字化配套硬件产业集群；雅马哈发动机（厦门）信息系统有限公司等一批企业持续推出工业软件创新产品，厦门市工业软件联盟会员数量突破 50 家；厦门兆翔智能科技有限公司等 30 余家系统集成商形成较强的产业服务能力。

【物联网】 2022 年，厦门市物联网产业在软件设计、硬件制造、系统集成、运营服务等方面取得明显成效，基本实现全产业链覆盖，在感知层、传输层、平台层、应用层均有相关企业布局，总体呈现稳步增长态势。

物联网应用层领域企业在全国具有较大竞争优势，全年产值占全市物联网产业总产值的 70.0%。物联网企业技术创新力度持续加大，引领产业高端发展，企业研发费用和管理费用较上年有较大幅度提升，尤其是规模较小的企业，研发投入比例更高；规模以上企业技术研发人员占总从业人员数的 20% ～ 30%。

【信息安全】 2022 年，厦门市每季度组织对全市重要网站、信息系统等开展远程技术检测和渗透测试，共检测政府类网站和应用系统 640 个。对重要信息系统开展安全监测预警，全年监测安全事件告警 2 470 万起。

做好数据中心运维保障和政务云平台的日常安全运行保障。对市级政务信息系统（包含新建和已建等级保护三级非涉密系统）提供等级保护咨询服务和定级评审、差距分析与整改、备案和等级保护测评等服务，完成34个系统的等级保护测评。

【电子政务】 2022年，厦门市基本形成“统一政务网络、统一数据中心、统一政府网站、统一身份认证、统一安全服务”的电子政务应用支撑体系。

一批典型应用成效明显。各领域信息化建设持续深化，涌现出“i厦门”市民服务平台、城市公共安全平台、市民健康信息系统、交通大数据分析应用平台、“多规合一”业务协同平台、国际贸易“单一窗口”平台、“慧企云”政企协同服务平台等一批典型应用。全市超过90%的事项全程网办，“不见面审批”办件量超过60%。

城市大脑建设取得阶段性成果。出台《厦门市加快城市大脑建设促进政府数字化改革行动方案（2022—2025年）》。城市大脑首批应用场景初见成效，“免申即享”“数看厦门”“信用就医”等首批应用场景初见成效。政务服务“一网通办”核心平台上线试运行；市域治理“一网统管”作为央企招商项目进入实施阶段；政务办公“一网协同”完成项目方案设计。厦门市数字政府服务能力位列重点城市“优秀级”。

【两化融合】 截至2022年年底，厦门市通过两化融合管理体系贯标认证企业769家，拥有国家级工业互联网试点示范项目3个、制造业与互联网融合发展试点示范项目4个、制造业“双创”平台试点示范项目2个、工业互联网App优秀解决方案7个、网络安全技术应用试点示范项目4个，以及省级各类试点示范219个。全年组织153家企业在两化融合公共服务平台福建省评估诊断服务系统上完成数据更新，其中，入选省级标杆企业11家；省级标杆企业累计19家。

【重点信息化项目】 2022年，厦门一体化政务服务平台项目由政务服务应用门户、政务服务管理平台等5个部分构成，纵向联通市、区两级政务服务业务系统，实现全市政务服务四级全畅通，同时形成集办事导引智能化、审批模式特色化、评估监管科学化、主动服务精准化于一体的政务服务体系。

厦门市域治理一网统管项目（一期）基于城市大脑总体框架，建设具有厦门特色的市域治理“一网统管”，包括“1”个一网统管数字底座（感知中台、AI中台及数据资源库）、“2”级城市治理平台（市区2级事件协同、联动指挥）、“*N*”个重点应用场景（公共安全、文明创建、交通治理、消防救援等市域治理热点和难点问题）。

厦门电动自行车综合治理专项行动科技支撑项目建设民生服务行业电动自行车交通违法抓拍治理系统，及时发现查处覆盖区域的电动自行车违法行为；建设电动自行车综合治理系统，实现对31条严管路段、70个严管路口的电动自行车综合治理；构建全市统一的电动自行车管理数据资源池，支撑保障全市各相关单位高效开展电动自行车综合治理工作。

【产业环境】 2022年，厦门市产业链基础水平不断提升，产业生态持续完善。工业软件、基础软件供给能力提升，厦门卡伦特科技有限公司自主研发国内首款云端CAD软件；雅马哈发动机（厦门）信息系统有限公司、厦门图扑软件科技有限公司对机械、电子等制造业数字化转型带动作用加强；厦门星数科技有限公司金融数据库软件广泛应用于国内多家金融机构。开源生态培育取得新突破，建设全国首个开源芯片产业生态基地，落地全国首个华为鸿蒙生态中心，软件业协同发展生态持续完善。

营商环境持续优化，产业氛围日益浓厚。实施《厦门市“十四五”数字厦门专项规划》《厦门市软件和信息技术服务业“十四五”发展规划》《厦门市元宇宙产业发展三年行动计划（2022—2024年）》等一系列规划措施；修订出台《厦门市加快推进软件和新兴数字产业发展若干措施》，从增产增效、要素保障、企业服务等方面进一步推动软件业发展壮大。

【主要问题】 2022年，受全球通胀等因素影响，厦门市以电视机、计算机、智能手机为代表的消费电子产品市场需求下降明显，除直接造成模组及终端厂商产量下降外，还影响上游企业的产品出货量；缺少关键芯片、主板、电源、存储等本地化配套企业，产业链内部上、中、下游企业产品关联度不高；龙头企业在厦门市的工厂主要处于集团公司来料加工环节，研发创新不够，因此产值较高而附加值偏低；无千亿元级“链主”企业，对高端人才和经验丰富工程师吸引力还不够强，本地院校紧缺专业人才培养数量有限，同时受生活成本等因素影响，引才留才综合环境没有突出优势。

［供稿：厦门市工业和信息化局］

青 岛 市

【电子信息制造业】 2022年，青岛市电子信息制造业取得较快发展，计算机、通信和其他电子设备制造业累计完成工业增加值同比增长18.9%，高于全市规模以上工业增加值增速15.1个百分点。其中，非专业视听设备制造业累计完成工业增加值同比增长25.8%。138家规模以上电子信息制造业企业实现营业收入860.7亿元，同比增长6.1%。电子计算机整机（含服务器）、彩色电视机、12英寸和8英寸集成电路圆片、光电子器件、虚拟现实设备、电声器件等产品产量实现较快增长，其中，电视机产量2 545.6万台，同比增长28.1%。

政策引领产业发展。编制出台《青岛市智能家电产业发展行动计划（2022—2024年）》，立足本市家电产业基础，把握高端智能家电发展趋势，聚焦打造“1468”产业发展体系，推动智能家电产业带动关联产业配套协同发展。出台《青岛市虚拟现实产业园发展若干政策》，这是全国首个市、区两级一体化支持虚拟现实产业园发展的专项政策。发布《青岛市智能家电关键零部件投资导向目录（2022年本）》，推动家电及电子信息制造业补链强链。

技术创新优势突出。国家虚拟现实创新中心（青岛）获批组建，集聚北京航空航天大学、歌尔全球研发中心等10余家虚拟现实高端研发机构，虚拟现实科研力量全国领先。海尔智家股份有限公司在2022年全球智慧家庭发明专利排行榜中以5 691件公开的专利申请位居榜首，实现8连冠，智慧家庭累计公开专利23 334件；累计主导和参与国际标准发布97项，发布国家标准和行业标准706项。海信集团主导制定的LED背光电气信号接口国际标准由国际电工委员会电子显示标准技术委员会正式发布，填补了国际空白。

品牌培育成效显著。将每年7月17日设立为“青岛品牌日”，推出涵盖智能家电等各行业的30余场线上、线下品牌推广活动。海尔集团公司连续14年蝉联全球大型家用电器品牌第1位；海信电视机销售量和销售额占有率居国内市场第1位，出货量居全球市场第2位；澳柯玛品牌获得中国冷柜品牌口碑榜冠军。

项目建设取得突破。支持链主企业扩能增产，卡奥斯工业互联网生态园、虚拟现实整机和光学模组、海尔中央空调制造基地、三菱重工海尔空调机三期等重点项目开工建设。关键零部件配套行业领军企业落户青岛市。上游集成电路、新型显示项目加快推进，惠科半导体项目持续产能爬坡，京东方物联网移动显示端口器件生产基地项目竣工投产。

【软件和信息技术服务业】 2022年，青岛市高水平建设“中国软件特色名城”，培育名品、名企、名园、名展、名院，实现软件业务收入3 671.5亿元，同比增长15.2%；获评工业和信息化部2022年唯一一个综合型信息消费示范城市。

抓链群，促发展能级提升。实施产业链“链长制”，制定印发《青岛市软件和信息服务业产业链高质量发展三年行动方案（2022—2024年）》，合力推动产业发展。召开软件和信息服务产业链座谈会，有关部门、区（市）和重点园区、企业、高校代表建言献策。推动产业集聚提升，打造“一体两极四柱多园”新发展格局，青岛市南软件园、青岛国际创新园、青岛光谷软件园获评首批山东省综合型软件名园（山东省共4个）。

抓创新，促企业实力提升。在名企培育方面，3家企业入选国家鼓励的重点软件企业，19家企业入选首批山东省软件工程技术中心，36家企业入选山东省软件和信息技术服务业综合竞争力百强企业。在名品打造方面，青岛市入选工业和信息化部工业互联网App优秀解决方案3个、新型信息消费示范项目2个、区块链典型应用案例 2 个、工业软件优秀产品 1 个，以及山东省第六批首版次高端软件 134 款。

抓服务，促生态环境优化。推动国家及青岛市软件产业政策宣贯落实，支持企业壮大规模，提升创新能力，帮助减免软件企业所得税、软件产品增值税超过 10 亿元，拨付市级软件与信息产业专项资金超过 1 亿元。探索产教深度融合培养软件人才，中国石油大学（华东）青岛软件学院入选首批国家特色化示范性软件学院（山东省共 2 家），3 家企业入选首批特色化示范性软件学院合作企业。

【科技进步与应用】 2022 年，青岛市支持龙头企业牵头组建协同创新联合体，立项实施企业技术创新重点项目 3 140 个，完成首批产业技术创新协同攻关重点项目征集、评审和公示，揭榜项目 35 个，高水平建设国家高端智能化家用电器创新中心，国家虚拟现实创新中心（青岛）挂牌。智慧云脑制造业创新中心获得省级认定，累计通过认定省级以上制造业创新中心 7 家，居山东省首位。新增 1 家国家级、5 家省级技术创新示范企业和 38 款首台（套）技术装备、关键核心零部件。新增 8 家企业入选工业和信息化部第七批制造业单项冠军企业（产品）、8 家企业入选工业和信息化部第四批服务型制造示范企业，均居山东省首位。遴选发布创新产品 293 款，强化创新产品推广应用。推进市重点技改项目 566 个，计划投资 706 亿元，竣工投产项目 163 个，70 个项目入选山东省企业技改重点导向目录。

【信息基础设施】 2022 年，青岛市优化提升青岛国家级互联网骨干直联点性能，高水平建设"双千兆"网络，累计建设并投用 5G 基站超过 3 万个，每万人拥有 5G 基站 29.8 个，5G 用户占比 43.2%，5G 网络实现全市城区和重点乡镇普遍覆盖。国家工业互联网大数据山东分中心一期建成并与国家工业互联网大数据中心互联互通，二期建设持续推进。标识解析体系加快建设，提高 Handle 标识解析全球根节点和机械、家电等 6 个行业二级节点规模化解析服务能力。

【大数据】 2022 年，青岛市 8 个省级行业中心项目入选全国一体化工业大数据山东云中心试点项目，上线全国首个国家工业互联网大数据区域分中心平台。开展总数据师制度试点，推动企业构建数据驱动的生产模式、管理体系和决策方式，18 家单位入选山东省总数据师制度试点单位。推动数据管理能力成熟度评估模型（DCMM）贯标工作，青岛市入选山东省 DCMM 贯标第一批试点市，西海岸新区入选山东省 DCMM 贯标第一批试点县（市、区），66 家企业入选山东省 DCMM 贯标试点企业。全市累计 14 个项目入选工业和信息化部大数据产业发展试点示范项目，8 个数字经济园区获评山东省数字经济园区（试点），158 个项目入选 2022 年度省级大数据"三优两重"项目，2 个项目入选首批省级产业链"数字经济总部"项目。

【人工智能】 2022 年，青岛市人工智能产业被列入全市实体经济振兴发展 24 条重点产业链，产业生态不断完善，规划建设人工智能专业园区聚力推进，人工智能与先进制造业融合发展、双向突破。全市集聚人工智能企业 500 余家，实现营业收入 487 亿元，同比增长 22.8%，在智能家居、智能交通、智能医疗、智能机器人、智能制造、智能硬件 6 个应用领域具有先发优势。

强化政策引导，推动产业链式发展。建立"链长"推进机制，落实"五个一"工作机制，形成"专门、专人、专业、专注"运行机制。完善产业政策体系，出台《青岛市人工智能产业高质量发展三年行动方案（2022—2024 年）》等文件。强化要素资源配置，规划建设占地近 200 万平方米的市级人工智能产业园。

实施龙头引领，提升产业发展动能。加快"链主"企业引领，推动"独角兽"企业发挥总部效用，推动产业链上下游企业协同发展。推动龙头企业赋能，海尔集团公司牵头组建国家高端智能化家用电器创新中心，歌尔科技有限公司参与组建国家虚拟现实创新中心，海信网络科技股份有限公司牵头建设山东省人工智能领域首个省级制造业创新中心。

实施精准赋能，加快场景推广应用。举办第四届人工智能"百企百景"对接洽谈会；开展 2022 青岛市人工智能精准赋能促进月活动；举办 17 期"AI 与你同行"主题沙龙，惠及企业近 500 家。加强典型选树和示范推广，遴选认定青岛市人工智能十佳场景示范，给予最高不超过 200 万元的奖励；遴选近 30 个项目申报国家人工智能创新应用先导区及山东省典型应用场景。海尔数字科技（青岛）有限公司获批建设工业大脑国家新一代人工智能开放创新平台，打造共享服务体系及创新生态。

【工业互联网】 2022 年，青岛市推进工业互联网三年攻坚行动，开展“工赋青岛”“四新领航”等专项行动，举办 2022 年世界工业互联网产业大会。工赋（青岛）科技有限公司建设全国首个工业互联网企业综合服务平台，连接 1 200 余项公共服务和 1.5 万个赋能应用，服务企业 2.2 万余家。

打造“一超多专”平台体系。卡奥斯 COSMOPlat 工业互联网平台已连接企业近百万家，服务企业 18 万家，入驻开发者 10 万余名，向 20 个国家输出生态模式，连续 4 年位居工业和信息化部跨行业跨领域工业互联网平台榜首，赋能青岛市企业 4 000 余家。全市垂直行业平台梯队已覆盖装备制造、纺织服装、消费电子、家具家居、汽车和印刷等重点行业领域，累计上线平台超过 40 个，服务企业超过 9 万家。

推进传统企业智能化改造。加强试点示范引路，在各重点行业累计建成智能工厂 64 家、数字化车间 170 家、自动化生产线 399 个。实行龙头企业引领、先行先试，在世界经济论坛发布的中国“灯塔工厂”42 家中，青岛市就有 3 家。海尔智家股份有限公司、赛轮集团股份有限公司、中车青岛四方机车车辆股份有限公司 3 家企业入选工业和信息化部 2022 年新一代信息技术与制造业融合发展试点示范“数字领航”企业。

【信息产业基地和园区】 2022 年，青岛市将虚拟现实产业纳入全市 24 条重点产业链布局，将其作为十大新兴产业之一进行重点突破，设立总投资 25 亿元的产业基金，推进产业发展和应用场景落地。园区面积约 133 万平方米，预计总投资 300 亿元，按照 5 个方面对园区划定功能分区，以硬件、内容制作分发作为产业发展重点，培育全链条、全生态、全生命周期的产业体系。

支持软件园区围绕全市发展重点，立足产业基础，结合区域特色，构建差异发展优势，协调推进市南软件园扩建整治提升工程、东华软件副中心产业园等重点项目建设进度，强化基础设施支撑。市南软件园聚焦发展数字科技，推进行业应用，集聚 140 余家创新企业，形成包含软件设计、研发、应用等在内的较为完整的产业链，打造全市软件产业核心区。青岛国际创新园重点发展工业软件、新兴软件等，加速头部企业、创新平台等资源汇聚，集聚企业 300 余家及青岛人工智能计算中心等高端平台 10 余个，打造具有全国影响力的综合软件产业园区。

【电子政务】 2022 年，青岛市印发《数字青岛 2022 年行动方案》，统筹推动总投资 1 255 亿元的 118 个重点项目建设，统筹指导 41 个部门、10 个区（市）制定数字化转型专项行动方案。打造“全市一个数字机关”，公文运转“网上办、掌上办”覆盖率 100%。集成机关内部业务系统 200 余个，推动 27 项协同事项“一件事”业务重塑、流程再造。推广应用“山东通”平台，实现 100% 动态激活，推动部门、区（市）在机关办公、政务服务、经济运行等领域业务系统接入，依托“山东通”实现随时、随地、全天候移动办公。优化提升一体化政务服务平台功能，整合 50 余个市级部门 1 900 余项、10 个区（市）部门 9 900 余项政务服务事项，全市 2 100 余个政务服务基层站点、1.1 万余项政务服务事项实现网上全覆盖，除经批准事项外，市级依申请政务服务事项网上可办率 100%。强化“爱山东”惠民服务应用，建成 265 项特色应用，打造入园入学报名、青岛停车、云游青岛等多个本地特色服务。

数字社会构建成效明显。高标准推进新型智慧城市试点，新型智慧城市发展水平位居山东省第一。推进智慧社区（街区）建设，建成超过 200 个智慧社区、24 个一刻钟便民生活圈。开展智慧便民设施进社区活动，发布山东省首个智慧设施进社区目录。组织开展城市云脑 2022 年赋能攻坚行动，建设城市云脑通用能力服务平台，汇聚基础设施、数据、组件服务、应用 4 类资源约 18.9 万条数据，发布渣土车识别、道路遗撒等 326 类算法，接入社会治理网格化、生态环境大数据等 154 个业务系统，融合防汛抗旱等 267 个专题应用场景，打造一体化指挥等 14 个综合应用场景。

数据管理能力稳步提升。启动城市数据中枢建设，摸清数据家底，推进数据全面归集，为各级各部门日均提供数据服务 238 余万次。加大数据开放力度，数据开放指数在副省级城市中连续 3 年居前两位。研究起草《青岛市公共数据管理办法》，为深化公共数据开放共享提供制度保障。信用信息应用不断深化。进一步发挥信用信息对中小微企业融资的支持作用，推动建立缓解中小微企业融资难、融资贵问题长效机制。

政务云网保障强基提能。加强政务云资源供给保障，政务信息系统上云 600 余个，使用云资源 4 097 个。开展云原生及密码支撑服务测试平台试点。市级视频共享平台汇聚 10 个区（市）、17 个市级部门 21 万余路公共视频监控资源。深化视频监控资源应用探索，组建视频AI联合实验室，初步探索形成“自动发现、及时干预、及时处理”的AI支撑社会治理解决方案。

【两化融合】 2022年，青岛市加快推动信息化和工业化深度融合，“上云用平台”企业4万家，生产设备数字化率超过61.6%，数字化研发设计工具普及率87.8%，关键工序数控化率57.7%，两化融合发展水平101，持续保持先发优势。

坚持传统产业改造提升和新兴产业培育壮大，加强试点示范引路，为加快以数据价值挖掘为基础的制造业转型升级营造良好氛围。激发工业数据资源要素潜力，培育壮大数据驱动的制造业新模式、新业态，加快推动工业企业在更广范围、更深层级开展数据采集、传输、存算、管理及应用，破除企业“数据孤岛”，以工业大数据驱动制造业资源优化配置，促进数字技术与实体经济深度融合，形成一批创新能力突出、典型示范性强、应用成效明显、经济效益显著的数据驱动型示范企业。

【新技术新产业】 2022年，青岛市培育一批示范项目，数金公共服务（青岛）有限公司的“长数链”区块链服务平台、卡奥斯工业智能研究院（青岛）有限公司的卡奥斯天链区块链平台入选工业和信息化部2022年区块链典型应用案例。全市累计25家企业的34项服务获得国家互联网信息办公室境内区块链信息服务备案。

［供稿：青岛市工业和信息化局］

深 圳 市

【电子信息制造业】 2022年，深圳市电子信息制造业实现产值2.5万亿元，同比增长2.9%；有规模以上电子信息制造业企业4 176家，形成重点领军企业“头雁领飞”、众多细分龙头企业深耕细作的良好产业格局。在全市20个战略性新兴产业集群中，智能终端集群产值近万亿元，超高清显示集群、半导体和集成电路集群产值均超千亿元。深圳新一代信息通信集群入选国家先进制造业集群。

半导体和集成电路产业集群全年实现增加值525.3亿元，集成电路设计产业规模和技术水平处于国内领先地位。超高清视频显示产业集群全年实现增加值963.4亿元，显示面板产线投资超千亿元，逐步形成以显示面板为核心，在玻璃基板、彩色滤光片、偏光片、光阻材料、化学气体与材料、背光模组等方面提供周边服务的上下游平板显示产业链；深圳市获得工业和信息化部批复同意共同组建国家超高清视频创新中心。智能终端产业集群全年实现增加值2 130.4亿元，同比增长3.7%，形成上游零部件、中游代工厂商、下游品牌商相对完备的智能终端产业链。智能传感器产业集群全年实现增加值56.9亿元，同比增长5.4%，行业龙头企业和细分领域“小而精”科技创新型企业在智能硬件、消费电子、汽车电子、物联网、仪器仪表等领域拥有较大的智能传感器应用市场。

【软件和信息技术服务业】 2022年，根据深圳市统计局数据，深圳市软件与信息服务产业集群实现增加值2 492.7亿元，继续稳居20个产业集群首位，同比增长14.6%，增速处于前列，高于全市战略性新兴产业增加值增速7.6个百分点，高于全市GDP增速11.3个百分点。根据工业和信息化部统计口径，全年实现软件业务收入9 983.2亿元，同比增长10.3%，处于主要城市前列。

全市创新动能稳步增强。全年全社会研发投入占地区生产总值比重5.5%，基础研究投入占全社会研发投入比重7.2%，企业研发投入占全社会研发投入比重94.0%。新增国家高新技术企业2 043家，总量2.3万家。创新成果显著。全年PCT专利申请量15 892件，占广东省总量的65.4%，连续19年居全国大中城市首位。根据《深圳市2022年度知识产权数据统计分析报告》，全年软件与信息服务产业集群的国内发明专利公开量

70 795 件，国内发明专利授权量 24 745 件。

【信息基础设施】 截至 2022 年年底，深圳市累计建成 5G 基站 6.5 万个，重点场所 5G 网络通达率 100%。城市家庭千兆光纤网络覆盖率 359.6%，10G PON 端口占比超过 95%。实施百万用户宽带提速升级，500Mbps 带宽及以上用户占比 66.8%。深圳市入选工业和信息化部等部门联合组织评选的 IPv6 技术创新和融合应用综合试点城市。国家（深圳 · 前海）新型互联网交换中心、互联网域名 F 根镜像服务器等国家级关键通信基础设施落地深圳市，持续推进国家级互联网骨干直联点申报工作。

印发《深圳市推进新型信息基础设施建设行动计划（2022—2025 年）》《深圳市支持新型信息基础设施建设的若干措施》，明确深圳市推进新型信息基础设施建设的总体目标和支持措施。成立深圳市工业及新型信息基础设施项目指挥部，建立市、区、街道三级联动机制，定期召开工作协调会议，统筹推进 5G、千兆光网等信息基础设施建设。开展移动通信网络质量提升联合攻坚行动，推动“千兆入户、万兆入企”，实施“百万用户大提速”“工业园区网络升级改造”“公共场所资源开放”等专项工作，分批次落实解决 5G 基站和千兆光网建设难点，加强郊野、海上等区域 5G 信号深度覆盖，提升双千兆网络质量，夯实产业数字化基础。

【工业互联网】 2022 年，深圳市建设先进的工业互联网基础设施，加快建设二级标识解析节点，不断丰富标识解析体系，同时提速建设算力基础设施。截至 2022 年年底，全市建成 9 个工业互联网二级标识解析节点，接入企业 1 757 家，标识注册量 9.4 亿个，累计标识解析量 16.1 亿次。宝安区建设的深圳市首个综合型标识解析二级节点接入企业 813 家，标识注册量 3.8 亿个，标识解析量超过 5 亿次。深圳中集智能科技有限公司等行业型标识解析二级节点接入企业近千家。全市构建标识解析沙龙、培训活动、供需对接、平台监测等应用推广和服务体系，推动标识在电子信息、高端装备、时尚服饰等行业加快应用，形成产品全生命周期管理、设备资产管理、供应链管理等多种创新应用模式。

着力培育工业互联网平台和服务商。通过工业互联网专项、软件产业扶持等政策措施，培育一批优质工业互联网平台和核心服务商。4 个工业互联网平台入选工业和信息化部 2022 年跨行业跨领域工业互联网平台，其中，华为 FusionPlant 工业互联网平台、富士康 Fii Cloud 工业互联网平台、腾讯 WeMake 工业互联网平台连续 3 次入选，新增润联 Resolink 工业互联网平台。深圳市国家级“双跨”平台占比 14.3%，持续领跑全国。全市工业企业、平台服务商协同创新，以行业龙头企业为主体，建设一批面向重点产业、重点环节、具有鲜明特色的行业特色型平台；在系统集成、工业控制、智能设备、运营管理等领域集聚一批服务商，通过垂直耕耘、协同创新，提供行业整体解决方案；在电子信息、装备制造等行业培育一批优秀的工业 App，广泛应用于研发设计、生产制造、运维服务、经营管理等场景。145 家企业入选广东省工业互联网产业生态供给资源池，占比超过 25%。

重点推动工业互联网应用。基于 5G 产业领先优势，重点推动“5G + 工业互联网”融合应用，打造一批应用示范标杆。电子信息、机械装备、生物医药等领域的骨干企业创新工业互联网应用，平台化设计、智能化制造、网络化协同等新模式不断涌现，推动转型方式从单点应用向综合集成转型、从生产外围环节向高价值的环节延伸，持续催生新模式新业态。中小企业则形成特色应用路径，依托行业性平台实现资源获取与汇聚，同时借助专业性平台或软件实现低成本信息化补课，而适度超前的网络部署催生领先的 5G 应用。

积极构建工业互联网发展生态。推进广东省工业边缘智能创新中心建设，建成运营工业互联网体验中心、宝安工业互联网创新中心、华为（龙岗）工业互联网创新中心，集聚创新载体激发生态活力。组织工业互联网系列对接活动，主办中国工业互联网大赛 · 深圳赛站，支持行业组织举办工业互联网大会。市区合力建设工业互联网示范基地。支持宝安区建设国家新型工业化产业示范基地（工业互联网）、龙华区建设广东省工业互联网产业示范基地，引导重点区域结合本地产业特色制定工业互联网发展政策，形成全市多层次的工业互联网产业政策体系，宝安区制定实施《宝安区大力发展工业互联网赋能制造业转型升级的若干措施》。

［供稿：深圳市工业和信息化局］

新疆生产建设兵团

【电子信息产业】 2022年，新疆生产建设兵团按月汇总分析电子信息产业运行情况，形成月度运行分析报告，为下一步制定相关政策做好研究储备工作。截至2022年年底，电子信息产业实现营业收入418.6亿元，同比增长86.0%。持续跟踪330个重点项目中29个电子信息产业项目的进展情况，协调师市及时“升规入统”。做好招商引资工作，持续关注深圳领骏项目，邀请吉利商用车集团相关负责人来十二师、十三师考察洽谈，达成初步合作意向。开展新疆生产建设兵团数字经济核心产业发展研究，为数字经济健康发展提供决策参考。

【信息基础设施】 截至2022年年底，新疆生产建设兵团新建完成5G基站1 536个，累计建成5G基站4 687个。所有师市主城区、团场实现5G网络覆盖，并向团场、连队延伸覆盖，4G网络覆盖率和光纤通达率均达100%，其中，百兆用户占比91.5%，千兆用户占比10.2%，家庭千兆光纤网络覆盖率超过71.0%，10G PON端口占比23.8%。

编制印发《兵团5G网络建设发展工作2021年度总结和2022年度工作要点》，明确5G建设年度任务。推进5G技术应用，印发《关于公布2021年兵团5G试点示范师市和试点示范项目名单的通知》，确定3个试点示范师市和6个试点示范项目。第五师双河市“5G+数字校园建设+互动教学+教育指挥中心”项目入选工业和信息化部、教育部联合发布的“5G+智慧教育”应用试点项目。加强5G领域宣传引导工作，利用世界电信日等活动开展5G技术应用等宣传活动，并配合新疆生产建设兵团广播电视台等媒体进行5G专访。

【信息安全】 2022年，新疆生产建设兵团开展工业企业互联网安全态势感知平台建设工作，已提交600余家规模以上工业企业和重点单位的互联网接入数据；平台正在建设和试运行中，并在重大活动期间及时共享网络安全信息，指导相关企事业单位加强网络安全防护，阻隔网络恶意攻击行为。组织各师市辖区工业企业申报网络安全技术应用试点示范项目，并将通过初审的5个项目报送工业和信息化部。开展2022年工业控制系统网络安全工作，组织重点工业企业开展工业控制系统网络安全自查，对自查结果进行汇总分析，并对部分重点企业开展抽查。开展新疆生产建设兵团工业互联网安全深度行相关活动，并就相关政策进行宣贯。

【两化融合】 2022年，新疆生产建设兵团深化新一代信息技术与制造业融合发展，做好企业两化融合管理体系评估诊断和对标引导服务工作，引导506家企业完成两化融合管理体系自评估自诊断工作，形成新疆生产建设兵团两化融合发展数据地图报告。完成《推进兵团5G+工业互联网发展课题研究报告》《兵团工信领域新一代信息技术推广应用课题研究报告》，并分发给各师市，为下一步推动新一代信息技术与制造业融合发展提供决策参考。组织企业申报工业和信息化部大数据产业发展试点示范项目、新型信息消费试点示范项目等，新疆数字兵团信息产业发展有限责任公司建设运营的数字兵团建设一期工程项目入选工业和信息化部2022年大数据产业发展试点示范项目。与新疆维吾尔自治区联合举办2022年“天山杯”第二届新疆软件创新应用暨工业App大赛，提升移动互联网时代产业发展新格局。开展“企业微课”免费线上培训活动，全年开办12期“企业微课”，累计参会1万余人次，培训内容包括“从两化融合到互联网+工业”“5G引领新基建赋能新应用”“网络安全事件分析”等，提升工业企业管理人员信息化水平。

［供稿：新疆生产建设兵团工业和信息化局］

附　　录

美国电子产品产值与市场情况

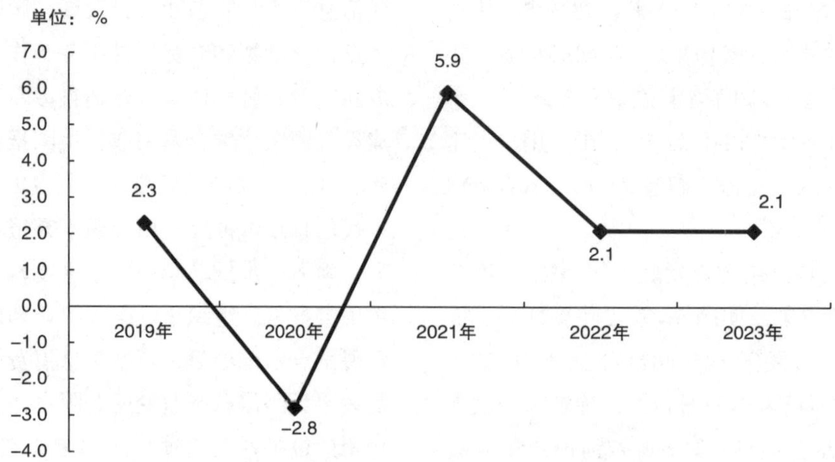

图 1　2019—2023 年美国 GDP 增长情况

数据来源：国际货币基金组织，2023 年 10 月

表 1　2018—2022 年美国电子产品产值情况

单位：百万美元

产品名称	2018 年	2019 年	2020 年	2021 年	2022 年
计算产品	20 775	20 863	21 978	23 940	27 872

注：本附录根据 *The Yearbook of World Electronics Data 2023* 整理。其中，2023 年、2024 年数据为预测值；计算产品包括办公设备，工业设备包括工控设备、仪器仪表、医疗设备和行业装备，通信设备包括固定通信、无线通信（包括国防通信）设备；由于四舍五入计算，合计数据可能会有误差。

续表

产品名称	2018 年	2019 年	2020 年	2021 年	2022 年
工业设备	76 109	76 447	72 990	77 387	81 675
通信设备	85 673	88 255	85 212	88 935	93 935
消费类电子产品	698	670	616	676	704
电子元器件	63 042	60 125	58 623	66 150	73 481
合计	246 297	246 360	239 419	257 088	277 667

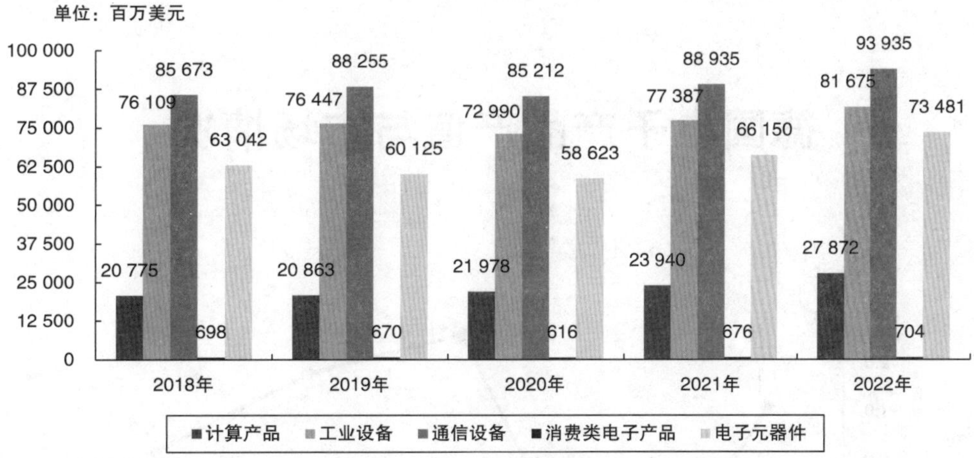

图 2　2018—2022 年美国电子产品产值情况

表 2　2020—2024 年美国电子产品市场情况

单位：百万美元

产品名称	2020 年	2021 年	2022 年	2023 年	2024 年
计算产品	116 784	129 405	134 099	127 364	130 116
工业设备	69 176	75 113	78 117	80 269	82 787
通信设备	145 954	155 631	166 412	171 290	177 367
消费类电子产品	24 339	24 915	24 333	23 072	23 095
电子元器件	84 892	104 364	119 723	117 083	129 388
合计	441 145	489 428	522 684	519 078	542 754

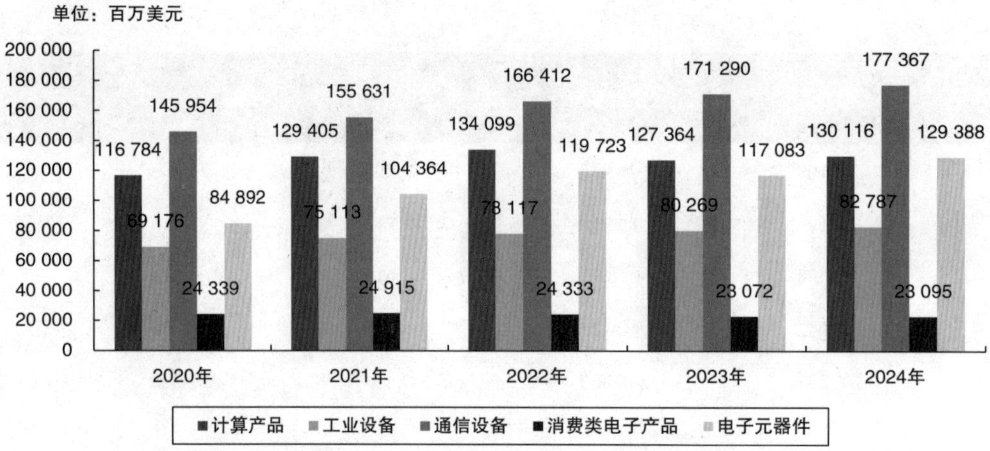

图 3　2020—2024 年美国电子产品市场情况

德国电子产品产值与市场情况

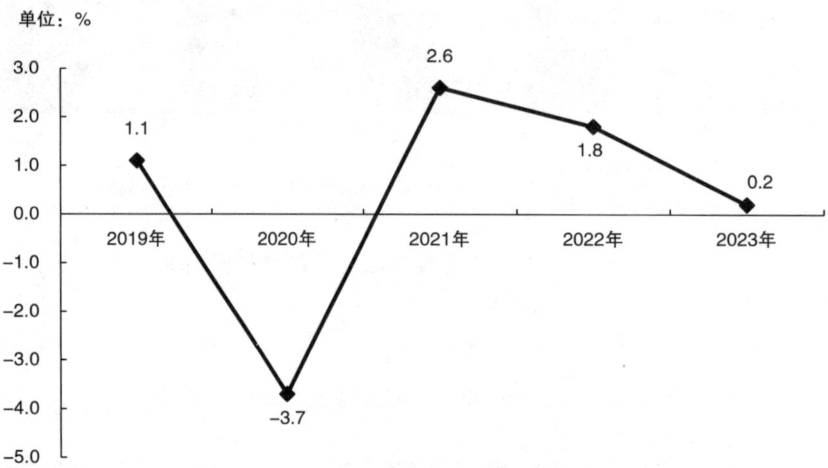

图 1　2019—2023 年德国 GDP 增长情况

数据来源：欧盟春季经济预测，2023 年 5 月

表 1　2018—2022 年德国电子产品产值情况

单位：百万欧元

产品名称	2018 年	2019 年	2020 年	2021 年	2022 年
计算产品	3 348	3 304	2 370	2 214	2 199
工业设备	31 348	30 942	28 825	30 232	31 192

续表

产品名称	2018 年	2019 年	2020 年	2021 年	2022 年
通信设备	4 510	4 510	4 255	4 100	4 155
消费类电子产品	956	845	794	874	883
电子元器件	14 048	14 374	13 892	15 328	17 263
合计	54 210	53 975	50 136	52 748	55 692

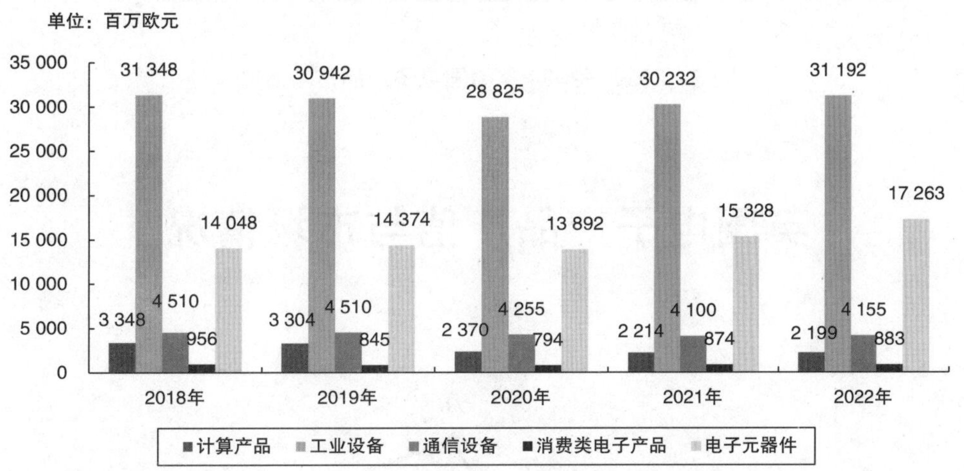

图 2　2018—2022 年德国电子产品产值情况

表 2　2020—2024 年德国电子产品市场情况

单位：百万欧元

产品名称	2020 年	2021 年	2022 年	2023 年	2024 年
计算产品	17 414	17 883	17 429	16 591	16 869
工业设备	12 525	13 186	13 782	14 151	14 701
通信设备	6 706	6 966	7 233	7 421	7 661
消费类电子产品	4 575	4 646	4 523	4 396	4 392
电子元器件	14 859	17 369	21 698	23 345	24 719
合计	56 079	60 050	64 665	65 904	68 343

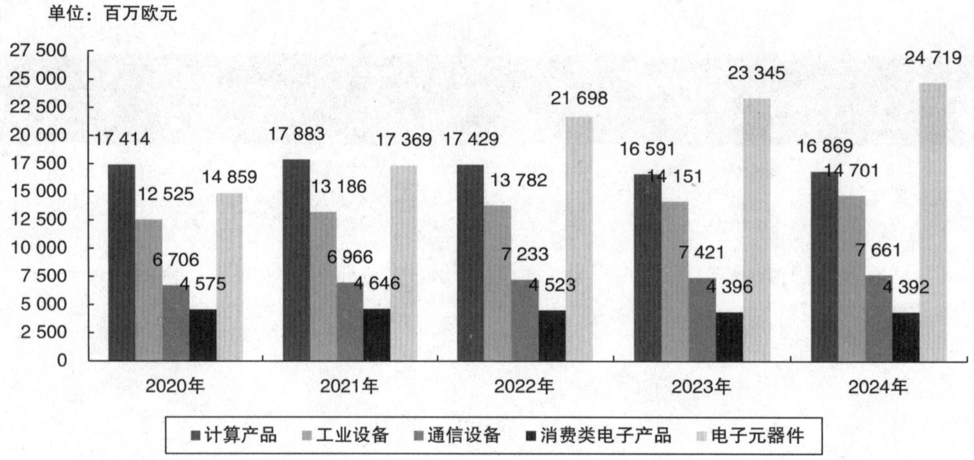

图 3　2020—2024 年德国电子产品市场情况

英国电子产品产值与市场情况

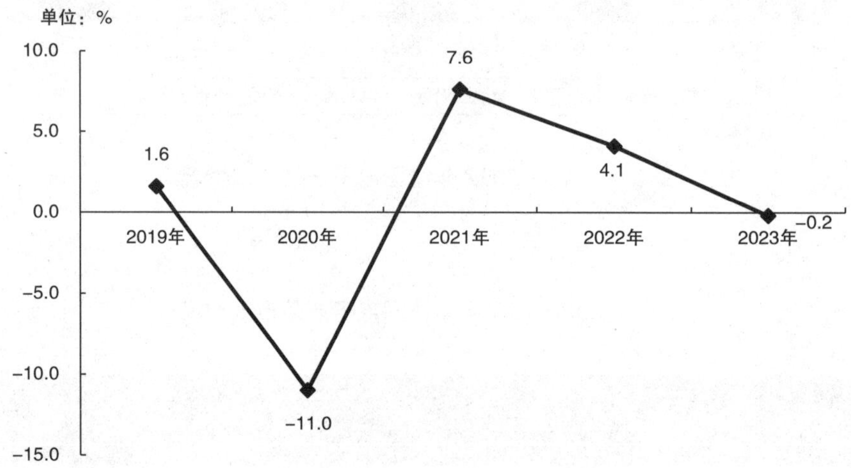

图 1　2019—2023 年英国 GDP 增长情况

数据来源：国际货币基金组织，欧盟春季经济预测，2023 年 5 月

表 1　2018—2022 年英国电子产品产值情况

单位：百万英镑

产品名称	2018 年	2019 年	2020 年	2021 年	2022 年
计算产品	1 243	1 247	1 211	1 330	1 378
工业设备	6 835	7 105	6 645	7 132	7 433

续表

产品名称	2018 年	2019 年	2020 年	2021 年	2022 年
通信设备	4 583	4 610	4 582	4 665	4 936
消费类电子产品	108	106	124	171	187
电子元器件	2 241	2 209	2 003	2 204	2 395
合计	15 010	15 277	14 565	15 502	16 329

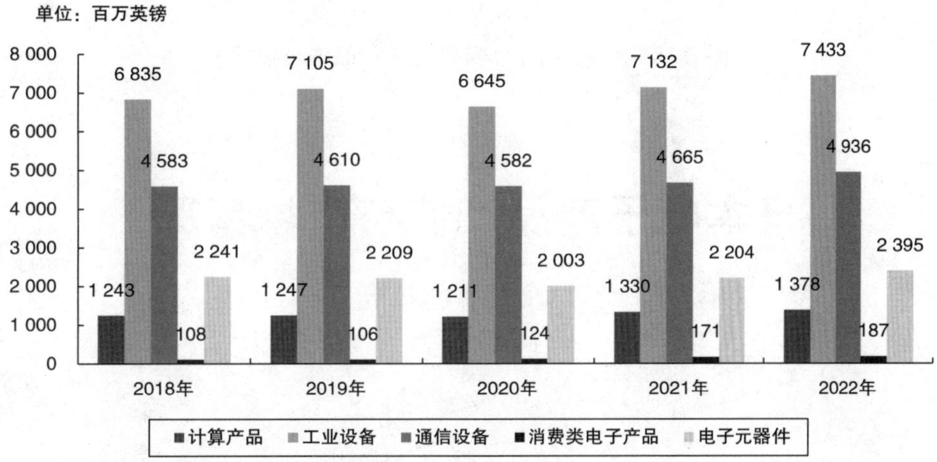

图 2　2018—2022 年英国电子产品产值情况

表 2　2020—2024 年英国电子产品市场情况

单位：百万英镑

产品名称	2020 年	2021 年	2022 年	2023 年	2024 年
计算产品	8 725	9 248	9 552	9 120	9 276
工业设备	3 957	4 247	4 595	4 719	4 874
通信设备	7 547	7 771	8 108	8 341	8 637
消费类电子产品	2 745	2 771	2 735	2 662	2 660
电子元器件	3 572	4 209	5 244	5 488	5 749
合计	26 546	28 246	30 234	30 331	31 196

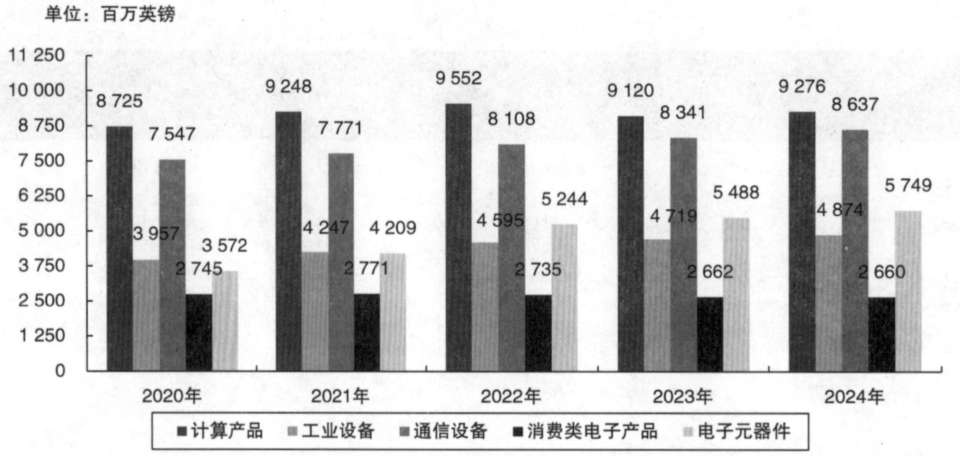

图 3　2020—2024 年英国电子产品市场情况

日本电子产品产值与市场情况

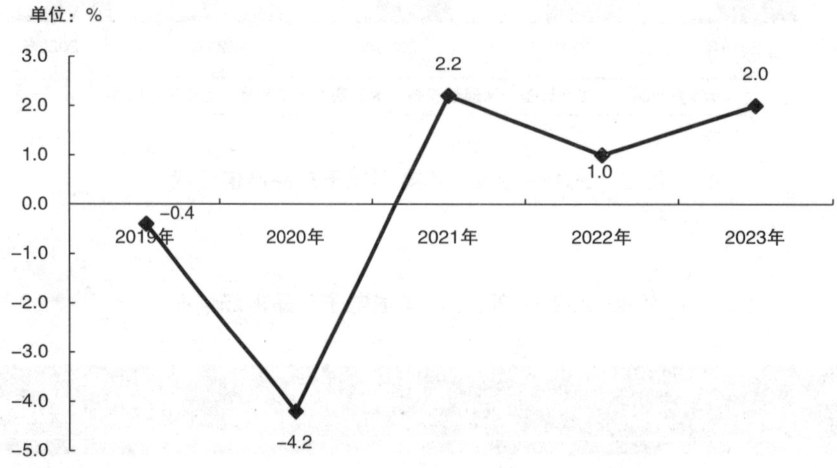

图 1　2019—2023 年日本 GDP 增长情况

数据来源：国际货币基金组织，2023 年 10 月

表 1　2018—2022 年日本电子产品产值情况

单位：十亿日元

产品名称	2018 年	2019 年	2020 年	2021 年	2022 年
计算产品	1 982	2 153	1 862	1 823	1 878
工业设备	2 081	2 029	1 960	2 146	2 288

续表

产品名称	2018 年	2019 年	2020 年	2021 年	2022 年
通信设备	1 424	1 438	1 445	1 459	1 296
消费类电子产品	356	305	259	251	249
电子元器件	6 629	6 134	6 057	6 932	7 182
合计	12 472	12 059	11 583	12 611	12 893

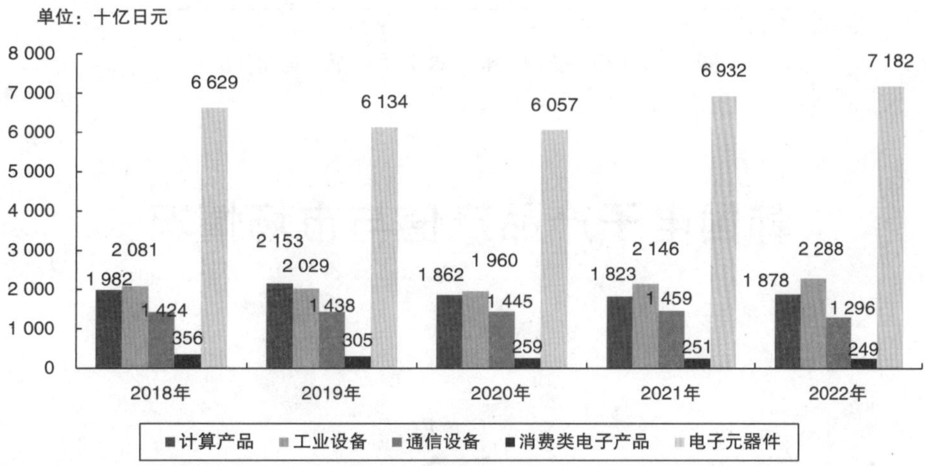

图 2　2018—2022 年日本电子产品产值情况

表 2　2020—2024 年日本电子产品市场情况

单位：十亿日元

产品名称	2020 年	2021 年	2022 年	2023 年	2024 年
计算产品	3 794	3 695	3 937	3 799	3 869
工业设备	1 038	1 136	1 219	1 246	1 283
通信设备	3 704	3 994	4 163	4 256	4 416
消费类电子产品	766	793	769	730	719
电子元器件	5 328	6 236	7 323	7 503	7 781
合计	14 630	15 854	17 411	17 533	18 067

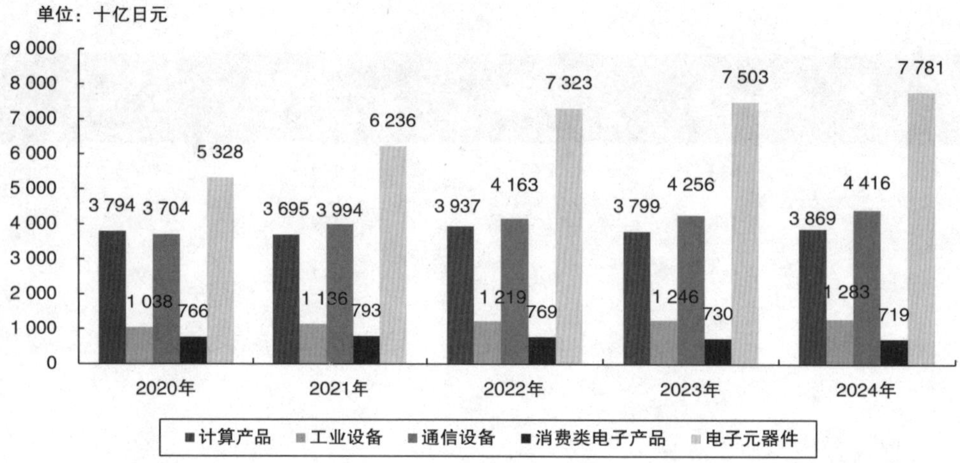

图 3　2020—2024 年日本电子产品市场情况

韩国电子产品产值与市场情况

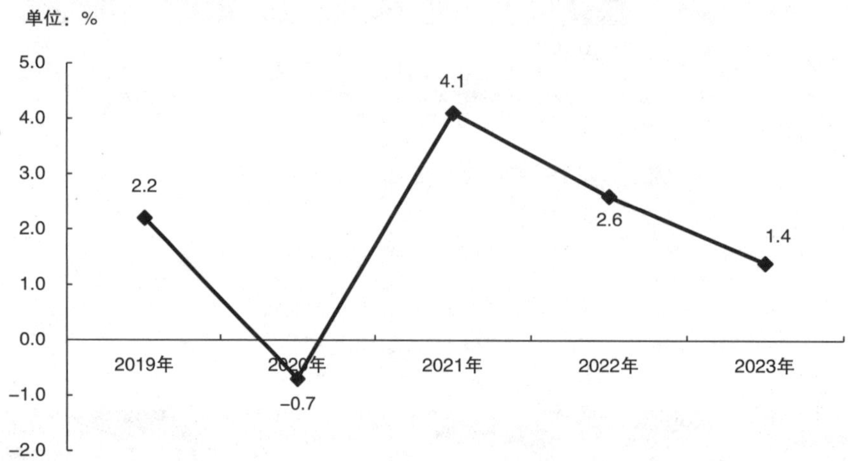

图 1　2019—2023 年韩国 GDP 增长情况

数据来源：国际货币基金组织，2023 年 10 月

表 1　2018—2022 年韩国电子产品产值情况

单位：百万美元

产品名称	2018 年	2019 年	2020 年	2021 年	2022 年
计算产品	12 680	11 465	11 175	11 683	10 681
工业设备	4 440	4 580	4 250	4 700	5 150

续表

产品名称	2018 年	2019 年	2020 年	2021 年	2022 年
通信设备	16 452	16 652	15 312	16 031	15 471
消费类电子产品	2 368	2 374	1 259	1 132	1 107
电子元器件	106 411	88 740	91 395	117 086	120 174
合计	142 351	123 811	123 391	150 632	152 583

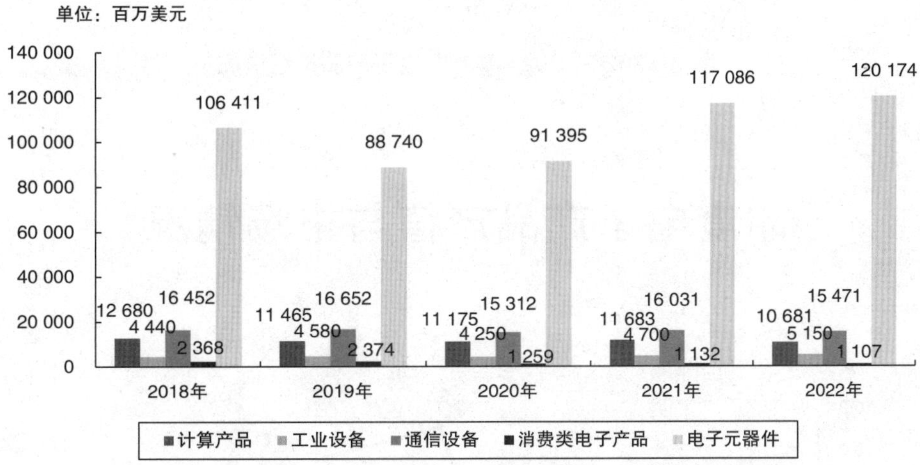

图 2　2018—2022 年韩国电子产品产值情况

表 2　2020—2024 年韩国电子产品市场情况

单位：百万美元

产品名称	2020 年	2021 年	2022 年	2023 年	2024 年
计算产品	6 525	7 176	6 691	6 524	6 683
工业设备	8 578	10 382	9 861	10 066	10 390
通信设备	8 018	8 329	7 731	7 815	8 111
消费类电子产品	1 947	1 994	1 768	1 697	1 694
电子元器件	27 036	32 990	31 181	28 435	29 523
合计	52 104	60 871	57 232	54 538	56 401

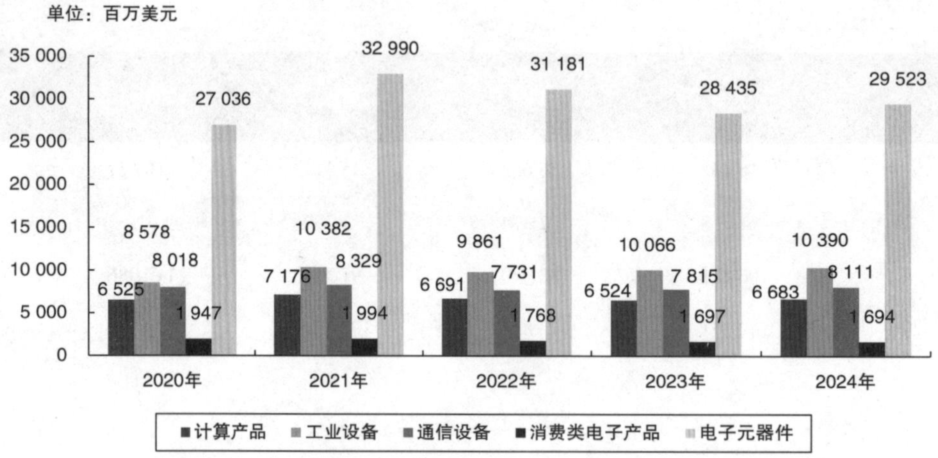

图 3　2020—2024 年韩国电子产品市场情况

印度电子产品产值与市场情况

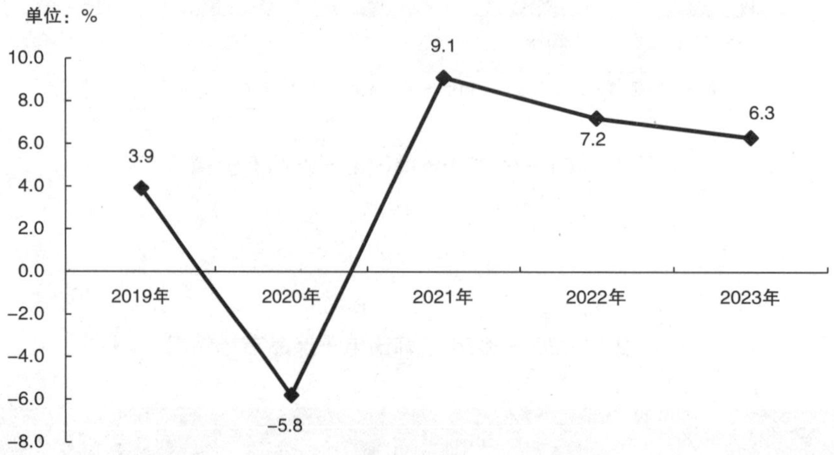

图 1　2019—2023 年印度 GDP 增长情况

数据来源：国际货币基金组织，2023 年 10 月

表 1　2018—2022 年印度电子产品产值情况

单位：百万卢比

产品名称	2018 年	2019 年	2020 年	2021 年	2022 年
计算产品	215 700	218 720	224 600	227 380	302 810
工业设备	224 500	239 000	210 000	234 300	250 700

续表

产品名称	2018 年	2019 年	2020 年	2021 年	2022 年
通信设备	1 165 000	1 379 500	1 355 000	1 382 000	1 631 000
消费类电子产品	185 728	204 400	241 850	279 350	320 350
电子元器件	125 775	129 145	122 030	135 275	145 660
合计	1 916 703	2 170 765	2 153 480	2 258 305	2 650 520

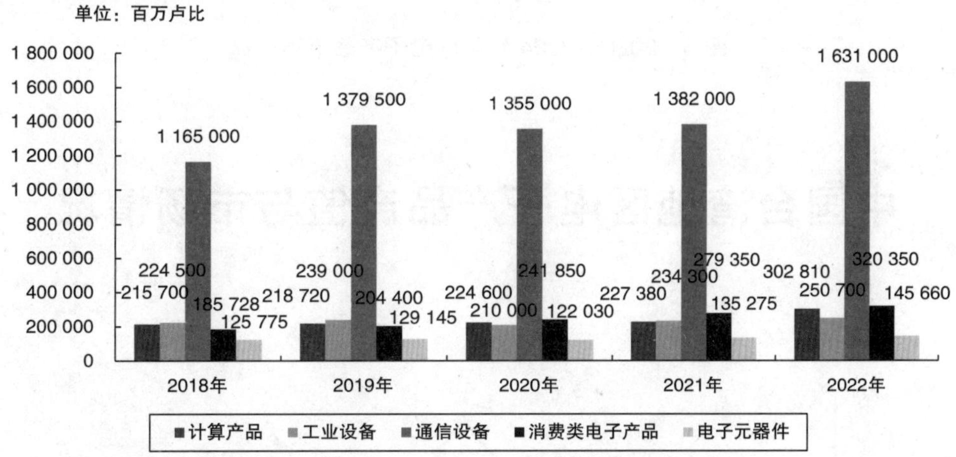

图 2　2018—2022 年印度电子产品产值情况

表 2　2020—2024 年印度电子产品市场情况

单位：百万卢比

产品名称	2020 年	2021 年	2022 年	2023 年	2024 年
计算产品	535 442	702 681	809 449	832 009	896 184
工业设备	522 568	587 638	628 120	651 742	688 057
通信设备	1 300 773	1 418 564	1 478 322	1 537 837	1 637 597
消费类电子产品	319 516	343 151	381 055	386 185	398 587
电子元器件	992 179	1 603 399	1 883 886	1 991 994	2 150 773
合计	3 670 478	4 655 433	5 180 832	5 399 766	5 771 198

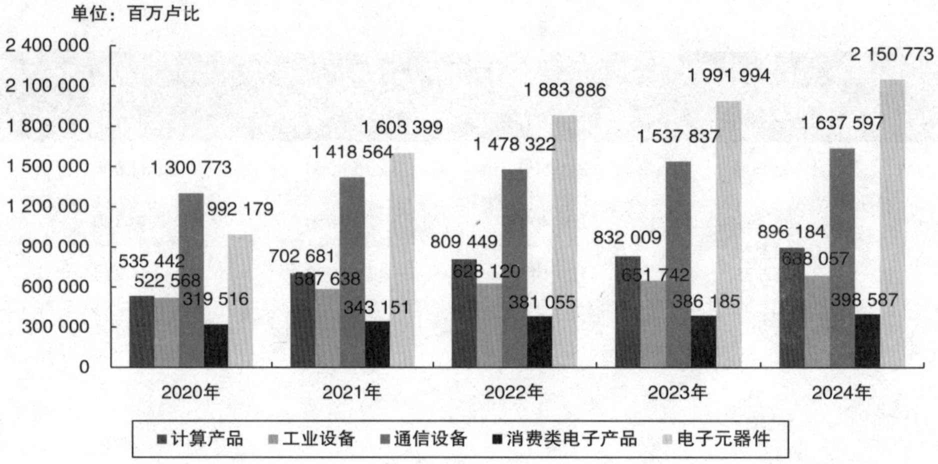

图 3　2020—2024 年印度电子产品市场情况

中国台湾地区电子产品产值与市场情况

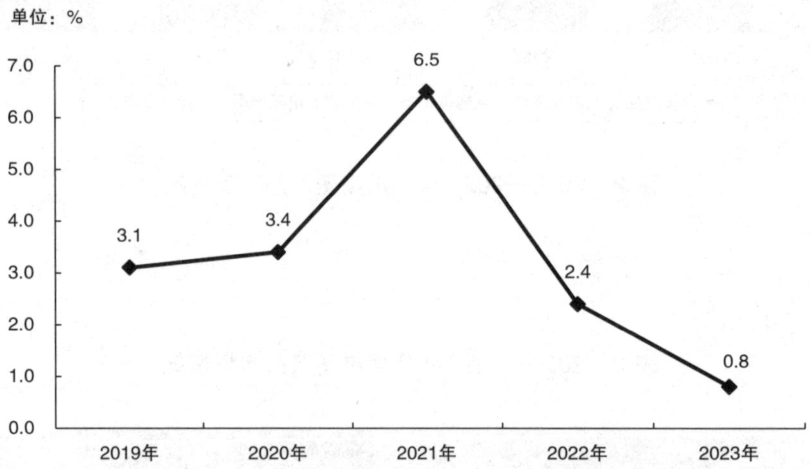

图 1　2019—2023 年中国台湾地区 GDP 增长情况

数据来源：国际货币基金组织，2023 年 10 月

表 1　2018—2022 年中国台湾地区电子产品产值情况

单位：百万新台币

产品名称	2018 年	2019 年	2020 年	2021 年	2022 年
计算产品	240 330	329 330	396 310	440 298	546 298
工业设备	131 975	129 800	131 700	136 100	140 800

续表

产品名称	2018 年	2019 年	2020 年	2021 年	2022 年
通信设备	142 000	159 000	167 000	186 000	255 000
消费类电子产品	13 735	12 250	20 165	28 090	14 055
电子元器件	1 829 625	1 778 715	2 125 870	2 577 850	3 265 675
合计	2 357 665	2 409 095	2 841 045	3 368 338	4 221 828

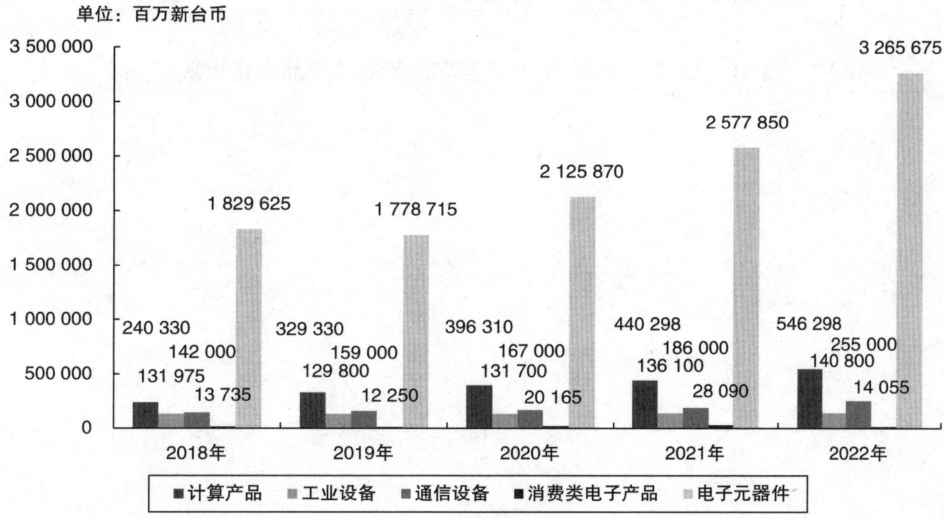

图 2　2018—2022 年中国台湾地区电子产品产值情况

表 2　2020—2024 年中国台湾地区电子产品市场情况

单位：百万新台币

产品名称	2020 年	2021 年	2022 年	2023 年	2024 年
计算产品	148 729	162 875	168 864	162 104	165 276
工业设备	156 479	187 783	213 698	205 762	213 743
通信设备	88 858	94 701	100 927	103 130	107 238
消费类电子产品	18 149	18 445	18 362	17 430	17 306
电子元器件	444 109	556 710	635 559	615 689	641 068
合计	856 324	1 020 514	1 137 410	1 104 114	1 144 631

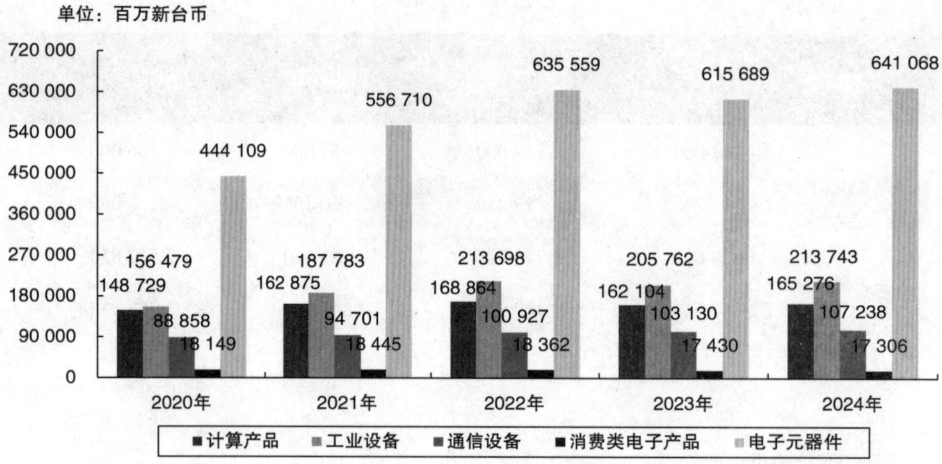

图 3　2020—2024 年中国台湾地区电子产品市场情况

索　　引

使用说明：

1. 本索引采用内容分析索引法编制。除大事记外，年鉴中有实质检索意义的内容均予以标引，以便检索使用。

2. 本索引基本上按汉语拼音音序排列。具体排列方法如下：以数字开头的，排在最前面；汉字标目按首字的音序、音调依次排列，当首字相同时，则以第二个字排序，并以此类推。

3. 索引标目后的数字，表示检索内容所在的年鉴正文页码；数字后面的英文字母 a、b，表示年鉴正文中的栏别，组合在一起即指该页码及左、右两个版面区域。年鉴中用表格反映的内容则在索引标目后面注明“（表）”以区别于文字标目。

4. 为反映索引款目间的隶属关系，对于二级标目，采用在上一级标目下缩两格的形式编排，之下再按汉语拼音音序、音调排列。

G

H

J

K

L

M

R

S

T

X

Y

Z